Alexander Nadler

Peking
& Umgebung

IWANOWSKI´S *i* **REISEBUCHVERLAG**

Im Internet:

www.iwanowski.de

Hier finden Sie aktuelle Infos zu allen Titeln, interessante Links – und vieles mehr!
Ganz neu:
Wir bieten die Möglichkeit, **eigene Reiseberichte und Bilder** zu den jeweiligen Reisedestinationen auf unserer Website zu veröffentlichen!
Schreiben Sie uns Ihre **Neuigkeiten** zu den Reiseregionen - werden Sie Mitautor unserer Newsseiten.
Einfach anklicken!

Schreiben Sie uns, wenn sich etwas verändert hat. Wir sind bei der Aktualisierung unserer Bücher auf Ihre Mithilfe angewiesen:
info@iwanowski.de

Peking & Umgebung
9., komplett überarbeitete und neu gestaltete Auflage 2008

© Reisebuchverlag Iwanowski GmbH
Salm-Reifferscheidt-Allee 37 • 41540 Dormagen
Telefon 0 21 33/2 60 311 • Fax 0 21 33/26 03 33
E-Mail: info@iwanowski.de
Internet: www.iwanowski.de

Titelfoto: Bildagentur Huber, Kaiserpalast in der Verbotenen Stadt
Alle anderen Farbabbildungen: Alexander Nadler, außer s. Bildnachweis 446
Redaktionelles Copyright, Konzeption und dessen ständige Überarbeitung: Michael Iwanowski
Karten: Fa. Palsa, Lohmar; Astrid Fischer-Leitl, München
Titelgestaltung sowie Layout-Konzeption: Studio Schübel, München
Layout: Monika Golombek, Köln
Lektorat: Ulrike Burgi, Köln

Alle Informationen und Hinweise erfolgen ohne Gewähr für die Richtigkeit einer Produkthaftu
Verlag und Autor können daher keine Verantwortung und Haftung für inhaltliche oder sachlich
Fehler übernehmen. Auf den Inhalt aller in diesem Buch erwähnten Internetseiten Dritter habe
Autor und Verlag keinen Einfluss. Eine Haftung dafür wird ebenso ausgeschlossen wie für den Inh
der Internetseiten, die durch weiterführende Verknüpfungen (sog. "Links") damit verbunden sind

Gesamtherstellung: B.o.s.s Druck und Medien, Goch
Printed in Germany

ISBN: 978-3-933041-40-1

Inhaltsverzeichnis

KAPITEL I: STADT & LEUTE — 10

Vorwort — 11

China/Peking auf einen Blick — 12

Historischer Überblick — 14
  Zeittafel der chinesischen Geschichte — 14
  Die Geschichte einer Stadt — 27
  • Die frühe Besiedlung 27 • Sui-Dynastie und Tang-Dynastie 28
  • Geburtsstunde des modernen Peking 28 • Die Anlage der Stadt –
  die Nordstadt... 29 • ...und die Südstadt 30 • Das Ende der Ming-Dynastie
  30 • Der Boxeraufstand 32 • Peking wird eine sozialistische Metropole
  34 • Die Olympischen Spiele 2008 34

Landschaftlicher Überblick — 39
  Die Geografische Lage — 39
  Klima und Reisezeit — 40

Wirtschaft und Politik — 42
  Bevölkerung — 42
  Wirtschaft — 43
  Das politische System — 46
  Erziehung — 48
  Was die Menschen bedrückt — 50

Kunst und Kultur — 55
  Architektur — 55
  • Paläste 56 • Hofhaus 57 • Tore 57 • Glockenturm und Trommel-
  turm 58 • Tempel und Klöster 58 • Pagoden 59
  Gartenbaukunst — 59
  Malerei und Kalligrafie — 61
  Kunsthandwerk — 62
  • Bronzekunst 62 • Cloisonné 63 • Elfenbeinschnitzerei 63 • Jade 63
  • Keramik: Tonware, Steinzeug, Porzellan 64 • Lackkunst 64 • Plastiken 65
  • Stein- und Holzschnitt 66 • Stempel 67
  Literatur und Dichtung — 67
  Oper — 69
  Chinesischer Mondkalender und chinesische Tierkreiszeichen — 71

Religion und Philosophie — 74
  Konfuzianismus — 74
  Moismus — 75
  Legalismus — 75
  Taoismus — 76
  Buddhismus — 78

Lamaismus	79
Ahnenkult	80
Die wichtigsten chinesischen Götter	80

• Guanyin 81 • Pak Tai 81 • Tin Hau 81 • Die Acht Unsterblichen 81

KAPITEL 2: PEKING ALS REISEZIEL — 82

Allgemeine Reisetipps von A-Z	**83**
Regionale Reisetipps von A-Z	**171**
Wo man gut unterkommt	172
Wo man gut isst	188
Nachtleben	198
Wo man gut einkauft	203

Die Grünen Seiten: Das kostet Sie Peking

KAPITEL 3: PEKING SEHEN UND ERLEBEN — 218

Die Stadtstruktur im Überblick — **219**

Das Stadtzentrum — **220**
Redaktionstipps 219

• Kaiserpalast 220 • Platz des Tores des Himmlischen Friedens 236 • Denkmal der Volkshelden 238 • Tor des Himmlischen Friedens 239 • Mao-Mausoleum 240 • Chinesisches Nationalmuseum 241 • Vorderes Tor 242 • Große Halle des Volkes 242 • National Grand Theatre 243 • Beijing Planning Exhibition Hall 244 • Qianmen Underground City 244 • Beijing Police Museum 245 • Sun Yat-sen-Park 245 • Kulturpalast der Werktätigen 246 • Kohlehügel 247 • Nordsee-Park 248 • Nordkirche 253 • Dongsi-Moschee 254 • Chinesische Kunsthalle 255 • Beijing Memorial Hall of New Cultural Movement 255 • Beijing Arts & Crafts Museum 256 • Ehemaliger Wohnsitz von Lao She 256 • Ostkirche 256 • Kunstgalerie der zentralen Akademie der Feinen Künste 257 • Wangfujing Palaeoanthropology Cultural Relic Museum 258 • Dong Yuan Compound 258 • Kaiserliches Historisches Archiv 259 • Reismarktkirche 259 • Südkirche 260

Im Norden bis zur Dritten Ringstraße — **261**
Redaktionstipps 261

• Mei Lanfang Memorial Museum 261 • Ehemaliger Wohnsitz von Guo Moruo 261 • Ehemaliger Palast des Prinzen Gong 264 • Silberbarrenbrücke 265 • Tempel des Allumfassenden Wandels 266 • Ehemaliger Wohnsitz von Madame Soong Ching Ling 266 • Huitong-Tempel 267 • Deshengmen 267 • Xu Beihong Museum 268 • Trommelturm 268 • Glockenturm 269 • Ehemaliger Wohnsitz von Mao Dun 270 • Konfuziustempel 270 • Kaiserliche Akademie 272 • Lamakloster 273 • Tempel des maßgebenden Lehrens 278 • Tempel des Wen Tianxiang 279 • Westlicher Gelber Tempel 279 • Erdaltar-Park 280 • Beijing Museum of Tap Water 281

Im Osten bis zur Dritten Ringstraße 282
Redaktionstipps 282
• Tempel der Weisheitserlangung 282 • Altes Observatorium 284 • Dongbianmen 285 • Ming Dynasty Citywall Relic Park 285 • Chongwenmen Protestant Church 285 • Poly Art Museum 286 • Ostgipfel-Tempel 286 • Sonnenaltar-Park 287

Im Süden bis zur Dritten Ringstraße 288
Redaktionstipps 288
• Beijing Mumingtang Ancient Porcelain Museum 288 • Panjiayuan Antiquitätenmarkt 288 • Longtan-Park 289 • Himmelstempel 290 • Pekinger Naturkundemuseum 298 • Altar des Ackerbaugottes 298 • Park des Pavillons des Frohsinns 299 • The Traditional Opera Museum of Beijing 300 • Songtangzhai Folk Carving Museum 300 • Tempel der Quelle der Buddhistischen Lehre 300 • Niujie-Moschee 302 • Park der Augenweide 303 • Museum of Ancient Pottery Civilization 304 • Beijing Liao and Jin City Wall Museum 305 • Tempel für den Ausgleich des Landes 305

Im Westen bis zur Dritten Ringstraße 306
Redaktionstipps 308
• Kulturpalast der nationalen Minderheiten 306 • China Currency Museum 306 • National Arts and Crafts Museum 308 • Chinesisches Geologisches Museum 308 • Tempel der Allumfassenden Erlösung 308 • Tempel der Kaiser der Vergangenheit 310 • Tempel der Weißen Dagoba 310 • Ehemaliger Wohnsitz von Lu Xun 311 • Pagode des Himmlischen Friedens 312 • Tempel der Weißen Wolke 312 • Capital Museum 314 • Mondaltar-Park 315 • Chinesisches Militärmuseum 315 • Millennium-Monument 316 • Yuyuantan-Park 317 • CCTV Tower 318 • Jesuitenfriedhof 318 • Beijing-Planetarium 318 • China Palaeozoological Hall 319 • Great View Tower 319 • Zoologischer Garten 320 • Park des Purpurbambus-Tempels 321 • Pekinger Kunstmuseum 322 • Museum for Nationalities 323 • Tempel der Fünf Pagoden 323

Sehenswürdigkeiten außerhalb der Dritten Ringstraße 325

Nördlich der Dritten Ringstraße 325
Redaktionstipps 325
• Tempel der Großen Glocke 325 • Beijing Aviation Museum 327 • Chinesisches Wissenschafts- und Technikmuseum 327 • Chinese Ethnic Culture Park 328 • Chinesisches Sportmuseum 328 • The Yan-Huang Art Museum 328 • Traditional Chinese Medicine Museum 329 • National Museum of Modern Chinese Literature 329 • China Railway Museum 329

Östlich der Dritten Ringstraße 330
Redaktionstipps 330
• Chinesisches Landwirtschaftsmuseum 330 • Chaoyang Park 330 • Beijing Jintai Art Museum 332 • Beijing Museum of Aeronautic and Astronautic Models 333 • He Yang & Wu Qian Modern Art Gallery 333 • China Red Sandalwood Museum 333

Südlich der Dritten Ringstraße 334
Redaktionstipps 335
- Beijing Yushengtang Herbal Medicine Museum 334 • Chinesisches Raumfahrtmuseum 336 • Beijing Dabaotai Grabmuseum der Westlichen Han 336

Westlich der Dritten Ringstraße 336
Redaktionstipps 339
- Tempel der Menschlichen Langlebigkeit 336 • Marco-Polo-Brücke 338 • Heldenfriedhof Babaoshan 341 • Tempel des Gesetzesmeeres 341 • Grab des Eunuchen Tian Yi 342 • Acht große Sehenswürdigkeiten 342 • Tuancheng Ausstellungshalle 347 • Park der Duftenden Berge 347 • Tempel der Azurblauen Wolke 350 • Botanischer Garten 353 • Tempel des Schlafenden Buddha 354 • Beijing-Universität 356 • Arthur M. Sackler Museum of Art and Archaeology 356 • Alter Sommerpalast 357 • Sommerpalast 361 • Design-Museum 373

Sehenswürdigkeiten in der Umgebung von Peking 374

Große Mauer (Chang Cheng) 374
Redaktionstipps 374
- Große Mauer beim Juyong-Pass 380 • Große Mauer in Badaling 381 • Große Mauer bei Huanghuacheng 383 • Große Mauer in Mutianyu 383 • Große Mauer bei Jinshanling 384 • Große Mauer in Simatai 385

Im Norden 386
Redaktionstipp 387
- Fenghuang Mountain mit Drachenquellen-Tempel 386 • Jiufeng Forest Park 386 • Panzermuseum 386 • Kangxi-Grassland 387 • Longqing-Schlucht 387 • Chinesisches Luftfahrtmuseum 388 • Silver Mountain Pagoda Forest 388 • Dreizehn Ming-Gräber 389 • Tempel der Roten Spiralmuschel 404 • See der Flugente 405 • Tal des Himmelsteichs 406 • Wolkenumhangene Berge 406 • Teich des Weißen Drachen 406

Im Osten 407
Redaktionstipps 407
- Hudongshui-Landschaftsgebiet 407 • Goldsee-Park 407 • Östliche Qing-Gräber 408

Im Süden 414
- Yan Capital Site Museum of Western Zhou Dynasty 414

Im Westen 414
Redaktionstipps 415
- Westliche Qing-Gräber 415 • Fundstätte des Peking-Menschen 418 • Tempel der Wolkenwohnung 420 • Shangfang-Gebirge mit Yunshui-Höhle 421 • Silberfuchshöhle 422 • Gushanzhai 422 • Zehn Fähren 423 • Steinblumenhöhle 424 • Tempel des Weihealtars 424 • Drachenteich- und Maulbeerbaum-Tempel 426 • Cuan Di Xia 428 • Tempel der Großen Bewusstwerdung 429

Organisierte Touren	**430**
Mit dem Bus	430
Mit der Rikscha	430
Mit dem Boot	431
Programmvorschläge	**431**
Programmvorschläge für einen eintägigen Aufenthalt	432
Programmvorschläge für einen zweitägigen Aufenthalt	432
Programmvorschläge für einen dreitägigen Aufenthalt	433
Programmvorschläge für einen viertägigen Aufenthalt	433
KAPITEL 4: **ANHANG**	**434**
Literaturverzeichnis	435
Stichwortverzeichnis	440

Außerdem weiterführende Informationen zu folgenden Themen

• Marco Polo (vermutlich 1254-1324)	17
• Mao Zedong (1893-1976)	21
• Deng Xiaoping (1904-1997)	24
• Kaiser Kangxi (1654-1722)	31
• Puyi (1906-1967) – der letzte Kaiser Chinas	32
• Peking 2008 – die Olympischen Spiele	35
• Zum Staunen und Nachdenken	54
• Frühe Klassische Dichtkunst	67
• Die Peking-Oper richtig deuten	70
• Feng Shui	77
• Peking-Ente	102
• Hundertjährige Eier	104
• Tee – das Nationalgetränk Nummer 1	106
• Handeln	205
• Künstlerviertel	214
• Die Grundpfeiler der klassischen Geomantik	224
• Hutong	262

Verzeichnis der Karten und Grafiken

Die historische Stadtentwicklung Pekings	27
Olympische Austragungsstätten in Peking	36/37
Distrikte und Kreise	39
Klimadaten	41
Hotels	176/177
Das Stadtzentrum	221
Kaiserpalast	225

Der Platz des Tores des Himmlischen Friedens	237
Nordsee-Park	249
Im Norden bis zur Dritten Ringstraße	262/263
Lamakloster	274
Im Osten bis zur Dritten Ringstraße	283
Im Süden bis zur Dritten Ringstraße	290/291
Himmelstempel	292
Im Westen bis zur Dritten Ringstraße	306/307
Nördlich der Dritten Ringstraße	326/327
Östlich der Dritten Ringstraße	330/331
Südlich der Dritten Ringstraße	334/335
Westlich der Dritten Ringstraße	337
Lugou – Marco-Polo-Brücke	338/339
Die Westberge – Übersicht	340
Acht große Sehenswürdigkeiten	344
Park der Duftenden Berge	348
Tempel des Schlafenden Buddha	354
Alter Sommerpalast	358/359
Sommerpalast	364/365
Gesamtverlauf der Großen Mauer	374/375
Sehenswürdigkeiten in der Umgebung von Peking	376/377
Typischer Aufbau einer Grabanlage der Ming	391
13 Ming-Gräber	393
Unterirdisches Ming-Grab am Beispiel Dingling	400
Östliche Qing-Gräber	409
Westliche Qing-Gräber	416
Fundstätte des Peking-Menschen	419
Tempel des Weihealtars	425
Drachenteich- und Maulbeerbaum-Tempel	427

Umschlagkarten

vordere Umschlagklappe: Innenstadt
Buchrückseite: U-Bahn-Plan

Legende

- ★ Sehenswürdigkeit
- ☦ Kirche
- ♟ Denkmal
- ☪ Moschee
- 🛕 Pagode/Tempel
- Ω Höhle
- M Museum
- T Theater
- Ⓜ U-Bahnstation

So geht's

*Das Buch ist so aufgebaut, dass dem Reiseteil ein **Überblick** in Geschichte und Kultur sowie andere Aspekte des Reiseziels vorausgeht (Kapitel 1). Dem Überblick folgen **Allgemeine Tipps von A-Z** zur Planung und Ausführung der Reise und **Regionale Reisetipps von A-Z** zu Peking (Kapitel 2). In den **Grünen Seiten** wird kurz aufgelistet, was Sie Peking kostet.*

*Im Anschluss folgt der Reiseteil (Kapitel 3), in dem auf alle wichtigen Sehenswürdigkeiten in und um Peking eingegangen wird. Ein ausführliches **Register** im Anhang gibt Ihnen die Möglichkeit, schnell und präzise den gesuchten Begriff zu finden (Kapitel 4).*

Wir freuen uns über Kritik, Anregungen und Verbesserungsvorschläge:
info@iwanowski.de

KAPITEL 1:
STADT & LEUTE

Vorwort

Maos Erben haben das äußere Erscheinungsbild Beijings (Pekings) seit dem Tod des großen Vorsitzenden grundlegend verändert und somit auch den Charakter der chinesischen Hauptstadt. Das politische und kulturelle Zentrum Chinas pulsiert vor Leben, abgestreift ist das Alltagsgrau vergangener Jahrzehnte. Wo noch vor wenigen Jahren planwirtschaftliche Strukturen das Leben der Menschen in allen Belangen bestimmten, sind heute Eigeninitiative und Kreativität gefragt. Maos blaue Einheitskluft ist out, westlicher Modechic in. Und wer hart arbeitet – oder über die entsprechenden Beziehungen verfügt –, kann und darf es sich erlauben, seinem neuen Lebensgefühl frei Ausdruck zu verleihen. Doch nicht nur die Menschen, auch die Stadt präsentiert sich zusehends in einem neuen Gewand, auf dem Altvertrautes bald nur noch, Applikationen gleich, zu erahnen sein dürfte.

Das angeschlagene Tempo des Neubeginns mutet atemberaubend an, doch scheint man die Fehler der Anfangsjahre erkannt zu haben und sich darauf zu besinnen, dass es trotz aller notwendigen Modernisierung gleichzeitig der Erhaltung der alten Kulturdenkmäler und -schätze bedarf. Auch das beschauliche Alltagsleben scheint auf den ersten Blick fast gänzlich verloren gegangen zu sein, wer jedoch näher hinblickt und jenseits der ausgetretenen Touristenpfade die Metropole durchstreift, wird noch vielerorts Szenen gewahr, wie er sie von alten Filmen oder Bildern her kennt.

Seit dem Zuschlag für die Olympischen Spiele 2008 verändert sich die Stadt wie nie zuvor. Beijing erfindet sich quasi neu, wodurch der Besucher gegenwärtig in ein Spannungsfeld zwischen Alt und Neu gerät, miterlebt, wie eine Gesellschaft alte Fesseln zu sprengen bemüht ist. Dank des überaus weit entwickelten Pragmatismus versteht es jedoch nahezu jeder, die Nischen, die Gunst der Stunde für sich zu nutzen, auch wenn Konflikte dabei nicht ausbleiben. Sommerpalast, Kaiserpalast, Große Mauer und Himmelstempel sind ein „Muss", doch wie wäre es mit dem Besuch einer alten chinesischen Apotheke, eines alten Teehauses, einem Bummel durch die Hutong? Oder man lässt sich einfach treiben, ziellos, bereit für stets neue, unvermutete Erlebnisse. Und damit nicht nur das Auge zu seinem Recht kommt, warten zahllose Garküchen auf die Einkehr einer „Langnase" – wie wäre es am Ende des Tages mit einer knusprigen Peking-Ente?

„Quo vadis, Beijing?", fragt sich der verdutzte Beobachter angesichts des scheinbar unaufhaltsamen Hinwegwischens von Althergebrachtem und der trotz allem – oder gerade deswegen – hier und da wieder durchbrechenden uralten Traditionen, die dem Leben der Menschen in den Zeiten des Umbruchs Halt und Kraft geben.

„Quo vadis, Beijing?" Machen Sie sich auf die Spurensuche, der Weg und die Mühe lohnen sich, doch gibt es keine Garantie dafür, dass Sie die Antwort auch finden.

China/Peking auf einen Blick

Fläche	China: 9.597.995 km^2; Peking: 16.807,8 km^2
Bevölkerung	China: 1,32 Milliarden; Peking 15,38 Millionen (2005)
Bevölkerungsdichte	China: 137,5 E/km^2; Peking: 915 E/km^2
Nationalitäten	China: 92 Prozent Han-Chinesen, 8 Prozent Angehörige der 55 Nationalen Minderheiten Peking: 96 Prozent Han-Chinesen, 4 Prozent Angehörige Nationaler Minderheiten
Bevölkerungswachstum	Landesweit 0,6 Prozent
Lebenserwartung	Männer 71 Jahre, Frauen 75 Jahre
Arbeitslosigkeit	offiziell 4,2 Prozent (2005), geschätzt mindestens 10 Prozent
Bruttosozialprodukt	2006: plus 12 Prozent
Durchschnittseinkommen	China: RMB 1.100/Monat in den Städten, RMB 300 auf dem Lande; Peking: RMB 1.850/Monat
Amtssprache	Chinesisch (Mandarin)
Religion	rund 300 Millionen Buddhisten, 20 Millionen Muslime, 14 Millionen Christen
Flagge	rote Fahne mit fünf Sternen in der linken oberen Ecke
Staats- und Regierungsform	Sozialistische Volksrepublik
Parlament	Nationaler Volkskongress, bestehend aus rund 3000 Abgeordneten
Stadtverwaltung	Regierungsunmittelbare Stadt
Staatspräsident / Ministerpräsident	Hu Jintao / Wen Jiabao (Stand Ende 2007)
Parteien	Kommunistische Partei der VR China (keine Opposition)

Wichtige staatliche Feiertage	1. Mai, 1. Oktober (Gründung der Volksrepublik China)
Wirtschaft	sozialistische Marktwirtschaft chinesischer Prägung
Import	US$ 778 Milliarden
Export	US$ 974 Milliarden
Währung	Chinesischer Yuan (RMB oder CNY)
Problemfelder	Überbevölkerung, Arbeitslosigkeit, sozialer Wandel infolge der Ein-Kind-Politik und der wirtschaftlichen Neuorientierung, Kluft zwischen Arm und Reich wächst
Zeitverschiebung	plus 7 Stunden, während der Sommerzeit plus 6 Stunden
Niederschlag	593 mm
Klima	Kontinentalklima
Stadtblume	Chinesische Rose und Chrysantheme
Stadtbaum	Zypresse und Orientalische Arborvitae

Staatsflagge der Volksrepublik China ist eine rote Fahne mit fünf Sternen in der linken oberen Ecke. Der zentrale, große Stern symbolisiert die Führungsrolle der Kommunistischen Partei, die vier kleineren, ihn im Viertelkreis umgebenden Sterne stehen für die vier revolutionären Klassen: Arbeiter, Bauern, Intellektuelle und Militär. Einer neueren Deutungsvariante entsprechend, steht der große Stern indes für die größte nationale Bevölkerungsgruppe, die Han, wohingegen die vier kleinen Sterne die vier bedeutendsten nationalen Minderheiten repräsentieren, die Zhuang, Mongolen, Tibeter und Hui.

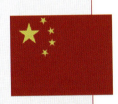

Das **Staatswappen der VR China** zeigt, gleichfalls auf rotem Grund, in der Mitte das von fünf Sternen überstrahlte Tor des Himmlischen Friedens, umgeben von einem Ährenkranz, darunter ein Zahnrad.

Historischer Überblick

Zeittafel zur chinesischen Geschichte

Chinesische Frühgeschichte

Ca. 5000 v. Chr.	Neolithische **Yangshao-** und **Longshan-Kulturen**
Ca. 3000 v. Chr.	Ära des legendären *Gelben Kaisers*, der den Chinesen neben dem *Roten Kaiser* als einer ihrer beiden Urvorfahren gilt.
Ca. 2100-1600 v. Chr.	Halblegendäre **Xia-Dynastie** – Entstehung einer bronzezeitlichen Kultur im Becken des Gelben Flusses.
Ca. 1600-1025 v. Chr.	**Shang-Dynastie** – Ab dem 14. Jahrhundert Knochen- und Schildkrötenpanzer-Inschriften in der Umgebung ihrer letzten Hauptstadt bei Anyang.
Ca. 1025-221 v. Chr.	**Zhou-Dynastie**
1025-771 v. Chr.	**Westliche Zhou** – Die ersten Inschriften auf Bronzegefäßen sowie die ältesten religiösen Hymnen des *Shijing*.
770-221 v. Chr.	**Östliche Zhou** – Nach Barbareneinfällen Verlegung der Hauptstadt nach Luoyang.
770-476 v. Chr.	**Frühlings- und Herbstperiode** – *Konfuzius* (551-479) redigiert die chinesischen Klassiker, etwa gleichzeitig entsteht der Taoismus.
475-221 v. Chr.	**Zeit der Streitenden Reiche** – Sieben Feudalstaaten kämpfen auf dem Territorium Chinas um die Vorherrschaft. Philosophen wie *Mengzi*, *Mo Di* oder *Shang Yang* treten mit neuen Lehren auf.

China zum ersten Mal geeint

221-206 v. Chr.	**Qin-Dynastie** – Nach der Unterwerfung der anderen sechs Teilreiche durch Kaiser *Qin Shi Huangdi* („Erster erhabener Kaiser der Qin") ist China zum ersten Mal geeint. Die Teilstücke der Großen Mauer werden miteinander verbunden, in der Nähe seiner Hauptstadt Xianyang (nahe Xi'an) arbeiten Hunderttausende an seiner Mausoleumsanlage, zu der die weltberühmte Terrakotta-Armee gehört. Erzürnt darüber, dass ihm die konfuzianischen Gelehrten nicht das „Wasser des Lebens" herbeischaffen konnten und aufgrund ihrer andersartigen Staatsauffassung, findet 213 auf Geheiß des Kaisers die erste Bücherverbrennung (nämlich der konfuzianischen Schriften) der Menschheit statt, zudem lässt er 460 der Gelehrten lebendig begraben. *Qin Shi Huangdi* veranlasst die Vereinheitlichung der Schrift, der Maße und Gewichte sowie der Spurweite, außerdem die Schaffung eines Kalenders.
206 v. Chr.- 8 n. Chr.	**Westliche Han-Dynastie** – Verlegung der Hauptstadt nach Chang'an, dem heutigen Xi'an. Die konfuzianische Schule erlebt eine Renaissance, der Historiker *Sima Qian* (145-86) zeichnet die chinesische Geschichte auf.

I. Stadt & Leute: Historischer Überblick

9-23	**Xin-Dynastie** – Kurzes Zwischenintermezzo unter dem Kaiser *Wang Mang*, der dem ehemaligen Han-Adel alle Titel nimmt.
25-220	**Östliche Han-Dynastie** – Nach der Verlegung der Hauptstadt nach Luoyang dringen die Han auf ihren Eroberungszügen nach Zentralasien und Annam (= Vietnam) vor. Über die Seidenstraße gelangt der Buddhismus verstärkt nach China.
220-280	**Zeit der Drei Reiche** (*San Guo*) – Das Imperium der Han zerfällt in drei Teilreiche: **Wu** (220-280), **Wei** (220-265) und **Shu** (220-261).
265-420	**Jin-Dynastie**
265-316	**Westliche Jin-Dynastie** – Hauptstadt ist bis 311 Luoyang, nach deren Fall Chang'an; Aufstände und Naturkatastrophen prägen diese Periode, doch werden in ihr viele buddhistische Schriften ins Chinesische übersetzt.
317-420	**Östliche Jin-Dynastie** – Verlegung der Hauptstadt nach Nanjing, wobei sich ihre Macht vornehmlich auf Südchina beschränkt.
304-439	**Zeit der Sechzehn Königreiche** – In Nordchina wechseln sich Nomadenfürsten in kurzer Reihenfolge an der Macht ab, Instabilität, Flucht und Elend sind die Folgen. Die von Kaufleuten mit ins Land gebrachten buddhistischen Mönche gründen zahlreiche Klöster, so entstehen u.a. die ersten Höhlentempel von Dunhuang (in der westchinesischen Provinz Gansu).
420-589	**Nord- und Süd-Dynastien** – Verschiedene Dynastien lösen einander im Norden bzw. Süden ab oder regieren nebeneinander, geistiges und kulturelles Leben blühen dennoch weiter, wobei Buddhismus und Taoismus den Konfuzianismus immer weiter zurückdrängen. Erste Arbeiten an den buddhistischen Grotten von Longmen (bei Luoyang, Provinz Henan) und Yungang (bei Datong, Provinz Shanxi). Im Norden herrschen **Nördliche Wei** (386-524), **Östliche Wei** (534-550), **Westliche Wei** (535-557), **Nördliche Qi** (550-577) und **Nördliche Zhou** (557-581). Im Süden folgen einander **Song** (420-479), **Qi** (479-502), **Liang** (502-557) und **Chen** (557-589).
581-618	**Sui-Dynastie** – Im Jahr 589 gelingt es der in Chang'an residierenden Dynastie die Chen in Nanjing zu schlagen und so

Zerfall des gesamtchinesischen Reiches

Nördliche und südliche Dynastien

Chinas Blütezeit

das Reich nach gut dreieinhalb Jahrhunderten der Zersplitterung wieder zu einen. Durch den Bau des Kaiserkanals, der Norden und Süden miteinander verbindet, wird ein bis dahin ungekannter Warenaustausch möglich.

618-907 **Tang-Dynastie** – Während dieser Jahrhunderte erlebt die chinesische Kultur ihre Blütezeit, die Hauptstadt Chang'an wächst zur größten Stadt der Welt heran (Schätzung: bis zu zwei Millionen Einwohner), gleichzeitig erfährt das Reich seine bis zu diesem Zeitpunkt größte territoriale Ausdehnung, es erstreckt sich bis Tibet und Afghanistan, Vietnam und Korea. Der Buchdruck wird erfunden, der Buddhismus steigt zur wichtigsten Religion auf, wird jedoch in den Jahren 842-45 ebenso geächtet, wie alle anderen fremden Religionen, die Klöster werden weitestgehend aufgelöst, ihr Vermögen eingezogen, und die Mönche müssen ins alltägliche Berufsleben zurückkehren. Anschließend setzt der langsame Zerfall des Reiches ein.

Glückbringendes Fabelwesen

907-960 **Fünf Dynastien** (*Wudai*) – Abermals zerfällt das Reich, im Norden entstehen von Kriegsherren ausgerufene kurzlebige Dynastien.

902-979 **Zehn Königreiche** – Anders als im Norden, wo sich die einzelnen Herrscherhäuser bekriegen, bleibt es im Süden trotz der Zersplitterung in zehn voneinander unabhängige Königreiche weitestgehend friedlich, was Handel und Kultur zugute kommt. Das erste helle Porzellan entsteht, die ersten Vorläufer des Papiergeldes tauchen auf.

907-1125 **Liao Qidan** – Das türkisch-mongolische Reich der Qidan weitet seinen Herrschaftsbereich über die ganze Innere Mongolei, die Mandschurei und später über Teile Nordchinas aus.

960-1279 **Song-Dynastie**
960-1127 **Nördliche Song-Dynastie** – Der in Kaifeng residierenden Dynastie gelingt es nach und nach den Süden zu einen und dem Reich anzuschließen, der Norden dagegen bleibt in den Händen von Fremdvölkern, denen man Tribut leistet. Neuauslegungen der konfuzianischen Schriften von Seiten der Gelehrten lassen den Neokonfuzianismus entstehen, gleichzeitig blühen Malschulen auf.

I. Stadt & Leute: Historischer Überblick

	Als 1127 die Nüzhen, ehemals ein Vasallenvolk der Qidan, die Hauptstadt Kaifeng erobern, bedeutet dies das Ende der Nördlichen Song-Dynastie
1127-1279	**Südliche Song-Dynastie** – Ein nach Süden geflohener Bruder des Kaisers gründet in Nanjing die neue Dynastie, die Hangzhou zu ihrer Hauptstadt ausruft. Wirtschaftlich blüht der Süden weiter auf, der Überseehandel nimmt zu.
1032-1227	**Westliche Xia-Dynastie** – Das von den Tanguten im Nordwesten Chinas gegründete Reich attackiert immer wieder die Song und wird 1227 von *Dschingis Khan* (1162-1227) annektiert.
1115-1234	**Jin-Dynastie** – Das von den tungusischen Nüzhen gegründete Reich beendet 1127 die Herrschaft der Nördlichen Song-Dynastie, wird jedoch 1215 seinerseits von den Mongolen unter *Dschingis Khan* niedergeworfen.
1271-1368	**Yuan-Dynastie** – Bereits 1260 hatte *Dschingis Khans* Enkel *Kublai Khan* (1215-1294) Peking zur Hauptstadt seines Mongolen-Reiches gemacht, 1271 ruft er dort die Yuan-Dynastie aus, die 1279 die Südliche Song-Dynastie endgültig schlägt. Es entsteht das territorial bisher weltweit größte Reich. Jedoch zerfällt es rasch wieder, zumal es den Mongolen nicht gelingt, das hoch zivilisierte Agrarland China angemessen zu verwalten und zu regieren. Religiös tolerant, fördern die Mongolen vor allem den Lamaismus und nehmen **Kontakt zu vielen Teilen der Welt** auf, so u.a. auch zu *Marco Polo*, der in den Jahren 1275-1291 im Dienste *Kublai Khans* steht. Die Herstellung des Papiergeldes beginnt.

Fremdherrschaft der Mongolen

INFO

Marco Polo (vermutlich 1254-1324)

1271 trat der venezianische Kaufmannssohn *Marco Polo* zusammen mit seinem Vater *Nicol* und seinem Onkel *Maffeo* die beschwerlich Reise gen Osten an.

Dreieinhalb Jahre waren sie unterwegs ehe sie Shangdu erreichten, die Sommerresidenz von *Kublai Khan*, in dessen Dienste sie traten. Während seines **siebzehnjährigen Aufenthaltes** am Hofe des Großkhans unternahm *Marco Polo* zwei ausgedehnte Reisen in den Südosten und Süden des Reiches. Auf ihnen sammelte er umfangreiche Kenntnisse über Land und Leute, deren Sitten und Bräuche, Staatsorganisation und Gewohnheiten er ebenso aufzeichnete wie seine Beobachtungen an der einheimischen Tierwelt. Gleichfalls entwickelte er ein scharfes Auge für die Kunst.

> **INFO**
>
> In die Heimat zurückgekehrt, schenkte man den Berichten *Marcos* wenig Glauben, zu fantastisch klangen seine Erzählungen, die sich im Laufe der Zeit jedoch als weitestgehend authentisch herausstellen sollten. Vor allem seine „Beschreibung der Welt" erregte Aufsehen.

Wiedererstarken des Chinesentums	1368-1644	**Ming-Dynastie** – Der Bettelmönch *Zhu Yuanzhang*, der an der Spitze der Aufstandsbewegung gegen die Yuan-Dynastie gestanden hat, verlegt nach deren Sturz die Hauptstadt wiederum nach Nanjing, er selbst wird erster Kaiser der neu gegründeten Dynastie. Die Ausbildung der Beamten erfolgt nunmehr wiederum auf der Basis der konfuzianischen Schriften, die Eunuchen am Kaiserhof gelangen allmählich zu immer mehr Macht. Zum Schutz gegen die immer wieder von Norden her, u.a. gegen Peking, das von *Zhu Yuanzhangs* Nachfolgern wieder zur Hauptstadt ernannt worden ist, vorstoßenden Mongolen, wird der Wiederaufbau und Ausbau der Großen Mauer veranlasst. Gleichzeitig unternimmt man große Überseeexpeditionen bis nach Afrika und Arabien, weiß-blaues Porzellan wird immer begehrter, und die Romanliteratur erlebt ihre Blütezeit. **Aufstände und Bauernrevolten** läuten das Ende der Dynastie ein, Cliquenkämpfe zwischen Beamten und Eunuchen verschärfen die Lage zusätzlich. Zudem ist dem chinesischen Reich in der Mandschurei ein äußerer Feind erwachsen, wo Nachkommen der tungusischen Stämme und Teile der aus China vertriebenen Mongolen leben. Sie nutzen die Gunst und stürzen das im Chaos versunkene Herrscherhaus.
Vorherrschaft der Mandschuren	1644-1911	**Qing-Dynastie** – Während sich der letzte Ming-Kaiser aus Angst vor den anrückenden Aufständischen am Fuße des Kohlehügels selbst erhängte, dauert es anschließend noch fast vier Jahrzehnte, ehe es dem neuen Herrscherhaus gelingt, das ganze Reich unter seine Herrschaft zu bringen. Auch wenn die Verwaltung mandschurisch-chinesisch geführt wird, d.h. die wichtigsten Ämter von je einem Mandschuren und einem Chinesen bekleidet werden, so führen sich die Mandschuren dennoch als Herrenrasse auf, was sie in den Augen der Chinesen mehr und mehr zu Fremdherrschern macht. Unter den ersten Kaisern blüht das Land zunächst noch einmal auf, Kanäle und Dämme gegen die riesigen Überschwemmungen werden gebaut, der Handel belebt sich, Kunst und Literatur werden gefördert und steigen zu neuen Höhen auf. Missionare kommen ins Land und sind als Berater am Hofe gerne gesehen.

Der innere Frieden führt zu einem enormen Bevölkerungswachstum, das bereits gegen Ende des 18. Jh. das Land in Armut und Elend stürzt. Bis zu diesem Zeitpunkt spielt der Überseehandel eine völlig untergeordnete Rolle, mit dem Auftauchen der westlichen Handelsmächte in Fernost ändert sich die Situation schlagartig.

Dongsi-Ehrenbogen – historische Aufnahme

Die Chinesen haben den imperialistischen Bestrebungen der Fremdmächte nichts entgegenzusetzen, sodass das Ende der Qing-Dynastie vorgezeichnet ist. Ebenfalls innenpolitisch gärt es gewaltig, religiöse Sekten und Geheimbünde haben enormen Zulauf, der 1850 zum **Taiping-Aufstand** führt. Das Land wird in einen Bürgerkrieg hineingerissen, der erst 1864

Goldfish Lane – historische Aufnahme

mit Hilfe der Westmächte niedergeschlagen werden kann. Die von den Militärs geforderten Reformen werden vom Kaiserhof zunächst abgelehnt. Erst 1898 leitet der junge Kaiser *Guangxu* Reformen ein, die aber bereits nach 103 Tagen von der Kaiserinwitwe *Cixi* und ihren konservativen Hofschranzen rückgängig gemacht werden („Reform der hundert Tage").

Neben zahlreichen Naturkatastrophen ist es der erneut aufflammende Hass gegen alles Fremde, der im Jahre 1900 zum **Boxeraufstand** führt, in dem die chinesische Regierung den Westmächten den Krieg erklärt, woraufhin das europäische Gesandtschaftsviertel in Peking belagert wird.

Dr. Sun Yat-sen – historische Aufnahme

Der von einer internationalen Expeditionsarmee schnell niedergeschlagene Aufstand nötigt den Chinesen weitere Zugeständnisse und eine hohe Kriegsentschädigung ab.

Die Entwicklung im Süden des Landes ist anders, offener, sodass sich die meisten Provinzgouverneure von Peking lossagen und 1911 *Dr. Sun Yat-sen* zum provisorischen Präsidenten der Republik wählen, der das Amt an *Yuan Shikai* weitergibt. Dieser bewegt die Mandschu- Dynastie zur Abdankung und wird im **Februar 1912 erster Präsident der Republik China**.

1912-1949	**Republikanische Periode** - *Yuan Shikais* Bestreben ist die Gründung einer eigenen Dynastie, doch muss er noch vor seiner geplanten Inthronisierung im Jahre 1915 auf Druck vom Aus- und Inland hin diesen Schritt zurücknehmen; ein Jahr später stirbt er. In den Jahren 1911-1927 versinkt das Reich in einen Bürgerkrieg, der tiefes Elend über das Land bringt. Als man die an China für seine Kriegserklärung gegenüber dem Deutschen Reich versprochenen ehemaligen deutschen Gebiete den Japanern zuspricht, entwickelt sich in der intellektuellen Bevölkerungsschicht ein starkes Nationalbewusstsein. Die „**4. Mai-Bewegung**" sagt dem Konfuzianismus und den alten Traditionen den Kampf an.
Entstehung der Kommunistischen Partei Chinas	Aus dieser Bewegung geht 1921 die in der Nähe von Shanghai gegründete **Kommunistische Partei Chinas (KPCh)** hervor. Der vor *Yuan Shikai* ins Ausland geflohene *Dr. Sun Yat-sen* kehrt zurück und wendet sich, da er von den USA keine Unterstützung erhalten hat, an die Sowjetunion, die ihm mit politischen und militärischen Beratern beim Aufbau der **Nationalen Volkspartei (Guomindang)** in Guangzhou behilflich ist. Das 1923 mit der KPChs geschlossene Bündnis zur Durchsetzung von Nationalismus, Demokratie und sozialer Gerechtigkeit hält zwar bis 1927, doch bereits nach *Dr. Sun Yat-sens* Tod 1925 setzen Flügelkämpfe innerhalb der Partei ein. *Chiang Kai-shek*, der Kommandant der Militärakademie der Guomindang, erhält den Auftrag, das Reich wieder zu vereinigen. Ab 1926 gelingt es ihm, mit Unterstützung der Kommunisten den Süden und die Mitte Chinas zu erobern und

die Warlords in den Norden abzudrängen, Wuhan wird neuer Regierungssitz. 1927 bricht *Chiang Kai-shek* das Bündnis mit den Kommunisten und schließt sich mit den Großindustriellen zusammen, denen er den Erhalt ihres Eigentums zusichert. Die KPCHs wird verboten, ihre Anhänger werden verfolgt, die sowjetischen Berater ausgewiesen.

Nach dem kampflosen Fall Shanghais besetzen im Juni 1928 *Chiang Kai-sheks* vorrückende Truppen Peking, Sitz der nationalistischen Regierung bleibt jedoch Nanjing. *Chiang Kai-shek* erhält vor allem Unterstützung vom Westen, der ihn als Bollwerk gegen das erstarkende Japan aufbaut. Jedoch führt er die versprochenen Reformen, insbesondere für die Bauern, nicht durch, was die Landbevölkerung in die Arme der Kommunisten treibt.

1927 gründen *Zhou Enlai* und *Zhu De* zusammen mit **Mao Zedong** im Jinggang-Gebirge (zwischen den Provinzen Hunan und Jiangxi) die **Rote Armee**, mit deren Unterstützung sie eine Chinesische Sowjetrepublik ausrufen. Gegen die Armee geht die Guomindang ab 1930 in insgesamt fünf Umschließungsfeldzügen vor, bis es *Chiang Kai-shek* 1934 endlich gelingt, diese Gebiete zu erobern. Nur mit Mühe gelingt es der Roten Armee, der Umzingelung zu entkommen. Doch von den rund 300.000 Menschen, die sich auf den legendären **Langen Marsch** machen, überleben nur etwa zehn Prozent die Strapazen der 12.000 km bis in den Nordwesten der Provinz Shaanxi. In Yan'an schlägt *Mao*, der mittlerweile die Führung der Partei übernommen hat, sein Hauptquartier auf. 1931/32 besetzen die Japaner die Mandschurei und rufen den unabhängigen Staat Mandschuguo aus, als dessen Marionettenkaiser sie *Puyi*, den letzten Qing-Kaiser, einsetzen.

Markt in Tianqiao – historische Aufnahme

Maos Langer Marsch

Mao Zedong (1893-1976)

INFO

Im Jahre 1893 als Sohn einer recht wohlhabenden Bauernfamilie in Shaoshan, Provinz Hunan, geboren, durchlief der junge Mao eine konfuzianische Ausbildung, doch widersetzte er sich den – seiner Meinung nach – überkommenen Gepflogenheiten und lehnte u.a. eine von seinen Eltern arrangierte Heirat ab.

INFO

Mit neuartigem Gedankengut kam er auf der Schule in Changsha in Berührung: 1924 legte er sein Examen ab, wobei er sich intensiv mit Geschichte und Philosophie beschäftigte, aber auch bereits politisch tätig war. An der Universitätsbibliothek von Peking war er noch vor seiner Lehrertätigkeit in Changsha (ab 1919) mit marxistischer Literatur in Berührung gekommen, und als 1921 in Shanghai die Kommunistische Partei Chinas (KPCh) gegründet wurde, war *Mao* einer der dreizehn Delegierten des ersten Parteitages. Noch im selben Jahr heiratete er die ebenfalls politisch aktive *Yang Kaihui* und organisierte in der Folgezeit in seiner Heimat revolutionäre Bauernverbände, außerdem stand er bis zum Bruch mit der Guomindang im Jahre 1927 dem „Komitee für Bauernbewegung" vor.

Das Porträt des Staatsgründers Mao Zedong blickt vom Tian'anmen herab auf den Platz des Himmlischen Friedens

Anders als die klassische marxistisch-leninistische Lehre kam *Mao* zu der Überzeugung, dass nicht das städtische Proletariat, sondern die **Bauern die Träger der Revolution** sein müssten. Als jedoch der von ihm 1927 in Hunan angeführte Bauernaufstand scheiterte, musste er in die gebirgige Grenzregion an der Grenze zu Jiangxi fliehen, wo er zusammen mit anderen kommunistischen Verbänden Guerillabasen und Rätegebiete gründete. 1930 wurde auf Geheiß des Provinzgouverneurs seine Frau hingerichtet, woraufhin *Mao* eine neue Ehe mit *He Zizhen* einging, die ihn und die Rote Armee ab 1934 auf dem Langen Marsch nach Nordchina begleitete.

Mao wurde während dieses Gewaltmarsches zum Führer der KPChs gewählt und konnte seine politische Position durchsetzen. 1938 lernte *Mao* die Schauspielerin *Jiang Qing* kennen, die er nach seiner Scheidung von seiner zweiten Frau heiratete.

Nach dem Ende des Zweiten Weltkrieges zwangen *Maos* Truppen die Guomindang immer mehr in die Defensive. Nach deren Flucht nach Taiwan und der Ausrufung der Volksrepublik am 1. Oktober 1949 vom Tor des Himmlischen Friedens wurde *Mao* Vorsitzender des „Zentralen Volksregierungsrates und des Revolutionären Militärrates".

Die parteiinternen Auseinandersetzungen mit seinen Widersachern ließen ihn 1966 die von den Massen gestützte „Große Proletarische Kulturrevolution" ausrufen, während derer seine Frau zunehmend Einfluss auf die politische Linie der KPChs erlangte.

> Als *Jiang Qing* nach dem Tode ihres Mannes am 9. September 1976 an der Spitze der Viererbande zum Staatsstreich ausholte, begann nach deren Inhaftierung auch die Abrechnung mit der Politik *Maos*, wobei jedoch die Leistungen des Parteivorsitzenden – vor allem während der Aufbaujahre der Volksrepublik – selbst von seinen Gegnern nicht bestritten werden.

In den Folgejahren setzen die Japaner ihren Marsch nach Süden und Westen weiter fort, woraufhin sich die Kommunisten dazu durchringen, die Nationalisten zu einer Einheitsfront gegen die Japaner zu bewegen. Der am 7. Juli 1937 erfolgte Schusswechsel zwischen Chinesen und Japanern an der Marco-Polo-Brücke bei Peking wird von letzteren zum Anlass genommen, weiter in Richtung Shanghai und Nanjing vorzustoßen, woraufhin die Nationalregierung ihre Hauptstadt über Hankou nach Chongqing verlegt. Die Japaner erobern rasch den ganzen Ostteil, sodass die Westhälfte des Landes nur noch über die Birmastraße und die Luft versorgt werden kann. Das Bündnis zwischen Kommunisten und Nationalisten bricht ab 1939 zusehends auseinander, und als *Chiang Kai-shek* nach dem Überfall der Japaner auf Pearl Harbor von den Alliierten starke militärische Unterstützung erhält, setzt er einen Gutteil seiner Armee gegen die Kommunisten ein.

Qianmenwai Dajie – historische Aufnahme

Nach dem Ende des Zweiten Weltkrieges gelingt es den Nationalisten nicht, eine funktionierende Verwaltung in den von den Japanern geräumten Gebieten aufzubauen, was immer mehr Menschen in das Lager der Kommunisten überlaufen lässt. Dank der von den Japanern im Norden zurückgelassenen Waffen kann die **Rote Armee** im **September 1948** zu einer letzten **großen Offensive** starten und im Laufe eines Jahres den ganzen Norden erobern, woraufhin *Chiang Kai-shek* mit seiner Regierung, dem Staatsschatz und vielen seiner Anhänger nach Taiwan flieht. Am 1. Oktober 1949 ist *Mao Zedong* am Ziel seiner Träume: Vom Tor des Himmlischen Friedens in Peking ruft er die **Volksrepublik China** aus.

Ausrufung der Volksrepublik China

1949-heute **Die Volksrepublik China** – Bis 1952 können dank sowjetischer Hilfe der Wiederaufbau, die Verstaatlichung und Bodenreform weitestgehend abgeschlossen werden, zivile Staats- und Parteiorgane übernehmen von der Volksbefreiungsarmee die Verwaltung. 1953 tritt der erste Fünfjahresplan in Kraft, im **September 1954** wird auf dem 1. **Nationalen Volkskongress** die **Verfassung der VR China** verabschiedet. Als im Rahmen der Kampagne „Lasst hundert Blumen blühen" Kritik an der KPChs laut wird, folgt eine Bewegung gegen so genannte ‚Rechtsabweichler'.

Die im Februar 1958 eingeleitete Phase der „Drei Roten Banner" stürzt das Land, das mit der Sowjetunion gebrochen hat, in eine gefährliche Wirtschaftskrise, von der sich das Land bis 1966 relativ gut erholt. Die vom **Mai 1966 bis Oktober 1976 wütende Kulturrevolution** jedoch führt das Land an den Rand des Abgrunds, die Roten Garden zerschlagen nahezu alles, was in den Verdacht des Feudalismus gerät, die Intelligenz wird zu Fronarbeiten aufs Land verbannt oder umgebracht.

Tod Maos und Zhou Enlais

Als 1975 Ministerpräsident *Zhou Enlai* schwer erkrankt, übernimmt *Deng Xiaoping* die Amtsgeschäfte und bemüht sich, die Fehler der Kulturrevolution zu korrigieren. Nach dem Tode *Zhou Enlais* im Januar 1976 werden während des Qing-Ming-Festes im April bei einer Massenkundgebung im Gedenken an *Zhou Enlai* auf dem Tian'anmen-Platz Proteste gegen die Gruppe um *Jiang Qing* (zweite Frau *Maos*) laut. *Deng Xiaoping* wird daraufhin abgesetzt. Im September stirbt *Mao Zedong*, woraufhin die **Viererbande** unter *Jiang Qing* zum **Staatsstreich ausholt**, jedoch im Oktober gestürzt und inhaftiert wird, was gleichzeitig das Ende der Kulturrevolution bedeutet. *Hua Guofeng* wird Erster Stellvertretender Vorsitzender des Zentralkomitees und Ministerpräsident des Staatsrates, im November 1980 tritt er von seinen Ämtern zurück. Nachfolger werden als Parteivorsitzender *Hu Yaobang* und als Ministerpräsident des Staatsrates *Zhao Ziyang*, die als Pragmatiker und Anhänger *Zhou Enlais* gelten und die 1978 auf der 3. Plenartagung des XI. Zentralkomitees der KPChs eingeleiteten Reformen vorantreiben.

INFO

Deng Xiaoping (1904–1997)

Am 22. August 1904 als *Deng Xixian* im Dorf Paifang in der Provinz Sichuan als eines von sieben Kindern der Familie geboren, beschäftigt er sich schon während seiner Schulzeit mit patriotischen Gedanken. Ab Oktober 1920 setzte er seine Ausbildung in Frankreich fort. Hier macht sich neues Gedankengut in ihm breit, mehr und mehr wendet er sich der marxistischen Ideologie zu. 1922 tritt er schließlich der „Communist Party of Chinese Youth in Europe" bei, ehe er 1924 Mitglied der KPChs wird. Während seines fünfjährigen Aufenthaltes in Frankreich vollzieht sich seine Wandlung vom Patrioten zum Marxisten. 1926 geht er zwecks weiterer politischer Ausbildung nach Moskau, wo er ein Jahr lang die Lehren des Marxismus-Leninismus studiert. Anfang 1927 kehrt er nach China zurück, gerade zu jener Zeit, als das Bündnis zwischen Kommunisten und Guomindang zerbricht. Mitte des Jahres nimmt er seinen **neuen Namen** an: *Deng Xiaoping*. Nach der Gründung der Volksrepublik China beginnt jedoch erst die eigentliche politische Karriere des kleinen Mannes, der 1954 Generalsekretär der KPChs wird.

Zweimal fällt er während der Kulturrevolution in Ungnade und muss alle politischen Ämter aufgeben. Erst 1973 gelingt es ihm wieder, auf die politische Bühne zurückzukehren. 1975 wird er wieder zum stellvertretenden Premierminister und stellvertretenden Vorsitzenden der KPChs ernannt. Innerparteiliche Rivalitäten verhindern im darauf folgenden Jahr zwar zunächst seinen – allseits erwarteten – Aufstieg zum Ministerpräsidenten, erst 1978 gelingt es ihm wieder, zur führenden Persönlichkeit Chinas aufzusteigen. Während er umgehend wirtschaftliche Reformen einläutet, hält er die Volksrepublik politisch auch weiterhin im alten Fahrwasser:

1980 übernimmt *Deng* das Amt des Vorsitzenden der Militärkommission des Zentralkomitees der KPChs und 1982 auch den Vorsitz der Zentralen Militärkommission, wodurch er Vorsitzender der Volksbefreiungsarmee wird. 1987 tritt er als Vorsitzender des Zentralkomitees zurück, bleibt jedoch weiterhin die Graue Eminenz, die den Reformkurs des Landes vorantreibt. Selbst nach den blutigen Ereignissen am Platz des Himmlischen Friedens in Peking am 4. Juni 1989, zu denen er den Befehl gab, setzt er seinen Reformkurs unbeirrt fort. Trotz dieser schweren Hypothek gelingt es ihm in den Folgejahren, China weiter zu öffnen. Seinen letzten öffentlichen Auftritt hat der gesundheitlich stark angeschlagene Reformer 1994, so dass ihm sein größter Wunsch versagt bleibt: der Besuch Hong Kongs im Rahmen der Übergabefeierlichkeiten an das Mutterland, denn nur wenige Monate vor diesem historischen Ereignis stirbt *Deng Xiaoping* am 19. Februar 1997 an Parkinson.

Die Ära Deng Xiaoping

Die schon von *Zhou Enlai* geforderten „**Vier Modernisierungen**" (Landwirtschaft, Industrie, Wissenschaft und Technik/Militär) werden eingeleitet. Die Einführung kapitalistischer Elemente in die Volkswirtschaft und das von *Deng Xiaoping* ausgegebene Motto, „erst wenige, später solle das ganze Volk reich werden", nehmen vor allem Parteikader zu wörtlich, was eine bis heute anschwellende Korruptionswelle über das Land schwappen lässt.

Als die Intellektuellen schließlich die „fünfte Modernisierung", die Einführung von mehr Demokratie, fordern, überrollen am **4. Juni 1989 Panzer der Volksbefreiungsarmee** Demonstranten am **Tian'anmen-Platz**.

I. Stadt & Leute: Historischer Überblick

Ein kurzes Ausruhen von den Sorgen und Nöten

Vor allem vom Westen daraufhin jahrelang politisch und in begrenztem Umfang auch wirtschaftlich isoliert, hält China auch nach diesem blutigen Ereignis indes an seiner maßgeblich von *Deng Xiaoping* vorangetriebenen Öffnungspolitik und Hinwendung zum Westen fest. Das Land wird auf Dauer nicht umhin können, auch politische Reformen folgen zu lassen. Größtes Hindernis auf diesem Wege dürfte neben der durch die Privatisierung fast aller Staatsbetriebe in den kommenden Jahren sprunghaft anwachsenden Arbeitslosigkeit und den damit einhergehenden, in immer weiteren Kreisen um sich greifenden sozialen Problemen die Bekämpfung der ausufernden Korruption sein, die mittlerweile nahezu alle politischen, sozialen und wirtschaftlichen Ebenen wie ein unheilbares Krebsgeschwür durchwuchert. Nur wenn es den politisch Verantwortlichen gelingt, diesem die Gesellschaft zersetzenden Unwesen Einhalt zu gebieten, kann das Land vor größeren Turbulenzen bewahrt bleiben. Angesichts der Tatsache, dass nicht zuletzt die für die Bekämpfung dieses Übels verantwortlichen offiziellen Staatsorgane in erheblichem Maße davon profitieren, kommt dieser Kampf gegen die Korruption einem Akt auf einem bereits halb durchgesägten Drahtseil gleich.

Der Reformkurs wird vorangetrieben

Der von *Jiang Zemin* und *Zhu Rongji* in den 1990er Jahren und zu Beginn des 21 Jh. vorangetriebene Reformkurs findet gegenwärtig durch die im März 2003 erfolgten Wahlen von *Hu Jintao* zum neuen Staatspräsidenten und *Wen Jiabao* zum neuen Ministerpräsidenten seine Fortsetzung. Überhaupt ist die Verjüngung der gesamten Führungsriege als klares und eindeutiges Signal für die Beibehaltung des eingeschlagenen Reformkurses zu werten. In eine neue Ära trat die Volksrepublik China am 15. Oktober 2003 ein, als sie mit *Yang Liwei* den ersten Taikonauten mit Hilfe einer chinesischen Trägerrakete in den Orbit schoss, der die Erde knapp einen Tag lang umrundete und anschließend sicher auf diese zurückkehrte.

Mag die innenpolitische Lage gegenwärtig mit vielen Fragezeichen behaftet sein, so lässt die VR China an ihrem außenpolitischen Kurs keinen Zweifel aufkommen: Ihre Entschlossenheit und das dafür erforderliche Selbstbewusstsein, das sie nach den – alles in allem problemlos verlaufenen – Wiedereingliederungen Hong Kongs (1. Juli 1997) und Macaus (20. Dezember 1999) in das Mutterland gewonnen hat, lassen bei jeder sich bietenden Gelegenheit klar erkennen, dass ihr ehrgeizigstes Ziel die Wiedereingliederung der „abtrünnigen" Provinz Taiwan ist.

Die Geschichte einer Stadt

Die frühe Besiedlung

Als man am 2. Dezember 1929 im rund 50 km südwestlich von Peking gelegenen Zhoukoudian die Schädelknochen des so genannten **Peking-Menschen** fand, wurde klar, dass die Gegend um die heutige Hauptstadt der VR China bereits vor rund 500.000 Jahren besiedelt war. Auf die Überreste einer **paläolithischen Siedlung** stieß man 1996 beim Bau der an der Chang'an Jie gelegenen Oriental Plaza im Herzen der Stadt – ein Beleg dafür, dass sich bereits vor rund 20000 Jahren Menschen an diesem Ort niedergelassen hatten.

Neolithische Gemeinschaften datieren auf die Zeit um 3000 v. Chr. zurück, die erste städtische Siedlung entstand jedoch erst gegen **1180 v. Chr.** unter dem Namen **Ji**

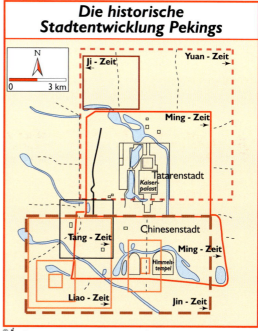

Die historische Stadtentwicklung Pekings

(*Schilf*, im heutigen Xuanwu-District) während der Zhou-Dynastie, und zwar in jener fruchtbaren Lößebene, in der später die Marco-Polo-Brücke erbaut wurde. Während der **Frühling-und-Herbst-Periode** (771-476 v. Chr.) vom benachbarten **Feudalstaat Yan** erobert und zu dessen Kapitale ernannt, lebten die hier ansässigen Menschen fortan nicht nur mehr vom Ackerbau, sondern trieben auch einen florierenden Handel mit mandschurischen und koreanischen Stämmen, wodurch sich die Stadt rasch zum bedeutenden nördlichen Vorposten der chinesischen Zivilisation entwickelte. Als schwächster der sieben Feudalstaaten zur **Zeit der Streitenden Reiche** (475-221 v. Chr.), überlebte Yan nur aufgrund ständig wechselnder Allianzen und immer wieder aufs Neue gesponnener Intrigen. Als das um des eigenen Überlebens willen gegen den Qin-König geschmiedete Mordkomplott scheiterte, war der Untergang Yans unausweichlich geworden. Zwar wurde **Ji** von *Qin Shi Huangdi* nach der Eroberung im Jahre **226 v. Chr.** zur Militärbastion gegen die Nomadenvölker im Norden ausgebaut, doch verlor es in den folgenden Jahrhunderten zusehends an Bedeutung, insbesondere nachdem während der **Han-Dynastie** die weiter im Süden (im heutigen Fangshan District) gelegene Stadt **Yanjing** dessen Stellung einnahm.

Sui-Dynastie und Tang-Dynastie

Nachdem die **Sui-Dynastie** China **589 n.Chr.** wieder vereinigt hatte, fungierte die Stadt als Ausgangspunkt für militärische Operationen gegen das koreanische Königreich Koguryo. Durch den Bau des im Jahre **605** begonnenen Kaiserkanals rückte die städtische Siedlung näher an die südlichen Regionen entlang des Huang He (Gelber Fluss) und Chang Jiang (Yangtsekiang) heran, unter der **Tang-Dynastie** wurde sie im 7. Jahrhundert in **Youzhou** umbenannt und zählte zur Blütezeit rund 100.000 Einwohner. Ein äußerst kurzes Zwischenintermezzo erlebte die Stadt **755** unter dem Namen **Dadu** („große Hauptstadt") als Hauptstadt der vom Rebellengeneral *An Lushan* ausgerufenen eigenen Dynastie. Nach dem Untergang der Tang-Dynastie besetzten die **Qidan** (= *Khitai*) den Norden des Landes und regierten ihn von Kaifeng aus als **Liao-Dynastie** bis 1125, wobei sie in der Nähe des von ihnen gegen **940** zerstörten Youzhou ihre Nebenhauptstadt namens **Yanjing** aufbauten. Diese Kapitale hatte bereits beachtliche Ausmaße: Sie wurde von einer zehn Meter hohen, zwanzig Kilometer langen, von acht Toren durchbrochenen Mauer umgeben.

Gewaltiger Ausbau der Stadt

Trommel- und Glockenturm (historische Aufnahme)

Die tungusischen **Jürchen** (*Dschurdschen*), die unter dem Namen **Jin** ein eigenes Reich gegründet hatten und zu Beginn des Jahrhunderts in China eingefallen waren, nahmen **1122** Yanjing ein und stürzten drei Jahre später die Liao-Dynastie endgültig. **1153** verlegten sie ihre Hauptstadt nach Peking, das sie in **Zhongdu** („Mittlere Hauptstadt") umbenannten. Unverzüglich begannen sie mit dem großzügigen Ausbau der Stadt, 400.000 Soldaten und doppelt so viele Zwangsarbeiter errichteten prunkvolle Paläste und erweiterten die Stadtwälle. So entstand im südlichen Teil des heutigen Peking die Kernstadt, südlich des heutigen Nordsee-Parks hingegen die so genannte „Runde Stadt" (*Tuan Cheng*) als Teil eines neuen Palastgartens. Das Stadtgebilde, in dem zu Ende des 12. Jahrhunderts rund eine Million Menschen lebten, setzte sich nunmehr aus zwei ineinander geschobenen Städten zusammen, deren Umfassungsmauern mit ihren 12 Toren auf eine Gesamtlänge von dreißig Kilometern angewachsen waren. Doch schon bald geriet die Jin-Metropole erneut ins Spannungsfeld zwischen Norden (Mongolen und Mandschuren) und Süden (Song-Dynastie).

Geburtsstunde des modernen Peking

Mongolenherrschaft

1215 überfielen die **Mongolen** die Hauptstadt ihrer Verbündeten und brandschatzten sie, ehe sie in den folgenden Jahrzehnten das ganze chinesische Reich unterwarfen. *Kublai Khan*, *Dschingis Khans* Enkel, ließ die neue Kapitale der **Yuan-**

Dynastie (1279-1368) rund um die „Runde Stadt" errichten, d.h. das Gebiet des heutigen Nordsee-Parks wurde das Zentrum von **Khanbaliq** *(Stadt des Großen Khan)* bzw. **Dadu**, wie die Stadt ebenfalls hieß. Zum ersten Mal wurde die Stadt politisches Zentrum des ganzen chinesischen Reiches. Der der Stadtplanung zugrunde liegende Masterplan der Mongolen mit seiner zentralen Nord-Süd-Achse und seinem geradlinigen, quasi schachbrettartig angelegten Straßennetz darf durchaus als **Geburtsstunde** des **moder-**

Skyline des modernen Peking

nen Peking angesehen werden. Die Weiße Dagoba im Nordsee-Park sowie der Tempel Baita Si zeugen noch heute von den damaligen Bauvorhaben, zudem veranlasste der Großkhan, den Tonghui-Kanal und die Seen nördlich des Nordsee-Parks zu vertiefen und sie mit dem Großen Kanal zu verbinden, der vom Westsee in Hanghzou bis nach Dadu führte. Dadurch wurde es den Dschunken möglich, mit den Reistributen aus Süd- und Mittelchina direkt bis zu den kaiserlichen Vorratskammern zu segeln.

Als es dem Bettelmönch *Zhu Yuanzhang* an der Spitze einer Bauernrevolte **1368** gelungen war, die Yuan-Dynastie zu stürzen und deren Fremdherrschaft zu beenden, verlegte er die neue Hauptstadt der von ihm gegründeten **Ming-Dynastie** nach Nanjing („Südliche Hauptstadt"), Dadu, das fortan **Beiping** *(Nördlicher Friede)* hieß, wurde zur Präfektur degradiert. Ein Sohn *Zhu Yuanzhangs*, Fürst **Zhu Di**, erhob sich erfolgreich gegen den – nach dem Tode des Dynastie-Gründers – in Nanjing an die Macht gekommenen Enkel *Zhus* und verlegte als 3. Ming-Kaiser *(Yongle)* 1421 die Hauptstadt wiederum nach Norden, **aus Beiping wurde nun Beijing/ Peking**. Seit diesem Zeitpunkt lässt sich auch von einer kontinuierlichen Stadtentwicklung sprechen: Die meisten der heute noch vorhandenen Paläste, Tempel und anderen Großbauten stammen aus den Anfangsjahrzehnten dieser Epoche und überdauerten alle Wirren – erst den neuzeitlichen Planungen fiel so manches zum Opfer.

Die Ming vertreiben die Mongolen

Die Anlage der Stadt – die Nordstadt...

Peking war zunächst gut ein Drittel kleiner als das alte Dadu und gliederte sich in eine Nord- und eine Südstadt, deren Trennungslinie in etwa der heutigen Qianmen Xidajie/Dongdajie entsprach. Die **Nordstadt**, „**Kaiserstadt**" **oder** „**Gelbe Stadt**" **genannt** (nicht zu verwechseln mit der Verbotenen Stadt, die Kaiser *Yongle* zwischen 1404 und 1420 hatte erbauen lassen), war der bei weitem vornehmere der beiden Teile, ein Bezirk der Paläste, Pagoden und Tempel,

Das Stadttor Andingmen – historische Aufnahme

in ihren Mauern lebten die Beamten und wohlhabenden Kaufleute, die Verwaltung war hier untergebracht und das Militär stationiert. Zahlreiche Parks mit Seen untergliederten das rund zehn Kilometer im Umfang messende nördliche Stadtgebiet. Schachbrettartig in Nord-Süd- bzw. Ost-West-Richtung angelegte Hauptstraßen durchzogen das nach den vier Himmelsrichtungen ausgerichtete Quadrat, das von einer aus gestampftem Lehm aufgeführten Mauer umschlossen wurde. Zwölf Pferde hatten auf ihrer Krone nebeneinander Platz, im Norden, Osten und Westen führten je zwei, im Süden sogar drei Tore ins Stadtinnere, wobei jede dieser Anlagen mit einem mächtigen Vor- und Aufbau bewehrt war. Angeordnet auf der Nord-Süd-Achse liegen noch heute Glockenturm, Trommelturm, Kohlehügel, Kaiserpalast (*Verbotene Stadt*), Tian'anmen-Platz und Qianmen (*Vorderes Tor*). In der Äußeren Stadt wurden – etwa im gleichen Abstand zur Achse – im Norden der Erdaltar und im Süden der Himmelstempel errichtet. Im Osten und Westen wurde die Stadt symmetrisch zur Zentralachse angelegt: Östlich von ihr befand sich vor dem Kaiserpalast der Kaiserliche Ahnentempel (heute Kulturpalast der Werktätigen), westlich der Achse der Altar des Ackerbaugottes (heute Sun Yat-sen-Park), noch weiter entfernt vom Kaiserpalast lagen das östliche (*Dongdan*) und das westliche (*Xidan*) Geschäftsviertel.

Schachbrettartige Stadtanlage

...und die Südstadt

Dagegen nahm sich die **Südstadt wie eine Unterstadt** aus und wurde während der Qing-Dynastie „**Chinesenstadt**" genannt, wohingegen die Nordstadt von ihnen selbst „Tatarenstadt" betitelt wurde. Um die wesentlich bescheideneren Quartiere der niederen Bevölkerungsschichten zog sich eine etwa 23 km lange, jedoch schwächere und niedrigere Mauer. Alle Häuser der Stadt hatten niedriger zu sein als der Kaiserpalast, sodass die meisten nur einstöckig waren, wobei zumindest jedes wichtige Gebäude nach Süden ausgerichtet war, zum einen aus klimatischen, zum anderen aber auch aus Gründen des alten Ahnenkultes und der Anbetung von Himmel und Erde.

Das Ende der Ming-Dynastie

Innere Unruhen, unter anderem ausgelöst durch die zunehmende Apathie der Herrscher, überbordende Dekadenz und korrupte Eunuchen sowie Naturkatastrophen und die Ebbe in der Staatskasse besiegelten das Schicksal der Ming-Dynastie, deren letzter Kaiser sich am **26. April 1644** an einem Baum am Fuße des Kohlehügels erhängte. Der Anführer der Bauernrevolte, *Li Zicheng*, rief sich zum **neuen Kaiser** aus, wurde jedoch bereits einen Monat später von den Mandschuren vertrieben, die Chinas letzte Dynastie, die **Qing**, gründeten. Sich wie Herrenmenschen gebärdend und in der Überzeugung, ein Volk von

Sklaven zu beherrschen, führten sie ein repressives Regime, dem entsprechend sie alle Han-Chinesen aus der Nordstadt verbannten und alle Han zwangen, als Erkennungsmerkmal einen Zopf zu tragen. Die Südstadt verkam ab 1668 quasi zum Ghetto. Die Stadtstruktur wurde beibehalten, doch entstanden weitere Palastanlagen und Tempel. Im Zuge des **Zweiten Opiumkrieges** entsandten Briten und Franzosen **1860** ein aus 17.000 Mann bestehendes Expeditionsheer nach Peking, das zwar zum Bau der Konsulate dieser beiden Länder gedacht war, jedoch brandschatzend durch die Nordstadt zog und auch den alten Sommerpalast in Schutt und Asche legte. Die Angehörigen des Kaiserhofes hatten sich rechtzeitig nach Jehol, dem heutigen Chengde, zurückgezogen, mussten den ausländischen Mächten allerdings das Gesandtschaftsviertel im Südosten der Kaiserstadt zur Verfügung stellen.

Kaiser Kangxi (1654-1722)

INFO

Der **zweite Kaiser der Qing-Dynastie**, der als siebenjähriger Knabe an die Macht kam, war einer der am längsten herrschenden Monarchen Chinas. Insgesamt **61 Jahre lang** regierte er das Land, wobei es ihm in diesem Zeitraum gelang, es nach innen und außen zu stabilisieren und es dank einer rund hundertjährigen Friedensperiode geografisch über die heutigen Grenzen hinaus auszudehnen. Er verstand es, die Kontakte mit den nicht-chinesischen Völkern, wie etwa Mongolen und Tibetern, zum gegenseitigen Nutzen auszubauen, ebenso diejenigen mit den bereits am Hofe der Ming weilenden ausländischen Missionaren.

Seine Abkehr von den am Ming-Hof praktizierten Weissagungen, Omen und anderen abergläubischen Zeichen und seine Hinwendung zum aus

Staatsminister am Qing-Hof – historische Aufnahme

der Song-Dynastie stammenden Neokonfuzianismus waren der Nährboden für ein neues geistiges Klima, das geprägt war von philosophischen, aber auch naturwissenschaftlichen Erkenntnissen. Aufgrund seiner Herkunft aus den Reitervölkern des Nordens legte er Wert auf strenge Disziplin. Um die zentrale Macht des Kaiserhofes zu sichern, ließ er Gegner erbarmungslos verfolgen, versuchte dabei aber gleichzeitig, deren Motivation für ihre Handlungen zu verstehen.

> **INFO**
>
> Er war selbstkritisch genug, um Fehler einzugestehen, wobei ihm sein Wissensdrang, das Studium unterschiedlichster Bücher, naturwissenschaftliche Beobachtungen und der Umgang mit den westlichen Missionaren neue Erkenntnisse zutrugen. Von letzteren ließ er sich in westlicher Medizin, Mathematik, Astronomie und Fertigungstechniken unterrichten, deren religiöse Dogmatik hingegen lehnte er ab. In seinem Bemühen, Vorbild zu sein, appellierte *Kangxi* an das – im kaiserlichen Rahmen – einfache Leben und die Sparsamkeit, und so unterhielt er auch „nur" 300 Frauen, von denen 30 ihm 56 Kinder gebaren.

Der Boxeraufstand

„Tod den Ausländern", so lautete die Überschrift zahlreicher Plakate, die im **Juni 1900** an vielen Wänden klebten. Aufgebracht durch das imperialistische Gehabe der ausländischen Mächte während der letzten Jahrzehnte, die den Chinesen eine Demütigung nach der anderen zufügten, rotteten sich Aufständische zusammen, die wegen ihres Nahkampfsportes von den Europäern die „Boxer" genannt wurden. Weder der Aufruf zum Boykott ausländischer Waren noch die Unterstützung durch die Qing-Regierung hatten den gewünschten Erfolg, ebenso wenig deren Kriegserklärung gegenüber den westlichen Mächten und die Belagerung des Gesandtschaftsviertels. Alliierte Truppen schlugen den **Boxeraufstand** rasch nieder und plünderten anschließend rachedurstig die Stadt; der Kaiserhof – allen voran die Kaiserinwitwe *Cixi* – war nach Xi'an geflohen. Peking war eine **tote Stadt**.

"Tod den Ausländern"

> **INFO**
>
> ### Puyi (1906-1967) – der letzte Kaiser Chinas
>
> Am 7. Februar 1906 erblickte *Aisin Giorro Puyi*, Sohn von Prinz *Chun II.*, in Peking das Licht der Welt. Die Zeit des seit 1644 herrschenden mandschurischen Adelsgeschlechts *Aisin Giorro* lief allmählich ab, doch setzte die seit Jahren „heimlich" regierende Kaiserinwitwe *Cixi* noch zwei Tage vor ihrem Tod (13. November 1908) den zwei Jahre und zehn Monate alten *Puyi* auf den Kaiserthron. Die Amtsgeschäfte übernahm der Vater, ein entscheidungsschwacher Regent, der die Zeichen der Zeit nicht erkannte.
>
> Fatal auf das Kind wirkten sich allein schon die äußeren Umstände im Kaiserpalast aus, wie seiner Autobiografie leicht zu entnehmen ist. In den gut zwei Jahren seiner offiziellen Regentschaft waren die Erwachsenen um den Kindkaiser herum einzig und allein damit beschäftigt, ihre Pfründe zu sichern, längst hatten sie erkannt, dass das Ende des Kaiserhauses unmittelbar bevorstand. Abgeschirmt von der Außenwelt wuchs *Puyi* heran, erst der 1919 an den Hof gerufene Englischlehrer *Reginald Johnston* erschloss ihm eine neue Welt, weniger auf dem politischen als vielmehr auf dem technischen und gesellschaftlichen Gebiet. So erkannte er auch nicht, dass er nur als **Spielball der um das Erbe der Qing-Dynastie** streitenden Militärmachthaber und Nationalisten fungierte. Im November 1924 wurde er aus dem Palast vertrieben, wo-

raufhin er sich mit seiner unmittelbaren Familie in eine Villa zu Konzessionen der Kolonialmächte in Tianjin zurückzog. Politisch blauäugig und unerfahren, geriet er, nachdem ihn die chinesischen Warlords im Stich gelassen hatten, zunehmend in den Sog der Versprechungen des japanischen Kaiserhauses – sie sollten ihm behilflich sein, auf den Kaiserthron zurückzukehren. 1932 setzten die Japaner *Puyi* als „Obersten Verwalter" des von ihnen gegründeten und vollständig abhängigen Staates Mandschuguo ein, der vom Völkerbund nicht anerkannt wurde. Am 1. März 1934 wurde *Puyi* dann doch noch zum Kaiser dieses Marionettenstaates gekrönt.

Tatenlos musste *Puyi* mit ansehen, wie die Japaner ab 1937 China besetzten, er selbst geriet nach deren Niederlage gegen die Sowjetunion zu Kriegsende in sowjetische Gefangenschaft, sagte im August 1946 im japanischen Kriegsverbrecherprozess aus und wurde nach Abschluss des Freundschaftsvertrages zwischen der Sowjetunion und der VR China im August 1950 an die chinesischen Behörden übergeben. Es folgten weitere **neun Jahre der Umerziehung**, ehe *Mao Zedong* anlässlich des zehnjährigen Bestehens der Volksrepublik eine große Zahl von Gefangenen amnestierte, darunter auch den letzten Kaiser, der fortan als ganz normaler Bürger in Peking weiterlebte. Bis 1963 arbeitete er als Gärtner im Botanischen Garten, anschließend durfte er sich zurückziehen, um seine 1964 veröffentlichten Memoiren zu schreiben. Im Jahr darauf verschlechterte sich sein Gesundheitszustand stark, am 17. Oktober 1967 starb er an Nierenkrebs. Erst 1980 wurde er von der Kommunistischen Partei rehabilitiert und seine Urne auf dem Heldenfriedhof Babaoshan beigesetzt.

Chinas letzter Kaiser: Puyi – historische Aufnahme

Als **1911** der letzte Kaiser abdankte, blieb Peking zwar politisches Zentrum des Reiches, seinen urbanen Vorrang hatte es jedoch an das weltoffene und moderne Shanghai verloren. Der Bann, die Lethargie schienen erst gebrochen, als am **4. Mai 1919** rund 5.000 Studenten gegen die Absichten der europäischen Siegermächte demonstrierten, die die ehemaligen deutschen Besitzungen an Japan abtreten wollten. Nominell bis 1928 Hauptstadt der neuen Republik China, ging die Macht nach dem Tode *Yuan Shikais* im Jahre 1916 an die das Land unter sich aufteilenden Warlords über. Noch einmal musste die Stadt eine Namensänderung über sich ergehen lassen: die Guomindang, die ihre Hauptstadt nach Nanjing verlegte, benannte sie wieder in **Beiping** um. Und auch seine alte Bedeutung verlor die Stadt in dieser Zeit des Partikularismus fast gänzlich. Nach dem Zwischenfall an der Marco-Polo-Brücke am **7. Juli 1937** marschierten japanische Truppen in die Stadt ein und hielten sie bis zum Ende des Zweiten Weltkrieges besetzt. Von Süden her vorstoßend, rückte schließlich am **31. Januar 1949** die Rote Armee in die Stadt ein, woraufhin sie – nach der Ausrufung der **Volksrepublik am 1. Oktober 1949** – zur neuen Hauptstadt Chinas erklärt und wiederum in **Beijing**/**Peking** umbenannt wurde.

Die Rote Armee marschiert ein

Peking wird eine sozialistische Metropole

Sozialistische Modernisierung

Mit der Unterstützung der Sowjetunion verwandelte sich Peking in eine sozialistische Metropole, wurde jedoch durch die z.T. protzigen Repräsentationsbauten und uniformen Fabrik- und Wohngebäude nicht schöner. Allzu selten wurde Altes in den Dienst des Neuen gestellt, die Abneigung gegen alles Feudalistische trübte die Sinne bei der Stadtentwicklung, die **sozialistische Modernisierung** wurde gnaden- und rücksichtslos **vorangetrieben**. Erhalten blieben weitestgehend nur die großen Kulturdenkmäler wie Kaiserpalast, Sommerpalast, Himmelstempel u.ä., viele der kleineren mussten weichen oder wurden später von den Roten Garden dem Erdboden gleichgemacht.

Geradezu ein Frevel bleibt es, dass für den Bau der U-Bahn und der Zweiten Ringstraße die alte Stadtmauer – die 1949 noch vollständig erhalten war – in den fünfziger Jahren geopfert wurde, es sind nur wenige Bruchstücke erhalten. Der Tian'anmen-Platz wurde erweitert, an seiner Ostseite errichtete man die Museen für chinesische Geschichte und die Revolution, auf der Westseite die Große Halle des Volkes. Die Chang'an Jie, Pekings Hauptverkehrsader, wurde in Ost-West-Richtung durch die Stadt geschlagen, mehrere Ringstraßen angelegt, trotzdem droht Peking unter der vor allem seit den 1990er Jahren über die Stadt hereinschwappenden Verkehrsflut zu ersticken. Die Ende der 1970er Jahre eingeleitete Öffnungspolitik ließ in den Randbezirken viele neue Wohnblocks, Büros, Apartmenthäuser, Fabriken und Hotels entstehen.

Stadtzentrum und zentraler Versammlungsplatz: der Tian'anmen-Platz

Die Olympischen Spiele 2008

Olympia 2008

Seit dem **Zuschlag für die Olympischen Spiele 2008** schreitet die Stadterneuerung zügiger denn je voran. Muss auf der einen Seite auch viel alte Bausubstanz den ehrgeizigen Plänen weichen, so haben es sich die Stadtväter gleichzeitig zum Ziel gesetzt, bis zur Eröffnung der Spiele 55 Prozent der Stadtfläche in Grünzonen zu verwandeln. **Peking** durchläuft somit gegenwärtig eine bis dato nie da gewesene Transformation und erhält ein vollkommen **neues äußeres Erscheinungsbild**, dessen Endresultat eine moderne Metropole des 21. Jahrhunderts sein soll. Auch der neue Bürgermeister von Peking, *Guo Jinlong*, der im Januar 2008 – acht Monate vor den Olympischen Spielen – sein Amt antritt, wird die Stadtentwicklung in diesem Sinne vorantreiben.

Nach Schätzungen der Stadtplaner wird die Bevölkerung Pekings bis zum Jahre 2020 auf 18 Millionen anwachsen, von denen rund 8,5 Millionen in innerstädtischen Bezirken und der Rest in den Außenbezirken und Satellitenstädten leben werden. Zum Problem dürften allerdings die rund fünf Millionen Privatfahrzeuge werden, mit denen man zu diesem Datum rechnet. Derzeit verstopfen rund zwei Millionen Kraftfahrzeuge Pekings Straßen (davon rund 65 Prozent Privatfahrzeuge), 1949 waren es gerade einmal 2.300. Und jeden Tag kommen rund 1.300 neu hinzu.

Peking 2008 – die Olympischen Spiele

Am 8.8.2008 um 8.08 Uhr und 8 Sekunden abends wird die ganze Welt auf Peking blicken, denn zu diesem Zeitpunkt werden unter dem Slogan „One World One Dream" die XXIX. Olympischen Spiele der Neuzeit in Chinas Hauptstadt offiziell eröffnet.

Seit dem Tage des Zuschlags arbeiten Pekings Stadtväter und –planer, doch nicht nur diese, voller Elan und Enthusiasmus an der Transformierung der Stadt, die sich an diesem Datum ihren millionenfach erwarteten Besuchern und den Milliarden an den Bildschirmen als wirkliche Weltmetropole präsentieren will. Und die Zeichen dafür stehen nicht schlecht.

Wer Peking vor wenigen Jahren besucht hat, erkennt die Stadt kaum mehr wieder: für die die Innenstadt querenden acht- und zehnspurigen Straßen fielen ganze Stadtviertel den Abrissbirnen zum Opfer, allerorten schießen die mit Spiegelglas verkleideten architektonischen Zeugnisse des geradezu unbändigen Transformationswillens 20, 30, 40 oder noch mehr Stockwerke in den Himmel, mit immer kühneren Linien und Formen. Doch haben es die Planer nicht versäumt, der Stadt gleichzeitig ein grünes Kleid umzulegen, überall Parks und Grünflächen anzulegen. Ein nahezu komplettes Facelifting, bei dem kaum etwas bleibt wie es einmal war und das sogar die historischen Kulturstätten mit einschließt.

Gemäß dem offiziellen Motto: „Grüne Spiele, High-Tech-Spiele, Volks-Spiele", entstehen Sportstätten, die Kunst und Zweckmäßigkeit auf beinahe perfekte Art und Weise miteinander verbinden. Insgesamt 37 Austragungsstätten werden benötigt, von denen sich 31 in Peking befinden, die restlichen sechs hingegen in Qingdao (Segeln), Tianjin (Fußball), Shanghai (Fußball), Shenyang (Fußball), Qinhuangdao (Fußball) und Hong Kong (Reiten).

Pekings spektakulärste Austragungsstätten sind das einem Vogelnest gleichende, 91.000 Zuschauer fassende **National Stadium**, das wie ein überdimensionierte Eiswürfel anmutende **National Aquatics Center** und das wie eine Riesenwelle daherkommende **National Indoor Stadium**, alle drei auf dem Olympic Green zu finden, dem großzügig bemessenen Grünareal, das den zentralen, von vielgestaltigen Wasserflächen geprägten Austragungskomplex der Spiele umschließt.

1. Stadt & Leute: Historischer Überblick

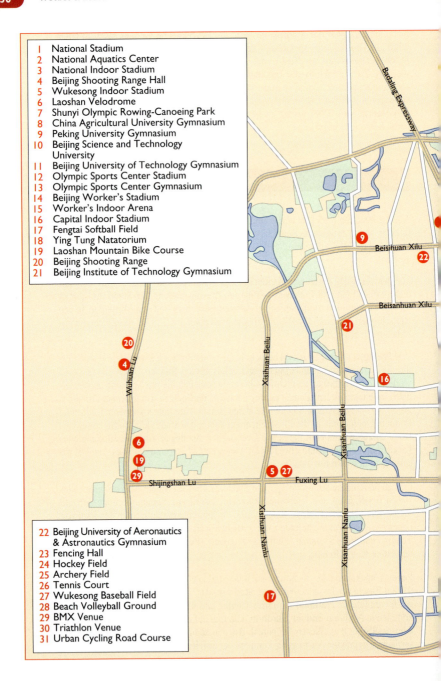

1 National Stadium
2 National Aquatics Center
3 National Indoor Stadium
4 Beijing Shooting Range Hall
5 Wukesong Indoor Stadium
6 Laoshan Velodrome
7 Shunyi Olympic Rowing-Canoeing Park
8 China Agricultural University Gymnasium
9 Peking University Gymnasium
10 Beijing Science and Technology University
11 Beijing University of Technology Gymnasium
12 Olympic Sports Center Stadium
13 Olympic Sports Center Gymnasium
14 Beijing Worker's Stadium
15 Worker's Indoor Arena
16 Capital Indoor Stadium
17 Fengtai Softball Field
18 Ying Tung Natatorium
19 Laoshan Mountain Bike Course
20 Beijing Shooting Range
21 Beijing Institute of Technology Gymnasium

22 Beijing University of Aeronautics & Astronautics Gymnasium
23 Fencing Hall
24 Hockey Field
25 Archery Field
26 Tennis Court
27 Wukesong Baseball Field
28 Beach Volleyball Ground
29 BMX Venue
30 Triathlon Venue
31 Urban Cycling Road Course

1. Stadt & Leute: Historischer Überblick 37

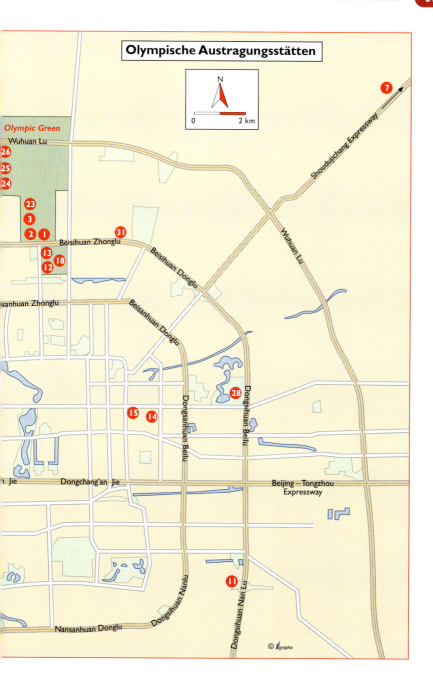

INFO

Olympische Austragungsstätten in Peking
(in Klammern jeweils die – wichtigsten – Veranstaltungen):

1 National Stadium (Eröffnungs- und Schlussfeier, Leichtathletik, Fußball)
2 National Aquatics Center (Schwimmen, Turmspringen, Wasserball)
3 National Indoor Stadium (Turnen, Trampolin, Handball)
4 Beijing Shooting Range Hall (Schießen)
5 Wukesong Indoor Stadium (Basketball)
6 Laoshan Velodrome (Radsport)
7 Shunyi Olympic Rowing-Canoeing Park (Rudern, Kanu, Kajak)
8 China Agricultural University Gymnasium (Ringen)
9 Peking University Gymnasium (Tischtennis)
10 Beijing Science and Technology University Gymnasium (Judo, Taekwondo)
11 Beijing University of Technology Gymnasium (Badminton, Gymnastik)
12 Olympic Sports Center Stadium (Fußball, Moderner Fünfkampf)
13 Olympic Sports Center Gymnasium (Handball)
14 Worker's Stadium (Fußball)
15 Worker's Indoor Arena (Boxen)
16 Capital Indoor Stadium (Volleyball)
17 Fengtai Softball Field (Softball)
18 Ying Tung Natatorium (Wasserball, Moderner Fünfkampf)
19 Laoshan Mountain Bike Course (Mountain Bike)
20 Beijing Shooting Range (Schießen)
21 Beijing Institute of Technology Gymnasium (Volleyball)
22 Beijing University of Aeronautics & Astronautics Gymnasium (Gewichtheben)
23 Fencing Hall (Fechten, Moderner Fünfkampf)
24 Beijing Olympic Green Hockey Stadium (Hockey)
25 Beijing Olympic Green Archery Field (Bogenschießen)
26 Beijing Olympic Green Tennis Court (Tennis)
27 Wukesong Baseball Field (Baseball)
28 Beach Volleyball Ground (Beach Volleyball)
29 Laoshan BMX Venue (BMX)
30 Triathlon Venue (Triathlon)
31 Urban Cycling Road Course (Radrennen)

Modell des Olympic Green

Unter dem Emblem „Dancing Beijing" werden Tausende von Sportlern vom 8.-24.8.2008 um Medaillen kämpfen, allen voran die Vertreter des Gastgeberlandes, denen es – wie allen an Planung und Durchführung der Spiele Beteiligten – neben persönlichem Erfolg und Ruhm auch darum gehen dürfte, dem Rest der Welt ein neues Image hinsichtlich ihrer Nation zu präsentieren.

Die **offizielle Website** der Olympischen Spiele 2008 in Peking finden Sie unter: http://en.beijing2008.cn

Landschaftlicher Überblick

Geografische Lage

Peking, Hauptstadt der VR China (Gesamtfläche: 9.597.995 km^2), liegt auf 39,56° nördlicher Breite und 116,20° östlicher Länge am nördlichen Rand der nordchinesischen Tiefebene und somit etwa auf gleicher Breite wie New York, Ankara oder Madrid.

Die **Gesamtfläche** der **Regierungsunmittelbaren Stadt** beträgt **16.807**,**8** km^2, die sich folgendermaßen gliedert:

Größe und Verwaltungsstruktur

- **Sechzehn Distrikte** – Chongwen, Dongcheng, Xuanwu und Xicheng im Stadtzentrum, Chaoyang, Fangshan, Fengtai, Haidian, Mentougou, Shijingshan, Shunyi und Tongzhou an der Peripherie des urbanen Gebietes sowie Changping, Daxing, Huairou und Pinggu in den Randregionen.
- **Zwei Kreise** – Miyun und Yanqing im Norden des Territoriums.

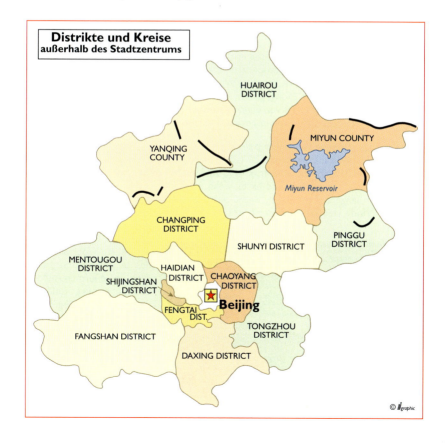

Topografie

Das **Stadtzentrum** liegt **43,7 m** über dem Meeresspiegel in einer flachen Senke, über **62 Prozent** der Gesamtfläche Pekings sind jedoch **hügelig** oder **gebirgig**, wobei im Norden die **Jundu-Berge** bis auf über 2.000 m (höchste Erhebung ist der 2.303 m hohe Lingshan Peak) ansteigen, bei einer durchschnittlichen Höhe von 1.000-1.500 m – ähnlich wie die im Nordwesten gelegenen **Westberge**. Mehrere Pässe öffnen sich im Nordwesten zur Mongolischen Hochebene, im Norden in die Berge des Nordostens und im Osten an der Küste entlang nach Norden in die Mandschurei, im Südosten hingegen in eine weite Ebene. Zwei größere Flüsse umfassen die Stadt, der **Yongding He** im Südwesten und der **Chaobai He** im Osten. Wie schon die Funde der ältesten menschlichen Siedlungen beweisen, wurden die Ebenen aufgrund ihres fruchtbaren Bodens und ihrer ausreichenden Wasservorräte zu allen Zeiten landwirtschaftlich genutzt, was sich – trotz fortschreitender Industrialisierung – bis heute nicht grundlegend geändert hat, die Gebirge werden als Steinbrüche genutzt.

Klima und Reisezeit

Bei den Reiseplanungen sollte man auf jeden Fall die klimatischen Bedingungen mit berücksichtigen, die in Peking das Jahr über herrschen, unterliegt das Wetter im Laufe des Jahres doch erheblichen Temperaturschwankungen. Die **Jahresdurchschnittstemperatur** beträgt **11,9°C**. Das ausgeprägte **Kontinentalklima** bringt kalte, trockene Winter mit sich, die von den sibirischen Landmassen und dem Mongolischen Plateau beeinflusst werden, die Sommer sind dagegen heiß, geprägt von den Südostmonsunen, die Peking den größten Teil seiner **Niederschläge** von insgesamt **593 mm im Jahr** bringen.

Die vier Jahreszeiten

Der von Ende November bis in den März hinein dauernde **Winter** bringt zwar mitunter Kaltfronten von -20°C und mehr mit sich, ist aber insgesamt aufgrund seiner Trockenheit recht angenehm zu ertragen. Schnee fällt wegen der trockenen Luft sehr selten und bleibt, wenn es wirklich einmal schneit, kaum einmal für längere Zeit liegen. Recht unangenehm können dagegen die **scharfen Winde** sein, die zu dieser Jahreszeit durch die Stadt pfeifen. Die früher während dieser Jahreszeit auftretenden Sandstürme aus der Wüste Gobi haben indes in den letzten Jahren dank des enormen Aufforstungsprogramms rund um die Stadt stark nachgelassen. Eine sehr **angenehme Reisezeit** ist der **Frühling**, der von März bis Mai dauert, denn er bringt bei auf angenehme Grade steigende Temperaturen nur wenige, in der Regel kurze Schauer mit sich, lediglich zu Beginn

Im Winter heißt es warm anziehen

dieser Jahreszeit können einem noch einzelne heftige Stürme den Aufenthalt vorübergehend verleiden.

Im von Juni bis August dauernden **Sommer** fallen gut 70 Prozent der Jahresniederschläge, die feuchtwarmen Monsunwinde aus Südosten lassen das Thermometer z.T. auf über 40°C klettern, die Luftfeuchtigkeit nimmt im Vergleich zum Rest des Jahres spürbar zu. Die beste Reisezeit ist zweifelsohne der von September bis Anfang November dauernde **Herbst**, wobei vor allem der Oktober seine Gäste mit angenehmen Temperaturen, kaum Wind, klarer Luft und wenig Regen verwöhnt.

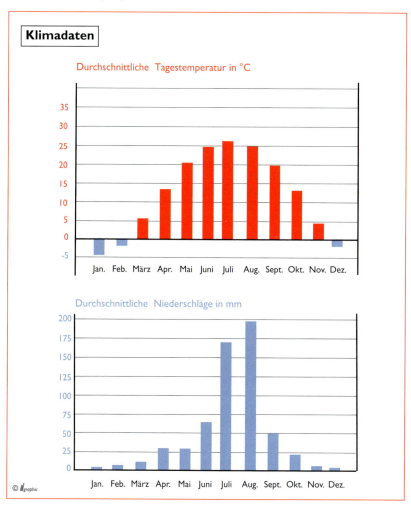

Wirtschaft und Politik

Bevölkerung

Wie viele Menschen derzeit in Peking leben, lässt sich nur annähernd schätzen, denn immer mehr strömen in den letzten Jahren aus den restlichen Landesteilen herein und bleiben, obwohl sie keine Zuzugsgenehmigung haben. Erst gegenwärtig zeigt sich die Regierung zur Reform des so genannten „**Hukou**"-**Systems** bereit, demzufolge Landbewohner bisher keinerlei soziale Absicherung, keinerlei Erziehung und medizinische Versorgung erhielten, wenn sie sich illegal in den Städten niederließen, und Stadtbewohner keinen Zugriff auf Ackerland hatten.

Die Einführung kapitalistischer Gepflogenheiten und Richtlinien im Zuge der Öffnungspolitik hat ein riesiges Heer an Arbeitslosen geschaffen, die nach der Schließung ihrer Fabriken oder durch Rationalisierungsmaßnahmen nunmehr ihr Glück in den Städten suchen.

Einwohnerzahl und Lebenserwartung
Offiziell zählte Peking **Ende des Jahres 2005 15,38 Millionen Einwohner** (einschließlich 3,57 Millionen Wanderarbeiter), von denen rund 8 Millionen in den Stadtbezirken, der Rest in den ländlichen Kreisen lebten. Möglicherweise waren es aber auch schon 18 Millionen, dies ist ebenso wenig eindeutig feststellbar wie die **Einwohnerzahl Gesamtchinas**, die sich nach offiziellen Verlautbarungen zum gleichen Zeitpunkt auf **1,32 Milliarden** belief, ausländische Experten munkeln aber von möglicherweise bereits 1,4-1,5 Milliarden. (Der 1,3-milliardste Chinese wurde offiziell am 6. Januar 2005 in einem Pekinger Krankenhaus geboren.)

Das **Bevölkerungswachstum** liegt, bei einer vierprozentigen **Kindersterblichkeit** bis zum fünften Lebensjahr, gegenwärtig bei etwa 0,6 Prozent, die durchschnittliche **Lebenserwartung** für Männer bei 71 Jahren und für Frauen bei knapp 75 Jahren.

Peking ist, was die Bevölkerungszahl betrifft, nach Chongqing und Shanghai die **drittgrößte Stadt der Volksrepublik**, wobei sich seit den 1980er Jahren teilweise erhebliche soziale Unterschiede herausgebildet haben. Während die Stadtbevölkerung aufgrund der Öffnung zum Ausland hin geistig-intellektuell und wirtschaftlich einen enormen Sprung nach vorne machte, profitierte die Landbevölkerung fast nur dahingehend davon, dass sie durch die Zulassung von Freimärkten ihre Produkte direkt – und somit auch zu einem höheren Preis – an die städtischen Käufer veräußern konnte.

Die Neureichen rekrutieren sich – so sie sich ihr Vermögen nicht auf illegalem Wege verschafft haben – jedoch vornehmlich aus den Reihen der Händler und Produzenten, die die Gunst der Stunde am ehesten nutzten und auf die internationalen Märkte drängten.

Nur rund 4 Prozent der Einwohner Pekings gehören zu einer der **55 nationalen Minderheiten**, die etwa 8 Prozent der Gesamtbevölkerung Chinas stellen und überwiegend in den fünf **Autonomen Regionen** leben, der größte Teil der Bevölkerung Chinas wie auch Pekings indes sind **Han-Chinesen**.

Voll ist es fast immer und überall

Bevölkerungsentwicklung Pekings		
1949	ca.	1,5 Mio
1987	ca.	9,7 Mio
1999	ca.	10,855 Mio
2020 (Prognose)	ca.	18 Mio

Der Anteil der Bauern an der Gesamtbevölkerung des Landes beträgt gegenwärtig rund 63 Prozent. Ein Fünftel der Bevölkerung gehört gegenwärtig zur Altersgruppe der 14-Jährigen und jüngeren, 71,7 Prozent zu jener der bis 15-64-Jährigen und knapp acht Prozent zu den 65-Jährigen und älteren.

Zeit für ein Spielchen

Wirtschaft

So wie sich weite Teile des Riesenreiches seit den 1980er Jahren im Umbruch befinden, hat sich auch Peking in den vergangenen Jahrzehnten in nahezu allen Belangen verändert. Die Öffnungspolitik und das Liebäugeln mit westlich kapitalistischer Marktwirtschaft ließ in wenigen Jahren eine moderne Stadt aus dem Boden schießen, in der heutzutage zwanzig-, dreißig- und mehrgeschossige Wohn- und Bürotürme das äußere Erscheinungsbild prägen, dazwischen die Glas- und Prunkpaläste internationaler Hotels, verbunden und durchwoben von einem Netz von teilweise startbahngleichen Straßen, die infolge des stetig zunehmenden Individual- und Güterverkehrs tagsüber fast ständig chronisch überlastet sind. *Der wirtschaftliche Wandel*

Tausende von ausländischen Firmen haben sich seit den 1980er Jahren in Peking niedergelassen, die Palette reicht vom Textilhersteller bis zum Hightechproduzenten. Der internationale Warenfluss beschert der Metropole einen ungeahnten Geldsegen, den sie angesichts noch immer **vorhandener Verkehrs-**, **Wohn-**,

Arbeits- und **Sozialprobleme** dringend benötigt. Den Zuschlag für die Olympischen Spiele 2008 verstanden die Stadtväter sodann geradezu meisterlich zu nutzen, sowohl die eigene Bevölkerung von der notwendigen Modernisierung der Stadt als auch ausländische Investoren von der Lukrativität dieses Standortes zu überzeugen.

Ehrgeizige Zukunftspläne

Durch den **Ausbau seiner Infrastruktur** (Flughafen, Eisenbahn, innerstädtische Straßen und Autobahnen, U-Bahn, Kanalisation, Fernmeldeeinrichtungen u.a.) möchte man in den nächsten 10 bis 20 Jahren zu einer wirklichen Metropole herangewachsen sein, die keinen internationalen Vergleich zu scheuen braucht. Für das Stadtgebiet stehen die Vorzeichen dafür auch gar nicht schlecht, die ländlichen Gebiete dürften aber auch weiterhin der Entwicklung hinterherhinken.

Kesselflicker – historische Aufnahme

Das **Erfolgsrezept** der vergangenen Jahre, das auch zukünftig noch von Bedeutung sein dürfte, heißt **Joint Venture**, die Zusammenarbeit zwischen einem chinesischen und einem ausländischen Partner, wobei der chinesische Partner lange Zeit mindestens 51 Prozent Anteile an dem Unternehmen halten musste, eine Bedingung allerdings, die seit Neuestem nicht mehr unbedingt Voraussetzung für eine Kooperation ist. Da bis dato der Grunderwerb für Ausländer untersagt war, bringen die Chinesen Grund und Boden und die Arbeitskräfte in das Gemeinschaftsunternehmen ein, die Ausländer das Know-how und das Management, das dann auf Dauer in chinesische Hände übergehen soll. Befristet sind diese Unternehmungen meist auf 15-20 Jahre.

Ausbau der Leicht- und Mittelindustrie

Es gelang in den letzten Jahren neben der traditionellen Kohle-, Eisen- und Stahlproduktion gerade die **Leicht-** und **Mittelindustrie auszubauen**, d.h. Maschinen- und Waggonbau, Textil- und Nahrungsmittelindustrie, Elektrotechnik und Elektronik sowie die chemische Produktion. Vor allem die letztgenannten Produktionszweige werden weiterhin gefördert, ebenso die Stellung Pekings als **internationales Finanz-** und **Dienstleistungszentrum**.

Dank der fruchtbaren Böden – besonders im Südwesten der Stadt –, eines ausgeklügelten Bewässerungssystems und des günstigen Wetters sind in den ländlichen Teilen Pekings **zwei Ernten im Jahr** möglich, wodurch die Bevölkerung der Hauptstadt größtenteils mit diesen vor Ort angebauten Nahrungsmitteln versorgt werden kann. Die u.a. in den nördlichen Landesteilen herrschende Trockenheit der letzten Jahre und die damit einhergehende Wasserknappheit könnten indes diesbezüglich schon bald zu einer Verschärfung der Lage führen. **Wichtigste Anbaukulturen** sind Weizen, Reis, Mais, Hirse, Sorghum, Süßkartoffeln, Sojabohnen, Chinakohl, Auberginen, Spinat, Zwiebeln und Tomaten, aber auch Obst wie Äpfel, Aprikosen, Datteln, Pfirsiche, Birnen und Melonen, zudem diverse Nüsse. Die **Fleisch-** und **Fischproduktion konnte** in den vergangenen Jahren **kontinuierlich gesteigert** werden.

Voraussetzung für den wirtschaftlichen Aufstieg war die **Auflösung der Volkskommunen** und das **Einführen des Eigenverantwortlichkeitsprinzips**. Der Wegfall der „Eisernen Reisschale" (d.h. vom Staat garantierte Arbeitsplätze, Einkommen, Wohnungen und Essen) traf viele Menschen hart und unvorbereitet, doch sah die Regierung keine andere Möglichkeit, die Unproduktivität der meisten Staatsbetriebe, deren Privatisierung so gut wie beendet ist, abzustellen. Lediglich 500 volkswirtschaftlich wichtige Betriebe sollen landesweit in Staatsbesitz bleiben.

Jährlichen wirtschaftlichen Wachstumsraten Gesamtchinas in den Jahren seit 1992 von durchschnittlich **über 10 Prozent** stand anfangs eine **Inflationsrate** von jeweils weit über 20 Prozent gegenüber, die von der Bevölkerung, zumindest der städtischen, als Preis für den enormen Wirtschaftsaufschwung hingenommen wurde. Anfang 2004 entschied sich die chinesische Regierung dazu, das wirtschaftliche Wachstum zu drosseln, unter anderem durch das Zurückstellen oder die völlige Streichung zahlreicher staatlicher bzw. kommunaler Großaufträge. Durch diese Maßnahmen wollte man das jährliche Wirtschaftswachstum deutlich unter die 10-Prozent-Marke drücken, was bis dato jedoch nicht gelang. So betrug das wirtschaftliche **Wachstum im Jahre 2006 11,1 Prozent** ebenso im ersten Quartal 2007, die **Inflationsrate** hingegen betrug im **August 2007 6,5 Prozent**.

Wachstumsrate versus Inflationsrate

Während das landesweite **Durchschnittseinkommen** pro Person nach offiziellen Angaben 1992 bei RMB 290 im Monat lag, stieg es bis 2006 in den Städten auf rund RMB 1.100 und auf dem Land auf 300 Yuan an, in Peking hingegen verdiente statistisch jeder einzelne 1992 monatlich RMB 600 und 2006 etwa RMB 1.850.

Die Handelspartner

Die **wichtigsten Handelspartner** Chinas hinsichtlich des Import waren 2005 Japan (15,2 Prozent), Südkorea (11,6 Prozent), Taiwan (11,2 Prozent), die USA (7,4 Prozent) und die Bundesrepublik Deutschland (4,6 Prozent), beim Export die USA (21,4 Prozent), Hong Kong (16,3 Prozent), Japan (11 Prozent), Südkorea (4,6 Prozent) und die Bundesrepublik Deutschland (4,3 Prozent). Die **ausländischen Direktinvestitionen** erreichten 2004 ein Volumen von US$ 60,6 Milliarden und 2005 von rund US$ 50 Milliarden.

Trotz der während der letzten Jahre enorm gestiegenen Einkommen, zahlen noch immer geschätzte **60 Prozent der Erwerbstätigen keinerlei Steuern**.

Unter den in den vergangenen Jahren eingeführten diversen Steuern leiden die Bauern besonders stark. Die **Einkommenssteuergrenzen** stiegen von 5 Prozent bei einem Monatsverdienst von RMB 1.600 bis auf 45 Prozent für Monatseinkommen von RMB 20.000 und darüber. Für Luxusgüter wird seit April 2006 eine Sondersteuer von 20 Prozent erhoben, der derzeitige Mehrwertsteuersatz hingegen beläuft sich auf 17 Prozent.

Das politische System

Verwaltungseinheiten Chinas Die VR China unterteilt sich derzeit in **23 Provinzen, fünf Autonome Regionen, vier Regierungsunmittelbare Städte** und **zwei Sonderverwaltungszonen** (Special Administrative Region = SAR). Diese 34 Verwaltungseinheiten besitzen jeweils ein eigenes Parlament (Volkskongress) und eine eigene Volksregierung. Den Status einer **Autonomen Region** erhielten diejenigen Provinzen des Landes, die überwiegend von Nationalen Minderheiten bewohnt werden: die Innere Mongolei, Ningxia, Xinjiang, Guangxi und Tibet.

Regierungsunmittelbare Städte, neben Peking (Hauptstadt und Regierungssitz des Landes) auch Chongqing, Shanghai und Tianjin, sind zwar faktisch den Provinzen gleichgestellt, jedoch verwaltungstechnisch enger an die Zentralregierung gekoppelt. Regierungs- und Verwaltungssystem bestehen aus Zentralorganen, die sich in den Provinzen und Regierungsunmittelbaren Städten, und dort wiederum in den Bezirken, Kreisen und Gemeinden, weiter unterteilen.

Seit 1. Juli 1997 gehören Hong Kong, und seit 20. Dezember 1999 auch Macau, als so genannte **Sonderverwaltungszonen** (Special Administrative Region = SAR) wieder zur Volksrepublik China. In beiden Territorien kümmert sich die Zentralregierung lediglich um die Verteidigung und die außenpolitischen Belange, in allen anderen Belangen hingegen können jene Länder theoretisch selbstständig entscheiden, auch wenn sie bei ihren Entscheidungen natürlich nicht auf Konfrontationskurs mit der politischen Führung in Peking gehen können.

Hier ruht der Gründer der Volksrepublik: das Mao-Mausoleum

Höchstes Organ der Staatsmacht ist der

I. Stadt & Leute: Wirtschaft und Politik

gesetzgebende **Nationale Volkskongress**, der erstmals vom 15.-28. September 1954 in Peking tagte, auf jeweils fünf Jahre gewählt wird und für den Staatshaushalt, die Gesetzgebung, die Volkswirtschaftspläne sowie die Personalpolitik verantwortlich ist. Seine Abgeordneten, deren Zahl schwankt, werden indirekt gewählt, und zwar von den Volkskongressen der 34 Verwaltungseinheiten und Einheiten der Volksbefreiungsarmee. Er wählt neben dem **Staatspräsidenten**, der lediglich eine repräsentative Funktion hat, auch die Mitglieder des **Staatsrates**, an dessen Spitze der **Ministerpräsident** steht, der einer wechselnden Anzahl von Ministern vorsteht, wobei Rechnungshof, Volksbank und die Nachrichtenagentur ‚Neues China' wie ein Ministerium eingestuft werden. Der im März 2003 gewählte Staatsrat umfasst neben vier stellvertretenden Ministerpräsidenten, fünf Staatsräten und dem Generalsekretär des Staatsrates noch 28 Minister.

Staatsorgane

Die **Zentrale Militärkommission** untersteht jedoch nicht diesem obersten Organ der staatlichen Verwaltung. Als dieses Amt gemäß der neuen Verfassung vom Dezember 1982 eingerichtet wurde, wurde *Deng Xiaoping* als dessen Vorsitzender gewählt, der bereits zwei Jahre das Amt des Vorsitzenden der noch mächtigeren **Militärkommission des Zentralkomitees der KPChs** innehatte. Der Inhaber dieser Ämter ist auf Partei- bzw. auf Staatsebene Vorsitzender der Volksbefreiungsarmee, die nach wie vor eine der wichtigsten Stützen des Regimes ist.

Die **Verfassung** wurde im Laufe der Zeit mehrmals geändert und ist nunmehr bestrebt, Ämterhäufungen in Staats- und Regierungsorganen möglichst zu unterbinden, selbst die traditionelle Grundthese der chinesischen Revolution, die „Diktatur des Proletariats", wurde im Zuge der Reformpolitik in die viel schwächere Formel „Demokratische Diktatur des Volkes" umgemünzt.

Die Verfassung

Unangefochten überstand bislang die **Kommunistische Partei** alle Wirren, nach wie vor fordert sie das Herrschaftsmonopol, setzt die Akzente in Innen-, Außen- und Wirtschaftspolitik, sodass Regierungs- und Verwaltungsapparat letztendlich nur als ihr verlängerter Arm anzusehen sind. Nicht jeder kann der KPChs beitreten, ihre Kader werden vielmehr nach strengen Richtlinien ausgewählt (so sind z.B. praktizierende Gläubige von der Mitgliedschaft ausgeschlossen). Derzeit zählt sie etwa 68 Millionen Mitglieder, ihr höchstes Gremium, der **Nationale Parteitag**, soll alle fünf Jahre tagen, um das **Zentralkomitee** – das höchste Organ zwischen den Parteitagen – zu wählen, das wiederum den Parteivorsitzenden (Generalsekretär), die Mitglieder des Politbüros und seines Ständigen Ausschusses sowie das Sekretariat des Zentralkomitees bestimmt.

Auf Stadt-, Bezirks-, Kreis- und Gemeindeebene sorgen **lokale Volkskongresse** und **lokale Volksregierungen** für die Durchsetzung der von den obersten Staatsgremien erlassenen Gesetze und Richtlinien, wobei die Volkskongresse der Provinzen, Regierungsunmittelbaren Städte und der in Bezirke unterteilten Städte durch die Volkskongresse der nächst niedrigeren Ebene gewählt werden, alle anderen von den Wählern direkt. Selbstverwaltungsorganisationen an der Basis sind die **Einwohner-** (in den Städten) bzw. **Dorfbewohnerkomitees**, deren Vorsitzende von den Einwohnern gewählt werden. Ihre Aufgabe ist die Schlichtung von Streitfällen, die Gewährleistung der öffentlichen Sicherheit, der Hygiene sowie anderer öffentlicher Angelegenheiten.

Erziehung

Hoffnungsträger Chinas am Tian'anmen-Platz

Sind die Zeiten der Kulturrevolution, als nahezu alle Intellektuellen zu Zwangsarbeit aufs Land verbannt, inhaftiert oder gar getötet wurden, vorbei, so ist der **geistige Aderlass** dieses Jahrzehnts noch heute **spürbar**. Woran es vor allem mangelt, ist ein erfahrener, qualifizierter Lehrkörper, denn zu wenige junge Menschen entscheiden sich aufgrund der schlechten Bezahlung für eine Lehrer- oder Hochschultätigkeit. Erst 1992 erkannte man auf Regierungsebene, dass das Bildungswesen den Anforderungen des Marktes auf Dauer hinterherhinken werde und dessen Bedürfnisse nicht werde decken können, wenn Lehrende unter dem statistischen Durchschnittseinkommen besoldet werden. So verdiente ein Lehrer 1992 zwischen RMB 180 und RMB 250 im Monat, und selbst ein Universitätsprofessor lag kaum darüber. Dies wurde in den zurückliegenden Jahren zwar geändert, doch nicht genug, um den Lehrkräftemangel in notwendigem Maße abzubauen.

Lehrermangel lähmt den Aufbau

Doch dies ist notwendig, da es momentan an gut **ausgebildeten Facharbeitern** und einer **geistigen Führungsschicht fehlt**, die den Herausforderungen der neuen Ära gewachsen sind. In gewissen Branchen müssen noch immer zu viele ausländische Experten ins Land geholt werden. Da die Bildungspolitik in den letzten Jahren jedoch in den Mittelpunkt des Staatsinteresses gerückt ist, dürfte dieses Manko schon bald der Vergangenheit angehören.

Viel **geistiges Kapital** ging dem Staat lange Zeit zusätzlich durch den enorm hohen Anteil der Studenten **verloren**, die nach ihrem Auslandsstudium nicht mehr in ihre Heimat zurückkehrten. Bis weit in die 1990er Jahre gingen rund 80 Prozent der Studenten diesen Weg, der nicht nur den Verlust geistigen Know-hows bedeutete, sondern auch erheblicher Finanzmittel, die der Staat ihnen für die Ausbildung zur Verfügung gestellt hatte. Aufgrund der gestiegenen Chancen und des sozialen und politischen Wandels in China, hat sich dieser Trend mittlerweile umgekehrt, sodass nicht wenige der einst „Abtrünnigen" in ihre Heimat zurückkehren.

Im Alter von **drei bis sechs Jahren** besuchen die Kinder die **Vorschule**, in der sie neben elementaren Kenntnissen der Hygiene, des Rechnens und Schreibens vor allem in musischen Fächern und Sport Grundkenntnisse sammeln. Mangels verfügbarer Plätze schätzt man, dass nur etwa ein Viertel bis höchstens ein Drittel diese auf die Grundschule vorbereitende Ausbildungsphase durchlaufen.

Im Alter von **6-7 Jahren treten** die Kinder in die **Grundschule** ein, was nach offiziellen Angaben 94-95 Prozent auch tun, der Rest kann trotz **Schulpflicht** – meist aufgrund der geografischen Gegebenheiten – nicht erfasst werden. Während dieser sechs Jahre

Die Straße als Spielplatz

dauernden Grundausbildung werden die Kinder in Hochchinesisch (das auch Unterrichtssprache ist), Mathematik, einer Fremdsprache, Geschichte, Naturkunde, Chemie, Physik, Biologie, Geografie, Politik, Musik, Kunst und Sport unterrichtet. Mittlerweile ist es auch wieder gestattet, dass die Nationalen Minderheiten, aber auch alle anderen Dialekt sprechenden Gruppen zusätzlich ihre eigene Sprache unterrichten.

Knapp 90 Prozent treten anschließend in **die sechs Jahre dauernde Mittelschule** über, in der die Ausbildung in den oben genannten Fächern fortgesetzt wird. Diese Ausbildungsphase besteht aus einer dreijährigen Unterstufe und einer ebenso langen Oberstufe. Die Mittelschulen sollen auf den Besuch weiterführender Schulen bzw. den Eintritt ins Berufsleben vorbereiten, ihr Abschluss entspricht unserem Abitur, doch wechseln nur etwa 40 Prozent von der Unter- in die Oberstufe über.

Das Schulsystem

Aufgrund des Mangels an Studienplätzen können nur etwa 5-6 Prozent der Mittelschulabsolventen, nachdem sie sich harten Ausscheidungsprüfungen unterziehen mussten, auf eine **Universität** überwechseln, 10 Prozent treten in **berufsbildende Mittelschulen** ein, der Rest wird ins Arbeitsleben entlassen. Voraussetzung für ein Studium ist, dass der Bewerber nicht älter als 25 Jahre und ledig ist, wobei in Härtefällen Ausnahmen gemacht werden können. Nach erfolgreicher Aufnahmeprüfung wird jedem ein Studienplatz zugewiesen, wobei heutzutage den nationalen Minderheiten eine festgelegte Quote an Studienplätzen zusteht.

Die **Analphabetenrate** Gesamtchinas liegt gegenwärtig bei etwa knapp neun Prozent, es betrifft vornehmlich ältere Menschen.

Was die Menschen bedrückt

Die kleinen Prinzen der Ein-Kind-Politik

Die neue Politik seit dem Ende der 1970er Jahre, der wirtschaftliche und z.T. ideologische Umschwung, haben zahlreiche Probleme mit sich gebracht, denen viele Menschen derzeit ratlos oder zumindest verunsichert gegenüberstehen. Waren es zuvor kommunistische, klassenkämpferische Parolen und ganz davor vor allem konfuzianisch geprägte ethische Verhaltensrichtlinien, so ist für die Mehrheit der Bevölkerung momentan so ziemlich alles ins Schwimmen geraten, die Konturen sind unscharf geworden, was sich besonders bei den älteren Menschen bemerkbar macht. Die jüngere Generation hingegen kennt ihr vermeintliches Ziel recht deutlich: „Let's go West".

Besonders hart trifft viele Menschen die **Abschaffung** des Prinzips der „**Eisernen Reisschale**", das jahrzehntelang zumindest eine Grundversorgung gewährleistete, dessen Streichung im Zusammenspiel mit dem neuen Grundsatz der Eigenverantwortlichkeit nunmehr jedoch Millionen und Abermillionen zu **Arbeitslosen** macht. Nach offiziellen Angaben betrug die Arbeitslosenrate 2006 landesweit etwa vier Prozent, was in etwa 30 Millionen Arbeitslose bedeuten würde, doch dürfte die wahre Zahl nach Dafürhalten aller ausländischen Experten beim etwa Sechs- bis Achtfachen liegen. So beträgt allein die Zahl der gegenwärtig im prosperierenden Osten des Landes Arbeit suchenden Wanderarbeiter etwa 200 Millionen.

Arbeitslosigkeit und Armut steigen an

Privatisierung und Rationalisierung fordern einen hohen Preis, für viele einen zu hohen. Als Arbeitslosengeld werden derzeit RMB 320 im Monat ausbezahlt. Um die ohnehin für viele Familien prekäre Situation nicht noch mehr zuzuspitzen, wurde gesetzlich geregelt, dass dem Ehepartner eines Arbeitslosen nicht gekündigt werden darf, sodass wenigstens einer in Brot und Arbeit steht.

Die **offiziell festgelegte Armutsgrenze** liegt gegenwärtig bei einem Jahreseinkommen von RMB 700, wodurch ca. 30 Millionen Chinesen in diese Kategorien fallen, internationalen Kriterien zufolge müssen sogar rund zehn Prozent der Bevölkerung entsprechend eingestuft werden. Als Folge ländlicher Armut hat der Handel mit Kindern und Frauen in den letzten Jahren merklich zugenommen, insbesondere auch in die Nachbarländer. Während die entführten jungen Frauen entweder zur Heirat in fremden Dörfern oder in die Prostitution gezwungen werden, verkauft man Jungen an Ehepaare, die selbst keine Kinder haben können oder – aufgrund der **strikten Ein-Kind-Politik** – sichergehen wollen, männlichen Nachwuchs zu erhalten.

I. Stadt & Leute: Wirtschaft und Politik

Die radikalen Einschnitte in das Wirtschaftssystem und die damit verbundenen Umwälzungen haben u.a. auch zu **grundlegenden Änderungen im Renten- und Gesundheitssystem** geführt, wovon wiederum insbesondere die ländliche Bevölkerung betroffen ist. So kommen erst 150 Millionen in den Genuss des sich noch im Aufbau befindenden allgemeinen Rentensystems, arbeitslosenversichert sind sogar nur rund 110 Millionen, und lediglich 100 Millionen sind krankenversichert – im Falle einer ernsthaften Erkrankung kann dies heutzutage leicht in einer prekären Situation enden.

Weiteren sozialen Sprengstoff liefert das **ungleichmäßige Wachstum der Einkommen**, wodurch die ehemalige Parole von der „Gleichheit aller Menschen" geradezu zur Farce wird. Während Teile der Bevölkerung verarmen und allmählich durch das soziale Raster fallen, wurden dank *Deng Xiaopings* Parole, dass „erst ein paar wenige reich werden sollen und dann erst das Volk", manche in kurzer Zeit zu Millionären oder sogar Milliardären.

Korruption allerorten

Als direkte Folge dieses Ungleichgewichts und der Unsicherheit um den eigenen Arbeitsplatz, wird der **Korruption Tür und Tor geöffnet.** Selbst staatliche Organe müssen zugeben, dass es diesbezüglich mittlerweile erhebliche Probleme in nahezu allen staatlichen Einrichtungen und Fabriken gibt. Seit jeher eines der Grundübel, die es gemäß der Staatsideologie neben Prostitution, Pornografie, Glücksspiel u.ä. auszumerzen galt und gilt, brach sie sich in der Phase der Öffnungspolitik wieder ungehemmt Bahn und gilt heutzutage als größte soziale Gefahrenquelle, an der sich mögliche Unruhen entzünden könnten.

Nicht unerhebliche soziale Spannungen rühren aber von den Forderungen der jüngeren Generation nach mehr **Individualität** und **persönlicher Freiheit** her. Betört von den Verlockungen der westlichen Zivilisation, die zumeist kritiklos übernommen und kopiert werden, versucht die städtische Jugend, aus dem Korsett Jahrtausende alter sozialer Grundnormen auszubrechen. Die staatlicherseits propagierte Renaissance konfuzianischen Gedankenguts ist der – möglicherweise schon zu spät kommende – Versuch, dieser Entwicklung entgegenzusteuern. Angesichts der zunehmenden Schwierigkeiten bei der wirtschaftlichen Umstrukturierung, dürfte sich der Verfall eingespielter sozialer Verhaltens-

Eine kleine „Kaiserin"

normen als überaus schädigend herausstellen. Durch das bis dato noch weitestgehend **intakte System der Großfamilie** kann mancher wirtschaftliche Einbruch aufgefangen werden, zudem garantiert es der älteren Generation ein einigermaßen menschenwürdiges Dasein. Das sind nur zwei Gesichtspunkte, die von den Jüngeren leichtsinnig aufs Spiel gesetzt werden. Das Riesenreich wird gleichwohl auf absehbare Zeit nicht dazu imstande sein, staatlicherseits die gleichen Sozialleistungen bereitzustellen, wie es in der chinesischen Geschichte stets die Familie tat.

Familienplanung vom Staat gelenkt

Welche Schwierigkeiten ein zu rascher Wandel der Familienstrukturen mit sich bringen würde, lässt sich heute schon am Beispiel der **Ein-Kind-Familie** ablesen. Rückblickend war *Maos* Theorie, dass viele Kinder die Zukunft Chinas bedeuteten, sein verhängnisvollster Fehler, denn von der Ausrufung der Volksrepublik bis zu *Maos* Tod verdoppelte sich die Einwohnerzahl des Landes von rund 450 Millionen auf 900 Millionen.

Zwar gelang es dank intensiver Anstrengungen seit den 1980er Jahren, allen ausreichend Nahrung zur Verfügung zu stellen, **Arbeit** jedoch wird momentan **immer knapper**. Um allen genügend Essen und Arbeit zukommen lassen zu können, darf seit 1985 jedes Ehepaar nur noch ein Kind haben, ausgenommen sind von dieser Regelung die Angehörigen der Nationalen Minderheiten und die Eltern behinderter oder verstorbener Erstgeborener sowie einige andere Sonderfälle. Um die Geburtenrate weiter zu senken, setzte man gleichzeitig das Mindestheiratsalter für Männer auf 26, für Frauen auf 23 Jahre fest. Die jeweilige Arbeitseinheit, bei der die Frau angestellt ist, entscheidet – gemäß der ihr zustehenden Geburtenquote – dann darüber, welche der Frauen im gebärfähigen Alter schwanger werden dürfen.

Um die sozialen Folgen der Ein-Kind-Politik etwas zu mildern, gestattet die Regierung zudem seit Neuem Ehepaaren, deren beide Partner Einzelkinder sind, die Geburt eines zweiten Kindes, und auch Bauern, deren erstes Kind ein Mädchen ist, dürfen nunmehr nach einigen Jahren ein zweites Kind in die Welt setzen.

Die chinesische Familienpolitik ist streng reglementiert

Zwar konnte die Geburtenrate dadurch offiziell bis heute auf 0,6 Prozent abgesenkt werden, die **Bevölkerung wächst** jedoch noch immer schneller als geplant. Zum einen, weil in der Weite des Landes viele der Planungsmaßnahmen nicht oder nur unzureichend greifen. Zum anderen, weil besonders bei der ländlichen Bevölkerung noch immer der Wunsch nach einem Erben besteht.

Und so zeugen nicht wenige trotz z.T. drastischer Strafen ein zweites oder gar drittes Kind, die jedoch in der Regel als so genannte „**Schwarze Kinder**" ohne jegliche Perspektive heranwachsen, da sie nicht einmal behördlich gemeldet sind, geschweige denn irgend eine schulische Ausbildung durchlaufen können. Quasi als Belohnung erhalten seit 2007 auf dem Lande lebende Eltern, die nur ein Kind bzw. zwei Töchter haben, ab dem 60. Lebensjahr eine jährliche staatliche Zuwendung in Höhe von RMB 600.

Das nunmehr auf den Arbeitsmarkt drängende Riesenheer Jugendlicher verschärft gegenwärtig die Lage am Arbeitsmarkt zusätzlich, denn bei **fortschreitender Privatisierung** und **Rationalisierung** käme es der Quadratur des Kreises gleich, könnte allen Arbeitssuchenden ein Arbeitsplatz zur Verfügung gestellt werden. Mit der ohnehin schon großen Schar arbeitslos gewordener ehemaliger Staatsbediensteter, dürften sie die besten Garanten für wachsende soziale Spannungen und zunehmende Kriminalität sein.

Soziale Spannungsfelder

Der Wunsch der Jugend nach mehr gesellschaftspolitischer Freiheit wurde am 4. Juni 1989 zunächst einmal jäh in die Schranken gewiesen. Sowohl **Meinungs-**, **Presse-** und auch **Reisefreiheit** stehen in der Wunschliste ganz oben, offen dazu bekennen mag sich zu ersteren beiden gegenwärtig jedoch kaum jemand, wohingegen infolge der gelockerten Reisebestimmungen mittlerweile alljährlich Millionen Chinesen ins Ausland reisen – Tendenz steigend. Wie viele, der an den Ereignissen am Tian'anmen-Platz Beteiligten zugeben, wurden damals Fehler gemacht, auf beiden Seiten, doch habe man daraus gelernt und versuche, die angestrebten Reformen sehr viel sachter und überlegter zur Diskussion zu geben. Hoffnung, auf dem richtigen Weg zu sein, schöpft man aus den 1992 in Peking getroffenen Entscheidungen des Nationalen Volkskongresses und des Nationalen Parteitages.

Pekings Zentrum: der Tian'anmen-Platz

INFO
Zum Staunen und Nachdenken

- Mehr als 70 Prozent der Flüsse und Seen Chinas sind verschmutzt.
- Mehr als 300 Millionen Chinesen haben keinen Zugang zu sauberem Wasser.
- 16 der 20 bezüglich der Luftverschmutzung schmutzigsten Städte weltweit liegen in China.

- China produziert mehr als 70 Prozent aller Spielwaren weltweit.
- China produziert mehr als 50 Prozent aller Sportartikel weltweit.

- 2002 hatten mehr als 60 Prozent aller Spams ihren Ursprung in China.
- 2007 gab es mehr Websites auf Chinesisch denn in irgendeiner anderen Sprache.

- Rund 270 Millionen Chinesen hören auf einen der drei am meisten verbreiteten Familiennamen – Li, Wang und Zhang.
- Rund 200 Millionen Chinesen lernen gegenwärtig Englisch.

- Die Mao-Bibel ist nach der Bibel das meist verkaufte Buch der Welt.
- Ende des 18. Jahrhunderts lebte rund ein Drittel der Weltbevölkerung in China, das über die Hälfte aller Reichtümer weltweit verfügte.
- In China erfand man das Papier, die Drucklettern, den Kompass, das Schießpulver und das erste hochseetüchtige Schiff.
- Mehr als 320 Millionen Chinesen rauchen.

- Auf 100 weibliche Neugeborene kommen gegenwärtig 117 männliche.
- Trotz Verbotes führen viele Schwangere noch immer Ultraschalltests durch, um das Geschlecht des Fötus festzustellen, um diesen notfalls abzutreiben, wenn es sich dabei um ein Mädchen handelt.
- Im Jahre 2020 könnte es aufgrund des geschlechtlichen Ungleichgewichts bei den Neugeburten 100 Millionen Junggesellen geben.

- In den ländlichen Armutsregionen sind 80 Prozent der „gehandelten" Kinder Mädchen, bei dem Rest handelt es sich um Knaben mit gesundheitlichen Problemen oder Behinderungen.
- Mit 3,6 Prozent aller Sterbefälle rangiert Selbstmord bei den Todesursachen an fünfter Position, bei den 15-34-Jährigen ist er sogar Todesursache Nummer Eins, wobei die Rate bei Frauen um 25 Prozent über derjenigen der Männer liegt.

- Zehn Prozent der Männer, meist aus wohlhabenden Schichten, suchen regelmäßig Prostituierte auf.
- Mehr als 10.000 Kinder unter 15 Jahren haben ihre Eltern durch AIDS verloren.
- Die Zahl der HIV-Infizierten wird auf 1,5 Million geschätzt – bis 2010 könnten es nach UN-Angaben bis zu 10 Millionen sein, wenn die Regierung nicht mehr gegen die Krankheit unternimmt.
- Tuberkulose ist mit 130.000 Todesfällen im Jahr Todesursache Nummer Eins bei Infektionskrankheiten.

Kunst und Kultur

Architektur

Über Jahrhunderte hinweg lassen sich in der chinesischen Architektur nahezu gleich bleibende Grundstrukturen und -elemente finden, die auch in den Baudenkmälern Pekings zum Tragen kommen: **Grundgedanke** dabei ist, dass die kleinste wie die größte Baueinheit die **Ordnung des Universums widerspiegeln** soll, wobei das Viereck die vermeintliche Gestalt der Erde versinnbildlicht, der Kreis dagegen die höchste Vollkommenheit, den Himmel, symbolisiert.

Kunstvoll gestaltete Dachziegel

Die Grundgestalt chinesischer Architektur ist ein sich in Holzskelettbauweise über einem rechteckigen Grundriss (Symbol für die Erde) erhebender **Hallenbau**, der ebenerdig, bei Repräsentationsbauten jedoch auf einem terrassenartigen Steinsockel errichtet wurde. Diese Holzkonstruktion in Ständerbauweise besteht aus Pfeilern, die durch Querbalken miteinander verbunden sind und, um das z.T. mehrgeschossige Dach (Symbol für den Himmel) zu tragen, über ein ausgefeiltes

Paradebeispiel chinesischer Hallenarchitektur – das Tor des Himmlischen Friedens

Kraggebälk verfügen, dessen wieder und wieder verzweigte Trägerarme sich über einem würfelförmigen Pfeilerkopf verteilen. Die Wände dieser Hallen bestehen oftmals nur aus Brettern, zum anderen aus Ziegelmauerwerk und lehmverputztem Flechtwerk, wobei die Eingangs- und Schauseite, die sich möglichst nach Süden wendet, häufig vollständig aus Türen besteht. Große Hallen bestehen aus mehreren hintereinander gestaffelten Pfeilerreihen. Selbst mehrstöckigen Gebäuden wird durch die Leichtigkeit der gestaffelten Dächer mit ihren schwingenden Flächen, weiten Überhängen und gekurvten Kanten jegliche Schwere genommen.

Das **klassische Walmdach** gilt in China seit jeher als **vornehmste Dachform**, sodass man sie überwiegend in Palast- und Tempelanlagen wiederfindet. Bauten niederen Ranges und Wandelhallen in Tempelanlagen tragen zumeist Satteldächer, vier- und mehreckige Pagoden oder Pavillons Pyramidendächer und Rundbauten Kegeldächer.

Klassische Dachformen

Der Dachfirst ist entweder gerade oder leicht konkav geschwungen, wobei die Enden oftmals aufwärts gebogen und ornamentiert sind, oft mit **mythischen Tierfiguren**. Dieser Firstschmuck stellt neben der zuunterst stehenden Henne, auf der ein Mensch reitet, noch Drachen, Phönix, Löwe, Einhorn, Himmelspferd und Drachenkopf dar; bis zu maximal elf Figuren dürfen auf dem Gratende sitzen, die das Gebäude vor Unheil schützen sollen. Besonderen Reiz erhalten die Dächer noch durch ihre **Farbigkeit**: Das Recht, sein Haus farbig zu decken, wurde vom Kaiser verliehen, wobei Gelb einzig und allein ihm selbst zustand, die Dächer gewöhnlicher Sterblicher waren hingegen stahlgrau.

Im Vergleich zu den Holzgebäuden kam der **Stein-** und **Ziegelbauweise** angesichts des ausreichend zur Verfügung stehenden Holzes bis in die Neuzeit hinein eine verhältnismäßig geringe Bedeutung zu.

Reich dekoriert präsentiert sich der Kaiserpalast

In der Verbotenen Stadt

Im Folgenden soll im einzelnen auf die architektonischen Merkmale der verschiedenen Gebäudetypen eingegangen werden:

Paläste – Gong

Ein Musterbeispiel des kosmologischen Verständnisses der Chinesen stellt die Verbotene Stadt in Peking dar. Sie ist an einer Nord-Süd-Achse ausgerichtet, die die Achse der irdischen Welt symbolisiert. Die Palastanlage selbst ist rechteckig (im Idealfall quadratisch), die drei wichtigsten Bauten in ihr erheben sich direkt über der Zentralachse auf einer mehrstufigen Terrasse über die irdische Welt.

Axialität und **Symmetrie** vereinen sich mit wichtigsten architektonischen Prinzip, dem **Viereck**. Nicht nur die Einzelgebäude selbst folgen diesem Prinzip, sondern auch ihre Gruppierung um und in den einzelnen Höfen sowie zueinander, wodurch lauter kleine Palaststädte in der großen entstehen.

Bäume, Blumen, Räuchergefäße, Brunnen u.a. verwandelten jede Einheit in für sich durch Mauern abgeschlossene Bereiche, wobei meistens eine Fußbodenheizung eingebaut war. Zu Zeiten der Kaiser durfte kein Gebäude höher sein als die drei Zeremonialhallen.

Hofhaus – Siheyuan

Dies ist die kleinste Wohneinheit, bestehend aus einem nach Süden ausgerichteten Hof, um den sich an der West-, Nord- und Ostseite die Wohnräume der Großfamilie gruppieren. Während im nach Norden ausgerichteten Gebäude die Eltern lebten, zogen die Söhne nach ihrer Heirat in eines der Nebengebäude. Durch den nach Mittag ausgerichteten Eingang, der rund, oktogonal, blattförmig oder sonst wie geartet sein kann, betritt man den Hof, der nach außen hin durch eine etwas zurückgestellte Wand, die Geisterwand, abgeschirmt ist. Zum einen dient diese Mauer als Blickschutz, vornehmlich aber zur Abwehr böser Geister, die chinesischer Vorstellung zufolge nur geradeaus gehen können. Ihrer Abwehr dient auch die kleine Schwelle am Eingang, heben jene beim Gehen doch ihre Füße nicht. Mauern grenzen die einzelnen Wohnhäuser nach außen hin ab, die beiderseits von Eingängen anzutreffenden Löwen- oder Tierfiguren, Bäume oder Steine dienen als Torwächter, beim Kaiser ebenso wie in den einzelnen Stadthäusern.

Eine Familie unter einem Dach

Mehrere Hofhäuser bildeten ein Stadtviertel, die Stadt wiederum setzte sich aus mehreren solcher Viertel zusammen, wobei Stadtviertel und Stadt jeweils von Mauern umgeben waren.

Tore – Men

Schon an der oftmals prächtigen Ausführung kann man deutlich erkennen, dass Toren große Bedeutung zukam, sie grenzen privaten von öffentlichem Bereich ab, markieren – z.B. in Palästen – den Übergang von einer Raumeinheit in eine andere. Dabei setzen die sie flankierenden Tierfiguren, Bäume oder Steine zusätzliche räumliche Akzente. Während manche Tore in Palastanlagen mehr Hallen gleichen und auf Terrassen stehen, zu denen schmuckvolle Rampen empor führen, hatten die Tore der äußeren Stadtmauer zusätzlich eine Verteidigungsfunktion zu erfüllen. In Peking handelte es sich um U-förmige Anlagen mit mehreren verhältnismäßig kleinen Durchgängen, bestehend aus einem massigen Steinunterbau und z.T. mehreren aufgesetzten hölzernen Langhallen.

Ehrentor bei den Westlichen Qing-Gräbern

Ebenfalls den Übergang von einem Raumabschnitt in einen anderen markieren die – oftmals frei in der Landschaft stehenden – **Ehrentore** (*Pailou*), wie man sie u.a. bei Grabanlagen findet. Diese Tore können aus einem, drei oder fünf Teilen mit ebenso vielen Durchgängen bestehen.

Glockenturm und Trommelturm – Zhong Lou bzw. Gu Lou

Stadttoren sehr ähnlich sind auch **Glocken**- und **Trommelturm**, die normalerweise ebenfalls auf der zentralen Nord-Süd-Achse der Stadtanlage erbaut wurden, meist isoliert auf Plätzen. Auf einem soliden Steinunterbau ruhen die mehrgeschossigen Holzaufbauten, die einen äußerst wehrhaften Eindruck hinterlassen. Ihre Funktion bestand jedoch darin, dass man von dem normalerweise weiter südlich stehenden Glockenturm durch das Schlagen der Glocke am Morgen das Öffnen der Stadttore bekannt gab. Durch das Schlagen der Trommel vom weiter nördlich gelegenen Trommelturm wurde die Schließung der Tore am Abend veranlasst. Beide wurden beim Herannahen von Feinden geschlagen.

Tempel und Klöster – Si, Guan oder Miao

Tempel folgen in China in der Anlage im Allgemeinen den Palästen, d.h. die wichtigen Zeremonialhallen sind ebenfalls auf einer Nord-Süd-Achse ausgerichtet. Der Eingang liegt im Süden, gefolgt von einem ersten Innenhof mit Glocken- und Trommelturm im Osten bzw. Westen, an den sich wiederum die verschiedenen Gedenk- und Andachtshallen (Halle der Vier Himmelskönige, die Predigthalle, Hallen für die Kultfiguren) anschließen. In den Zwischenhöfen befinden sich Pavillons für Kultfiguren oder Nebengebäude, in denen u.a. die Bibliothek, die Mönchszellen, Lagerräume und verschiedene Lehranstalten (Medizin, Astronomie, Mathematik etc.) untergebracht sind.

Glockenturm

Im Yonghegong

Haupthallen und **Nebenhallen** eines Hofes bilden jeweils eine **Baugruppe**. Im Norden der Anlage befindet sich die Haupthalle, der sich noch eine Pagode anschließen kann. Die Hallen und Höfe sind symmetrisch angelegt, die Gebäude einstöckig, nur in bedeutenderen Anlagen ist die Haupthalle mitunter mehrgeschossig. Eine Mauer schließt den ganzen Komplex nach außen hin ab. Vor der Erbauung eines Tempels oder Klosters erkundeten Geomanten das Umfeld, um – wie bei den kaiserlichen Grabanlagen – herauszufinden, ob das Gelände für die Errichtung geeignet sei und wie die Anlage auszusehen habe. Berge, Symbole der Ewigkeit, sollten die Anlage möglichst von Norden her schützen, Bäche und Quellen, Symbole der Reinheit, in der unmittelbaren Umgebung zu finden sein.

Pagoden – Sita

Die vom frühen indischen Stupa abstammende **Pagode** war das einzig wirklich hohe Gebäude der traditionellen chinesischen Architektur. Die Wandlung des halbkugeligen Körpers (*Anda* = Ei), der als kosmisches Ei das Symbol des Universums ist, begann bereits im ersten vorchristlichen Jahrhundert in Indien selbst und entwickelte sich in China zur hochgestreckten, mehrgeschossigen Pagode, deren einzelne Stockwerke durch vorkragende Gesimse deutlich voneinander abgesetzt sind. Gleichzeitig wandelte sich der runde Grundriss in einen quadratischen oder polygonalen. Man spricht in solchen Fällen von einer **Stufenpagode**.

Östliche Qing-Gräber-Anlage

Die stets gerade Zahl der **Grundrissseiten** und die immer ungerade **Stockwerkzahl** scheinen die Chinesen mit ihrer kosmisch bezogenen Zahlenmystik in Verbindung gebracht zu haben. Auch spiegelt sich darin das Prinzip von *Yin* und *Yang* wider, das Bemühen um Ausgleich und Harmonisierung der beiden polaren Gegensatzwelten.

Baugeschichtliche Entwicklung

Im Gegensatz zur indischen Stupa oder zum thailändischen Chedi ist die chinesische Pagode zugänglich: Im Erdgeschoss findet sich meist das Hauptbildnis Buddhas, in den übrigen Stockwerken Bildnisse anderer verehrungswürdiger Gestalten oder Reliquien, die auch in eine von unten bis oben durchgehende Säule eingemauert sein können. Als heiligstes Monument des Buddhismus enthält sie aber auf jeden Fall eine Reliquie, entweder Reste von Buddhas Leichnam oder heilige Texte bzw. Formeln. Als Ehrerweisung gegenüber Buddha umwandelt man sie im Uhrzeigersinn. Im Laufe der Zeit verlor die Pagode mitunter ihren religiösen Sinn und diente lediglich als Mittel der Landschaftsgestaltung.

Gartenbaukunst

Einen sehr hohen Stellenwert nimmt in China seit alters her die **Gartenbaukunst** ein, bei der es in erster Linie um die Darstellung der Landschaft in ihren diversen Wesensformen geht, nicht so sehr um Repräsentation, d.h. um die

I. Stadt & Leute: Kunst und Kultur

Chinesische Gärten gleichen oft Gemälden

Wandelgang im Sommerpalast

Pracht der Natur. Was wie ein zufälliges Nebeneinander der verschiedenen Naturelemente wirkt, ist das Ergebnis wohldurchdachter Überlegungen, gleich der **kosmischen Spiegelbilder** der Stadt- und Palastanlagen soll in chinesischen Gärten das **Kleine** für das **Große** stehen. In ihnen wird die Einstellung des Chinesen zur Natur augenfällig, betrachtet er sich doch nur als ein Wesen, eine Erscheinungsform in dieser Welt, die allen anderen mit Respekt gegenübertritt, ohne den Wunsch, sie zu beherrschen. So findet diese alle Erscheinungsformen durchwallende kosmische Ordnung vielleicht in den Gartenanlagen, in der Verschmelzung von Natur und Geplantem, Konstruiertem, ihren sinnfälligsten Ausdruck.

Die Gartenbaukunst geht bis auf die Zhou-Dynastie zurück, wobei schon damals die Hauptmotive die **zentralen Wasserflächen** waren, ganz gleich ob als See, Teich, Bach oder Wasserfall, denn sie geben den Gärten die pulsierende Lebendigkeit, die den Kontrast schafft zu Felsen, Steinen, Sträuchern, Bäumen und Blumen, aus denen Berge, Hügel, Senken, Inseln, Täler oder Terrassen geformt werden. Das Wasser, Sinnbild für das Universum, brandet an die es begrenzenden Berge, von denen oft fünf als die Nachbildungen der fünf Heiligen Berge Chinas mit in die Landschaftsgestaltung einflossen, ebenso wie die bizarren Felseninseln in den Hauptseen, die als Wohnsitz der Acht Unsterblichen (taoistische Schutzgottheiten) gedacht sind.

Die Gartenbaukunst hat Tradition

Weitere Bestandteile dieser Parkanlagen sind Kanäle, Zickzackbrücken (gegen böse Geister) oder Brücken in Hufeisen- bzw. Regenbogenform, Pavillons und Wandelgänge. Pavillons errichtete man zumeist an exponierten Stellen, um dem Verweilenden eine schöne Aussicht zu gewähren, Wandelgänge unterteilen die Anlagen, verbinden aber andererseits die einzelnen Baugruppen wiederum miteinander und führen den Besucher wie mit Geisterhand zu den wichtigsten

Punkten. Wände und Mauern sind von vielerlei Formen durchbrochen, runden (Mondtore), achteckigen, blattförmigen, ovalen und vasenförmigen Toren, kunstvoll vergitterten Fenstern. Geradezu spielerisch wird so das Grundproblem chinesischer Gartenbaukunst gelöst, bei der es nicht um die Ausbildung einer perspektivischen Illusion, sondern um die Gestaltung des Raumes geht, die Verteilung von leerem und materiellem Raum und ihr Verhältnis zueinander, im Sinne der beiden entgegengesetzten, sich aber gleichzeitig bedingenden kosmischen Kräfte Yin und Yang.

Ausgleich schaffende Gestaltungselemente

Malerei und Kalligrafie

Was bei der oberflächlichen Betrachtung **traditioneller chinesischer Malerei** auffällt, ist die relative Farblosigkeit und die Gleichförmigkeit der Darstellung. Das Grundelement ist jedoch der Pinselzug, Tusche ist für den Künstler dabei nicht nur schwarz, sondern verfügt vielmehr über nahezu unzählige Nuancen vom blassesten Grau bis zum tiefsten Schwarz. Dank einer spezifischen Anordnung ihrer Haare sind chinesische Pinsel wesentlich elastischer als bei uns gebräuchliche, wodurch sich auch feinste Schwünge, jedes Heben und Senken unmittelbar auf den Malgrund übertragen.

Die chinesische Schrift blickt auf eine Jahrtausende alte Tradition zurück

Die ältesten Belege chinesischer Malerei sind rund zweieinhalb Jahrtausende alt: Es handelt sich um Seelenbanner aus der Zhou-Dynastie, die in Gräbern in Changsha gefunden wurden. Figürliche Darstellungen tauchten auch in Korridorteilen des Palastes von *Qin Shi Huangdi* bei Xianyang auf, in diesem Fall als Wandmalereien.

Die am weitesten verbreitete Form ist die **Landschaftsmalerei**, deren sorgfältige Komposition den Betrachter gleichsam zum Bestandteil des Bildes machen soll. Diese „drei Fernen", die hohe (wenn man einen Berg hinaufschaut), die tiefe (sie erlaubt den Blick vom Rande eines Gebirges in sein Inneres) und die ebene (sie gibt den Blick in die Ferne frei) können in einem Bild vereint sein – so findet der Taoismus in dieser Kunstform seinen wohl sinnfälligsten Ausdruck.

Landschaft als Komposition

Pflanzen und Tiere dienen als Symbole

Pflanzen- und **Tierdarstellungen** nehmen dagegen einen minderen Rang ein, waren bis zur Tang-Zeit lediglich dekoratives Beiwerk und erst von da an auch selbstständiges Genre. Zwar kannte man Wandbilder mit Pferden schon aus früher Zeit, während der Herrschaft Kaiser *Longjis* (reg. 712-756) erlangte diese Tierdarstellung eine Sonderstellung. Erst unter den Mongolen dagegen entwickelte sich die Pflanzenmalerei zu einem eigenen Genre, wobei Orchidee, Pflaumenblüte, Chrysantheme und Bambus, die seit alters her die vier Jahreszeiten symbolisieren, in den Mittelpunkt rückten, ergänzt durch Lotus und Kiefer.

Dies gilt ganz besonders auch im Bereich der **Kalligrafie**, die zwar zu jedem Gemälde gehört, jedoch ebenso als eigenständiges Kunstwerk betrachtet wird, im Rang sogar höher steht als die Malerei. Dabei handelt es sich um mehr als nur bloße „Schönschreibkunst", in ihr spiegeln sich Charakter, Gesinnung und Bildung des Schreibenden wider, sodass es nicht verwunderlich ist, dass im alten China die Beherrschung der Kalligrafie zeitweise die Voraussetzung für den Zugang zu allen hohen Staatsämtern war. Seit dem 3. Jh. n.Chr. galt die Kalligrafie, neben Malerei, Poesie, Musik und Bogenschießen, als eine der „freien Künste", die die geistige Elite nicht zum Zwecke des Broterwerbs, sondern um ihrer selbst willen betrieb.

Kunsthandwerk

Bronzene Weihrauchgefäße wie dieses finden sich in kaiserlichen Anlagen und Tempeln

Das Kunsthandwerk kann in China auf eine lange Tradition zurückblicken, Jahrhunderte bevor bei uns das erste Porzellan gebrannt wurde, speiste man im Reich der Mitte bereits von kostbarem Geschirr, produzierte Seide, die alsbald die Damenwelt im Westen entzückte, von anderen Meisterleistungen des Kunsthandwerks ganz zu schweigen.

Bronzekunst

Die ältesten gefundenen Bronzen datieren in die Shang-Dynastie zurück, wo sie als Zeremonialgefäße bei der Beisetzung der Toten und der Verehrung der Götter und Ahnen dienten, außerdem noch als Aufbewahrungsgefäße. Mit Nahrungsmitteln gefüllte Gefäße wurden den Verstorbenen mit ins Grab gegeben, um so das Wohlwollen der Götter, Geister und Ahnen zu erlangen. Das wohl älteste und am häufigsten gefertigte **Bronzegefäß** ist der kesselförmige **Ding**, der ebenso wie der zweiteilige **Xian** drei Füße besaß. Bei letzterem befand sich im unteren Teil das Wasser und im oberen auf einem Rost das zu dünstende Fleisch. Die für die Erhitzung des Weins gedachten dreifüßigen Gefäße verfügten jeweils über einen Griff und Ausguss, für rituelle Waschungen benutzte man flache Wasserschalen, zunächst runde, später auch viereckige.

Als **Wassergefäß** entwickelten schon die Shang **ein tierähnliches Gefäß**, wobei man es durch den Deckel am Kopf mit Wasser füllte, und anschließend durch das Maul leeren konnte.

Cloisonné

Die im 8. Jh. n.Chr. aus Persien gekommene **Metallverarbeitungstechnik** geriet für einige Jahrhunderte in Vergessenheit, ehe sie im 13. Jh. wieder entdeckt wurde, seine Blütezeit erlebte das Cloisonné allerdings erst unter den Ming, als man gelernt hatte, Emailfarben auf Porzellan aufzutragen.

Während des arbeitsintensiven Herstellungsprozesses werden auf den metallenen Gefäßkörper dünne metallene Stege aufgeklebt, die die Umrisse von Ornamenten bilden. Die Räume zwischen den Stegen werden, ehe das Gefäß gebrannt wird, mit farbiger Emailpaste aufgefüllt bzw. farbig bemalt, die Stege und nicht mit Dekor bedeckten Flächen werden abschließend vergoldet. Bei einfacheren Varianten fällt das Aufsetzen der Stege weg, die Gefäße werden nur bemalt.

Elfenbeinschnitzerei

Feine Cloisonné-Arbeit

Als Werkstoff seit 5.000 v.Chr. benutzt, lieferten einst die auf dem Territorium Chinas lebenden Elefantenherden den Rohstoff, heute ist man auf Importe angewiesen. Der elastische Stoff eignet sich hervorragend zur Ausarbeitung feiner, zarter Kunstobjekte, wie man sie in den szenischen Landschaftsdarstellungen der Ming- und Qing-Dynastie wieder findet, die z.T. noch durch Edelmetalle und -steine verfeinert wurden.

Jade

Obwohl kein eindeutiger mineralogischer Begriff, versteht man unter Jade vor allem zwei Mineralien: **Nephrit und Jadeit**. Farblich reicht das Spektrum von Weiß bis Schwarz, am meisten von den Chinesen geschätzt ist jedoch ein klares Smaragdgrün. Jade weist Härtegrade von 3 bis 7 auf und lässt sich dank ihrer Geschmeidigkeit hervorragend verarbeiten. Die Stellung, die in anderen Kulturen

Gold innehat, nimmt in China Jade ein. Die ältesten gefundenen **Jaden** sind rund **7.000 Jahre** alt; bei den Lanzenspitzen, Äxten, Anhängern und Pfeilspitzen handelt es sich vermutlich um Ritualobjekte. Ab dem 5. Jh. v.Chr. wurde Jade dann mehr als Schmuck getragen, verlor seine rituelle Bedeutung jedoch nicht vollständig.

Keramik: Tonware, Steinzeug, Porzellan

Bei Keramik denkt im Zusammenhang mit China jeder zuerst an das im 7. Jh. n.Chr. unbeabsichtigt erfundene Porzellan. Tonwaren finden sich im Reich der Mitte jedoch bereits wesentlich früher, nämlich schon gut 5.000 Jahre vor der Zeitenwende. Diese handgeformten roten und schwarzen dreifüßigen Schalen und Töpfe gehörten Siedlungsgemeinschaften von Feldbauern in den Tälern des Huang He und Chang Jiang. Die besseren wurden bei den Opferfeierlichkeiten für Ahnen und Götter eingesetzt, die weniger gut gelungenen im Alltag.

Vorsicht: Jade ist nicht gleich Jade

Bis zum 8. Jh. v. Chr. hatten sich die Rohmaterialverarbeitung und die Brenntechnik so verfeinert, dass eine porzellanähnliche Ware (Protoporzellan) entstand. In der Folgezeit lief Porzellan allen anderen Töpfereiprodukten den Rang ab und entwickelte sich für Jahrhunderte zu einem der wichtigsten Exportschlager Chinas. Ein **Höchstmaß** an **technischer Perfektion** und **Schönheit** der **Formen** erreichte man in der Song-Dynastie, die Farbskala der monochromen Gefäße reichte dabei von Blassgrün über Graublau bis hin zu diversen bräunlichen Tönen.

Altes Handelsgut: chinesisches Porzellan

Lackkunst

Seit 7.000 Jahren weiß man in China um den **Schutz**, den der **Saft** des in Süd- und Mittelchina wachsenden **Lackbaums** gegen Kratzer und Stöße gewährt, und so begann man im Laufe der Zeit, die verschiedensten Materialien damit zu überziehen. Der milchige Saft, der bei feuchter Luft erstarrt und trocknet, schützt zudem gegen Feuchtigkeit und Säuren, wodurch er schon bald für das Kunsthandwerk interessant wurde. Zuunterst trägt man auf den Kern eine minderwertige Grundierungsschicht auf, auf die anschließend bis zu 300 hauchdünne Schichten folgen, die nach dem Trocknen jeweils in staubfreier, feuchter Luft abgeschliffen und poliert werden, was fünf bis zehn Jahre dauern kann. Als klassische Farbkombination gilt die vermutlich um 2.000 v.Chr. aufgekommene aus Schwarz und Rot, Farben, die man durch Hinzugeben von Ruß oder in Essig getränkten Eisenfeilspänen (Schwarz) bzw. Zinnober (Rot) zum Lacksaft erhält.

Uralte Kunst-

Plastiken

Aus Ton, Knochen, Jade, Elfenbein, Holz, Bambus, Stein oder anderen Materialien gefertigte Menschenköpfe mit aufgemalten, maskenartigen Gesichtszügen und Tierfiguren dokumentieren die Anfangsphase plastischen Schaffens in China vor rund 7.000 Jahren. Bei ihnen handelt es sich aller Wahrscheinlichkeit nach um Schutz gewährende kultisch-magische Objekte für die Verstorbenen, deren gestalterische Konzeption blockhaft schwer war. Während der Shang- und Zhou-Zeit wurde Bronze das hauptsächlich verwendete Material. Die Künstler schufen Plastiken, die durch die aufgesetzten Tierfiguren und von ihnen abgeleiteten Ornamente sowie die variantenreichen Sakralgefäße ihrer Weltsicht und Verehrung übernatürlicher Kräfte Ausdruck gaben. In der Endphase der Zhou-Dynastie verloren die Tiergestalten zunehmend ihre Schreck einflößende Ausdrucksform und entwickelten sich hin zu gefälligen, glatten, rein ornamentalen Gestalten.

Steinfiguren säumen den Seelenweg der Ming-Gräber

Nirgendwo lässt sich dieses Bemühen um Naturtreue deutlicher erkennen als an den über 7.000 lebensgroßen unterirdischen Terrakottafiguren, die als Grabbeigabe das Mausoleum *Qin Shi Huangdis* bei Xi'an bewachen. Während die Körper serienmäßig nach bestimmten Grundformen gefertigt wurden, modellierte man die Köpfe individuell, wodurch sie ihrem Anspruch, genaue Abbilder lebender Soldaten zu sein, sehr nahe kamen.

Qilin

1. Stadt & Leute: Kunst und Kultur

Bronzebodhisattva

Monumentalskulpturen von Menschen und Tieren zählen seit der frühen Han-Zeit zu den großartigsten künstlerischen Leistungen der chinesischen Bildhauerkunst. Sie säumten oftmals die zu den Gräbern der Mächtigen führenden Seelenwege, um die Verstorbenen vor schädlichen Einflüssen zu schützen. Fabelwesen wie das Einhorn (*Qilin*) oder der Drachen tauchen auf, aber auch der aus Indien übernommene Löwe, zudem Tiger, Pferd, Elefant und Kamel. In den späteren Jahrhunderten verloren die Tiergestalten ihren ehemals mystischen Bezug, was sich in der sehr viel realistischeren Ausführung widerspiegelt. Am Endpunkt dieser Tradition stehen u.a. die 36 Tier- und Menschenfiguren (Beamte, Minister und Krieger), die den Heiligen Weg zu den Ming-Gräbern bei Peking flankieren.

Die **buddhistischen Plastiken** folgen in China in der Frühzeit dem von der Kunstschule in Gandhara übernommenen ikonografischen Kanon, der Erscheinungsformen von Buddhas und Bodhisattvas ebenso festlegte wie alle Maße und Proportionen, um so die Schaffung des „richtigen" Bildwerkes zu gewährleisten. Erst mit der Sui-Zeit setzte eine Wandlung hin zum Statuarischen ein, wobei die Körper säulenartig, die Gesichtszüge klar und harmonisch sind, wohingegen während der Tang-Dynastie sich der Drang zu mehr Fülle durchsetzte, wodurch sie zu barockem Überschwang neigten, eine unter den Ming wiederholte Vorliebe.

Stein- und Holzschnitt

Erste **Steinschnitte** kannte man schon zur Zhou-Zeit, dabei handelte es sich um mythologische und geschichtliche Darstellungen, die als Negativrelief in Steinplatten geritzt wurden, in der Han-Zeit ging man dann zum positiven Flachrelief über, eine Technik, die mit der Erfindung des Papiers zu großer Bedeutung gelangte.

Schwergewichtige Originalausgaben

Sinn vieler Steingravierungen war es, das Schriftgut – z.B. die konfuzianischen Klassiker, die bereits im 2. Jh. in Stein graviert wurden – vor dem Verfall zu bewahren und es durch Abreiben einem größeren Leserkreis zugänglich zu machen. Aber auch Edikte und heilige Schriften wurden auf diese Art und Weise vervielfältigt, außerdem Kalligrafien und Malereien. Seine Blütezeit erlebte der Steinschnitt während der Tang-Dynastie.

Noch wichtiger wurde indessen der im **frühen 8. Jh. entwickelte Holzschnitt**, der es zusammen mit dem Holzplattendruck den Vertretern der verschiedenen religiösen Gemeinschaften, aber auch dem kaiserlichen Hof ermöglichte, ihre Lehren bzw. Staatsdoktrinen zu propagieren. Auf diese Weise konnten auch viele für den Allgemeinbedarf bestimmte Dinge gedruckt werden, wie z.B. Kalender, Lehrbücher, Kartenspiele oder Belletristik. Ihre Blütezeit erlebte diese Kunst während der Song-Dynastie.

Stempel

Sie übernehmen seit alters her in China die Funktion der Unterschrift, die an sich unüblich ist. Ursprünglich fungierten sie als Symbol für die gesellschaftliche Stellung des Besitzers.

Noch heute besitzt jeder Chinesen seinen eigenen Stempel

Je nach sozialer Position des Besitzers schwankte auch ihr Wert, wobei Staats- und andere bedeutende Stempel und Siegel fast immer aus Jade waren. Beliebte Ornamente des Griffes waren und sind die chinesischen Tierkreiszeichen, aus denen man – beim Kauf als Mitbringsel – jeweils sein eigenes Tierzeichen auswählen sollte.

Literatur und Dichtung

Eine der größten Leistungen der chinesischen Literatur ist die Geschichtsschreibung, die mit **Sima Qian** (145-86 v.Chr.) einsetzte, der das von seinem Vater begonnene Werk **Shiji** vollendete. Es umfasst die Geschichte Chinas von der Urzeit bis zu seiner Lebzeit, ein epochales Werk mit mehr als 520.000 Schriftzeichen, das zum Vorbild für alle weiteren Dynastiegeschichten wurde. Erster großer Landschaftsdichter Chinas war **Tao Yuanming** (365-427), der zu den hervorragendsten Literaten seiner Zeit zu zählen ist. In einem seiner bekanntesten Werke, dem **Taohuayuan Ji**, brachte er seine Vorstellungen von einer idealen Gesellschaft zu Papier, was dieses Werk zur ersten Utopie Chinas machte.

Frühe Klassische Dichtkunst

INFO

Als älteste Werke der klassischen Dichtung gelten die fünf **Konfuzius** zugeschriebenen **kanonischen Klassiker**:

- **Shijing**: eine Sammlung von Volks- und Hofliedern sowie Tempelgesängen, wie sie von Beginn der Zhou-Dynastie an bis ins 6. Jh. v.Chr. gesungen wurden.
- **Yijing** (*I Ging*): Dieses Wahrsagebuch („Buch der Wandlungen") enthält Orakeltexte und dazugehörige Interpretationen aus der Zhou-Zeit.
- **Shujing**: Das „Buch der Urkunden" enthält historische Dokumente und Reden von Herrschern der Zhou- und davor liegenden Zeit.

> **INFO**
>
> - **Liji**: Dies ist eine Beschreibung der klassischen Riten.
> - **Chunqiu**: Als „Frühlings- und Herbstannalen" bekannt, beinhaltet dieses Werk die chronologisch dargestellte Geschichte des Feudalstaates Lu, aus dem *Konfuzius* stammte.
>
> Ebenfalls zum konfuzianischen Kanon zählen seit der Song-Dynastie die **Si Shu**, die „Vier Bücher":
>
> - **Lunyu**: Eine Sammlung von Gedanken, Urteilen und Aussprüchen des Konfuzius, die von seinen Schülern nach dessen Tod zusammengestellt wurden, um der Lehre des Meisters eine einheitliche Grundlage zu verschaffen.
> - **Zhongyong**: Von einem Enkel des Konfuzius verfasstes Werk, in dem die Gedanken des Meisters zum Verhältnis des Menschen zu sich selbst und seinen Nächsten zusammengetragen sind.
> - **Daxue**: Einem Schüler des Meisters zugeschrieben, formuliert es dessen Lehre von der Selbstvervollkommnung des Individuums.
> - **Mengzi**: Von Schülern zusammengetragene Aussprüche und Aussagen des Philosophen.

Das goldene Zeitalter der Literatur brach unter der Tang-Dynastie an, schließlich waren einige ihrer Kaiser selbst bemerkenswerte Dichter, die die Literatur daher stark förderten und neue Bibliotheken anlegen ließen. **Wichtigster Zweig** der Literatur war die **Poesie**, die die alten Stile aufgriff und verfeinerte, wodurch sich allgemeingültige Regeln für den Versbau durchsetzten.

Nach dem Ende der mongolischen Fremdherrschaft erfolgte unter den Ming eine Rückbesinnung auf alte Stile und Formen, was eine Fülle von Nachahmungen der alten Meister vergangener Zeiten zur Folge hatte. Erst gegen Ende des 16. Jahrhunderts meldeten sich einige Gelehrte zu Wort, denen das Kopieren wertlos erschien und die neues Leben in die Literatur bringen wollten, woraufhin besonders in der umgangssprachlichen Prosaerzählung große Fortschritte gemacht wurden.

Unter der fremdherrschaftlichen Qing-Dynastie weigerten sich die meisten Literaten und Gelehrten, sich in deren Dienst zu stellen, woraufhin sich das Gros in das Studium der Klassiker vertiefte. Einzig auf dem Gebiet der Romanliteratur wurden neue Inhalte formuliert.

Auf literarischen Werken basiert so manche Peking-Oper

Die Schwäche des Kaiserhauses und die damit einhergehenden Demütigungen seitens der imperialistischen Mächte ließen Rufe nach Reformen und der Abkehr vom konservativen Denken lauter werden, woraufhin sich auch der umgangssprachliche Roman mit den Grundübeln der Gesellschaft und den sozialen Missständen auseinandersetzte.

Doch nicht der Sturz des Kaiserhauses, sondern erst die Bewegung des **4. Mai 1919** brachte den **Durchbruch** für die moderne Literatur, in der verkrustetes konfuzianisches Denken für den Niedergang des Landes verantwortlich gemacht wurde. Zum herausragenden Schriftsteller dieser Jahre wurde *Lu Xun* (1881-1936), der bis heute als größter chinesischer Schriftsteller der Moderne anzusehen ist. Sein Werk, darunter „**Tagebuch eines Verrückten**" und „**Die wahre Geschichte der Ah Q**", ist zum festen Bestandteil der Weltliteratur geworden.

Zeit für innere Einkehr und Besinnung

Oper

Wenn auch die bekannteste, so stellt die **Peking-Oper** nicht die einzige ihrer Art dar. Von ihr soll jedoch nachstehend die Rede sein.

Auch wer sprachlich nichts versteht und der Symbolik der Farben, Gesten und Requisiten nicht mächtig ist, kann Gefallen an dieser schauspielerischen Kunst finden. Zumal, wenn es sich um ein Stück handeln sollte, in dem neben den gesanglichen, sprachlichen, mimischen und tänzerischen Elementen auch noch akrobatische vorkommen. Wem es zu lange dauert, der geht einfach – die Chinesen halten das genauso. Nicht wundern, wenn am Ende keiner der Chinesen klatscht, sie vielmehr Hals über Kopf aus dem Theater stürzen, es ist dies kein Zeichen für Geringschätzung oder Unmut über das Gebotene, beklatscht und bewertet werden die Einzelszenen, denn jeder kennt das gespielte Stück auswendig, lediglich der individuellen Darbietung wegen kommt er.

Mimisch-akrobatischer Farbrausch

Von der Peking-Oper, die über 1.300 Stücke verfügt, kann man erst seit rund 200 Jahren sprechen, aufgeführt wurde sie vor allem auf Märkten und Straßen oder zu Tempelfesten, ohne dass sie dabei einen religiösen Gehalt gehabt hätte. Für die breite Bevölkerung war sie die einzige Möglichkeit, etwas von den Lebensverhältnissen jenseits ihres begrenzten Lebensraumes kennen zu lernen bzw. Einblicke in die chinesische Geschichte zu erhalten.

Zur Aufführung gelangen Zivilschauspiele (*Wenxi*), Militärdramen (*Wuxi*), Lustspiele und Possen, von denen viele auf Märchen, Legenden, Sagen oder die klassische Literatur zurückgehen. Trotz der Neuerungen der jüngeren Zeit folgt die

Erlebt gegenwärtig eine Renaissance: die Peking-Oper

Peking-Oper noch immer dem Grundsatz, Überflüssiges wegzulassen und sich auf das Wesentliche zu konzentrieren, was insbesondere bei der Requisite zum Tragen kommt. Für westliche Besucher ist es nicht leicht, den verschlüsselten Aussagen der Peking-Oper zu folgen, jede Geste, jedes Lächeln, jede Körper-, Fuß- oder Handbewegung und jede Mimik richtig zu deuten. Damit man nicht ganz im Dunkeln tappt, nachstehend ein paar Entschlüsselungshilfen:

INFO

Die Peking-Oper richtig deuten

Man unterscheidet vier Typen von Rollen:
- **Sheng** – Männliche, meist positive Hauptrolle (alter Mann mit Bart, junger Mann ohne Bart, Militärs)
- **Dan** – Frauenrolle; sie durfte früher nur von Männern dargestellt werden und nimmt den wichtigsten Platz ein, dabei ist sie zumeist weiß geschminkt, mit verschiedenen Schattierungen von Karminrot, um die Augen mit hellem Rosa; charakteristisch ist die halb gesungene Sprechweise bzw. das maunzende Singen.
- **Jing** – Bemalte-Gesichter-Rolle; immer männlich, in ihr werden Helden, Krieger, Abenteurer, Staatsmänner und übernatürliche Wesen dargestellt, die kunstvolle, nach ganz bestimmten Regeln angefertigte Schminkmasken tragen.
- **Chou** – Männlicher oder weiblicher Spaßmacher oder Bösewicht; eine Hauptrolle haben sie nur in Komödien, ansonsten treten sie in Nebenrollen, wie z.B. als Bauern, Knechte oder Diener, auf, wobei sie durch ihre derbe Umgangssprache das Volk zum Lachen bringen; erkennbar sind sie an der weiß geschminkten Augen- und Nasenpartie, wobei die Augen mitunter schwarz eingerahmt sind.

Bei den **Kostümen** orientiert man sich an der während der Han-, Tang-, Song-, vor allem aber der Ming- und Qing-Zeit getragenen höfischen Kleidung, sie sind jedoch keineswegs realistischer Natur, sondern symbolischen Charakters. Von der Farbe des Gewandes können Rückschlüsse auf die soziale Stellung des Trägers gezogen werden:
- **Gelb** – Steht ausschließlich dem Kaiser zu.
- **Rot** – Weist auf den Adel hin.
- **Schwarz** – Die Farbe der Banditen.

I. Stadt & Leute: Kunst und Kultur

INFO

Nahezu **300 Arten von Make-up** kennen die Maskenbildner, denn in Farbe und Symbolen der Schminkmaske offenbaren sich Charaktereigenschaften des Darzustellenden oder es dient dazu, eine Harmonie zwischen Maske, Kostüm und Kopfputz herzustellen.

- **Blau** – Symbolisiert Grausamkeit, Wildheit und Unerschrockenheit, aber auch Arroganz.
- **Gelb** – Verdeutlicht die gleichen Charaktereigenschaften wie Blau, nur in abgeschwächter Form, stellt auch den Hinterlistigen dar.
- **Golden** – Ist Göttern und Göttinnen vorbehalten.
- **Grün** – Zeigt einen unbeständigen Charakter.
- **Orange** und **Grau** – Stehen für das Alter.
- **Rot** – Steht für einen loyalen, tapferen Charakter.
- **Schwarz** – Versinnbildlicht eine gute, kraftvolle, etwas grobe bis ungehobelte, dabei aber aufrichtige und leidenschaftliche Natur.
- **Weiß** – Kennzeichnet Verrat, Zügellosigkeit, Verschlagenheit und Hinterlist.

Gute Charaktere sind mit relativ einfachen Farben bemalt, kompliziertere Farbmuster hingegen deuten auf verbrecherische Naturen oder feindliche Heerführer hin.

Chinesischer Mondkalender und chinesische Tierkreiszeichen

Da sich der Mond durchschnittlich alle 29,5 Tage einmal um die Erde dreht, macht dies bei 12 Umdrehungen zusammen nur 354 Tage. Damit der Jahresanfang nicht – wie bei den Muslims – im Laufe von 33 Jahren einmal durch das Sonnenjahr wandert, fügt man alle drei Jahre einfach einen weiteren Monat hinzu; so erklären sich die Verschiebungen der dem chinesischen Mondkalender folgenden Festtagstermine im Sonnenkalenderjahr.

Ein wichtiges Element chinesischer Kultur sind die dem Mondkalender folgenden **Tierkreiszeichen**. Anders als unsere Tierkreiszeichen steht im chinesischen Mondkalender **eines für je ein Jahr**, sich im zwölfjährigen Turnus wiederholend. Da das Chinesische Neujahr entsprechend dem Mondkalender jeweils auf die Zeit Mitte Januar bis Mitte Februar fällt, zählen die ersten Wochen unseres Sonnenkalenders noch jeweils zum alten Mondkalenderjahr. *Zwölf Tierkreiszeichen*

Wie unseren Tierkreiszeichen werden auch den chinesischen verschiedene positive und negative Eigenschaften nachgesagt, was für den Chinesen besonders im Hinblick auf den zu wählenden Ehepartner von Bedeutung ist. Stimmt die Konstellation zwischen beiden nicht, so kommt ein späteres Scheitern der Ehe für niemanden überraschend. Aber auch bei Geschäften sollte man auf eine günstige Konstellation achten.

Die wichtigsten Charaktereigenschaften der einzelnen Tierkreiszeichen sind:

Ratte
Sie erreicht meist alles, was sie sich vorgenommen hat. Sie ist ehrlich und großzügig, vor allem dann, wenn sie verliebt ist. Auf andere übt sie eine große Anziehungskraft aus, sie hat einen sehr starken Charakter und ist gefühlvoll, legt aber keinen besonders großen Wert auf Freunde. Ihr Fehler: Sie kritisiert gern.

Büffel
Im Allgemeinen sehr gründlich und fleißig ist er ein ruhiger Typ, der nach Harmonie und Eintracht strebt. Er liebt die materielle Sicherheit, unerfreuliche Dinge belasten ihn sehr. Vielfach ist er dann stur und halsstarrig. Seine Gefühle sind von Selbstmitleid getragen. Wenn er einmal rast, kann ihn so schnell nichts bremsen, ansonsten schwelgt er gern in Nostalgie.

Tiger
Charmant, empfindsam und sorgfältig in allen finanziellen Angelegenheiten, ist er mutig, hitzig und aufbegehrend. Entscheidungen trifft er nur ungern und sehr zögernd. Durch dieses Zögern gerät er oft ins Abseits. Geld interessiert ihn zwar nur wenig, doch trennt er sich von einmal Erworbenem nur ungern. Man kann sich auf ihn als Partner und Freund verlassen.

Hase
Er ist ein Glückskind, immer heiter, gefühlvoll, zärtlich und treu. Als Partner und Gefährte dürfte er angenehm sein. In geschäftlichen Dingen geschickt und diplomatisch, ist er in der Liebe oft stürmisch und der Umwelt gegenüber meist reserviert. Er ist talentiert, was ihm im Beruf hilft.

Drache
Von ihm heißt es, dass er tapfer ist, aufrichtig, energisch und ausdauernd, mutig und häufig sehr leicht erregbar. Seine robuste und stabile Gesundheit garantiert ihm ein hohes Alter. Menschen, die im Zeichen des Drachen geboren wurden, sind sehr erfolgreich und finanziell gut abgesichert. In der Liebe hat der Drache Glück.

Schlange
Energisch, zielstrebig und wendig, ist sie durch ihr kluges und verständnisvolles Verhalten meist finanziell gut abgesichert. Als Freund ist sie aufrichtig und ehrlich, von sich selbst macht sie wenig Aufhebens. Stark ist ihre Bindung an die Familie.

Pferd
Es liebt die Show, ist intelligent, sicher im Auftreten und wohlerzogen. Es ist ein großes Organisationstalent. Obwohl oft recht unruhig und unbeständig, ist es allgemein beliebt und in der Partnerschaft anhänglich und treu. Mit Geld geht es in der Regel sorglos und großzügig um, doch hat es stets eine ausreichende Reserve. Bei Streit verliert es leicht den Kopf.

Schaf 羊
Im allgemeinen schüchtern und häufig pessimistisch, wählt es gerne einen starken Partner, an den es sich anlehnen kann. Sprunghaft und unberechenbar, hat es im Gefühls- und Liebesleben vielfach Probleme, vor allem in Situationen, in denen es nicht weiß, was es erwartet. Durchaus treu, schätzt es Geld und Gut und ist hilfsbereit.

Affe 猴
Er hat eine blühende Fantasie, für ihn ist das Leben ein Spiel. Er ist gescheit, geistvoll und oft sehr geschäftstüchtig, außerdem launenhaft, leichtlebig, romantisch und oft leidenschaftlich. Das Lernen fällt ihm im allgemeinen sehr leicht, sodass er sich anderen gegenüber oft überlegen fühlt.

Hahn 鸡
Er kräht laut und fühlt sich immer obenauf. Er ist stolz, ehrgeizig, geschäftstüchtig, emsig und tapfer. Für ein lobendes Wort hat er stets ein offenes Ohr und Ehre liebt er mehr als alles andere. Er gilt als exzellenter Liebhaber, doch führt eine oft zu beobachtende Selbstüberschätzung nicht selten zum Verlust von Freunden und Partnern.

Hund 狗
Er ist hilfsbereit – auch in den kritischsten Situationen – und angriffslustig, ohne jedoch gleich bissig zu sein. Außerdem ist er anhänglich und treu; Unrecht und Verschlagenheit kennt er nicht, er hasst diese Eigenschaften. Ausgeprägt ist seine Führungseigenschaft. Geld bedeutet ihm sehr viel, doch kann er auch ohne Geld leben.

Schwein 猪
Aufgrund seiner Gutmütigkeit oft von seiner Umgebung ausgenutzt. Ein Schwein ist liebenswürdig, romantisch und wissensdurstig, ehrlich und als Freund oder Partner begehrt. Es gibt gern den Ton an und hasst Auseinandersetzungen.

Die chinesischen Tierkreiszeichen (Geburtsjahre)

Ratte	1912	1924	1936	1948	1960	1972	1984	1996	2008
Büffel	1913	1925	1937	1949	1961	1973	1985	1997	2009
Tiger	1914	1926	1938	1950	1962	1974	1986	1998	2010
Hase	1915	1927	1939	1951	1963	1975	1987	1999	2011
Drache	1916	1928	1940	1952	1964	1976	1988	2000	2012
Schlange	1917	1929	1941	1953	1965	1977	1989	2001	2013
Pferd	1918	1930	1942	1954	1966	1978	1990	2002	2014
Schaf	1919	1931	1943	1955	1967	1979	1991	2003	2015
Affe	1920	1932	1944	1956	1968	1980	1992	2004	2016
Hahn	1921	1933	1945	1957	1969	1981	1993	2005	2017
Hund	1922	1934	1946	1958	1970	1982	1994	2006	2018
Schwein	1923	1935	1947	1959	1971	1983	1995	2007	2019

Religion und Philosophie

Das originär chinesische Denken hat sich nie in einem eigenständigen religiösen System manifestiert, auch gab es niemals Arten kirchlicher Gemeinschaften – es sei denn, sie kamen von außerhalb, aus anderen Kulturkreisen. Ganz anders sieht es dagegen auf dem Gebiet der Philosophie aus, auf dem sich einige der bedeutendsten **Lehren der Welt** entwickelten, die im Laufe der Zeit allerdings teilweise religiös verbrämt wurden, wobei ihre Gründer heute mehr als Heilige verehrt werden denn als Philosophen. Zwar hat der **Konfuzianismus** als Staatsreligion über **Taoismus** und **Buddhismus** praktisch den Sieg davongetragen, doch haben alle drei Religionen am Leben der Menschen teil: der Konfuzianismus als Religion der Pietät und Familie, der Volkstaoismus als Religion der Gemeinde, dem die zeremonielle Reinigung des Wohnorts obliegt, der Buddhismus als Religion des Todes und der Welt in ihrer Gesamtheit.

Yonghegong – Pekings bedeutendste Tempelanlage

Nach offiziellen Angaben gibt es in der VR China derzeit rund zehn Millionen Protestanten, vier Millionen Katholiken und 20 Millionen Muslime sowie 120.000 lamaistische, 40.000 buddhistische und etwa 26.000 taoistische Mönche und Nonnen.

Konfuzianismus

Die Lehre des **Meisters Kung** (551-479 v.Chr.) ist eine **Moralethik**, die starkes Gewicht auf die einzelnen **Loyalitätsverhältnisse** legt (Kind – Eltern, Frau – Mann, jüngerer Bruder – älterer Bruder usw.). Ein jeder soll in der von ihm gegenwärtig eingenommenen hierarchischen Stellung dem Höherstehenden strikte Loyalität entgegenbringen, letzterer ist jedoch verpflichtet, die ihm so zufallende Macht nicht egoistisch, sondern zum Wohle aller einzusetzen.

Alle Lebensbereiche umfassende Morallehre

Der Konfuzianismus ist eine auf das Diesseits bezogene **Sitten-** und **Morallehre,** ausgehend von der Grundthese, dass der Mensch **von Natur aus gut** sei. Den guten Menschen erkennt man nicht an seiner sozialen Stellung, sondern an seinem Verhalten. Dies bedeutete einen radikalen Bruch mit der chinesischen Tradition und war auch eine der Hauptursachen dafür, dass sich dieses ideale Staats- und Herrschaftssystem nie durchsetzen konnte. Denn in China spielte bis in die neueste Zeit hinein fast ausschließlich die Abstammung die entscheidende Rolle. Trotzdem genießt *Konfuzius* bis heute höchstes Ansehen bei den Chinesen, für die seine Lehre einer Religion gleichkommt. Er selbst sah sich aber nie als religiöser Führer, sondern stets als Lehrer, dem es um Reformen und Humanisierung ging. Er wollte jedem eine Chance geben, unabhängig von Geburt und Beziehungen. Einzig und allein die Fähigkeiten eines jeden sollten über seine gesellschaftliche Stellung entscheiden.

Moismus

Die Lehre der etwa hundert Jahre nach *Konfuzius* von **Mo Di** (ca. 480-390 v.Chr.) gegründeten **Schule des Mozi** propagierte die **allumfassende Liebe** und den **gegenseitigen Nutzen**, war also in ihrem Ansatzpunkt weitaus radikaler als die des *Konfuzius*, lehnte sie doch dessen hierarchische Gesellschaftsordnung ebenso strikt ab wie den Angriffskrieg.

Mönche genießen hohes Ansehen

Anstelle der Loyalität sollten die **Liebe** und **Achtung** – auch gegenüber Fremden – treten. Gemäß seinem Grundprinzip, demzufolge alles Handeln, vor allem das der Herrschenden, sich danach zu richten habe, ob es dem Volk nütze oder nicht, lehnte *Mo Di* den Angriffskrieg in jeglicher Form ab. Der Wille des Himmels, der Gerechtigkeit, Menschlichkeit und Wohlstand für alle verlange, solle Richtschnur allen Handelns sein. Vehement wandte er sich gegen die Schicksalsgläubigkeit der Menschen, die ihr Leben nicht länger als gegeben hinnehmen, sondern aktiv gestalten sollten.

Legalismus

Die größte Bedrohung für die Konfuzianer ging jedoch von den Legalisten aus, als deren Vorläufer **Guanzi** (7. Jh. v.Chr.) und **Shang Yang** (390-338 v.Chr.) sind, als bedeutendster Gelehrter aber **Han Feizi** (280-233 v.Chr.) gilt, der die Ideen seiner Vorgänger zusammenfasste und zu einer geschlossenen Staatstheorie entwickelte.

Im Gegensatz zu *Konfuzius* hielten die Legalisten den Menschen für **von Natur aus schlecht**. Vertrauen in dessen Redlichkeit und Loyalität sei fehl am Platze, einzig und allein ein strenger, absolutistisch regierender Herrscher sei imstande, für Ruhe und Ordnung zu sorgen, in seinen Händen habe sich alle Macht zu konzentrieren. Unter dem ersten Kaiser Gesamtchinas, *Qin Shi Huangdi*, wurde diese Lehre zur Staatsdoktrin, da sie sich mit dessen tyrannischer Staatsauffassung deckte. Zwar verlor diese Lehre nach dem Ende der Qin-Dynastie ihre Bedeutung, doch griffen Herrscher verschiedener Dynastien immer wieder auf vereinzeltes Gedankengut zurück.

Absolutherrscher

Taoismus

Wie der Konfuzianismus ist der **Taoismus originär chinesisch**, anders als jener jedoch das Sammelwerk mehrerer Lehrer, auch wenn meist **Laozi** (*der Alte*), ein Zeitgenosse des *Konfuzius*, als Gründer dieser **stark naturbezogenen Philosophie** genannt wird, die sich erst später in eine Religion verwandelte. Noch ist nicht einmal endgültig geklärt, ob *Laozi* überhaupt gelebt hat. Die **Grundthese** des uns überlieferten Werkes „Daodeqing" („Buch vom Weg und der Kraft") ist, dass das **beste Handeln ein Nicht-Handeln** (*Wu Wei*) sei, d.h. der Mensch möglichst nicht in die Naturgeschehnisse eingreifen soll, um die ihr innewohnende Harmonie so wenig wie möglich zu stören – eine dem westlichen Denken konträr gegenüberstehende Weltanschauung.

Kunstvoll aus Papier gefertigte Totenkränze

Störfaktor Mensch

„Dao" bedeutet „**Weg**" und kann wohl am adäquatesten als der „hinführende Pfad" interpretiert werden, quasi die Wahrheit oder das Prinzip des Universums, nicht zu verwechseln jedoch mit einem göttlichen oder ähnlich gearteten personifizierten Wesen. So wie es verschiedene Deutungen über Dao gibt, so auch über „**De**", die „**Kraft**". Die erste interpretiert sie als philosophische Kraft, wodurch es dem ihr Folgenden möglich ist, sein Leben gemäß den Regeln des Universums auszurichten. Die zweite deutet diese Kraft psychisch, wobei es durch Yoga-Übungen möglich ist, diese zu erkennen und auf sich wirken zu lassen. Die dritte Deutung ist überaus spirituell, denn in ihr ist die Kraft des Universums, die Kraft der Götter, Magie und Zauberei. Letztere Stufe steht am Ende eines Entwicklungsprozesses weg von der Philosophie und hin zur Religion, und in dieser Form ging der Taoismus dann auch in die religiöse Gedankenwelt der Chinesen ein.

Yin und Yang sind unverzichtbar

Ergänzt wurde die taoistische Vorstellung vom kosmischen Geschehen durch die Lehre von den **Fünf Elementen** (Wasser, Holz, Feuer, Erde, Metall), die zusammen mit den die Geschehensabläufe der Welt bestimmenden polaren Kräften **Yin** (weiblich, negativ, dunkel, schwach, feucht, passiv, ruhig, Erde und Mond) und **Yang** (männlich, positiv, stark, hell, aktiv, trocken, Himmel und Sonne) die Geschicke der Welt bestimmen. Die fünf Elemente werden oft als „Wandelzustände" gedeutet.

▸ Holz	▸ Osten	▸ blau
▸ Feuer	▸ Süden	▸ rot
▸ Metall	▸ Westen	▸ weiß
▸ Wasser	▸ Norden	▸ schwarz
▸ Erde	▸ Mitte	▸ gelb

Diese fünf Wandelzustände bilden ein Ganzes. Ihnen werden an die hundert weitere Parallelen zugeordnet, so die fünf Jahreszeiten, die fünf Tiere, die fünf Geschmacksrichtungen usw. Das ganze System ist mit der chinesischen Astronomie, Astrologie, Geomantik verbunden, wie auch einem Zweig der altchinesischen Medizin.

INFO: Feng Shui

Für den Außenstehenden kaum nachvollziehbar – und in den meisten Fällen mit verständnislosem Kopfschütteln beantwortet – ist Feng Shui, was wörtlich übersetzt „**Wind – Wasser**" bedeutet. Diese auf Geomantik beruhende Lehre erscheint dem Westler als völlig irrational. Die Lehre beruht auf dem alten **taoistischen Prinzip** von **Yin** (weiblich) und **Yang** (männlich), den sich komplementär ergänzenden Gegensatzpaaren, die alle Bereiche des Lebens und der Natur durchdringen.

Eine ganz entscheidende Rolle spielt Feng Shui bei der Auswahl der Begräbnisstellen, im Geschäftsleben und in der Architektur. So hängen z.B. in vielen Wohnungen achteckige Spiegel am Fenster, denn bei ihrem Anblick erschrecken sich die bösen Geister zu Tode und fliehen. Zum gleichen Zweck werden Spiegel gerne gegenüber Türen angebracht. Eine mit gutem Feng Shui beseelte Grabstelle sollte möglichst freien Blick nach Süden haben und auf den anderen Seiten von Bergen oder Anhöhen gegen schlechte Winde beschützt sein. Zudem sollte in der Nähe fließendes Wasser vorhanden sein, das die positiven Kräfte herbeiträgt. Schließlich hängt es ganz entscheidend vom Wohlergehen des Ahnen ab, ob die Nachfahren von Unbill verschont bleiben. Nur wer es versteht, die überall hausenden Drachen und Geister nicht zu verärgern, ist vor Unglücksfällen einigermaßen gefeit. Vielleicht gelingt es sogar, sich ihrer im positiven Sinn zu bedienen.

Diese **Symbolik** reicht bis weit in den chinesischen **Alltag** hinein: Wie die Elemente, besitzt auch jede Zahl ein Pendant. So steht die „1" für „immer", die „2" für „einfach" und „leicht", die „3" für „langes Leben", die „4" für „Tod", die „5" für „Glück", die „6" für „doppelt", die „7" für „stabil" und „Erfolg", die „8" für „Reichtum", „Geld" und die „9" für „Gesundheit" und „Ewigkeit". Alle geraden Zahlen gehören gemäß taoistischer Philosophie zum weiblichen Prinzip Yin, alle ungeraden zum männlichen, Yang. Als am meisten Glück und langes Leben verheißende Zahl galt und gilt die „9", die daher auch die des Kaisers war. Und selbstverständlich werden auch wichtige Termine, ganz gleich ob Hochzeit oder Geschäftser-

Feng Shui im eigenen Wohnraum

> **INFO**
>
> öffnung, anhand der geeigneten Zahlenkombination bestimmt. Aus dieser Überlegung heraus werden von den Gläubigen auch stets drei (oder ein Vielfaches von drei) Räucherstäbchen abgebrannt, Ausdruck des Wunsches nach langem Leben, wobei ein Stäbchen für die Ahnen, eines für die Götter und eines für sich selbst und seine Wünsche entzündet wird, gleichzeitig aber auch für die drei Buddhas der drei Erdzeitalter.

Buddhismus

Auch der Buddhismus ist in seiner **ursprünglichen Form**, so wie er von **Gautama Buddha** (*Sakyamuni*) (560-480 v.Chr.) gelehrt wurde, eine **Philosophie**, niedergeschrieben von seinen Anhängern etwa 150 Jahre nach seinem Tode. *Buddha* lehnte das starre Kastensystem der Brahmanen und die Autorität der Hinduschriften, der Veden, ab. Nach jahrelangem Suchen und einem Leben in der Askese fand er unter einem Bodhibaum im heutigen Ort Bodhgaya (Provinz Bihar) sitzend schließlich die Erleuchtung.

Leiden bestimmt das Leben

Kern seiner Lehre ist die Feststellung, dass **alles Leben Leiden ist**. Leiden entsteht durch das Gebundensein an irdische Güter, sodass es gilt, diese Bindungen zu lösen, sich frei zu machen von Begierden jeglicher Art; nur so lässt sich der Kreislauf des Leidens durchbrechen. So sprach *Buddha* bei seiner ersten Predigt von den „**Vier heiligen Wahrheiten**": vom Leiden, von der Entstehung des Leidens, von der Aufhebung des Leidens (das Ziel des Buddhismus) und von dem zur Aufhebung führenden **achtteiligen Pfad**. Letzterer besteht aus den acht Schritten: rechte Anschauung, rechte Gesinnung, rechtes Reden, rechtes Handeln, rechtes Leben, rechtes Streben, rechtes Denken und rechte innere Einkehr. Um zur rechten Erkenntnis zu gelangen, bedarf es der intensiven Meditation, um in die Psyche vorzudringen, wo die wahren Probleme, aber auch die Antworten auf die Wahrheiten des Lebens zu finden sind. Das erstrebte Ziel all dieses ist das Erreichen, das Aufgehen, im **Nirvana**, das gemäß den Sutras (Reden *Buddhas*) ein Zustand völligen Losgelöstseins von Gier, Zorn, Unwissenheit und den anderen Fesseln des menschlichen Daseins ist.

Bildnis des Gautama Buddha

Die ursprüngliche Lehre, der später so genannte **Hinayana**- oder **Theravada-Buddhismus** (*Kleines Fahrzeug*) ruft jeden selbst dazu auf, den Weisungen des achtfachen Pfades zu folgen, er kennt keine Sakramente, keine Riten, keine magischen Formeln und keine heiligen Institutionen, die ins Nirvana führen. *Buddha* kann dabei nur den Weg weisen. Die später entstandene Lehre des **Mahayana-Bud-**

dhismus (*Großes Fahrzeug*) hingegen kennt bereits Mittler, die **Bodhisattvas**. Bei diesen handelt es sich um Buddhas („Erleuchtete"), d.h. Personen, die den Zugang zum Nirvana zwar schon gefunden haben, jedoch zugunsten ihrer Mitmenschen darauf verzichten und anderen dabei behilflich sind, auf dem achtteiligen Pfad voranzuschreiten. Im Laufe der Jahrhunderte integrierte der Mahayana-Buddhismus mehr und mehr Götter- und Geistergestalten anderer Lokalreligionen, sodass in den Tempeln neben **Amitabha**, dem himmlischen Pendant *Gautama Buddhas*, den **drei Buddhas der Erdzeitalter** [Vergangenheit (*Kasyapa*), Gegenwart (*Gautama Buddha*) und Zukunft (*Maitreya*)] und zahlreichen Bodhisattva-Gestalten (am bekanntesten ist *Avalokiteshvara* mit seinen bis zu 11 Köpfen und 1000 Armen) auch Lokalgottheiten und Schutzdämonen auftauchen.

Die Buddhas der drei Erdzeitalter

Lamaismus

Der Begriff geht auf den Ausdruck „**Lama**" zurück, der einen vollgeweihten tibetischen Mönch bezeichnet. Der **Vajrayana** (*Diamantenes Fahrzeug*), wie der Lamaismus auch genannt wird, ist eine **Mischung aus Mahayana-Buddhismus**, **hinduistischem Shiva-Kult**, der tibetischen **Naturreligion** (*Bonpo*) und **tantrischen Praktiken**. Er entstand im 5. Jahrhundert in Nordindien und gelangte von dort nach Tibet, wo er seine endgültige Ausprägung erfuhr, insbesondere durch den im 8. Jahrhundert nach Tibet gekommenen indischen Mönch *Padmasambhava*, der es verstand, die Gottheiten des tibetischen Bon-Glaubens kurzerhand als konvertierte Götter in das buddhistische Pantheon aufzunehmen und sie zu Schutzgottheiten zu machen. Zur zweiten wichtigen Figur des Lamaismus wurde *Tsongkhapa* (1357-1419), der das im Laufe der Jahrhunderte auswuchernde Pantheon aussondierte sowie den um sich greifenden Verfall der mönchisch-zölibatären Disziplin an den **Rotmützen-Klöstern** (alle lamaistischen Mönche trugen rote Mützen) anprangerte. Seinen Reformen entsprang die **Gelbmützen-Sekte** (Gelugpa-Sekte), die zur führenden lamaistischen Gruppierung wurde.

Kultisch-religiöser Synkretismus

Wichtigstes Symbol dieser Lehre ist der **Vajra** (*Donnerkeil*), von dem sie auch ihren Namen erhielt. Im Mittelpunkt des göttlichen Pantheons steht der **Bodhisattva Avalokiteshvara**, der nicht nur Schutzgottheit Tibets ist, sondern als dessen Reinkarnation der **Dalai Lama** angesehen wird, das geistliche und weltliche Oberhaupt der Tibeter. Zwar gilt die zweite wichtige Institution des tibetischen Lamaismus, der **Pantschen Lama**, als Reinkarnation des **Buddha Amitabha**, steht also theoretisch in der Hierarchie höher als der Dalai Lama, was faktisch aber nie der Fall war.

Allmächtiger Dalai Lama

Größter lamaistischer Tempel Pekings: Yonghegong

Neben zahlreichen Buddhas und Bodhisattvas kennt der Lamaismus noch eine Vielzahl von Gottheiten, die Adaptionen der Bon-Religion sind. Schutzgottheiten findet man meist in Yab-Yum-Stellung, d.h. in sexueller Vereinigung mit dem weiblichen Gegenpart dargestellt, was aber nicht auf sexuelle Vorstellungen, sondern auf den Glauben an das Verschmelzen der Gegensätze hinweist. Während dem Normalsterblichen nur der Glaube bleibt, durch Ausübung der rituellen Praktiken irgendwann einmal im Kreislauf der Wiedergeburten auf einer höheren Ebene wiedergeboren zu werden, vermag der Lama durch die Anwendung tantrischer Praktiken den direkten Weg der Erlösung zu finden.

Ahnenkult

Eines der wichtigsten Anliegen eines jeden Chinesen ist, dafür zu sorgen, dass seine Vorfahren eine angemessene Grabstelle erhalten und ihrer regelmäßig gedacht wird, denn nur so lässt sich verhindern, dass sie als böse Geister über ihn kommen. Die optimale Ruhestätte ist an einem Hang, ausgerichtet in Richtung aufgehender Sonne und Richtung Meer, doch damit allein ist es nicht getan. Beim Begräbnis und anschließend zu bestimmten Zeiten gilt es, der Verstorbenen zu gedenken, so z.B. beim Qing Ming-Fest oder beim Chung Yeung-Fest (= *Song Han Yi*), aber auch immer dann, wenn Schicksalsschläge die Lebenden heimsuchen. Denn möglicherweise hat man nicht genug getan, um die Dahingegangenen zu besänftigen. Allerdings bleibt es Aufgabe des ältesten Sohnes, den Ahnenkult zu pflegen, was wiederum einer der Gründe war und ist, warum die Chinesen so viel Wert auf einen Sohn legten bzw. legen. Nicht nur die obligatorischen Räucherstäbchen werden dann dargebracht, sondern Obst, Spanferkel und jede Menge aus Papier gefertigter Utensilien, die am Ende verbrannt werden und dem Toten das Leben im Jenseits so angenehm wie möglich machen sollen. Ein kleiner Schrein zu Hause erinnert ebenfalls an die Verstorbenen, die heute aufgrund der staatlichen Verordnung wegen des Mangels an Grabstellen in der Regel eingeäschert werden.

Die wichtigsten chinesischen Götter

Die chinesische Religion kennt viele Göttergestalten, denen die Gläubigen regelmäßig ihre Referenz erweisen. So haben deren Häuser jeweils ihren Küchen- und Hausgott, jedes Gewerbe hat seinen Gott oder mehrere; ihnen allen werden regelmäßig Opfergaben dargebracht und bei feierlichen Anlässen besucht man zusätzlich einen Tempel. Die wichtigsten Götter werden im Folgenden kurz beschrieben.

Guanyin oder Guan Yin oder Kuan Yin

Die Göttin der Barmherzigkeit ist auch als **Kwun Yum**, **Kwun Yam** und in Macau als **Kuan Iam**, bekannt. Sie ist das buddhistische Äquivalent zur taoistischen Göttin Tin Hau. Sie steht für die Zärtlichkeit und das Mitleid mit der unglücklichen Masse der Sterblichen.

Pak Tai

Pak Tai gilt als militärischer Beschützer des Staates. Über seine Herkunft gibt es verschiedene Legenden: Er führt den Titel „Kaiser des Nordens", und da der Norden mit dem Tode eng verbunden ist, fungiert er zugleich als oberster Herr der Welt der Verstorbenen.

Weil in der Welt der Chinesen die Vorfahren geistige Wächter über ihre Nachfahren sind, repräsentiert Pak Tai sozusagen den „Wächter der Gesellschaft". Man nimmt an, dass er, wenn Chaos und Zerstörung herrschen, vom Himmel herabsteigt, um Ordnung und Frieden herzustellen.

Guanyin

Tin Hau

Die „Königin des Himmels" und „Schutzherrin der Seefahrer" – gelebt haben soll sie zwischen 900 und 1000 n.Chr. – ist eine der beliebtesten und am meisten verehrten Göttinnen. Sie ist der klassische Fall der nachträglichen Vergöttlichung einer Menschenperson.

Die Legende besagt, dass sie ein Schiff, auf dem sie selber mitfuhr, während eines schweren Taifuns vor dem Untergang bewahrt habe. Das Boot landete daraufhin an einer kleinen Landzunge an der Südküste Chinas, dem heutigen Macau. Doch noch ehe sich die erstaunte Besatzung für die wundersame Rettung bedanken konnte, sei das junge Mädchen gen Himmel gefahren.

Die Acht Unsterblichen

Diese acht taoistischen Götter sind Schutzpatrone vieler Gewerbe. Es handelt sich bei ihnen um nachträglich vergöttlichte Personen, die während der Song-Dynastie (960-1276) gelebt haben sollen und aufgrund ihrer untadeligen Lebensweise später in das taoistische Pantheon aufgenommen wurden. Sie verkörpern Armut, Wohlstand, Plebejertum, Alter, Jugend, Männlichkeit und Weiblichkeit. Kein Tempel ist ihnen geweiht, doch finden sich ihre Abbilder in vielen anderen Göttern gewidmeten Gedenkstätten.

KAPITEL 2
PEKING ALS REISEZIEL

Allgemeine Reisetipps von A-Z

> **Benutzerhinweis**
>
> In den **Allgemeinen Reisetipps** finden Sie – alphabetisch geordnet – reisepraktische Hinweise für die Vorbereitung Ihrer Reise und allgemeine Tipps für Ihren Aufenthalt in Peking. Die **Regionalen Reisetipps** (ab S. 171) geben detailliert Auskunft über Infostellen, Sehenswürdigkeiten, Adressen und Öffnungszeiten, Unterkunft, Essen und Trinken in Peking und Umgebung.

Ärzte/ Apotheken	84	Fremdenverkehrsamt	117	**Ö**ffnungszeiten	139
Ausreisebestimmungen	85	Fundsachen	118	**P**ass	140
Auto fahren/		**G**eld/		Post	140
Verkehrsregeln	90	Geldangelegenheiten	118	**R**auchen	141
Behinderte	91	Gepäck	122	Reisebüros/	
Benzin	91	Gesundheit	123	Reiseveranstalter	142
Beschwerden	91	**H**austiere	125	Reisen im Inland	143
Bettler	92	**I**nformationen	126	Restaurants	147
Botschaften/		Internet	128	Rundfunk	150
Diplomatische		**K**artenvorverkauf	128	**S**icherheit	150
Vertretungen	92	Kinder/		Souvenirs	151
Business-Tipps	94	Kinderbetreuung	128	Sport/Wellness	152
Camping	96	Kirche	132	Sprache	155
Drogen	96	Kleidung	133	**T**elefax	157
Einreisebestimmungen	96	Krankenhäuser	134	Telefonieren	158
Eintrittsgelder	100	Kulturelle		Trinkgeld	161
Elektrizität	101	Veranstaltungen	135	**V**erhalten	162
Essen &Trinken	101	**M**aßeinheiten	136	Verkehrsmittel	162
Fahrrad fahren	108	Massage	136	Versicherungen	167
Fernsehen	109	Mietwagen	137	Visum	167
Feste & Feiertage	110	Mücken	138	**Z**eitungen/	
Film & Foto/		Museen/		Zeitschriften	169
Fotografieren	113	Galerien	138	Zeitverschiebung	169
Fluggesellschaften	115	**N**otruf	139	Zoll	169

Ärzte/Apotheken

Alle größeren Hotels verfügen über einen eigenen **Hausarzt**, der meistens auch Englisch spricht. Dieser ist in chinesischer wie westlicher Medizin ausgebildet und nicht schlechter als seine Kollegen bei uns. Das gilt auch für die an den Krankenhäusern tätigen Ärzte, die aber nur selten über die für eine gute Behandlung nötigen Fremdsprachenkenntnisse verfügen. Bei einem Krankenhausbesuch sollte man also auf jeden Fall einen Dolmetscher mitnehmen, der zwar extra bezahlt werden muss, die eigene Gesundheit sollte einem dies aber wert sein. Lassen Sie sich die genaue Zusammensetzung und Dosierung der verordneten Medikamente sagen, neigt man doch gerne zur Überdosierung.

Chinesische Ärzte setzen zur Behandlung oftmals **Akupunktur** ein, um sich damit aber wirklich von einem Leiden befreien zu lassen, bedarf es einer wiederholten Anwendung, wozu selten die Zeit ist.

Die **Kosten** für Behandlung und Medizin müssen **sofort bezahlt** werden, sind aber, außer bei längeren stationären Aufenthalten, äußerst geldbeutelschonend. Lassen Sie sich die Rechnung für die Vorlage bei Ihrer Krankenkasse oder Versicherung übersetzen, ebenso Rezepte und Dosieranordnungen.

Deutschsprachiges Klinikpersonal finden Sie u.a. in der *Sino-German Policlinic* und im *International Medical Center* (ⓘ „Krankenhäuser", S. 134). Weitere Auskünfte erteilt Ihnen auch die Botschaft Ihres Landes.

Grundsätzlich gilt: Wer auf **Medikamente** angewiesen ist, sollte diese von zu Hause mitnehmen. Wer etwas vergessen hat oder braucht, findet das Nötigste in den Verkaufspassagen der größeren Hotels, überwiegend jedoch nur chinesische Produkte, die gängigsten westlichen Medikamente bekommt man hingegen in Krankenhäusern, nicht verschreibungspflichtige Medikamente zudem in recht großer Auswahl bei der Drogeriemarktkette *Watson's*, die Filialen u.a. in mehreren Einkaufszentren und Department Stores unterhält (z.B. in *The Mall at Oriental Plaza*, *Fullink Plaza* und *China World Trade Center Shopping Mall*).

Gesundheitsvorsorge

Wo man die nächste Apotheke findet, erfährt man an der Hotelrezeption. Um Verständigungsproblemen aus dem Weg zu gehen, sollte man aber lieber gleich einen Hotelbediensteten mit der Besorgung des benötigten Medikaments beauftragen.

Die Anschriften einiger chinesischer Apotheken finden Sie in den Regionalen Reisetipps unter „Wo man gut einkauft – Spezialläden – Medizin" (ⓘ S. 215).

Ausreisebestimmungen

▶ International Departure

Wer ein **Einzelvisum** hat, muss bei der Ausreise eine Departure Card ausfüllen, die er entweder bereits bei der Einreise erhalten hat oder aber bei der Ausreise bei der Passkontrolle bzw. von den Grenzbeamten bekommt. Diese muss in Verbindung mit dem Visum dem Beamten vorgelegt werden. Gruppenreisende, die auf dem **Gruppenvisum** ihres Reisebegleiters stehen, brauchen keine Departure Card auszufüllen. Es reicht das Vorzeigen des Reisepasses in Verbindung mit dem Gruppenvisum, wobei es sich empfiehlt, die Passkontrolle gemäß der Reihenfolge auf dem Gruppenvisum zu passieren. Zwar wird bei der Ein- und Ausreise eine **Zolldeklaration** verlangt (ⓘ „Einreisebestimmungen", S. 96), Kontrollen entfallen im Regelfall jedoch. Das entsprechende Formular liegt vor der Passkontrolle aus. Gefragt wird höchstens nach **Antiquitäten** oder **wertvollen Kunstgegenständen**, sodass es unbedingt erforderlich ist, die dazugehörenden Kaufbelege und Zertifikate zumindest bis zur Ausreise aufzubewahren. Können diese nicht vorgelegt werden, muss mit der ersatzlosen Konfiszierung gerechnet werden.

Die VR China ist noch immer einer der größten Verarbeiter von Elfenbein, denken Sie aber bitte daran, dass die Einfuhr in die EU strengstens verboten ist. Dies gilt auch für Produkte anderer bedrohter Tierarten und Pflanzen, die im Washingtoner Artenschutzabkommen erfasst sind. Weitere Angaben bezüglich der Ausfuhrbestimmungen siehe unter „Zoll" (ⓘ S. 169).

Nach der Passkontrolle besteht die Möglichkeit des **Geldrücktausches**; die Ausfuhr chinesischer Währung ist bis zu einer Höhe von RMB 20.000 ohne Zollerklärung gestattet. Für den Rücktausch benötigt man eine Umtauschquittung, aus der hervorgeht, dass man die Summe legal gewechselt hat, wobei es mitunter vorkommen kann, dass nur 50 Prozent der auf dem Wechselbeleg genannten Summe zurückgetauscht wird. Besser ist es daher, sämtliche Umtauschbelege bis zur Ausreise aufzuheben, um nicht auf seinen Yuan sitzen zu bleiben. Wer nach Hong Kong oder Macau weiterreist, kann seine überzähligen Yuan auch dort ausgeben.

Hinweis

*Zurückgetauscht werden kann außer auf Banken **nur** am Flughafen bzw. am Grenzbahnhof (bei Bahnreisenden), nicht aber im Hotel! Da in der Vergangenheit die Wechselschalter am Flughafen selbst während des Tages des öfteren geschlossen waren, war ein Rücktausch vor Ort unmöglich.*

PER FLUGZEUG

Alle **internationalen Abflüge**, für die man im Normalfall zwei, spätestens aber eine Stunde vor Abflug einchecken sollte, werden im Terminal 2 im ersten Stock (Ebene 2) abgefertigt. Für die **Abfertigung internationaler Flüge** sind die Check-in-Schalter in den Bereichen A-D zuständig, an denen man unter Vorlage seines Flugtickets sein einzucheckendes Gepäck aufgibt. Übergroße Gepäckstücke müssen an einem Sonderschalter aufgegeben werden, ebenso muss die für Übergewicht zu entrichtende Gebühr an einem gesonderten Schalter im Abfertigungsbereich A bezahlt werden.

Auch wenn man es beim Check-in-Gepäck mit der **Gewichtsfreigrenze** nicht immer sehr genau nimmt, sollte man es nicht bewusst darauf anlegen, diese nach Belieben zu überschreiten. Im Regelfall gilt: in der Economy Class werden 20 kg, in der Business Class 30 kg und in der First Class 40 kg kostenlos befördert. Ein Blick ins Flugticket verschafft einem diesbezüglich Sicherheit. Bei den Abfertigungsbereichen B, C, F und G besteht die Möglichkeit, das Gepäck mittels Kunststoffspanngurten zusätzlich verpacken zu lassen; pro Gepäckstück werden RMB 10 verrechnet. Die mit an Bord genommene Gesamtmenge an Getränken und Flüssigkeiten, die in einem verschließbaren Plastikbeutel transportiert werden müssen, beträgt ein Liter, wobei die einzelnen Einheiten 100 ccm nicht überschreiten dürfen. Darüber hinausreichende Mengen müssen eingecheckt werden; hierfür stehen Pappschachteln kostenlos zur Verfügung. Und auch beim **Handgepäck** sollte man darauf achten, dass man die international gültigen Maße von 55 cm x 40 cm x 20 cm sowie das Gewicht von 7 kg nicht wahllos überschreitet. Passagiere der First Class (mitunter auch solche der Business Class) dürfen bei vielen Airlines zwei Handgepäckstücke mitführen (erkundigen Sie sich diesbezüglich rechtzeitig bei Ihrer Airline).

Möchten Sie Ihr Gepäck – oder einen Teil davon – auf dem Flughafen aufbewahren, können Sie dieses bei den **Left-Luggage-Schaltern** (☏ 64598151) nahe Gate 8 bzw. 10 aufgeben. Berechnet werden pro Gepäckstück und Tag bei einem Gesamtumfang von: bis zu 65 cm RMB 20, bis zu 200 cm RMB 30, über 200 cm RMB 50.

Nach dem Einchecken muss man an der **Passkontrolle** neben Pass und Visum auch noch seine Boarding Card vorzeigen und abstempeln lassen. Nach der **Sicherheitskontrolle**, bei der das Handgepäck durchleuchtet wird, kann man sich zu seinem Abflugsteig begeben oder aber noch in einem der Restaurants eine Kleinigkeit zu sich nehmen oder in den Läden letzte Mitbringsel erstehen bzw. **zollfrei einkaufen**. Falls Sie etwas im Flughafengebäude **verloren** haben, so wenden Sie sich an **Lost Belonging Claim Office**, 1/F, Room 12026 (nahe Gate 15), ☏ 64598333.

Die **Capital Airport Information** meldet sich unter ☏ 64563604. Im Internet finden Sie den Flughafen unter www.bcia.com.cn/en/index.jsp.

 Hinweise

- *Filme gehören grundsätzlich ins Handgepäck. Die Röntgengeräte auf dem Pekinger Flughafen sind – wie international üblich – für Filme bis 1000 ASA „filmsafe", Filme mit einer höheren ASA-Zahl sollte man von Hand kontrollieren lassen. Wer dennoch Bedenken hat, kann auf einer Handkontrolle bestehen. Wer digital fotografiert, braucht sich diesbezüglich ohnehin keine Gedanken zu machen.*
- *Da im **gesamten Flughafengebäude Rauchverbot** besteht, stehen Rauchern auf der Ebene der internationalen Abflüge gesonderte Räume bei Gate 7 bzw. 14 zur Verfügung.*
- ***Gepäckträger** verlangen RMB 10 (Quittung kann verlangt werden).*
- *Bezüglich öffentlicher Verkehrsmittel zum Airport siehe Stichwort „Einreise", für Weiterflüge innerhalb Chinas siehe „Reisen im Inland".*

PER BAHN

Wer mit der **Transsibirischen Eisenbahn** in Richtung Heimat reisen möchte, dem stehen zwei Routen zur Auswahl: zum einen über die Mongolei, zum anderen über die Mandschurei. Die Tickets sind zwei Monate im Voraus gegen Hinterlegung einer Kaution buchbar und können frühestens eine Woche vor Reiseantritt abgeholt werden. In beiden Fällen muss man aber für die Beschaffung aller Unterlagen mindestens fünf Arbeitstage – eher wesentlich länger – veranschlagen.

Beijing Railway Station

> **Tipp**
>
> Ausländische Studenten können gegen Vorlage ihres Studentenausweises zweimal im Jahr Bahntickets zum halben Preis erhalten.

Die Züge der **Transsib** fahren ab *Beijing Railway Station* (Beijing Huochezhan, Beijing Zhan Jie, Dongcheng District, ☏ 51821114).

▶ Über die Mandschurei

Für die Strecke Peking – Moskau (8961 km) benötigt der **Zug Nr. 19** rund sechs Tage. Er fährt **jeden Samstag um 22.56 Uhr** ab der Peking Railway Station.

Vor Reiseantritt gehe man wie folgt vor:
1. Kauf oder Reservierung der Fahrkarte bei **CITS** (ⓘ „Reisebüros/Reiseveranstalter", S. 142). Zur Auswahl stehen „DeLuxe Klasse" (Zweibett-Abteil mit eigenem Bad), 1. Klasse (Zweibett-Abteil) und 2. Klasse (Vierbett-Abteil). **Tickets können nicht** per Telefon oder Fax **vorbestellt** werden.
2. Mit dem Bahnticket geht man dann zur **Botschaft Russlands** (ⓘ „Botschaften", S. 92). (Deutsche, Österreicher und Schweizer benötigen für Polen oder Ungarn kein Transitvisum; Staatsangehörige anderer Länder sollten sich erkundigen, ob sie ein solches benötigen und sich dieses gegebenenfalls zunächst bei den entsprechenden Botschaften besorgen.) Benutzt man Moskau nur als Transitstopp und bleibt dort nicht länger als 24 Stunden, so genügt die Beantragung eines Transitvisums, das man in etwa fünf Tagen erhält. Wer länger in Russland bleiben möchte, muss sich ein Touristenvisum ausstellen lassen, auf das man mitunter drei Wochen zu warten hat. In diesem Fall muss man normalerweise eine Einladung oder einen Touristenvoucher nachweisen, die – wie auch alle anderen Leistungen innerhalb Russlands – beim staatlichen Reisebüro Intourist oder einem anderen autorisierten Reisebüro ausgestellt werden. Für den Visumantrag werden drei Passbilder benötigt, die Gebühr beträgt je nach Staatsangehörigkeit und Bearbeitungsdauer zwischen US$ 18 und US$ 135; alle anderen Leistungen müssen ebenfalls mit US-Dollars bezahlt werden.

3. Anschließend besorgt man sich das jeweils erforderliche Visum für die Ukraine oder Weißrussland.
4. Wer sein Bahnticket noch nicht in Händen hat, kann dieses sodann bei CITS abholen.

▶ **Über die Mongolei**
Wer die fünfeinhalbtägige Route (7622 km) durch die Mongolei wählt, verlässt die chinesische Hauptstadt ab der Beijing Railway Station **mittwochs** um **7.40 Uhr** mit **Zug Nr. 3**. Bei der Beschaffung der erforderlichen Visa geht man genauso vor wie oben unter 1) und 2) beschrieben, zusätzlich muss man anschließend bei der **Mongolischen Botschaft** jedoch noch ein Transitvisum beantragen. Wer nicht viel Zeit verlieren möchte, sollte sich ein Expressvisum besorgen, das im Allgemeinen innerhalb einer Stunde ausgestellt wird und US$ 26 kostet. Für das Transitvisum ist kein Passbild erforderlich. Zu beachten ist, dass die Visaabteilung der Botschaft nur Mo, Di, Do und Fr von 8.30-11.30 Uhr geöffnet hat. Zum Abschluss holt man gegebenenfalls noch bei **CITS** die Platzkarte ab.

Der Zug Nr. 3

Die **Preise** für die verschiedenen Klassen liegen bei **Zug Nr. 3** derzeit zwischen RMB 2.500 und 4.000, bei **Zug Nr. 19** zwischen RMB 2.800 und 4.500. Sie dürfen maximal 36 kg Gepäck mit in den Waggon nehmen, was darüber hinaus geht, müssen Sie im Gepäckwaggon transportieren lassen. (Aus Sicherheitsgründen sollten Sie dies tunlichst vermeiden!)

Wer von **Moskau** aus gleich weiterfahren möchte, begibt sich sofort nach seiner Ankunft vom **Jaroslavskij-Bahnhof** zum **Belarusky-Bahnhof** und holt sich dort im ersten Stock die **Bestätigung für die Weiterfahrt** (via Ukraine, Weißrussland/Belarus, Ungarn und/oder Polen) nach Berlin ein. Nutzt man hingegen die Möglichkeit des 24-Stunden-Aufenthaltes seines Transitvisums, so benötigt man eine Schlafwagen-Reservierung für den Folgetag, die man nur im **Intourist-Büro beim Hotel Metropol** (Karl-Marx-Prospekt) vornehmen kann.

Wer einen Schlafwagenplatz hat, erhält vom Schaffner bei der Abfahrt ein Metall- oder Plastikschildchen im Austausch gegen das Originalticket, das man am Ende der Reise zurückbekommt. Während der Fahrt selbst sollte man das **Fotografieren** von **militärischen Einrichtungen** und **Industrieanlagen unterlassen**, um sich nicht eventuell unnötigen Schwierigkeiten auszusetzen. Es empfiehlt sich die Mitnahme von ausreichend **Verpflegung**, da das Angebot der Zugrestaurants in vielen Fällen sehr spärlich und gewöhnungsbedürftig ist, zudem sind die Bestände meist ziemlich rasch aufgebraucht. Notfalls kann man bei den Aufenthalten an den größeren Bahnhöfen noch etwas nachkaufen. **Rauchen** ist in den Abteilen und Korridoren **untersagt**. Weitere Informationen finden Sie im Internet unter www.transsib.de und www.trans-sib.de.

Achtung

*Da die hygienischen Zustände mit denen unserer Breiten nicht zu vergleichen sind, dürfen alle notwendigen **Toilettenartikel** (Handtuch, Seife, Toilettenpapier etc.) auf gar keinen Fall im Reisegepäck fehlen, ebenso wenig ein **Taschenmesser** und stabiles **Geschirr** (aus Metall) sowie regelmäßig einzunehmende **Medikamente** bzw. solche für den Notfall. Da Essen und Ähnliches in den Zügen auf russischer Seite in Rubel, auf mongolischer in US-Dollar und auf chinesischer in Yuan bezahlt werden muss, empfiehlt sich die Mitnahme einer **Menge kleiner Geldnoten** in den entsprechenden Währungen.*

Tipp

Auch wenn man sich ein Visum mehr beschaffen muss, ist die Route durch die Mongolei die interessantere, zudem befindet sich der von Chinesen unterhaltene Zug Nr. 3 in einem besseren Zustand als der russische Zug Nr. 19.

Wer sich per Zug in Richtung Hong Kong auf die Reise machen möchte, muss sich zur **Beijing West Railway Station** (Beijing Xikezhan, Lianhuachi Donglu, Fengtai District, ☎ 51826253) begeben, von wo aus der sehr komfortable Expresszug Nr. T97 (Beijing–Kowloon Through Train) der KCRC seine rund 24-stündige Reise in die Sonderverwaltungszone antritt. Der Zug verlässt Peking alle zwei Tage um 12 Uhr und erreicht Hung Hom/ Hong Kong um 13.05 Uhr am nächsten Tag. Der Fahrpreis beträgt – je nach Klasse – gegenwärtig: Erwachsene RMB 574-1191, Kinder (5-9 Jahre) RMB 366-788. Aktuelle Infos und Buchungen möglich unter ☎ 852-29477888, www.kcrc.com/html/eng/index.asp.

Warnung

Der Zerfall der ehemaligen Sowjetunion hat das Reisen mit der Transsib bedauerlicherweise nicht sicherer gemacht, im Gegenteil, die Zahl der kriminellen Delikte ist derart dramatisch gestiegen, dass jeder gut beraten ist, alle Wertgegenstände stets bei sich zu tragen bzw. nicht aus den Augen zu lassen und sie auf gar keinen Fall zur Schau zu stellen.

*Da die Züge heutzutage mehr rollenden Jahrmärkten gleichen, tummelt sich natürlich auch allerlei zwielichtiges Gesindel an Bord herum, das zumeist in durchorganisierten Banden operiert, sodass vor allem Alleinreisende es sich zunächst dreimal überlegen sollten, mit wem sie Bekanntschaft schließen: Schon zu viele Gutgläubige sind beispielsweise durch K.O.-Tropfen jedweder Art um **Hab und Gut**, im Extremfall sogar schon um Gesundheit und Leben gebracht worden.*

Auto fahren/Verkehrsregeln

Fahrberechtigt ist jeder, der **18-70 Jahre** alt und im Besitz eines **chinesischen** (!) **Führerscheins** ist. Dieser kann aber nur gegen Vorlage eines gültigen ausländischen Führerscheins, eines gültigen Visums und einer gültigen Aufenthaltsgenehmigung erworben werden. **Touristen sind daher ausgeschlossen.** Zwar können Sie die Beantragung persönlich vornehmen, es empfiehlt sich jedoch die Inanspruchnahme einheimischer Spezialisten, die sich – für rund RMB 800 – um alles Erforderliche kümmern, wie z.B.:
Beijing Easy, 12J, International Metro Center, 3A Shilipu, Chaoyang District, Beijing 100025, ☏ 65580212, 🖨 65580313, www.beijing-easy.com
FESCO, 14 Chaoyangmen Nandajie, Chaoyang District, ☏ 85616663, im Internet www.fescochina.com

Hinweis

*In der VR China besteht **Rechtsverkehr**, sodass es wenigstens in dieser Hinsicht keiner Gewöhnung bedarf. Doch damit hören die Gemeinsamkeiten mit unseren Verkehrsgepflogenheiten auch beinahe schon auf. Inoffizielles Grundprinzip chinesischen Straßenverkehrs ist, dass **Vorfahrt hat**, wer über **mehr Pferdestärken** verfügt. In der Hierarchie ganz oben stehen somit Lastkraftwagen und Busse, ihnen folgen Personenkraftwagen und Minibusse, gefolgt von Fahrradfahrern und Fußgängern. Wenn es der Verkehr zulässt, darf **bei Rot nach rechts abgebogen** werden. Vorsicht ist aber nicht nur in diesem Fall angesagt, sondern an allen Kreuzungen und Einmündungen, an denen meist heilloses Durcheinander herrscht, da sich kaum jemand an die Verkehrsregeln hält. Das größte Gefahrenpotenzial stellen die Fahrradfahrer dar, die sich überall hindurchzuquetschen versuchen und ständig unvermittelt vor der Motorhaube auftauchen.*

Möbelspediteur auf drei Rädern

Prekär ist die **Situation besonders im Dunkeln**, denn so gut wie alle Fahrräder fahren ohne Licht (sie besitzen oftmals nicht einmal eins), selbst bei spärlich bis gar nicht beleuchteten Straßen. Und auch so mancher Pkw-Fahrer oder Bus kommt als lichtloser Geisterfahrer daher – und zwischen all diesen huschen noch die Passanten über die Straßen. Das in der Innenstadt bestehende Hupverbot wird zwar vielfach missachtet, hilft aber kaum beim zügigeren Vorankommen. Schwierig bei der Orientierung ist die **unzureichende Beschil-**

derung, auch wenn sich bezüglich dieser in den vergangenen Jahren vieles gebessert hat. Vergleichsweise ordentlich ausgeschildert sind mittlerweile die Hauptsehenswürdigkeiten und Straßen im Zentrum, auf dem Lande hingegen fehlt es oftmals an jeglicher Beschilderung. Vorheriges Kartenstudium und stete Aufmerksamkeit sind also dringend nötig.

Die bestehenden **Geschwindigkeitsbegrenzungen** sollte man im Interesse seines Geldbeutels beachten, denn kontrolliert wird häufig und ohne Möglichkeit, sich herausreden zu können. Es sei denn, man fährt einen Wagen mit schwarzem Nummernschild, das einen als Angehörigen des diplomatischen Korps oder eines Joint Venture-Unternehmens ausweist. Für diese Fahrzeuge scheinen die Begrenzungen ebenso wenig zu gelten, wie für die durch ein weißes Nummernschild gekennzeichneten Fahrzeuge der Regierung, des Militärs und der Polizei. Ansonsten tragen Pkws, Minibusse und Kleinlastwagen blaue Kennzeichen, Lastwagen und große Busse hingegen gelbe.

Behinderte

Für Behinderte ist das Reisen in der VR China nach wie vor kein leichtes Unterfangen, da es noch immer relativ **wenige behindertengerechte Einrichtungen** – wie z.B. Rampen bzw. entsprechende Toiletten – gibt. Dennoch hat sich die Situation – zumindest bei den wichtigsten touristischen Sehenswürdigkeiten – in den letzten Jahren zunehmend verbessert. Da sich das Vorankommen aufgrund der vielerorts noch unzureichenden Einrichtungen oft als überaus unbequem, wenn nicht gar schwierig herausstellen dürfte, sollten **Behinderte auf keinen Fall ohne Begleitung** unterwegs sein.

Benzin

Im innerstädtischen Bereich findet man zahlreiche Tankstellen, bei Ausflügen ins weitere Hinterland ist es hingegen empfehlenswert, jede Gelegenheit zum Auftanken zu nutzen, um nicht unversehens irgendwo weitab der nächsten Zapfstelle stehen zu bleiben.

Der **Liter Benzin** oder **Diesel** kostet gegenwärtig rund RMB 10, dafür entfallen dann die allermeisten Mautgebühren.

Beschwerden

Wer mit einer **Gruppe** unterwegs ist, wende sich bei einer Beschwerde an den chinesischen Reisebegleiter bzw. dessen Reisebüro. Da man innerhalb einer Gruppe an einen meist doch recht eng bemessenen Zeitrahmen gebunden ist, besteht bei ernsteren Beschwerden, die ein längeres Nachforschen erfordern, in der Regel dennoch kaum Aussicht auf Erfolg. **Einzelreisende** haben es noch etwas schwerer, ihnen bleibt fast nur die Möglichkeit, sich an einen staatlichen Ordnungshüter zu wenden, was aber nur Sinn macht, wenn man selbst über genügend chinesische Sprachkenntnisse verfügt.

Sein Glück versuchen kann man auch beim *Beijing Tourism Administration Bureau* oder über die *English Tourist Hotline*, ☏ 65130828.

Bei Reklamationen im Hotel wendet man sich am besten direkt an das Hotelpersonal. Als letzte Möglichkeit besteht noch der Gang zur Botschaft seines Landes, die sich aber nur in wirklich dringenden Fällen um derlei Belange kümmert.

Bettler

Infolge der raschen wirtschaftlichen Entwicklung während der letzten Jahre drifteten die Einkommen der einzelnen Bevölkerungsanteile zum Teil erschreckend weit auseinander, was dazu führte, dass unter anderem nunmehr in zunehmendem Maße Bettler auftauchen, die es noch vor wenigen Jahren in der VR China nicht gab. Diese Entwicklung wird zum Großteil durch den Tourismus gefördert, wenn sie nicht gar eine direkte Folge davon ist. So sammeln sich die auf eine milde Gabe Hoffenden vorwiegend rund um die von Touristen besuchten Orte.

Auch in China hat man schnell gelernt, dass Kinder und Krüppel bei der Verteilung der Almosen im Vorteil sind. Unverkennbar zeichnen sich somit genau jene Trends ab, die in vielen Ländern bereits zu erheblichen sozialen Problemen und Zerrüttungen geführt haben. Wo man sich vor zwei Jahren noch mit stumm aufgehaltener Hand in der Nähe eines Touristenbusses aufstellte, bedrängt man heute die ausländischen Besucher mitunter derart penetrant, dass diese kaum noch ein- oder aussteigen können.

Zwar ist die **Situation in der Hauptstadt** noch nicht ganz so schlimm wie in anderen Städten des Landes, **dennoch gilt auch hier**: **Nichts geben**!

Botschaften/ Diplomatische Vertretungen

DIPLOMATISCHE VERTRETUNGEN IN DER BUNDESREPUBLIK DEUTSCHLAND
Botschaft der VR China, Märkisches Ufer 54, 10179 Berlin, ☏ 030-275880, 🖷 030-27588221, www.china-botschaft.de; Mo-Fr 8.30-12.30 Uhr u. 14.30-18 Uhr; **Konsularabteilung**: Brückenstraße 10, 10179 Berlin, 030-27588572, 🖷 030-27588520, Öffnungszeiten Mo-Fr 8.30-12 Uhr.
Generalkonsulat der Volksrepublik China, Mainzer Landstraße 175, 60326 Frankfurt am Main, ☏ 069-75085548, 🖷 069-75085510, Öffnungszeiten 9-12 Uhr.
Generalkonsulat der Volksrepublik China, Elbchaussee 268, 22605 Hamburg, ☏ 040-82276013, 🖷 040-8226231, Öffnungszeiten 9-12 Uhr.
Generalkonsulat der Volksrepublik China, Romanstraße 107, 80639 München, ☏ 089-17301625, 🖷 089-17094506, Öffnungszeiten 9-12 Uhr.
Botschaft der Russischen Föderation, Unter den Linden 63-65, 10117 Berlin, ☏ 030-2291110 und 030-2291129, 🖷 030-2299397, www.russische-botschaft.de; **Konsularabteilung**: Behrenstraße 66, 10117 Berlin, ☏ 030-22651184, 🖷 0190-773313, E-mail: infokonsulat @russische-botschaft.de, Sprechzeit: Mo-Fr 9-13 Uhr; Konsularbezirke: Berlin, Brandenburg, Sachsen-Anhalt und Mecklenburg-Vorpommern.

Generalkonsulat der Russischen Föderation, Waldstraße 42, 53177 Bonn, ☏ 0228-3867930/1, 📠 0228-312164, www.ruskonsulatbonn.de, Sprechzeit: Mo-Fr 8.30-13 Uhr; Konsularbezirke: Baden-Württemberg, Hessen, Nordrhein-Westfalen, Rheinland-Pfalz und Saarland.

Generalkonsulat der Russischen Föderation, Am Feenteich 20, 22085 Hamburg, ☏ 040-2295201 u. 040-2295301, 📠 040-2297727, E-mail: general.konsulat-hamburg@debitel.net, Sprechzeit: Mo-Fr 9-12 Uhr; Konsularbezirke: Bremen, Hamburg, Niedersachsen und Schleswig-Holstein.

Generalkonsulat der Russischen Föderation, Kickerlingsberg 18, 04105 Leipzig, ☏ 0341-5851876, 📠 0341-5649589, E-mail: rusgenkon_leipzig@t-online.de, Sprechzeit: Mo-Fr 9-12.30 Uhr; Konsularbezirke: Sachsen und Thüringen.

Generalkonsulat der Russischen Föderation, Seidlstraße 28, 80335 München, ☏ 089-592528 und 089-592503, 📠 089-5503828, Sprechzeit: Mo-Fr 9-13 Uhr; Konsularbezirk: Bayern.

Botschaft der Ukraine, Albrechtstraße 26, 10117 Berlin, ☏ 030-28887220, 📠 030-28887163, www.botschaft-ukraine.de, Öffnungszeiten Mo-Fr 8.30-13 Uhr u. 14.30-18 Uhr; **Konsularabteilung:** ☏ 030-28887220, 📠 030-28887219, Öffnungszeiten Mo-Mi u. Fr 9-12.45 Uhr.

Botschaft der Republik Belarus, Am Treptower Park 32, 12435 Berlin, ☏ 030-5363590, 📠 030-53635923, www.belarus-botschaft.de, Öffnungszeiten Mo, Mi u. Fr 9-13 Uhr.

Botschaft der Republik Belarus – Außenstelle Bonn, Fritz-Schäffer-Straße 20, 53113 Bonn, ☏ 0228-2011310, 📠 0228-2011319, E-mail: bonn@belembassy.org, Öffnungszeiten Mo-Di u. Do-Fr 9-13 Uhr.

Botschaft der Mongolei, Dietzgenstraße 31, 13156 Berlin, ☏ 030-4748060, 📠 030-47480626, www.botschaft-mongolei.de, Öffnungszeiten Mo-Fr 8-12 Uhr u. 12.30-16.30 Uhr; **Konsularabteilung:** ☏ 030-47480620/21/22, 📠 030-47480626, Öffnungszeiten Mo, Di u. Do 8-12 Uhr sowie Mi 13-17 Uhr.

DIPLOMATISCHE VERTRETUNGEN IN ÖSTERREICH

Botschaft der Volksrepublik China, Metternichgasse 4, 1030 Wien, ☏ 01-714314948, 📠 01-7136816, www.chinaembassy.at, Öffnungszeiten Mo-Fr 8-12 Uhr u. 14-17 Uhr; **Konsularabteilung**: Strohgasse 22, 1030 Wien, ☏ 01-7103648, 📠 01-7103770, Öffnungszeiten Mo u. Mi 8.30-11 Uhr u. 14-16 Uhr sowie Fr 8.30-11 Uhr.

Botschaft der Russischen Föderation, Reisnerstraße 45-47, 1030 Wien, ☏ 01-7121229 und 01-7138622, 📠 01-7123388, E-mail: russian@embassy.vienna.at.

Generalkonsulat der Russischen Föderation, Burgelsteinstraße 2, 5020 Salzburg, ☏ 06626-24184 und 06626-217434, E-mail: rusgencons@salzburg.telecom.at.

Botschaft der Mongolei, Teinfaltstraße 3/6, 1010 Wien, ☏ 01-5352807, 01-5353007, 01-5353012 oder 01-5353013, 📠 01-5353006, E-mail: office@embassymon.at.

DIPLOMATISCHE VERTRETUNGEN IN DER SCHWEIZ

Botschaft der Volksrepublik China, Kalchegg Weg 10, 3006 Bern, ☏ 031-3527333, 📠 031-3514573, www.china-embassy.ch, Öffnungszeiten Mo-Fr 9-12 Uhr u. 14.30-18 Uhr; **Visaabteilung:** ☏ 031-3514593, 📠 031-3518256.

Generalkonsulat der Volksrepublik China, Bellaristraße 20, 8002 Zürich, ☏ 044-2058411.

Botschaft der Russischen Föderation, Brunnadernrain 37, 3006 Bern, ☎ 031-3520566, 031-3525595 und 031-3528517, E-mail: rusbotschaft@datacom.ch.
Generalkonsulat der Russischen Föderation, Rue Schaub 24, 1202 Genf, ☎ 022-7347955, 022-7349083 und 022-7403470, E-mail: consulat.russie@bluewin.ch.
Botschaft der Ukraine, Feldeggweg 5, 3005 Bern, ☎ 031-3522316 und 🖨 031-3516316 (Konsularabteilung), 031-3516416, Öffnungszeiten Mo-Fr 8.30-12.30 Uhr u. 14-18 Uhr.
Botschaft der Republik Belarus, Quartierweg 6, Postfach, 3074 Muri, ☎ 031-9527632, 🖨 031-9527914, Öffnungszeiten Mo-Fr 8-12 Uhr u. 13-17 Uhr.
Mission Permanente de la Mongolie, 4 Chemin des Mollies, 1293 Bellevue/GE, ☎ 022-7741974, 🖨 022-7743201, E-mail: mission.mongolia@itu.ch oder mongolia@ties.itu.int.

BOTSCHAFTEN IN PEKING
Botschaft der Bundesrepublik Deutschland, 17 Dongzhimenwai Dajie, Chaoyang District, Beijing 100600, ☎ 85329000, 🖨 65325336, www.peking.diplo.de, Öffnungszeiten Mo-Do 8-12 Uhr u. 13-17.30 Uhr, Fr 8-12 Uhr u. 12.30-15 Uhr.
Botschaft der Republik Österreich, 5 Xiushui Nanjie, Jianguomenwai, Chaoyang District, Beijing 100600, ☎ 65322061, 🖨 65321505, www.aussenministerium.at/peking, Öffnungszeiten Mo-Fr 9.30-11.30 Uhr.
Botschaft der Schweizerischen Eidgenossenschaft, 3 Dongwu Jie, Sanlitun, Chaoyang District, Beijing 100600, ☎ 65322736-8, 🖨 65324353, www.eda.admin.ch/beijing, Öffnungszeiten Mo-Fr 9-12 Uhr.
Botschaft der Mongolei, 2 Xiushui Beijie, Jianguomenwai, Chaoyang District, Beijing 100600, ☎ 65321203, 🖨 65325045, E-mail: monembbi@public3.bta.net.cn.
Botschaft der Ukraine, 11 Dongliu Jie, Sanlitun, Beijing 100600, ☎ 65326359, 🖨 65326765.
Botschaft der Republik Belarus, 2-10-1, Ta Yuan Diplomatic Office Building, Jianguomenwai, Chaoyang District, Beijing 100600, ☎ 65326426, 🖨 65326417.
Botschaft der Republik Polen, 1 Ritan Lu, Jianguomenwai, Chaoyang District, Beijing 100600, ☎ 65321235-7, 🖨 65321745.
Botschaft der Russischen Föderation, 4 Dongzhimen Beizhongjie, Dongzheng District, Beijing 100600, ☎ 65322051 und 65321381, 🖨 65324851, www.russia.org.cn.
Botschaft der Republik Ungarn, 10 Dongzhimenwai Dajie, Sanlitun, Chaoyang District, Beijing 100600, ☎ 65321431-3, www.huemb.org.cn, Öffnungszeiten Mo-Do 8.30-12 Uhr u. 13-17 Uhr sowie Fr 8.30-15 Uhr.

Eine vollständige Liste **aller diplomatischen Vertretungen in Peking** finden Sie im „China Telephone Directory", Stichwort „Embassies", und in der Broschüre „Beijing – The Official Guide". Die Adressen **weiterer diplomatischer Vertretungen** in der Bundesrepublik Deutschland listet die Website des Auswärtigen Amtes auf: www.auswaertiges-amt.de/diplo/de/laenderreiseinformationen.jsp

Business-Tipps

Alle Fünf- und Vier-Sterne- sowie eine ganze Reihe Drei-Sterne-Hotels haben ein eigenes **Business Center**, das vielfach rund um die Uhr geöffnet ist und über alle notwendigen Einrichtungen wie Computer (samt Internetzugang), Schreibmaschine, Kopierer, Fax, Telex, Diktiergerät, mehrsprachiges Fachpersonal, Übersetzungsdienst und Kurierdienst verfügt, außerdem können in vielen Fällen Konferenzräume mit audiovisuellen Hilfsmitteln nach Absprache mit der Hoteldirektion angemietet werden. In manchen Spitzenhotels können Sie sogar ein Handy ausleihen.

Büroräume anmieten kann man bei:
High Quality Business Center, 9/F, MOFTEC Building, B12, Guanghua Dajie, Jianguomenwai, Beijing 100020, ☏ 65051119, ✆ 65051417, E-mail: jenachen@public.east.cn.net
Regus, 1) Beijing Lufthansa Center, C203, 50 Liangmaqiao Lu, Chaoyang District, Beijing 100016, ☏ 64651230, ✆ 64651240; 2) 15/F, Beijing NCI Centre, 12A Jianguomenwai Dajie, Chaoyang District, Beijing 100022, ☏ 85233000; 3) 14/F, IBM Tower, Beijing Pacific Century Place, 2A Gongti Beilu, Chaoyang District, Beijing 100027, ☏ 65391020; www.regus.com
Sinolink Business Center, 15/F, Consultec Building, B12, Guanghua Dajie, China World Trade Center, Beijing 100020, ☏ 65053322, ✆ 65050022, E-mail: sinolink@public.bta.net.cn

Wer sich mit dem Gedanken trägt, Geschäfte mit der VR China zu machen, aber noch keine konkreten Vorstellungen über das Wie und Mit-wem hat, der wende sich zunächst an:
Wirtschafts- und Handelsabteilung der Botschaft der Volksrepublik China in der Bundesrepublik Deutschland, Majakowskiring 66, 13156 Berlin, ☏ 030-886680, ✆ 030-88668288, http://de2.mofcom.gov.cn/.
Wirtschafts- und Handelsabteilung des Generalkonsulats der Volksrepublik China in Hamburg, Elbchaussee 268, 22605 Hamburg, ☏ 040-82276012 und 040-822 76016, ✆ 040-8226231.
Wirtschafts - und Handelsabteilung der Botschaft der Volksrepublik China in der Republik Österreich, Metternichgasse 4, 1030 Wien, ☏ 01-7143140, ✆ 01-7130037.
Wirtschafts -und Handelsabteilung der Botschaft der Volksrepublik China in der Schweizerischen Eidgenossenschaft, 7 J.V. Widmannstraße, 3074 Muri Bern, ☏ 031-9511401-3, ✆ 031-9510575, E-mail: com-off.china-embassy@bluewin.ch.
China Chamber of International Commerce (CCOIC)/China Council for the Promotion of International Trade (CCPIT), 1 Fuxingmenwai Dajie, Xicheng District, Beijing 100860, ☏ 68013344, ✆ 68011370 und 68030747, www.ccpit.org; Schillerstraße 30-40, 60311 Frankfurt am Main, ☏ 069-235373, ✆ 069-235375, E-mail: ccpitde@ccpit.org.
Wirtschaftsabteilung bei der Botschaft der Bundesrepublik Deutschland, 17 Dongzhimenwai Dajie, Chaoyang District, Beijing 100600, ☏ 85329000, ✆ 65325335, www.peking.diplo.de.
Deutsche Industrie- und Handelskammer Beijing, Unit 0811, Landmark Tower 2, 8 Dongsanhuan Beidajie, Chaoyang District, Beijing 100004, ☏ 65900926, ✆ 659 06313, www.china.ahk.de, Geschäftszeiten: Mo-Fr 8.30-17.30 Uhr.
Beijing Municipal Bureau of Commerce, 190 Chaoyangmennei Dajie, Dongcheng District, Beijing 100010, ☏ 65236688, ✆ 65130181, www.bjmbc.gov.cn/index_english.jsp.

China General Chamber of Commerce, 45 Fuxingmennei Dajie, Beijing 100801, ☎ 68391245, 🖷 68391205, www.ccgc.org.cn/english/index.asp.

Weitere für den Aufbau von Geschäftsverbindungen wichtige Adressen sind:
Beijing Investment Service Center, 7/F, Test Building, 31 Beisanhuan Zhonglu, Haidian District, Beijing 100088, ☎ 62353745, 62356014, 62356014 und 62353745; 2A Baiwanzhuang Dongdajie, Xicheng District, Beijing 100037, ☎ 68325014, 683 15349, 68315343, 🖷 68315583.
Beijing Foreign Investment Service Center, 3/F, Tower F, Fuhua Mansion, 8 Chaoyangmen Beidajie, Dongcheng District, ☎ 65543149 und 65543167, www.bjinvestservice.org.
Foreign Enterprise Service Corporation (FESCO), 17/F, Room 1702, Building E-1, Oriental Plaza, Dongchang'an Jie, Dongcheng District, Beijing 100738, ☎ 85185699, 🖷 85189639, www.fesco.com.cn oder www.fescochina.com.

C) Camping

Reisenden ist das Campen bislang nicht gestattet.

D) Drogen

Auf den **Besitz von Drogen** und **Handel mit diesen** steht in der VR China **die Todesstrafe**, die ohne Wenn und Aber **zur Anwendung** gelangt.

E) Einreisebestimmungen

Ganz gleich, ob man per Flugzeug oder mit der Bahn anreist, folgende Dokumente werden verlangt: **Pass**, **Visum** (einschließlich Arrival Card) bzw. **Gruppenvisum**, **Zollerklärung** und **Gesundheitserklärung**. Der **Pass** muss noch für mindestens sechs Monate nach der Ausreise gültig sein. Wer im Besitz eines **Einzelvisums** ist, muss vor der Einreise (im Flugzeug bzw. bei Bahnanreise an der Grenzstation) eine Arrival Card ausfüllen, die man sich – soweit man auf dem Luftweg anreist – im Notfall auch noch am Flughafen besorgen kann. Reisende, die auf einem **Gruppenvisum** erfasst sind, müssen **keine Arrival Card** ausfüllen. Von allen Ankommenden ist eine **Gesundheitserklärung** und eine **Zollerklärung** auszufüllen, die bereits an Bord des Flugzeuges verteilt werden (falls nicht, so erhält man diese noch vor der Gesundheits- bzw. Zollkontrolle am Flughafen).

PER FLUGZEUG (International Arrival)
Von wenigen Ausnahmen abgesehen, erreichen die ausländischen Besucher Peking auf dem Luftweg, wo sie auf dem 25 km vom Stadtzentrum entfernt gelegenen **Internationalen Flughafen Shoudu** landen. Nach dem Verlassen der Maschine gelangt man im Terminalgebäude 2 als erstes via Aufzug oder Rolltreppe zur Ankunftsebene (Ebene 3), auf der alle Einreiseformalitäten vorgenommen werden. **Transitreisende** halten sich in Richtung „International Transit Check Hall", wo sie – entsprechend des nach-

folgend beschriebenen Prozederes – gesondert abgefertigt werden. Gäste, deren Maschine nicht am Terminal andockt und die daher mit dem Bus zum Terminal gebracht werden, betreten diesen auf Ebene 1 und müssen zwecks Einreisekontrolle zu Ebene 3 hochfahren.

Zunächst gelangt man in jedem Fall zur **Gesundheitskontrolle** (*Quarantine*), die einzig und allein im Einsammeln der ausgefüllten Gesundheitserklärung besteht. Gleich dahinter befinden sich die Schalter der **Passkontrolle** (*Immigration Control*), an denen Pass und Visum vorzuzeigen sind. Reisende mit Gruppenvisum haben gesonderte Schalter im hinteren Bereich der Halle, die in der Regel gekennzeichnet sind. Um den Abfertigungsprozess zu beschleunigen, sollten sich alle auf dem Gruppenvisum stehenden Reiseteilnehmer entsprechend der darauf aufgeführten Reihenfolge aufstellen. Einzelreisende müssen neben ihrem Visum noch die Arrival Card vorlegen.

Nach der Passkontrolle fährt man mittels Aufzug oder Rolltreppe zum Bereich der **Gepäckbänder** (*Baggage Claim Hall*) auf Ebene 1, wo Fluggäste internationaler Flüge ihr eingechecktes Gepäck an den Bändern 1-8 erhalten. Gepäck mit Übermaßen erhält man an einem gesonderten Schalter an der Hallenseite. Für die an den Bändern bereitstehenden Gepäckwagen ist derzeit keine Leihgebühr zu entrichten. **Überprüfen Sie Ihr Gepäck** sofort auf etwaige **Beschädigungen**, da Sie, haben Sie den Gepäckbereich erst einmal verlassen, keinerlei Schadensersatzansprüche mehr geltend machen können. Bei **Beschädigung** oder gar Verlust **des Reisegepäcks** wende man sich an das zuständige **Lost-and-Found-Büro** (*Baggage Inquiry*, ☎ 64564119 und 64598333), das sich im Gepäckabfertigungsbereich neben dem Bankschalter befindet. Vor allem bei den chinesischen Fluggesellschaften kann sich die Schadenaufnahme bzw. Verlustmeldung zur langwierigen Prozedur auswachsen. **Beharren Sie** aber auf Ihren **Forderungen**, lassen Sie sich **nicht auf später vertrösten**!

Mit seinem Gepäck passiert man sodann die **Zollkontrolle** (*Customs*). Wer nichts zu verzollen hat, geht durch den grün gekennzeichneten „*Green Channel*", wer etwas anzumelden hat, durch den rot markierten „*Red Channel*".

Nach Erledigung all dieser Einreiseformalitäten kommt man schließlich in die **Empfangshalle**, wo die chinesischen Reiseleiter oder Bekannten bzw. Angehörigen auf einen warten. **Geld** kann man am **Bankschalter** im Gepäckabfertigungsbereich sowie an den in der Empfangshalle aufgestellten **Geldwechselautomaten** (*Auto Cash Exchange*) umtauschen, wer sich hingegen chinesisches Geld mit seiner Kreditkarte ziehen möchte, kann dies an einem der entsprechenden **Geldautomaten** (*ATM*) tun.

Weitere **wichtige Serviceeinrichtungen** neben Toiletten, Telefonen und Restaurants, die man im ganzen Terminalgebäude findet, sind:
Auskunft (*Information Inquiry Office*): Das in der Empfangshalle untergebrachte Büro hilft Ihnen – auf Englisch – bei Fragen weiter und bietet Informationen über Peking.
Hotel Service: Wer noch keine Unterkunft gebucht hat, kann sich an dem Schalter im Zentralbereich der Baggage Claim Hall Auskunft einholen.
Autovermietung (*Car Rental*): Wer eine Limousine mit Chauffeur anmieten möchte, wende sich an den entsprechenden Schalter in der Baggage Claim Hall.

Gepäckaufbewahrung (*Left Luggage*): Falls Sie Ihr Gepäck, oder einen Teil davon, nicht benötigen, können Sie dieses bei der Gepäckaufbewahrung (☎ 64598151) in der Empfangshalle deponieren. Je nach Größe pro Tag RMB 20-50 je Gepäckstück.
Medizinische Hilfe rufen Sie unter ☎ 64591919.
Die **Capital Airport Information** erreicht man rund um die Uhr unter ☎ 64564247 und 64563220. Beschweren können Sie sich unter ☎ 64571666.

> **Hinweis**
>
> Wenn Anfang 2008 der von Sir Norman Foster entworfene Terminal 3 eröffnet werden wird, der größte und fortschrittlichste weltweit, werden sich hinsichtlich der Einreise internationaler Fluggäste etliche Änderungen ergeben (der Flughafen wird dann z.B. mit der Airport Line der U-Bahn direkt erreichbar sein), da neben Air China auch das Gros der ausländischen Fluglinien diesen Terminal benutzen werden. So wird u.a. ein vollautomatisierter Pendelzug die Fluggäste zwischen den einzelnen Terminalgebäuden transportieren.

Am einfachsten ist das **Weiterkommen** für diejenigen, die mit einer Gruppe unterwegs sind, denn auf sie wartet außerhalb des Terminals ein Reisebus, zu dem sie von ihrem chinesischen Begleiter geführt werden.

Wer allein unterwegs ist und von niemandem abgeholt wird, kann zwischen den folgenden Möglichkeiten des Weiterkommens wählen:
- Alle **besseren Hotels** bieten ihren ankommenden Gästen, so sie eine Buchungsbestätigung vorweisen können, einen **kostenlosen Shuttle Bus**-Service an. Auch diese Gäste werden in der Empfangshalle abgeholt. Nicht immer ist es ganz einfach, in der Menge das entsprechende Namensschild auszumachen. Notfalls wartet man ein wenig in der Halle, bis sich jemand bemerkbar macht, auf keinen Fall sollte man das Gebäude verlassen, da es der abholenden Person so nahezu unmöglich gemacht wird, den Gast zu finden. (Dies gilt im übrigen auch für Gruppenreisende.)
- Wer mit **nicht allzu viel Gepäck reist** und in die Innenstadt möchte, kann einen der täglich alle 15-30 Minuten bei Ausgang 11-13 des Terminal 2 fahrenden **Airport Busse** benutzen, die auf vier Linien entlang der folgenden Routen zwischen Airport und den genannten innerstädtischen Zielen verkehren (*Qiao* = Überführung):

AB AIRPORT
Linie 1 • Airport – Yuyang Hotel – Dongzhimen – Dongsishitiao Qiao – Chaoyangmen Qiao – Yabao Lu – Xidan (d.h. dem *Civil Aviation Building*); 7.30-1 Uhr
Linie 2 • Airport – International Exhibition Center – Xibahe – Anzhen Qiao – Madian Qiao – Beitaipingzhuang – Jimen Qiao – Friendship Hotel – Beijing TV Station – Zizhu Qiao – Huayuan Qiao – Hangtian Qiao – Gongzhufen (*Xinxing Hotel*); 7.30-23 Uhr
Linie 3 • Airport – Sanyuan Qiao – Liangma Qiao – Hujialou Guomao Qiao – Beijing Railway Station; 7.30-1 Uhr
Linie 4 • Airport – Wangjing – Yayuncun (Anhui Qiao) Xueyuan Qiao – Zhongguancun; 8.30-21.30 Uhr

ZUM AIRPORT

Linie 1 • Xidan (ab *Civil Aviation Building*) – Dongzhimen – Airport; 5.45-19.30 Uhr
Linie 2 • Beijing Railway Station (Westtor des *International Hotel*) – Southern Airlines Hotel – Jingxin Dasha – Airport; 6-19.30 Uhr
Linie 3 • Gongzhufen (*Xinxing Hotel*) – Friendship Hotel – Beitaipingzhuang – Anzhen Dasha – Airport; 5.45-19.30 Uhr
Linie 4 • Zhongguancun – Beihang University North Gate – Huixin Xijie – Huixin Dongjie – Airport; 7-19.30 Uhr

Fahrkarten bekommt man am Bus, der Fahrpreis beträgt derzeit RMB 16. Infos unter ☏ 64594375/6.

- Am bequemsten ist der Transfer für den Einzelreisenden natürlich mit dem **Taxi**, die in ausreichender Zahl auf Höhe von Ausgang 9 auf dem Vorplatz zur Verfügung stehen. Bis zur Stadtmitte (z.B. Tian'anmen-Platz) muss man mit rund RMB 80-100 rechnen, einschließlich der Maut, die auf der Flughafenautobahn erhoben wird.
- Als adäquate Alternative zum Taxi, allerdings wesentlich teurer, hat man die Möglichkeit, sich bei „Car Rental" in der Baggage Claim Hall eine **Limousine mit Chauffeur** zu mieten, die einem dann je nach vereinbartem Zeitraum zur Verfügung steht.
- Die abenteuerlichste Variante ist die Fahrt mit dem **öffentlichen Bus**, die nur Globetrottern und Hartgesottenen zu empfehlen ist. Viel Gepäck sollte man in diesem Fall allerdings nicht mit sich herumschleppen. **Bus Nr. 359** fährt vom Flughafen bis Dongzhimen (im Nordosten des Stadtgebietes), von wo aus man mit **Bus Nr. 106** via Dongsi Dajie, Dongdan Dajie und Himmelstempel bis zur Beijing South Station (Südbahnhof) fahren kann.

Im Internet finden Sie den Flughafen unter: www.bcia.com.cn/en/index.jsp.

 Hinweis

Vor dem Ausgang der Ankunftshalle lauern zahlreiche Privatfahrer oder Taxifahrer, die sich an den offiziellen Warteschlangen der Taxis vorbeigeschmuggelt haben und den ankommenden Passagieren ihre Dienste anbieten, und zwar zu Festpreisen, die in aller Regel überhöht sind. Diese sollten Sie meiden.

PER BAHN

Nur wenige Ausländer erreichen Peking mit der Eisenbahn, denn nur wenige nehmen die langwierige Anreise mit der KCRC (aus Hong Kong oder Shanghai) oder der Transsib auf sich. Dies liegt zumeist schon allein daran, dass man bei letzterer unter drei Monaten Vorbereitungszeit kaum davonkommt, denn so lange benötigt man, bis man zu Hause alle notwendigen Reiseunterlagen zusammen hat, wobei sich vor allem die Visabeschaffung als überaus zeitraubend erweist. Gebucht werden kann die Fahrt mit der **Transsibirischen Eisenbahn** beim Reisebüro, bei *Intourist* oder direkt bei *CITS*. Die Fahrt von Europa bzw. Moskau nach Peking ist teurer als in umgekehrter

Richtung, wer dennoch diese Fahrtrichtung wählt und nicht die oben genannten Institutionen mit der Beschaffung aller Unterlagen beauftragt, sollte folgendes beachten:

Als erstes besorge man sich bei der Botschaft **ein Visum für die VR China**, wobei darauf zu achten ist, dass das Gültigkeitsdatum des Passes noch ein halbes Jahr über die Wiederausreise aus China hinausreicht (i) „Visum", S. 167). **Anschließend** kann man die **Transitvisa für Polen** (bzw. Ungarn) (so erforderlich) sowie für die **Ukraine** oder **Weißrussland** und **Russland** bei den jeweiligen Botschaften beantragen, wer durch die **Mongolei** anreist, der wende sich zum Schluss noch an die diplomatische Vertretung dieses Landes ((i) „Botschaften/Diplomatische Vertretungen", S. 92).

Nach langer Reise glücklicher Anblick: Der Westbahnhof

An der chinesischen Grenze werden die Waggonachsen ausgetauscht, da Russland und die Mongolei eine größere Spurweite haben als üblich. Dieser Vorgang dauert Stunden und kann einem den ganzen Nachtschlaf rauben. Bereits an der **Grenze zur VR China** werden alle **Einreiseformalitäten erledigt** (Pass-, Visum- und Gesundheitskontrolle sowie bei Inhabern von Einzelvisa das Ausfüllen der Arrival Card), sodass man in Peking selbst ohne weitere Verzögerung den Zug verlassen kann. Am besten nimmt man sich, so man nicht in einer Gruppe reist, vom Bahnhof aus ein **Taxi** zu seinem Hotel, wer wenig Gepäck dabei hat, kann auch die unmittelbar vor dem Bahnhof abfahrende **U-Bahn** zum Weiterkommen benutzen, doch sollte man dies nur tun, wenn man genau weiß, wohin man will. Wer **mit Zug Nr. 98 der KCRC** aus Hong Kong anreist, erreicht die chinesische Hauptstadt um 15.41 Uhr auf der **Beijing West Railway Station**. Da die Einreiseformalitäten bereits bei der Ausreise aus Hong Kong erledigt wurden, können Sie den Bahnhof ohne weitere Verzögerungen verlassen. (Infos zur KCRC finden Sie oben unter „Ausreisebestimmungen – per Bahn".)

Eintrittsgelder

Die einst bestehenden Unterschiede bei den Eintrittspreisen gehören der Vergangenheit an, heutzutage zahlen Einheimische genauso viel wie Ausländer. Die jeweils gültigen Eintrittspreise stehen an den Kassenhäuschen angeschrieben. Kinder unter 1,2 Metern bezahlen in manchen Fällen keinen Eintritt – erkundigen Sie sich notfalls danach. Zumindest Ermäßigungen können Sie erhalten, was bisweilen auch auf Senioren (60-plus Jahre) zutrifft. Des Weiteren können an chinesischen Institutionen beschäftigte Ausländer gegen Vorlage des Arbeitsnachweises mit Ermäßigungen rechnen.

Elektrizität

Die VR China besitzt **220 V**, **50 Hz Wechselstrom** (wie in Europa), sodass Sie Ihre elektrischen Geräte bedenkenlos und ohne Umschalten benutzen können. Probleme gibt es allerdings vielfach mit den Steckdosen, von denen es noch immer verschiedene Typen gibt, auch wenn sich die Situation in den letzten Jahren merklich gebessert hat. Sollten die mitgebrachten **Adapter** (*Chatou*) nicht passen, so kann man sich an der Hotelrezeption welche ausleihen, nur sollte man sie bei der Abreise wieder zurückbringen. Wer sie längere Zeit oder immer wieder benötigt, kann sich in den Department Stores oder Elektroläden welche kaufen.

Essen & Trinken

SPEISEN

Essen ist seit jeher ein überaus wichtiger Bestandteil der chinesischen Kultur. Insgesamt stehen derzeit in Peking mehr als 60.000 Einkehrmöglichkeiten aller Kategorien zur Verfügung, in denen nahezu alle Küchen der Welt probiert werden können.

Wer es noch nicht kann, sollte es probieren, es ist gar nicht so schlimm – und macht viel Spaß. Gemeint ist das Essen mit Stäbchen, den so genannten „**Chop Sticks**".

Chinesen essen leidenschaftlich gern

Hat man keinen Freund, der es einem zeigen kann, so bittet man einfach eine der Bedienungen. Sie wird dies – mit einem leisen Kichern – gerne übernehmen.

Keine Angst auch vor unbekannten Speisen: Hund, Katze oder andere Exotika werden Sie nicht auf den Teller bekommen. Derlei „Delikatessen" behält der Chinese lieber für sich, allenfalls Schlange, Kröten und solcherlei Getier können Sie ordern und meist auch nur während der so genannten „kalten Jahreszeit", d.h. von September bis April, denn sie alle dienen letztendlich der Bildung von Abwehrkräften bzw. Vorbeugung gegen die bevorstehenden Winterkrankheiten – und mitunter der Steigerung der Potenz.

Hinweis

Die chinesischen Speisen werden kleingeschnitten in der Regel nur kurz gekocht oder gegart und kommen anschließend auf Tellern auf den Tisch, wodurch sie relativ rasch auskühlen. Doch gilt ganz allgemein, dass der Chinese nicht so heiß isst wie die meisten Menschen bei uns.

PEKING-KÜCHE

In China gibt es **eine Vielzahl an regionalen Küchen**. Die wichtigsten seien hier in Kürze vorgestellt:

PEKING-KÜCHE
Viele Speisen dieser Küche stammen vom ehemaligen Kaiserhof ab, der für seine exzellente Kochkunst bekannt war. Sie verwendet ein weites Spektrum an Gewürzen, deren Aufgabe es ist, den Körper zu erwärmen. Statt Reis isst man des öfteren auch Klößchen, Nudeln und gedämpftes Brot. Bekanntestes Gericht ist die **Peking-Ente**, sehr bekannt und beliebt ist aber auch das **Beggar's Chicken**, bei dem es sich um ein ganzes mit Pilzen, Zwiebeln, Chinakohl und Kräutern gefülltes Hühnchen handelt, das, in Lotusblätter gewickelt und in Tonerde verpackt, langsam gekocht wird. Der Ehrengast zerschlägt die Tonhülle am Tisch.

> **INFO**
>
> ### Peking-Ente
>
> Bezüglich der *Peking-Ente* herrschen bei vielen Menschen falsche Vorstellungen, daher einige Informationen dazu. Diese Enten müssen im Großraum Peking gezüchtet sein und sind zum Zeitpunkt des Schlachtens etwa sechs Monate alt und zwei Kilo schwer, wobei sie während der letzten 20 Tage ein spezielles Kraftfutter bekommen und möglichst wenig Bewegung haben dürfen, wodurch die Haut dünn und das Fleisch zart werden.
>
> Nach dem Ausnehmen und Abbrühen werden sie mittels eines Loches am Hals aufgeblasen und mit Wasser gefüllt, wodurch sich die Haut vom Fleisch löst. Anschließend werden sie mit einer Marinade aus Sirup und Sojasauce bestrichen und für drei Tage zum Trocknen aufgehängt. Für das Feuer in einem offenen Ofen, über dem man sie etwa 40 Minuten grillt, darf nur Birnen-, Dattel- oder Pfirsichbaumholz verwendet werden, denn erst dadurch erhält die Ente ihren spezifischen Geschmack. Abschließend wird die knusprige, rotbraune Haut zusammen mit der darunter liegenden Fettschicht und ein wenig Fleisch in dünne Scheiben geschnitten. Diese Scheiben tunkt man in die bereitgestellte *Haixian*-Sauce (eine leicht süßliche Bohnensauce mit Knoblauch und anderen Gewürzen) und rollt sie gemeinsam mit kleinen Frühlingszwiebeln oder Gürkchen in kleine Weizenfladen ein. Das restliche Fleisch sowie die anderen Bestandteile der Ente werden zu anderen Speisen verarbeitet, von denen es über 100 verschiedene gibt. Aus diesen bestehen bei einem traditionellen Peking-Ente-Essen die verschiedenen Vorspeisen; nicht verarbeitet wird lediglich der Schnabel, alles andere kommt auf den Tisch. Die Hautscheiben, das Wichtigste an dem Essen, kommen zum Abschluss. Ganze Fleischstücke, wie sie in den meisten China-Restaurants bei uns serviert werden, sucht man vergebens.
>
> Aufgrund der Zubereitung sollte man ein gutes Peking-Ente-Essen mindestens drei bis vier Tage im Voraus bestellen. Zum Essen empfiehlt sich der „*Beijing Famous Wine – Red Wine*", dessen portweinähnlicher Geschmack denjenigen der Ente nuanciert abrundet. Einen Verdauungsschnaps sollte man allenfalls hinterhertrinken.

CHIU-CHOW-KÜCHE

Es handelt sich hierbei um eine aus der Küstenregion der Provinz Guangdong stammende Regionalküche, die besonders Fischgerichte, aber auch schmackhafte Gänsespezialitäten auf den Tisch bringt. Gemüse ist ein weiterer wichtiger Bestandteil, aber auch **Haifischflossensuppe** und **Vogelnester** gehören zu den Spezialitäten, ebenso der starke **Kwun Yum Oolong Tee**, der als Appetitanreger vor dem Essen und als Verdauungshilfe nach dem Essen getrunken wird.

Meeresfrüchte erfreuen sich bei den Chinesen großer Beliebtheit

GUANGZHOU (KANTON-)KÜCHE

„Geboren sein in Suzhou, leben in Hangzhou, essen in Guangzhou, sterben in Liuzhou". Dieses alte chinesische Sprichwort sagt eigentlich schon alles über diese Küche, die für ihren frischen, delikaten Geschmack bekannt ist, den sie der frischen Zubereitung verdankt, wobei nur wenig Öl oder scharfe Gewürze verwendet werden, was den Bestandteilen ihren jeweiligen Eigengeschmack belässt. Die Anzahl der Gerichte ist schier unerschöpflich, doch alles kommt ganz frisch auf den Tisch, lediglich die eine oder andere Meeresfrucht, wie z.B. Abalonen oder Haifischflossen, werden in getrockneter Form verwendet. Es ist dies **die chinesische Küche** schlechthin. Eine ihr entstammende Spezialität sind **Dim Sums**, die in den meisten Guangzhou-Restaurants serviert werden.

HAKKA-KÜCHE

Diese Küche entstammt dem Volk der *Hakka*, die vor Jahrhunderten aus Nordchina in den Südteil des Reiches geflohen sind. Das bekannteste Gericht dieser Küche ist salzgebackenes Hühnchen, dessen saftiges, weiches Fleisch süß und salzig zugleich schmeckt. Ebenfalls beliebt sind die salzgebackenen Shrimps, aber auch die zahlreichen Gemüsegerichte, zu denen die verschiedensten Arten an Fleisch serviert werden, zergehen auf der Zunge.

HANGZHOU-KÜCHE

Sie ist bekannt für **Beggar's Chicken** und **Westseefisch** oder **Mandarinfisch**. In ihr lebt die alte kaiserliche Küche nach, die in Hangzhou einst gepflegt wurde. Feine Ingredienzen setzen nuancierte Geschmackstupfer, getrunken wird der aus der Region stammende **Longjing-Tee**.

HUNAN-KÜCHE

Wer gerne scharf isst, der liegt hier richtig. Zu Desserts wird andererseits gerne Honigsoße serviert. Reis ist Hauptbeilage, es gibt aber auch Nudeln, Brot und Klößchen. Anders als in den meisten Regionalküchen Chinas, gibt es eine ganze Reihe schmackhafter Suppen.

SHANDONG-KÜCHE

Die führende Küche der Hauptstadt-Gastronomie, die sich teilweise an die Peking-Küche anlehnt, zeichnet sich zusätzlich durch die Verwendung und vielfältige Zubereitungsform von Meeresfrüchten und -tieren der verschiedensten Art aus, je nach Jahreszeit fehlen aber auch gebackene Skorpione nicht auf dem Speiseplan.

SHANGHAI-KÜCHE

Eigentlich besitzt Shanghai gar keine eigene Küche, doch hat sie es verstanden, diejenigen der umliegenden Provinzen zu verfeinern. Die Gerichte sind durchschnittlich etwas reicher, schwerer, süßer und öliger als die der Guangzhou-Küche. Besondere Spezialitäten sind die **Hundertjährigen Eier** und die **Hairy Crabs**, die alljährlich im Herbst in den Lokalen auftauchen. Aufgrund ihrer Küstenlage hält diese Küche eine große Anzahl weiterer Meeresfrüchtespezialitäten bereit. Statt Reis werden öfter einmal Klößchen, Brot oder Nudeln serviert. Die Portionen sind normalerweise größer als in anderen Restaurants.

> **INFO**
>
> ### Hundertjährige Eier
>
> Von vielen abfällig als „faule Eier" bezeichnet, haben die *Hundertjährigen Eier* diesen Namen wahrlich nicht verdient. Zwar kann es bei Überlagerung passieren, dass sie so schmecken, wie sie aussehen, im Normalfall gelten sie jedoch zu Recht als Spezialität.
>
> Es handelt sich bei ihnen um Enteneier, die man entweder bereits fertig zubereitet kauft oder aber nach dem Kauf in rohem Zustand erst zu einem Fachmann bringt, der die weitere Verarbeitung übernimmt. Und zwar werden die Eier in einem (von jedem Händler geheim gehaltenen) Gemisch aus Streu, feuchter Tonerde und ungelöschtem Kalk einzeln eingehüllt und anschließend zwei bis drei Wochen liegen gelassen. Während dieser Zeit wird durch die Feuchtigkeit aus dem ungelöschten Kalk gelöschter, gleichzeitig setzt dieser Umwandlungsprozess Wärme frei, die ihrerseits das Eiweiß in eine hell- bis dunkelgrüne gallertartige Masse verwandelt, der Dotter hingegen wird nahezu schwarz. Die fertigen Eier sollte man möglichst unverzüglich verzehren, ansonsten... Korrekt verarbeitet und zum richtigen Zeitpunkt gegessen, schmecken sie leicht süßlich – eine wirkliche Spezialität, die man auf jeden Fall einmal probieren sollte.

SICHUAN-KÜCHE

Die Verwendung von reichlich Gewürzen macht diese Küche neben der Hunan-Küche zur schärfsten Chinas. Am meisten verwendet werden Chili, Koriander, Sternanis, Knoblauch, Pfefferkörner und Fenchel. Geräuchertes und Gegartes findet man häufiger als Gebackenes, wodurch das volle Aroma der Gewürze erhalten bleibt. Spezialitäten sind geräucherte Ente, Hühnchen, Schwein, Flussfisch und Schalentiere, statt Reis isst man oftmals gedämpftes Brot oder Nudeln.

Zwei weitere wichtige Kategorien der chinesischen Küche mögen zum Abschluss noch erwähnt sein:

VEGETARISCHE KÜCHE

Die vegetarische Küche hat in China eine lange Tradition und beruht auf der Überzeugung, dass sie immense lebenserhaltende Wirkungen zeigt. Wichtigster Bestandteil dabei ist **Tofu** (Sojabohnenquark), aus dem man nahezu alle Lebensmittel imitieren kann, ohne dass der Esser dies bemerkt. Meistens wird er jedoch in einer relativ nichtssagenden, weichgummiartigen Erscheinungsform aufgetischt, die erst durch starkes Würzen etwas an Geschmack gewinnt. Die beinahe unüberschaubare **Vielfalt** an Gemüse und anderen nicht-fleischlichen Beilagen verwandeln den gedeckten Tisch aber auch in einem solchen Restaurant in einen Augen- und Gaumenschmaus.

Wassermelonen gehören zu nahezu jeder Mahlzeit

DIM SUM

Bei diesen kleinen Köstlichkeiten, von denen es über 2.000 verschiedene geben soll, handelt es sich um eine Spezialität aus der Guangzhou-Küche, die angeblich ins 10. Jahrhundert zurückreicht.

Dim Sum bedeutet „leichter Happen", literarisch wurde daraus „das Herz berühren", was diesen lukullischen Verführern durchaus gerecht wird. Sie wurden und werden während der Zeremonie des Teetrinkens gereicht, denn anders als sonst in der chinesischen Küche üblich, trinkt man auch während ihres Verzehrs. Zu dieser Zeremonie gehört es auch, dass man zweimal mit seinen gestreckten Fingern auf den Tisch klopft, wenn einem jemand die Teetasse nachfüllt. Dim Sum werden in vielen – vor allem kantonesischen – Restaurants von frühmorgens bis zum späten Nachmittag serviert.

Die Bedienungen schieben die Bambuskörbchen auf Wägelchen durch die Tischreihen, sodass man sich die Leckereien erst einmal anschauen kann, ehe man davon wählt. Auf einer Karte wird die Anzahl und die Art (verschiedene Preiskategorien) der ausgesuchten Körbchen angestrichen, in manchen Restaurants bestellt man aber auch anhand der ausgefüllten Karte. *Dim Sum* sollte man während seines China-Aufenthaltes auf jeden Fall einmal essen.

GETRÄNKE

INFO: Tee – das Nationalgetränk Nummer 1

Es gibt regalweise Literatur über Tee, das Teetrinken und alles, was damit zu tun hat. Er ist Chinas wichtigstes Getränk und gehört zu jeder Mahlzeit; man trinkt ihn vorher, um Magen und Darm anzuregen, und nachher, um die Verdauung zu fördern. Während der Mahlzeiten trinkt man ihn nur gelegentlich, vor allem zu Dim Sum.

Chinas Teekultur hat ihren Ursprung aller Wahrscheinlichkeit nach in den südwestlichen Provinzen Sichuan und Yunnan, in denen er schon während des achten vorchristlichen Jahrhunderts konsumiert worden sein soll, ehe er unter den Qin und Han weitere Verbreitung fand und schließlich im ausgehenden fünften Jahrhundert durch die Verwendung bei buddhistischen Opferzeremonien landesweit populär wurde. Anfänglich wurde aus ihm vermutlich zusammen mit anderen Kräutern eine Art Suppe zubereitet, des leichteren Transportes wegen presste man ihn in Ziegel- oder Kuchenform, erst während der Song-Dynastie setzte er sich in der bis heute beibehaltenen Pulverform durch. Mit heißem Wasser aufgegossen, ergab er jenes anregende aromatische Getränk, das in den folgenden Jahrhunderten seinen unaufhaltsamen Siegeszug rund um die Welt antrat.

Es gibt mehrere hundert Sorten Tee, getrunken wird er von den Chinesen dabei meistens grün, d.h. die getrockneten Blätter kommen in die Tasse (am besten aus Yixing-Ton) oder in das Glas, anschließend gießt man heißes Wasser darüber, den so genannten „ersten Aufguss". Nachdem man das Trinkgefäß halb geleert hat, gießt man den „zweiten Aufguss" auf, der der beste ist; ein dritter und vierter können folgen, denn es wäre zu teuer, die Teeblätter bereits nach dem zweiten Aufguss wegzuschütten. Die oben schwimmenden Blätter werden stets an die Seite gepustet oder einfach auf den Boden gespuckt (wo dies möglich ist). Wenn man etwas warten kann, setzen sie sich aber von selbst am Boden des Trinkgefäßes ab. Je kleiner die Tasse ist, desto besser schmeckt der Tee!

In Nordchina wird vor allem Jasmintee getrunken, in Hangzhou dagegen der berühmte *Longjing* („Drachenbrunnentee"), aus Fujian stammt der im Süden verbreitete, ziemlich starke *Oolong*-Tee (bekannteste Sorte ist der Tieguanyin), aus Anhui der *Bilochung*, der *Pu'er* dagegen kommt aus Yunnan und der *Mao Feng* aus Huangshan. Ein neuer Tee-Trend hat in China und somit auch Peking in den letzten Jahren Einzug gehalten: *Bubble Tea*. Bei diesem –

Noch immer das Nationalgetränk Nummer 1: Tee

auch als Perlenmilchtee bekannt – handelt es sich um einen Import aus Taiwan, wobei es sich bei den „Perlen" um aus Tapioka gefertigte „Perlen" handelt. Diese Tees werden zumeist durch weitere Zutaten geschmacklich angereichert, und zwar durch Nüsse ebenso wie durch Früchte, Kaffee oder Zucker. Teehäuser dieser Art haben sich in Windeseile über das ganze Stadtgebiet ausgebreitet, sodass man sie mittlerweile fast überall findet.

> **Hinweis**
>
> *Vor allem beim Longjing-Tee heißt es Vorsicht walten zu lassen, da es sich zumeist um Fälschungen, d.h. minderwertigere Produkte aus Sichuan handelt. Dieser Tee wird nur in einem kleinen Anbaugebiet bei Hangzhou kultiviert, was sich natürlich auch in seinem hohen Preisen niederschlägt, der sich für die erste Wahl (vor dem 5. April gepflückt und getrocknet) auf ca. RMB 4000 pro Kilo beläuft.*

BIER
Immer größerer Beliebtheit bei den Chinesen erfreut sich **Bier** (chin. *Pijiu*), das bei den Jugendlichen geradezu zum Modegetränk avanciert ist. Bestellt wird übrigens flaschenweise, einzelne Gläser Bier erhält man allenfalls in Hotels und natürlich in Bars. Das bekannteste unter den inländischen Bieren ist nach wie vor das seit 1903 gebraute „Tsingtao".

REISSCHNAPS
Mit seinem Alkoholgehalt von rund 60 Prozent macht der **Reisschnaps** „Maotai" nicht nur Ausländern zu schaffen – auch geschmacklich. Er ist allerdings nur ein Vertreter eines weit gefächerten Angebotes an Hochprozentigem, dessen Wirkung sich in aller Regel erst am nächsten Morgen so richtig einstellt. Wer dennoch einmal probieren will, sollte sich ein paar Mittrinker suchen, denn ein einzelnes Gläschen zu bestellen kommt überproportional teuer, da die Chinesen Schnaps in der Regel nur flaschenweise kaufen oder bestellen.

WEITERE PROBIERTIPPS
Weitere Probiertipps sind: „Jin Jiang Bai Lan Di", ein Branntwein, „Wu Liang Ye", ein aus Reis, Hirse, Mais und Weizen hergestellter Likör mit durchschlagender Wirkung, und „Fen Jiu", ein ziemlich scharfer, zweimal destillierter Branntwein. Ein Gläschen Schnaps gehört zu jedem Bankett und zu jeder Einladung. Wem zugeprostet wird, muss mit einem lauten „Gan Bei!" auf einen Zug austrinken.

WEINE
Zwar ist die Mehrzahl der im Lande angebauten und produzierten **Weine** für den europäischen Geschmack zu süß und schwer, ganz ausgezeichnet zur Peking-Ente mundet jedoch der portweinähnliche *„Beijing Famous Wine – Red Wine"*. In der Regel sind die Weißweine einer Marke herber als ihre roten Pendants, recht ordentlich sind dabei *„Great Wall"*, *„Dynasty"* und *„Dragon Seal"*.

F — Fahrrad fahren

Nach wie vor ist das Fahrrad Chinas Hauptverkehrsmittel, allein in Peking gibt es rund neun Millionen davon, und angesichts des stark zunehmenden Kraftfahrzeugverkehrs und der damit verbundenen Staus, lohnt es sich immer mehr, zumindest in der Innenstadt auf den Drahtesel umzusteigen. In Kombination mit längeren Passagen zu Fuß ist dies die ideale Voraussetzung, sich diese Stadt näher zu erschließen und das wahre Gefühl für Land und Leute zu bekommen, zumal das urbane Zentrum in einer weitläufigen Ebene ohne nennenswerte Erhebungen liegt und sich somit als überaus fahrradfahrerfreundlich erweist.

⚠ Achtung

Wer sich für diese Art der Stadterkundung entscheidet, sollte jedoch immer daran denken, dass er zu den schwächsten Verkehrsteilnehmern zählt und somit erhöhte Vorsicht angebracht ist, denn gerade die anderen Fahrradfahrer schenken der Straßenverkehrsordnung wenig Beachtung. So streckt z. B. keiner der Pedalisten beim Abbiegen den Arm heraus, und da dieses Manöver meist sehr unvermittelt vonstatten geht, kann es leicht zu Zusammenstößen kommen. Abgetrennte Fahrradspuren suggerieren eine vermeintliche Sicherheit, auf die sich niemand verlassen sollte. Anders als bei uns ist die Fahrradklingel daher kein zierendes Beiwerk, sondern wichtigstes Hilfsmittel beim Bestehen dieser Herausforderung.

Sein eigenes Fahrrad kann man getrost zu Hause lassen, und auch kaufen muss man vor Ort keines, denn mittlerweile bieten nicht nur fast alle größeren Hotels den **Verleih von Fahrrädern** an, sondern es machen auch immer mehr Fahrradverleihgeschäfte auf. Ehe man sich ein Fahrrad mietet, sollte man dieses sorgfältig in Augenschein nehmen. Chinesische **Fahrräder älterer Bauart** besitzen **keine Rücktrittbremse**, sodass das einwandfreie Funktionieren der Handbremsen überlebenswichtig ist. Über **Licht verfügen** die Fahrräder in den allermeisten Fällen **ebenso wenig** (allenfalls hinten über Reflektoren) **wie über eine Gangschaltung**, wobei man in den Hotels immer mehr Fahrräder mieten kann, die eine solche aufweisen. Bevor man losradelt, sollte man sich vergewissern, dass das Rad auch polizeilich gemeldet ist; dies erkennt man an dem kleinen hinten oder an der Querstange befestigten **Nummernschild**. Auch wird man feststellen, dass **keine Luftpumpe** zur Ausstattung gehört. Sollte einem die Luft wirklich einmal ausgehen oder gar ein Reifen platzen, so gibt es an

Fahrradreparaturwerkstatt

allen Ecken und Enden Reparaturwerkstätten (viele davon als mobile auf den Trottoirs), wo schnellstens geholfen wird.

Anders als bei uns ist es in China im Allgemeinen nicht erlaubt, sein Fahrrad irgendwo abzustellen. Damit man es bei der Rückkehr nicht angekettet vorfindet oder gar bei der Polizei abholen muss, sollte man es stets auf einem der öffentlichen und meist bewachten **Fahrradparkplätze** abstellen. Für einen Yuan, den man beim Wachpersonal bezahlt (den Beleg bis zum Abholen des Rades aufbewahren), kann man es dann beruhigt den ganzen Tag stehen lassen, was angesichts der Tausenden an Fahrrädern, die tagtäglich abhanden kommen, Balsam für die Nerven ist. Damit man sein Gefährt im unüberschaubaren Heer der anderen Drahtesel wiederfindet, empfiehlt es sich, dieses mit einem Stück Stoff, einem Tuch oder Ähnlichem zu kennzeichnen.

Wer sich ein Fahrrad mietet, muss entweder ein Ausweispapier (meistens den Pass) oder eine größere Geldsumme (ca. RMB 200) hinterlegen. Diese bekommt man bei unversehrter Rückgabe des Fahrrades zurück. Man kann sich seinen Drahtesel stundenweise oder auch tageweise mieten, wobei letzteres preislich günstiger ist. Im Hotel bezahlt man für **eine Stunde RMB 5-10**, für den **ganzen Tag etwa RMB 30-50**. In den privaten Verleihstellen liegen die Preise um ein Drittel bis die Hälfte darunter, dafür lässt der Zustand des angebotenen Materials aber auch oftmals zu wünschen übrig.

Außer in vielen Hotels kann man u.a. an folgenden Stellen ein Fahrrad mieten:
Bicycle Kingdom, North Garden Office, B402-405, Oriental Plaza, 1 Dongchang'an Jie, Dongcheng District, ☏ 85494541
Mr. Wang (**BJBR Bike Rentals**), www.bjbr.cn, ☏ 139-01178800, halber Tag RMB 10, ganzer Tag RMB 20, Deposit RMB 500 (insgesamt 22 Filialen im ganzen Stadtgebiet)
Shuangren Yizhan, 1) Qianhai Nanyan, Xicheng District; 2) gegenüber dem Di'anmen Department Store, Xicheng District; 3) Houhai Nanyan, Xicheng District; ☏ 608 91616 und 130-70135600

Fahrräder kaufen kann man u.a. bei:
Qianmen Bicycle Shop, 97 Qianmen Dajie.

Noch ein paar Verhaltensregeln für das Fahrrad fahren

- Fahren Sie auf den mehrspurigen Fahrradwegen immer auf der Spur, die für nichtmotorisierte Fahrzeuge vorgesehen ist.
- Es ist verboten, freihändig zu fahren bzw. jemanden auf dem Gepäckträger mitzunehmen.
- Achten Sie auf die Zeichen der Verkehrspolizisten.

Fernsehen

Fernsehgeräte gehören praktisch zur Grundausstattung aller Hotels, das Programmangebot variiert jedoch dahingehend, ob außer den chinesischen Sendern auch ausländische zu empfangen sind.

Allgemeine Reisetipps von A-Z

Das **China Central Television** (**CCTV**) stahlt 16 Programme aus, hinzu kommen noch zwei von **Beijing Television** (**BTV**). Der englischsprachige Kanal CCTV 9 bringt neben Nachrichten auch Neues aus Wirtschaft und Kultur. Regionale Sender ergänzen das Angebot. Einen Überblick über das Programmangebot von CCTV erhält man unter www.cctv.com.

Das Gros der Hotels bietet zusätzlich den einen oder anderen ausländischen Sender an, z.B. **CNN**, das deutsche Pendant **DW** (Deutsche Welle), **BBC**, **CNBC**, **TV5** oder **Star TV**. Aber auch reine Spielfilm- bzw. Unterhaltungskanäle wie **HBO**, **TNT** oder **MTV** stehen vielfach zur Auswahl, ebenso Bildungskanäle wie **National Geographic** oder **Discovery Channel**.

Hotels der oberen Kategorien halten z.T. für ihre Gäste zusätzlich den Service der **In-House-Movies** parat, bei denen es sich um Spielfilme handelt, die zu festgesetzten Zeiten kostenlos gezeigt werden, und manches Hotel bietet sogar kostenpflichtiges **Pay-TV** an.

Feste & Feiertage

Im Zuge der Revolution von 1949 wurden die meisten alten chinesischen Feiertage, die sich nach wie vor am chinesischen Mondkalender orientieren, abgeschafft, im Gefolge der Öffnungspolitik erleben diese indes eine Renaissance und werden von immer mehr Chinesen wieder begangen.

Die Feiertage bieten für das Gros der Chinesen die einzige Möglichkeit, ihre Verwandten und Bekannten zu besuchen, sodass an diesen Tagen mit wahren Völkerwanderungen zu rechnen ist. Alle Sehenswürdigkeiten sind dann proppenvoll, ebenso die öffentlichen Verkehrsmittel und Hotels. Mit besonders großen Volksmassen ist während des chinesischen Frühlingsfestes (Januar/Februar), am 1. Mai und zum Nationalfeiertag am 1. Oktober zu rechnen, wenn wenn mehrere Tage arbeitsfrei ist und man daher millionenfach die Gelegenheit zum Reisen nutzt.

Festtagsdekoration am Tian'anmen-Platz anlässlich des Nationalfeiertags

An den gesetzlichen Feiertagen (nachstehend mit einem „G"

gekennzeichnet) haben alle öffentlichen Einrichtungen (Banken, Büros etc.) und die meisten Privatläden geschlossen.

Feiertage mit unveränderlichem Datum

1. Januar	**Neujahr** (G)
8. März	**Internationaler Tag der Frau** (G)
1. Mai	**Tag der Arbeit** (G)
4. Mai	**Tag der Jugend**
1. Juni	**Tag des Kindes**
1. Juli	**Jahrestag der Gründung der Kommunistischen Partei Chinas**
1. August	**Gründungstag der Volksbefreiungsarmee**
10. September	**Tag des Lehrers**
1. Oktober	**Nationalfeiertag** (G)

Feiertage mit veränderlichem Datum

▶ **Frühlingsfest (Chinesisches Neujahr)** – *Chun Jie* (G)
1.-3. Tag des 1. Mondmonats (Mitte Januar bis Mitte Februar)
Obwohl dies für die Chinesen das mit Abstand wichtigste familiäre Fest ist, gibt es für den Außenstehenden nicht allzu viel zu sehen. Den Feiertagen voraus geht der große Hausputz, gilt es doch, den ganzen Unrat des abgelaufenen Jahres hinauszufegen, den Weg frei zu machen für einen unbelasteten Neuanfang. Zu diesem Zwecke bestreicht man den Mund des Küchengottes *Tsao Wang*, dessen Bild anschließend mit dem Gesicht zur Wand gedreht wird, mit Leckereien, fährt er doch eine Woche vor dem Jahreswechsel zur Berichterstattung gen Himmel. Auf diese Weise hofft man, dass ihm nur schmeichlerische Worte über die Lippen kommen. Bei seiner Rückkehr, am Vorabend des Neujahrfestes, hängt man dann ein neues Bild von ihm auf, das alte verbrennt man. Gleichzeitig schmückt man die Wohnung mit den Bildnissen weiterer freundlicher Götter.

Am Vorabend der Festtage versammelt man sich im Familienkreis, um der Ahnen zu gedenken und ein gemeinsames Festessen abzuhalten. Der erste Festtag ist ausgefüllt mit Mahlzeiten und Verwandtenbesuchen, die beiden nächsten Tage gehören den Bekannten und Freunden; ihnen allen wünscht man für das kommende Jahr alles Gute. Mehr und mehr lebt auch wieder die Tradition auf, der zufolge die Älteren den Jüngeren mit Geld gefüllte rote Briefumschläge (*Hong Bao*) überreichen.

▶ **Laternenfest** – *Yuan Xiao Jie*
15. Tag des 1. Mondmonats (Anfang Februar bis Anfang März)
Das Fest bildet das offizielle Ende der Neujahrsfeierlichkeiten, ist heutzutage sogar normaler Arbeitstag, auch wenn die Regierung mittlerweile die traditionellen Umzüge wieder fördert, an denen Volkstanzgruppen mit Götterbildern, Löwentänzer und Musikanten teilnehmen.

▶ Qing Ming-Fest – *Qing Ming Jie* (G)
4. oder 5. April
Das Fest geht auf die Han-Dynastie zurück, als an diesem Tag die Gräber der Ahnen gereinigt und ausgebessert wurden. Diese Funktion hat das chinesische Totenfest auch heute noch (bzw. wieder), außerdem bringt man Essen und Getränke mit ans Grab seiner Ahnen, denen man diese Speisen symbolisch als Wegzehrung anbietet. Die Speisen werden jedoch nach der Säuberung und Instandsetzung der Grabstelle selbst verzehrt, wodurch das Fest den Charakter eines großen Picknicks annimmt. Zusammen mit Räucherstäbchen wird Papiergeld, so genanntes „Totengeld", verbrannt, das es dem Verstorbenen ermöglichen soll, sich damit im Jenseits alle gewünschten Bequemlichkeiten zu erwerben. Am Tian'anmen-Platz legen Schulklassen zum Gedenken an die gefallenen Revolutionäre Blumenkränze nieder.

▶ Geburtstag Buddhas
8. Tag des 4. Mondmonats (Mai)
An diesem Tag gedenken die Buddhisten der Geburt *Gautama Buddhas*, vegetarische Kost ist an diesem Tag obligatorisch. Gefeiert wird in buddhistischen Tempeln und Klöstern, die seit der wieder zugestandenen Glaubensfreiheit verstärkt Zulauf finden.

▶ Drachenbootfest – *Duanwu Jie* (G)
5. Tag des 5. Mondmonats (Ende Mai bis Ende Juni)
Bekannt auch als ‚Doppel-Fünf', erinnert das Fest an den vor gut 2300 Jahren in der Provinz Hunan lebenden Nationalhelden und Dichter *Qu Yuen* (330-295 v.Chr.), der sich aus Protest gegen eine korrupte Regierung im Mi Lo River selbst ertränkte. Mit peitschenden Paddelschlägen seien ihm die Menschen zu Hilfe geeilt, in der Hoffnung, der Lärm der Paddelschläge würde die Dämonen von ihm fern halten. Um die Fische anschließend davon abzuhalten seinen Leichnam zu verzehren, warfen sie in Lotusblätter gehüllte Reisklößchen ins Wasser. Im Gedenken an dieses Ereignis isst man noch heute in Lotusblätter eingewickelte Reisfleischbällchen, die es in den Tagen vor dem Fest vielerorts zu kaufen gibt. Eine andere Art stellen die mit süßem Klebreis gefüllten Lotusblätter dar.

Das vergebliche Bemühen der Ruderer, den Helden zu retten, symbolisieren heutzutage die Drachenbootrennen, bei denen die zwischen 12 m und bis zu über 35 m langen Boote von zum Teil mehr als 60 Mann (meist allerdings eher 20) Besatzung gerudert werden. Die Schlagzahl bestimmt der Trommler an Bord. Drachenköpfe und -schwänze zieren Bug und Heck der Boote.

▶ Mondfest – *Mid-Autumn Festival oder Zhong Qiu Jie* (G)
15. Tag des 8. Mondmonats (September)
An diesem Tag soll der Vollmond so hell wie nie sonst im Jahr leuchten, Grund genug daher, ihn die Nacht hindurch in geselliger Runde zu beobachten. Viele verlassen, wenn es das Wetter zulässt, zu diesem Zweck ihre Wohnung und treffen sich mit Freunden oder Bekannten in einem Park, wo sie den Mythen nachhängen, die sich um dieses Fest ranken. Dazu isst man aus Enteneiern zubereitete Mondkuchen (*Yue Bing*), die eine Nuss-, Kokosnuss-, Lotuskern-, Dattel-, Sesam-, Mandel-, Fleisch-, Orangenschalen- oder andere Füllung enthalten.

▶ Geburtstag des Konfuzius
27. Tag des 8. Mondmonats (Mitte September bis Mitte Oktober)
An diesem Tag gedenkt man des großen alten Lehrmeisters, tut dies aber in recht bescheidener und nahezu unbemerkt über die Bühne gehender Form. Lediglich in den *Konfuzius* geweihten Tempeln, die zu diesem Anlass geputzt werden, kann man etwas von diesem Gedenktag verspüren.

▶ Ahnenfest Song Han Yi
1. Tag des 10. Mondmonats
Ähnlich dem Qing Ming-Fest gedenkt man an diesem Tag der Toten, doch diesmal geht es darum, sie für den bevorstehenden Winter auszustaffieren. Dies tut man, indem man an ihren Gräbern durch Verbrennen die entsprechende Winterkleidung (in der Regel symbolisch aus Papier) versendet. Das Fest stellt gleichzeitig den Abschluss der jährlichen Ahnenfeste dar.

Film & Foto/ Fotografieren

Wer noch nicht digital fotografiert, kann nahezu jegliches Filmmaterial in Peking kaufen, doch sollte man einen **ausreichenden Vorrat von zu Hause mitbringen**, denn in der Volksrepublik sind Markenfilme wesentlich teurer als bei uns, insbesondere Diafilme. Problematisch kann das Auftreiben von S/W-Filmen werden. Wer um einen Kauf nicht umhin kommt, sollte diesen in einem der großen Department-Stores oder einem speziellen Fotogeschäft tätigen, um einigermaßen sicherzugehen, dass das Material sachgerecht gelagert worden ist. Das gilt für Fotofilme ebenso wie für Videofilme und -kassetten.

Die bei den touristischen Sehenswürdigkeiten angebotenen Filme sind vielfach teurer und unsachgemäß gelagert, auf sie sollte man nur im Notfall zurückgreifen. Von chinesischen Filmen sollte man die Hände lassen, die Ergebnisse sind enttäuschend. Das gilt nicht für die in China produzierten Filme ausländischer Firmen (Fuji und Kodak). Diafilme werden zumeist mit Entwicklung und Rahmung verkauft. **Negativfilme** kann man in vielen Hotels zum Entwickeln abgeben oder den in der Stadt zu findenden Fotofinisher.

Wohl kaum einer reist ohne Kamera nach China, fast jeder aber mit zu wenig Filmen bzw. Speicherkarten, denn fotogene Objekte gibt es in Peking en masse. Damit man weiß, wie viel Filmmaterial man mitnehmen soll, kann man sich an folgender Faustregel orientieren: der absolute Laie, der im Jahr normalerweise nur ein bis zwei Filme verbraucht, sollte am Tag mit gut einem Film rechnen,

Ins Spiel versunken

der Hobbyfotograf dagegen mit zwei bis drei, der engagierte Amateur mit drei und mehr, der Profi mit bis zu zehn oder darüber (jeweils in 36er-Filmen gerechnet). Auf alle Fälle sollte man bei seinen Überlegungen, wie viele Filmrollen man pro Tag mitnimmt, immer zwei oder drei Extrafilme mitberechnen, denn schon sehr oft ist es passiert, dass bei den schönsten Motiven kein Film mehr zur Verfügung stand.

Unbedingt vor der Abreise von zu Hause die Kamera(s) auf Funktionstüchtigkeit durchchecken, sieht es doch mit Reparaturmöglichkeiten in Peking nicht gerade rosig aus. Auch sollte man immer **genügend Ersatzbatterien** dabei haben, da man nicht immer und überall alle Batterietypen erhält.

Bei **Tageslichtaufnahmen** reichen im Normalfall Diafilme mit ASA 100 aus, bei Negativfilmen kann man auch ASA 200 verwenden, für **Nachtaufnahmen** benötigt man hingegen schnellere Filme, bei Dias – wenn man ohne Stativ arbeitet – nicht unter ASA 200, das gleiche gilt für Negativfilme. Bei Verwendung eines **Stativs**, das sich auch bei allen Tageslichtaufnahmen mit Teleobjektiven von 200 mm Brennweite und mehr empfiehlt, kann auch Filmmaterial mit niedrigerer Empfindlichkeit gewählt werden.

Außer Profis schleppt kaum einer 20 kg **Fotoausrüstung** mit sich herum. Besitzer von Spiegelreflexkameras mit Wechselobjektiven sollten dennoch ihre extremsten **Brennweiten** und lichtstärksten Objektive mitnehmen, um auf alle Situationen entsprechend vorbereitet zu sein. Angesichts der riesigen Palastanlagen sind 17 mm oder gar ein Fisheye kein überflüssiges Gepäck, am anderen Ende sollte man hingegen ruhig auch sein 300er oder 400er nicht vergessen. Ein **Blitzgerät** (Leitzahl nicht unter 30) gehört zur Grundausstattung, ebenso genügend **Ersatzbatterien**, ein (wenn auch kleines) **Stativ**, Reinigungstücher und die **Bedienungsanleitung(en)**. **Digitalfotografen** sollten ausreichend **Speichermedien** und mindestens einen **Zusatzakku** mitführen; zwar ist auch im Bereich Digitalfotografie so gut wie alles vor Ort erhältlich, allerdings zu höheren Preisen als bei uns.

Fotografische Einschränkungen (für Foto und Video gleichermaßen gültig) sollte man auf jeden Fall beachten, ein Zuwiderhandeln kann sonst leicht den Film oder RMB 100-300 kosten: Tafeln mit einer durchgestrichenen Kamera oder der Hinweis ‚No Photo' weisen in jedem einzelnen Fall darauf hin. In **Innenräumen** von **Palästen, Tempeln** usw. darf in der Regel **nicht fotografiert** und **gefilmt** werden, ebenso bei militärischen Einrichtungen (Flugplätze, Brücken, Bahnhöfe etc.), wobei die Erfahrung zeigt, dass man es bei letzteren nicht immer so eng sieht. **Strenges Verbot** besteht indes bei den **Pass-** und **Zollkontrollen!** Am heikelsten und mit viel Fingerspitzengefühl anzugehen ist das Thema „**menschli-**

Alltag auf der Straße

ches Porträt", vor allem, wenn es sich um ältere Menschen handelt. Um nicht anzuecken, sollte man sein Vorhaben stets unverhohlen und unmissverständlich dem Gegenüber darlegen, eine abweisende Geste in jedem Fall respektieren. Nicht fotografiert werden mögen Polizisten, Sicherheitsbeamte und das Militär. Die meisten Chinesen haben jedoch nichts dagegen, dass man sie ablichtet, im Gegenteil, und ihre Kinder präsentieren die Chinesen den ausländischen Fotografen ohnehin mit unverkennbarem Elternstolz, wobei dies nicht selten die Ausgangsbasis für den einen oder anderen Schnappschuss sein kann, den man ansonsten niemals bekommen hätte. Genauso bereitwillig sollte man auch darauf eingehen, wenn man von den Einheimischen gebeten wird, sich mit ihnen ablichten zu lassen.

Sollten Sie fotografisches Zubehör benötigen oder Rat brauchen, wenden Sie sich am besten an:
Photographic Equipment Centre, 114 Chongwenmenwai Dajie
Beijing Photography, 263 Wangfujing Dajie, ☏ 65257301, täglich 8.30-20 Uhr.

 Tipp

Peking leidet wie viele chinesische Städte unter erheblicher Luftverschmutzung, wodurch viele Bilder einen Grauschleier aufweisen. Meiden Sie – wenn möglich – für Übersichtsaufnahmen die Mittagsstunden. Kaum ein Tourist geht abends mit seiner Kamera auf Motivsuche, dabei kann man gerade zu dieser Tageszeit zu reizvollen Bildern gelangen. Ein Stativ ist dann allerdings ein Muss.

Fluggesellschaften

INTERNATIONALE AIRLINES
Aeroflot, 2 Chaoyangmenbei Dajie, Chaoyang District, ☏ 65012563, 📠 65941869, www.aeroflot.com.
Air Canada, Room C201, Beijing Lufthansa Center, 50 Liangmaqiao Lu, Chaoyang District, ☏ 64682001, 📠 64630576, www.aircanada.com.
Air France, Room 1606-1611, Building 1, Kuntai International Mansion, 12A Chaowai Dajie, Chaoyang District, ☏ 400-8808808, 📠 65881389 und 64590128 (Airport), www.airfrance.de.
Alitalia, Room 2602, CITIC Building, 19 Jianguomenwai Dajie, Chaoyang District, ☏ 85112958/9, 📠 85262433, www.alitalia.com.
All Nippon Airways, Room N200, Beijing Fortune Building, Fazhan Dasha, 5 Dongsanhuan Beilu, Chaoyang District, ☏ 65909191, www.allnipponairways.de.
Asiana Airlines, 12/F, A/F Tower Gateway, Jiacheng Plaza, 18 Xiaguangli, Dongsanhuan Beilu, Chaoyang District, ☏ 64684000 und 64590564, 📠 84609588, http://de.flyasiana.com.
Austrian Airlines, Room C604, Beijing Lufthansa Center, Office Building, 50 Liangmaqiao Lu, Chaoyang District, ☏ 64645999 und 64596901 (Airport), 📠 64622166, www.aua.com.

Allgemeine Reisetipps von A-Z

British Airways, Room 2112, Building 1, Kuntai International Mansion, 12 Chaoyangmenwai Dajie, Chaoyang District, ☏ 400-6500073 und 64590081-3, www.britishairways.com.
Cathay Pacific, 17/F, Room 1701, Capital Mansion, 6 Xinyuan Nanjie, Chaoyang District, ☏ 800-8521888, 🖷 84861701, www.cathaypacific.com.
Continental Airlines, 500 Sunflower Tower, 37 Maizidian Jie, Chaoyang District, ☏ 852 76686, www.continental.com.
Dragon Air, 17/F, Room 1710, Office Tower 1, Henderson Center, 18 Jianguomennei Dajie, Dongcheng District, ☏ 65182533, 🖷 65183455, www.dragonair.com.
ElAl Israel Airlines, 29/F, Room 2906, Jing Guang Center, Hujia Lou, Chaoyang District, ☏ 65974512-4, 🖷 65974515, www.elal.co.il.
Ethiopian Airlines, L203, China World Tower 2, China World Trade Center, 1 Jianguomenwai Dajie, Chaoyang District, ☏ 65050314/5, 🖷 65054120, www.ethiopianairlines.com.
Finnair, Room 204, SCITECH Tower, 22 Jianguomenwai Dajie, Chaoyang District, ☏ 651 27180/1, 🖷 65127182, www.finnair.com.
Garuda Indonesia, 19/F, Room 1912, Kuntai International Mansion, 12 Chaoyangmenwai Dajie, Chaoyang District, ☏ 58790984, 🖷 58790784, www.garuda-indonesia.com.
Iran Air, Room 701, CITIC Building, 19 Jianguomenwai Dajie, Chaoyang District, ☏ 65120047, 🖷 65065224, www.iranair.com.
Japan Airlines, 1/F, Changfugong Office Building, 26A Jianguomenwai Dajie, Chaoyang District, ☏ 65130888, 🖷 65139865, www.jal.com.
KLM Royal Dutch Airlines, 1609-1611 Kuntai International Mansion, 12 Chaoyangmenwai Dajie, Chaoyang District, ☏ 400-8808222, 🖷 65054836, www.klm.com.
Korean Air, 1602, Hyundai Motor Building, 38 Xiaoyun Lu, Chaoyang District, ☏ 84538137, www.koreanair.com.
Lufthansa, Unit S101, Beijing Lufthansa Center, 50 Liangmaqiao Lu, ☏ 64688838, 🖷 64653223, www.lufthansa.com.
Malaysia Airlines, 10/F, Room 1005, China World Tower 2, China World Trade Center, 1 Jianguomenwai Dajie, Chaoyang District, ☏ 65052681/2, 🖷 65052680, www.malaysiaairlines.com.
MIAT Mongolian Airlines, 7/F, Room 705, Sunjoy Mansion, 6 Ritan Lu, Chaoyang District, ☏ 65079297 und 65061231, 🖷 65077397, www.miat.com.
Northwest Airlines, 5/F, Room 501B, West Wing, China World Trade Center, 1 Jianguomenwai Dajie, Chaoyang District, ☏ 65053505 und 400-8140081, 🖷 65054836, www.nwa.com.
Pakistan International Airlines, 6/F, Room 617, China World Tower, China World Trade Center, 1 Jianguomenwai Dajie, Chaoyang District, ☏ 65051681-3, 🖷 65052257, www.piac.com.pk.
Qantas, Unit 7-8, 10/F, West Tower, LG Twin Tower, B12 Jianguomenwai Dajie, Chaoyang District, ☏ 65679006, www.qantas.com.
Scandinavian Airlines System (SAS), Room 430, Beijing Sunflower Tower, 37 Maizidian Lu, Chaoyang District, ☏ 85276100 und 64590055 (Airport), 🖷 85276111 und 64590056 (Airport), www.scandinavian.net.
Singapore Airlines, 8/F, Room 801, China World Tower 2, China World Trade Center, 1 Jianguomenwai Dajie, Chaoyang District, ☏ 65052233 und 64590050-2 (Airport), 🖷 65051178, www.singaporeair.de.

Thai Airways International, 3/F, Room 303-304, Office Tower W3, Oriental Plaza, 1 Dongchang'an Jie, Dongcheng District, ☎ 85150088, 📠 85151134, www.thaiair.com.
Turkish Airlines, Unit W103, Office Building, Beijing Lufthansa Center, 50 Liangmaqiao Lu, ☎ 64651867 und 64597922 (Airport), 📠 64651865 und 64597922 (Airport), www.turkishairlines.com.
United Airlines, Beijing Lufthansa Center, 50 Liangmaqiao Lu, Chaoyang District, ☎ 64631111; 📠 64638364, www.ual.com.
Vietnam Airlines, S121 Beijing Lufthansa Center, 50 Liangmaqiao Lu, Chaoyang District, ☎ 84541196, 📠 84541287, www.vietnamair.com.vn.

Tickets für die unter der Dachorganisation **CAAC** zusammengefassten Airlines (Adressen nachstehend) erhält man im Hauptbüro, bei einer Vertretung von **CITS** und bei den Buchungsbüros der einzelnen Airlines, oder man bestellt sie in seinem Hotel. Auch Buchungen über das Internet werden bei immer mehr der rund 30 chinesischen Airlines möglich.

ZU **CAAC** GEHÖRIGE WICHTIGE NATIONALE AIRLINES

Das **CAAC-Hauptbüro** findet man unter 155 Dongsi Xidajie, Beijing 100710, ☎ 64012233, www.caac.cn.net (nur chinesisch). Die Büros der im Folgenden aufgeführten Airlines befinden sich – so nicht anders vermerkt – im Xidan Civil Aviation Building (Xidan Minhang Building), 15 Xichang'an Jie, Xicheng District (z.T. verfügen sie noch über weitere Stadtbüros):
Air China, ☎ 66016667 (internationale Flüge) und 66013336 (Inlandsflüge), 660 17755 (Ticket Office Information), 📠 64563831, www.airchina.com.cn.
China Eastern Airlines, Stadtbüro: 1/F, 12 Xinyuan Xili Dajie, ☎ 64681166, 📠 646 88323; Airport: ☎ 64590367, 📠 64590369; www.ce-air.com.
China Northwest Airlines, Stadtbüro: ☎ 66017589 und 66017574, 📠 66017589; Airport: ☎ 64562368; www.cnwa.com (nur chinesisch).
China Southern Airlines, Stadtbüro: ☎ 65672208; Airport: ☎ 64590539 und 645 96490; www.cs-air.com/en
Shanghai Airlines, Nanzhuyuan Yiqu, Building 3, Beijing Capital International Airport, ☎ 64569019, www.shanghai-air.com/ywwy/home.htm.

Zusätzlich findet man **Agenturen von Air China** in vielen Pekinger Hotels. Die Anschriften weiterer Airlines findet man im Telefonbuch.

Fremdenverkehrsamt

Wer schon vor seiner Anreise Fragen zu Land und Leuten hat, kann sich an das chinesische Fremdenverkehrsamt wenden, oft bekommt man bei Reiseveranstaltern allerdings detailliertere Auskünfte.

▶ In der **Bundesrepublik** – auch zuständig für **Österreich** – wende man sich an: **Fremdenverkehrsamt der Volksrepublik China**, Ilkenhansstraße 6, 60433 Frankfurt am Main, ☎ 069-520135, 📠 069-528490, www.fac.de, Öffnungszeiten Mo-Do 9-12 Uhr u. 14-17 Uhr sowie Fr 9-12 Uhr.

China International Travel Service Germany GmbH (CITS), Mainzer Landstraße 150, 60327 Frankfurt am Main, ☏ 069-30858050, 🖷 069-308580520, www.goldenerdrachen.de.

▶ In der **Schweiz** wende man sich an:
Fremdenverkehrsamt der Volksrepublik China, Genferstraße 21, 8002 Zürich, ☏ 044-2018877, 🖷 01-2018878, www.cnta.gov.cn, Öffnungszeiten: Mo-Fr 9-12 u. 14-17 Uhr.

▶ In **Peking** wende man sich an:
Beijing Tourism Administration, Beijing Tourist Building, 28 Jianguomenwai Dajie, Beijing 100022, ☏ 65158844, 🖷 65158251, www.bjta.gov.cn.
China International Travel Service Headoffice (CITS) (Zhongguo Guoji Luxingshe Zongshe), 103 Fuxingmennei Dajie, Dongcheng District, Xicheng District, Beijing 100800, ☏ 65222991, 🖷 65221733, www.cits.net; 24-Stunden-Notruf: 66031185.
China National Tourism Administration, 9A Jianguomennei Dajie, Dongcheng District, Beijing 100740, ☏ 65201114, 🖷 651122096, www.cnta.com.

Fundsachen

Fundbüros kennt man in der VR China **nicht**. Je nachdem, wo man etwas verloren hat (oder glaubt verloren zu haben), wende man sich an die entsprechende Stelle, d.h. im Hotel an den Assistant Manager, an die Taxigesellschaft (stets Taxinummer notieren!), das Verwaltungsbüro der Sehenswürdigkeit usw. Zum Glück ist die Ehrlichkeit von Findern noch ziemlich groß, wenn auch bei weitem nicht mehr so ausgeprägt wie in den Anfangsjahren des internationalen Tourismus. Prekär wird es allerdings, wenn Sie Ihren Pass verlieren. Melden Sie dies, so er nicht wieder auftaucht, sofort Ihrer Botschaft und dem *Beijing Municipal Public Security Bureau* (ⓘ „Notruf" S. 139).

G) Geld/Geldangelegenheiten

Im Zuge der Öffnungspolitik hat sich Peking zusehends zum internationalen Finanzzentrum entwickelt. Wichtigstes – wenn auch nicht größtes – rotchinesisches Geldinstitut ist noch immer die *Bank of China*, die landesweit in nahezu allen Städten des Landes, aber auch in Hong Kong, Macau und anderen Ländern, Zweigstellen unterhält.

Banken haben in der Regel **Mo-Fr 9-17 Uhr** geöffnet, manche Filialen auch am Sa und So, dann meist 8-11.30 Uhr. Die Wechselschalter der *Bank of China* in den Hotels öffnen täglich – vielfach sogar rund um die Uhr.

Die Zentrale der *Bank of China* findet man in Peking unter: **Bank of China**, 1 Fuchengmennei Dajie, Xicheng District, Beijing 100818, ☏ 66596688 und 65199158, 🖷 66593777, www.bank-of-china.com oder www.boc.cn.

Allgemeine Reisetipps von A-Z

▶ Weitere wichtige **inländische Bankinstitute**:
The Agricultural Bank of China, A23 Fuxing Lu, Haidian District, Beijing 100036, ☏ 682 16807, www.abchina.com.
Bank of Communications, 12 Tiantan Dongli Beiqu, Chongwen District, Beijing 100061, ☏ 67016529, 🖷 67016529, www.beijing.bankcomm.com.
China Construction Bank, 12C Fuxing Lu, Haidian District, Beijing 100810, ☏ 685 14488, 🖷 68515285, www.ccb.com.
China Merchants Bank, 156 Fuxingmennei Dajie, Xicheng District, ☏ 95555, www.english.cmbchina.com.
The Industrial and Commercial Bank of China, 55 Fuxingmennei Dajie, Xicheng District, Beijing 100032, ☏ 66106114, www.icbc.com.cn/e_index.jsp.

▶ Wichtige **internationale Bankinstitute**:
Bank Austria, Room 708, Landmark Tower, 8 Dongsanhuan Beilu, Beijing 100004, Chaoyang District, Beijing 100004, ☏ 65013546, 🖷 65013547.
Bayerische Vereinsbank, Room 1010, Landmark Tower, 8 Dongsanhuan Beilu, Chaoyang District, Beijing 100004, ☏ 65012105/6, 🖷 65012110.
Citibank, 1/F, Tower 1, Bright China Chang'an Building, 7 Jianguomennei Dajie, Dongcheng District, ☏ 65102458, www.citibank.com.
Commerzbank, Suite 2502, CITIC Building, 19 Jianguomenwai Dajie, Beijing 100004, ☏ 85262808, 🖷 85262112.
Deutsche Bank, Room 3606, China World Tower 2, China World Trade Center, 1 Jianguomenwai Dajie, Beijing 100004, ☏ 65052305, 🖷 65058687.
Dresdner Bank, Suite 1700, Beijing Sunflower Tower, 37 Maizidian Jie, Chaoyang District, Beijing 100026, ☏ 85275688, 🖷 85275678.
Bayerische Hypo- und Vereinsbank, Unit C305, Lufthansa Center, 50 Liangmaqiao Lu, Beijing 100016, ☏ 64651923, 🖷 64651921.
Hong Kong and Shanghai Banking Corporation (HSBC), G/F, Block A, COFCO Plaza, 8 Jianguomennei Dajie, Dongcheng District, ☏ 65260668, www.hsbc.com.cn
Swiss Bank Corporation, Room 3623-24, China World Tower, China World Trade Center, 1 Jianguomenwai Dajie, Beijing 100004, ☏ 65052213-5, 🖷 65051179.
Union Bank of Switzerland, Suite 1610, China World Tower, China World Trade Center, 1 Jianguomenwai Dajie, Beijing 100004, ☏ 65052283-5, 🖷 65052286.
Westdeutsche Landesbank, Room C613, Beijing Lufthansa Center, 50 Liangmaqiao Lu, Beijing 100016, ☏ 64651936, 🖷 64651912.

Ganz gleich, wo Sie Geld tauschen, ob in der Bank, im Hotel oder sonst irgendwo, Sie erhalten theoretisch immer den **gleichen Wechselkurs**, der jeden Tag von der *Bank of China* neu festgelegt wird. Das ein oder andere Hotel hat, seit der Wechselkurs zum US-Dollar nicht mehr staatlich fixiert ist, damit begonnen, Kommission für jeden Wechselvorgang zu erheben, und zwar in der Regel drei Prozent. Inwieweit dies Schule machen wird und andere Hotels oder Institutionen nachziehen werden, bleibt abzuwarten. Die Wechselkurse aller anderen Währungen richten sich hingegen nach ihrem jeweiligen Stand gegenüber der US-Währung. Die Ein- und Ausfuhr von **Ren Min Bi (RMB)** ist derzeit bis zu einer Höhe von RMB 20.000 gestattet. Am **sinnvollsten** ist es, zunächst einen **kleineren Betrag** am Flughafen zu wechseln. Erhebt man in Ihrem Hotel keine Kommission, so tauschen Sie das benötigte restliche Geld in

Ihrem Hotel, da dies am zeitsparendsten und einfachsten ist, zudem haben die dort untergebrachten Filialen der *Bank of China* meistens rund um die Uhr geöffnet. Andernfalls müssen Sie, so Sie die Kommission umgehen möchten, zwecks Umtausches auf eine Bank gehen (was mitunter recht langwierig werden kann).

> **Hinweise**
>
> *Sollten Sie bei der Ausreise noch RMB übrig haben, so können Sie diese am Flughafen oder an der Grenzstation, nicht aber im Hotel zurücktauschen. Heben Sie für den Rücktausch Ihre Umtauschquittungen auf, wobei Sie unter Umständen nur bis zu 50 Prozent des darauf stehenden Betrages zurückbekommen. Banknoten in Fremdwährungen dürfen beim Umtausch keinerlei Beschädigungen aufweisen (d.h. eingerissen oder in irgendeiner Form beschriftet sein)!*

Der **RMB unterteilt** sich wie folgt: 1 **Yuan** (oder ‚*Kuai*') = 10 **Jiao** (oder ‚*Mao*') oder 100 **Fen**, d.h. ein Jiao entspricht 10 Fen. Ausgegeben wird der RMB in folgenden **Scheinen**: 5 Fen, 1 Jiao, 2 Jiao, 5 Jiao, 1 Yuan, 2 Yuan, 5 Yuan, 10 Yuan, 20 Yuan, 50 Yuan und 100 Yuan. Als **Münzen** gibt es: 1 Fen, 2 Fen, 5 Fen, 1 Jiao, 5 Jiao und 1 Yuan. (Da sich noch viele alte Scheine im Umlauf befinden, gibt es derzeit unterschiedliche Scheine der verschiedenen Nominationen!)

> **Vorsicht**
>
> *Auf den Freimärkten, insbesondere denjenigen in der Nähe der Sehenswürdigkeiten, passiert es immer wieder, dass man Ausländern statt RMB taiwanesisches Geld andrehen will, das aber nur ein Fünftel davon wert ist. Diese Scheine sind alle rot-blau (der alte Ein-Yuan-Schein in RMB ist ebenfalls rot, alle anderen haben andere Farben). Auch versucht man, Fremden Jiao-Scheine für Yuan-Scheine zu verkaufen – lesen Sie also sorgfältig, was auf den Scheinen steht! Immer häufiger versucht man den Ausländern auch russisches Geld unterzujubeln, und auch Falschgeld (insbesondere 50- und 100- Yuan-Scheine) wird den Ausländern an diesen Orten gerne anzudrehen versucht. Prüfen Sie Ihr Wechselgeld daher sorgfältig, am besten jedoch, Sie zahlen passend.*

Aus Sicherheitsgründen sollte man **statt viel Bargeld lieber Reiseschecks** (*Traveller Cheques*) mitnehmen. Die Schecks aller großen westlichen Banken werden in Banken, Hotels, Freundschaftsläden, großen Department Stores und einer Reihe von Restaurants unter Vorlage des Reisepasses ohne Beanstandung akzeptiert. Empfehlenswert sind – vor allem für Gruppenreisende, die weniger Nebenkosten haben – Reiseschecks mit kleinerem Nennwert (z.B. € 20). Am besten lässt man sich die Schecks in der Währung seines Landes ausstellen, damit man beim eventuellen Rücktausch zu Hause keinen Wechselverlust hat. Bei **Verlust der Reiseschecks** sollte man umgehend die entsprechende Bank, die *Bank of China* oder das *Beijing Municipal Public Security Bureau* (ⓘ „Notruf", S. 139) verständigen. *American Express* ist auch in Peking vertreten: Room 2101 und 2313-14 (Bank), China World Tower 1, China World Trade Center, 1 Jianguomenwai Dajie, Beijing 100004, ☏ 65052228 und 65052838 (Bank), 📠 65052818 und 65054626 (Bank), Öffnungszeiten Mo-Fr 9-17.30 Uhr, Sa 9-12 Uhr.

Wer von Hong Kong oder Macau anreist, kann sich dort von der *Bank of China* Traveller Cheques in RMB ausstellen lassen, für die keine Ein- bzw. Ausfuhrbeschränkung besteht. Sie können an den genannten Stellen eingetauscht bzw. als Zahlungsmittel verwendet werden.

In nahezu allen Hotels, bei Reisebüros und zahlreichen Läden und Restaurants kann man auch mit **Kreditkarte** bezahlen. Die gängigsten ausländischen Karten sind: *American Express, Diner's Club, Eurocard/Master Card, Federal Card, JCB* und *Visa*.

Wer sich mit **seiner Kreditkarte Bargeld beschaffen** möchte, muss sich mitunter auf ein zeitraubendes Verfahren gefasst machen, doch akzeptieren immer mehr Banken und auch einige Hotels diese Art der Geldbeschaffung, für die mitunter allerdings eine Bearbeitungsgebühr entrichtet werden muss. Beachten Sie, dass das tägliche Limit dabei pro Tag – je nach Bank – bei RMB 3.000-5.000 liegt.

Zudem findet man vielerorts **ATMs** (Geldautomaten), wie z.B. am Flughafen, in Hotels, Shopping Malls, Department Stores oder bei praktisch allen Bankfilialen. Bei *American Express* (s.o.) kann man dies an einer automatischen Wechselmaschine erledigen (das Display der Maschine ist auch in Deutsch), an der man ebenfalls Traveller Cheques erhält.

Geldwechselautomaten, die in der Regel – neben manch anderen Währungen – sowohl US-Dollar als auch Euro akzeptieren, findet man an etlichen von Touristen frequentierten Orten, wie z.B. dem Flughafen, Shopping Malls, Department Stores und dem einen oder anderen Hotel. Der Wechselkurs an den Automaten ist der gleiche wie an den Bankschaltern.

Bei Verlust der Kreditkarte ist umgehend das ausstellende Kreditinstitut, die jeweilige Zentrale der Kreditkartengesellschaft, die *Bank of China* oder das *Beijing Municipal Public Security Bureau* („Notruf", S. 139) zu benachrichtigen.

> **Notrufnummern bei Kreditkartenverlust** (in Deutschland)
>
> *American Express* ☏ 069/97971000 oder 800/4410519, www.americanexpress.com
> *Diner's Club* ☏ 069/260350 und 800/2346377, www.dinersclub.com
> *Mastercard* ☏ 069/79331910 und 800/62277478, www.mastercard.com
> *Visa* ☏ 069/66305333 und 800/8472911, www.usa.visa.com

Wer sich **von zu Hause Geld nach China überweisen** lassen möchte, sollte dies über *Western Union* (☏ 800-8208668) erledigen, wohin man sich innerhalb von 15 Minuten bis zu US$ 10.000 transferieren lassen kann. Das Unternehmen unterhält etliche Filialen im Stadtgebiet, meist bei *China Post* und der *Agricultural Bank of China*. Die Adressen findet man auf folgender Website: www.westernunion.com. Als Alternative besteht die Möglichkeit, bei einer Filiale der *Bank of China* ein Konto zu eröffnen, auf das dann die telegrafische Überweisung eingeht. Für die Kontoeröffnung wird der Reisepass mit gültigem Visum benötigt, anschließend gibt man seiner Hausbank die entsprechenden Daten durch, die dann unter Angabe des Empfängers und dessen Passnummer die Überweisung vornehmen kann. Der Empfänger kann sein Geld schließlich unter Vorlage seines Passes abholen, wobei er sich den überwiesenen Betrag in US-Dollar, Euro oder RMB auszahlen lassen kann.

Telegrafische Geldüberweisungen nach und von China sind zudem möglich bei: *China Courier Service Co.*, 7 Qianmen Dongdajie, ☏ 63184313.

Ausländer können mittlerweile gegen Vorlage des Passes (einschließlich gültigem Visum) bei allen großen Banken Konten eröffnen, und zwar sowohl RMB-Konten als auch Fremdwährungs-Konten.

☞ Hinweis

Wechselkurse
Mitte Januar 2008 erhielt man für einen US-Dollar 7,25 Yuan (ein Yuan = 0,1375 US$), für einen Euro 10,72 Yuan (ein Yuan = 0,093 €) sowie einen Schweizer Franken 6,60 Yuan (ein Yuan = 0,151 CHF). Für **Traveller Cheques** gibt es etwas **bessere Kurse** als für Bargeld.

Gepäck

Ob Sie Ihren China-Aufenthalt ungetrübt genießen können, hängt auch von der Wahl Ihres Gepäcks ab, vor allem, wenn Sie mehrere Inlandsflüge vor sich haben. Da mit dem Gepäck sehr rüde umgegangen wird, sollten Sie unbedingt **stabile Hartschalen-** oder **Aluminiumkoffer** oder solche aus **nicht reißbarem Nylon** oder ähnlichen Geweben wählen, auf gar keinen Fall aber dünnwandige Pseudohartschalenkoffer, denn diese überstehen eine längere China-Reise kaum!

Wer allein unterwegs ist, hat das Gepäck meist bei sich, außer während der Flüge, das Gepäck von Gruppenreisenden wird jedoch zumeist gesondert in einem Lieferwagen vom Flughafen zum Hotel bzw. vom Hotel zum Flughafen transportiert, und gerade während dieser Transporte geht erfahrungsgemäß das meiste Gepäck kaputt.

Mit dem Lastenfahrrad transportiert man nahezu alles

Das Gepäck muss bei allen separat erfolgenden Transporten **unbedingt abgeschlossen** sein, ansonsten wird es nicht befördert. Denken Sie also bei der Auswahl ihrer Koffer und Taschen (außer dem Handgepäck) daran, dass sie abschließbar sind. Notfalls müssen Sie versuchen, diese mit Klebeband oder Vorhängeschlössern zu „sichern". Entsprechende Schlösser können Sie u.a. auf den Flughäfen und in den meisten Hotels kaufen. Gepäckriemen werden ebenfalls akzeptiert, werden aber oft gestohlen, ebenso Namensanhänger aus Leder oder z.B. Frequent-Traveller-Anhänger etc. Montieren Sie diese alle vor Reisebeginn ab und ersetzen Sie sie durch einen einfachen Papieranhänger bzw. denjenigen Ihres Reiseveranstalters. Ihr **Name** sollte aber **auf gar keinen Fall** an den einzelnen Gepäckstücken **fehlen**, ansonsten sehen Sie es im Falle einer Fehlleitung oder Ähnlichem möglicherweise nie wieder.

Hinweise

- *Beschädigung oder Verlust des Gepäcks melden Sie umgehend bei der Airline, noch bevor Sie die Gepäckabfertigung verlassen, oder bei dem jeweiligen Transporteur. Wer in der Gruppe reist, möge seinen chinesischen Reisebegleiter zu Rate ziehen. Nehmen Sie in jedem Fall ein Protokoll auf, das Sie sich bestätigen lassen, ansonsten verlieren Sie Ihren Rechtsanspruch bei Ihrer Versicherung.*
- *Aus Sicherheitsgründen sollten auf Ihren Kofferanhängern nur Ihr Name und der Bestimmungsort von außen lesbar sein, die Heimatanschrift hingegen so auf die Anhänger geschrieben werden, dass man sie nur durch Öffnen dieser oder durch Herausziehen des Namensschildes lesen kann.*

Gesundheit

Impfvorschriften bestehen im Allgemeinen **nicht**, es sei denn, Sie kommen aus einem gefährdeten Gebiet oder beabsichtigen, länger als ein halbes Jahr in China zu bleiben. Im ersten Fall müssen Sie einen Impfnachweis über die jeweils in dem Gebiet auftretenden ansteckenden Krankheiten vorlegen, sich gegebenenfalls sogar klinisch untersuchen lassen. Im zweiten Fall werden folgende Impfungen empfohlen: Grippe, Tetanus, Hepatitis B, Tuberkulose, Japanische Enzephalitis B, Gammaglobulin, Polio.

Peking weist extrem trockenes Klima auf, sodass es absolut unnötig ist, sich gegen Tropenkrankheiten impfen zu lassen, es andererseits aber unerlässlich ist, viel Flüssigkeit zu sich zu nehmen, vor allem während der ersten Tage, in denen der Körper mit der Zeit- und Klimaumstellung beschäftigt ist. Wundern Sie sich nicht, wenn Ihnen schon bald der Hals kratzt, dies muss nicht das erste Anzeichen einer aufkommenden Erkältung sein, vielmehr handelt es sich dabei in aller Regel um ein untrügliches Indiz für Pekings katastrophale Luftverschmutzung.

Viele Gesundheitsämter und Tropeninstitute raten zu einer **Malaria-Prophylaxe**, die für **Peking** allerdings **völlig unnötig** ist. Diese heimtückische Krankheit tritt in der VR China nur in den südlichen Provinzen, insbesondere in den Grenzregionen zu Myanmar, Laos und Vietnam auf. Um sich abzusichern, sind **folgende Impfungen empfehlenswert**:

Tetanus (auch an eine Auffrischung denken), **Hepatitis B** und – besonders für ältere Menschen –**Gammaglobulin**. Konsultieren Sie im Zweifelsfall vor Ihrer Abreise Ihren Hausarzt, um sich gesundheitlich durchchecken zu lassen.

Die meisten Gesundheitsprobleme, die bei China-Reisenden auftauchen, haben ihren Ursprung in der Nicht-Einhaltung einfachster hygienischer Ratschläge und in Vorurteilen. Wer hygienische Verhältnisse wie in unseren Breiten erwartet, sollte zu Hause bleiben. Die in den internationalen Hotels anzutreffenden Bedingungen können nicht auf das ganze Land und auch nicht auf Peking als Ganzes übertragen werden. Wer sich unvoreingenommen den Gegebenheiten aussetzt, dem wird bei Einhaltung der nötigsten hygienischen Ratschläge kaum etwas passieren.

!!! Achtung

Folgendes sollten Sie beachten:

Kochen Sie **Trinkwasser** immer zuerst ab (in den Hotels finden Sie immer einen elektrischen Heißwasserzubereiter oder eine Thermoskanne abgekochten Wassers in Ihrem Zimmer). Benutzen Sie das Wasser in Ihrem Hotelbadezimmer sicherheitshalber nur zum Waschen und Zähneputzen. Die meisten Hotels stellen ihren Gästen pro Tag und Zimmer zwei Flaschen Mineralwasser kostenlos zur Verfügung; empfindliche Naturen sollten notfalls beim Zähneputzen auf diese zurückgreifen.
Obst und **Gemüse** vor dem Verzehr unbedingt gründlich waschen, besser noch schälen. **Offenes Speiseeis** überlassen Sie den Chinesen, an fabrikmäßig abgepacktem können dagegen auch Sie sich laben.
Trinken Sie nur **Getränke** aus Flaschen, die Sie im verschlossenen Zustand erwerben. Während Sie sich vor zu kalten Getränken hüten sollten, können Sie den überall angebotenen heißen Tee ruhig zu sich nehmen.
Waschen Sie sich **vor jeder Mahlzeit** die Hände.

Wen trotz aller Vorsichtsmaßnahmen „Maos Rache" heimsucht, sollte nicht sofort mit schwerstem Geschütz dagegen angehen. Meiden Sie kalte Getränke, Kaffee, Alkohol und Fruchtsäfte, am besten trinken Sie handwarme Cola, wozu Sie trockenes Brot, Salzletten, gesalzene Kekse (um den Salzverlust auszugleichen) oder einfach mit Wasser gekochten Reis essen sollten. Normalisiert sich die Verdauung nach zwei bis drei Tagen nicht wieder, können Sie immer noch zu medikamentösen Mitteln (Kohletabletten) greifen; Immodium jedoch auf gar keinen Fall länger als 48 Stunden, bei hohem Fieber, starker Dehydrierung und Blut oder Eiter im Stuhl einnehmen.

An manchen Stellen (z.B. bei der Steinfigurenallee der **Ming-Gräber**) werden Mineralwasserflaschen verkauft, die zwar noch den Originalverschluss besitzen, jedoch mit Leitungswasser wieder aufgefüllt wurden. Man erkennt sie daran, dass sich der Springverschluss im Ganzen abschrauben lässt, der Sprengring also mit abgeht. Prüfen Sie die Flaschen daher vor dem Kauf. Derartiges passiert nur an Ständen fliegender Händler, wer sein Mineralwasser in Läden oder Supermärkten kauft, geht in jedem Fall auf Nummer Sicher.

Am ehesten treten hygienische Probleme bei den **Toiletten** auf, die außerhalb der größeren Hotels nur selten unseren Maßstäben entsprechen. **Toilettenpapier** ist oft Mangelware, sodass es ratsam ist, stets selbst welches dabei zu haben, ebenso einige **Feuchtigkeitstücher**, mit denen man über manche hygienische Hemmschwelle hinwegkommen kann. Benutzen Sie, wenn möglich, die Hoteltoiletten.

Wer regelmäßig Medikamente einnimmt, sollte diese in ausreichender Menge von zu Hause mitnehmen, da bei weitem nicht alle westlichen Medikamente in Peking besorgt werden können („Ärzte/ Apotheken", S. 84). Eine **kleine Reiseapotheke** sollte aber nicht nur die eigenen Medikamente enthalten, sondern auch Mittel gegen Durchfall (Kohletabletten), Erkältung, Fieber, Kopfschmerzen, ein Antiseptikum, eine elastische Binde, Pflaster und ein Thermometer, eventuell noch Vitamin-Tabletten. Bei leichteren Beschwerden wirkt **Tiger Balm** mitunter wahre Wunder, ganz gleich ob es sich um Schnupfen, Kopfschmerzen oder Insektenstiche handelt. Ihn gibt es – zumindest als einheimisches Imitat – vor Ort überall zu kaufen. Sonnenempfindliche sollten ihre Sonnencreme von zu Hause mitbringen, denn in China selbst findet man solche nur selten.

> ### Tipp
>
> *Gewarnt sei vor den in allen Hotels, vielen Restaurants und größeren Kaufhäusern installierten Klimaanlagen, die in den Sommermonaten auf Tiefkühlschranktemperaturen geschaltet werden. Um einem langanhaltenden Schnupfen aus dem Weg zu gehen, mache man es sich zur Gewohnheit, die Klimaanlage auszuschalten bzw. auf kleinste Stufe zu stellen, solange man sich in seinem Hotelzimmer aufhält.*
> *Doch auch im Winter stellen die Klimaanlagen aufgrund ihrer knochentrockenen Luft ein nicht unbeachtliches Gefahrenpotenzial für die Gesundheit dar. Auch in dieser Jahreszeit während des Aufenthaltes im Zimmer die Anlage ganz klein stellen oder abschalten. Immer gilt: nicht im direkten Gebläsezug schlafen. Außerhalb des Hotels sollten Sie darauf achten, nicht verschwitzt in stark heruntergekühlte Räume zu treten bzw. sich in den kühlen Wind der Klimaanlage zu stellen.*

Haustiere

Ihre vierbeinigen oder gefiederten Liebsten lassen Sie am besten zu Hause, sonst bekommen Sie nur Scherereien. **Haustiere**, mit **Ausnahme** von **Singvögeln** und **Zierfischen**, sind für den Chinesen etwas völlig **Neues**, und auch heute noch meist nur das nach außen zur Schau getragene Symbol der Progressivität, wahre Tierliebe steckt in den seltensten Fällen dahinter. Daher sieht man Hunde noch immer äußerst selten im Straßenbild.

In **Hotels** sind **Haustiere** grundsätzlich **verboten**. Wer für längere Zeit nach Peking kommt und sein Haustier unbedingt mitnehmen möchte, der wende sich an die diplomatischen Vertretungen der VR China („Botschaften/Diplomatische Vertretungen", S. 92). Dort erteilt man ihnen Auskunft über die bestehenden Impf- und Quarantänevorschriften.

Informationen

Erste Anlaufstellen bei der Informationsbeschaffung sind das **chinesische Fremdenverkehrsamt** bzw. die es vertretenden Reisebüros (ⓘ „Fremdenverkehrsamt", S. 117) und alle Filialen von **CITS**. Auskünfte zu Ein- und Ausreise oder anderen formellen, behördlichen Fragen erteilen auch die **diplomatischen Vertretungen** (ⓘ „Botschaften/Diplomatische Vertretungen", S. 92). Aber auch die **Reiseveranstalter** stehen mit Rat und Tat zur Seite. Wer tiefer in die Materie eindringen möchte, kann sich an folgende Institutionen wenden:

IN DER BUNDESREPUBLIK DEUTSCHLAND
Gesellschaft für Deutsch-Chinesische Freundschaft Frankfurt am Main e.V., Schenkendorfstraße 9, 60431 Frankfurt am Main, ☏ 06007-918760 [und 069-522526 (Öffnungszeiten Di 17-18.30 Uhr)], 🖷 01212-518627147, www.chinaseiten.de. Die Gesellschaft hat in vielen deutschen Städten Ortsvereine, die man im Telefonbuch findet.

IN ÖSTERREICH
Österreichisch-Chinesische Freundschaftsgesellschaft (**Ö.G.C.F**.), Wickenburggasse 4, 1080 Wien, ☏ 0222-439793.

IN DER SCHWEIZ
Verein Freundschaft mit China, Jurastraße 17, 3063 Ittingen, www.chinaclub-bern.org/index.html

Die wichtigsten touristischen Informationen beinhaltet auch der jährlich herausgegebene „**Beijing – Official Guide**", der von *Beijing This Month Publications*, 17/F, Suite 1701, SCITECH Tower, 22 Jianguomenwai Dajie, Chaoyang District, Beijing 100004, ☏ 65155020, 🖷 65155019, www.btmbeijing.com, aufgelegt wird und u.a. in größeren Buchläden mit Fremdsprachenabteilung erworben werden kann.

Aktuelle touristische Hinweise für ganz China findet man in der vierzehntägig erscheinenden Broschüre „**Travel China**" und „**City Weekend**" (www.cityweekend.com.cn), spezifisch auf Peking ausgerichtete hingegen in dem vierteljährlich aufgelegten Informationsblatt „**Beijing**", das von der *Beijing Tourism Administration* herausgegeben wird, und in den Monatsbroschüren „**Beijing this Month**" (www.btmbeijing.com), „**that's Beijing**" (www.thatsbj.com), „**Beijing Journal**", „**Beijing Focus**", „**Time Out**" und „**Metropolis**". Alle Blätter liegen in vielen Hotels kostenlos aus.

Viel Nützliches findet man zudem auf folgender Website: www.visitbeijing.com.cn. Informationen speziell für Preisbewusste listet (nur auf Chinesisch) hingegen folgende Internetseite auf: www.bjlyjszx.com.

Zum Lesen vorab sei auch das in der Reihe Sympathie-Magazin erschienene Heft „**China verstehen**" empfohlen, das vom *Studienkreis für Tourismus und Entwicklung e.V.*, Kapellenweg 3, 82541 Ammerland/Starnberger See, ☏ 08177-1783, 🖷 08177-1349, www.studienkreis.org, herausgegeben wird.

Eine mögliche Anlaufstelle in Peking selbst ist das **Goethe-Institut Peking**, 17/F, Cyber Tower, Building B, 2 Zhongguancun Nandajie, Haidian District, Beijing 100086, ☏ 82512909, ✆ 82512903, www.goethe.de/ins/cn/pek/deindex.htm, Bürostunden: Mo-Fr 8.30-12 Uhr u. 13-17 Uhr.

 Informationen

Nachfolgend einige weiterführende Links, unter denen man sich über Land und Leute und Peking im Speziellen informieren bzw. nahezu alle touristischen Leistungen buchen kann.

www.asiahotels.com • *Hier findet man gute und güstige Unterkünfte.*
www.beijinghighlights.com • *Eine Fülle praktischer Reisetipps, doch nicht nur für Peking, sondern ganz China.*
www.beijinghoteltravel.net • *Deutschsprachiger Hotel- und Reiseführer.*
www.beijingpage.com • *Hier findet man zu fast allen Themen etwas, mit zahlreichen weiterführenden Links.*
www.beijingtrip.com • *Infos zu allen Bereichen, auch über Peking hinaus.*
www.china.ahk.de • *Statistiken, vor allem aber wirtschaftliche Kontaktmöglichkeiten.*
www.china.org.cn/german/index.htm • *Fakten und Zahlen zu Land und Leuten, historische wie aktuelle.*
www.china.travelmall.com • *Gutes Reiseportal, das zum einen über Land und Leute informiert, über das darüber hinaus aber auch eine Vielzahl von Hotels und anderen Leistungen, wie z.B. Touren, zu buchen sind.*
www.chinanowmag.com • *Hier erfährt man Aktuelles zu Land und Leuten, insbesondere auch viel Kritisches.*
www.cybercafes.com • *Hier wird man fündig, wenn man Adressen von Internetcafés sucht.*
www.derreisefuehrer.com • *Eine Fülle an aktuellen reisepraktischen Grundinformationen.*
www.digitalbeijing.gov.cn • *Satellitenbilder von Peking.*
www.expatsinchina.com • *Tipps und Anregungen von in China lebenden Ausländern in Hülle und Fülle.*
www.letsgo.com/destinations/asia_pacific/china • *Sehr viele praktische Reiseinfos über ganz China.*
www.orientaltravel.com • *Hier kann man sich ganze Tour Packages zusammenstellen lassen, doch auch Einzelbuchungen sind möglich, und Landesinfos gibt es sowieso.*
www.sinohotelguide.com • *Gute Auswahl direkt buchbarer Hotels, nicht nur in Peking, sondern landesweit. Außerdem im Angebot: Tour Packages.*
www.travlang.com • *Hier kann man Grundkenntnisse der chinesischen Sprache erwerben. Um die Sprachbeispiele anhören zu können, benötigt man die entsprechende Audio-Software und Lautsprecher.*
www.wechselkurse.de • *Hier findet man tagesaktuell die Umtauschquoten von 164 Währungen.*
www.wuwoo.com • *Sehr gute Seite zwecks Anmietung von Apartments.*
www.zhongwen.com • *Chinesisches Wörterbuch, in dem man viel über die einzelnen Zeichen erfährt. Auch zum Online-Lernen des Chinesischen geeignet.*

Internet

Das neue Medium hat in den letzten Jahren auch in Chinas Städten rasche Verbreitung gefunden, so dass man außer in den Business Center aller besseren Hotels oder vom eigenen Hotelzimmer aus auch in einer Vielzahl von Internetcafés (Wangba) im weltweiten Netz surfen oder E-Mails verschicken bzw. empfangen kann. Die meisten Jugendherbergen verfügen gleichfalls über Internetanschluss. Beachten Sie, dass in Chinas Internetcafés, in denen man sich mit einem **Pass ausweisen** muss, nicht geraucht werden darf und nur Personen ab 18 Jahren Zutritt haben. Die Preise liegen bei RMB 3-10 pro Stunde, in Hotels zahlt man hingegen nicht selten RMB 20 für 10 Minuten. Zwei gut ausgestattete Internetcafés befinden sich im dritten Stock von *The Station* (dem ehemaligen Hauptbahnhof) am südöstlichen Ende des Tian'anmen-Platzes.

Außer in vielen Hotels kann man auch andernorts zunehmend drahtlos ins Internet gehen, so z.B. in allen *Starbucks*, aber auch vielen anderen Cafés, wobei erwartet wird, dass etwas konsumiert wird. Eine Liste aller Orte mit WLAN finden Sie unter www.chinapulse.com/wifi.

Kartenvorverkauf

Möchten Sie Karten für die eine oder andere Vorführung oder Veranstaltung vorbestellen, so sollten Sie dies am besten über Ihr Hotel oder eines der lokalen Reisebüros tun. Reichlich kompliziert gestaltet sich noch die Vorbestellung per Internet. Wer es aber dennoch wagen möchte, kann es unter folgenden englischsprachigen Webadressen versuchen, wobei die Tickets innerhalb von 24 Stunden zu Ihrem Hotel bzw. Ihrer Unterkunft gebracht werden: www.piao.com.cn und www.emma.cn.

Kinder/Kinderbetreuung

Für Kleinkinder und Jugendliche stehen im Raum Peking neben Discos, Karaoke, Spielsalons und Schwimmbädern (die sich zum großen Teil auf die Hotels beschränken) u.a. folgende Unterhaltungsmöglichkeiten zur Verfügung:

Beijing Amusement Park, 19 Zuo'anmennei Dajie, Chongwen District, Beijing 100061, ☎ 67121033 und 67115291, 🖷 67142324, www.bap.com.cn, Öffnungszeiten täglich: 9-16.30 Uhr (Tickets bis 15.30 Uhr); Eintritt: RMB 120, Kinder 1,2-1,4m RMB 80, Kinder unter 1,2 m frei (Anreise: Bus 6, 8, 12, 60, 116 und 352). Wasserrutschen, Karussells und sogar eine Monorail erwarten den Besucher; für die Go-Karts zahlt man extra (RMB 25 für zwei Runden).
Beijing Aquarium, 18B Gaoliangqiao Xiejie (im Beijing Zoo), Haidian District, ☎ 621 23910, www.bj-sea.com, Öffnungszeiten August-Mai täglich 9-17 Uhr, Juni u. Juli täglich 9-22 Uhr, Eintritt: RMB 100, Kinder RMB 50, Kinder unter 1,2 m frei, Senioren (60+) RMB 60 (Anreise: Bus 103, 107, 332, 334, 360, 601, 814 und 904). Tausende von Fischen warten im größten inländischen Aquarium Asiens auf große und kleine Besucher.
Beijing Badaling Safari World, Badaling, Yanqing County, ☎ 691 21842, www.bdlsw.com.cn, Öffnungszeiten Sommer: Mo-Fr 8-17 Uhr, Sa u. So 8-17.30 Uhr,

Winter, Mo-Fr 9-17 Uhr; Eintritt: RMB 70, Kinder RMB 45, unter 1,2 m frei. (Anreise: Bus 919). Nahe der Großen Mauer gelegener Wildpark mit rund 200 Tierarten, darunter dem bedrohten Sibirischen Tiger. Erkundung mittels eigenem Pkw oder parkeigenem Bus.
Beijing Wildlife Park, Donghulin, Daxing Yufa, Daxing District, ☎ 96285360, 🖷 89216606, www.bjwildlifepark.com, Öffnungszeiten täglich 8.30-17 Uhr, Eintritt: RMB 90, Kinder RMB 50, Kinder unter 1,2 m frei

Kinder sind überall gerne gesehen

(Anreise: Bus 937 und 943). 400 ha großer Safaripark nahe der Großen Mauer bei Badaling, der mit seinen 2.000 Tieren auch für Ältere interessant ist.
Beijing World Park, 158 Fengbao Lu, Huaxiang (südlich der Vierten Ringstraße), Fengtai District, ☎ 83613344, www.beijingworldpark.com.cn, Öffnungszeiten Sommer täglich 8-18 Uhr, Winter täglich 8-17 Uhr, Eintritt: RMB 65, Kinder RMB 35 (Anreise: Bus 744, 905, 959 und 967). In einem der größten Themenparks von China (46,7 ha) findet man 110 der bedeutendsten Bauwerke und Landschaftsbilder der Welt en miniature wieder.
Blue Zoo Beijing, beim Südeingang des Beijing Worker's Stadium, Chaoyang District, Beijing 100027, ☎ 65913397, 🖷 65935262, www.bluezoo.com, Öffnungszeiten täglich 8-20 Uhr, Eintritt: RMB 75, Kinder unter 12 Jahren RMB 50, Kinder unter 1 m frei (Anreise: Bus 110, 118, 120 und 403). Durch einen 120 m langen Unterwassertunnel wandelt man an Haien, Rochen und 10.000 weiteren Meeresbewohnern vorbei. Asiens größtes Aquarium seiner Art.
Chaoyang Park, 1 Nongzhan Nanlu, Chaoyang District, ☎ 65065409, Öffnungszeiten täglich 6-22 Uhr, Eintritt: RMB 5, Kinder RMB 2,5 (Anreise: Bus 115, 302, 705, 710, 976 und 988). Etwas für die Kleineren, die hier u.a. ihren Drachen steigen lassen oder mit diversen Karussells fahren können.
Chinese Ethnic Culture Park, 1 Minzuyuan Lu, Chaoyang District, ☎ 62063646/7, 🖷 64267397, täglich 8.30-17.30 Uhr, Eintritt: pro Garten RMB 60, für beide zusammen RMB 90 (der südliche Garten ist von Dezember bis März geschlossen). (Anreise: Bus 55, 386, 407, 740, 804, 819, 849, 921, 941 und 944). Ein Kaleidoskop der Nationalen Minderheiten.
Crab Island, 1 Xiedao Lu (Ausfahrt Weiguo des Airport Expressway), Jichang Lu, Chaoyang District, ☎ 84335566 und 84335588, Öffnungszeiten Sommer täglich 9-20 Uhr (Juli u. August bis 22 Uhr), Eintritt: RMB 60, Kinder unter 1,4 m RMB 40 (Anreise: Bus 418). Riesige Poollandschaft mit Sandstrand, Wellenmaschine, Palmen und Wasserrutschen.
Ditan Park (**Erdaltar-Park**), A2, Andingmenwai Dajie, Dongcheng District, ☎ 64214657, www.dtpark.com, Öffnungszeiten täglich 6-21 Uhr, Eintritt: RMB 2, Kinder RMB 1 (Anreise: Bus 13, 27, 104, 108 und 116 sowie U-Bahn, Station Yonghegong). Schattige, zum Bummeln einladende Parkanlage, in deren nördlichen Teil Kinder u.a. auf einer Go-Kart-Bahn, einer Kletterburg und einem Karussell auf ihre Kosten kommen.

Happy Valley Amusement Park, Xiaowuji Beilu, Dongsihuan Lu, Chaoyang District, ☏ 67383333, www.happyvalley.com.cn, Öffnungszeiten täglich 9.30-20.30 Uhr (Tickets bis 17 Uhr), Eintritt: RMB 160 (im Winter RMB 100), Kinder RMB 80, unter 1,2 m frei (Anreise: Bus 29). 40 Fahrgeschäfte, sieben Kinos, ein IMAX und vieles mehr warten auf die Besucher.
Lakeview Waterpark, 118 Quanshuitou, Yanqi Town, Huairou District, ☏ 65681061 und 69661696, ☐ 65681063, Öffnungszeiten Apr.-Okt. täglich 10-17 Uhr, Eintritt: RMB 100, Kinder RMB 50 (Anreise: Taxi oder eigener Pkw). Riesige Wasserlandschaft mit etlichen Restaurants.
Le Cool, Basement 2, China World Trade Centre, 1 Jianguomenwai Dajie, Chaoyang District, ☏ 65055776, Öffnungszeiten So-Fr 10-22 Uhr und Sa 10-24 Uhr; Eintritt: pro Stunde RMB 30 (Anreise: Bus 1, 4, 28, 37 und 300 sowie U-Bahn, Station Guomao). Überdachte Kunsteisbahn.
Liuyin Park, Jiangzhaikou, Andingmenwai, Dongcheng District, ☏ 84113699, Öffnungszeiten täglich 6-21.30 Uhr, Eintritt: Park RMB 1 (Fahrgeschäfte und Boote extra) (Anreise: Bus 123 und 201 sowie U-Bahn, Station Andingmen). Einer der malerischsten Parks von Peking, mit Kinderspielplatz, Paddelbooten und einem netten Teegarten auf der kleinen Insel.
Longtan-Park, 8 Longtanhu Lu, Chongwen District, ☏ 67144336, täglich 6-20.30 Uhr, Eintritt: Park RMB 2 (Fahrgeschäfte extra) (Anreise: Bus 6, 8, 12, 60, 116 und 352). Für Kurzweil sorgen diverse Fahrgeschäfte und Klettergerüste sowie Boote zur Erkundung des Sees; zu sehen gibt es außerdem ein altes Mig-Kampfflugzeug.
Miyun International Amusement Park, Miyun County (nordöstlich des Stadtgebietes beim Miyun-Staubecken), ☏ 69943585, Öffnungszeiten April-Oktober täglich 8.30-16.30 Uhr; Eintritt: RMB 30 (Anreise: Bus 912).
Nine Dragon Amusement Park (Jiulong Amusement Park), The Ming Tombs Reservoir (nahe der Ming-Gräber), Changping District, ☏ 69763460, Öffnungszeiten täglich 8.30-16.30 Uhr; Eintritt: RMB 70 (Anreise: Bus 9 und 912). Highlight ist der Dragon Palace, eine Unterwasserwelt, in deren Nine Dragon Aquarium sich rund 10.000 Fische von gut 1000 verschiedenen Arten tummeln.
Ritan Park (Sonnenaltar-Park), 6 Ritan Beilu, Chaoyang District, ☏ 85616301, Öffnungszeiten täglich 6-20 Uhr, Eintritt: Park RMB 5 (Anreise: Bus 1, 4, 43, 57 und 120). Viele Einheimische lassen hier ihre Drachen steigen, schön aber auch der Fischteich und die Kletterwand.
Shijingshan Amusement Park, 25 Shijingshan Lu, Shijingshan District, ☏ 68862547, ☏ www.bs-amusement-park.com, Öffnungszeiten Sommer täglich 8.30-17 Uhr, Winter 9-16 Uhr; Eintritt: RMB 10 (Fahrgeschäfte jeweils RMB 10 extra) (Anreise: U-Bahn, Station Bajiao). Unweit des Heldenfriedhofs Babaoshan im Stadtwesten gelegener Freizeitpark mit Fahrgeschäften aller Art.
Taipingyang Underwater World, 11 Xisanhuan Zhonglu, Haidian District, ☏ 684 61172, Öffnungszeiten täglich 9-18 Uhr; Eintritt: RMB 60 (Anreise: Bus 323 und 332). Von einem Förderband aus kann man Pinguine und Haie inspizieren; Mutige können aber auch – auf eigenes Risiko – in Begleitung eines Aufpassers zu den scharf gezahnten Schwimmern ins Becken steigen.
Taoranting Park, 19 Taiping Jie, Xuanwu District, ☏ 63532385, Öffnungszeiten täglich 6-21.30 Uhr, Eintritt: RMB 2, Kinder RMB 1 (Anreise: Bus 20, 40, 59, 102, 106, 122 und 819). Reizvolle Parkanlage mit diversen Kinderspieleinrichtungen.

Tiantan Park (**Himmelstempel**), Yongdingmen Dajie, Chongwen District, ☏ 67028866, Öffnungszeiten täglich 8-18 Uhr, Eintritt: RMB 15, Kinder RMB 8 (Tickets bis 16.30) (Anreise: Bus 6, 34, 35, 36, 43, 106 und 116). Weitläufige Parkanlage, in deren Wandelgang sich die ältere Generation zum Karten- und Schachspielen oder zum Musizieren und zur Laienopernaufführung einfindet.

Im Tiantan Park

Tuanjiehu Pool, 16 Tuanjiehu Nanlu (innerhalb Tuanjiehu Gongyuan), Chaoyang District, ☏ 85974677, Öffnungszeiten täglich 6.30-21 Uhr, Preise: Beach RMB 20 (Kinder RMB 15), Boot RMB 30-40 pro Stunde (RMB 50-100 Deposit), Rollschuhbahn RMB 5, Fischen RMB 2/10 Minuten (Anreise: Bus 43). Riesige Wasserlandschaft, u.a. mit Wellenpool, Booten und verschiedenen Fahrgeschäften. Die Wochenenden sollte man meiden.

Universal Studios, Henderson Center, 18 Jianguomennei Dajie, ☏ 65183404, Öffnungszeiten täglich 10-21 Uhr; Eintritt: RMB 35, Kinder RMB 25 (Anreise: Bus 1, 4, 9, 10, 20, 37, 54, 203 und 204 sowie U-Bahn, Station Beijing Railway Station). Hier kann man mit seinem Nachwuchs in die Welt des Films eintauchen.

Yuyuantan Park, Xisanhuan Zhonglu, Haidian District, ☏ 88653806, Öffnungszeiten täglich 6-22.30 Uhr; Eintritt: RMB 2, Kinder RMB 1 (Anreise: Bus 1, 40, 52, 57 und 121 sowie U-Bahn, Station Gongzhufen). In dieser riesigen Parkanlage, in der man in aller Ruhe seinen Drachen steigen lassen kann, findet man u.a. zwei Kinderspielplätze mit einer Vielzahl an Rutschen und Pools.

Der Schlitz in der Hose erspart die Windeln

Zizhuyuan Park (Purpurbambus-Park), 45 Baishiqiao Lu, Haidian District, ☏ 684 25851, Öffnungszeiten Sommer täglich 6-21 Uhr, Winter täglich 6-20 Uhr, Eintritt: RMB 2 (Anreise: Bus 105, 107, 111 und 114). Während sich die Seen- und Kanallandschaft gemächlich per Boot erkunden lässt, können sich die Jüngeren auf dem Spielplatz austoben.

Zhongshan Park, (westlich des Tian'anmen), Dongcheng District, Öffnungszeiten Sommer täglich 6-21 Uhr, Winter täglich 6.30-20 Uhr, Eintritt: RMB 3, Kinder RMB 1,5, unter 1,2 m frei (Anreise: Bus 1, 2, 4, 5, 52, 101, 103, 728 und 826 sowie U-Bahn, Station Tian'anmen Xi). Von hier aus kann man mit dem Paddelboot zur Tour auf dem Wassergraben rund um die Verbotene Stadt starten. Der Kinderspielplatz öffnet täglich 8.30-17 Uhr.

KLEINKINDERBETREUUNG

Wer mit Kleinkindern oder minderjährigen Jugendlichen reist und sich einmal ohne diese auf Erkundungstour o.ä. machen möchte, diese aber auch nicht allein lassen möchte, kann sie – so das Hotel über einen solchen verfügt – dem **hauseigenen Kinderbetreuungsservice** anvertrauen. Sollte das Hotel keinen besitzen oder man anderweitig untergekommen sein, kann man sich bei den nachstehenden Vermittlungsdiensten eine so genannte *Ayi* („Tante") anmieten. Diese kann als bloße Aufpasserin fungieren, allerdings auch bei der Erledigung von so mancherlei alltäglichen Besorgungen und Behördengängen behilflich sein. Wofür genau man sie benötigt, sollte man bei der Anmietung abklären, denn dementsprechend berechnen sich die Preise.

Beijing Ex-pats Service Co., Ltd., 6F-2/3, Ambassador Mansion, B21 Jiuxiaoqiao Lu, ☎ 64381634, www.expatslife.com. Neben chinesischen vermittelt man auch philippinische Hausmädchen. Die Preise belaufen sich z.B. bei einem englischsprachigen chinesischen Mädchen auf RMB 20 pro Stunde und RMB 2.000 für den ganzen Monat.
China Youth Union, ☎ 67702353; Preise: RMB 6-15 pro Stunde.
Century Domestic Services, ☎ 64988220; Preise: RMB 10-15 pro Stunde.
Good Life Domestic Services, ☎ 64271178; Preise: RMB 8-10 pro Stunde.

Kirche

Für Christen: Peking besitzt eine ganze Reihe von Kirchen, in denen gelegentlich wochentags, meistens aber an Sonn- und Feiertagen Gottesdienste zelebriert werden.

Katholische Messen werden z.B. in der *Nan Tang* (Südkirche), 141 Qianmenxi Dajie (U-Bahn-Station *Xuanwumen*), in der *Bei Tang* (Nordkirche), Xishiku Dajie, in der *Dong Tang* (Ostkirche), 74 Wangfujing Dajie und in der *Nangangzi Mass Hall*, Yongsheng Xiang, Xingfu Jie, gehalten.
Protestantische Messen finden an folgenden Orten statt: *Beijing Branch of the Chinese Council*, 181 Dongdan Beidajie, *Chongwenmen Protestant Church*, D2 Hougou Hutong, *Haidian Hall*, Haidian Township und *Gangwashi Hall*, 57 Xisi Nandajie. Die genauen Zeiten, auch für andere Gotteshäuser, kann man im Hotel erfragen.

Muslims: Sie versammeln sich zu ihren Andachten unter anderem in folgenden Moscheen: *Niujie-Moschee* in der Niujie Dajie, oder in der *Dongsi-Moschee*, Kreuzung Dongsi Xidajie und Dongsi Nandajie.
Buddhisten: Ihnen stehen zahlreiche Tempel innerhalb des Stadtgebietes zur Verfügung, von denen viele auch

Die Nordkirche gilt als schönstes Gotteshaus Pekings

von Taoisten und Konfuzianern besucht werden. Religiöse Zeremonien finden vielerorts am 1. und 15. eines jeden Mondkalendermonats statt.
Taoisten: Sie treffen sich in erster Linie im *Baiyun Guan*, Binhe Jie, Guanganmenwai, dem Sitz der ‚Taoistischen Gesellschaft Chinas'.

Kleidung

Mit der Öffnung des Landes hat auch die westliche Modewelt Einzug ins Reich der Mitte gehalten, es wäre jedoch falsch, daraus zu schließen, dass man sich nun genauso salopp kleiden könnte, wie in unseren Breiten. **Gewisse Anstandsregeln** sollte man **nicht außer Acht** lassen. Das weibliche Geschlecht sollte den Rocksaum nicht allzu weit oberhalb des Knies enden lassen, Blusen mit tiefem Ausschnitt und/oder ohne Ärmel gehören allenfalls in die Disco, das Tragen eines BHs gilt als selbstverständlich, Bikinis sind noch weitestgehend unbekannt und werden als nicht adäquat empfunden. Das männliche Geschlecht sollte keine Netzhemden anziehen, kurze Hosen meiden (Kinder ausgenommen) und ebenfalls darauf achten, dass Hemden und Blusen nicht ärmellos sind.

Von einem **westlichen Ausländer** wird ganz einfach **erwartet**, dass er sich **sauber und ordentlich kleidet**, auch beim Schuhwerk, was nicht heißen soll, dass man geschniegelt und gestriegelt daherstolziert. Der goldene Mittelweg ist auch hier das Maß aller Dinge: leger ja, schlampig nein. Geht es hingegen um geschäftliche Belange, so wird auf korrektes Auftreten sehr viel Wert gelegt, wobei in diesem Bereich bei der Kleiderordnung der Westen Pate gestanden hat. Wer sein Gesicht nicht schon vor Beginn der Geschäftsverhandlungen verlieren will, ist daher gut beraten, sich an die mitunter etwas steifen und aufgesetzt wirkenden Gepflogenheiten zu halten.

Buchtipp

Reisegast in China von Françoise Hauser, Reisebuchverlag Iwanowski, 2007

Peking ist im Laufe des Jahres starken klimatischen Wechseln ausgesetzt, was beim Packen der Koffer zu berücksichtigen ist. Im Spätherbst, Winter und zu Beginn des Frühlings sollte ein Mantel oder eine dicke Jacke auf gar keinen Fall im Gepäck fehlen, denn das Thermometer kann bis auf 20° C unter Null fallen. Der eisige Wind, der in diesen Monaten regelmäßig durch die Stadt pfeift, kann einen bis ins Mark erbibbern lassen. Dicke, gefütterte Schuhe, Handschuhe, ein Schal, eventuell eine Mütze, entsprechende Unterwäsche lassen einen dann auch den pfiffigsten Böen trotzen. Im Frühling und Herbst sollte man eine Jacke oder einen Blouson nicht vergessen, denn die Abende können noch bzw. schon kühl werden. Ansonsten empfiehlt sich zur Mitnahme leichte Baumwollkleidung oder solche aus anderen Naturfasern, die den Schweiß in der Regel besser aufsaugen als Kunstfasern. Ein Halstuch darf nicht fehlen, denn auch in diesen Monaten kann der Wind ab und an unangenehm pfeifen, besonders an der Großen Mauer. Im Sommer dagegen gehören vor allem luftige, saugfähige

Kleidungsstücke in die Koffer, denn bei über 30° C rinnt einem der Schweiß fast ununterbrochen von der Stirn, Sonnenempfindliche sollten zudem eine Kopfbedeckung dabei haben.

Sind Sie nicht gerade zu einem offiziellen Bankett oder Empfang eingeladen und stehen Sie nicht gerade in geschäftlichen Verhandlungen, können Sie Ihren Anzug und Ihr Abendkleid ruhig zu Hause lassen, denn selbst beim Besuch einer Opernaufführung oder anderer Veranstaltungen genügt es vollkommen, wenn Sie normal sauber und ordentlich gekleidet kommen.

Hinweis

Helle Bekleidung gilt bei Männern als Zeichen von Oberflächlichkeit und geringer Vertrauenswürdigkeit, ebenso rote. Und wer als Mann einen grünen Hut trägt, bekundet damit, dass seine Frau fremdgeht. Da Weiß in China die Farbe der Trauer ist, sollte man auf Bekleidung dieser Art besser verzichten.

Krankenhäuser (ⓘ auch „Ärzte/ Apotheken")

Die von vielen der chinesischen Medizin entgegengebrachte Skepsis ist vollkommen unbegründet, und vom äußeren Erscheinungsbild der Krankenhäuser sollte man nicht auf die fachliche Kompetenz des Klinikpersonals schließen. **Chinesische Ärzte** werden in **westlicher** und **chinesischer Medizin** gleichermaßen ausgebildet, sodass man sich ihnen ruhig **anvertrauen** kann. In den größeren Krankenhäusern stehen auch englischsprachige Fachkräfte zur Verfügung, man sollte aber, so man des Chinesischen nicht mächtig ist, immer einen Dolmetscher mitnehmen, den man am Ende für seine Bemühungen entlohnt.

Ausländer werden in den staatlichen Krankenhäusern immer in der Ausländerabteilung behandelt, in denen westliche Medizin angewendet wird; wer (auch) eine Behandlung mit chinesischer möchte, muss dies kundtun.

Alle **größeren Hotels** haben einen **Hausarzt** zur Hand, diejenigen der Spitzenklasse sogar **Ambulanzen im Haus**. Auskunft darüber und wo sich das nächste Krankenhaus befindet, erhält man im Hotel. Notfalls wendet man sich an die Botschaft seines Landes.

▶ **Krankenhäuser mit Ausländerabteilung** bzw. deutsch-/englischsprachigen Ärzten
Asia Emergency Assistance International Clinic (**AEA**), 1/F, Ta Yuan Diplomatic Office Building 2-1-1, 14 Liangmahe Nandajie, Chaoyang District, Beijing 100600, ☎ 64629112 und 64629100 (Notruf), 🖷 64629111, Mo-Sa 9-18 Uhr.
Beijing International SOS Clinic, Building C, BITIC Jing Yi Building, 5 Sanlitun Xiwujie, Chaoyang District, ☎ 64629112 und 64629100 (24-Stunden-Notruf), 🖷 64629117, www.internationalsos.com; rund um die Uhr geöffnet.
Beijing Union Medical College Hospital (**Shoudu Yiyuan**), 1 Dongshi Fuyuan Hutong, Dongcheng District, ☎ 65127733 ext. 217.

Beijing United Family Hospital and Clinics (**Beijing He Mu Jia Yi Yuan**), 2 Jiangtai Lu, Chaoyang District, Beijing 100016, ☏ 64333960 und 64332345 (24-Stunden-Notruf), 📠 64333963, www.unitedfamilyhospitals.com, Mo-Do 12.30-17.30 Uhr, Fr 10.30-17.30 Uhr, Sa 9-17 Uhr, 24-Stunden-Notdienst.
Beijing Vista Clinic, B29, Kerry Centre, 1 Guanghua Lu, Chaoyang District, Beijing 100020, ☏ 85296618, 📠 85296615, www.vista-china.net; rund um die Uhr geöffnet, auch zahnärztliche Behandlungen.
International Medical Center (IMC), 1/F, Suite 106-111, Office Building, Beijing Lufthansa Center, 50 Liangmaqiao Lu, Beijing 100016, ☏ 64651561-3 und 64651384 (Zahnarzt), 📠 64652081 und 64651328 (Zahnarzt), www.imcclinics.com; rund um die Uhr besetzt. Auch zahnärztliche Behandlungen.
Sino-German Policlinic, B-1, Landmark Tower, 8 Dongsanhuan Beilu, Chaoyang District, 100026 Beijing, ☏ 65011983 und 65016688, ext. 20903, 📠 65011944; rund um die Uhr geöffnet.

Auch wenn Chinas Hauptstadt über einige gute Krankenhäuser für jedwede Erkrankung oder Verletzung verfügt, kann es unter Umständen doch erforderlich werden, dass man Sie zur weiteren Behandlung in die Heimat fliegen möchte. Hierfür stehen **zwei Transportmöglichkeiten** zur Verfügung, wobei die Fluggesellschaften sowie die diplomatischen Vertretungen des Heimatlandes im Notfall darüber Auskunft geben:

- per „**Stretcher**": Hierbei handelt es sich um eine normale Linien- oder Chartermaschine, in der mehrere Sitze oder Sitzreihen ausgebaut und durch eine Krankenliege ersetzt werden. Diese Art des Transports wird aber allenfalls bei nicht lebensbedrohenden Verletzungen und Krankheiten gewählt.
- per **Rettungsflug**: Die am häufigsten gewählte Alternative, um Schwerverletzte bzw. -erkrankte zu transportieren.

Da beide Möglichkeiten äußerst kostspielig sind, sollte man auf jeden Fall **vor** der Reise eine **Reiseversicherung** abschließen, die einen eventuellen **Rettungsflug** abdeckt.

▶ Weltweiten Versicherungsschutz genießen Mitglieder von Rettungsflugwachten
Deutsche Rettungsflugwacht e.V. (DRF), Raiffeisenstraße 32, 70794 Filderstadt, ☏ (0711) 70070, 📠 (0711)70072349, www.drf.de.
ÖAMTC-Notrufzentrale, Wien, ☏ 01-9821304.
Tyrol Air Ambulance, Fürstenweg 180, Postfach 81, 6026 Innsbruck – Flughafen, ☏ (0512) 22422, 📠 (0512)288888, www.taa.at.
Schweizerische Rettungsflugwacht Rega, Rega Center, Postfach 1414, 8058 Zürich – Flughafen, ☏ (01)6543311, 📠 (01)6543322, www.rega.ch.

Kulturelle Veranstaltungen

Als kulturelles Zentrum Chinas bietet Peking rund ums Jahr eine ganze Reihe kultureller Veranstaltungen, deren Termine und Veranstaltungsorte man beim Fremdenverkehrsamt, bei *CITS* und aus den diversen Informationsbroschüren (ℹ️) „Informationen",

Der Besuch einer Peking-Oper gehört zum touristischen Pflichtprogramm

S. 126) erfahren kann. Hinweise auf die tagesaktuellen Veranstaltungen und Vorführungen findet man auch in der englischsprachigen Tageszeitung *China Daily*, die in den meisten Hotels kostenlos ausliegt.

Maßeinheiten

Zwar wurde in der VR China das metrische Maß übernommen, die alten Maßeinheiten sind aber noch nicht gänzlich verschwunden, sie sind für das Verständnis älterer Quellen dagegen unentbehrlich.

Gewichte		
1 Liang	▶	50 g
1 Jin	▶	500 g
1 Gongjin	▶	1 kg
1 Dan	▶	50 kg

Längenmaße		
1 Cun	▶	3,33 cm
1 Chi	▶	33,33 cm
1 Zhang	▶	3,33 m
1 Li	▶	500 m
1 Gongli	▶	1 km

Raummaße		
1 Sheng	▶	1 l
1 Dou	▶	10 l
1 Dan	▶	100 l

Flächenmaße		
1 Mu	▶	666,66 m^2
1 Qing	▶	6,66 ha

Bei **Kleidergrößen** heißt es, vorsichtig zu sein, da diese meist kleiner ausfallen als bei uns. Vor dem Kauf unbedingt anprobieren, wo dies nicht möglich ist, lieber eine bis zwei Nummern größer kaufen. Problematisch wird es für Damen ab Kleidergröße 44, die Auswahl ist dann sehr beschränkt.

Massage

Besonders nach Tagen mit längeren Fußmärschen sollte man sich einmal einer chinesischen Massage unterziehen. Aber nicht nur nach solchen Tagen, auch sonst **sorgen** die geschulten **Hände** der **Masseure** und **Masseusen** dafür, dass man sich am nächsten Morgen **wie neugeboren** fühlt. Selbstverständlich bieten auch die meisten Hotels diverse Massagen an, doch zahlt man in diesen häufig ein Mehrfaches dessen, was man außerhalb zahlt.

▶ Empfehlenswerte, täglich geöffnete Einrichtungen
Beijing Aibosen Blindman Massage, 11 Liufang Beili, Chaoyang District, ☏ 646 52044 und 64661247, 9-3 Uhr. Mögen die Masseure auch blind sein, ihr Handwerk verstehen sie aufs Beste.
Beijing Tai Pan Foot Massage, Level 6&7, Gangmei Building, 1 Xiagongfu Wangfujing, Dongcheng District, ☏ 65120868, 🖷 65286448, 11.30-00.30 Uhr. Wer zur Fußmassage kommt, erhält das angebotene macanesische Essen einschließlich Getränke gratis.
Bodhi Therapeutic Retreat, 17 Gongti Beilu, Chaoyang District, ☏ 64179595, 🖷 64130227, www.bodhi.com.cn, 11-00.30 Uhr. Neben chinesischer auch Thai- und Ayurveda-Massage.
Heping Massage Center, Commercial Building 1, Hairun International Apartment, A2, Jiangtai Lu, Chaoyang District, ☏ 64367370, 12-1 Uhr. Traditionelle chinesische medizinische Massage, z.B. Fußzonenreflexmassage für RMB 100 oder Ganzkörpermassage für RMB 150.
Oriental Taipan Massage and Spa, 1) B1/F, Xindong Lu, Chaoyang District, ☏ 853 22177, 11-1 Uhr; 2) 2/F, Block 9, Lido Place, 2A Fangyuan Xilu, Chaoyang District, ☏ 64376299, 11-3 Uhr; 3) Sunjoy Mansion, 6 Ritan Lu, Chaoyang District, ☏ 65025722, 11-3 Uhr; 4) 101, Block B, Winterless Center, 1 Xidawang Lu, Chaoyang District, ☏ 65388086, 11-3 Uhr; www.taipan.com.cn. Stilvolles Ambiente und aufmerksamer, höflicher Service. Die 90-minütige Fußmassage beläuft sich auf ungefähr RMB 138.
Suncome Blind Massage Center, 18 Yuetan Beijie, Xicheng District, ☏ 68392488; A6 Zhengyi Lu, Dongcheng District, ☏ 65224597; Fangcheng Yuan, Fengtai District, ☏ 67657856; 1/F, Binduyuan Apartment, 15 Maizidian Jie, Chaoyang District, ☏ 650 12039; jeweils 13-1 Uhr. Die 50-minütige traditionelle chinesische Massage kostet RMB 80, darüber hinaus im Angebot aber auch medizinische Behandlungen nach traditionellen chinesischen Methoden.

Mietwagen

Wer nicht im Besitz eines chinesischen Führerscheins ist, darf sich auf Chinas Straßen nicht selbstständig per Pkw fortbewegen. Aus diesem Grund sind auch erst wenige der großen internationalen Verleihfirmen in Peking vertreten.

Die einheimischen Gesellschaften **vermieten ihre Autos oder Busse** daher auch in der Regel nur **mit Fahrer**, ganz gleich, ob es sich um einen Toyota, einen Cadillac oder Minibus handelt. Handeln Sie den Preis – egal wie lange Sie das Fahrzeug brauchen – im Voraus aus. Für die Grobkalkulation müssen Sie mit mindestens zwei Yuan pro gefahrenem Kilometer rechnen. Als Tagespauschale müssen Sie bei Fahrten im Stadtgebiet mit RMB 500-900 rechnen, bei Fahrten in die weitere Umgebung mit etwa RMB 800-1.600 pro Tag. Mautgebühren und die Mahlzeiten für den Fahrer sind in der Regel im Preis beinhaltet.

Buchen können Sie das gewünschte Fahrzeug über Ihr Hotel, jedes Reisebüro und bei den Unternehmen direkt (s. unten). Sie können aber auch versuchen, ein Taxi zu einem günstigen Pauschalpreis zu bekommen.

> **Tipp**
>
> *Manchmal bekommt man einen günstigeren Preis, wenn man mit Devisen bar bezahlt.*

▶ Fahrzeuge mit Chauffeur vermieten u.a.
Beijing First Auto Rental Co., 28 Xizhimennan Dajie, Haidian District, ☏ 66053019 und 66051759.
Beijing Shouqi Car Rental Co., Ltd, ☏ 800-8109090 und 62328701, www.sqzl.com.cn. Große Auswahl an Fahrzeugen.
Beijing TOP-A Car Service, Ltd., 6F-2/3, Ambassador Mansion, B21 Jiuxiaoqiao Lu, Chaoyang District, ☏ 64381634, www.expatslife.com.
Beijing Grand View Limousine Service, ☏ 68050789, 13601051853 und 139118 33567, 🖷 68026678, www.taxi-beijing.com.
Beijing Limo, 18 Jianguo Lu, Chaoyang District, ☏ 65461688, www.beijinglimo.com/English/index.htm.
Hertz, 1/F, Unit S102A, Beijing Lufthansa Center, 50 Liangmaqiao Lu, Chaoyang District, ☏ 64625730, www.hertz.net.cn, Öffnungszeiten Mo-Fr 9-19 Uhr und Sa u. So 9-18 Uhr.
New Concept Car Rental, ☏ 64575566 oder 800-8109001 (Toll Free), 🖷 64572035, www.bcnc.com.cn. Am Flughafen und an sechs weiteren Stellen in der Stadt zu finden.
Union Car Rental Company, Guanghui Dongli, Chaoyang District, ☏ 65005187.

Mücken

Dank seines trockenen Klimas ist **Peking weitestgehend von Mückenplagen frei**, nur in den mitunter leicht schwülwarmen Sommermonaten können an größeren Wasserflächen, wie z.B. dem Sommerpalast, hin und wieder einige dieser Quälgeister auftauchen. Gegen Mückenstiche hilft am besten *Tiger Balm*. **Malariagefahr** besteht in Chinas Hauptstadt **nicht**.

Museen/ Galerien

Die Metropole verfügt über eine ganze Reihe von Museen, die durchaus einen Besuch wert sind. Die Präsentation der Ausstellungsgegenstände lässt indes oftmals noch zu wünschen übrig, Möglichkeiten zum Sitzen fehlen meist gänzlich. Die ohnehin schon knappen chinesischen Begleittexte sind nur in den moderneren Einrichtungen ins Englische übersetzt, Informationsbroschüren oder Kataloge gibt es nur in Ausnahmefällen, ebenso Führungen. Aufgrund der enormen Anstrengungen hinsichtlich des Erhaltes seiner Kulturgüter, die das Land gegenwärtig unternimmt, bessert sich die Situation jedoch ganz allmählich. So haben die **neuen Museumsbauten** in praktisch jeder Hinsicht **absolutes Weltklasseniveau** erreicht. Die Eintrittspreise bewegen sich in den meisten Fällen zwischen RMB 10-30. Leider nur von Ende Dezember bis Ende Januar in den größeren Filialen der China Post für RMB 80 erhältlich, gewährt der ganzjährig gültige **Beijing-Museum-Pass** in nahezu allen wichtigen Museen der Stadt sowie einer Reihe von Tempeln und anderen Sehenswürdigkeiten vergünstigte Eintrittspreise.

Im Capital-Museum

Notruf

Sollten Sie in eine Notlage geraten, so wenden Sie sich zunächst an den Assistant Manager Ihres Hotels oder Ihren Reiseleiter. Ansonsten wählen Sie folgende Nummern:

Notfallnummern

Polizei ☎ 110
Feuerwehr ☎ 119
Ambulanz ☎ 120 (zweisprachiger Service auf Englisch und Chinesisch)
Europäisches Erste-Hilfe-Zentrum ☎ 65051393 (zweisprachiger Service auf Englisch und Chinesisch)
Internationales Erste-Hilfe-Zentrum ☎ 65003419 (zweisprachiger Service auf Englisch und Chinesisch)
Beijing Municipal Public Security Bureau, 2 Andingmen Dongdajie, Dongcheng District, ☎ 84020101 (8.30-12 Uhr u. 13-17 Uhr besetzt, den Rest des Tages automatische Bandansage), www.bjgaj.gov.cn/epolice/index.htm. Eine Filiale finden Sie in 9 Qianmen Dongdajie, Dongcheng District. An diese Behörde müssen Sie sich wenden, wenn Sie Ihr Visum verlängern wollen, Ihren Pass, Ihre Reiseschecks oder Ihr Bargeld verloren haben oder eine Sondergenehmigung benötigen.
Beijing Tourist Hotline ☎ 65130828.

Öffnungszeiten

Büros: Üblicherweise Mo-Fr 8-17 Uhr, meist jedoch mit einer ein- bis zweistündigen Mittagspause. Um sicherzugehen, jemanden anzutreffen, sollte man sich einen Termin geben lassen.

Geschäfte: China kennt keine festen Ladenschlusszeiten, meist jedoch 8/9-20/21 Uhr, sieben Tage in der Woche.
Märkte: Öffnen meist um 6 Uhr und dauern normalerweise bis zum Einbruch der Dunkelheit.
Restaurants: Frühstück gibt es in der Regel ab 6 Uhr, Mittagessen ab 11 Uhr und Abendessen bis 22/23 Uhr; insbesondere Restaurants internationaler Hotels offerieren bis Mitternacht warme Küche und in ihren Coffee Shops mitunter auch rund um die Uhr Snacks und Getränke.
Barviertel: unterschiedlich, doch schließen die Türen vielfach erst bei Morgengrauen.

Pass

Achten Sie darauf, dass Ihr Pass bei der **Einreise** noch **mindestens ein halbes Jahr** über das geplante **Ausreisedatum** hinaus **gültig** ist. Offiziell soll man ihn zwar stets bei sich tragen; da Ausländer jedoch nur äußerst selten kontrolliert werden, ist es aus Sicherheitsgründen in der Regel ratsamer, ihn in der Unterkunft zu deponieren, am besten im Zimmersafe oder Hotelschließfach. Dabei sollten Sie den Pass indes immer bei sich führen, wenn Sie mit dem Mietwagen unterwegs sind, beabsichtigen Bargeld bzw. Reiseschecks in Banken einzutauschen, Flug- oder Bahntickets zu kaufen, im Hotel einzuchecken oder auch nur im Internetcafé zu surfen.

⚠️ Achtung

*Falls Ihnen der **Pass abhanden** kommt, so melden Sie dies umgehend bei Ihrer **diplomatischen Vertretung** und dem **Beijing Municipal Public Security Bureau** (ⓘ „Notruf", S. 139), und zwar in der Reception Hall, F2, Exit & Entry Administration, Schalter 37.*

Post

Postkarten, Briefe und Päckchen kann man am Postschalter seines Hotels abgeben. Dort erhält man sowohl Postkarten als auch Briefmarken. Ehe man sein Päckchen abgibt, muss der gesamte Inhalt am Schalter ausgebreitet werden, erst dann darf es vor den Augen des Personals gepackt werden. Das gleiche gilt auch für Päckchen und Pakete, die man auf dem Postamt abgibt.

Die Post von Peking nach Europa benötigt auf dem Luftweg etwa sechs bis sieben Tage, per Bahn oder Schiff bis zu drei Monate. Umgekehrt kann man mit der gleichen Zeit rechnen. Einen Tag Aufwand einkalkulieren muss, wer zollpflichtige Waren von China ins Ausland verschickt, denn so viel Zeit benötigt man erfahrungsgemäß für das Ausfüllen der notwendigen Zollformulare, den Kauf des vorgeschriebenen Verpackungsmaterials und das Verpacken unter Aufsicht des Postbeamten. Viele größere Geschäfte bieten für die bei ihnen gekauften Waren einen Export-Service an, der sich um all diese Dinge kümmert, sodass man nicht unnötig Zeit verliert. (ⓘ „Zoll", S. 169)

Die Postverschickung von und nach China ist recht zuverlässig, wobei es sich in den meisten Fällen empfiehlt, sich seine Post direkt an sein Hotel schicken zu lassen, ansonsten postlagernd („Poste restante") auf das **Hauptpostamt** (Beijing International Post and Telecommunications Office), Jianguomen Beidajie (Ecke Xiushui Beijie), Dongcheng District, ☎ 65128114, www.bipto.com.cn, täglich 8-18.30 Uhr, wobei die Anschrift wie folgt auszusehen hat:

> Heinz MUSTERMANN (ohne Herr, Frau oder Fräulein)
> Poste restante
> Beijing International Post and Telecommunication Office
> Jianguomen Beidajie
> Beijing
> People's Republic of China

Einschreiben, Eilpost und andere spezielle Versandarten kann man auf allen Postämtern vornehmen; diese findet man u.a. auf Bahnhöfen, am Flughafen, bei den Hauptsehenswürdigkeiten und an den Hauptstraßen, z.B. das *Beijing Telecommunications Bureau* (131 Xidan Beidajie, Xicheng District, ☎ 66021511), aber auch im *CITIC Building* (19 Jianguomenwai Dajie, Chaoyang District) und im *China World Trade Center* (1 Jianguomenwai Dajie, Chaoyang District).

Die **Postabfertigungsschalter** der Postämter sind **Mo-Sa 8-19 Uhr** geöffnet, ihre Telefon-, Telex- und Telegrafendienste stehen dagegen **rund um die Uhr** zur Verfügung.

Die folgenden **Postgebühren** haben derzeit Gültigkeit: eine Postkarte nach Europa kostet RMB 4,50, ein Brief bis 10 g RMB 5,40, ein Brief bis 20 g RMB 6,50; innerhalb Chinas zahlt man für beides RMB 2. Für einen Brief oder eine Postkarte nach Hong Kong werden gegenwärtig RMB 2,50 berechnet.

Alle großen internationalen **Kurierdienste** sind in Peking vertreten, Auskunft darüber erteilt man Ihnen im Business Center oder bei der Information Ihres Hotels.

Rauchen

In allen öffentlichen Gebäuden, Räumen und Verkehrsmitteln sowie bei allen Sehenswürdigkeiten und in allen Parks besteht **offiziell Rauchverbot**, so z.B. auch in Hotellobbys, Internetcafés und auf dem Flughafen (wo es gesonderte Raucherräume gibt). In fast allen Hotels stehen Nichtraucherzimmer zur Verfügung, und viele Restaurants bieten mittlerweile Nichtrauchersektionen an. Doch wundern Sie sich nicht, wenn sich Einheimische – aber auch Ausländer – vielfach nicht daran halten.

 Hinweis

Wer seine Zigaretten- oder Zigarrenkippe auf die Straße wirft, muss mit einem Bußgeld rechnen!

Reisebüros/Reiseveranstalter

Nachstehend eine Liste der wichtigsten Reiseveranstalter in Peking. Der Gruppenreisende wird ihre Dienste kaum bewusst in Anspruch nehmen, da er zu Hause in der Regel ein Pauschalarrangement bucht, der Einzelreisende dagegen kann hier seine Flug- oder Bahntickets, Ausflüge, Übernachtungen und andere touristische Serviceleistungen (wie z.B. Dolmetscher, Limousine) buchen und kaufen. Wer noch andere Orte innerhalb Chinas besuchen möchte, sollte sich an das staatliche Reisebüro *CITS* wenden, da dieses in allen Städten Büros unterhält.

China International Travel Service Headoffice (**CITS**) (Zhongguo Guoji Luxingshe Zongshe), 103 Fuxingmennei Dajie, Dongcheng District, Xicheng District, Beijing 100800, ☏ 65222991, 📠 65221733, www.cits.net; 24-Stunden-Notruf: 66031185.
China Shennong International Travel Service, Suite 2503, Jing Guang Center, Chaoyang District, Beijing 100020, ☏ 65978898, 📠 65978897, www.chinaspecialtour.com. Bietet auch Selbstfahrertouren durch China an.
China Swan International Tours (**CSIT**), 4/F, Longhui Building, 1 Nongguang Nanli, Dongsanhuan Lu, Chaoyang District, Beijing 100021, ☏ 67316393, 📠 67316329, www.china-swan.com.
China Travel Service (Headoffice), 2 Beisanhuan Donglu, Chaoyang District, Beijing 100028, ☏ 64622288, 📠 64612556, www.ctsho.com.
China Youth Travel Service (**CYTS**), CYTS Plaza, 5 Dongzhimen Nandajie, Dongcheng District, Beijing 100007, ☏ 58158888, 📠 58156033, www.cytsonline.com
GrayLine, 5/F, Grand Rock Plaza, 13 Xinzhong Xili, Dongcheng District, Beijing 100027, ☏ 64170468 und 51909810, 📠 64170380 und 64757971, www.grayline.cn.

Gut organisierte **Bustouren** – allerdings nur englischsprachig – in und um Peking bietet: **Dragon Bus**, ☏ 65158565, an, wobei man sich einer Gruppe anschließen oder auch privat geführte Touren buchen kann. Das Unternehmen unterhält zudem Ticket Services in folgenden Hotels: *Jianguo*, *Kunlun*, *Landmark*, *Radisson SAS*, *SCITECH* und *Wangfujing Grand*.

Das russische Reisebüro **Intourist** finden Sie in der **Botschaft der Russischen Föderation**, 4 Dongzhimen Beizhongjie, Dongzheng District, Beijing 100600, ☏ 65322051 und 65321381, 📠 65324851, www.russia.org.cn.

Reisedokumente (ⓘ auch „Geldangelegenheiten", „Pass" und „Versicherungen")

ⓘ Checkliste

Folgende Dokumente und Reiseunterlagen gehören ins Handgepäck:
- Flugtickets
- Pass
- Impfpass
- Internationaler Führerschein (falls Sie ein Auto anmieten möchten)
- Internationaler Studentenausweis (bei Studenten)

- Internationaler Jugendherbergsausweis (falls Sie in der Jugendherberge unterkommen möchten)
- Kreditkarte(n)
- Traveller Cheques
- Bargeld
- Internationale Telefonkarte
- Handy
- Reiseunterlagen (wenn Sie eine Pauschalreise oder per Internet gebucht haben)
- Versicherungsunterlagen (falls Sie erkranken oder einen Unfall haben)
- Mitgliedsausweise (Membership Cards, z.B. von Airlines und Hotelketten)

Fertigen Sie von allen **wichtigen Dokumenten** und **Reiseunterlagen** mindestens **je eine Fotokopie an**, wobei Sie natürlich nicht alle Traveller Cheques einzeln kopieren müssen, eine Kopie der Ankaufsquittung genügt. Im Falle des Abhandenkommens irgendeines Dokuments verständigen Sie die jeweils zuständige Stelle, z.B. beim Pass die diplomatische Vertretung Ihres Landes und das *Beijing Municipal Public Security Bureau* ((i) „Notruf", S. 139), bei Kreditkarten das/die ausgebende(n) Geldinstitute, bei Traveller Cheques die Scheckgesellschaft und beim Flugticket die entsprechende Airline.

Reisekosten ((i) „Die Grünen Seiten")

Reisen im Inland

Auch für diesen Fall gilt: Wer mit einer Gruppe unterwegs ist, braucht sich um das Weiterkommen keine Gedanken zu machen, für den Einzelreisenden hingegen kann die Ticketbeschaffung eventuell ziemlich nervenaufreibend werden. Es ist daher grundsätzlich ratsam, sich beizeiten darum zu kümmern.

PER FLUGZEUG (Domestic Departure/Domestic Arrival)
Alle Flüge gehen ab bzw. bis Pekings Internationalem Flughafen *Shoudu*. Die Maschinen sind vielfach ausgebucht, besonders in den Ferienzeiten und an den chinesischen Feiertagen; rechtzeitige Reservierung ist daher unerlässlich. Mehrstündige **Verspätungen** oder **Stornierungen** stehen noch immer auf der Tagesordnung. Es hat keinen Sinn, sich in solchen Fällen entrüstet zu beschweren, versuchen Sie statt dessen bei längerem Warten, auf Kosten der zuständigen Airline wenigstens etwas zu trinken und zu essen zu bekommen. Bei Stornierungen muss sie sich um Ihren Rücktransport und Ihre Übernachtung kümmern. Das Personal am Gate bzw. Abfertigungsschalter gibt Ihnen darüber Auskunft.

▶ Domestic Departure
Alle Formalitäten für inländische Flüge werden im Terminal 2 auf Ebene 2 abgewickelt. Fluggäste, die einen Inlandsflug gebucht haben, begeben sich zu den **Check-in-Schal-**

tern in den **Abfertigungsbereichen E-H**; für übergroßes Gepäck (*Over Size Baggage*) steht ein gesonderter Abfertigungsschalter zur Verfügung. Nach Erhalt der Bordkarte passiert man die **Sicherheitskontrolle** (*Security Check*), an der die Bordkarte samt Flugticket vorzulegen sind. Mitgeführtes Handgepäck einschließlich Filme können Sie bedenkenlos durch die **Röntgengeräte** laufen lassen, da diese bis 1.000 ASA „filmsafe" sind. Anschließend begibt man sich entweder zu seinem Abflugsteig, nimmt noch eine Kleinigkeit in einem der Restaurants zu sich oder ersteht das eine oder andere Mitbringsel.

Hinweis

- Filme und **regelmäßig einzunehmende Medikamente** gehören grundsätzlich **ins Handgepäck.**
- Alle Inlandsflüge sind **Nichtraucher-Flüge** und müssen bis spätestens 48 Stunden vor dem Flug rückbestätigt werden. Da – außer in besonders dafür ausgewiesenen Räumen – im gesamten Flughafengebäude **Rauchverbot** gilt, steht Rauchern bei Gate 31 ein Raucherzimmer zur Verfügung.
- Im Handgepäck dürfen **Getränke** oder **Flüssigkeiten** nur bis zu einer **Gesamtmenge von 1 Liter** in einem verschließbaren Plastikbeutel transportiert werden, wobei jede Einheit auf 100 ccm beschränkt sein muss.

▶ **Domestic Arrival**

Gäste von Inlandsflügen betreten Pekings Flughafenterminal 2 in der Regel auf Ebene 3, von wo aus sie per Lift oder Rolltreppe zu Ebene 1 gelangen, um dort in der Gepäckabfertigungshalle (Baggage Claim Hall) an den Bändern 9-17 ihr aufgegebenes Gepäck entgegenzunehmen. Gäste, deren Flugzeug nicht am Terminal andockt, erreichen diesen via Bustransfer direkt auf Ebene 1. **Überprüfen** Sie Ihr **Gepäck** sofort auf etwaige **Beschädigungen**, da Sie, haben Sie den Gepäckbereich erst einmal verlassen, keinerlei Schadensersatzansprüche mehr geltend machen können. Bei **Beschädigung** oder gar **Verlust des Reisegepäcks** wende man sich an das zuständige *Lost-and-Found-Büro* (Baggage Inquiry, ☏ 64599523/4), das sich im Gepäckabfertigungsbereich neben dem Bankschalter gegenüber Gepäckband 8 befindet. Auch wenn sich die Schadensaufnahme bzw. Verlustmeldung zur langwierigen Prozedur auswachsen kann, sollten Sie keinesfalls die Geduld verlieren: **Beharren** Sie auf Ihren **Forderungen**, lassen Sie sich **nicht auf später vertrösten!**

Für die an den Bändern bereitstehenden Gepäckwagen ist derzeit keine Leihgebühr zu entrichten. Reiseleiter oder Freunde warten in der Eingangshalle auf Sie. **Transitreisende** orientieren sich nach der Ankunft an den „Transfer"-Schildern. Bezüglich weiterer **Serviceeinrichtungen** am Flughafen und des **Weiterkommens** vom Airport in die Stadt siehe oben „Einreise – per Flugzeug".

Flugtickets können Sie bei allen Reisebüros (ⓘ) „Reisebüros/ Reiseveranstalter", S. 142), direkt bei den Büros der Airlines, an der *Beijing Railway Station*, bei der *Aviation Service Company* (☏ 64082630) und einigen weiteren Buchungsstellen reservieren

Allgemeine Reisetipps von A-Z

lassen. Falls Sie Fragen zu Ihrem Flug oder anderen Flughafeneinrichtungen haben, rufen Sie die **Capital Airport Information**, ☏ 64564247 oder 64563220, an.

Flugpläne, die sich häufig ändern, erhalten Sie – außer beim chinesischen Fremdenverkehrsamt – in den Büros von *Air China*:

IN DEUTSCHLAND
Tauentzien-Straße 15, 10789 Berlin, ☏ 030-2360810, 🖷 030-23608129.
Düsseldorfer Straße 4, 60329 Frankfurt, ☏ 069-27137911, 🖷 069-236976.
Frankfurt Flughafen, Abfertigungshalle B, Zimmer 201.2342, ☏ 069-69052141, 🖷 069-69056251 (Eingang: C/AIS, Hauptzollamt Frankfurt/Main).
Postfach 241237, 85334 München, ☏ 089-97592123, 🖷 089-97592125.

IN ÖSTERREICH
Opernring 1/E/527, 1010 Wien, ☏ 01-5868008, 🖷 01-586800818.

IN DER SCHWEIZ
Nüscheler Straße 35, 8001 Zürich, ☏ 01-2136080, 🖷 01-2120736.

PER BAHN
Chinas Hauptstadt besitzt innerhalb des urbanen Zentrums vier Bahnhöfe (*Beijing Railway Station* – im Osten der Stadt, *Beijing West Railway Station* – im Südwesten, *Yongdingmen Station* – im Süden, *Xizhimen Station* – im Nordwesten), von denen aus man in alle Teile des Landes fahren kann. Die Züge sind stets proppenvoll, sodass eine rechtzeitige Reservierung unumgänglich ist. Diese ist an den Bahnhöfen direkt, bei lokalen Reisebüros sowie via Internet (z.B. www.chinatripodvisor.com oder www.china-train-ticket.com) möglich. Die Tickets können jedoch nicht ins Ausland verschickt werden, sondern werden gegen eine geringe Gebühr zur Abholung vor Ort hinterlegt, z.B. in einem Hotel. Die Züge sind in der Regel sehr pünktlich, allerdings im Regionalverkehr auch langsam: die durchschnittliche Reisegeschwindigkeit beträgt 50-80 km/h. Die auf immer mehr Strecken eingesetzten Expresszüge bringen es auf gut ausgebauten Strecken mittlerweile aber auch auf 150 km/h und mehr.

Sie können zwischen **Soft-Sleeper** (Ruan Wo), **Hard-Sleeper** (Ying Wo), **Soft-Seater** (Ruan Zuo) und **Hard-Seater** (Ying Zuo) wählen, wobei letztere Klasse nicht zu empfehlen ist, insbesondere auf längeren Fahrtabschnitten, da sich auf den Sitzbänken dieser abteillosen Waggons und in den Gängen die Menschen ballen und es vor Unrat strotzt. In der Klasse der „Harten Betten" schläft man in Drei-Etagen-Betten auf wenig bis gar nicht gepolsterter Unterlage in offenen Abteilen, in der „Weichen Klasse" dagegen auf Zwei-Etagen-Betten in abschließbaren Vier-Mann-Abteilen. Aus Sicherheitsgründen (die Diebstähle in den Zügen haben in letzter Zeit dramatisch zugenommen!) sollte man daher bei längeren Fahrten unbedingt *Soft-Sleeper* wählen. Bequem reist man bei Kurzstrecken in der „Weichen Sitzklasse", die aus abteillosen Großraumwagen mit gepolsterten Sitzen besteht. Wer einen Schlafwagenplatz hat, erhält bei der Abfahrt vom Schaffner ein Metall- oder Plastikschildchen im Austausch gegen das Originalticket, das man am Ende der Reise zurückbekommt.

Am bequemsten ist es für Sie, sich die gewünschten **Tickets** von einem Reisebüro oder für eine geringe Bearbeitungsgebühr von Ihrem Hotel besorgen zu lassen. So umgehen Sie die langen Warteschlangen und die oftmals auftretenden Sprachprobleme. Bestellt werden können sie aber auch via Internet unter www.51piao.com/train; die Fahrkarten müssen dann entweder bei einer der Filialen des Unternehmens abgeholt werden oder man lässt sie sich gegen eine Gebühr von RMB 10 zustellen (nur innerhalb der Vierten Ringstraße möglich).

Wollen Sie den Ticketkauf selbst in die Hand nehmen, so erkundigen Sie sich, von welchem Bahnhof aus Sie abfahren. Am Schalter geben Sie, am besten auf einen Zettel geschrieben, Zugnummer mit Abfahrtsdatum und -zeit an. In **jedem Fall** müssen Sie beim **Ticketkauf** Ihren **Pass** oder **Personalausweis** vorlegen.

Wer von der **Beijing Railway Station** (Beijing Huochezhan, Beijing Zhan Jie, Dongcheng District, ☏ 51019999) abfährt, kann – so er des Chinesischen mächtig ist – unter der Telefonnummer 95105105 zwischen 18 und 21 Uhr sein(e) Ticket(s) bis zu vier Tage im Voraus ordern, wobei der Reisende lediglich seinen Namen und die Nummer seines Ausweises oder Visums anzugeben hat. Das (die) Ticket(s) kann (können) sodann außer am Bahnhof zwischen 9 und 11 Uhr auch in fünf Stadtbüros abgeholt werden: Qianmen Ticket Booking Office (südöstlich des Qianmen), Xizhimen Ticket Booking Office (nordwestlich der U-Bahn-Station *Xizhimen*), Fuchengmen Ticket Booking Office (südlich des Fuchengmen Overpass), Xidan Ticket Booking Office (im *Xidan Department Store*) sowie südlich des Haupteingangs der Volksuniversität.

In der Beijing Railway Station selbst, ☏ 65634432, erhalten Sie Tickets am Sonderschalter (*International Passenger Booking Office*) für Ausländer in der *International Soft-Berth Waiting Hall*, Room 103. In der **Beijing West Railway Station** (Beijing Xikezhan, ☏ 51826273) findet man den Sonderschalter für Ausländer in der Haupthalle. Die **Xizhimen Station** erreicht man unter ☏ 51866223.

Tickets für alle vier Bahnhöfe kann man zudem unter folgender gemeinsamer Nummer bestellen: ☏ 63217188.

Die wenigen Liegeplätze sind meistens schnell ausverkauft, wer aber ein anderes Ticket für den gewünschten Zug ergattert, sollte es mit diesem und notfalls einer kleinen Aufmerksamkeit (am liebsten nimmt man Devisen) beim Schlafwagenschaffner (im Wagen Nr. 8) direkt versuchen, vielleicht doch noch eine Schlafgelegenheit zu bekommen.

Die Bahnhöfe verfügen stets über **zwei Wartesäle**, einer für die Reisenden in der *Soft-Sleeper-* und *Soft-Seater-Klasse*, der andere für die Reisenden der übrigen Klassen. Eine rund um die Uhr geöffnete **Gepäckaufbewahrung** (an der Beijing Railway Station ☏ 651 28962 und 65128987) findet man ebenso auf jedem Bahnhof.

Die **Verpflegung** stellt kaum ein Problem dar, da die Fernzüge im Normalfall einen Speisewagen mitführen, in dem man chinesische Mahlzeiten und Getränke bekommt, verpflegen kann man sich aber auch an allen größeren Bahnhöfen, auf denen am Bahnsteig verschiedene Getränke und Lebensmittel verkauft werden.

Züge in Richtung Tibet fahren ab der *Beijing West Railway Station*. Anfang 2008 nimmt der Hochgeschwindigkeitszug zwischen Peking und Tianjin seinen Betrieb auf. Während der Hauptverkehrszeit alle 3 Minuten verkehrend, wird er für die 115 km lange Strecke ab der *Beijing South Railway Station*, die mittels U-Bahn-Linie 4 leicht zu erreichen sein wird, nur noch 30 Minuten benötigen.

Den **aktuellen Fahrplan** können Sie beim *China Railway Publishing House*, Dongdan Santiao, ☎ 65125381, erhalten, oder aber bei guten Reiseveranstaltern in Europa und Hong Kong (z.B. CITS). Es gibt ihn auch an der *Beijing Railway Station* und *Beijing West Railway Station* am Kartenschalter für Ausländer. Die wichtigsten Strecken beinhaltet auch *Cook's International Timetable*, den die großen europäischen Reisebüros mit Sicherheit zur Hand haben.

PER BUS
Wer das Abenteuer liebt und viel Zeit mitbringt, kann sich mit einem der Fernreisebusse, die von den Busbahnhöfen am Rande der Stadt abgehen, auf die Weiterreise begeben. Gepäck sollte man möglichst wenig dabei haben, die Einheimischen verstopfen die Busse ohnehin über alle Maßen, und allzu korpulent sollte man zudem auch nicht sein, denn die Sitzplätze sind für europäische Verhältnisse äußerst knapp bemessen. Für **Strecken über 300 km** ist dieses Transportmittel nur den ganz **Hartgesottenen** zu empfehlen, denn unkomfortabler und langsamer kann man kaum reisen, von Eselskarren u.ä. einmal abgesehen.

Fahrkarten sollte man sich bereits am Vortag besorgen, was aber noch lange nicht heißt, dass man dann auch mit dem gebuchten Bus fortkommt, denn beladen wird nach Erscheinen, nicht nach Buchung. Zum Glück fahren die meisten Busse tagsüber stündlich, sodass man notfalls mit dem nächsten oder übernächsten mitkommt. **Unterwegs** wird für Toilettenpausen und Mahlzeiten in regelmäßigen Abständen angehalten, die Nächte – in denen nicht gefahren wird – verbringt man in einfachen (!) Unterkünften.

Einige wenige Linien werden mittlerweile von **CITS** mit klimatisierten Bussen bedient. Auskünfte darüber und die anderen Verbindungen erteilen alle CITS-Büros.

Restaurants

Das **Gros** der **Spitzenrestaurants** findet man in **Hotels**, was selbstverständlich auch seinen Preis hat. Doch stimmt hier das Ambiente mit den gebotenen kulinarischen Meisterleistungen überein, und auch die hygienischen Verhältnisse lassen nichts zu wünschen übrig. Erfreulich ist die in den letzten Jahren zu erkennende Tendenz, nach der sich auch immer mehr Privatlokale der lange

Gegessen wird gerne und überall

Zeit bestehenden Schwachpunkte, nämlich Sauberkeit und Service, annehmen, was einem das Wiederkommen wesentlich erleichtert.

Wer **nur im Hotel** isst, verpasst allerdings ein **Gutstück chinesischen Alltagslebens**, darum also möglichst oft draußen speisen. An den in chinesischen Restaurants herrschenden Lärm gewöhnt man sich schnell, und schon bald wird man sich auch an den nicht ganz so einwandfreien äußeren Umständen nicht mehr stoßen. Wenn man schließlich vom Nachbartisch zum Anstoßen eingeladen wird, ist das Eis endgültig geschmolzen, die Barriere niedergerissen. Oft speist man hier zu einem Bruchteil des Preises nicht schlechter – mitunter sogar besser – als in so manch einem sündhaft teuren Restaurant der Hotels. Nur darf man nicht daran Anstoß nehmen, dass der Tisch nicht nur zum Abstellen der Teller und Gläser benutzt wird, sondern gleichzeitig als Ablageplatz für Knochen und andere Speisereste, das Tischtuch, so es überhaupt vorhanden ist, zum Händeabwischen ebenso gebraucht wird wie zum Naseputzen. Und wer laut rülpst, tut lediglich kund, dass es ihm geschmeckt hat. Einzig wirklicher Schwachpunkt sind in vielen Fällen jedoch die Toiletten, was besonders für Frauen zum Problem werden kann. Bringen Sie daher sicherheitshalber **Toilettenpapier** oder **Feuchtigkeitstücher mit**.

In den etwas besseren Restaurants gibt es meist eine Bedienung, die des Englischen mächtig ist, viele dieser Lokale haben aber auch eine englischsprachige Speisekarte. Bestellen Sie ruhig einmal etwas Unbekanntes, ein Fehlgriff wird selten dabei sein, dafür ist die chinesische Küche zu erlesen.

Reis gibt es zu jeder Mahlzeit

Wer mit einer Gruppe unterwegs ist, braucht sich über Zusammenstellung und Quantität der Speisen keine Gedanken zu machen, dafür ist der chinesische Reisebegleiter zuständig. Eine gewisse Menge an kostenlosen Getränken (Bier, Limonade oder Mineralwasser) ist dann im Normalfall fester Bestandteil des Arrangements, und Tee gibt es sowieso immer kostenlos in unbegrenzten Mengen. Ist die **Kanne leer**, so legt man den **Deckel** einfach **daneben**, für die Bedienung das **Zeichen**, noch eine zu bringen.

Der Individualreisende bestellt anfangs meist zu viel, als Richtlinie kann man sich daher merken, dass man nur **einen Teller mehr** bestellt als Personen am Tisch sitzen. Wollen Sie ein bestimmtes finanzielles Limit nicht überschreiten, so nennen Sie dies der Bedienung, die Ihnen dann ein entsprechendes Menü zusammenstellt. Die Speisen werden auf eine Drehplatte in der Mitte des Tisches gestellt, diese wird dann im Kreis gedreht, sodass sich jeder nach und nach von den einzelnen Tellern etwas heruntenehmen kann. Man sollte nicht aufstehen und quer über den Tisch langen, um etwas von einem Teller auf der anderen Seite zu nehmen (ⓘ „Verhalten", S. 162).

Über einen robusten Magen sollte verfügen, wer in den kleinen Garküchen am Straßenrand einkehrt, denn obwohl auch hier alles ziemlich sauber zugeht, kann es das eine oder andere schwarze Schaf geben.

Während Mittag- und Abendessen im Normalfall kaum Probleme aufwerfen, sieht es bei dem chinesischen Frühstück doch ganz anders aus. Der wässrige Reisbrei, in dem etwas Gemüse oder ein Ei schwimmen, sowie die dazu gereichte Tofusuppe samt Ölgebäck sind wahrlich nicht jedermanns Geschmack. Zum Glück bieten alle Hotels auch westliches Frühstück an, amerikanisches genauso wie kontinentales, zudem gibt es fast in allen Stadtteilen mittlerweile ordentliche Frühstückslokale.

‼️ Achtung

Grundsätzlich zu beachten ist:
Nur das im Hotel gereichte bzw. gekennzeichnete Wasser trinken; Eis nur im Hotel in die Getränke geben; keine zu kalten Getränke zu sich nehmen; Vorsicht mit dem chinesischen Schnaps; kein offenes Speiseeis auf der Straße essen; Obst und Gemüse gründlich waschen und/oder schälen.

Die Hotelrestaurants verrechnen in der Regel **10 Prozent Service Charge**, ein paar Yuan extra werden trotzdem gern genommen, ebenso in den besseren Privatrestaurants.

Tischreservierungen sind in den meisten Fällen nicht notwendig. Während der Hochsaison dagegen ist es in einigen besseren Restaurants empfehlenswert, sich frühzeitig anzumelden, das gleiche gilt das ganze Jahr über für Spezialitätenrestaurants.

Öffnungszeiten: In internationalen Hotels sind viele Restaurants bis Mitternacht geöffnet, Snacks u.ä. gibt es in den Coffee Shops mitunter rund um die Uhr, draußen dagegen öffnen die Restaurants in den meisten Fällen zwischen 10-11 Uhr und schließen zwischen 21-22 Uhr, nur wenige haben noch länger geöffnet. Die **Hauptessenszeiten** sind mittags 12-14 Uhr und abends 18-21 Uhr.

Auf **formelle Kleidung** wird allenfalls in einigen Spitzenrestaurants der Hotels Wert gelegt, ansonsten gibt man sich leger.

▶ Preise

In der Garküche kann man sich schon für zwei oder drei Yuan den Bauch voll schlagen, ein Durchschnittsessen im Restaurant kostet pro Person schon RMB 20-30, im Hotel mindestens das Doppelte, und ein Spezialitätenessen kann leicht auf RMB 100-200 (aber auch mehr) pro Person kommen. Wer noch Wein oder Schnaps dazu bestellt, für den besteht nach oben fast keine Grenze.

> **☞ Tipp**
>
> *Eine ganze Gasse voller Garküchen, den so genannten* Donghuamen Nachtmarkt, *findet man westlich der Wangfujing Dajie, und zwar von dieser beim Haoyou Emporium abzweigend, zu erkennen an dem den Gasseneingang überspannenden Ehrenbogen. Hier können Sie bedenkenlos einmal von den angebotenen Spießen oder anderen Gerichten probieren.*

Eine Auswahl empfehlenswerter Restaurants, aber auch Bars, Pubs, Lounges, Cafés u.ä. finden Sie in den „Regionalen Reisetipps", ab S. 170.

Rettungsdienst (ⓘ „Krankenhäuser")

Rundfunk

Auf 1251 AM und 91.55 FM kann man zwischen 7-13 Uhr, 17-20 Uhr u. 21-23 Uhr englischsprachige, 23-23.30 Uhr deutschsprachige und 13-14 Uhr französischsprachige Nachrichten empfangen. Wer einen Weltempfänger besitzt, kann je nach Tageszeit auf verschiedenen Frequenzen die *Deutsche Welle* (www.dw-world.de) hören.

Sicherheit

Trotz der stetig steigenden Zahl an kriminellen Delikten zählt **Peking** nach wie vor zu den **sichersten Großstädten der Welt**. Die Zeiten, als man praktisch jedem Chinesen unbedenklich all sein Hab und Gut anvertrauen konnte, gehören allerdings der Vergangenheit an. Trotzdem genießt der ausländische Besucher besonderen Schutz, Übergriffe gegen ihn werden drakonisch bestraft. Fahrlässigkeit wird aber auch hier bestraft, wer indes die grundlegenden Sicherheitsvorkehrungen trifft, der wird sicherlich in den vollen Genuss seines China-Aufenthaltes kommen.

Auch **als Frau** können Sie in der Nacht überall **unbedenklich hingehen**; wenn Sie es nicht herausfordern, wird man Sie auch nicht belästigen. Grundsätzlich gilt, dass man z.B. nur so viel bei sich tragen sollte, wie man auch wirklich benötigt. Papiere und andere Dokumente haben nichts in Ihren Taschen verloren, es sei denn, Sie möchten außerhalb des Hotels Traveller Cheques eintauschen, mit Ihrer Kreditkarte in der Bank Bargeld holen, Flug- bzw. Bahntickets ordern oder im Internetcafé surfen.

Am ehesten kann es einmal passieren, dass einem Ausländer Brieftasche, Geldbeutel oder Kamera gestohlen werden. Die Taschendiebe wissen, wo und wann sich besonders viele Touristen drängen, sodass bei den **Sehenswürdigkeiten**, bei denen sich viele Menschen ballen, **erhöhte Aufmerksamkeit** geboten ist. Dazu zählen **Sommerpalast**, **Kaiserpalast**, **Große Mauer**, **Ming-Gräber** und **Himmelstempel**. Überdurchschnittlich viele Dinge kommen in den **Restaurants** weg, wo viele Damen Ihre Handtaschen fahrlässig über die Stuhllehne hängen. Nehmen Sie Ihre Tasche lieber auf den Schoß bzw. lassen Sie sie – wie auch sonst alles andere während Ihrer Besichtigungen nicht Benötigte – im Bus, der stets abgeschlossen bzw. bewacht wird.

Falls Ihr Hotelzimmer über keinen **Zimmersafe** verfügt, so deponieren Sie Ihre Wertsachen (Geld, Schecks, Reisepässe, Flugtickets, Schmuck etc.) für die Dauer Ihres Aufenthaltes bei der Rezeption in den (meist kostenlosen) **Safe Deposit Boxes**, die es in – außer den ganz einfachen – allen Hotels gibt. Die Schließfächer sind rund um die Uhr zugänglich. Lassen Sie keine Wertsachen in Ihrem Hotelzimmer offen herumliegen, **sperren** Sie Ihre **Koffer** beim Verlassen des Zimmers stets **ab**.

In jüngster Zeit ist es bedauerlicherweise vorgekommen, dass Gepäck, das zum Weiterflug aufgegeben worden war, geöffnet oder gar aufgeschlitzt wurde und dabei das eine oder andere Stück abhanden kam. Ähnliche Vorfälle ereignen sich leider immer wieder auch bei Reisen mit der Eisenbahn. Prüfen Sie Ihr Gepäck daher stets nach der Entgegennahme sorgfältig nach Spuren von Gewaltanwendung, im Verdachtsfall öffnen Sie dieses umgehend und prüfen Sie den Inhalt. Um sicher zu sein, ob etwas fehlt, sollten Sie sich vor Reiseantritt eine **Checkliste** anfertigen, auf der Sie alle mitgeführten Artikel auflisten.

Sollte wirklich etwas passieren, so wenden Sie sich an Ihren chinesischen Begleiter, an den Assistant Manager des Hotels oder das *Beijing Municipal Public Security Bureau* („Notruf", S. 139).

> ☞ **Tipps**
>
> - *Fertigen Sie vor Reiseantritt von allen wichtigen Reiseunterlagen (Reisepass, Visum, Impfausweis oder anderen Ausweisen, Flugticket, Reiseschecks, Kreditkarte etc.) **Fotokopien** an. Im Falle des Verlustes beschleunigen Sie so die Wiederbeschaffung bzw. erleichtern die Suche.*
> - *Provozieren Sie nicht, indem Sie große Geldbeträge herumzeigen.*
> - *Zählen Sie Ihr Wechselgeld stets sofort nach, auch beim Geldumtausch.*

Souvenirs

Wenn es sich nicht gerade um einen guten Freund handelt, sollte man sich bei der Auswahl von Geschenken auf Kleinigkeiten beschränken, wie z.B. Taschenmesser, Kugelschreiber, Feuerzeuge, Taschenrechner etc. Die chinesischen Reiseleiter sollte man mit derlei Dingen allerdings nicht düpieren, ihnen kann man anstelle des normalerweise üblichen Trinkgeldes auch fremdsprachige Literatur schenken. Allgemein begehrt, vor allem bei den Busfahrern, sind ausländische Zigaretten, die in China verhältnismäßig teuer sind. Freunde und gute Bekannte sollte man hingegen z.B. mit einer Flasche guten ausländischen Cognac oder Whisky (für ihn) bzw. erlesenen Parfüms bzw. Pralinés (für sie) überraschen.

Besonders **beliebte Mitbringsel** sind: Porzellan, Cloisonné, Lackarbeiten, Jade, Teppiche, Antiquitäten, Seide, geschnitzte Stempel, Rollbilder, Papierdrachen, Scherenschnitte, Riech- zw. Schnupftabakfläschchen, Schnitzereien aus Knochen, Rosenholzmöbel, Terrakottafiguren und Stickereien.

Sport/Wellness

Hotels der oberen Preiskategorien verfügen über ein eigenes **Fitness-Center** und/oder ein **Schwimmbad**. Darüber hinaus hält Peking aber noch eine Vielzahl weiterer sportlicher Betätigungsmöglichkeiten bereit. Die Zeiten und Orte **sportlicher Veranstaltungen** kann man u.a. der *China Daily* entnehmen.

BADMINTON
Freunde dieser Sportart können u.a. an folgenden Orten ihrer Passion nachgehen: *Capital Gymnasium, Chaoyang Gymnasium*, Liulitun Xikou, Chaoyang District, ☏ 650 11016; *Olympic Sports Center*, Asian Games Village, ☏ 64912233.

BILLARD/SNOOKER
In vielen Hotels stehen Tische bereit, Billard-Salons schießen in der ganzen Stadt wie Pilze aus dem Boden, besonders gepflegt spielt man jedoch im *Beijing Recreation Center* sowie bei: *Pang Weiguo Billiards*, Nan'er Duan, Block 4 Xiluo Yuan, Fengtai District, ☏ 87265975, rund um die Uhr geöffnet (hier findet man auch Privatzimmer und Wettkampftische).

BOWLING
U.a. folgende Hotels besitzen Bowling-Bahnen, auf denen auch Nicht-Hotelgäste einmal eine Kugel schieben dürfen: *Capital, China World, Grand View Garden, Holiday Inn Lido, Beijing International, Beijing Xindadu, Tianlun Dynasty* und *Zhongyuan*. Weitere Möglichkeiten bestehen im *Beijing Recreation Center* und in der *COFCO Plaza*, 8 Jianguomennei Dajie, Basement 3, täglich 9.30-24 Uhr, oder bei *Gongti 100*, 6 Gongti Xilu, Chaoyang District, ☏ 65522688, täglich 9-2 Uhr, mit 100 Bahnen, wo man RMB 30 pro Spiel bezahlt. Des Weiteren empfehlenswert: *Jade Palace Hotel Bowling Center*, B1/F, Jade Palace Hotel, 76 Zhichun Lu, Haidian District, ☏ 62628888 ext. 55080, täglich 10-23 Uhr (top gepflegte Bahnen, auf denen das Spiel RMB 30 kostet), und *Jing'an Entertainment Center*, 8 Beisanhuan Donglu, Chaoyang District, ☏ 84552288 ext. 8032, täglich 7-1 Uhr (je nach Tageszeit bezahlt man pro Spiel RMB 5-15).

CHINESISCHE KAMPFKUNST
Beijing Milun School of Traditional Kungfu, ☏ 139-10811934, www.kungfuinchina.com; Preise: in der Gruppe einmalig RMB 80, für einen Monat RMB 500, Individualunterricht einmalig RMB 150, für einen Monat RMB 1.920. Kurse in Tai Chi, Shaolin, Qigong, Bagua und Sanda.
Jinghua Wushu Association, Liangma Qiao (nahe Nuren Jie), Chaoyang District, ☏ 135-22283751; Preise: einmalig RMB 90, zehn Mal RMB 700. Alte Meister unterrichten Tai Chi, Qigong und Meditation nach Shaolin-Art.
Wing Chun Kung Fu Class, Osttor des Worker's Stadium, Chaoyang District, ☏ 131-26553900, E-mail: wingchun.china@gmail.com. Diese Art des Kung Fu wurde durch Bruce Lee bekannt. Man kann sich auch privat unterrichten lassen.

EISLAUFEN

Außer im *Le Cool* (ⓘ „Kinder", S. 128) kann man noch an folgendem Ort sehr schön seine Runden drehen: *New World Champion Skating Ring*, B1/F, 3 Chongwenmenwai Dajie, New World Shopping Mall, Chongwen District, ☏ 67089523, täglich 9.30-21.30 Uhr; für jeweils 90 Minuten bezahlt man Mo-Fr 9.30-11.30 Uhr RMB 25, 11.30-17 Uhr RMB 35 und 17-21.30 Uhr RMB 40 sowie Sa u. So durchgehend RMB 45. Auf der 1.700 m² großen Eisfläche haben auch Anfänger genügend Platz zum Üben.

GOLF

Derzeit kann man u.a. auf nachstehenden Golfplätzen putten. Alle verfügen über ein eigenes Clubhaus, Restaurants und Geschäfte, in denen man Ausrüstung samt Caddie mieten kann. Die Plätze stehen Einheimischen und Gästen gleichermaßen offen. Vorherige Anmeldung ist empfehlenswert.

Der **Beijing International Golf Club**, Shisanling Shuiku, Changqping District, ☏ 607 62288, 🖷 6076 1111, täglich 7-19 Uhr; 4x18 Löcher, maximal 6.989 Yards, Par 72; Greenfee: Mo-Fr Männer RMB 800, Damen RMB 480, Sa u. So 1.400 Yuan, erstreckt sich in der Nähe der Ming-Gräber über eine sanfte Hügellandschaft. Einer der schönsten Plätze ganz Chinas.

In der Nähe des Internationalen Flughafens liegt am Westufer des Chaobai River im Shunyi District der **Beijing Country Golf Club**, ☏ 69401111, 🖷 69402020, www.bccgolf.com; 3x18 Löcher, maximal 7.010 Yards, Par 72; Greenfee: Mo-Fr RMB 568, Sa u. So RMB 888, ein chinesisch-japanisches Joint Venture, der neben drei 18-Loch-Kursen u.a. noch Tennisplätze und ein Japanisches Bad aufzuweisen hat.

Ebenfalls im Shunyi Country, am Ostufer des Chaobai River, befindet sich der **Beijing Golf Club**, ☏ 894702458, täglich 7.30 Uhr bis Sonnenuntergang; 18 Löcher, 7.046 Yards, Par 72; Greenfee: Mo-Fr RMB 800, Sa u. So RMB 1.200, auf dessen Kurs (plus Nebenkurs mit vier Löchern) man von März bis Dezember putten kann.

Beijing Links Golf Club, 88 Jiangzhuanghu, Huixin Donglu, Chaoyang District, ☏ 846 38888, täglich 8.30-16 Uhr; 18 Löcher, 7.040 Yards, Par 72; Greenfee: RMB 720 pro Runde. Großes Clubhaus mit Café, Bar, Swimmingpool, Sauna und Gym. Verfügt auch über eine Driving Range mit 60 Plätzen, für die man RMB 30 Eintritt und ein Yuan pro Ball zahlt.

Beijing Yaoshang Golf Club, Yaoshang Cun, Liulihe Zhen, Fangshan District, ☏ 803 21678, täglich 8-18 Uhr; 18 Löcher, Par 72; Greenfee: Mo-Fr RMB 550, Sa u. So RMB 800. Auf der angeschlossenen Driving Range zahlt man RMB 30 für 50 Bälle.

Huatang International Golf Club, Dongyanjiao Development Zone, ☏ 61593932, täglich 8-18 Uhr; 18 Löcher, 7.510 Yards, Par 72; Greenfee: Mo-Fr RMB 480, Sa u. So RMB 960. Rund 40 Minuten vom Stadtzentrum entfernt.

JOGGING

Die Stadt ist groß, die Bürgersteige und Fahrradwege meistens breit, sodass genügend Möglichkeiten bestehen, sich seine Lunge aus dem Leib zu laufen. In den großen Parks läuft es sich besonders schön.

SCHWIMMEN

Außer in beheizte Pools [z.B. in den Hotels, im *Evolution Fitness Center* oder im *Beijing Recreation Center* (beide s.u.) hat man noch die Möglichkeit, mit den Einheimischen in die Fluten des *Beijing-Miyun-Kanals*, des *Longtan-Sees* und des *Yuyuantan-Sees* zu tauchen.

Des Weiteren hat man an folgenden Orten die Möglichkeit ins nasse Element zu springen:
Crab Island (ⓘ „Kinder", S. 128)
Ditan Swimming Pool, 18 Anwai Hepingli Zhongjie, Dongcheng District, ☎ 64264483, Mo-Fr 8.30-15.30 Uhr und 18.30-21.30 Uhr, Sa u. So 8.30-22 Uhr, Eintritt: RMB 30.
Dongdan Indoor Swimming Pool, A2 Dahua Lu, Dongcheng District, ☎ 65231241, täglich 9-22 Uhr, Eintritt: RMB 30, Kinder RMB 20.
Olympic Sports Center, 1 Anding Lu, Yayuncun, Chaoyang District, ☎ 64910468, Eintritt: RMB 40.

SPA
Mit dem gestiegenen Wohlstand (zumindest einer kleinen Elite) hat auch die Wellness-Welle das Reich der Mitte erfasst, haben die Chinesen ihren eigenen Körper entdeckt, was die Anzahl der zur Auswahl stehenden Spas in Chinas Hauptstadt ständig ansteigen lässt. Die besten Einrichtungen dieser Art sind derzeit noch überwiegend in einigen der Luxushotels zu finden, doch öffnen auch immer mehr diese unabhängigen Verwöhntempel.

Zu den besten für beiderlei Geschlecht zählen im innerstädtischen Bereich:
The Aspara Club Spa, 2/F, Somerset Fortune Garden, 46 Liangmaqiao Lu, Chaoyang District, ☎ 84401097, täglich 10-22 Uhr.
Golden Corolla, 1/F, Building 7, Julong Garden, 68 Xinzhong Jie, Dongcheng District, ☎ 65518091, täglich 10-22 Uhr.
Long Island Massage & Spa, B/F, Jiahui Center, 6 Jiqingli, Chaoyang District, ☎ 65516112, Mo-Do 11-00.30 Uhr, Fr-So 11-2 Uhr.
Zen Spa, House 1, 8A Xiaowuji Lu, Chaoyang District, ☎ 87312530, 🖷 87312539, www.zenspa.com.cn, täglich 11-23 Uhr. Ruhig in einem alten Hofhaus gelegen – sehr atmosphärisch.

SQUASH
Dem kleinen Ball kann man außer im *Beijing Recreation Center* (s.u.) und im *Beijing Lufthansa Center* (ⓘ „Wo man gut einkauft", S. 203ff) in verschiedenen Hotels hinterher flitzen.

TAI CHI CHUAN (*Taiji*)
Bei uns als „Schattenboxen" bekannt, hat diese uralte chinesische Bewegungstechnik von Haus aus nichts Martialisches an sich, sondern dient der Harmonisierung von Körper, Geist und Seele. Wer zeitig aufsteht, kann ab dem Morgengrauen in allen Parks und an vielen anderen Orten die Menschen bei ihrer Morgengymnastik beobachten. In manchen Hotels können die Gäste die Grundregeln des Tai Chi bei einem Meister erlernen, der einem auch gerne weiterhilft, wenn man sich damit intensiver beschäftigen möchte.

TENNIS
Über eigene Plätze verfügen u.a. folgende Hotels: *21st Century, China Resources, Beijing Hilton, Holiday Inn Lido, Kempinski, Kunlun Hotel, The Kerry Center Hotel, Landmark Towers Liangmahe, New Century, New Otani Chang Fu Gong, The Peninsula Beijing, SAS Radisson, Shangri-La, Great Wall Sheraton, Swissôtel, Tianlun Dynasty, Zhongyuan*.

Darüber hinaus findet man Plätze außer im *Beijing Shunyi Country Club* (s.o.), im *International Club* (s.u.) und im *Beijing Recreation Center* (s.u.) noch an folgenden Stellen:
Beijing International Tennis Center, 50 Tiantan Donglu, Chongwen District, ☏ 671 52532, Mo-Fr 10-22 Uhr, Sa 8-20 Uhr, So 9-21 Uhr, pro Stunde RMB 300.
Chaoyang Tennis Club, 1A Nongzhanguan Nanlu, Chaoyang District, ☏ 65010953 und 65010959, täglich 8-22 Uhr, Mo-Fr 8-16 Uhr pro Stunde RMB 200, sonst RMB 240.

Auch hier gibt es einen Tennisplatz: das Great Wall Sheraton Hotel

Die nachstehenden Einrichtungen verfügen über ein z.T. recht breit gefächertes Sport- und Freizeitangebot:
International Club, 21 Jianguomenwai Dajie, Chaoyang District, ☏ 65322046: Für das Schwimmbad ist eine Schwimmerlaubnis nötig, die man nach einem Körper-Check im Hauptstadt-Krankenhaus (Beijing Union Medical College Hospital – ⓘ „Krankenhäuser", S. 134) erhält; wer Tennis spielen möchte, kann zwischen Freiluft- und Hallenplätzen wählen, gespielt werden kann täglich von 8-21 Uhr; Bowling, Tischtennis und Badminton runden das Angebot ab.
Viel Unterhaltung für Groß und Klein gleichermaßen hält das **Beijing Recreation Center**, Beisihuan Zhonglu, Andingmenwai, ☏ 4993434-6, 🖷 4911601, täglich 9-1 Uhr, parat. Während die Jüngeren sich im Wellenbad tummeln, Bowling, Squash oder Billard spielen, können die Erwachsenen z.B. das Tennisracket schwingen, am Golfsimulator üben, in der Sauna schmoren oder in den Einkaufspassagen bummeln. Restaurants und Bars sorgen dabei für das leibliche Wohlbefinden.
Evolution Fitness Center, Dabeiyao Center, Dongsanhuan Beilu, Chaoyang District, ☏ 65670266, Mo-Fr 6.30-22.30 Uhr und Sa u. So 8-21 Uhr. Neben einem 25-Meter-Pool stehen jede Menge Fitnessgeräte zur Verfügung, darüber hinaus werden Aerobic-Kurse angeboten.
Hong Kong Boss Fitness Club, 18/F, Cyber Tower, 2 Zhongguancun Nandajie, Haidian District, ☏ 51626060, täglich 7-22 Uhr. Hier kann man hoch über den Dächern der Stadt seine Runde im Pool ziehen oder sich an den verschiedenen Gerätschaften zum Schwitzen bringen.
The Kerry Sports Center, Kerry Center Hotel, 1 Guanghua Lu, Chaoyang District, ☏ 65618833 ext. 6465, täglich 6-23 Uhr. In diesem sich auf dem neuesten Stand der Technik befindenden Center fehlt es an nichts, was aber auch seinen Preis hat.

Sprache

In Hotels, Reise- und anderen Büros sowie den meisten Institutionen, mit denen der ausländische Besucher normalerweise in Berührung kommt, findet sich zumindest eine

Person, die des Englischen mächtig ist. Trotzdem sollte man, so man nicht gut Chinesisch spricht, auf jeden Fall eine(n) Dolmetscher(in) mitnehmen bzw. – wenn persönliches Erscheinen nicht notwendig ist – die zu erledigende Sache dem Hotel, einem Reisebüro oder seinem chinesischen Begleiter anvertrauen.

Auf der Straße werden Sie selten jemanden finden, der Ihnen in einer Fremdsprache Auskunft erteilen kann; am ehesten haben Sie bei jungen Leuten die Chance.

> **Tipp**
>
> *Stecken Sie sich, wenn Sie etwas auf eigene Faust unternehmen, eine Hotelkarte oder sonst einen Beleg ein, auf dem der Name Ihres Hotels auf Chinesisch geschrieben steht, damit Sie wieder sicher in Ihr Hotel zurückkommen, denn mit den Englischkenntnissen der Taxifahrer ist es nicht weit her, auch wenn im Rahmen der Vorbereitung zu den Olympischen Spiele allen Fahrern Grundkenntnisse in Englisch vermittelt werden.*

SPRACHE & SCHRIFT

Die chinesische Schrift unserer Tage hat eine jahrtausendelange Entwicklung hinter sich, während derer sie sich von einer Bilder- zu einer sehr abstrahierten Zeichenschrift fortentwickelte, bei der jedes Schriftzeichen ein Wort oder eine Bedeutungseinheit repräsentiert und aus einer unterschiedlichen Anzahl von Strichen besteht, die in einer bestimmten Reihenfolge zu schreiben sind.

Die Anfangsphase dieses rund **4.000 Jahre** langen Prozesses fällt in die Zeit der Yangshao- und Longshan-Kulturen, bei denen man erste Strich- und Symbolzeichen gefunden hat. Da die Weiterentwicklung in den nachfolgenden Teilreichen auseinanderlief (man spricht zu dieser Zeit von der **Großen Siegelschrift**, chin. *Dazhuan*), ordnete *Qin Shi Huangdi* nach der Reichseinigung eine Schriftreform an, die die Vereinheitlichung zum Ziel hatte; das Ergebnis war die etwa 3.000 Zeichen umfassende **Kleine Siegelschrift** (*Xiaozhuan*).

Die Schriftsprache blieb jedoch bis in die Neuzeit hinein nahezu ausschließlich das Privileg der Gelehrten, das gemeine Volk musste sich mit dem gesprochenen Wort begnügen. Die Zeichen der Kleinen Siegelschrift wurden zu Beginn der Han-Dynastie allmählich von der **Kanzleischrift** (*Lishu*) verdrängt, die Elemente der **Kleinen Kanzleischrift** integrierte und letztendlich zur **Modellschrift** (*Kaishu*) standardisiert wurde, die sich bis heute nicht geändert hat.

Die hohe Kunst der chinesischen Schrift

Die heutige Schrift baut auf **214 Radikalen** auf, die zwar nicht alle eine eigenständige Bedeutung haben, von denen aber in jedem Schriftzeichen mindestens einer vorkommt, unter dem man das Zeichen auch im Wörterbuch suchen muss. Werden zum Lesen der Zeitung oder zum Verstehen von Nachrichten etwa 3.000-4.000 verschiedene Zeichen benötigt, kennen Gelehrte bis zu 8.000 oder auch 10.000. Insgesamt kennt das Chinesische jedoch weit **über 50.000 verschiedene Zeichen**, die aber niemand alle auswendig kennt. Anhand der Zeichen, die für fast alle die gleichen sind, können sich die Angehörigen verschiedener Dialekte problemlos verständigen, sprachlich hingegen kann es ganz erhebliche Probleme geben.

Neben den Schriftzeichen lernen die Schüler heute auch die lateinische Umschrift, das **Hanyu Pinyin**, außerdem hat man in der Vergangenheit, letztmalig in den 1970er Jahren, Reformen durchgeführt, bei denen die Zeichen vereinfacht wurden, indem man sie aus weniger Strichen aufbaute. In Hong Kong und Taiwan schreibt man jedoch noch die alten, komplizierteren Zeichen.

In der Hochsprache gibt es **411 Silben**, die jeweils in **vier verschiedenen Tönen** gesprochen werden können: erster Ton – hoch und konstant, zweiter Ton – ansteigend, dritter Ton – erst fallend, dann steigend, vierter Ton – fallend. **Chinesisch** zählt somit zu den **tonalen Sprachen**, denn je nach Betonung verschiebt sich die Silbenbedeutung. Andererseits können Wörter ganz unterschiedlicher Bedeutung dieselbe Aussprache und Tonlage haben, stimmen aber in der Schreibweise nicht überein. Schriftzeichen lassen sich aber nicht – wie ein Alphabet – zu immer neuen Wortschöpfungen zusammensetzen.

Schwierigkeiten beim Erlernen bereiten dem Ausländer (aber auch den chinesischen Kindern) vor allem die Schriftzeichen und die dazugehörigen verschiedenen Töne, die Grammatik dagegen ist überaus einfach und logisch.

Telefax

Als bequemste, schnellste und kostengünstigste Art der Nachrichtenübermittlung (außer dem Telefon und der noch bei weitem nicht überall vorhandenen Möglichkeit des Empfanges und Versendens von E-Mails) hat sich das **Fax** bewährt, ein – wenn auch teurer (berechnet werden normalerweise mindestens drei Minuten) – Service, der von nahezu allen Hotels angeboten wird, wobei diese nicht nur gesendete Mitteilungen, sondern oft auch eingegangene berechnen.

Faxe versenden können Sie auch an folgenden Orten:
Telephone Building, 11 Xichang'an Jie; ☏ 66010757, 🖨 66010717. Rund um die Uhr geöffnet.
International Post and Telecommunication Office, Jianguomen Beidajie, Ecke Xiushui Beijie, ☏ 65128120 und 65128114, täglich 8-19 Uhr. Im selben Gebäude befindet sich ein Zollamt, bei dem man die für den Postversand benötigten Zollunterlagen erhält.
Beijing Long Distance Telephone Office, 97 Fuxingmennei Dajie, ☏ 66022969.

Allgemeine Reisetipps von A-Z

Beijing Telecom Business Center, B1, China World Trade Tower, China World Trade Center, 1 Jianguomenwai Dajie, ☏ 65051000 und 65321000.

> ☞ **Hinweis**
>
> Wer eine E-Mail schicken oder empfangen möchte und keinen Laptop dabei hat, kann dies in den Business Centers der besseren Hotels oder in den Internetcafés (s. „Internet") tun.

Telefonieren

Da das Land in den letzten Jahren viel Geld in den Ausbau der Telekommunikation gesteckt hat, ist man selbst in den ländlichen Gebieten mittlerweile mittels Mobiltelefon praktisch überall erreichbar.

Innerstädtische Gespräche sind von öffentlichen Apparaten aus zum Teil kostenlos oder kosten für die ersten drei Minuten 20 Fen, jede weitere Minute beläuft sich auf 10 Fen.

Öffentliche Telefone findet man am Flughafen, auf den Bahnhöfen, in Einkaufszentren und in Hofeingängen in den einzelnen Wohnvierteln. Selbstverständlich kann man von seinem Hotel aus anrufen, entweder von seinem Zimmer (kostet RMB 3-5) oder einer der Telefonboxen, an denen man in der Regel ebenfalls 20 Fen pro Ortsgespräch bezahlt.

An vielen Orten finden sich aber auch **Kartentelefone**, an denen z.T. auch mit Kreditkarte telefoniert werden kann.

Telefonkarten zu RMB 10, 20, 50, 100 und 200 erhält man im Business Center des Hotels, in Cell Phone Stores, in Supermärkten, Tabakläden, bei *China Telecom* und Postämtern sowie an Zeitungsständen.

Im Wesentlichen unterscheiden sich Telefonkarten wie folgt: **201-Karten** können für Orts-, DDD- und IDD-Gespräche an allen öffentlichen Festnetzapparaten sowie IC-Telefonkiosken benutzt werden, **IC-Karten** an allen IC-Telefonkiosken (wobei die Karte in den Kartenschlitz zu schieben ist), **IP-Karten** (die kostengünstigste Variante für DDD und IDD) an allen öffentlichen Telefonen (bei der auf der Karte abgedruckten fünfstelligen Nummer handelt es sich jeweils um die einzugebende Vorwahlnummer; diese Karten funktionieren nur innerhalb Pekings; der chi-

Noch hat nicht jeder ein Handy: öffentlicher Telefonapparat

nesischen Benutzungsansage folgt in aller Regel auch eine englischsprachige). Bei 201-Karten und IP-Karten wählt man nach Freirubbeln der Kartennummer und der PIN-Nummer folgende Nummern: Zugangscode (2011 für 201-Karten bzw. bei IP-Karten die fünfstellige Vorwahlnummer) plus Spracherkennungsnummer (für Englisch für gewöhnlich die 2) plus Kartennummer plus PIN plus # plus Landesvorwahl plus Rufnummer plus #.

> **Hinweis**
>
> *Telefonkarten von* Beijing Telecom *können nur an Telefonapparaten innerhalb Pekings benutzt werden, Karten der Postämter nur an Apparaten in Postämtern und Karten von* China Telecom *an allen Apparaten, außer in Postämtern.*

Inlandsgespräche (Direct Domestic Dialing = DDD), d.h. Inlandsanrufe mit Direktdurchwahl (ca. 70 Fen pro Minute) können von vielen Postämtern, mit „DDD" und „IDD" gekennzeichneten Telefonkiosken sowie fast allen Hotelzimmern aus gemacht werden, wobei in letzterem Fall zunächst eine, der Telefonanleitung (Telefon Directory) zu entnehmende oder auf dem Apparat selbst stehende – je nach Hotel verschiedene – Zahl vorgewählt werden muss, um die Amtsleitung zu bekommen, anschließend wählt man die „0", es folgt die Ortsvorwahl, am Ende der Anschluss. Wer nicht klar kommt, kann den Operator zu Rate ziehen, den man unter 113 an der Strippe hat. Meiden Sie, wenn es irgend geht, die Zeit von 7-19 Uhr, dann laufen nämlich die Leitungen heiß, zudem sparen Sie bei Nachtgesprächen (21-7 Uhr) 50 Prozent an Gebühren.

Auslandsgespräche (International Direct Dialing = IDD) sind von den meisten Hotelzimmern aus möglich, wobei man zunächst eine, der Telefonanleitung (*Telefon Directory*) zu entnehmende oder auf dem Apparat selbst stehende – je nach Hotel verschiedene – Zahl vorwählt, um die Amtsleitung zu bekommen, anschließend wählt man „00", dann die Landesvorwahl, die Ortsvorwahl ohne die „0" und schließlich den Anschluss. Unter der Nummer 103 hilft der Internationale Operator weiter. Für eine Minute beträgt die Gebühr gegenwärtig ca. RMB 8, allerdings erheben viele Hotels einen z.T. kräftigen Aufschlag. Wenn der Operator konsultiert wird, werden als Grundgebühr drei Minuten berechnet. Sie können aber auch vom *Beijing Long Distance Telephone Office* aus ins Ausland anrufen, das sich 97 Fuxingmennei Dajie (☏ 660 22969) befindet. Hier hilft man Ihnen auch bei Inlandsferngesprächen. Als **Alternative** bieten sich die mit „IDD" gekennzeichneten Telefonkioske an, die in der Regel jedoch – wie auch die Postämter – drei Minuten als Minimum verrechnen.

Eine **preiswertere Alternative** stellen zumeist **Calling Cards** deutscher und anderer westlicher Anbieter dar, die zudem den Vorteil haben, dass die anfallenden Gebühren entweder per Kreditkarte oder aber zusammen mit der Telefonrechnung im Heimatland verrechnet werden.

Eine weitere **bargeldlose Alternative ist die T-Card** der Deutschen Telekom, mit der man über den *Deutschland Direkt*-Service weltweit verbunden wird. Bei Touch Tone-Apparaten erfolgt die Verbindung nach vorheriger Eingabe der Landeszugangsnummer, der Karten- und PIN-Nummer direkt, bei Telefonen ohne Tonwahl gibt man der Vermittlung die Kartennummer und die PIN-Nummer durch. In beiden Fällen werden die Gesprächsgebühren über das Fernmeldekonto des Kartenbesitzers abgerechnet. Ein vergleichbares Verfahren bieten die US-Unternehmen AT&T, MCI und Sprint an, noch dazu zu günstigeren Tarifen. Die **AT&T-Karte** erhält jeder, der im Besitz einer Kreditkarte von *Diner's Club* oder *Visa* ist oder über ein US-Bankkonto verfügt. Die Vermittlung erfolgt in diesem Fall über den Operator in New York, bei Touch Tone-Apparaten jedoch direkt, wobei nach Eingabe der Landeszugangsnummer ebenfalls Karten- und PIN-Nummer eingegeben werden müssen.

Als weitere **Gesprächsvarianten**, die alle über den Operator gehen müssen und daher oftmals ziemlich umständlich sind, kommen notfalls in Frage:

Collect Call (R-Gespräch; Vorwahl: 108): Es zahlt der Angerufene, nachdem dieser dem Operator sein Einverständnis dazu gegeben hat.
Person-to-person call: Man sagt dem Operator, welche Person man sprechen möchte; erst wenn diese sich meldet, zahlt man.
Third number call: Nicht der Anrufer oder Angerufene zahlt, sondern ein Dritter (z.B. ein Freund), dessen Nummer man dem Operator mitteilen muss, der sich wiederum dessen Einverständnis einholt.

Handys der großen deutschen Netzanbieter **funktionieren** in Chinas Hauptstadt **einwandfrei**. Wer nicht sein eigenes Handy mitbringen möchte, kann ein solches notfalls auch vor Ort mieten, und zwar außer in den Business Centers besserer Hotels auch über viele Reiseagenturen. Selbstverständlich können Sie auch nur eine SIM-Karte entleihen.

Weitaus günstiger als mit der eigenen, von zu Hause mitgebrachten SIM- oder Prepaid-Karte telefoniert man mit einer vor Ort gekauften **Prepaid-Karte** von *China Mobile* (englischsprachige Servicenummer: 1860) oder *China Unicom* (englischsprachige Servicenummer: 1001), die man in Cell Phone Shops, an Zeitungsständen oder bei Drogeriemärkten (Convenience Store) erhält. Noch günstiger telefoniert man, wenn man darüber hinaus noch zusätzlich eine **IP Card** (Internet Phone Card) ersteht, die man in vielen Hotels, Internetcafés und Zeitungsständen kaufen kann.

Zudem besteht in vielen Internetcafès die Möglichkeit, vergleichsweise preisgünstig via **VoIP** zu telefonieren.

 Tipp

Wenn es nicht auf ein paar Euro ankommt, rufen Sie am besten von Ihrem Hotelzimmer aus an, das funktioniert normalerweise problemlos. Verfügt das Hotel über ein Business Center, so stehen dort ebenfalls Apparate zur Verfügung.

Wichtige Telefonnummern

Vorwahl der VR China ☏ 0086
Vorwahl von Peking ☏ 10
Vorwahl der Bundesrepublik Deutschland ☏ 0049
Vorwahl von Österreich ☏ 0043
Vorwahl der Schweiz ☏ 0041
Örtliche Telefonnummernauskunft ☏ 26890114
Nationale Auskunft ☏ 114
Internationale Auskunft ☏ 115
Zeitansage ☏ 117
Wettervorhersage ☏ 121
Postleitzahlenauskunft ☏ 63037131
Polizei ☏ 110
Feuerwehr ☏ 119
Ambulanz ☏ 120
Beijing Municipal Public Security Bureau ☏ 84020101
Busauskunft ☏ 96166
Zugauskunft ☏ 65129525 und 51019999
English Tourist Hotline ☏ 65130828 (Fragen und Beschwerden)

Trinkgeld

Infolge des wirtschaftlichen und gesellschaftspolitischen Wandels findet man heutzutage kaum noch jemanden, der das Trinkgeld zurückweist, bestimmte Personenkreise (z.B. Reiseleiter und Busfahrer) erwarten dies geradezu. Ein Trinkgeld ist immer Anerkennung einer Serviceleistung; unterbleibt diese, sollte man grundsätzlich nichts geben und dies notfalls auch begründen. Es gilt auch hier der **Grundsatz**: **No service, no tip!**

Auch sollte man sich stets das **Lohngefüge** und die **Durchschnittseinkommen** vor Augen halten, um nicht über das Maß hinauszuschießen. Der Boy, der Ihnen den Koffer aufs Zimmer bringt, erhält pro Gepäckstück RMB 3-5, das gleiche bekommt pro Tag und Person das Zimmermädchen, dem Taxifahrer kann man zwei, drei Yuan extra geben (wenn er keine Stadtrundfahrt veranstaltet), im Restaurant kann man sich, wenn man nicht mit der Gruppe unterwegs ist, mit RMB 5 pro Person für ein gutes Essen mit entsprechendem Service bedanken. Doch geben Sie das kleine „Dankeschön" immer unauffällig, der Empfänger muss es sonst mit allen Danebenstehenden teilen.

Jeder versucht sich etwas nebenbei zu verdienen

> **☞ Hinweis**
>
> Auf keinen Fall sollte man kleinere Scheine als Yuan-Scheine geben – ansonsten lieber ganz darauf verzichten.

Verhalten

Als Fremdem wird einem vieles **nachgesehen**, trotzdem sollte man wenigstens die Grundregeln des Umgangs mit Chinesen beherzigen.

Damit man sein Gesicht nicht **verliert**, **sollte** man:
- **pünktlich sein**; für Verspätungen ohne triftigen Grund hat der Chinese wenig Verständnis.
- **Schuhe ausziehen**, wenn man die Wohnung eines Chinesen betritt.
- sich bei der Begrüßung allenfalls **verneigen** oder die Hand geben, obwohl Chinesen untereinander dies kaum tun, auf gar keinen Fall dem Gegenüber aber auf die Schulter klopfen oder einander küssen.
- den **Gastgeber** das Essen bestellen und damit auch anfangen lassen.
- **essen**, was aufgetragen bzw. einem vom Gastgeber vorgelegt wird.
- bei den Mahlzeiten immer nur **kleine Happen** von den Platten nehmen, am Ende etwas im Schüsselchen bzw. am Teller lassen.
- sich **sauber** und **anständig kleiden**, ohne dabei zu dick aufzutragen, auch beim Make-up.

... **sollte** man **nicht**:
- **laut werden** oder/und fordernd auftreten; wer sich zügelt, wird eher erreichen, was er möchte.
- **wild gestikulieren**; viele Gesten haben hier eine andere, oft obszöne Bedeutung.
- Land und Leute und schon gar nicht die Familie offen **kritisieren**.
- in der Öffentlichkeit **Zärtlichkeiten austauschen**.
- **Essstäbchen in der Schüssel stecken lassen**, dies erinnert an in Asche steckende Räucherstäbchen, ein Zeichen des Todes.
- beim Essen über den Tisch **langen**; man wartet, bis der Drehteller weitergedreht wird, zudem pickt man sich nicht die besten Stücke heraus und lädt seinen Teller voll.
- allzu offen mit seinem **Geld hantieren**, für nahezu alle Chinesen schleppen wir kleine Vermögen mit uns herum; auch redet man nicht vor allen Leuten über das, was man hat, dies wird als Angeberei empfunden, mit Zurückhaltung fährt man allemal besser.
- in buddhistischen Tempeln auf die **Türschwellen treten** (dies gilt als Geringschätzung des buddhistischen Glaubens).

Verhaltensregeln bezüglich der Bekleidung finden Sie unter dem Stichwort „Kleidung", ⓘ S. 133, Weiterführendes zudem in: „Reisegast in China" (ⓘ Literaturverzeichnis).

Verkehrsmittel

Im Mai 2006 wurden **elektronische Fahrkartenausweise**, so genannte **Transportation Smartcards** (*Shizheng Jiaotong Yikatong*) eingeführt, die gleich Geldkarten aufgeladen werden können und die man für Fahrten in der U-Bahn und in Bussen benutzen kann – und nach und nach auch für Taxifahrten. Erworben und aufgeladen werden können diese Karten an allen U-Bahn-Stationen, Filialen der China Post und CITIC Bank sowie an großen Busbahnhöfen. Die maximale Ladekapazität beträgt RMB 100 (RMB 80 Guthaben und RMB 20 Kaution; letztere erhält man an folgenden Busendhaltestellen zurück: Bus 328 an der Andingmen Xi, Bus 15 beim Beijing Zoo sowie Bus 335 an der Fuchengmen).

Beim Passieren des U-Bahn-Eingangs bzw. beim Einsteigen in den Bus zieht man die Karte kurz über die dafür vorgesehene Lesemaschine, wodurch der zu entrichtende Fahrpreis automatisch abgezogen wird. Für jeden, der mehr mit öffentlichen Verkehrsmitteln unterwegs ist, lohnt die Anschaffung dieser Karte in jedem Fall, zumal man mit ihr gewisse Fahrpreisermäßigungen erhält, wobei Kurzzeitbesuchern neben der zeitlich unbefristet gültigen Kartenvariante noch folgende Alternativen zur Verfügung stehen: 3-Tage-Karte (max. 18 Fahrten, RMB 10), 7-Tage-Karte (max. 42 Fahrten, RMB 20) und 15-Tage-Karte (max. 90 Fahrten, RMB 40).

TAXI

Rund 63.000 Taxis rollen derzeit auf Pekings Straßen, bis zur Olympiade soll diese Zahl allerdings auf 40.000 reduziert werden. Normalerweise bereitet es keine Schwierigkeiten, innerhalb kürzester Zeit eines zu bekommen, insbesondere vor Hotels, Department Stores und Sehenswürdigkeiten stehen fast immer welche parat. Auf den Ringstraßen dürfen Taxis offiziell nicht angehalten werden. Selbstverständlich kann man sich auch bei der Taxizentrale eines rufen. Am beleuchteten Taxischild erkennt man, ob das Taxi frei ist. Lassen Sie sich Ihr **Fahrtziel** auf Chinesisch aufschreiben und nehmen Sie eine Hotelkarte oder einen anderen Beleg mit dem Namen Ihres Hotels auf Chinesisch (z.B. Streichholzschachtel) mit, denn mit den **Fremdsprachenkenntnissen der Taxifahrer** ist es noch nicht allzu weit her.

Alle Taxis besitzen Taxameter. Für die **ersten drei Kilometer** bezahlt man gegenwärtig **RMB 10**, für **jeden weiteren Kilometer RMB 2**. Beträgt die zurückgelegte Entfernung mehr als 15 km (was angesichts der Weitläufigkeit der Stadt rasch passieren kann), bezahlt man dann für jeden über diese Distanz hinaus gehenden Kilometer RMB 3. Bei **Nachtfahrten** (d.h. zwischen 23 und 5 Uhr) kosten die **ersten drei Kilometer** hingegen **RMB 11** und **jeder weitere RMB 3**.

Sie sollten ausreichend **Kleingeld** bei sich haben, da Fahrer oftmals auf größere Scheine nicht herausgeben können.

Hinweis

Zwar hat die vormalige Unsitte, Ausländer spazieren zu fahren, stark nachgelassen, im Einzelfall passiert dies aber nach wie vor. Erkundigen Sie sich daher am besten vorher (z.B. an der Hotelrezeption), was die von Ihnen beabsichtigte Fahrt in etwa kosten darf. Sollten Sie am Ende bemerken, dass etwas nicht stimmt, so geben Sie dies dem Fahrer zu verstehen. Können Sie sich nicht verständigen, so lassen Sie Ihre Einwände z.B. vom Portier oder einer anderen Person übersetzen.

Wenn Sie mit anderen das Taxi teilen, so brauchen Sie den Fahrpreis nur einmal zu bezahlen, nicht jeder der Fahrgäste. Verhält sich der Fahrer korrekt, können Sie ihm zwei bis drei Yuan Trinkgeld geben (wobei Taxifahrer kein Trinkgeld erwarten). In jedem Fall sollten Sie es sich angewöhnen, sich die Taxinummer und die Fahrerlizenznummer (diese steht auf der mit einem Bild des Fahrers versehenen Karte auf dem Armaturenbrett) zu notieren, falls Sie etwas liegen lassen oder sich nachträglich beschweren möchten.

Wenn Sie ein Taxi rufen möchten, wenden Sie sich an: **Beijing Taxi Dispatching Center**, ☏ 68373399.

> ### *i* Wichtige Taxi-Rufnummern
>
> **Beijing Taxi Corporation**, ☏ 68312288
> **Beijing Taxi Service Company**, ☏ 65024290
> **Beijing Travel Automobile Company**, ☏ 64362298
> **Capital Taxi Company**, ☏ 65616688

BUS

Ein Erlebnis ganz besonderer Art ist die Fahrt mit den städtischen und Überlandbussen, die in und um **Chinas Hauptstadt** auf **773 Linien verkehren** und Sie nahezu überall hinbringen, vorausgesetzt, Sie haben viel Zeit, Abenteuerlust und keine Klaustrophobie. Da sie das billigste öffentliche Verkehrsmittel sind – die Preise variieren je nach Entfernung zwischen RMB 1 und RMB 6 –, leiden sie auch nahezu immer unter chronischer Überfüllung. Die **Busliniennummer** steht vorne, hinten und an der Seite in arabischen Zahlen angeschrieben. Auf vielen Stadtplänen sind die wichtigsten Busverbindungen eingezeichnet, man kann aber auch in seinem Hotel danach fragen.

Busfahrpläne enthalten die chinesisch-sprachigen Stadtpläne, die es für RMB 3-5 an allen Zeitungsständen zu kaufen gibt, oder man erwirbt dort für RMB 5 die entsprechende Broschüre. Wer der Landessprache nicht mächtig ist, sollte am besten die folgenden englischsprachigen Websites zu Rate ziehen, die alle Buslinien aufzeigen: www.bjbus.com/english/default.htm und www.mapbar.com. Infos auf Englisch erhält man zudem unter der Rufnummer 96166.

So man keine Transportation Smartcard (s.o.) besitzt, erwirbt und entwertet man sein Ticket an den Ticketautomaten in den Bussen. Bei den geringen Preisen sollte man stets Jiao- und kleinere Yuan-Scheine dabei haben, große Scheine können oftmals nicht getauscht werden. **Vergessen** Sie beim Ein- und Aussteigen alle erlernten **Manieren**, **ohne Drängeln** läuft gar nichts!

Die Busse verkehren meist von 6-22 Uhr, Nachtbusse hingegen zwischen 22 und 6 Uhr. Busse mit Nummern zwischen 1 und 100 verkehren innerhalb der Dritten Ringstraße, ebenso Oberleitungsbusse mit 100er-Nummern, Busse mit 200er-Nummern fahren nur nachts, Busse mit 300er-Nummern verkehren innerhalb und zwischen den Vororten (d.h. außerhalb der Dritten Ringstraße), 400er-Nummern verkehren zwischen Zentrum und Vororten, 600er-, 700er- und 800er- Nummern bedienen die

Wohnviertel, bei 900er-Nummern schließlich handelt es sich um Überlandbusse, die u.a. die Orte an der Peripherie Pekings ansteuern. Mittlerweile verfügen alle Busse innerhalb Pekings über Aircondition.

▶ **Hauptbusbahnhöfe**
Chaoyang District: Dongdaqiao Bus Terminal
Chongwen District: Tianqiao Bus Terminal
Dongcheng District: Andingmen Bus Terminal
Haidian District: Dongwuyuan Bus Terminal
Xicheng District: Gangwashi Bus Terminal
Xuanwu District: Guang'anmen Bus Terminal

▶ **Überlandbusbahnhöfe** (Long Distance Bus Stations = LDBS)
Chaoyang District: Bawangfen Terminal (Xidawang Lu)
Chongwen District: Majuan Terminal (Guangqumen)
Dongcheng District: Dongzhimen Terminal (Dongzhimenwai Xiejie)
Fengtai District: Lizeqiao Terminal (Lizeqiao) und Muxiyuan Terminal (Haihutun)
Xicheng District: Beijiao Terminal (Deshengmenwai)

 Hinweis

Aufgrund des Gedränges in den Bussen ist erhöhte Vorsicht vor Taschendieben geboten.

SHUTTLE BUS
Neben den zwischen Airport und der Innenstadt verkehrenden Airport-Bussen, offerieren auch viele Hotels der gehobenen Kategorien ihren Gästen einen Shuttle Bus-Service, der sie zu festgesetzten Zeiten mehrmals am Tag zum Flughafen, aber auch zu anderen Zielen innerhalb der Stadt bringt. Für Hotelgäste, die sich ausweisen müssen, ist dieser Service normalerweise kostenlos.

MINIBUS
Weitaus schneller als die Linienbusse sind die vor größeren öffentlichen Einrichtungen und Sehenswürdigkeiten anzutreffenden Minibusse, die entlang fester Routen die Stadt durchqueren, wobei sich der Preis (RMB 1-6) nach der Fahrtlänge richtet.

TOUR BUSES
Auch wer nicht mit einer Gruppe unterwegs ist oder sich einen Wagen mieten möchte, gelangt dank der Tour Buses (beginnen mit *Tour* oder *You*) zu einer Vielzahl von Sehenswürdigkeiten außerhalb des urbanen Zentrums von Peking. Die Busse verkehren täglich morgens ab 6 Uhr und kehren in der Regel im Winter um 17.30 Uhr und im Sommer um 20 Uhr zurück. Die Preise verstehen sich jeweils für die einfache Fahrt (und ohne Eintritt zu den Sehenswürdigkeiten).

U-BAHN/LIGHT RAILWAY
Wer im innerstädtischen Bereich rasch vorankommen will, für den ist das momentan aus **fünf Linien** (Gesamtlänge rund 114 km, mit insgesamt 83 Stationen) bestehende

Streckennetz der U-Bahn und Light Railway das geeignete Verkehrsmittel. Das **gesamte Streckennetz** finden Sie auf der hinteren Umschlagseite. In der Zeit nach Olympia sollen sechs zusätzliche Linien für weitere Entspannung im Verkehrschaos sorgen.

In allen Stationen (deren Eingänge zwar mit einer Art stilisiertem „G" gekennzeichnet, dennoch aber nicht immer ganz leicht auszumachen sind) finden sich zur Orientierung Streckennetzkarten. Die Stationsnamen sind in Pinyin-Umschrift angegeben, ebenso die Hinweise auf die jeweils nächste Station, die man über den Gleisen findet. Auf den Bahnsteigen helfen einem Übersichtskarten mit Angaben zu den einzelnen Ausgängen bei der örtlichen Orientierung. Alle **Stopps** werden in den Zügen auch auf **Englisch** angekündigt.

Pro Fahrt zahlt man einen Festpreis von **RMB 3-5**, abhängig davon, ob man die Linie wechselt oder nicht. Außer auf der **Batong Line**, auf der man **pro Fahrt RMB 2** bezahlt, kostet jede Fahrt auf den **Linien 1 bzw. 2, 5 und 13 RMB 3**, ganz gleich, wie weit man fährt. Eine Monatskarte kommt auf RMB 50.

Züge der U-Bahn **verkehren täglich ca. 5-23 Uhr** alle fünf Minuten, die **Light Railway** (Linie 13) fährt von **6-23 Uhr**. Während der Rushhours (7-9 Uhr und 16.30-18 Uhr) muss mit hoffnungsloser Überfüllung gerechnet werden.

Fahrkarten für die beiden älteren Streckenabschnitte (Linie 1 und 2) kauft man jeweils vor dem Eingang an einem Kiosk, die Tickets werden dann vor dem Betreten des Bahnsteigs eingesammelt. Auf den neuen Strecken hingegen wurde ein vollautomatisches Ticketsystem installiert, das systemweit ausgebaut wird. Am bequemsten fährt man auch hier mit der Transportation Smartcard (s.o.). Falls Sie also von den älteren auf die neueren Linien umsteigen, benötigen Sie ein **Transfer Ticket** (dessen blaue Hälfte wird beim Betreten der Linie 1 bzw. 2 eingesammelt, die orangefarbene Hälfte tauscht man beim Umsteigen gegen eine Magnetkarte ein), das Sie an der Endhaltestelle zum Verlassen des Systems benötigen.

Aktuelle Informationen zu Pekings U-Bahn finden Sie im Internet auf der Website www.bjsubway.com/ens/index.html, sowie eine Streckenkarte unter www.urbanrail.net/as/beij/beijing.htm.

> **Tipp**
>
> Die Stationen **Xizhimen**, **Jianguomen** und **Dongsi Shitiao** sind mit schönen Wandgemälden ausgestaltet.

RIKSCHA
Jahrzehntelang als menschliche Ausbeutung verdammt, erfreut sich dieses Verkehrsmittel seit einigen Jahren einer Renaissance. Reizvoll ist solch eine Fahrt – übrigens nicht nur für Ausländer – im Stadtkern, in den Hutong, rund um den Tian'anmen-Platz oder den Kaiserpalast.

> **Hinweis**
>
> Handeln Sie den Preis unbedingt **vor der Fahrt** aus. Eine Fahrt vom Beijing-Hotel aus rund um den Tian'anmen-Platz und zurück sollte nicht mehr als RMB 20 kosten.
> **Registrierte Rikschas** erkennt man an der Zulassungsnummer, ihre Fahrer an dem um den Hals getragenen Ausweis.

Versicherungen

Vor Antritt der Reise empfiehlt sich der Abschluss einer **Reiseversicherung**, am besten in Form der von mehreren Versicherungsunternehmen angebotenen **Versicherungspakete** (z.B. „Rat & Tat" oder „Rundum Sorglos"), die die Versicherung touristischer Beistandsleistungen (z.B. Rechtsanwalt) und Rücktransportkosten, eine Reisekranken- und Unfallversicherung, eine Haftpflicht- und Reisegepäckversicherung umfassen, wobei gerade letztere angesichts des rüden Umgangs mit dem Gepäck unerlässlich ist. Das Paket kostet €60-80. **Film-** und **Fotosachen** sind hierin allerdings nur zu einem Bruchteil (meist 33 Prozent) abgedeckt, sodass der Abschluss einer Spezialversicherung ins Auge gefasst werden sollte, wenn es sich um wertvollere Apparate bzw. Ausrüstungen handelt.

Reiseversicherungen werden auch von den **Automobilklubs** des Heimatlandes angeboten, einen noch kompletteren Service für den Fall ernsthafter Erkrankungen oder Unfälle bieten die Rettungsflugdienste, wobei jeweils eine einjährige Mitgliedschaft abzuschließen ist. Im Notfall sorgen sie für den kostenlosen Heimtransport (ⓘ „Notfall", S. 139).

Falls man seine Reise über einen Veranstalter bucht, empfiehlt sich der Abschluss einer **Reiserücktrittsversicherung**.

Visum

Für die Einreise in die VR China wird **generell ein Visum benötigt**. Für **Gruppenreisende** genügt es, wenn sie ihren Pass oder eine Kopie davon bis etwa sechs Wochen vor Abreise an den Reiseveranstalter schicken, der dann ein **Gruppenvisum** besorgt, das der Reiseleiter während der gesamten Reise mit sich führt.

Einzelreisende sollten ihr Visum möglichst rechtzeitig, nicht jedoch später als 50 Tage vor der geplanten Einreise bei der nächstgelegenen diplomatischen Vertretung der VR China (ⓘ „Botschaften/Diplomatische Vertretungen", S. 92) beantragen, die die entsprechenden Papiere zuschickt. (Das Antragsformular für Ihr Visum können Sie aber auch von folgender Internetadresse downloaden: www.china-botschaft.de) Alle Papiere müssen persönlich oder in Vertretung eingereicht bzw. abgeholt werden. Die Beantragung des Visums per Postweg wird nicht angenommen. Wollen Sie Orte besichtigen, die nur mit einer Sondererlaubnis besucht werden dürfen, so geben Sie dies bei Ihrer Visabeantragung an.

Bei Visa, die eine **einmalige Einreise** erlauben, muss diese innerhalb von drei Monaten nach dem Ausstellungsdatum erfolgen. Bei „**Multiple-Entry Visa**" dagegen muss die nächste Einreise jeweils spätestens nach weiteren sechs Monaten erfolgen. Auf dem Visum steht vermerkt, zu wie vielen Einreisen man berechtigt ist. Solche Visa werden meist aber nur an Geschäftsleute ausgegeben oder Gäste, die entsprechende Einladungen aus der Volksrepublik vorliegen haben (bei der Bestellung die gewünschte Zahl angeben). Touristen erhalten in der Regel nur Visa, die zur zweimaligen Einreise berechtigen.

Derzeit werden folgende **Touristen-** und **Geschäftsvisumgebühren** für deutsche Staatsbürger erhoben (die normale Bearbeitungszeit beträgt vier Arbeitstage)/Stand Januar 2008:

einmalige Einreise pro Person	€ 20
zweimalige Einreise pro Person	€ 30
mehrmalige Einreise (gültig für 6 Monate) pro Person	€ 40
mehrmalige Einreise (gültig für 1 Jahr) pro Person	€ 60

Wer es besonders eilig hat, muss noch etwas drauf legen:

Bearbeitung am gleichen Tag (Annahme nur bis 11 Uhr) pro Person	€ 30
Bearbeitung innerhalb von 2 Arbeitstagen pro Person	€ 20

Das Visum berechtigt im Normalfall jeweils zu einem Aufenthalt von 30 Tagen, Geschäftsvisa werden auch für einen längeren Zeitraum ausgestellt. Bei einem mehr als einjährigen Aufenthalt wird eine Gesundheitsbescheinigung einschließlich Aids-Test verlangt. Der Pass muss in jedem Fall noch mindestens für die Dauer von sechs Monaten nach der endgültigen Ausreise gültig sein. Sein Visum verlängern lassen kann man in Peking gegen eine Gebühr von RMB 25 beim *Foreign Affairs Office of the Beijing Municipal Public Security Bureau* (ⓘ „Pass", S. 140). In der Regel geschieht dies ohne größere Probleme und Verzögerungen, im Normalfall ist allerdings nur eine einmalige Verlängerung um einen Monat möglich. (Wer ohne gültiges Visum erwischt wird, muss pro überzogenem Tag mit einer Geldstrafe von RMB 500 rechnen.) Eine zweite – theoretisch mögliche – Verlängerung wird nur in Ausnahmefällen gewährt und beschränkt sich auf eine Woche. Wer sein **Visum verlängern** möchte, tut in jedem Fall gut daran, eine **örtliche Reiseagentur** damit zu beauftragen.

Sehr leicht und rasch kommt man in **Hong Kong** an sein **Visum**, das man sich von allen Reiseveranstaltern innerhalb eines Tages besorgen lassen kann, oder man geht selbst zum *Visa Office of the Ministry of Foreign Affairs of the P.R. of China*, 7/F, Lower Block, China Resources Building, 26 Harbour Road, Wan Chai, Hong Kong Island, ☎ 00852-34132424, Öffnungszeiten Mo-Fr 9-12 Uhr und 14-17 Uhr. Gewöhnlich bekommt man das Visum innerhalb eines Arbeitstages, **Express-Visa** gegen eine erhöhte Gebühr innerhalb einer Stunde. Wer es ganz eilig hat aber auch gegen eine nochmals erhöhte Gebühr innerhalb weniger Minuten.

Wer sich die Zeit sparen möchte, kann – gegen eine entsprechende Gebühr – auch eines der folgenden Reisebüros damit beauftragen:
China International Travel Service Hong Kong Limited (**CITSHK**), 6/F, Room 606, Tower 2, South Seas Centre, 75 Mody Road, Tsim Sha Tsui East, Kowloon, ☎ 00852-27325888, www.cits.com.hk/en/index.jsp

China Travel Service (HK) Ltd (CTS), Headoffice, 5/F, CTS House, 78-83 Connaught Road, Central, Hong Kong Island, ☏ 00852-28533533, 🖷 00852-25432671; Kowloon Branch, 1/F, Alpha House, 27-33 Nathan Road, Tsim Sha Tsui, Kowloon, ☏ 00852-23157188, 🖷 00852-23157292; www.ctshk.com (insgesamt unterhält CTS 43 Büros in Hong Kong und Macau)

Zeitungen/Zeitschriften

Einzige englischsprachige Tageszeitung (außer Sonntag) ist die „**China Daily**", die in allen internationalen Hotels für die Gäste kostenlos ausliegt bzw. auf das Zimmer gebracht wird. Sie informiert über das Geschehen im Lande und aller Welt, bringt Sportberichte, Nachrichten aus der Wirtschaft und Kulturelles. In manchen Buchläden und Freundschaftsläden ist sie für RMB 1 erhältlich. Das freitags erscheinende Blatt „**City Weekend**" informiert Touristen und Einheimische über sportliches und kulturelles Geschehen in der kommenden Woche. Wöchentlich erscheint auch die „**Beijing Rundschau**", die als Sprachrohr der Kommunistischen Partei bezeichnet werden kann. Die beiden Monatszeitschriften „**China im Aufbau**" und „**China im Bild**" gibt es in deutscher und englischer Version.

Die großen **internationalen englischsprachigen Tageszeitungen** sowie die in Hong Kong erscheinenden Zeitungen gibt es – vielfach noch am selben Tag – in den Buchläden der großen internationalen Hotels, die deutschsprachigen dagegen erst mit – z.T. mehrtägiger – Verspätung. Das gleiche gilt für die **internationalen Wochen-** oder **Monatszeitschriften**, wie z.B. „Spiegel", „Newsweek" oder „Time".

Zeitverschiebung

So groß das Land, so einheitlich die Zeit: In ganz China gehen die Uhren im Vergleich zur Bundesrepublik Deutschland um sieben Stunden vor, während der Sommerzeit in Deutschland um sechs Stunden. Bei einem 8-9-stündigen **Direktflug** von Deutschland, der Schweiz oder Österreich nach Peking hat der Reisende eine Zeitverschiebung von 7 Stunden zu verarbeiten.

Zoll

Zwar muss sowohl bei der Einreise als auch der Ausreise eine **Zollerklärung** ausgefüllt werden, die Kontrollen beschränken sich indes in aller Regel auf ein Mindestmaß, was allerdings nicht als Freibrief verstanden werden sollte. Bei der Einreise sollte man größere Geldbeträge, sehr kostbaren Schmuck oder wertvolle Geräte (Büromaschinen, außergewöhnlich teure Kameras u.ä.) sicherheitshalber anmelden, zumindest aber darauf hinweisen.

Deklariert werden müssen bei der **Einreise**: Devisen im Wert von über US$ 10.000, das Mitführen chinesischer Währung im Gesamtwert von über RMB 20.000, Gold, Silber und Schmuck mit einem Gesamtgewicht von mehr als 50 g.

Nicht **eingeführt** werden dürfen: Waffen und Munition, Sprengstoff, Sendeanlagen, infizierte Tiere (ⓘ „Haustiere", S. 125), verseuchte Pflanzen und Nahrungsmittel, Rausch- und Betäubungsmittel, pornografische und konterrevolutionäre Literatur bzw. Filme oder Videos.

Zollfrei sind: 400 Zigaretten oder 50 Zigarren, zwei Flaschen Alkohol (bis 0,75 l je Flasche) sowie Parfüm und Genussmittel im vertretbaren Umfang.

Nicht **ausgeführt** werden dürfen: Neben den oben genannten Dingen ist der Export folgender Dinge untersagt: mehr als RMB 20.000, mehr als vier Schachteln an Tabakprodukten, chinesische Medizin im Gesamtwert von mehr als RMB 300 pro Person, bedrohte Tier- oder Pflanzenarten (gemäß *Washingtoner Artenschutzabkommen*) und Antiquitäten ohne Ausfuhrgenehmigung (ⓘ „Wo man gut einkauft", S. 203).

Für alle in der VR China erworbenen **Schmuckgegenstände** (einschließlich entsprechender Kunsthandwerksstücke) müssen reguläre Rechnungen vorweisbar sein. Viele größerer Geschäfte verfügen über einen **Export-Service**, der sich um alle Zollangelegenheiten kümmert. Wer nicht viel Zeit hat, sollte beim Kauf größerer Gegenstände auf jeden Fall davon Gebrauch machen.

Hat man zollrechtliche Fragen, so wende man sich an: **Beijing Customs**, 6 Jianguomennei Dajie, Chaoyang District, Beijing 100730, ☏ 65194414, www.customs.gov.cn.

Einfuhrbestimmungen für die **Bundesrepublik Deutschland** und **Österreich** (pro Person):
Zollfrei sind: 200 Zigaretten oder 100 Zigarillos oder 50 Zigarren oder 250 g Tabak, ein Liter Spirituosen mit über 22 Vol.-Prozent oder zwei Liter unter 22 Vol.-Prozent oder zwei Liter Schaumwein, zwei Liter Wein, 50 g Parfüm, 0,25 l Toilettenwasser, 500 g Kaffee oder 250 g Kaffee-Extrakt, 100 g Tee oder 40 g Teeextrakt sowie sonstige Waren im Gegenwert von € 175 (Tabakwaren und alkoholische Getränke nur bei Personen über 17 Jahren, Kaffee nur bei Personen über 15 Jahren).

Einfuhrbestimmungen für die **Schweiz** (pro Person):
Zollfrei sind: Reiseproviant sowie persönlich gebrauchtes Reisegut (z.B. Kleidung etc.); außerdem für Personen über 17 Jahren 200 Zigaretten oder 50 Zigarren oder 250 g Rauchtabak sowie 2 Liter alkoholische Getränke mit bis zu 15 Vol.-Prozent und 1 Liter mit mehr als 15 Vol.-Prozent, ferner Geschenke im Gegenwert von bis zu sFr 300 (bei Personen unter 17 Jahren bis zu sFr 100).

Die **aktuellen Zollbestimmungen** finden Sie im Internet unter:
für **Deutschland**: www.zoll.de
für **Österreich**: www.bmf.gv.at/zoll/_start.htm
für die **Schweiz**: www.ezv.admin.ch

Achtung

China zählt zu den größten Elfenbeinverarbeitern, denken Sie aber bitte daran, dass die Einfuhr von Elfenbein nach Deutschland, Österreich und der Schweiz verboten ist.

Regionale Reisetipps von A-Z

> **Hinweis**
>
> Aufgrund der Stadtstruktur von Peking (insbesondere der Dimensionen, aber auch aus anderen Gründen) ist es in diesem Fall nicht möglich, die Regionalen Tipps in Stadtteile oder ähnliches zu unterteilen. Dies würde auch zu erheblichen Problemen mit den Karten führen, da praktisch nirgendwo Karten und Stadtteile in Deckung zu bringen sind. Insofern erschließt sich die Unterteilung der Regionalen Reisetipps in:
>
> Wo man gut unterkommt
> Wo man gut isst
> Nachtleben
> Wo man gut einkauft

Wo man gut unterkommt	**172**
DeLuxe-Hotels	174
First Class-Hotels	178
Hotels der gehobenen Mittelklasse	181
Mittelklasse-Hotels	182
Einfache Hotels	184
Apartments	185
Jugendherbergen	187
Wo man gut isst	**188**
Peking-Enten-Restaurants	188
Peking-Küche/ Mongolische/ Kaiserliche Küche	188
Chiu Chow-Küche	189
Guangzhou- (Kantonesische) Küche	189
Hakka-Küche	190
Shandong-Küche	190
Shanghai-Küche	190
Shanxi-Küche	191
Sichuan-Küche	191
Yunnan-Küche	191
Taiwanesische Küche	192
Hot Pot	192
Vegetarische Küche	192
Asiatische Küche	192
Westliche Küche	194
Vorderer und Mittlerer Orient	196
Cafés & Teehäuser	197
Fast Food und Kettenrestaurants	197
Delis & Sandwich Shops	197
Nachtleben	**198**
Bars, Lounges, Pubs, Discos & Karaoke	198
Akrobatik/Konzert/Oper/ Puppentheater/Tanz/Theater	201
Teehäuser	203
Wo man gut einkauft	**203**
Einkaufsstraßen	205
Kaufhäuser/Department Stores/Supermärkte/Drogerien	207
Märkte	209
Spezialläden	210

🛏 Wo man gut unterkommt

Ein Zimmer zu bekommen, stellt heutzutage in Peking kaum noch ein Problem dar, lediglich in der Hochsaison September-November, während nationaler Feiertage (z.B. den Goldenen Wochen um das Chinesische Neujahrsfest, den 1. Mai oder den 1. Oktober herum) oder während großer politischer oder sportlicher Veranstaltungen sowie größerer internationaler Konferenzen. Von rund 5.000 Hotels und Gästehäusern der Metropole mit gut 100.000 Zimmern stehen mehrere hundert den ausländischen Gästen zur Verfügung.

Ausländische Touristen müssen theoretisch noch immer in einem Hotel oder einer Jugendherberge übernachten, die einfachen chinesischen Gästehäuser bleiben ihnen normalerweise verschlossen. 500 nicht klassifizierte Unterkünfte innerhalb Pekings vermittelt die **Beijing Hotel Administration** *unter ihrer* **Beijing Economic Hotel Hotline**, ☎ *1601123. Das andere Ende der Preisskala bilden die internationalen Spitzenhotels, bei denen internationale Preise zu bezahlen sind, dann allerdings mit dem entsprechenden Service.*

Sparen Sie nicht am falschen Ende und wählen, so Sie Ihr Hotel selbst buchen, lieber eines der gehobenen Kategorien (ab vier Sterne), sonst kann es leicht passieren, dass Ihnen der Aufenthalt verleidet wird. Während der Nebensaison (Dezember-März) kann man mit z.T. erheblichen Preissenkungen rechnen.

Recht preiswert kommt man in der Regel über einen der großen Reiseveranstalter zu seiner Unterkunft, da diese große Zimmerkapazitäten weit unter dem Normalpreis einkaufen, einen Vorteil, den sie an ihre Kunden weitergeben. Daher ist es oftmals günstiger, man bucht ein Pauschalarrangement oder Mini-Package.

Preislich am günstigsten kommt indes meist derjenige davon, der sein Zimmer per Internet direkt bucht, was mittlerweile bei den allermeisten Hotels problemlos möglich ist.

Preisnachlässe von mitunter über 50 Prozent findet man aber auch beispielsweise in folgenden Internetportalen:

- www.elong.com
- www.ctrip.com
- www.beijing-hotels.net

The Peninsula Beijing – eine der besten Adressen der Stadt

Tipps

*Aufgrund des zahlenmäßig großen Bettenangebotes zahlt heutzutage kaum noch jemand die offiziell ausgeschriebenen, unten aufgeführten Zimmerpreise (**Rack Rates**), sodass es, falls Sie Ihr Hotel selbst buchen wollen, oftmals einzig und allein von Ihrem Verhandlungsgeschick bzw. Ihrer Ausdauer bei der Suche im Internet abhängt, wie viel Preisnachlass Sie herausschlagen können. Kurz-Entschlossene auf der Suche nach ganz besonderen Schnäppchen sollten im Internet nachschauen, doch auch beim Nachfragen unmittelbar an der Rezeption kommt man in vielen Fällen in den Genuss erheblicher Preisnachlässe.*

Wer gerne viel zu Fuß unternimmt und auch abends noch einmal einen Spaziergang um sein Hotel herum machen möchte, sollte bei der Auswahl seiner Übernachtungsstätte deren Lage mit berücksichtigen. Entstanden bis in die 1990er Jahre viele der neuen internationalen Hotels an der Peripherie, vornehmlich zwischen zweiter und dritter Ringstraße, so hat sich der Trend in den zurückliegenden Jahren zum Glück ein wenig umgekehrt, etliche neue Hotels aller Kategorien öffneten ihre Pforten im innerstädtischen Bereich, d.h. innerhalb der zweiten Ringstraße. Um Ihnen die Entscheidung bei der Wahl Ihrer Unterkunft zu erleichtern, wird bei der Vorstellung der einzelnen Häuser auf diesen Gesichtspunkt jeweils eingegangen.

Alle Zimmer der DeLuxe-, First Class-, gehobenen Mittelklasse- und Mittelklasse-Kategorie verfügen über Aircondition, eigenes Bad und/oder Dusche, Minibar, Fernseher und Telefon, ebenso jene der meisten einfachen Hotels. In vielen Hotels sind keine Einzelzimmer verfügbar, sondern nur halbe Doppelzimmer. Tee und heißes Wasser in Thermoskannen gibt es auf allen Zimmern stets kostenlos, beide können auch jederzeit beim Room Service nachbestellt werden.

In den Häusern der oberen Kategorien findet man statt der Thermoskanne einen elektrischen Heißwasserbereiter und in der Regel einen Fön im Zimmer vor. Häuser der gehobenen Kategorien verfügen nahezu ausnahmslos über Zimmersafes und Internetzugang in den Gästezimmern, wobei immer mehr Hotels auf kabellose Breitbandanschlüsse umrüsten.

Eigenwillige Architektur kennzeichnet das Kempinski Hotel Beijing

Die erstgenannten Preise beziehen sich jeweils auf die billigsten Doppelzimmer, die letztgenannten auf die teuersten Suiten. Auf die genannten **Preise** *werden noch* **15 Prozent Service Charge** *aufgeschlagen.*

Die folgenden Abkürzungen stehen für die wichtigsten zusätzlichen Serviceleistungen und Ausstattungsmerkmale des Hotels bzw. der einzelnen Zimmer:

BC	▶	Business Center
EF	▶	Executive Floor
FC	▶	Fitness Center
FR	▶	Hauseigener Friseur/Beauty Salon
HA	▶	Hausarzt
KR	▶	Konferenzräume (maximale Personenzahl)
LS	▶	Limousinenservice
NR	▶	Nichtraucherzimmer
RE	▶	Restaurant(s) und/oder Bar im Haus
SA	▶	Shopping Arkade/Gift Shop
SB	▶	Shuttle Bus
SN	▶	Sauna
SP	▶	Spa
SW	▶	Swimmingpool
TP	▶	Tennisplatz
UD	▶	Unterhaltungseinrichtungen/Disco
ZS	▶	Zimmersafe
24	▶	24-Stunden-Service

DeLuxe-Hotels

- **China World Hotel** (1), *RMB 2.500-31.000, China World Trade Center, 1 Jianguomenwai Dajie, Chaoyang District, Beijing 100004, ☏ 65052266, 🖨 65050828, www.shangri-la.com. 716 Zimmer, davon 56 Suiten; BC, EF, FC, FR, HA, KR (2.000), LS, NR, RE, SA, SB, SN, SW, TP, UD, ZS, 24; ein Kind unter 12 Jahren wohnt kostenlos mit im Zimmer seiner Eltern. An der zentralen Achse von Peking gelegenes Hotel, das dank seiner Integration in das* **China World Trade Center** *bei Geschäftsleuten und Privatreisenden gleichermaßen beliebt ist. 21 Restaurants sorgen für leibliche Genüsse. Mit dem Taxi ist man in 15 Minuten am Tian'anmen-Platz.*
- **Commune at the Great Wall**, *RMB 2.100-3.250, Badaling Highway, Exit Shuiguan, ☏ 81181888, 🖨 81181866, www.commune.com.cn. 42 Villen mit 236 Zimmern; Zimmer oder Villen auf Anfrage; BC, FC, KR (800), RE, SP. Von einem Dutzend asiatischer Stararchitekten entworfene, von der Kempinski-Gruppe gemanagte individuelle Wohneinheiten modernster Prägung. Der Lage, der Raumkörper und der Preise wegen etwas ganz Besonderes. Zur Großen Mauer sind es nur wenige Fußminuten. In den 15 privaten Spa-Suiten kann man sich zudem aufs Feinste verwöhnen lassen, im hauseigenen Kino notfalls einen verregneten Tag verbringen.*
- **Grand Hotel Beijing** (2), *RMB 3.000-25.000, 35 Dongchang'an Jie, Dongcheng District, Beijing 100006, ☏ 65137788, 🖨 65130048, www.grandhotelbeijing.com. 160 Zimmer und 57 Suiten; BC, FC, HA, KR (120), LS, RE, SN, SW, ZS, 24. Dieses für Pekinger Verhältnisse kleine Hotel wurde aufgrund seines ausgezeichneten Services und*

Komforts in die „**Leading Hotels of the World**" aufgenommen. Im wunderschön renovierten Atrium kann man sich behaglich zum Kaffee zurücklehnen. Die Lage ist einmalig, nur fünf Minuten sind es zu Fuß bis zum Platz des Himmlischen Friedens oder zur Wangfujing Dajie; von den oberen Etagen aus kann man z.T. auf die Dächer der Verbotenen Stadt schauen.

- **Grand Hyatt Beijing** (3), RMB 3.500-34.200; 1 Dongchang'an Jie, Dongcheng District, Beijing 100738, ☎ 85181234, 🖷 85180000, www.beijing.grand.hyatt.com. 825 Zimmer und Suiten; BC, EF, FC, FR, HA, KR (750), LS, NR, RE, SA, SN, SP, SW, UD, ZS, 24. Eingebettet in Pekings größtes Einkaufszentrum, Oriental Plaza, könnte das Hotel nicht zentraler liegen. Neben einer Reihe exzellenter Restaurants stehen dem Gast neben allen anderen Annehmlichkeiten, die man von einem Luxushotel erwartet, auch noch ein hauseigenes Spa und der riesige, 50 x 20 m messende Swimming Pool in einer resortartigen Umgebung zur Verfügung.
- **InterContinental Beijing Financial Street**, RMB 2.000-12.000; 11 Financial Street, Xicheng District, Beijing 100034, ☎ 58525888, 🖷 58525999, www.ichotelsgroup.com. 332 Zimmer, davon 10 Suiten; BC, EF, FC, FR, HA, KR (280), LS, NR, RE, SA, SN, SP, SW, UD, ZS, 24. Die großzügig bemessenen Zimmer sowie alle öffentlichen Bereiche befinden sich auf dem neuesten Stand der Technik und überzeugen durch Gediegenheit und harmonische Farbkombinationen. Der Service lässt keinen Wunsch unerfüllt, in der X-Change Bar kann man einen arbeitsreichen Tag ebenso gemütlich ausklingen lassen wie in einem der hauseigenen Restaurants, deren kulinarische Angebote allen anderen Leistungen des Hauses in nichts nachstehen. Mit dem Taxi benötigt man rund 25 Minuten bis ins Zentrum.
- **Kempinski Hotel Beijing** (4), RMB 2.750-25.750, Beijing Lufthansa Center, 50 Liangmaqiao Lu, Chaoyang District, Beijing 100016, ☎ 64653388, 🖷 64622204, www.kempinski-beijing.com. 526 Zimmer, davon 39 Suiten; BC, EF, FC, FR, HA, KR (1.200), LS, NR, RE, SA, SB, SN, SW, TP, UD, ZS, 24. Als Bestandteil des **Lufthansa Center** bietet das Hotel seinen Gästen nicht nur die Möglichkeit, im riesigen Einkaufszentrum alles nur Erdenkliche zu erstehen, sondern auch in seinen 12 Restaurants auf seine Kosten zu kommen. Für länger Verweilende stehen zudem 170 Service-Apartments zur Verfügung. Unmittelbar neben der Dritten Ringstraße gelegen, sind es rund 30 Taximinuten bis ins Stadtzentrum.
- **The Kerry Centre Hotel Beijing** (5), RMB 2.500-23.000; 1 Guanghua Lu, Chaoyang District, Beijing 100020, ☎ 65618833, 🖷 65612626, www.shangri-la.com. 487 Zimmer und Suiten; BC, EF, FC, FR, HA, KR (1.500), LS, NR, RE, SA, SB, SN, SP, SW, TP, UD, ZS, 24; Kinder unter 18 Jahren schlafen kostenlos mit im Zimmer ihrer Eltern. Das Luxushotel gehört zur Shangri-La-Gruppe und garantiert somit allerhöchsten Komfort und perfekten Service. Herausragend das umfangreiche Freizeitangebot. Direkt neben dem **China World Trade Center** an der Dritten Ringstraße gelegen, sind es bis zum Tian'anmen-Platz mit dem Taxi etwa 15 Minuten.
- **The Peninsula Beijing** (6), RMB 2.850-43.500; 8 Jinyu Hutong, Dongcheng District, Beijing 100006, ☎ 85162888, 🖷 65106311, www.beijing.peninsula.com. 525 Zimmer und Suiten; BC, EF, FC, FR, HA, KR (600), LS, NR, RE, SA, SB, SN, SP, SW, TP, UD, ZS, 24. Das von der **Peninsula Group** geführte Hotel gehört zu den „**Leading Hotels of the World**", was ausgezeichneten Service garantiert. Eine riesige weiße Marmorbrücke spannt sich quer durch die Lobby, die Shopping Arkade mit ihren 50 Läden ist Pekings exklusivste, die Restaurants zählen zu den besten der Stadt. Architektonisch eine gelun-

Regionale Reisetipps von A-Z/Peking: Wo man gut unterkommt

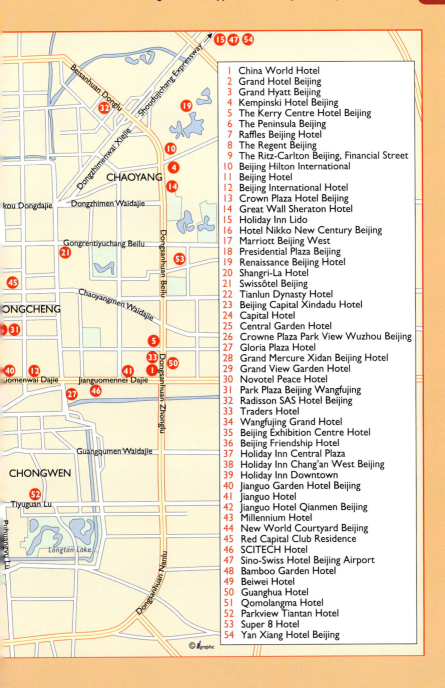

gene Mischung aus funktionaler Hotelkonstruktion und alter Palastbauweise, liegt das Hotel etwa 20 Gehminuten vom Tian'anmen-Platz und nur drei Minuten von der Wangfujing Dajie entfernt.

- **Raffles Beijing Hotel (7)**, RMB 1.500-18.000; 33 Dongchang'an Jie, Dongcheng District, Beijing 100004, ☎ 65263388, 🖷 65273838, www.beijing.raffles.com. 171 Zimmer und Suiten; BC, EF, FC, HA, KR (420), LS, NR, RE, SW, UD, ZS, 24. Nach der Übernahme durch Raffles zu neuem Glanz erwachtes historisches Luxushotel an Pekings zentraler Verkehrsachse. Die Liste der Hotelgäste liest sich wie ein Who's who der Politik und des kulturellen Schaffens. Perfekter Service und edle Gastronomie lassen keinen Wunsch unerfüllt. Der Tian'anmen-Platz liegt fünf Fußminuten entfernt.

- **The Regent Beijing (8)**, RMB 2.000-15.000; 99 Jin Bao Jie, Dongcheng District, Beijing 100005, ☎ 85221888, 🖷 85221818, www.regenthotels.com/beijingcn. 500 Zimmer, davon 57 Suiten; BC, EF, FC, FR, HA, KR (800), LS, NR, RE, SA, SN, SP, SW, UD, ZS, 24. Die im ganzen Haus anzutreffende überzeugende Mischung aus westlicher Eleganz und klassischen chinesischen Stilelementen vermittelt dem Gast ein Gefühl der Häuslichkeit. Diskreter, aber überaus aufmerksamer Service, Restaurants, die zu den besten der Stadt zählen, dazu die zentrale Lage – eine der Topadressen der Stadt. Zu Fuß sind es fünf Minuten bis zur Wangfujing Dajie.

- **The Ritz-Carlton Beijing, Financial Street (9)**, RMB 1.750-4.250; 1 Jin Cheng Fang Dongjie, Financial Street, Xicheng District, Beijing 100 032, ☎ 66016666, 🖷 66016029, www.ritzcarlton.com. 253 Zimmer, davon 33 Suiten; BC, EF, FC, FR, HA, KR (500), LS, NR, RE, SA, SN, SP, SW, UD, ZS, 24. Überaus elegantes Interieur, das sich farblich auf Cremegelb und Dunkelbraun konzentriert. Schon die kleinsten Zimmer messen 50 m^2 und weisen alle nur erdenklichen Accessoires auf, die selbst bei anspruchsvollen Geschäftsreisenden keinen Wunsch offen lassen. Die top-gestylten Restaurants bieten feinste Küche, das Spa verwöhnt mit edelsten Anwendungen und der große Pool sorgt mit seinem riesigen Fernsehbildschirm für ein Erlebnis der besonderen Art. Mit dem Taxi gelangt man in 15-20 Minuten bis zum Tian'anmen-Platz.

Perfekter Service erwartet einen im Ritz-Carlton Beijing, Financial Street

First Class-Hotels

- **Beijing Hilton International (10)**, RMB 1.800-18.000; 1 Dongfang Lu, Dongsanhuan Beilu, Chaoyang District, Beijing 100027, ☎ 58655000, 🖷 58655800, www.beijing.hilton.com. 360 Zimmer und Suiten; BC, EF, FC, FR, HA, KR (320), LS, NR, RE, SA, SB, SN, SP, SW, TP, UD, ZS, 24. Bei Geschäftsreisenden beliebtes Hotel, das dem Gast den gewohnten Hilton-Standard bietet und durch ein weitgefächertes Freizeitangebot überzeugt. Unweit des zweiten Botschaftsviertels an der Dritten Ringstraße gelegen, ist man mit dem Taxi in rund 30 Minuten im Stadtzentrum.

- **Beijing Hotel (11)**, RMB 1.500-6.500; 33 Dongchang'an Jie, Dongcheng District, Beijing 100004, ☎ 65137766, 🖷 65137307, www.chinabeijinghotel.com.cn. 700

Zimmer und Suiten; BC, EF, FC, FR, HA, KR (1.000), LS, RE, SA, SW, TP, UD, ZS, 24. Das ist die große alte Dame der Pekinger Hotellerie. Nach gründlicher Renovierung wieder auf Vordermann gebracht, ist es aufgrund seiner zentralen Lage bei Geschäftsleuten und Touristen gleichermaßen beliebt. Hier findet man zudem Pekings teuerste Hotelunterkunft, die im 17. Stockwerk gelegene, 458 m² große „Emperor's Suite", die zum stolzen Preis von US$ 9.000 pro Nacht zu haben ist. Zum Platz des Himmlischen Friedens sind es kaum mehr als fünf Gehminuten, die Wangfujing Dajie grenzt direkt ans Haus.

- **Beijing International Hotel (12)**, RMB 800-5.400; 9 Jianguomennei Dajie, Dongcheng District, Beijing 100005, ☏ 65126688, 📠 65129972, www.bih.com.cn. 1.008 Zimmer und Suiten; BC, EF, FC, FR, HA, KR (700), RE, SA, SN, SP, SW, UD, ZS, 24; ein Kind unter 12 Jahren übernachtet kostenlos mit im Zimmer seiner Eltern. Dieses Hotel bietet alles, was der Geschäftsreisende oder Tourist braucht, der hauseigene Supermarkt und die acht Restaurants lassen keinen Wunsch unerfüllt, den herrlichen Ausblick aus dem Drehrestaurant im 28. Stockwerk gibt es gratis. An Pekings Hauptachse gelegen, sind es bis zum Stadtkern etwa fünf Minuten mit dem Taxi.

- **Crowne Plaza Hotel Beijing (13)**, RMB 1.400-5.000; 48 Wangfujing Dajie, Dongcheng District, Beijing 100006, ☏ 59119999, 📠 59119998, www.ichotelsgroup.com/h/d/CP/hd/pegwf. 360 Zimmer, davon 27 Suiten; BC, EF, FC, FR, HA, KR (320), LS, NR, RE, SA, SN, SW, UD, ZS, 24; ein Kind schläft kostenlos im Zimmer seiner Eltern. Eine Kunstgalerie, in der ständig Wechselausstellungen asiatischer Künstler stattfinden, macht dieses Haus zu **dem** Künstlerhotel der Stadt. Das lichte Atrium und z.T. behindertengerechte Zimmer stellen weitere Pluspunkte dar. An Pekings Hauptgeschäftsstraße gelegen, sind es von hier nur 10 Gehminuten zur Verbotenen Stadt.

- **Great Wall Sheraton Hotel (14)**, RMB 2.000-20.000; 10 Dongsanhuan Beilu, Chaoyang District, Beijing 100026, ☏ 65905566, 📠 65905398, www.starwoodhotels.com. 827 Zimmer und Suiten; BC, EF, FC, FR, HA, KR (1.200), LS, NR, RE, SA, SB, SN, SW, TP, UD, ZS, 24. Nach wie vor ist der Spiegelglasbau eines der markantesten Bauwerke der Hauptstadt, die zahlreichen Restaurants und Unterhaltungsmöglichkeiten lassen kaum einen Wunsch offen. An der Dritten Ringstraße in unmittelbarer Nähe des neuen Botschaftsviertels und des Lufthansa Center gelegen, ist man per Taxi in 25-30 Minuten im Stadtzentrum.

Atrium des Great Wall Sheraton Hotels

- **Holiday Inn Lido (15)**, RMB 1.250-4.000; 6 Jiangtai Lu, Chaoyang District, Beijing 100004, ☏ 64376688, 📠 64376237, www.beijing-lido.holiday-inn.com. 446 Zimmer, davon 47 Suiten; BC, EF, FC, FR, HA, KR (660), LS, NR, RE, SA, SB, SN, SW, TP, UD, ZS, 24. Ein vor allem bei Geschäftsleuten sehr beliebtes Hotel, die sich bei längerem Aufenthalt in den dazugehörigen 336 Apartments einmieten. Ein umfangreiches Unterhaltungsangebot und zahlreiche Restaurants lassen jeden auf seine Kosten kommen. Ein hauseigener Supermarkt und eine sechs Hektar große Parkanlage runden das Angebot ab, und für die Kinder von hier wohnenden Geschäftsleuten gibt es sogar einen eigenen

Kindergarten und eine eigene Schule. Auf halbem Weg zwischen Flughafen und Innenstadt gelegen, bis zu der es etwa 40-45 Taximinuten sind.
- **Hotel Nikko New Century Beijing** (16), RMB 2.260-6.000; 6 Shoudu Tiyuguan Nanlu, Haidian District, Beijing 100044, ☏ 68492001, 🖷 68491103, www.newcenturyhotel.com.cn. 725 Zimmer und Suiten; BC, EF, FC, FR, HA, KR (1.000), LS, RE, SA, SN, SW, TP, UD, ZS, 24. In der Nähe des Pekinger Zoos gelegen, überzeugt dieses bei Japanern beliebte Hotel durch sein weitgefächertes Angebot, das sogar eine eigene Bowling-Anlage umfasst. Mit dem Taxi sind es 25-30 Minuten bis ins Stadtzentrum.
- **Marriott Beijing West** (17), RMB 1.500-20.000; 98 Xisanhuan Beilu, Haidian District, Beijing, 100037, ☏ 68726699, 🖷 68727302, www.marriott.com/bjsmc. 117 Zimmer, 38 Suiten und 6 Apartments; BC, EF, FC, FR, KR (400), LS, NR, RE, SA, SN, SW, TP, UD, ZS, 24. Besonders auf Geschäftsleute zugeschnittenes Hotel, dessen großzügig bemessene Zimmer mit Faxgeräten ausgestattet sind. In der Freizeit stehen u. a. eine hauseigene Bowlinganlage und sogar ein Golfsimulator zur Verfügung. Bis zur Innenstadt sind es je nach Verkehrslage 20-30 Minuten.
- **Presidential Plaza Beijing** (18), RMB 650-14.580; 9 Fuchengmenwai Dajie, Xicheng District, Beijing 100037, ☏ 58585588, 🖷 68005888, www.presidentialplaza.com. 488 Zimmer, davon 66 Suiten; BC, EF, FC, FR, HA, KR (500), LS, NR, RE, SA, SN, SW, UD, ZS, 24. Dieses auch oftmals als Staatsgästehaus dienende Hotel vermag nicht nur mit seinem Service und angenehm proportionierten Zimmern zu überzeugen, sondern auch mit einem überaus attraktiven vierstöckigen Atrium, in dem man sich zu Tee und Kaffee trifft. Mit dem Taxi benötigt man zirka 20 Minuten bis zum Tian'anmen-Platz.
- **Renaissance Beijing Hotel** (19), RMB 900-3.500; Air China Plaza, 36 Xiaoyun Lu, Chaoyang District, Beijing, 100027, ☏ 64689999, 🖷 64689913, www.renaissancehotels.com. 218 Zimmer, davon 36 Suiten; BC, EF, FC, KR (400), LS, NR, RE, SA, SN, SW, UD, ZS, 24. Dieses First Class-Haus liegt verkehrsgünstig im neuen Businessdistrikt von Peking und verfügt über alle notwendigen Einrichtungen, für den Geschäftsreisenden ebenso wie für den Touristen. Bis ins Stadtzentrum benötigt man mit dem Taxi 25-30 Minuten.
- **Shangri-La Hotel** (20), RMB 1.600-12.000; 29 Zizhuyuan Lu, Haidian District, Beijing 100089, ☏ 68412211, 🖷 68418002/3, www.shangri-la.com. 670 Zimmer und Suiten; BC, EF, FC, FR, HA, KR (1.100), LS, NR, RE, SA, SB, SN, SP, SW, TP, UD, ZS, 24; ein Kind bis 12 Jahre schläft kostenlos mit im Zimmer seiner Eltern. Ein Hotel, das praktisch keine Wünsche offen lässt und fast schon zur DeLuxe-Kategorie zu rechnen ist. Eine 39.000 m^2 große Gartenanlage im traditionellen chinesischen Stil tröstet über die etwas unattraktive Lage in einem gesichtslosen Wohnviertel hinweg. Hotelgästen steht exklusiv der elf Meter lange **River Dragon** für Fahrten auf den Stadtkanälen zur Verfügung. An der Dritten Ringstraße im Westen der Stadt gelegen, sind es mit dem Taxi etwa 30 Minuten bis ins Zentrum.
- **Swissôtel Beijing** (21), RMB 2.000-7.180; 2 Chaoyangmen Beidajie, Chaoyang District, Beijing 100027, ☏ 65532288, 🖷 65012501, www.swissotel-beijing.com. 430 Zimmer, davon 50 Suiten; BC, EF, FC, FR, HA, KR (750), LS, NR, RE, SA, SB, SN, SW, TP, UD, 24. Dieses Haus, das auch über 40 Zimmer für Behinderte und 62 Service-Apartments verfügt, überzeugt bis auf die etwas zu klein geratenen Standardzimmer in nahezu allen Belangen, die U-Bahn-Station vor der Tür ermöglicht einem rasches Vorankommen, doch auch mit dem Taxi sind es von dem im Osten des Stadtzentrums an der Zweiten Ringstraße gelegenen Hotel nur rund 20 Minuten bis zum Platz des Himmlischen Friedens.

- **Tianlun Dynasty Hotel (22)**, RMB 2.000-7.180; 50 Wangfujing Dajie, Dongcheng District, Beijing 100006, ☏ 65138888, 🖨 65137866, www.tianlunhotel.com. 408 Zimmer, davon 20 Suiten; BC, EF, FC, FR, HA, KR (800), NR, RE, SA, SN, SW, TP, UD, ZS, 24. Die hervorragende Lage an der Hauptgeschäftsstraße und das weitgefächerte Freizeitangebot (u.a. Bowling) zeichnen dieses Hotel aus, dessen riesiges Atrium wie eine italienische Piazza gestaltet ist. In zehn Minuten ist man zu Fuß bei der Verbotenen Stadt, zum Tian'anmen-Platz sind es etwa 30 Minuten.

Hotels der gehobenen Mittelklasse

- **Beijing Capital Xindadu Hotel (23)**, RMB 800-8.000; 21 Chegongzhuang Dajie, Xicheng District, Beijing 100044, ☏ 68319988, 🖨 68338296 und 68338507, www.xindadu-hotel.com.cn. 352 Zimmer und Suiten; BC, FC, FR, HA, KR (200), LS, RE, SA, SN, SW, UD, ZS, 24. Freundlicher Service und umfangreiches Freizeitangebot zeichnen dieses Haus aus, dessen Bowling-Anlage jeden Abend ausgebucht ist. Nicht allzu weit vom Zoo entfernt, erreicht man mit dem Taxi in etwa 25 Minuten das Zentrum.
- **Capital Hotel (24)**, RMB 3.000-33.900; 3 Qianmen Dongdajie, Chongwen District, Beijing 100006, ☏ 65129988, 🖨 65120309, www.capitalhotel.com.cn. 599 Zimmer und Suiten; BC, EF, FC, FR, HA, KR (800), NR, RE, SA, SB, SN, SW, TP, UD, ZS, 24. An der Zweiten Ringstraße gelegenes Hotel mit breit gefächertem Freizeitangebot, u.a. Bowling. Bis zum Südende des Tian'anmen-Platzes sind es rund fünf Minuten zu Fuß.
- **Central Garden Hotel (25)**, RMB 750-3.500; 18 Gaoliangqiao Xie Jie, Xizhimenwai, Haidian District, Beijing 100081, ☏ 51568888, 🖨 51666789, www.centralgardenhotel.com. 415 Zimmer und Suiten; BC, FC, FR, HA, KR (200), RE, SA, SN, SW, TP, UD, ZS, 24. Der Peking Zoo liegt in der Nähe, am Abend lockt das umfangreiche Freizeitangebot, zu dem auch eine Bowling-Anlage gehört. Bis zur Innenstadt ist es mit dem Taxi eine halbe Stunde.
- **Crowne Plaza Park View Wuzhou Beijing (26)**, RMB 1.300-5.040; 8 Beisihuan Zhonglu, Andingmenwai, Chaoyang District, Beijing 100101, ☏ 84982288, 🖨 849 92933, www.parkview.crowneplaza.com. 478 Zimmer, davon 40 Suiten; BC, EF, FC, FR, HA, KR (1.300), LS, NR, RE, SA, SN, SW, UD, ZS, 24. Unmittelbar bei den Sportanlagen für die Olympischen Spiele 2008 an der Vierten Ringstraße gelegen, profitieren die Gäste von dem umfangreichen Serviceangebot. Bis zum **Beijing Recreation Center**, in dem man auf vielfältige Art und Weise zum Schwitzen kommen kann, benötigt man nur wenige Minuten zu Fuß, bis zur Stadtmitte sind es mit dem Taxi 30-40 Minuten.
- **Gloria Plaza Hotel (27)**, RMB 788-5.000; 2 Jianguomennan Dajie, Chaoyang District, Beijing 100022, ☏ 65158855, 🖨 65158533, www.gphbeijing.com. 420 Zimmer, davon 51 Suiten; BC, EF, FC, FR, HA, KR (600), LS, RE, SA, SN, SW, UD, 24; ein Kind bis 12 Jahre übernachtet im Zimmer seiner Eltern kostenlos. Geschäftsreisende und Touristen finden hier alles Notwendige für ihren Aufenthalt in Peking. Die günstige Lage an der Hauptverkehrsachse der Stadt ist ein weiteres Plus. Mit dem Taxi ist man in 10 Minuten im Zentrum.
- **Grand Mercure Xidan Beijing Hotel (28)**, RMB 1.150-7.500; 6 Xuanwumennei Dajie, Xicheng District, Beijing 100031, ☏ 66036688, 🖨 66031488, www.mercure.com. 290 Zimmer, davon 33 Suiten; BC, EF, FC, FR, KR (375), NR, RE, SA, SW, UD, ZS, 24. Dank der nahen U-Bahn-Station verkehrsgünstig gelegenes Hotel nahe der Xichang'an Dajie und Xidan Beidajie, das mit allen notwendigen Annehmlichkeiten und klar durchgestyltem Ambiente aufwartet.

- **Grand View Garden Hotel** (29), RMB 600-4.500; 88 Nancaiyuan Dajie, Xuanwu District, Beijing 100054, ☎ 63538899, 🖷 63539189, www.all-hotels.com/a/gvgh/. 384 Zimmer und Suiten; BC, FC, FR, HA, KR (400), RE, SA, SB, SN, SW, UD, ZS. Architektonisch ein Highlight innerhalb der Hotellerie Pekings, gelang es doch auf überzeugende Art und Weise, Funktionalität und althergebrachte chinesische Bauelemente miteinander zu verschmelzen. Zum Gesamtkonzept des Hauses gehört der sich anschließende Daguan Yuan, einer der bekanntesten Parks der Stadt. Im Südwesten, in der Nähe der Dritten Ringstraße gelegen, benötigt man mit dem Taxi rund 20-25 Minuten bis in die Stadtmitte.
- **Novotel Peace Hotel** (30), RMB 1.300-6.200; 3 Jinyu Hutong, Dongcheng District, Beijing 100006, ☎65128833, 🖷 65126863, www.novotel.com. 388 Zimmer, davon 25 Suiten; BC, FC, FR, HA, KR (300), NR, RE, SA, SN, SW, UD, ZS, 24. Im Herzen der Stadt gelegen, offeriert das Hotel sowohl kulinarisch als auch unterhaltungsmäßig für jeden etwas. Zu Fuß ist man in drei Minuten auf Pekings Hauptgeschäftsstraße, zur Verbotenen Stadt sind es etwa 15 Minuten.
- **Park Plaza Beijing Wangfujing** (31), RMB 700-2.500; 97 Jinbao Jie, Dongcheng District, Beijing 100005, ☎ 85221999, 🖷 85221919, www.parkplaza.com/beijingcn. 216 Zimmer, davon 16 Suiten; BC, EF, FC, FR, KR (100), LS, NR, RE, SA, UD, ZS, 24. Zentral gelegenes Haus, dessen geschmackvoll und funktional eingerichtete Zimmer ebenso zu überzeugen wissen wie dessen Serviceangebot. Preislich eines der Topangebote. Bis zur Wangfujing Dajie benötigt man zu Fuß nur rund fünf Minuten.
- **Radisson SAS Hotel Beijing** (32), RMB 1.120 -3.840; 6A Beisanhuan Donglu, Chaoyang District, Beijing 100028, ☎ 59223388, 🖷 59223399, www.beijing.radissonsas.com. 362 Zimmer und Suiten; BC, EF, FC, KR (700), NR, RE, SA, SN, SW, TP, UD, ZS, 24. Wer etwas für seine Fitness tun möchte, der ist hier richtig, aber auch die Restaurants verwöhnen. Sehr beliebt ist das Hotel bei Geschäftsleuten aufgrund seiner Nähe zum Beijing International Exhibition Centre. An der Dritten Ringstraße gelegen, sind es bis zur Stadtmitte rund 35-40 Minuten mit dem Taxi.
- **Traders Hotel** (33), RMB 1.500-3.500; China World Trade Center, 1 Jianguomenwai Dajie, Chaoyang District, Beijing 100004, ☎ 65052277, 🖷 65050818, www.shangri-la.com. 570 Zimmer, davon 26 Suiten; BC, EF, FC, FR, HA, KR (240), LS, NR, MB, RE, SA, SN, ZS, 24; ein Kind bis 12 Jahre schläft kostenlos mit im Zimmer seiner Eltern. Integriert in das China World Trade Center und zur Shangri-La-Group gehörend, stehen den Gästen sämtliche Einrichtungen des nebenan gelegenen China World Hotels zur Verfügung. Das wegen dieser Lage besonders bei Geschäftsleuten beliebte Hotel an Pekings Hauptverkehrsader ist nur 15 Taximinuten vom Zentrum entfernt.
- **Wangfujing Grand Hotel** (34), RMB 870-6.000; 57 Wangfujing Dajie, Beijing 100006, ☎ 65221188, 🖷 65223816, www.wangfujinghotel.com. 405 Zimmer und Suiten; BC, EF, FC, FR, KR (150), NR, RE, SA, SN, SW, UD, ZS, 24. Zentral an Pekings Hauptgeschäftsstraße gelegenes Hotel mit allen erforderlichen Einrichtungen für einen unbeschwerten Aufenthalt. Zur Verbotenen Stadt sind es zehn Minuten zu Fuß.

Mittelklasse-Hotels

- **Beijing Exhibition Centre Hotel** (35), RMB 650-1.200; 135 Xizhimenwai Dajie, Xicheng District, Beijing 100044, ☎ 68316633, 🖷 68347450. 250 Zimmer, 4 Suiten und 36 Apartments; BC, FC, FR, KR (200), RE, SA, SN, UD, ZS, 24. Direkt neben dem Zoo und der Beijing Exhibition Hall gelegen, erfreut sich das Hotel wegen seines freund-

lichen Services besonders bei Geschäftsleuten großer Beliebtheit. Bis zur Stadtmitte sind es mit dem Taxi rund 30 Minuten.
- **Beijing Friendship Hotel** (36), RMB 600-8.400; 1 Zhongguancunnan Dajie, Haidian District, Beijing 100873, ☏ 68498888, 🖷 68498866, www.bjfriendshiphotel.com. 1.800 Zimmer und Suiten; BC, EF, FC, FR, HA, KR (2.600), RE, SA, SN, SW, TP, UD, ZS, 24; ein Kind schläft kostenlos mit im Zimmer seiner Eltern. Die Zimmer dieser riesigen, 1954 für sowjetische Experten errichteten Hotelanlage verteilen sich über eine ganze Reihe von Gebäuden, in der dazugehörigen Parkanlage kann man vom Großstadtlärm entspannen. Der Service des im Nordwesten der Stadt gelegenen Hotels ist jedoch mitunter etwas schleppend. Wer ins Zentrum will, benötigt mit dem Taxi gute 40-45 Minuten.
- **Holiday Inn Central Plaza** (37), RMB 700-2.000; 1 Caiyuan Jie, Xuanwu District, Beijing 100053, ☏ 83970088, 🖷 83556688, www.ichotelsgroup.com. 322 Zimmer, davon 27 Suiten; BC, EF, FC, FR, KR, HA, KR (600), LS, NR, RE, SA, SN, SW, UD, ZS, 24. Unweit des Himmelstempels gelegenes gutes Mittelklassehotel, von dem aus es etwa 15 Taximinuten bis zum Tian'anmen-Platz sind.
- **Holiday Inn Chang'an West Beijing** (38), RMB 700-2.000; 66 Yongding Jie, Haidian District, Beijing 100039, ☏ 68132299, 🖷 68280066, www.ichotelsgroup.com. 248 Zimmer, davon 24 Suiten; BC, EF, FC, FR, HA, KR (450), LS, NR, RE, SA, SB, SN, SW, UD, ZS, 24. Zwischen Zoo und Yuyuantan-Park erfüllt dieses gute Mittelklassehaus alle Erwartungen des Geschäftsreisenden und Urlaubers. Das Stadtzentrum ist ca. 20 Minuten entfernt.
- **Holiday Inn Downtown** (39), RMB 900-3.000; 98 Beilishi Lu, Xicheng District, Beijing 100037, ☏ 68338822, 🖷 68340696, www.ichotelsgroup.com. 328 Zimmer, davon 35 Suiten; BC, EF, FC, FR, HA, KR (160), NR, RE, SA, SB, SN, SW, UD, ZS, 24. Das Hotel liegt an der Zweiten Ringstraße, bietet gewohnten Holiday Inn-Standard und ist vor allem für Geschäftsleute empfehlenswert. Mit dem Taxi sind es gut 20 Minuten zum Tian'anmen-Platz.
- **Jianguo Garden Hotel Beijing** (40), RMB 1.800-7.500; 19 Jianguomennei Dajie, Dongcheng District, Beijing 100005, ☏ 65286666, 🖷 65225261, www.jianguogardenhotel.com. 398 Zimmer, davon 14 Suiten; BC, EF, FC, FR, KR (400), NR, RE, SA, SN, SW, UD, ZS, 24. Verkehrsgünstig an der Ost-West-Transversale gelegenes Haus, von dem es nur zwei Fußminuten bis zur nächsten U-Bahn-Haltestelle sind.
- **Jianguo Hotel** (41), RMB 1.600-3.360; 5 Jianguomenwai Dajie, Chaoyang District, Beijing 100020, ☏ 65002233, 🖷 65002871, www.hoteljianguo.com. 469 Zimmer und Suiten; BC, EF, FC, FR, HA, KR (200), LS, RE, SA, SB, SN, SW, ZS, 24. Da es in unmittelbarer Nähe des China World Trade Center liegt, erfreut sich dieses Hotel seit seiner Eröffnung 1982 besonders bei Geschäftsleuten großer Beliebtheit, ebenso aber wegen seiner guten Restaurants. Von hier aus sind es mit dem Taxi höchstens 15 Minuten bis zum Platz des Himmlischen Friedens.
- **Jianguo Hotel Qianmen Beijing** (42), RMB 980-1.500; 175 Yong'an Lu, Xuanwu District, Beijing 100073, ☏ 63016688, 🖷 63013883, www.qianmenhotel.com. 407 Zimmer, davon 38 Suiten; BC, FC, FR, HA, KR (200), NR, RE, SA, SN, UD, ZS, 24. Vor kurzem renoviert, strahlt das schon ältere Hotel, in dem überwiegend Reisegruppen untergebracht sind, wieder viel Atmosphäre aus. Jeden Abend finden im hoteleigenen Liyuan-Theater Aufführungen mit Ausschnitten aus diversen Peking-Opern statt. Die Antiquitätenstraße liegt wenige Gehminuten entfernt, bis zum Tian'anmen-Platz sind es fünf Minuten mit dem Taxi.

- **Millennium Hotel** (43), RMB 1.160-2.400; 338 Guang'anmen Neidajie, Xuanwu District, Beijing 100053, ☎ 63578888, 🖷 63574003. 216 Zimmer und Suiten; BC, EF, FC, FR, HA, KR (400), LS, RE, SA, SN, SW, UD, ZS, 24. Sehr gut ausgestattetes Hotel im Südwesten der Stadt. Zum Westbahnhof sind es mit dem Taxi rund fünf, bis ins Stadtzentrum zirka 15-20 Minuten.
- **New World Courtyard Beijing** (44), RMB 1.100-6.200; 3-18 Chongwenmenwai Dajie, Chongwen District, Beijing 100062, ☎ 67081188, 🖷 670 81808, www.marriott.com. 283 Zimmer und Suiten; BC, FC, HA, KR (270), LS, NR, RE, SA, SB, SN, SW, ZS, 24. Das besonders auf Geschäftsreisende bedachte Hotel ist Bestandteil des New World Shopping Center und verfügt nicht nur über ein ausgewogenes Einrichtungsangebot, sondern auch über eine äußerst günstige Lage. So ist man mit dem Taxi in fünf Minuten am Tian'anmen-Platz.
- **Red Capital Club Residence** (45), RMB 1.200-1.520; 9 Dongsi Liutiao, Dongcheng District, Beijing 100007, ☎ 84035308, 🖷 84035303, www.redcapitalclub.com.cn. 5 Suiten; UD. In einem 200 Jahre alten Hofhaus untergebracht, wird der Aufenthalt zum unvergesslichen Erlebnis. Mit Antiquitäten und Möbeln aus den 1950er Jahren eingerichtet, die damals von den politischen Größen benutzt wurden. Ein alter Schutzbunker wurde zur Bar umfunktioniert, in der man seine Zigarre rauchen oder aber alte revolutionäre Filme schauen kann. Das Taxi braucht ca. 20 Minuten bis zum Tian'anmen-Platz.
- **Red Capital Ranch**, RMB 1.520-1.600; 28 Xiaguandi Village, Yanxi Township, Huairou District, Beijing 101407, ☎ 84018886, 🖷 84035303, www.redcapitalclub.com.cn. 10 Villen; RE, SP. Unmittelbar an der Großen Mauer, abgeschieden gelegenes Domizil, dessen Wohneinheiten zum größten Teil über Dachterrassen verfügen, auf denen sich der Sonnenuntergang besonders schön genießen lässt. Das Richtige für ein ruhiges Wochenende. Das Frühstück ist im Übernachtungspreis beinhaltet.
- **SCITECH Hotel** (46), RMB 2.570-9.440; 22 Jianguomenwai Dajie, Chaoyang District, Beijing 100004, ☎ 65123388, 🖷 65123542, www.scitechgroup.com. 294 Zimmer und Suiten; BC, EF, FC, FR, HA, KR (120), RE, SA, SW, UD, ZS, 24. Zentral gelegenes Mittelklassehotel ohne viele Schnörkel. Zum Tian'anmen-Platz sind es mit dem Taxi 5-10 Minuten.
- **Sino-Swiss Hotel Beijing Airport** (47), RMB 1.600-2.560; Xiao Tianzhu Nandajie, P.O. Box 6913, Beijing 100621, ☎ 64565588, 🖷 64561588, www.sino-swisshotel.com. 427 Zimmer und Suiten; BC, EF, FC, FR, HA, KR (200), LS, NR, RE, SA, SB, SN, SW, TP, UD, 24. Aufgrund seines großen Freizeitangebotes, zu dem auch Reiten, Squash, Golf, Jogging und Radfahren gehören, wirbt man mit dem Slogan: „Einziges Hotel in Peking mit Feriencharakter". Nur wenige Minuten vom Flughafen entfernt, ist es ideal für Reisende, die nur einen Zwischenstopp einlegen, aber auch für Leute, die Ruhe vom Stadtrummel suchen. Bis zur Innenstadt sind es allerdings gut 45 Minuten mit dem Taxi.

Einfache Hotels

- **Bamboo Garden Hotel** (48), RMB 760-1.780; 24 Xiaoshiqiao, Jiugulou Dajie, Xicheng District, Beijing 100009, ☎ 58520088, 🖷 58520066, www.bbgh.com.cn. 60 Zimmer, davon 2 Suiten; RE. Schöne traditionsreiche Hofhausanlage mit Bambusgarten, Pavillons und Korridoren nahe dem Trommelturm. 15 Minuten bis zum Stadtzentrum mit dem Taxi.

- **Beiwei Hotel (49)**, RMB 200-350; 13 Xijing Lu, Xuanwu District, Beijing 100059, ☏ 63012266, 🖷 63011366. 226 Zimmer und Suiten; BC, FR, KR (50), RE. Eine der preiswertesten Hotelübernachtungsmöglichkeiten für Ausländer, denen ein chinesisches und westliches Restaurant für das leibliche Wohl zur Verfügung stehen. In der Nähe des Taoranting-Parks westlich des Himmelstempels gelegen, erreicht man das Stadtzentrum mit dem Taxi in 15-20 Minuten.
- **Guanghua Hotel (50)**, RMB 280; 38 Dongsanhuan Beilu, Chaoyang District, Beijing 100020, ☏ 65018866, 🖷 65016516. 204 Zimmer; RE. Sehr einfaches, aber freundliches Hotel, das sich besonders für Individualreisende mit schmalem Geldbeutel empfiehlt. Von dem im Osten der Stadt gelegenen Hotel sind es rund 20 Minuten mit dem Taxi bis ins Zentrum.
- **Qomolangma Hotel (51)**, RMB 460-1.450; 149 Gulou Xidajie, Xicheng District, Beijing 100009, ☏ 64018822, www.qomolangmahotel.com. 100 Zimmer; FC, FR, KR, RE, SN. Zwischen Houhai und Trommelturm in einer alten Tempelanlage gelegen, bietet dieses Haus jede Menge Lokalkolorit und -charme. Das Taxi benötigt ca. 15 Minuten bis zum Tian'anmen-Platz.
- **Parkview Tiantan Hotel (52)**, RMB 600-1.100; 1 Tiyuguan Lu, Chongwen District, Beijing 100061, ☏ 67012277, 🖷 67016833. 516 Zimmer und Suiten; BC, FC, FR, RE, SA, SN, UD. Preiswerte Unterkunft für Leute mit nicht allzu hohen Komfortansprüchen. In zehn Minuten ist man zu Fuß am Osteingang des Himmelstempels, den Tian'anmen-Platz erreicht man mit dem Taxi in 10-15 Minuten.
- **Super 8 Hotel (53)**, 368-488 Yuan; 10 Tuanjiehu Beitoutiao, Chaoyang District, Beijing 100025, ☏ 65821008, 🖷 65828309, www.super8.com.cn. 92 Zimmer; BC, KR, NR, RE. Einfache Zimmer, in denen überwiegend chinesische Geschäftsleute unterkommen. Der übliche US-amerikanische Kettenstandard. Bis ins Stadtzentrum benötigt man mit dem Taxi etwa 25 Minuten.
- **Yan Xiang Hotel Beijing (54)**, RMB 380-1.080; 2A Jiangtai Lu, Dongzhimenwai, Chaoyang District, Beijing 100016, ☏51389988, 🖷 64376231. 369 Zimmer und Suiten; BC, FC, FR, HA, KR (200), RE, SA, SN, SW, UD, 24. Das Hotel nahe der Flughafenstraße liegt neben dem Holiday Inn Lido, verfügt aber selbst über ein breit gefächertes Unterhaltungsangebot. Bei etwas besserem Management wäre eine höhere Einstufung ohne weiteres möglich. Das Stadtzentrum ist mit dem Taxi rund 45 Minuten entfernt.

Apartments

Wer sich längere Zeit (mindestens einen Monat) in der Stadt aufhält, sollte über die Anmietung einer eigenen Wohnung nachdenken. Bei der Auswahl sollte neben dem Preis auch die Lage des Objekts berücksichtigt werden, denn lange Anmarschwege können rasch zum Ärgernis werden. Wer mit Kindern unterwegs ist, sollte darauf achten, dass das Apartment auch über kinderfreundliche Einrichtungen wie Schwimmbad und Spielplatz etc. verfügt, und wer auf die Nutzung des Internets angewiesen ist, sollte auf das Vorhandensein eines DSL-Anschlusses achten. Bezüglich der Details sollte man sich vor der Anmietung in jedem Fall mit dem Vermieter in Kontakt setzen.

*Als Faustregel gilt: Je weiter vom Zentrum entfernt, desto günstiger wird es. Wem der Sinn mehr nach altchinesischem Lebensstil steht, sollte hingegen in Erwägung ziehen, sich in eines der renovierten Hofhäuser (**Siheyuan**) einzumieten.*

Die unten genannten Preise beziehen sich jeweils auf die kleinste zur Verfügung stehende Mieteinheit und gelten pro Monat.

- **The Ascott Beijing**, exklusive Full Service Apartments, in denen man monatlich ab US$ 2.800 logiert (für eine Nacht zahlt man ab RMB 1.100). 108B Jianguo Lu, Chaoyang District, Beijing 100022, ☏ 65678100, 🖷 65678122, www.the-ascott.com. Verkehrsgünstig unweit des China World Trade Center gelegen.
- **Beijing Landmark Apartments**, günstig an der dritten Ringstraße gelegene Apartments ab RMB 11.800.
- **Beijing Landmark Towers**, 8 Dongsanhuan Beilu, Chaoyang District, Beijing 100004, ☏ 65906688, 🖷 65906922, www.beijinglandmark.com.
- **Boya Garden**, 2-4 Schlafzimmer ab RMB 8.800. 9 Nongzhanguan Nandajie, Chaoyang District, Beijing 100016, ☏ 82318640, www.beijingrealestate.com. Direkt westlich neben Pekings größtem Park, dem Chaoyang Park, und nahe einem Golfplatz.
- **China World Apartments**, Apartments gibt es ab RMB 9600. 1 Jianguomenwai Dajie, Chaoyang District, Beijing 100004, ☏ 65051304, 🖷 65050531, www.cwtc.com/english/apartment/index.asp. Bestandteil des China World Trade Center, daher sehr beliebt und oftmals ausgebucht.
- **Henderson Center**, hier zahlt man ab RMB 8.000. 18 Jianguomennei Dajie, Chongwen District, Beijing 100005, ☏ 65183228, www.hld.com/english/property/china/beijing/frameapt.htm. Zentral an Pekings großer Transversale gelegene Apartments mit 1-3 Schlafzimmern.
- **Landmark Palace**, ab RMB 6.000. 40 Liangmaqiao Lu, Chaoyang District, Beijing 100 016, ☏ 82318640, www.beijingrealestate.com. Unweit des Lufthansa Center gelegen.
- **Lee Garden Service Apartments**, zu haben ab RMB 14.400. 18 Jinyu Hutong, Dongcheng District, Beijing 100006. ☏ 65258855, 🖷 65257999, www.lgapartment.com. Zentraler geht es fast nicht mehr, zur Wangfujing Dajie sind es gerade einmal 200 m, zum Tian'anmen-Platz rund 20 Fußminuten.
- **Somerset Grand Fortune Garden Beijing**, In diesen Full Service Apartments zahlt man pro Monat ab RMB 17.600 (für eine Nacht ab RMB 1.050). 46 Liangmaqiao Lu, Chaoyang District, Beijing 100016, ☏ 84518888, 🖷 84518866, www.the-ascott.com. Sie gehören derzeit zum Exklusivsten, was die Stadt zu bieten hat.
- **The Tower Apartments**, ab RMB 14.400. Oriental Plaza, 1 Dongchang'an Jie, Dongcheng District, Beijing 100006, ☏ 85181188, 🖷 85186021, www.orientalplaza.com/eng/apartment. Zentral in Pekings größten Shopping- und Bürokomplex eingebettete, voll ausgestattete Luxuswohnungen mit bis zu vier Schlafräumen.

Jeweils eine große Auswahl an Mietwohnungen und -villen haben folgende Immobiliengesellschaften im Angebot:
- **Bel-Property International Ltd.**, Room 605, Full Tower, 9 Dongsanhuan Zhonglu, Chaoyang District, Beijing 100020, ☏ 85910218, 🖷 85910219, www.bel-property.com.cn.
- **Golden Keys**, D24 Wanda Plaza, 11 Langjiayuan, Jianguo Lu, Chaoyang District, Beijing 100027, ☏ 58203765, www.zdhouse.com. Diese lokale Agentur unterhält über 330 Büros in ganz Peking; Verständigung mitunter nur auf Chinesisch möglich.
- **Ideal Property**, ☏ 51659991, 🖷 84480001, www.ideal-property.com.
- **Joanna Real Estate**, A2505, Eagle Run Plaza, 26 Xiaoyun Lu, Chaoyang District, 100016 Beijing, ☏ 51088028 und 51088048, 🖷 51088039, www.joannarealestate.com.cn.

Einen ersten Überblick über Mietangebote aller Art verschaffen die folgenden Websites:
- www.thatsbj.com
- www.wuwoo.com
- http://beijing.craigslist.org

Jugendherbergen

Preiswerte Unterkunftsmöglichkeiten stellen die Häuser von **Youth Hostelling International** dar. Zwar muss man auf der einen Seite weitestgehend auf Komfort verzichten, doch dafür kommt man den Einheimischen in diesen Herbergen meist sehr viel schneller näher als sonst möglich. Allgemeine Informationen erhalten Sie bei: **YHA China**, Room 601, 463 Huangpu Dadaoxi, Guangzhou, PR of China, ☏ 020-87513732-4, 🖷 020-22386638, www.yhachina.com.

In Peking stehen derzeit u.a. folgende Unterkünfte zur Auswahl:
- **Beijing Eastern Morning Sun Youth Hostel**, RMB 50-80. B4 Dongpeilou Building, Oriental Plaza, 816 Santiao, Dongdan, Dongcheng District, ☏ 65284347, 🖷 652 84350, 103 Betten (Zimmer mit 1-3 Betten). Klimatisierte Zimmer, Küche, Wäscheautomaten, Leseraum und Bar machen diese zentrale Herberge zur guten Wahl.
- **Beijing Far East International Youth Hostel**, RMB 45-60. 90 Tieshuxie Jie, Xuanwu District, Beijing 100050, ☏ 63018811, 🖷 63018233, 68 Betten (jeweils 4 Betten und mehr pro Zimmer). Zum Haus gehören eine Internetbar, eine gemeinsame Küche, Speiseräume sowie ein Leseraum, zudem besteht die Möglichkeit, Wäsche zu waschen.
- **Beijing Feiying Youth Hostel**, RMB 60-225. 10 Changchunjie Houjie, Xuanwu District, Beijing 100053, ☏ 63171116-4010, 🖷 63151165, 150 Betten (1-3 Betten pro Zimmer). Sehr zentral gelegenes, modernes Haus, dessen Zimmer über Aircondition, Telefon und teilweise eigene Fernseher verfügen.
- **Beijing Fenglong International Youth Hostel**, RMB 60100. 35 Taiping Jie, Xuanwu District, Beijing 100054, ☏ 63536413, 🖷 63536446. Zur Verfügung stehen eine Internetbar, Wäscheautomaten sowie ein Fahrradverleih.
- **Beijing International Youth Hostel**, RMB 50-80. 10/F, Building 2, Beijing International Hotel, 9 Jianguomennei Dajie, Dongcheng District, Beijing 100005, ☏ 651 266886145, 🖷 65229494, 122 Betten (meist acht pro Zimmer). Die Zimmer verfügen sogar über Aircondition, darüber hinaus stehen ein Leseraum, eine Internetbar und Wäscheautomaten zur Verfügung.
- **Beijing Zhaolong International Youth Hostel**, RMB 60-300. 2 Gongti Beilu, Chaoyang District, Beijing 100027, ☏ 659722996111, 🖷 65972288, 140 Betten (2, 4 oder 6 Betten pro Zimmer). Ausgestattet mit Küche, Internetbar, Leseraum und Klimaanlage, zudem kann man im Haus günstig Fahrräder ausleihen.
- **Red Lantern House**, RMB 55-220. 5 Zhengjue Hutong, Xinjiekou Nandajie, Xicheng District, Beijing 100035, ☏ 66115771, www.hostelworld.com. Zimmer mit zwei oder sechs Betten; hübscher Teich und empfehlenswertes Restaurant vor Ort.
- **Saga International Youth Hostel**, RMB 50-240. 9 Shijia Hutong, Nanxiao Jie, Dongcheng District, Beijing 100010, ☏ 65272773, 🖷 65249098, E-mail: sagayangguang@ yahoo.com.cn. Zimmer mit 3-6 Betten. Neben einer Internetbar und Wäscheautomaten wartet das Haus auch mit Klimaanlage in den Zimmern auf. Vor allem am Abend sitzt man gerne im Biergarten auf dem Dach zusammen.

Weitere Adressen finden Sie auf folgenden Websites: www.hostelz.com/hostels/china/beijing oder www.hostelsworld.com.

Wo man gut isst

Die folgende Zusammenstellung kann natürlich nur eine kleine Auswahl sein, wobei versucht wurde, eine ausgewogene Mischung aus Hotel- und selbstständigen Restaurants zusammenzustellen, die für jeden Gaumen etwas bereithält. Ein weiteres Auswahlkriterium waren die hygienischen Zustände, doch sollte man sich stets bewusst sein, dass für den Chinesen das Essen selbst das Entscheidende ist, nicht das Ambiente, das in manchen Restaurants in krassem Gegensatz zu den gebotenen kulinarischen Spitzenleistungen steht.

Peking-Enten-Restaurants

- **Beijing Dadong Roast Duck Restaurant**, a) Building 3, Tuanjiehu Beikou, Chaoyang District, ☏ 65822892, 11-22 Uhr; b) Building 1-2, Nanxincang Guoji Dasha, A22 Dongsishitiao, Dongcheng District, ☏ 51690329, 11-23 Uhr. Nicht billig, aufgrund des Gebotenen aber durchaus gerechtfertigt.
- **King Roast Duck**, 24 Jianguomenwai Dajie, Chaoyang District, ☏ 65156908, 10-22 Uhr. Eines der besten Peking-Enten-Restaurants der Stadt.
- **Quanjude Kaoya Dian**. Die wichtigsten der 14 Pekinger Filialen: a) **Qianmen Quanjude**, 32 Qianmen Dajie, Chongwen District, ☏ 65112418, 11-13.30 und 16.30-20 Uhr; b) **Hepingmen Quanjude**, 14 Qianmen Xidajie, Xuanwu District, ☏ 63018833, 10.30-14 u. 16.30-20.30 Uhr; c) **Wangfujing Quanjude**, 13 Shuaifuyuan Hutong, Dongcheng District, ☏ 65253310, 11-13.30 u. 16.30-20.30 Uhr. Pekings bekannteste Adresse für die Ente, die hier seit 1864 auf den Tisch kommt.

Peking-Küche/Mongolische/Kaiserliche Küche

- **Beijing Palace**, 130 Chaoyangmennei Dajie, Dongcheng District, ☏ 65244202 und 652 36320, 11-14 u. 17.30-21.30 Uhr. Hier können Sie sich Gerichte aus dem alten Peking schmecken lassen, wie man sie sonst kaum bekommt.
- **Donglaishun**, 198 Wangfujing Dajie, Dongcheng District, ☏ 65253562, 10.30-14 u. 16.30-20 Uhr. Feuertopf, Lamm und andere mongolische Spezialitäten.
- **Fangshan**, 1 Wenjin Jie, Beihai Park (Nordsee-Park, Südtor), Xicheng District, ☏ 64011889, 11-13.30 u. 17-20 Uhr. Die Quintessenz kaiserlicher Küche, wer also einmal speisen möchte wie die Qing-Kaiser, der sollte hierher kommen. Unbedingt vorbestellen, am besten drei bis vier Tage.
- **Hua Jia Yi Yuan**, a) 5 Dongzhimennei Dajie, Dongcheng District, ☏ 84078288, 10-4 Uhr; b) 235 Dongzhimennei Dajie, Dongcheng District, ☏ 64051908, rund um die Uhr. Neben Pekings Küche kommt auch Scharfes aus Sichuan auf den Tisch.
- **Jiang Tai Restaurant**, Holiday Inn Lido, Jichang Lu, Jiangtai Lu, Chaoyang District, ☏ 64376688 ext. 1639, Mo-Sa 7-9, 11-14 u. 17.30-20 Uhr. Qualität der Speisen, Ambiente und Service lassen nichts zu wünschen übrig. Tischreservierung empfehlenswert.
- **Li Jia Cai**, 11 Yangfang Hutong, Deshengmennei Dajie, Xicheng District, ☏ 661 80107, 18-20 Uhr. Kaiserliche Küche vom Allerfeinsten, die Preise sind allerdings hoch. Reservierung empfohlen.

- **The Mongolian Gher**, Sino-Swiss Hotel Beijing Airport, Xiao Tianzhu Village, Shunyi County, ☎ 64565588 ext. 1427, Di-So 19-23 Uhr. In gepflegtem Rahmen Mongolisches vom Feinsten.
- **Red Capital Club**, 66 Dongsi Jiutiao, Dongcheng District, ☎ 64027150 und 84018886, 18-23 Uhr. In diesem Hofrestaurant, dessen stilvolle Details nicht unbeachtet bleiben sollten, kommt kaiserliche Küche auf den Tisch.
- **Tanjia Restaurant**, 7/F, Building C, Beijing Hotel, 33 Dongchang'an Jie, Dongcheng District, ☎ 65137766 ext. 288/388, 11-22 Uhr. Hier kommt Tanjiacai, die Küche der Familie Tan, auf den Tisch, jene spezielle Pekinger Kochrichtung, die das salzige Element Nordchinas mit dem eher süßen Südchinas zu einer ausgewogenen Synthese vereint.
- **Tiandi Yijia**, 140 Nanchizi Dajie, Dongcheng District, ☎ 85115556, 11-14 u. 17-22.30 Uhr. Nur einen Steinwurf von der Verbotenen Stadt entfernt, offeriert man in gepflegtem Ambiente Kulinarisches vom Kaiserhof.
- **Tingliguan Restaurant**, Sommerpalast, Haidian District, ☎ 62582504, 10.30-14.30 u. 17.30-20.30 Uhr. Kaiserliche Küche in bezaubernder Lage – der Preis sollte dabei keine Rolle spielen. (Reservierung erforderlich.)

Chiu Chow-Küche

- **Carrianna Chiu Chow Restaurant**, 16 Donghuamen, Dongcheng District, ☎ 651 24373, 11.30-14 u. 17.30-22.30 Uhr. Die angebotenen Meeresfrüchte sind verführerisch, die Preise reell.
- **Chao Zhou Garden**, 4/F, Jing Guang Center, Hujia Lou, Chaoyang District, ☎ 650 18888 ext. 2588, 11.30-14.30 u. 18-22 Uhr. Gediegenes Ambiente und Gaumenreize in Hülle und Fülle machen das Wiederkommen leicht.

Guangzhou- (Kantonesische) Küche

- **21st Floor**, 21/F, Great Wall Sheraton Hotel, 10 Dongsanhuan Beilu, Chaoyang District, ☎ 65005566 ext. 2162, 11.30-14 u. 18-22 Uhr. Die Bedienung ist aufmerksam, die Aussicht großartig und das Essen zergeht auf der Zunge.
- **Bamboo Village Bay Fung Tang Restaurant**, 46 Dongzhimenwai Dajie, Chaoyang District, ☎ 84608778, 10-2 Uhr. Preisgünstig, wobei vor allem die Dim Sum zu empfehlen sind.
- **Celestial Court**, The St. Regis, 21 Jianguomenwai Dajie, Chaoyang District, ☎ 646 06688, 11.30-14.30 u. 18-22 Uhr. Wahrlich himmlisch, was auf den Tisch kommt. Eines der stilvollsten Restaurants der Stadt.
- **The Deluxe Restaurant**, 3/F, Comfort Inn, 4 Gongti Beilu, Chaoyang District, ☎ 852 36668, 10-15 u. 16.30-23 Uhr. Vielleicht gibt es hier die besten Dim Sum in der Stadt, doch auch das Set Lunch für zwei ist preislich überaus empfehlenswert.
- **East Ocean Seafood Restaurant**, a) 39 Maizidian Jie, Chaoyang District, ☎ 65083482; b) 3/F, Huihang Shidai Mansion, 56 Zhongguancun Xiqu, Chaoyang District, ☎ 62695533; jeweils 11-23 Uhr. Die vielen hier einkehrenden Hong Kong-Chinesen sprechen für sich: hier kommt allerfeinste Kanton-Küche auf den Tisch. Nicht die Dim Sum versäumen!
- **Gui Gongfu**, 11 Fangjiayuan Hutong, Chaonei Nanxiaojie, Dongcheng District, ☎ 65127667, 10.30-14 u. 17-22.30 Uhr. Das stilvolle Ambiente, in dem einst der jüngere Bruder von **Cixi** residierte, sollte nicht zu sehr von den dargebotenen Leckereien ablenken. Neben Kanton- gibt es auch Sichuan-Küche.

- **Horizon Chinese Restaurant**, 1/F, The Kerry Centre Hotel Beijing, 1 Guanghua Lu, Chaoyang District, ☏ 65618833 ext. 41, 11.30-14.30 u. 17.30-22 Uhr. Klassische Atmosphäre. Empfehlenswert vor allem auch die Dim Sum, die es mittags zum All-you-can-eat-Festpreis gibt.
- **Huang Ting**, B2, The Peninsula Beijing, 8 Jinyu Hutong, Dongcheng District, ☏ 85162888 ext. 6707, 11.30-14.30 u. 18-22 Uhr. Als Vorlage für das Ambiente dienten – unter Verwendung originaler Ziegel und Hölzer aus den abgerissenen Hutongs – die Hofhäuser der einstigen Adelsschicht. Die erlesenen Antiquitäten verfeinern noch den ohnehin schon unvergleichlichen Gaumengenuss. Die Rechnung ist in diesem Fall Nebensache.
- **Huazai Caiguan**, Jianguomennei Dajie, 1 Hongtong Xiang, Dongcheng District, ☏ 652 86449, 10-22 Uhr. Vor allem alles, was aus den zahlreichen Wassertanks kommt, ist das Probieren wert.
- **Noble Court**, Grand Hyatt Beijing, Oriental Plaza, 1 Dong Chang'an Jie, Dongcheng District, ☏ 85181234 ext. 3822, Mo-Fr 11.30-14.30 u. 17.30-22 Uhr, Sa u. So 10.30-14.30 u. 17.30-22 Uhr. Köstliche Dim Sum und Seafood-Gerichte. Ganz besonders empfehlenswert das Champagner-Brunch am Wochenende.
- **Sampan**, 1/F, Gloria Plaza Hotel, 2 Jianguomen Nandajie, Chaoyang District, ☏ 651 58855 ext. 3155, 10.30-15 u. 17.30-22.30 Uhr. Seit vielen Jahren besonders wegen seiner feinen Dim Sum beliebt.
- **Shun Feng**, 16 Dongsanhuan Beilu, Chaoyang District, ☏ 65070554, 10.30-14 u. 17-3 Uhr. So luxuriös das golden- und marmorüberfrachtete Ambiente, so superb das kantonesische Seafood.
- **Summer Palace Restaurant**, 2/F, China World Hotel, China World Trade Center, 1 Jianguomenwai Dajie, Chaoyang District, ☏ 65052266 ext. 34, 11.30-14 u. 18-22 Uhr. Wer noch kein Freund chinesischer Küche war, hier wird er es.
- **Yue Xiu Restaurant**, 1/F, Xinyuan Xili, Chaoyang District, ☏ 64669988 ext. 3116, 11-14.30 u. 17-22 Uhr. Große Auswahl bei günstigen Preisen.

Hakka-Küche

- **Han Cang**, gegenüber dem Nordeingang des Beihai-Parks, Xicheng District, ☏ 64042259, 11-15 u. 17-22 Uhr. Man kann auch im Freien sitzen, um die köstlichen Fisch- und Shrimpsgerichte zu genießen.

Shandong-Küche

- **Fengzeyuan**, Xingfu Sancun, Chaoyang District, ☏ 64217508, 11-14 u. 17-20 Uhr. Hierher kommt man immer wieder. Eines der besten Restaurants der Stadt.

Shanghai-Küche

- **Din Tai Fung**, 22 Hujiayuan Yibei Building, Dongcheng District, ☏ 64624502, Mo-Fr 11.30-14.30 u. 17.30-22 Uhr, Sa u. So 11-22 Uhr. Freundliches Personal und ein Kinderspielzimmer laden besonders auch Familien zum Kommen ein. Exzellente Baozi.
- **Mei Fu**, 24 Daxiangfeng Hutong, Xicheng District, ☏ 66126847, 11-13.30 u. 18-22 Uhr. Das elegante Hofrestaurant ist nicht ganz leicht zu finden, doch die Mühen lohnen sich. Hier verkehrte regelmäßig der große Peking-Opern-Darsteller Mei Lanfang. Teuer.

- **Moon Shanghai**, 4 Gongti Beilu, Chaoyang District, ☏ 65069988, 11-14 u. 17-22 Uhr. Probiertipps sind vor allem die zahlreichen Meeresfrüchte.
- **Shanghai Restaurant**, 2/F, Kunlun Hotel, 2 Xinyuan Nanlu, Chaoyang District, ☏ 65903388 ext. 5394, 11.30-14 u. 17.30-21.30 Uhr. Was Sie auch bestellen, Sie liegen nie falsch. Vielfach als bestes Restaurant seiner Art in Peking ausgezeichnet.

Shanxi-Küche

- **Paomo Guan**, 53 Chaonei Nanxiaojie, Dongcheng District, ☏ 65254639, 11-14.30 u. 17-22 Uhr. Konzentrieren Sie sich auf die Nudelgerichte und probieren Sie einmal einen Mijiu, Reiswein aus der Provinz Shanxi.

Sichuan-Küche

- **Ba Guo Bu Yi**, a) 89-3 Di'anmen Dongdajie, Xicheng District, ☏ 64008888; b) 2/F, Guomao, 10 Dongsanhuan Zhonglu, Chaoyang District, ☏ 65672188; c) Xinzhi Dasha, 28 Fucheng Lu, Haidian District, ☏ 88190088; d) 68 Xizhimen Nanxiaojie. Xicheng District, ☏ 66152230; jeweils 11-14 u. 17-21.30 Uhr. Großartiger Service, behagliche Atmosphäre, klassisches Dekor mit interessanten Schwarz-Weiß-Fotos aus Sichuan.
- **Shenxian Dou Hua Village**, Ritan Lu (am Südwesttor des **Ritan-Parks**), Chaoyang District, ☏ 65005939, 10-22 Uhr. Vorsicht, manches ist sehr scharf und sollte allenfalls mit heißem Tee nachgespült werden; Luft holen kann man anschließend im Park.
- **The Source**, 14 Banchang Hutong, Nanluogu Xiang, Kuanjie, Dongcheng District, ☏ 64003736, 11-14 u. 17-22 Uhr. Bei schönem Wetter lockt der reizvolle Hof mit seinem alten Dattelbaum.
- **Tang Long Hot Pot**, 1 Sanyuanli Beili, Chaoyang District, ☏ 64167567, 12-23.30 Uhr. Das Interieur ist geprägt von Pastelltönen, die Speisen hingegen von der Schärfe Sichuaner Küche. Besondere Spezialität ist der Hot Pot, bei dem man sich hier auch in kleiner Runde den Mund verbrennen kann.
- **Xi He Ya Ju**, nordöstliche Ecke des Ritan Park, Chaoyang District, ☏ 65941915, 11-14.30 u. 17-22 Uhr. Neben der Küche Sichuans kommt auch solche aus Guangdong auf den Tisch. Bei Einheimischen und Ausländern gleichermaßen beliebt.
- **Yu Xin**, a) 1/F, Jingtai Building, 24 Jianguomenwai Dajie, Chaoyang District, ☏ 65156588, 11-22 h; b) 5A Xingfu Yicun Xili, Chaoyang District, ☏ 64158168, Mo-Fr 11-14 u. 17-22 Uhr, Sa u. So 11-22 Uhr; c) 7/F, Scitech Tower, 111 Xidan Beidajie, Xicheng District, ☏ 66183918, Mo-Fr 11-14 u. 17-22 Uhr, Sa u. So 11-22 Uhr; d) 1/F, Chang'an Grand Theatre, 75 Jianguomennei Dajie, Dongcheng District, ☏ 65171012, Mo-Fr 11-14 u. 17-22 Uhr, Sa u. So 11-22 Uhr. Für Sichuanesen die authentischsten Lokale ihrer Art.

Yunnan-Küche

- **Golden Peacock Dai Ethnic Flavor**, 1/F, Building 16, Minzu Daxue Beilu, Weigongcun, Haidian District, ☏ 68932030, 11-22 Uhr. Probiertipps: Ananasreis und Blattsalat, der gut gewürzt serviert wird.
- **No Name Restaurant**, 1 Da Jinsi Hutong, Xicheng District, ☏ 66186061, 10.30-1 Uhr. Nettes, ruhiges Lokal mit hübscher Dachterrasse.

- **South Silk Road**, a) 3/F, Building D SOHO New Town, 88 Jianguo Lu, Chaoyang District, ☏ 85804286, 10.30-22.30 Uhr; b) 12-13, 19A Shichahai Qianhai Xiyan, Xicheng District, ☏ 66155515, 12-24 Uhr; c) 2-3/F, 4 North Building, Area 2, Anhuili, Chaoyang District, ☏ 64813261, 11-23 Uhr. Von einem lokalen Künstler gegründete Restaurantkette. Minimalistisches Interieur, dafür umso schärfere Speisen, deren Feuer man mit dem hauseigenen Reiswein löschen kann.

Taiwanesische Küche

- **Bellagio**, a) 35 Xiaoyun Lu, Chaoyang District, ☏ 84519988, 11-4 Uhr; b) 6 Gongti Xilu, Chaoyang District, ☏ 65513533, 11-5 Uhr. Man kommt, um zu sehen und gesehen zu werden. Der perfekte Ort, um sich nach dem Nachtklubbesuch nebenan zu stärken.

Hot Pot

- **Ding Ding Xiang**, a) 1/F, 14 Dongzhong Jie, Dongzhimenwai, Dongzheng District, ☏ 64172546, 10-22 Uhr; b) 2/F, Yuanjia International Apartments, Dongzhong Jie, Dongzhimenwai, Dongcheng District, ☏ 64179289, 11-22 Uhr. Immer voll, immer laut, doch kommt man so rasch in Kontakt mit den Einheimischen.
- **Ye Shan Jun Wild Fungus House**, 2A Qianmen Dongdajie, Chongwen District, ☏ 65122708, 9.30-0.30 Uhr. Hot Pot für Vegetarier, bei dem nach Yunnan- und Fujian-Art statt Fleisch Pilze der verschiedensten Art in den Topf wandern.

Vegetarische Küche

- **Lotus in Moonlight**, 12 Liufang Nanli, Chaoyang District, ☏ 64653299, Mo-Fr 11-14 u. 17-21.30 Uhr, Sa u. So 11-21.30 Uhr. Was wie Fisch oder Fleisch aussieht, ist aus Tofu und anderem gefertigt. Unter den Besuchern findet man viele Mönche. Kein Alkoholausschank, Rauchen verboten!
- **Vanille Garden**, 23 Caoyuan Hutong, Beixiaojie, Dongzhimennei, Dongcheng District, ☏ 64052082, 10-22 Uhr. Neben einer Vielzahl vegetarischer Gerichte serviert man auch eine ganze Reihe importierter organischer Kaffees und Kräutertees.
- **Xu Xiang Zhai Vegetarian Restaurant**, 26-1 Guozijian Dajie, Dongcheng District, ☏ 64046568, 11.30-21 Uhr. Die All-You-Can-Eat-Büfetts haben schon so manchen dazu verführt, mehr zu essen als er eigentlich wollte.

Asiatische Küche

- **Beijing Doo San Restaurant**, Hualong Commercial Center, Hualong Jie, Nanheyan Jie, Dongcheng District, ☏ 65129130, 11-14.30 u. 17.30-21.30 Uhr; koreanisch. Fast immer voll, was angesichts dessen, was auf den Tisch kommt, auch kein Wunder ist.
- **Chingari**, 4/F, 27 Dongzhimenwai Dajie, Chaoyang District, ☏ 84483690-1, 11.30-14.30 u. 17.30-22.30 Uhr; indisch. Einer der besten Inder Pekings, dessen Mittags-Specials besonders empfehlenswert sind.
- **Golden Elephant**, a) 7 Sanlitun Jiuba Jie Beili, Chaoyang District, ☏ 64171650; b) 4/F, Henderson Center, 18 Jianguomennei Dajie, Dongcheng District, ☏ 65266688 ext. 5410; jeweils 11-22.30 Uhr, indisch/thailändisch. Aufgrund der günstigen Preise und der opulenten Menüs stets voll.

- **Hatsune**, 2/F, Heqiao Building C, 8A Guanghua Lu, Chaoyang District, ☏ 65813939, 11.30-14 u. 17.30-22 Uhr; japanisch. Überaus herzlicher Service, vielfach ausgezeichnet. Reservierung empfehlenswert.
- **Indian Kitchen**, 2 Sanlitun Beixiaojie, Chaoyang District, ☏ 64627255, 11.30-14.30 u. 17-23 Uhr; indisch. Preiswertes Mittagsbüfett.
- **Japanese Restaurant**, 115 Xuangwumenxi Dajie, Xicheng District, ☏ 66020845, 11-14 u. 17-22 Uhr; japanisch. Hohe Schule japanischer Kochkunst, bei Japanern, Koreanern und Taiwanesen sehr beliebt.
- **Java and Yangon**, Sanlitun Xiwujie, Chaoyang District, ☏ 84517489, 11.30-14.30 u. 16.30-22.30 Uhr; indonesisch/birmesisch. Dem farbenfrohen Interieur steht das Essen kaum nach.
- **Jazz-Ya**, 18 Sanlitun Lu, Chaoyang District, ☏ 64151227, 11.30-2 Uhr; japanisch. Teuer, stilistisch top, und immer wieder feine Jazz-Sessions.
- **Lau Pa Sak**, Xindong Lu (gegenüber der kanadischen Botschaft), Chaoyang District, ☏ 64170952, 11-23 Uhr; singapurianisch. Würziges Nasi Goreng, leckere Laksa-Nudeln und zartes Rendang-Rind gelten als die Favoriten.
- **Lemongrass Thai and Indian Restaurant**, 17 Jianguomenwai Dajie, Chaoyang District, ☏ 65913100 und 65863150, 11-22.30 Uhr; indisch/thailändisch. Das preiswerte Mittagsbüfett macht das Wiederkommen leicht.
- **Len Len**, 1/F, Ziming Dasha, 12B Xinzhong Jie, Dongcheng District, ☏ 64156415, 18-1.30 Uhr; japanisch. So minimalistisch das Dekor, so exquisit das Essen. Eines der besten japanischen Restaurants der Stadt.
- **Matsuko**, Baijiazhuang (gegenüber TGI Friday's), Chaoyang District, ☏ 65825208, 11.30-14 u. 17-22.30 Uhr; japanisch. Fantastisches Mittagsbüfett mit Sushi, Sashimi, Nudeln und vielem mehr.
- **Mi Chuan**, 35 Chengfu Lu, Haidian District, ☏ 62563749, 11-23 Uhr; koreanisch. Chrome und Glas dominieren das Dekor, Fleisch hingegen die Speisekarte.
- **Mughal's Beijing**, 5/F, 3.3 Fashion Plaza, 33 Sanlitun Lu, Chaoyang District, ☏ 51365575, 12-24 Uhr; pakistanisch. Gute Fleischgerichte; Bauchtänzerinnen und abendliche Bühnenshows.
- **Nadaman**, 3/F, China World Hotel, China World Trade Center, 1 Jianguomenwai Dajie, Chaoyang District, ☏ 65052266 ext. 39, 11.30-14 u. 17.30-21.30 Uhr; japanisch. Teuer, aber auch erlesen. Am stilvollsten isst es sich in den Tatami-Privatzimmern.
- **Nuage**, 22 Qianhai Dongzhao, Xicheng District, ☏ 64019581, 11.30-14 u. 17.30-22 Uhr; vietnamesisch. Beim Blick auf den See zergehen die Frühlingsrollen schier auf der Zunge, wozu auch das altvietnamesische Flair beiträgt. Eines der stilvollsten Restaurants der Stadt.
- **People 8**, 18 Jianguomenwai Dajie, Chaoyang District, ☏ 65158585, 11.30-14.30 u. 17.30-23 Uhr; japanisch/westlich. Dunkles, von viel Bambus geprägtes Ambiente; sehr gute Bar.
- **Serve the People**, 1 Sanlitun Xiwujie, Chaoyang District, ☏ 84544580, 11-23 Uhr; thailändisch. Einer der besten Thais von Peking, aber auch ein Ort, um zu sehen und gesehen zu werden.
- **Starlight Revolving Restaurant**, 28/F, Beijing International Hotel, 9 Jianguomennei Dajie, Dongcheng District, ☏ 65126688, 6.30-11, 11.30-14 u. 17.30-22 Uhr; asiatisch/westlich. Schon allein wegen des großartigen Blickes von diesem Drehrestaurant aus lohnt das Kommen, vor allem zum recht günstigen Mittagsbüfett.

- **Sukhothai Imperial Thai Restaurant**, 2/F, Zhongdian Xinzi Dasha, 6 Zhongguancun Nandajie, Haidian District, ☏ 62501286, 11-14.30 u. 17-22 Uhr; thailändisch. Der gewaltige goldfarbene Buddha und die in Thai-Tracht gekleideten Bedienungen bringen ein Stück Thailand in Chinas Hauptstadt.
- **The Taj Pavillon**, a) 1/F, West Wing, China World Trade Center, 1 Jianguomenwai Dajie, Chaoyang District, ☏ 65055866; b) 3/F, Holiday Inn Lido, Jichang Lu, Jiangtai Lu, Chaoyang District, ☏ 64367678; jeweils 11.30-14.30 u. 18-22.30 Uhr; indisch. Trotz der hohen Preise seit vielen Jahren beliebt. Probiertipp: Chicken Tikka, Naan-Brot und Hammel.
- **The Tandoor**, 1/F, Zhaolong Hotel, 2 Gongti Beilu, Chaoyang District, ☏ 65972299 ext. 2112, 11.30-14 u. 17.30-22.30 Uhr; indisch. Stilvolles Dekor und hervorragende Küche des Subkontinents, die abends von den indischen Tänzerinnen zusätzliche Würze erhält.

Westliche Küche

- **Alameda**, Sanlitun Beijie, Chaoyang District, ☏ 64178084, Mo-Do 12-15 u. 18-22.30 Uhr, Fr u. Sa 12-15 u. 18-23 Uhr sowie So 12-21 Uhr; brasilianisch. Innovativ, mit einem Schuss Europa. Eines der beliebtesten Restaurants der Stadt.
- **The American Café**, Blue Castle International Apartments, Xi Dawang Lu, Chaoyang District, ☏ 85997428, 7.30-22 Uhr; amerikanisch. Sehr beliebter Brunch-Treffpunkt.
- **Assaggi**, 1 Sanlitun Beixiaojie, Chaoyang District, ☏ 84544508, 11.30-14.30 u. 18-23.30 Uhr; italienisch. Einer der teureren Italiener, doch dafür sitzt man auf der begrünten Dachterrasse besonders nett.
- **Blockhouse**, 2 Van Palace, South Street, Guandongdian Nanjie, Chaoyang District, 11-21.30 Uhr; deutsch. Bekannt für ordentliche Steaks sowie seine Salatbar.
- **Brasserie Flo**, 2/F, Rainbow Plaza, 16 Dongsanhuan Lu, Chaoyang District, ☏ 659 55135, 12-15.30 u. 18-24 Uhr; französisch. Ausgezeichneter Service, der einem die auf der sonnigen Terrasse servierten Austern oder die Zwiebelsuppe noch einmal so gut schmecken lässt.
- **Brauhaus**, China World Trade Center, 1 Jianguomenwai Dajie, Chaoyang District, ☏ 65052266 ext. 6565, So-Do 12-1 und Fr u. Sa 12-3 Uhr; deutsch. Später kann man in Chinas Hauptstadt kaum noch etwas Essbares bekommen, und für das eine oder andere Bier ist allemal noch Zeit. Ziemlich teuer.
- **Café Cha**, 1/F, Shangri-La Hotel, 29 Zizhuyuan Lu, Haidian District, ☏ 68412211 ext. 2715, 6-24 Uhr; international/vegetarisch. Lecker, lecker, was hier geboten wird, und dank der offenen Küche sieht man auch, wie es zubereitet wird.
- **Café Europa**, Building 11, Jianwai Soho, Chaoyang District, ☏ 58695663, 11.30-14.30 u. 17.30-23 Uhr; europäisch. Eleganter Kaffeehausstil; superbe Desserts.
- **Churrascaria Beijing Brazil**, 46 Fuxingmennei Dajie, Xicheng District, ☏ 660 56957, 11-14.30 u. 17.30-22 Uhr; brasilianisch. Sehr empfehlenswertes kleines Restaurant in einem alten Hofhaus, in dem Südamerikanisches auf den Tisch kommt.
- **Coffee Garden**, 1/F, The Kerry Centre Hotel Beijing, 1 Guanghua Lu, Chaoyang District, ☏ 656 18833 ext. 40, 6-10.30, 11.30-14.30 u. 17.30-22 Uhr; international. Nicht preiswert, aber dafür umso stilvoller, wobei die Desserts keinesfalls versäumt werden sollten.
- **The Courtyard**, 95 Donghuamen Dajie, Dongcheng District, ☏ 65268883, 18-1 Uhr; westlich/chinesisch. Im Untergeschoss präsentiert man chinesische Kunst, oben pafft man gemütlich seine Zigarre. Großartiger Blick auf die Verbotene Stadt.

- **Danieli's**, 2/F, The St. Regis Beijing, 21 Jianguomenwai Dajie, Chaoyang District, ☏ 64606688 ext. 2441, Mo-Fr 11.30-14 u. 18-22 Uhr, Sa u. So 18-22 Uhr; italienisch. Klassisch elegantes Restaurant mit geschmackvollem Dekor, exzellenten Speisen und perfektem Service.
- **Garden Court**, The St. Regis Beijing, 21 Jianguomenwai Dajie, Chaoyang District, ☏ 646 06688 ext. 2340, 6-23 Uhr; international. Opulente Büfetts; am Sonntag Champagner-Brunch.
- **Garden of Delights**, 53 Dong'anmen Dajie, Dongcheng District, ☏ 51385688, Mo u. Di 12-14.30 u. 18-22.30 Uhr, Mi-Fr 12-14.30 u. 18-23.30 Uhr, Sa 18-23.30 Uhr und So 18-22.30 Uhr; lateinamerikanisch. Lassen Sie ein wenig Platz für die leckeren Schokoladendesserts, und probieren Sie die überdurchschnittlichen Cocktails.
- **Green T. House**, a) 6 Gongti Xilu, Chaoyang District, ☏ 65528310, 12-15 u. 18-24 Uhr; b) 318 Hegezhuang Cun, Cuigezhuang Xiang, Chaoyang District, 12-14.30 u. 18-24 Uhr. Die Portionen fallen nicht gerade üppig, die Preise dafür umso höher aus, doch daran stößt sich kaum jemand - bei dem Ambiente.
- **Jing**, B1, The Peninsula Beijing, 8 Jinyu Hutong, Dongcheng District, ☏ 65230175 und 851 62888 ext. 6714/5, 5.30-23.30 Uhr; westlich/asiatisch. Ganz gleich, was Sie wählen, Sie werden nicht enttäuscht. Eines der allerfeinsten Restaurants der Stadt: hier stimmt alles!
- **Justine's**, Jianguo Hotel, 5 Jianguomenwai Dajie, Chaoyang District, ☏ 65002233 ext. 8039, 11.30-14.30 u. 18-22.30 Uhr; kontinental. Eines der ältesten westlichen Restaurants Pekings, und nach wie vor eines der beliebtesten.
- **Mare**, 14 Xindong Lu, Chaoyang District, ☏ 64171459 und 64165431, 11-24 Uhr; spanisch. Wenige Schritte von der deutschen Botschaft entfernt, kann man hier bei schönem Wetter auch im Freien sitzen.
- **Maxim's**, 2 Chongwenmenxi Dajie, Chongwen District, ☏ 65121992 und 65122110, 11.30-14 u. 18-22 Uhr; kontinental. Eine breit gefächerte Palette an großen und kleinen Speisen steht bereit, wobei besonders die Süßspeisen überzeugen.
- **Metro Café**, 6 Gongti Xilu, Chaoyang District, ☏ 65527828, Mo-Fr 11.30-14 u. 17.30-22 Uhr, Sa u. So 11.30-22 Uhr; italienisch. Suppen, Desserts, Cocktails und Weine sind die Stärken dieses gemütlichen Lokals.
- **Morel's**, a) Gongti Beilu (gegenüber dem Nordtor des Workers' Gymnasium), Chaoyang District, ☏ 64168802, Di-So 11.30-14.30 u. 17.30-22.30 Uhr; b) 1/F, East Block, 27 Liangmaqiao Lu, Chaoyang District, ☏ 64373939, Di-So 11-22.30 Uhr; belgisch. So zart die Steaks, so verführerisch die frisch zubereiteten Waffeln, an denen man einfach nicht vorbei kommt.
- **Obelisco**, 1 Laiguangying Donglu, Chaoyang District, ☏ 84701666, Mo-Do 11-14.30 u. 17.30-22 Uhr, Fr-So 11-22 Uhr; argentinisch. Fleischliebhaber kommen hier voll auf ihre Kosten; gute Weinliste, deren Schwerpunkt auf der Neuen Welt liegt. Leider ein wenig abseits Richtung Flughafen gelegen.
- **Old Pekin Grill**, 4/F, Grand Hotel Beijing, 35 Dongchang'an Jie, Dongcheng District, ☏ 65137788 ext. 347, 18-22 Uhr; kontinental. Eines der feinsten Restaurants der Stadt, Service und Speisen sind gleichermaßen perfekt. Reservierung empohlen.
- **One East on Third**, Beijing Hilton International, 1 Dongfang Lu, Dongsanhuan Beilu, Chaoyang District, ☏ 64655000 ext. 5030, 12-14 und 18-22.30 Uhr; amerikanisch. Einer der besten Amerikaner in der Stadt, daher bei den Expatriates äußerst beliebt und am Wochenende dementsprechend voll.

- **Paulaner Brauhaus**, 1/F, Kempinski Hotel, Beijing Lufthansa Center, West Wing, 50 Liangmaqiao Lu, Chaoyang District, ☎ 64653388 ext. 5732, 11-1 Uhr; deutsch. Hier kann man von der „Stube" aus dem Braumeister über die Schulter schauen.
- **Peter's Tex-Mex Grill**, 88A International Club, 21 Jianguomenwai Dajie, Chaoyang District, ☎ 85322449, 7.30-23 Uhr; amerikanisch/mexikanisch. Stark vor allem auf der mexikanischen Seite.
- **Pinocchio**, 3/F, Holiday Inn Lido, Jichang Lu, Jiangtai Lu, Chaoyang District, ☎ 643 76688 ext. 3812, 11.30-14.30 u. 17.30-22.30 Uhr; italienisch. Der älteste Italiener in der Stadt, nach wie vor aber einer der beliebtesten.
- **Riverside Café**, 10 Sanlitun Beijie, Chaoyang District, ☎ 84541031 und 64661241, 10-23 Uhr; kontinental. Große Weinauswahl, deutsche Bäckerei, frische Pasta, saftige Steaks und vieles mehr.
- **Royal Cafe**, 2/F, SAS Radisson Hotel, 6A Beisanhuan Donglu, Chaoyang District, ☎ 64663490 ext. 3440, 6-24 Uhr; international. Liebhaber skandinavischer Küche kommen hier voll auf ihre Kosten, doch auch für andere ist etwas dabei.
- **Salsa Cabana**, 1/F, Kempinski Hotel Beijing, Beijing Lufthansa Center, 50 Liangmaqiao Lu, Chaoyang District, ☎ 64653388 ext. 5700, So-Do 11.30-2 Uhr und Fr u. Sa 11.30-3.30 Uhr; lateinamerikanisch. Vorsicht, manches, was auf den Tisch kommt, ist ebenso scharf wie das weibliche Publikum, das sich am Wochenende hier einfindet.
- **Scene a Café**, 2/F, China World Hotel, China World Trade Center, 1 Jianguomenwai Dajie, Chaoyang District, ☎ 65052266 ext. 35, 6-1 Uhr; international/vegetarisch. Pekings verführerischstes Büfett im Konzept der offenen Küche, mit acht Themen, darunter Nudeln, Salate und Desserts. Wer abnehmen möchte, sollte nicht kommen.
- **The Square**, Novotel Peace Hotel, 3 Jinyu Hutong, Dongcheng District, ☎ 651 28833, rund um die Uhr; international. Ein neues Konzept für Peking: Aus all dem auf dem multiethnischen Büfett Dargebotenen stellt sich ein jeder sein Mahl zusammen und lässt es sich anschließend von einem der bereitstehenden Köche individuell zubereiten. Bei einem Festpreis von RMB 150 (ohne Getränke) ein wahrhaft verführerisches Angebot.

Vorderer und Mittlerer Orient

- **1001 Nights**, Sanlitun Gongti Beilu (gegenüber Zhaolong Hotel), Chaoyang District, ☎ 65324050, 11-2 Uhr; Vorderer Orient. Falafel, Hummus, Tabouleh und Kebab gibt es woanders in der Stadt kaum besser. Allabendliche Bauchtanzvorführung.
- **Crescent Moon Muslim Restaurant**, 16 Dongsi Liutiao, Dongcheng District, ☎ 64005281, 9-23.30 Uhr; muslimisch. Klein, fein, authentisch, selbst bei den Bedienungen handelt es sich ausnahmslos um Uiguren/innen.
- **Rumi**, 29 Wuligou, Xiaoyun Lu, Chaoyang District, ☎ 84543838, So-Do 10-22 Uhr, Fr u. Sa 10-23 Uhr; persisch. Minimalistisches Interieur, dafür umso schmackhaftere Kebabs und Desserts. Kein Alkoholausschank!
- **Kaorou Ji**, 14 Qianhai Dongyan, Xicheng District, ☎ 64042554, 11-23 Uhr; muslimisch. Spezialitäten des Hauses sind gegrilltes Lamm und gedämpfte Sesambrötchen.
- **Xinjiang Islam Restaurant**, Xinjiang Provincial Government Office, 7 Sanlihe Road, Xicheng District, ☎ 68335599, 7-9.30 u. 11.30-21.30 Uhr; muslimisch. Original Xinjiang-Küche zubereitet von Leuten, die sie am besten kennen.

Cafés & Teehäuser

- **Be For Time Tea House**, 11 Zhongguancun Nandajie, Haidian District, ☏ 684 78775, rund um die Uhr. Neben Tee und Kaffee offeriert man gute Fruchtsäfte, Eiskrem und Joghurt, und dies zu vernünftigen Preisen. (Insgesamt 18 Filialen im Stadtgebiet.)
- **Family Fu's Teahouse**, Bajiao Ting, Houhai Gongyuan Nei, Deshengmennei Dajie, Xicheng District, ☏ 66160725, 10.30-24 Uhr. Schönes, klassisches Teehaus mit Möbeln aus der Ming- und Qing-Ära am Südufer des Houhai.
- **Green T. House**, 6 Gongti Xilu, Chaoyang District, ☏ 65528310-1, ☏ 65538750, www.green-t-house.com, 11.30-15 u. 18-24 Uhr. Das chinesische Essen lässt nichts zu wünschen übrig, die Tees sind ausgezeichnet, und das Interieur geradezu fantastisch, eine Mischung aus einem Film von Stanley Kubrik und der Audienzhalle von Cixi.
- **Wufu Teahouse**, Building 3, Fuchengmenwai Dajie, Xicheng District, ☏ 68036467, 11-22 Uhr. Man fühlt sich in ein altes südchinesisches Dorf am Kanal versetzt. Sehr stilvoll.

Fast Food und Kettenrestaurants

- **California Beef Noodle King**: u.a. 75 Xinhua Jie, Xuanwu District, ☏ 66052634; und 66 Qianmen Dajie, Chongwen District, ☏ 67020374; jeweils 7.30-2.30 Uhr. Vor allem Nudeln in jeder Variation.
- **Kentucky Fried Chicken**: Filialen dieser Kette findet man im ganzen Stadtgebiet; meist 9-22 Uhr.
- **McDonalds**, das weltweit größte Kettenrestaurant verfügt allein in Peking mittlerweile über rund sechzig Filialen; in der Regel 7-23 Uhr.
- **Pizza Hut**, u.a. 27 Dongzhimenwai Dajie, Chaoyang District, ☏ 64652976; und 33 Zhuzhikou Xijie, Xuanwu District, ☏ 63031272; jeweils 10.30-22.30 Uhr. Außer Pizza gibt es auch Spaghetti, Salate und andere Snacks.
- **Schlotzsky's**, a) Tower Two, China World Trade Centre, Chaoyang District, ☏ 65050806; b) 1/F, AA52, Oriental Plaza, Dongcheng District, ☏ 85186810; c) Shuang'an Shangchang, Haidian District, ☏ 62161651; d) 52 Sanlitun Beijie, Chaoyang District, ☏ 64164697; alle 9.30-21.30 Uhr. Sandwiches, deren Extra die Ofenfrische des Brotes ist.
- **SCITECH Plaza Food Plaza**, SCITECH Plaza, Basement, 22 Jianguomenwai Dajie, Chaoyang District. Mehrere Schnellimbissstände verschiedener Geschmacksrichtungen.
- **TGI Friday's**, a) 19 Dongsanhuan Beilu Chaoyang District, ☏ 65975314; b) Beijing Friendship Hotel, 1 Zhongguancun Nandajie, Haidian District, ☏ 68498738; c) 1/F, CATIC Plaza, 18 Beichen Donglu, Chongwen District, ☏ 84970650; jeweils 11-24 Uhr. Burgers, Salate und Mexikanisches, abgerundet durch leckere Desserts.

Delis & Sandwich Shops

- **Bento & Berries**, 1/F, Kerry Center, 1 Guanghua Lu, Chaoyang District, Mo-Fr 7-23 Uhr, Sa u. So 8-19.30 Uhr. Schickes Café mit exzellenter Bäckerei, in dem man englischsprachige Zeitungen lesen oder im Internet chatten kann.
- **Kempinski Deli**, 1/F, Kempinski Hotel Beijing, 50 Liangmaqiao Lu, Chaoyang District, ☏ 64653388 ext. 5741, 7-23 Uhr. Frischeres Brot, besseres Gebäck und Desserts gibt es kaum anderswo in der Stadt. Für Leckermäuler ein Muss.

🍸 Nachtleben

Bars, Lounges, Pubs, Discos & Karaoke

Pekings Nachtleben hat in den letzten Jahren gehörig zugelegt, doch denken Sie angesichts mitunter recht freizügig einherkommender weiblicher Gäste daran: Prostitution ist in der **VR China** nach wie vor **verboten** (wenn auch allerorten anzutreffen)!

Eine Fülle netter Lokale und Straßencafés findet man im Botschaftsviertel **Sanlitun** und rund um den **Chaoyang Park**, besonders malerische hingegen rund um den **Houhai-** und **Qianhai-See**, in der **Nanluogu Xiang** (Hutong östlich des Houhai-Sees zwischen Gulou Dongdajie und Di'anmen Dongdajie), doch auch rund um die **Wangfujing Dajie**, in **Wudaokou** (Haidian District, entlang der Chengfu Lu zwischen Xueyuan Lu und dem Südtor der Tsinghua-Universität), in der **Nuren Jie** (die so genannte „Ladie's Street" befindet sich im Chaoyang District nordöstlich außerhalb der dritten Ringstraße zwischen Liangmaqiao Lu und Xiaoyun Lu) und **rund um das Holiday Inn Lido Hotel** geht es allabendlich hoch her.

Da viele private Bars und Clubs genauso schnell wieder dicht machen, wie sie entstehen, ist es durchaus möglich, dass das eine oder andere Etablissement bei Drucklegung bereits nicht mehr existiert, als langlebiger haben sich hingegen diejenigen in den Hotels erwiesen.

- **180**, 18 Zhongguancun Beidajie, Haidian District, ☏ 82613366 ext. 702, 20-2 Uhr. Der größte Klub in diesem Stadtteil. Während der Ladie's Night am Freitag kommt das weibliche Geschlecht in den Genuss kostenlosen Biers und freier Cocktails.
- **Angel**, 6 Gongti Xilu, Chaoyang District, ☏ 65528888, 20-4 Uhr. Eine der größten Discos der Stadt, in der man sich auch in Privaträumen die Platten persönlich auflegen lassen kann.
- **Bar Blu**, 4/F, Tongli Studio, Sanlitun Beilu, Chaoyang District, ☏ 64167567, So-Do 16-2 Uhr, Fr u. Sa 16-4 Uhr. Nicht nur wegen seiner schönen Dachterrasse sehr beliebt.
- **Bed Tapas & Bar**, 17 Zhangwang Hutong, Xicheng District, ☏ 84001554, 14-2 Uhr. Ruhiges, vorzüglich gestyltes Hofhausambiente, in dem man leckere Tapas genießen kann.
- **The Big Easy**, 8 Chaoyang Park Road (Südtor des Chaoyang Park), Chaoyang District, ☏ 65086776, 17-2 Uhr. Im Untergeschoss gibt es Live-Blues und -Jazz, im Obergeschoss eine weitere hübsche Bar mit schönem Blick auf den Park.
- **Browns**, Nan Sanlitun Lu, Chaoyang District, ☏ 65912717 und 65923692, So-Do 11-2 Uhr, Fr u. Sa 11-4 Uhr. 366 Cocktails und eine exzellente Auswahl an gezapften Bieren stehen zur Auswahl. Immer voll.
- **Candy Floss Café**, 35 Dongmianhua Hutong, Dongcheng District, ☏ 64055775, 12-1 Uhr. In einer ruhigen Seitenstraße gelegen, überzeugt diese charmante Bar mit ihrem zauberhaften Innenhof. Am Sonntagabend gibt es Tango Milonga.
- **CD Café II: Jazz Café**, Haupttor Agricultural Exhibition Centre, Dritte Ringstraße, Chaoyang District, ☏ 65068288, 19-2 Uhr. Derzeit Pekings beliebtester Jazz-Treff.
- **Centro**, 1/F, Kerry Centre Hotel, 1 Guanghua Lu, Chaoyang District, ☏ 65618833, rund um die Uhr. Riesige Bar, geräumige Lounge, eine Bühne für die allabendlichen Live-Jazz-Darbietungen, ausgezeichnete Wein- und Zigarrenauswahl – und all dies in edlem Ambiente.

Regionale Reisetipps von A-Z/Peking: Nachtleben

- **Charlie's Bar**, Jianguo Hotel, 5 Jianguomenwai Dajie, Chaoyang District, ☏ 6002233, 9-00.30 Uhr. Seit Jahren bei ausländischen Geschäftsleuten und Einheimischen beliebte Bar, in der es von 18-22 Uhr jeden Abend ein anderes Theme Night Dinner gibt, zu dem die philippinische Band kräftig einheizt. Zur Happy Hour von 17-19 Uhr meist voll.
- **Cloud Nine Bar**, 1/F, Shangri-La Hotel, 29 Zizhuyuan Lu, Haidian District, ☏ 684 12211 ext. 2723, 20-2 Uhr. Gute Live-Musik, coole Drinks und ein ebensolches Publikum: eben ein Ort um zu sehen und gesehen zu werden.
- **Club FM**, Südtor des Ritan Park, Chaoyang District, ☏ 85622308, 20-1 Uhr. Im Obergeschoss warme Lounge-Atmosphäre mit Jazz, Funk, Soul oder den Hits der 1970er und 80er, unten mehr Club mit einigen der besten DJs von Peking.
- **The Den**, 4 Gongti Donglu, Chaoyang District, ☏ 65926290, So-Do 9-3 Uhr und Fr u. Sa 10.30-6 Uhr. Einer der ältesten Clubs der Stadt, der noch immer auf Rock und Beat setzt.
- **East Shore Live Jazz Café**, 2/F, 2 Qianhai Nanyanlu, Xicheng District, ☏ 840 32131, 11-frühmorgens. Einer der besten Jazz-Clubs der Stadt. Das Kommen lohnt vor allem Do-So, wenn Live-Musik geboten wird.
- **The Eden Club**, 4 Dongzhimen Nandajie, 3/F, West Wing, Poly Plaza, Chaoyang District, ☏ 65011281-2, 21-2 Uhr. Ein Nachtclub mit 20 VIP-Zimmern, in dem man außer tanzen und singen auch noch im dazugehörigen Restaurant essen kann; gekocht wird chinesisch, französisch, italienisch und asiatisch.
- **Frank's Place**, Trio, Jiangtai Xilu, Chaoyang District, ☏ 64378399; 11-2 Uhr. Wiedergeburt einer Legende: auch an ihrem neuen Standort lockt Pekings vormals erste Night-Hotel-Bar die Massen an.
- **Hard Rock Cafe**, Landmark Towers, 8 Dongsanhuan Beilu, Chaoyang District, ☏ 650 16688 ext. 2517, So-Do 11.30-2 Uhr und Fr u. Sa 11.30-3 Uhr. Umgeben von Originalrelikten aus der Rockbranche, kann man sich an der Bar den einen oder anderen Drink genehmigen oder an den Tischen auch diverse Snacks ordern. Heiße Musik gibt es kostenlos dazu.
- **Havana Café**, Nordtor des Worker's Stadium, Chaoyang District, ☏ 65866166, 18-2 Uhr. Immer voll, was zum guten Teil an den überaus attraktiven Tänzerinnen liegen mag, die zur allabendlich spielenden kubanischen Live-Band gehören.
- **Hou Hai Bar**, 20 Hou Hai Nan, Xicheng District, ☏ 66136209, 12-3 Uhr. So nichtssagend der Name, so überaus attraktiv das Ambiente: tropische Pflanzen und große Rattansessel unmittelbar an einem See, an dessen Ufer man sich den ein oder anderen Drink oder Kaffee schmecken lassen kann.
- **Jam House**, Sanlitun Nanjie, Chaoyang District, ☏ 65063845, 19.30-2.30 Uhr. Unten spielen regelmäßig Rock-, Jazz- und Flamenco-Bands, oben sitzt man gemütlich bei diversen Drinks und sinniert über das neue China.
- **JJ**, 74-76 Xinjiekou Beidajie, Xicheng District, ☏ 66189305, 20-4 Uhr, Cover Charge RMB 20-50. Wer nicht tanzen will, hat hier nichts verloren.
- **John Bull Pub**, 44 Guanghua Lu, Chaoyang District, ☏ 65325905, 10-24 Uhr. Pekings erster Pub mit gezapftem Guinness, Kilkenny, John Bull und Tetley's Export Bitter. Vor allem am Wochenende geht's hoch her!
- **The Lobby Lounge**, The Peninsula Beijing, 8 Jinyu Hutong, Dongcheng District, ☏ 65592888, 8-1 Uhr. Zum Peninsula Afternoon Tea (14-18 Uhr) gibt es ab 17 Uhr klassische Musik live, süße Leckereien und exzellenten Kaffee erhält man hingegen den ganzen Tag über.

- **The Loft**, 4 Gongti Beilu, Chaoyang District, ☎ 65017501, 11-2 Uhr. Allabendlich Live-Musik ab 21.30 Uhr.
- **Lush**, 2/F, Building 1, Huaqing Jiayuan, Chengfu Lu, Haidian District, ☎ 82863566, rund um die Uhr. Bei ausländischen Studenten sehr beliebter Treff, in dem man tagsüber seinen Kaffee nippt und sich abends zum gemächlichen Plausch trifft.
- **Nightman Club**, 2 Xibahe Nanli, Chaoyang District, ☎ 64615629 und 64662562, 20-2 Uhr. In dieser mit dem neuesten technischen Equipment ausgestatteten Disco sorgen regelmäßig internationale DJ-Größen für ein volles Haus und Bombenstimmung.
- **One Bar**, Sanlitun Nanjie (nördlich der River Bar), Chaoyang District, ☎ 65956650, 14-3 Uhr. Die Getränke sind günstig, die an den Wänden hängenden, zum Verkauf stehenden Bilder nicht ganz. Neben Kunstausstellungen und Multimediaprojekten finden auch regelmäßig musikalische und andere künstlerische Darbietungen statt.
- **Oz**, Sanlitun Nanjie (nahe Tanewha), Chaoyang District, 19-2 Uhr. Hier trifft sich die örtliche Musikerszene, die das hauseigene Aufnahmestudio nutzt.
- **Palace View Bar**, 10/F, Grand Hotel Beijing, 35 Dongchang'an Jie, Dongcheng District, ☎ 65137788 ext. 349, 17-21 Uhr. Den erstklassigen Service und den Blick über die Verbotene Stadt und den Tian'anmen-Platz lässt man sich natürlich entsprechend bezahlen.
- **Palms Live Music Lounge**, K1, 3/F, Palm Springs Life Style Plaza, 8 Chaoyang Gongyuan Nanlu, Chaoyang District, ☎ 65397541, 20-2 Uhr. Art-Deco-Lounge mit guter Live-Musik, ganz gleich ob Jazz, R&B, Funk oder Latin. Gute Wein- und Spirituosenliste und behagliche Zigarrenbar.
- **Pass by Bar**, 108 Nanluogu Xiang, Dongcheng District, ☎ 84038004, 9.30-2 Uhr. An den Wänden dieses Treffs von Rucksacktouristen, die hier ihre Erfahrungen austauschen, hängen tibetische Masken und Drucke, die sich bei einer Tasse Tee studieren lassen.
- **P.J. O'Reillys**, Henderson Center Building South, 18 Jianguomennei Dajie, Chongwen District, ☎ 65594238 und 65594218, 11-2 Uhr. Irischer Pub mit irischer Live-Musik jeden Mittwoch.
- **Paulaner Brauhaus**, Kempinski Hotel, Beijing Lufthansa Center, West Wing, 50 Liangmaqiao Lu, Chaoyang District, ☎ 64653388 ext. 5732, 11.30-00.30 Uhr. Im Sommer kann man sich die eine oder andere Maß im Biergarten schmecken lassen.
- **Press Club Bar**, 1/F, The St. Regis Beijing, 21 Jianguomenwai Dajie, Chaoyang District, ☎ 64606688 ext. 2360, 16.30-1 Uhr. Wer feine Cognacs und Zigarren genießen möchte, der liegt hier, umgeben von stilvollem Ambiente, genau richtig.
- **Q Bar**, 6/F, Eastern Inn Hotel, Nan Sanlitun Lu, Chaoyang District, ☎ 65959239, 18-2 Uhr. Auf der Dachterrasse genießt man erstklassigen Jazz und exzellente Cocktails.
- **Redmoon**, 1/F, Grand Hyatt Hotel, Beijing Oriental Plaza, 1 Dongchang'an Dajie, Dongcheng District, ☎ 65109366, So-Do 17-1 Uhr, Fr u. Sa 17-2 Uhr. Elegant und klassisch, mit Wein- und Sushi-Bar sowie Zigarrenlounge und Live-Musik.
- **Rumours**, 8 Beichen Donglu, Chaoyang District, ☎ 84977288, 21-5 Uhr. Wer einmal die ein oder andere Berühmtheit (?) Pekings zu Augen bekommen möchte, sollte hier vorbeischauen. Gegenüber dem neuen Olympiastadion gelegen, kommen in dem allabendlich vollen Klub Tanzwütige ebenso auf ihre Kosten wie jene, die sich lieber in eines der ruhigen VIP-Zimmer zurückziehen möchten, die Bar indes fällt vergleichsweise bescheiden aus.
- **Salsa Caribe**, 4 Gongti Beilu, Chaoyang District, ☎ 65077821, 19.30-2 Uhr. Die hauseigene Band heizt den mitunter äußerst knapp bekleideten Gästen allabendlich ein.
- **Sgt. Pepper's**, Westtor des Chaoyang Park, Chaoyang District, ☎ 65008088, 17-2 Uhr. Offener Biergarten, Poolbillard – und natürlich dreht sich alles um die Beatles.

- **Vic's**, Nordtor des Worker's Stadium, Chaoyang District, ☎ 65936215, So-Do 20.30-3 Uhr, Fr u. Sa 20.30-7 Uhr. Los ist hier immer jede Menge, so ist beispielsweise am Mittwoch Ladie's Night, am Donnerstag gibt es Reggae und auch am Freitag wird getanzt. Gilt seit Jahren als bester Tanzklub der Stadt.
- **Yan Club**, 4 Jiuxianqiao Lu, Chaoyang District, ☎ 84573506, 12-24 Uhr. In diesem Club spielen nicht nur regelmäßig einige der besten Bands der Stadt auf, sondern gehen auch Modeshows, Filmvorführungen und Kunstausstellungen über die Bühne.
- **World of Suzie Wong**, 1A Nongzhanguan Lu (Westtor des Chaoyang Park), Chaoyang District, ☎ 65936049, Mo-Do 19-3 Uhr, Fr-So 19-7 Uhr. Elegant, stylish und modern, mit einem Hauch Frivolität: Hier fühlt man sich in die 1930er Jahre Shanghai versetzt. Am Wochenende quillt die Tanzfläche im 2. Stock über.
- **Yugong Yishan**, 1 Gongti Beilu, Chaoyang District, ☎ 64150687, 18-2 Uhr. Pekings Nummer Eins hinsichtlich Live Musik. Hier treten regelmäßig erstklassige Bands aus dem In- und Ausland auf.

Akrobatik/Konzert/Oper/Puppentheater/Tanz/Theater

Als Kulturhauptstadt des Landes hat Peking natürlich einiges zu bieten, und so finden jeden Abend irgendwo Opern- oder Theateraufführungen statt, treten Akrobatik- oder Musikensembles auf. Was genau wann und wo stattfindet, erfährt man aus der Rubrik „What's on" der **China Daily** und in der **Beijing Weekend**. Nachstehend die wichtigsten Veranstaltungsorte. Kartenvorbestellungen sind mühsam (i) „Kartenvorverkauf", S. 128) und sollten am besten einheimischen Reisebüros oder dem Hotel anvertraut werden. Karten gibt es aber auch jeweils vor Ort an der Abendkasse.

AKROBATIK
- **Chaoyang Theatre**, 36 Dongsanhuan Beilu, Chaoyang District, ☎ 65072421, 650 68116 und 65060837/8, 🖷 65272815, www.acrobatics.com.cn, täglich 17.15-18.15 und 19.15-20.30 Uhr, Eintritt RMB 180-580 (Kinder unter 1,1 m die Hälfte).
- **China National Acrobatic Troupe**, Tiandi Theater, 10 Dongzhimen Nandajie, Dongcheng District, ☎ 64160757 und 64169893, täglich 19.15 Uhr, Eintritt RMB 180-480.
- **Beijing Acrobatics Troupe of China**, Tianqiao Acrobatic Theatre, Beiwei Donglu, Xuanwu District, ☎ 63037449, www.china-acrobatic.com, täglich 19.15-20.45 Uhr, Eintritt RMB 180-280, Kinder RMB 160.

KONZERT
- **Beijing Concert Hall**, 1 Beixinhua Jie, Liubukoubei, Xichang'an Jie, Xicheng District, ☎ 66057006.
- **Central Conservatory of Music**, 43 Baojia Jie, Xicheng District, ☎ 66425702.

Entspannung beim Spiel mit der Kniegeige

- **The Forbidden City Concert Hall**, Zhongshan Park, Xichang'an Jie, Xicheng District, ☏ 65598285.
- **Haidian Theater**, 28 Zhongguancun Dajie, Haidian District, ☏ 62558026.
- **Poly Theatre**, 1/F, Poly Plaza, 14 Dongzhimen Nandajie, Dongcheng District, ☏ 650 01188 ext. 5126/7.
- **Tianqiao Theatre**, 30 Beiwei Donglu, Xuanwu District, ☏ 83156300.

KUNG FU
- **Hidden Dragon, Crouching Tiger**, Xin Rong Theatre, 16 Baizhifang Xidajie, Xuanwu District, ☏ 83540774-5, täglich 19.30 Uhr.
- **The Legend of Kungfu**, The Red Theatre, 44 Xingfu Dajie, Chongwen District, ☏ 67142473, 🖷 67140497, www.legendofkungfu.com und www.heaven-creation.com, täglich 19.30 Uhr, Eintritt RMB 180-680, Kinder die Hälfte.

PEKING-OPER
- **Chang'an Grand Theater**, 7 Jianguomennei Dajie, Dongcheng District, 65101309/ 10; täglich 19.30 Uhr; Preis RMB 60, mit Tisch RMB 180, Kabine RMB 800. Derzeit Pekings modernstes Theater, dessen ausgefeilte Bühnentechnik möglicherweise auch wieder die jüngere chinesische Generation in die Peking-Oper lockt.
- **Grand View Garden Theater**, Daguan Yuan, 12 Nancaiyuan Xijie, Xuanwu District, ☏ 63037979, 🖷 63519025; täglich 19.30 Uhr; Eintritt: RMB 40-150. 75-minütige Aufführung in einem nachgebauten, zweistöckigen Theater im alten Stil. Schöne Atmosphäre.
- **Guanghe Theater**, 48 Roushi Jie, Qianmen Dajie, Chongwen District, ☏ 67021458.
- **Huguang Huiguan**, 3 Hufang Lu, Xuanwu District, ☏ 63518284; täglich 19 Uhr; Preis: RMB 150-580.
- **Liyuan Theatre**, 1/F, Jianguo Hotel Qianmen Beijing, 175 Yong'an Lu, Xuanwu District, ☏ 63016688 ext. 8860, 🖷 63013883, www.qianmenhotel.com; täglich 19.30 Uhr; Preis: RMB 80-480. In diesem hoteleigenen Theater werden allabendlich zwei oder drei Episoden aus verschiedenen Peking-Opern aufgeführt. Die Vorführung dauert 60-75 Minuten und ist vor allem für ausländische Touristen gedacht, die dadurch einen ersten Eindruck von dieser Kunstrichtung bekommen sollen.

PUPPENTHEATER
- **China Puppet Theater**, 1A Anhua Xili, Beisanhuan Lu, Chaoyang District, ☏ 64229487.

TANZ
- **Beijing Night Cultural City**, 1 Dayabao Hutong, Dongcheng District, ☏ 652 72814-5; Preis: RMB 500-1.000 (einschl. hervorragendem Essen); Beginn 19 Uhr. Allabendlich geht hier, in Kombination mit einem festlichen Dinner, die „Beijing Night Show" über die Bühne, ein Potpourri aus Musik und Tänzen Chinas, vom Kaiserhof bis hin zu jenen der nationalen Minderheiten.
- **Big Tower Magic Theatre**, 99 Jianguo Lu, Chaoyang District, ☏ 65004122, 🖷 65002750; Dinner 18-20 Uhr, Vorführung 20 Uhr; Preis: RMB 120-180 (einschl. Getränk), RMB 300 (einschl. Dinner). Ein Hauch von Moulin Rouge in Peking.
- **Regal Palace Theatre Restaurant**, Huaweili West, Chaoyang District, ☏ 877 89888, www.regalpalacebeijing.com; Dinner 18 Uhr, Vorführung 19.30 Uhr; Preis: US$

20 bzw. US$ 50 (mit Abendessen). Die Tanzgruppe aus Sha'anxi bringt unter dem Titel „Yellow Earth Cyclone" Folkloristisches aus ihrer Provinz auf die Bühne.

THEATER
- **21st Century Theater**, 21st Century Hotel, 40 Liangmaqiao Lu, Chaoyang District, ☎ 64664805 und 64663311 ext. 3126.
- **Beijing Exhibition Theater**, 135 Xizhimenwai Dajie, Xicheng District, ☎ 68354455.
- **Beijing Modern Dance Company Theater**, 8 Majiabao Dongli, Fengtai District, ☎ 67573879 und 67577161.
- **Capital Theater**, 22 Wangfujing Dajie, Dongcheng District, ☎ 65249847.
- **Central Experimental Drama Theater**, 45A Mao'er Hutong, Di'anmenwai Dajie, Dongcheng District, ☎ 64031009 und 64020151, www.ntcc.com.cn.
- **National Grand Theater**, Xichang Jie, ☎ 66064705, www.nationalgrandtheater.com/english/index.htm.
- **Tiandi Theater**, 10 Dongzhimen Nandajie, Dongcheng District, ☎ 64169893, 📠 65002743.

Teehäuser

Einblick in die Geschichte **chinesischer Teehäuser** vermitteln die folgenden Adressen, bei denen Geschichtenerzähler und andere Unterhaltungskünstler auftreten:

- **Beijing Teahouse**, 8 Changdian, Liulichang Jie, Xuanwu District, ☎ 63033846, täglich 9-21 Uhr, Vorführung 14.30-16.30 Uhr, Eintritt frei. Ein netter Stopp beim Bummel durch die Liulichang Jie, besonders wenn die Märchenerzähler zu nachmittäglicher Stunde auftreten.
- **Jingwei Teahouse**, 76 Liulichang Xijie, Xuanwu District, Eintritt frei. Kommen Sie am besten am Sa oder So gegen 14.30 Uhr, denn dann gibt es chinesische Komödienaufführungen.
- **Lao She Teahouse**, 3/F, Da Wan Cha Building, 3 Qianmen Xidajie, Xuanwu District, ☎ 63036830, täglich 9-21.30 Uhr für Peking-Enten-Menü (70 Yuan); Vorführung täglich 19.50-21.20 Uhr (RMB 40-130, einschl. Tee, Trockenfrüchten und Snack). Stilvoll und sehr beliebt.
- **Tianqiaole Paradise House**, 60 Tianqiao Market, Xuanwu District, ☎ 63040617, täglich 9-14.30 u. 18.30-21.30 Uhr; Vorführung 19-21 Uhr, Eintritt: Show allein RMB 180, Show plus Dinner RMB 330.

Wer sich hingegen ausschließlich in die **Kunst des Teetrinkens** einweisen lassen will, sollte einmal das **Ji Gu Ge Teahouse**, 132-136 Liulichang Jie, Xuanwu District, ☎ 630 17849, täglich 9-23 Uhr, aufsuchen.

Wo man gut einkauft

Wer zum ersten Mal nach China kommt, ist meist überrascht von der Fülle der angebotenen Waren. Und tatsächlich kann man im Reich der Mitte mittlerweile alles kaufen, was es auch in unseren Läden gibt – der ausländische Besucher hat es indes auf ganz andere Dinge abgesehen. Und auch in diesem Bereich ist die Warenfülle schier unüber-

Das Warenangebot ist unüberschaubar

schaubar, vieles ist jedoch minderwertige Ware oder ganz einfach Ramsch, daher sollte man vor dem Kauf auf jeden Fall **gründlich prüfen** und die **Preise vergleichen**.

Gute Qualität zu fairen Preisen erhält man in den großen **Department Stores** und **Einkaufszentren**, in den einheimischen Kaufhäusern sind viele Sachen zwar noch etwas billiger, gerade viele Bekleidungsstücke lassen aber den letzten modischen Schick vermissen und wirken oftmals hausbacken. Noch preiswerter sind mitunter die **Straßenmärkte**, doch sollte man hier jedes einzelne Stück sorgfältig kontrollieren und aufpassen, dass die gekauften Dinge nicht vertauscht werden, was vor allem an den touristischen Sammelpunkten (z.B. Große Mauer, Ming-Gräber etc.) regelmäßig versucht wird. Kleine, billige Mitbringel und Andenken bekommt man überall, wirklich gute Jade dagegen nur in Fachgeschäften und den großen Freundschaftsläden oder Department Stores.

Alle größeren **Hotels** verfügen über eigene Shoppingarkaden oder zumindest Kioske, in denen erstklassige Waren angeboten werden, die Preise liegen aber zumeist deutlich über denjenigen der großen Warenhäuser.

Trotz des vielen Kitsches, der mittlerweile angeboten wird, wartet noch immer eine Fülle bezaubernder kunsthandwerklicher Dinge auf ihre Käufer. Die Größe sollte bei der Kaufentscheidung keine Rolle spielen, denn alle größeren Geschäfte schicken einem das **Erworbene auf Wunsch** auch **nach Hause**, einschließlich Versicherung. Erkundigen Sie sich in jedem einzelnen Fall, welche Leistungen beinhaltet sind.

Für **Antiquitäten** bestehen **Sondervorschriften**, die man unbedingt beachten sollte, will man nicht Gefahr laufen, dass der entsprechende Gegenstand vom Zoll ersatzlos konfisziert wird. Gegenstände, die älter als 200 Jahre sind, dürfen – mit wenigen Ausnahmen – nicht ausgeführt werden. Zum Verkauf freigegebene Antiquitäten jüngeren Datums müssen ein **rotes Wachssiegel** tragen, das sich nicht abwischen lassen darf. Für den Export benötigt man außerdem eine **Ausfuhrbestätigung**, die der Verkäufer ausstellt. Diese zeigt man bei Fragen am Zoll vor. Sollte das Siegel fehlen bzw. der Händler sich weigern, eine entsprechende Bestätigung auszustellen, so lassen Sie die Finger von dem Kauf!

 Tipp

Machen Sie es sich zur Regel, immer dann zuzugreifen, wenn Ihnen ein ganz besonders erlesenes und/oder ausgefallenes Stück auffällt, höchstwahrscheinlich bekommen Sie es später nirgendwo mehr zu sehen.

Handeln gehört mit zum guten Ton

Wer nach China reist, sollte handeln können, ansonsten wird ihm das Fell über die Ohren gezogen, angesichts der unverschämten Preisvorstellungen, die sich die meisten Privathändler im Zuge der wirtschaftlichen Liberalisierung und des boomenden Tourismus zu eigen gemacht haben. Es gibt keine feste Faustregel mehr, nach der man als unerfahrener Fremder den reellen Preis schätzen kann, die Differenz zwischen zuerst gefordertem und letztendlich bezahltem Preis lag in einem Fall bei 8.000 Prozent (jawohl: achttausend).

An Souvenirständen ist Handeln ein Muss

War es bis vor kurzem noch undenkbar, dass man in Freundschaftsläden handelte, so ist dies mittlerweile in immer mehr dieser Institutionen möglich, nicht aber in den großen Department Stores und einheimischen Kaufhäusern, die ihre Preise auszeichnen. Handeln können, müssen Sie dagegen auf den Freimärkten, zu denen auch die Souvenirstände bei allen Sehenswürdigkeiten gehören.

Hinweis

Denken Sie bei Ihrem Erstgebot daran, dass auch Sie dem Verkäufer preislich etwas entgegenkommen müssen, setzen Sie es also genauso unverschämt tief an wie er seines zu hoch. Handeln ist ein Spiel, und als solches sollten Sie es auch auffassen. Geben Sie dabei aber nie zu erkennen, dass sie ein Stück unbedingt haben wollen, sonst werden Sie nie einen guten Preis aushandeln. Gehen Sie ruhig einmal weg, Sie werden mit Sicherheit zurückgerufen; dieses Spielchen lässt sich fast beliebig oft wiederholen. Beginnen Sie aber nur dann mit dem Handeln, wenn Sie auch Kaufabsichten haben, denn kein Chinese würde es verstehen, wenn Sie das Stück, um das Sie gefeilscht haben, nicht nehmen würden, nachdem man sich auf einen Preis geeinigt hat.

Einkaufsstraßen

Dazhalan Jie

Die knapp 300 m lange Straße mit ihren Nebengassen südlich des Tian'anmen-Platzes ist seit gut 500 Jahren eines der beliebtesten Einkaufsviertel Pekings, das sich heutzutage vor allem bei den Einheimischen großer Beliebtheit erfreut. Hier stößt man u.a. auf die bekannteste Apotheke für traditionelle chinesische Medizin, eines der bedeutendsten Seidengeschäfte der Metropole und ein Theater. Ein Bummel hier lässt sich gut mit einem ebensolchen auf der Qianmen Dajie verbinden, die am Qianmen-Tor (der südlichen Begrenzung des Tian'anmen-Platzes) beginnt und von dort aus südwärts verläuft. Wer mit dem Taxi kommt, steigt am besten bei dem Tor aus, denn an der Dazhalan Jie besteht absolutes Halteverbot. Wer die U-Bahn benutzt, fährt bis zur Station **Qianmen**.

Liulichang Jie

Diese schmale Straße, die vor wenigen Jahren im alten Stil neu aufgebaut bzw. restauriert wurde, ist als „Antiquitätenstraße" bekannt. Wirklich hochwertige alte Stücke findet man in den Geschäften jedoch immer seltener. Viele bieten allerdings erstklassigen Künstlerbedarf an, z.B. Reispapier, Tuschepinsel etc., aber auch alte Holzblockdrucke, alte Bücher und vieles mehr. Viele Reproduktionen und Gemälde halten indes nicht, was der Straßenname suggeriert. Die Straße liegt etwa einen Kilometer südwestlich des Tian'anmen-Platzes, und zwar erstreckt sie sich westlich und östlich der Nanxinhua Jie, wobei man in letzterer Himmelsrichtung auf die Dazhalan Jie stößt. Am günstigsten mit dem Taxi zu erreichen, wer die U-Bahn nimmt, fährt bis **Hepingwumen**.

Qianmen Dajie

Die am südlichen Ende des Tian'anmen-Platzes beginnende, nach Süden verlaufende Straße bildete mit ihren Nebenstraßen in der Kaiserzeit die so genannte „Chinesenstadt", und noch heute kann man hier, nachdem die Straße wieder im Stil des beginnenden 20. Jahrhunderts hergestellt wurde, einen Streifzug durch die Stadtgeschichte machen. Eines der bekanntesten Peking-Enten-Restaurants lädt zum Verweilen ein, Liebhaber alter Musikinstrumente kommen ebenso auf ihre Kosten wie solche von Porzellan und Seide. Seinen Bummel beginnt man am besten am Qianmen-Tor (Südende des Platzes des Himmlischen Friedens), hält sich dann südwärts, wo man auch in die Dazhalan Jie oder gar bis in die Liulichang Jie abschwenken kann. Anfahrt bis zum Tor mit dem Taxi oder mit der U-Bahn bis zur Station **Qianmen**.

Wangfujing Dajie

In Peking denkt beim Stichwort „Einkaufen" jeder zunächst an die Wangfujing Dajie, die größte Einkaufsstraße der Stadt, in der so ziemlich alles zu finden ist, was Einheimische und Touristen suchen, ganz gleich, ob es sich um Bücher, Kunsthandwerkliches, Musikinstrumente, Medizin, Bekleidung oder sonst etwas handelt. Während der letzten Jahre wurde die Straße, einschließlich etlicher Nebenstraßen, einem grundlegenden Facelifting unterzogen, in dessen Zuge rund ein Dutzend großer, teilweise gera-

Auf der Wangfujing Dajie

dezu riesiger Shopping Malls und Department Stores aus dem Boden gestampft wurden. Im Rahmen dieser Umgestaltung wurde das südlichste Stück der Straße (zwischen Chang'an Dajie und Jinyu Hutong) in eine Fußgängerzone umgewandelt, in der während der wärmeren Monate etliche Straßencafés zum Verweilen einladen. Die beiden größten Einkaufskomplexe, die neben einer Vielzahl von Geschäften und Restaurants auch diverse Möglichkeiten des spielerischen Zeitvertreibs unter ihren Dächern beherbergen, sind die **Sun Dong An Plaza** und die aus 13 blau verglasten Türmen bestehende **Oriental Plaza** an der Ecke Chang'an Jie.

Mag der alte Charme der Wangfujing Dajie dadurch auch fast gänzlich verloren gegangen sein, so bersten die großen Warenhäuser meist nach wie vor unter dem Ansturm der Kunden, ganz besonders am Wochenende, denn das Waren- und Freizeitangebot ist jetzt so groß wie nie zuvor. Erhöhte Vorsicht vor Taschendieben ist angebracht! Die Straße beginnt an der Chang'an Jie (Ostseite des Beijing Hotels) und erstreckt sich dann immer nordwärts. Ein bei Einheimischen wie Touristen gleichermaßen beliebter Abendtreff ist der **Donghuamen Nachtmarkt** (Donghuamen Yeshi), den man beim Haoyou Emporium von der Fußgängerzone westwärts abzweigend findet (zu erkennen an dem großen Ehrentor). Außer mit dem Taxi ist sie auch mit den Shuttle Bussen vieler Hotels zu erreichen, die meist am **Beijing Hotel** halten, sowie vielen Buslinien, die entlang der Chang'an Jie verkehren, oder mit der U-Bahn, Station **Wangfujing**.

Xidan Dajie

Westlich der Verbotenen Stadt gelegen, kaufen hier vornehmlich Einheimische ein, die in den zahlreichen Spezialläden und großen Warenhäusern alles für den Alltag Notwendige finden. Die Straße beginnt an der Xichang'an Jie und verläuft von dort aus nordwärts. Am besten mit dem Taxi zu erreichen oder mit den Bussen, die entlang der Chang'an Jie verkehren, sowie mit der U-Bahn, Station **Xidan**.

Kaufhäuser/Department Stores/Supermärkte/Drogerien

- **3.3 Shopping Center**, 33 Sanlitun Beijie, Chaoyang District, ☏ 64173333, 12-24 Uhr. Die mehr als 300 Läden verteilen sich auf fünf Etagen. Man findet überwiegend topaktuelle Mode und auch Schuhe bis Größe 48.
- **77th Street**, B2-3/F, 180 Xidan Beidajie, Xicheng District, ☏ 66087177, So-Do 9.30-21.30 Uhr, Fr u. Sa 9.30-22 Uhr. Vor allem trendige Modegeschäfte und Accessoireläden für ein junges Publikum.
- **Beijing Parkson Department Store**, 102 Fuxingmennei Dajie, Xicheng District, 10-21 Uhr. Riesiges, in zwei Gebäuden untergebrachtes Warenhaus, in dem man alles für den Haushalt und Kleidung für die ganze Familie erhält.
- **Carrefour**, 6 Beisanhuan Donglu, Chaoyang District, ☏ 64663435; Xizhimenwai Dajie, Haidian District, ☏ 88362729; jeweils 10-22 Uhr. Hier gibt es alles, von einer riesigen Lebensmittelauswahl über Bekleidung bis hin zu Elektronik und Haushaltswaren (weitere Filialen im ganzen Stadtgebiet).
- **China World Trade Center Shopping Mall**, 1 Jianguomenwai Dajie, Chaoyang District, ☏ 65052288 ext. 80466, 9.30-22 Uhr. Auf drei Etagen locken den Käufer neben vielen Edelmarken auch diverse Verbrauchsgüter, Kunsthandwerkliches, ein paar Restaurants sowie eine Eiskunstlaufbahn.

- **COFCO Plaza**, 8 Jianguomennei Dajie, Chongwen District, ☏ 65266666, 9-21 Uhr. Das Einkaufszentrum bietet auf acht Etagen alles unter einem Dach.
- **Fullink Plaza**, 18 Chaoyangmenwai Dajie, Chaoyang District, ☏ 65881997, 10-21 Uhr. Großes Einkaufszentrum mit zahlreichen Einzelhandelsgeschäften, die Mode der Vorsaison zu Schleuderpreisen abgeben.
- **Henderson Center**, 18 Jianguomennei Dajie, Chongwen District, 10-21 Uhr. Riesiges Einkaufszentrum mit großem Food Forum und den **Universal Studios** im Kellergeschoss.
- **LCX Times Square**, 88 Xichang'an Jie, Xicheng District, ☏ 83913311, 9.30-21.30 Uhr. Ein gewaltiger Komplex, in dem man viele amerikanische Namen, darunter Banana Republic und Old Navy findet.
- **The Malls at Oriental Plaza**, 1 Dongchang'an Jie, Dongcheng District, ☏ 851 86363, 9.30-22 Uhr. Riesiges Einkaufszentrum mit zahlreichen Restaurants. Hier gibt es alles. Und vor dem Komplex plätschert Mo-Fr um 20 Uhr und Sa, So und an Feiertagen um 14 Uhr und 20 Uhr die Musical Fountain. Bei den Bauarbeiten für dieses Mammutprojekt entdeckte man eine 20.000 Jahre alte aus dem Paläolithikum stammende Fundstätte, die nun in einer der vier unterirdischen Etagen (insgesamt 328.000 m^2) präsentiert wird. Oberirdisch besteht der zum Großteil von Asiens reichstem Mann, dem Hong Konger **Li Ka-shing**, finanzierte Baukomplex aus 13 blau verglasten und mittels Fußgängerpassagen miteinander verbundenen Türmen, in denen neben Büros u.a. auch ein Fünf-Sterne-Hotel untergebracht ist.
- **New World Shopping Center**, 3 Chongwenmenwai Dajie, Chongwen District, 9.30-21.30 Uhr. Topschickes Einkaufszentrum, in dem neben einer Fülle an Geschäften auch etliche Restaurants auf Besucher warten.
- **SOGO**, 8 Xuanwumenwai Dajie, Xuanwu District, ☏ 63103388, 9.30-22 Uhr. Hier findet man alles unter einem Dach, auch etliche Restaurants und eine Kunstgalerie.
- **Sun Dong An Plaza**, 138 Wangfujing Dajie, Dongcheng District, ☏ 58176688, 9-22 Uhr. Für diesen Komplex wurde ein ganzer Häuserblock abgerissen. Hier bekommt man wirklich alles, wobei besonders die im Erdgeschoss, das einer alten Pekinger Straße nachempfunden wurde, untergebrachten Spezialgeschäfte von Interesse sein dürften.
- **Watson's**, 1) 1/F, Fullink Plaza, Chaoyangmenwai Dajie, Chaoyang District; 2) 1/F, Lido Center, Holiday Inn Lido, Jichang Lu, Jiangtai Lu, Chaoyang District. Zwar nicht so gut sortiert wie die Hong Konger Pendants, dennoch einer der besten Plätze für jede Art von Toilettenartikeln und rezeptfreien Medikamenten.
- **Xidan Shopping Center**, 132 Xidan Beidajie, Xicheng District, ☏ 66025016, So-Do 9-21.30 Uhr, Fr u. Sa 9-22 Uhr. Alles unter einem Dach, auch Raubkopien. Wer den Menschenmassen entkommen will, kommt während der Woche am Vormittag.
- **YouYi Shopping City – Beijing Lufthansa Center**, 50 Liangmaqiao Lu, Chaoyang District, ☏ 64651188, 9-22 Uhr. Noch immer eines der größten und bes-

Sun Dong An Plaza – hier findet man praktisch alles

ten Einkaufszentren Pekings, in dem neben vielen internationalen Modemarken auch eine gute Auswahl chinesischen Kunsthandwerks angeboten wird.

> **Märkte**

Fast in jedem Stadtviertel gibt es mittlerweile mindestens einen Freimarkt, auf denen die meisten Lebensmittel und andere Dinge des Alltagsbedarfs anbieten. Für den kaufinteressierten Ausländer von größerem Interesse sind jedoch in der Regel diejenigen Märkte, auf denen Kleidung, Kunsthandwerkliches und andere Souvenirs feilgeboten werden. Solche Märkte sind rings um die Hauptsehenswürdigkeiten entstanden (wegen des lästigen Geschreis der Verkäufer/innen „Hallo-Hallo-Märkte" genannt). Doch auch im restlichen Stadtgebiet gibt es einige lohnende Anlaufstellen, bei denen so manches Kuriosum verhökert wird:

Auf einem der Straßenmärkte der Stadt

- **Alien's Street Market**, Yabao Lu, Chaoyang District, 9.30-19 Uhr. Einer der angenehmsten Märkte Pekings, mit freundlichen Händlern und fairen Preisen. Im Angebot: Bekleidung aller Art, Schuhe, Tee, Spielzeug, Elektronik und noch viel mehr.
- **Hongqiao Markt**, 16 Hongqiao Lu, Chongwen District, ☏ 67133354 (östlich des Himmelstempels), 8.30-19 Uhr. Neben Bekleidung, Haushaltswaren, Kunsthandwerk und allerlei Dingen für den täglichen Bedarf, werden von den rund 1.000 Verkaufsständen dieses mehrgeschossigen Gebäudes im **Pearl Market** vor allem Perlen jeglicher Art verkauft (die besseren Läden findet man in den oberen Stockwerken). Aufgrund der vielen Touristen mittlerweile überteuert. Schöner Blick vom 5. Stock auf den Himmelstempel.
- **Lady's Street**, Tianze Lu, Chaoyang District, ☏ 64626636, 10-20 Uhr. Rund 500 m östlich des Lufthansa Center findet Frau in 700 Boutiquen alles in allen Preislagen.
- **Lido Markt**, Jiangtai Lu, Chaoyang District (gegenüber dem Haupteingang zum Holiday Inn Lido), 10-23 Uhr. Über 100 Stände in einem zwei Block langen eingeschossigen Gebäude, mit einem ähnlichen Warenangebot wie auf dem Seidenmarkt, nur etwas preisgünstiger.
- **Longtan-Park Vogelmarkt**, Chongwen District. Im nordwestlichen Teil des Longtan-Parks.
- **Panjiayuan Antiquitätenmarkt**, 18, Huaweili, Panjiayuan Lu, Chongwen District, ☏ 67752405, Mo-Fr 8.30-18 Uhr, Sa u. So 4.30-18.30 Uhr. Vielleicht der beste Antiquitätenmarkt ganz Chinas; bei den rund 3.000 Händlern findet man nahezu alles. Doch Vorsicht: Nicht alles ist auch wirklich alt! Als beste Besuchszeit gelten Samstag- und Sonntagmorgen, und zwar gleich zu Beginn.
- **Pinganli Markt**, Ping'anli Xidajie, Xicheng District. Buntes Treiben zwischen Blumen, Vögeln und Fischen. Hier findet man auch günstige Rollbilder und Stempel.
- **Silk Street Market** (Seidenmarkt), 8 Xiushui Dongjie, Chaoyang District, ☏ 51698800, 9-21 Uhr. In diesem sechsgeschossigen Komplex mit seinen rund 1.000 Läden geht es vornehmlich um Seide, aber auch um andere, überwiegend westlich

gestylte Textilien. Doch Vorsicht: bei weitem nicht alles ist reine Seide, Kaschmir oder Paschmina. Außerdem im Angebot: Schmuck, Accessoires und Elektronik. Touristisch, daher meist überteuert.
- **Sunny Gold Street Market**, 2 Fangyuan Xilu (nahe dem Holiday Inn Lido Hotel), Chaoyang District, 10-23 Uhr. In diesem zweigeschossigen Gebäude decken sich Touristen und Airlines-Personal mit preiswerter Bekleidung, Schuhen, DVDs und vielem mehr ein. Vorsicht: Viele Raubkopien!
- **Yashow Market**, 58 Gongti Beilu, Chaoyang District, ☏ 64168945, 9.30-21 Uhr. Vor allem Bekleidung, darunter auch Markenware. Viele Touristen, daher kräftig handeln. Im dritten Stock findet man einige recht gute Schneider.
- **Yuexiu Clothing Market**, 99 Chaoyangmenwai Dajie, Chaoyang District, ☏ 641 68945, 10-21 Uhr. Überwiegend Bekleidung, aber auch ein Olympia-Souvenirladen.

Spezialläden

ANTIQUITÄTEN
Fündig wird man z.B. in der Liulichang Jie (s.o.), in der ein entsprechender Laden neben dem anderen liegt. Schöne Gemälde, Drucke und Kalligrafien führt hier das **Rongbao-Zhai-Studio** im östlichen Teil der Straße.

Eine wahre Fundgrube ist **Beijing Curio and Antique City**, 21 Dongsanhuan Nanlu, Chaoyang District, ☏ 67747711, 9.30-18.30 Uhr, in der ca. 300 Läden auf vier Etagen und 10.000 m² alte chinesische Töpferwaren, Kalligrafien und Gemälde, Jade, Schmuck, Elfenbeinschnitzereien, Sandelholzprodukte, Cloisonnéwaren, Gold-, Silber- und Bronzewaren, Möbel, Teppiche, Stickereien, Stoffe und noch vieles mehr anbieten.

Eine riesige Auswahl findet man auf dem **Panjiayuan Antiquitätenmarkt** (siehe oben unter „Märkte"), doch sollte man hier viel Zeit mitbringen, um in Ruhe schauen und auswählen zu können.

Weitere gute Adressen sind:
- **Baoguo Si**, Baoguosi Qianjie, Guanganmennei Dajie, Xuanwu District, 7-16.30 Uhr. Die in dieser alten Tempelanlage ihre Raritäten und Kuriositäten anbietenden Händler bekommen nur selten eine „Langnase" zu Gesicht, daher lässt sich hier noch gut feilschen und so manches ausgefallene Stück zutage befördern.
- **Century Art Center**, Jufu Palace, westlich des Ritan Parks, Chaoyang District, ☏ 65021627, Di-So 10-17 Uhr. Hier findet man eine große Auswahl tibetischen Kunsthandwerks, aber auch solches aus der Qing-Dynastie.
- **Chaowai Furniture Warehouse**, 43 Huawei Beili, Chaoyang District, ☏ 677 06402, Mo-Fr 10-18 Uhr, Sa u. So 9-18 Uhr. Über vier Etagen verteilen sich zahlreiche Geschäfte, in denen man neben Möbeln aller Art u.a. auch Porzellan, Statuen und Vogelkäfige findet.
- **Gold Barn**, 1) A52 Sanlitun Nanjie, Chaoyang District, ☏ 65025142; 2) 1 Sanlitun Beijie, Chaoyang District, ☏ 64637389; beide 11-24 Uhr. Erstklassige alte Möbel und Reproduktionen.
- **Lee & Lee Antique Furniture**, 519 Fenzhongsi, Nansanhuan Donglu, Fengtai District, ☏ 67642214, 9.30-18 Uhr. Riesige Auswahl an Möbeln, darüber hinaus aber auch Dekoratives aller Art.

- **Liangma Antique Market**, 27 Liangmaqiao Lu, Chaoyang District, ☎ 64621625, 9.30-18 Uhr. Rund 200 Anbieter auf 5.000 m² offerieren Porzellan, Jade, Gemälde, Möbel und anderes aus alten und neueren Tagen.

BEKLEIDUNG

Immer mehr international bekannte Modemacher eröffnen eine Filiale in Peking. Wer etwas Schickes und doch nicht zu Teures erstehen möchte, sollte in den Department Stores nachschauen, die über eine große Auswahl an Textilien und Lederwaren verfügen.

Antiquitätenmarkt im Baoguo Si

- **Botao Haute Couture**, Building 18, Dongzhimenwai Dajie, Chaoyang District, ☎ 64172472, 9.30-21 Uhr. Von lokalen Designern entworfene Mode für die Geschäftsfrau.
- **Feng Ling**, 798 Dashanzi Art District, 4 Jiuxianqiao Lu, Chaoyang District, ☎ 64363926, 9-19 Uhr. Die beste Adresse für individuell zugeschnittenen Mao-Look.
- **In**, 11 Yandai Xiejie, Xicheng District, ☎ 131-46326697, Mo-Fr 12-24 Uhr, Sa u. So 11-24 Uhr. Einer der besten Läden am Houhai für Seidengewänder und Damenaccessoires.
- **Lu Ping Trendsetter**, 198 Gulou Dongdajie, Dongcheng District, ☎ 64026769, 9-19 Uhr. Hat sich ganz dem Qipao verschrieben, den man sich hier maßschneidern lassen kann.
- **Miss K Flagship Store**, 312 Fullink Plaza, 18 Chaoyangmenwai Dajie, Chaoyang District, ☎ 65881819, 10.30-21.30 Uhr. Eine gute Adresse für feine weibliche Abendgarderobe.
- **Red Phoenix**, 1/F, Building 30, Sanlitun Beijie, Chaoyang District, ☎ 64164423, Mo-Sa 9-11 u. 13-18 Uhr. Klassische chinesische Mode für jeden Anlass und jeden Geldbeutel.
- **Wayne's**, Building 5, Huaqing Jiayuan, Chengfu Lu, Haidian District, ☎ 82864659, 9.30-21.30 Uhr. Preisgünstige Markenhemden und -jeans für Ihn.
- **Xinde Chinese Clothing Shop**, 198 Gulou Dongdajie, Dongcheng District, ☎ 64026769, 9-19 Uhr. Verkauft vor allem Qipaos im Stil der Qing-Ära und im Shanghai-Look der 1920er Jahre.
- **Yin Lisha**, Stall 2300, 2/F, Alien's Street Market, Chaoyang District,, ☎ 51361373, 9.30-18 Uhr. Preiswerte traditionelle chinesische Bekleidung für beide Geschlechter.

BRIEFMARKEN

Gute Adressen für Sammler sind: **Xianfeng**, 156 Dongsi Nandajie, Dongcheng District, und **Yanxiang Philatelic Centre**, Yanxiang Hotel, 2A Jiangtai Lu, Chaoyang District, ☎ 64376666.

BÜCHER

Englisch- oder **deutschsprachige** Lektüre (u.a. Übersetzungen chinesischer Romane, Bildbände und kunstgeschichtliche bzw. landeskundliche Werke) bekommt man in allen besseren Hotels und im **Foreign Language Bookstore** (Waiwen Shudian – s.u.).

Eine Riesenauswahl an Büchern in **Chinesisch** offeriert der **Xinhua Shudian**, 214 Wangfujing Dajie, der mit über 130 Filialen im ganzen Stadtgebiet vertreten ist. In China gedruckte Bücher sind äußerst preisgünstig, die Bindung lässt jedoch in manchen Fällen zu wünschen übrig.
- **The Bookworm**, Building 4, Sanlitun Nanjie, Chaoyang District, ☏ 65869507, 9-1 Uhr. Mehr als nur ein Buchladen: Hier kann man beim Stöbern auch gemütlich einen Kaffee oder Cocktail trinken oder kostenlos im Internet chatten.
- **China Bookstore** (Zhongguo Shudian), 34 Xiliulichang, Xuanwu District. Im Angebot befinden sich u.a. antiquarische Bücher und authentisches Ming-Papier (pro Blatt muss man allerdings mit RMB 1.000 rechnen).
- **Foreign Language Bookstore**, 235 Wangfujing Dajie, Dongcheng District, ☏ 65126911, 9-22 Uhr. Besonders interessant: die große Auswahl englischsprachiger – sowie etlicher deutschsprachiger – Bücher über China sowie die in der Volksrepublik erscheinenden fremdsprachigen Sprachlehrbücher, Studienbücher und Musikkassetten.
- **Xidan Books Building**, C17 Xichang'an Jie, Xicheng District, ☏ 66078477, 8.30-21 Uhr. Hervorzuheben ist die gute Auswahl an Kunst-, Architektur- und Designbüchern.

GALERIEN
Dank der Öffnungspolitik ist es nunmehr auch zeitgenössischen, progressiven Künstlern möglich, sich einem größeren Publikum zu präsentieren. Zeitgenössische chinesische (manchmal auch traditionelle) Kunst präsentieren:

- **798 Photo Gallery**, Dashanzi Art District, 4 Jiuxianqiao Lu, Chaoyang District, ☏ 64381784 und 64375284, www.798photogallery.cn, 10-18 Uhr. Gute Auswahl ethnografischer und künstlerischer Fotografien.
- **798 Space**, Dashanzi Art District, 4 Jiuxianqiao Jie, Chaoyang District, ☏ 64384862, 🖷 64376248, www.798space.com, 11-23 Uhr.
- **Beijing International Art Palace Art Gallery**, 1/F, Holiday Inn Crowne Plaza Beijing, 48 Wangfujing Dajie, Dongcheng District, ☏ 65133388 ext. 1207-8, 9-18 Uhr.
- **C5Art**, 5 Sanlitun Xiwujie, Chaoyang District, ☏ 64603950, www.c5art.com, Di-So 10-19 Uhr. Hier kommen auch Medienkünstler zum Zuge.
- **China Art Archives and Warehouse**, Caochangdi, Chaoyang District, ☏ 84565152/3, www.archivesandwarehouse.com, Mi-So 14-18 Uhr, Konzeptionelle und experimentelle Fine Art.
- **CourtYard Gallery**, Basement, 95 Donghuamen Dajie, Dongcheng District, Beijing 100006, ☏ 65268882, 🖷 65268880, www.courtyard-gallery.com, Mo-Sa 11-19 Uhr, So 12-19 Uhr. Präsentiert vornehmlich einheimische Nachwuchstalente.
- **Creation Art Gallery**, Ritan Donglu, Chaoyang District, ☏ 85617570, 🖷 85632740, www.creationgallery.com.cn, 10-19 Uhr. Zeitgenössische Kunst aus China.
- **Long March**, Dashanzi Art District, 4 Jiuxianqiao Lu, Chaoyang District, ☏ 643 87107, www.longmarchspace.com, Di-So 11-19 Uhr. Präsentiert junge Talente aus allen Kunstbereichen.
- **Pekin Fine Arts**, 10-124 Qijiayuan Diplomatic Compound, Jianguomenwai Dajie, Chaoyang District, ☏ 85322124, www.pekinfinearts.com, Mo-Fr 9.30-17 Uhr. Chinesische Gegenwartskunst, die auch auf internationalen Ausstellungen zu sehen ist.
- **Red Gate Gallery**, Level 1&4, Dongbianmen, Chongwenmen Dongdajie, Chongwen District, ☏ 65251005, 🖷 65824861, www.redgategallery.com, 10-17 Uhr. Eine der besten Galerien der Stadt.

- **Today Art Gallery**, a) 9 Wenhuiyuan Beilu, Xicheng District, ☏ 58621100; b) Pingod Space, 32 Baiziwan Lu, Chaoyang District, ☏ 62277395, www.todaygallery.com; jeweils 9-17 Uhr. Hochwertige Werke, darunter erstklassige Kalligrafien.
- **Yan Huang Art Museum**, 9 Huizhong Lu, Asian Games Village, ☏ 64912902 und 64913529, Di-So 9-16.30 Uhr, Eintritt: RMB 5.

HEIMDEKOR
- **Radiance**, 9 Kaifa Lu, Baixinzhuang, Houshayu, Shunyi District, ☏ 80496400, 9-18.30 Uhr. Lackarbeiten, Tischläufer, Kissen, Stickereien, Laternen und vieles mehr aus ganz Ost- und Südostasien.

JADE
Eine gute Adresse ist: **Beijing Jade Carving Factory**, 11 Guangming Lu, Chongwen District, Besuchszeiten Mo-Sa 8.30-16.30 Uhr.

KASCHMIR/PASCHMINA
Was für Seide gilt, trifft auch auf Kaschmir und Paschmina zu: Gutes hat seinen Preis, auch in der Volksrepublik. Vieles von dem, was Ihnen angeboten wird, ist nicht echt. Daher sollten Sie, um bei dem Kauf sicherzugehen, nur im Fachgeschäft kaufen. Qualitativ einwandfreie Ware finden Sie in den Textilabteilungen der großen Department Stores und manchen Seidenfachgeschäften.
- **Wansha Cashmere Store**, 14-2 Dengshikou Dajie, Dongcheng District, ☏ 65127090, 8.30-19 Uhr. Neben Kaschmir findet sich auch Wolle, Mohair und anderes im Angebot.

KINDERBEKLEIDUNG
- **Sunny, Baby Kid's Clothing**, a) Stall 562, Jiayi Vogue Square, 3A Xinyuan Nanlu, Chaoyang District, ☏ 64663028, 10-21 Uhr; b) Stall J2-17, Jinjie, Nuren Jie, Chaoyang District, ☏ 646 28111, 10-20 Uhr; c) Stall 3033, 3.3 Shopping Center, Sanlitun Beijie, Chaoyang District, ☏ 87068721, 11-23 Uhr. Günstiges für Kleinkinder bis zu vier Jahren.
- **Tot To Teen**, a) 703 Pinnacle Plaza, Tianzhu Real Estate Development Zone, Shunyi District, ☏ 80464419,

Einfache Bekleidung findet man auch auf den Souvenirmärkten

9-19 Uhr; b) Store 102, 30 Sanlitun Lu, Chaoyang District, ☏ 64179640, 10-19 Uhr. Vor allem für Kinder im ersten Lebensjahrzehnt.
- **Xiao Fu Xing**, 43 Zhonglouwan Hutong (zwischen Glocken- und Trommelturm), Dongcheng District, ☏ 84044740, 10-20 Uhr. Dieser winzige Laden hält geschmackvolle chinesische Kinderbekleidung für Sie parat.

KUNSTHANDWERKLICHES
Auf dem Sektor des Kunsthandwerklichen hat China eine Fülle exzellenter Produkte anzubieten, u.a. Cloisonné, Lackarbeiten, Jadeschnitzereien, Rollbilder, Kalligrafien, Terrakottafiguren, Scherenschnitte und Riech- bzw. Schnupftabakfläschchen, um nur einiges

zu nennen. Eine reiche Auswahl all dieser Gegenstände findet man in Department Stores, Freundschaftsläden, großen Kaufhäusern, den Shopping-Arkaden der Hotels und der Liulichang Jie (s.o.), aber auch in vielen anderen Läden, z.B.:

- **Beijing Arts & Crafts Service Center** (Gongyi Meishu Fuwubu), 200 Wangfujing Dajie, Dongcheng District, ☏ 65288866, 9-21.30 Uhr.
- **China Arts and Crafts Trading Company's Shopping Centre,** Arts and Crafts Building, 101 Fuxingmennei Dajie, Xicheng District, Beijing 100031 (im 5. Stock befindet sich das **Chinese Arts & Crafts Museum** ⓘ „Museen/ Galerien", S. 138).
- **China Arts Bookstore**, 390 Dongsi Beidajie, Dongcheng District, ☏ 64036880, 10-19 Uhr. Hier findet man auf drei Etagen Kalligrafien und traditionelle Malerei sowie eine ausgezeichnete Auswahl an Kunstbüchern.
- **Fancy Fish**: a) 2 Sanlitun Beixiao Jie, Chaoyang District, ☏ 84485260, 10-20.30 Uhr; b) 3/F, Pacific Century Place, 2A Gongti Beilu, Chaoyang District, ☏ 13910411070, 10.30-22 Uhr. Ausgefallene kunsthandwerkliche Objekte sowie einiges an Antiquitäten.
- **Wangfu Paintings & Calligraphy Shop**, 67 Wangfujing Dajie, Dongcheng District, 10-21 Uhr.

INFO

Künstlerviertel

- **Factory 798 – Dashanzi**, 2-4 Jiuxianqiao Lu, Chaoyang District (zu erreichen mit Bus 915, 918 oder 934 ab U-Bahn-Station *Dongzhimen*; in Dashanzi beim Dashanzi-Kreisverkehr der Jiuxianqiao Lu nordwärts folgen, an der zweiten Fußgängerbrücke Ausschau nach zwei orange-rosa Apartmentblöcken auf der östlichen Straßenseite halten). Das Künstlerviertel Pekings, mit ständig wechselnden Ausstellungen, zahlreichen Galerien sowie Studios und Cafés. Ein Muss für Kunstinteressierte.
- **Caochangdi**, Caochangdi Village, Chaoyang District (zu erreichen mit Bus 418 ab U-Bahn-Station *Dongzhimen*). Fünf Kilometer nördlich der Factory 798 gelegen, haben etliche ehemals dort arbeitende Künstler hier kostengünstigere Arbeitsbedingungen gefunden.
- **Jiuchang (Liquor Factory)**, Beihuqu Lu, Beiyuan Lu, Beihu Qu, Chaoyang District (zu erreichen mit Bus 630 ab *Light Rail Station Wudaokou* oder Bus 976 ab U-Bahn-Station *Dawang Lu*). Rasch wachsende Künstlergemeinde mit vielen Galerien und Studios.
- **Songzhuang Artist's Village**, Songzhuang, Tongzhou District (zu erreichen ab der U-Bahn-Station *Dawang Lu* mit Bus 930, Linie ‚Qu Jian'; an der Tankstelle Ren Zhuang aussteigen, dann weiter mit dem Taxi). Hier haben sich Künstler aus ganz China niedergelassen. Regelmäßige Ausstellungen und Sommerfestivals veranstaltet die Artist's Village Gallery.

KÜNSTLERBEDARF

Ob Reis- und andere Spezialpapiere, Tuschepinsel oder Tuschesteine, Künstlerbedarf in reicher Auswahl findet man in der Liulichang Jie (s.o.) sowie bei:

- **Beijing Arts & Crafts Service Center** (Gongyi Meishu Fuwubu), 200 Wangfujing Dajie, Dongcheng District, ☏ 65288866, 9-21.30 Uhr. Pekings größter Laden seiner Art.

- **Beijing Gehua Baihua**, 10 Wusi Dajie, Dongcheng District, ☏ 65222511, 9-18.30 Uhr. Riesige Auswahl.
- **Meishu Yongpin Bu**, 370 Dongsi Beidajie, Dongcheng District, ☏ 64033766, 9-21 Uhr. Erstklassige Auswahl an Papiersorten und Pinseln.

> **Hinweis**
>
> Wer sich zusätzlich in die Techniken der chinesischen Malerei einführen lassen möchte, kann dies hier versuchen:
> - **Academy of Chinese Painting**, 22 Xisanhuan Beilu, Suzhou Jie, Haidian District, ☏ 68411369

MASSGESCHNEIDERTES

Dem gestiegenen Modebewusstsein der Einheimischen versuchen die immer zahlreicher werdenden Maßschneidereien Rechnung zu tragen. Gute Adressen sind:

- **Cao Shi Fu Qipao Shop**, 25 Shijie Hutong, Dongcheng District, ☏ 65264515. Spezialisiert auf Qipao, jene bodenlangen Seidenkleider mit Seitenschlitz, die seit einigen Jahren eine Renaissance erleben. Für eines dieser klassischen Kleider, die es ab US$ 50 gibt, benötigt der Hersteller rund einen Monat.
- **Fei Fei**, 35-1-103, Xinyuanli Compound, Chaoyang District, ☏ 84551939, 8-21 Uhr. Die Einheimischen schwören auf sein Können.
- **Jeannie Fei**, 1/F, Kerry Centre Mall, 1 Guanghua Lu, Chaoyang District, ☏ 85299489, 10-21 Uhr. Teuer, sehr teuer, doch dafür ist man sich der staunenden Blicke seiner Mitmenschen gewiss. Die überaus kreativen Entwürfe veredeln die ohnehin schon edlen Stoffe zusätzlich.
- **Kanna Custom Clothing Speciality Store**, 2 Jianguomenwai Dajie, Chaoyang District, ☏ 65948997, 10-18 Uhr. Mehrere hundert Stoffe, die man innerhalb von 48 Stunden maßgenau verarbeitet, stehen zur Auswahl.
- **Kylin Plaza**, 4/F, 58 Gongrentiyuchang Beilu, Chaoyang District, ☏ 64154548, 9-21 Uhr. Auf dieser Etage des Department Stores warten eine Reihe von Schneidern darauf, aus der großen Auswahl an Stoffen – meist Seide – Maßgeschneidertes zu fertigen. Einen Qipao bekommt man hier schon für rund US$ 40.
- **Muzhenlao Chinese Fashions**, Sun Dong An Plaza, 138 Wangfujing Dajie, Dongcheng District, ☏ 54281827, Mo-Do 9-21 Uhr und Fr-So 9-22 Uhr. Topmodisches von der Stange oder maßgeschneidert. Nicht gerade billig, dafür aber auch von bester Qualität.
- **Rong Xin Tailor and Boutique**, 2/F, Friendship Supermarket, 7 Sanlitun Lu, Chaoyang District, ☏ 65327913, 10-20 Uhr. Fertigt westliche und chinesische Stücke, aber auch Schuhe. Man kann sogar seinen Stoff mitbringen.
- **Tangyun**, 5-3 Jinbao Jie, Dongdan, Dongcheng District, ☏ 65249057, 9-21 Uhr. Spezialisiert auf hochwertige Qipaos und Tangzhuangs (traditionelle chinesische Männeranzüge).

MEDIZIN

Traditionelle chinesische Medizin bekommt man u.a. im:
- **Tongrentang Chinese Medicine Shop**, 24 Dazhalan Jie, Xuanwu District.
- **Beijing Chinese Medicine Store**, 136 Wangfujing Dajie, Dongcheng District.
- **Chang Chun Tang**, 28 Qianmen Dajie, Chongwen District.

- **Wangfujing Pharmaceutical Store**, 267 Wangfujing Dajie, Dongcheng District, ☏ 65252322, 8.30-22 Uhr.

MUSIKINSTRUMENTE
Klassische chinesische Musikinstrumente verkaufen z.B.:
- **Beijing Hongshen Musical Instruments Shop**, 225 Wangfujing Dajie, Dongcheng District, ☏ 65135190, 8.30-19 Uhr.
- **Wangfujing Musical Instrument City**, Lisheng Sports Shopping Mall, 201 Wangfujing Dajie, Dongcheng District, ☏ 65256255, So-Do 9-21 Uhr, Fr u. Sa 9-22 Uhr. Eine ganze Reihe kleinerer Läden, die eine Vielzahl traditioneller chinesischer Musikinstrumente anbieten.
- **Xinsheng Yueqidian**, 18 Qianmen Dajie, Chongwen District.

PERLEN
Erlesenes findet man in den Fachabteilungen der großen Department Stores sowie Fachgeschäften, die zumeist in den großen Shopping Malls anzutreffen sind. Eine Riesenauswahl offerieren die Läden im **Hongqiao Markt** (ⓘ S. 209). Eine gute Adresse ebenda ist:
- **Beijing Wenli Pearls & Jewellery Co.**, 4th Floor, Room 4326, Hongqiao Market, ☏ 67117497 und 67131555.

Des Weiteren empfehlenswert:
- **Zhejiang Pearl Shop**, 4014-4164 Yaxiu Market, 58 Gongti Beilu, Chaoyang District, ☏ 139-01153404, 9.30-21 Uhr. Cindy, die gut Englisch spricht, dürfte die fairste Anbieterin der Stadt sein und hilft auch gerne bei Reparaturen.

PORZELLAN
Eines der klassischen Produkte Chinas ist Porzellan, von dem man eine reiche Auswahl in Department Stores, Freundschaftsläden, Hotelarkaden und andernorts findet. Eine gute Adresse ist auch **Jingdezhen China Shop**, 149 Qianmen Dajie, Chongwen District.

SCHMUCK
Die Volksrepublik ist Ende der 1990er Jahre zum größten Goldkonsumenten der Welt aufgestiegen, angesichts der Bevölkerungszahl zwar nicht ganz überraschend, dennoch spiegelt sich darin der gestiegene Wohlstand der Menschen wider. Wer es sich nur irgendwie leisten kann, legt sein Erspartes in Jade- und Goldschmuck an, wodurch zwar die reinen Produktionszahlen und die Vielfalt des Angebotes enorm gesteigert wurden, bedauerlicherweise hinkt die Verarbeitung der edlen Stücke in den allermeisten Fällen indes hinterher, sodass Kaufinteressierte das ins Auge gefasste Stück daraufhin genauestens überprüfen sollten. Solide Angebote findet man in den Fachabteilungen der großen Department Stores sowie guten Fachgeschäften, die in der Mehrzahl in den großen Shopping Malls auf Kundschaft warten.
- **Beijing Fine Jewellers**, A6 Gongti Donglu, Chaoyang District, ☏ 65927118, 9.30-19 Uhr. Vom Allerfeinsten; man fertigt auch nach eigenen Wünschen (meist in weniger als zwei Wochen).
- **Cool Jade Jewellery Studio**, 2 Dashibei Hutong (nahe Yandai Xiejie), Xicheng District, ☏ 132-41989177, 13-20 Uhr. Ausgefallene Meisterstücke; der Eigentümer fertigt auch nach Kundenvorgabe.
- **Treasure House**, 5 Sanlitun Xiwujie, Chaoyang District, ☏ 84516096, 10-19.30 Uhr. Viele originelle Stücke; man fertigt auch Reproduktionen und nach Kundenvorgabe.

SEIDE

Mehr als 40 auf Seide spezialisierte Geschäfte findet man beim Südtor des Ritan Parks im **Ritan Office Building**, 15A Guanghua Lu, Chaoyang District, ☏ 65021528, 10-19 Uhr. Nicht alles hier ist echt, daher sorgfältig prüfen, und in jedem Fall kräftig handeln. Das Gleiche gilt für die schier unüberschaubare **Silk Street Market** (siehe oben unter „Märkte"). Weitere gute Adressen:

- **Beijing International Embroidery & Silk Store**, 402 Anwai Anhuili, Chaoyang District.
- **Qianxiangyi** (Beijing Silk Store), 50 Dazhalan Xijie, Qianmen, Xuanwu District, ☏ 63016658, 8.30-20.30 Uhr. Eine der ersten Adressen für Seide seit 1840. Hier kann man auch nach Maß anfertigen lassen.
- **Ruifuxiang**, 1) 5 Qianmen Dazhalan, Xuanwu District, ☏ 63035313, Mo-Fr 9-20 Uhr, Sa u. So 9-20.30 Uhr; 2) 190 Wangfujing Dajie, Dongcheng District, ☏ 652 50764, 9-22 Uhr. Seit 1893 im Geschäft.
- **Shantung Silk Sales Center**, 357 Chaonei Xiaojie, Dongcheng District, ☏ 652 32440, 9-17 Uhr. Riesenauswahl; man akzeptiert Kundenaufträge.
- **Silk Monopoly Store**, Nordtor des Worker's Stadium, Chaoyang District, ☏ 659 26902, 8.30-18.30 Uhr. Hier findet man alles, was man aus Seide fertigen kann.

TEE

Eine große Teeauswahl führen:

- **The Beijing Tea and Honey Shop**, 78 Xuanwumennei Dajie, Xuanwu District.
- **Bichun Tea Shop**, 233 Wangfujing Dajie, Dongcheng District, ☏ 65254722, 8.30-20.30 Uhr.
- **Tea Street**, Maliandao Chayecheng, Xuanwu District, 8.30-18 Uhr. Die über 600 Läden offerieren mehr als 500 Teesorten, allesamt zu günstigen Preisen. Liebhaber können hier auch das dazu passende Teeservice erstehen.
- **Ten Fu's Tea**, Danyao Dasha, Wangfujing Dajie, Dongcheng District, ☏ 65240958, 9-23 Uhr (Filialen auch in der Dazhalan und Liulichang sowie in The Mall at Oriental Plaza).

TEPPICHE

Mit großer Auswahl und erstklassiger Qualität überzeugen manche Department Stores, oder man geht zu:

- **Qianmen Carpet Co.**, Building 3, 1/F, Tiantan Mansion, 59 Xingfu Dajie, Chongwen District, ☏ 67151687, 9.30-17.30 Uhr. Es gibt auch schöne alte Teppiche.
- **Wu Xin Zhai Carpet Store**, 1) A501 Liangma Antique Market, Chaoyang District, ☏ 64321831, 10-18 Uhr; 2) 106, 2/F, Beijing Curio and Antique City, 21 Dongsanhuan Nanlu, Chaoyang District, ☏ 67735930, 10-17.30 Uhr. Ausgezeichnete alte Teppiche aus China und Persien.
- **Yihong Carpet Factory**, 35 Juzhang Hutong, Chongwen District. Viele alte Stücke im Angebot

THEATERREQUISITEN

Kostüme und Requisiten des Theaterhandwerks gibt es bei **Xinyi Drama and Dance Costumes Shop**, 87 Dongdan Beidajie, Dongcheng District, oder im **Beijing Theatrical Costumes Fty Sales Department**, 130 Qianmen Dajie, Chongwen District.

Das kostet Sie Peking

IWANOWSKI'S
Das kostet Sie Peking

News im Web:
www.iwanowski.de

Die „Grünen Seiten" wollen Ihnen Preisbeispiele für den Aufenthalt in Peking geben, damit Sie sich ein realistisches Bild über die Kosten Ihrer Reise machen können. Natürlich sollten Sie die Preise nur als **vage Richtschnur** auffassen. Bei einigen Produkten/Leistungen ist eine Preis-Spannbreite angegeben.

Wechselkurse Januar 2008

1 €	▸ RMB 10,61	RMB 1	▸ 0,094 €
1 CHF	▸ RMB 6,59	RMB 1	▸ 0,152 CHF
1 US$	▸ RMB 7,22	RMB 1	▸ 0,14 US$

Anreise und Unterwegs

▶ **Flug**

Der Flug Frankfurt/Main – Peking und zurück kostet in der Economy Class im Normaltarif je nach Saison und Buchungsklasse zwischen € 600 und € 1.200, es gibt ihn mitunter aber auch schon für rund € 450. In der Business Class zahlt man bei Lufthansa im Normaltarif rund € 3.500, ermäßigte Business Class gibt es aber auch schon ab circa € 1.700, in der First Class zahlt man knapp € 9.000.

Flüge müssen spätestens 72 Stunden vor dem Rückflug bei der Fluggesellschaft rückbestätigt werden, dies empfiehlt sich auch für die Lufthansa, bei der dies an und für sich sonst nicht notwendig ist. Schaut man nicht selbst mit seinem Flugticket im Büro der Airline vorbei, benötigt man für die telefonische Rückbestätigung Name, Flugnummer, Flugdatum und Flugticketnummer.

Zum Thema „Inlandsflüge" siehe unter „Reisen im Inland".

▶ **Taxi**
- Vom Flughafen bis in die Stadtmitte: rund RMB 100.
- Für die ersten drei Kilometer RMB 10, dann pro Kilometer RMB 2

▶ **Mietwagen** (mit Chauffeur)
- Innerhalb des Stadtgebietes pro Tag rund RMB 500–900.
- Im weiteren Umland pro Tag zwischen RMB 800 und 1.600.

▶ Busse
Sie sind extrem billig und kosten nur RMB 1–6.

▶ U-Bahn
Eine Fahrt kostet RMB 3–5.

▶ Fahrrad
Stundenweise kostet der Drahtesel zwischen RMB 5 und RMB 10, tageweise zwischen RMB 30 und RMB 50.

▶ Rikscha
Sie ist unverhältnismäßig teuer und mehr als Gag gedacht. Der Preis hängt von Ihrem Verhandlungstalent ab.

Pauschalangebot

Eine Woche Peking (Flug, einschl. Hotel der gehobenen Mittelklasse) gibt es schon ab rund € 500.

Gruppenreisende buchen in der Regel ein Pauschalarrangement, in dem neben dem Besichtigungsprogramm auch alle Mahlzeiten enthalten sind. Da zu den Mahlzeiten eine gewisse Anzahl und Auswahl an Getränken (Tee, Bier, Limonade, Mineralwasser) gehören, fallen die Nebenkosten gering aus. Für das eine oder andere Getränk zusätzlich kann man pro Person und Tag RMB 10–20 veranschlagen, für Obst in etwa das Gleiche. Einzelreisende müssen für das Essen, je nach Wahl des Restaurants, pro Kopf mit einem Tagessatz von RMB 50–200 rechnen, in Hotels der oberen Kategorien können es aber auch leicht RMB 500 und mehr werden.

Alle Kosten für Transporte schlagen zusätzlich zu Buche, so dass man oftmals am günstigsten fährt, wenn man sich von einem Reiseveranstalter ein sogenanntes *Mini-Package* zusammenstellen lässt, in dem die wichtigsten Leistungen (Transport, Unterkunft, Verpflegung und eventuell Betreuung) enthalten sind.

Eintrittspreise

Die Eintrittspreise für die Sehenswürdigkeiten wurden in den letzten Jahren mehrfach geändert und unterliegen noch immer ständigen Änderungen, betragen aber in den meisten Fällen zwischen RMB 10 und 40, wobei Kinder (bis 1,2 m) meist in den Genuss von Ermäßigungen kommen.

Hotels

Die Preise beziehen sich jeweils auf das günstigste Doppelzimmer im Normaltarif, wobei viele Hotels Spezial-Packages und Nebensaisonangebote anbieten, nach denen man sich erkundigen sollte. Die preislich günstigste Variante ist meist die Buchung per Internet, wo vielfach Rabatte von 70 Prozent angeboten werden.

Deluxe	ab RMB	2.000
First Class	ab RMB	1.500
Gehobene Mittelklasse	ab RMB	1.000
Mittelklasse	ab RMB	600
Einfach	ab RMB	300

Essen

- In der Garküche bezahlt man für eine einfache Mahlzeit (eine Schüssel Reis und etwas Gemüse und eventuell einem Fleischspieß) zwischen RMB 2 und RMB 10, in einem einfachen Restaurant bekommt man für RMB 20 schon eine anständige Mahlzeit. Teurer wird es in einem Restaurant gehobener Klasse, wo man schon mit bis zu RMB 50 rechnen muss, wohingegen man in den Spitzenrestaurants oder für ein Spezialitätenessen durchaus mit RMB 100–200 zu rechnen hat, jeweils pro Person. In Hotelrestaurants bezahlen Sie meist ein Vielfaches.
- Bei qualitativ durchschnittlicher Verpflegung sollte man pro Tag bei drei Mahlzeiten mit rund RMB 100–150 rechnen.
- Ein amerikanisches oder kontinentales Frühstück im Hotel schlägt mit durchschnittlich RMB 40–120 zu Buche, das Frühstücksbüfett mit rund RMB 100–150 Yuan.
- Für eine Flasche Bier bezahlt man auf der Straße oder im Laden RMB 2–4, für eine Dose Coca Cola oder eine Flasche einheimischen Mineralwassers RMB 2–5.

Museen & Galerien

Pekings Museen und Galerien sind in der Regel überaus preiswert, in den meisten Fällen zahlt man zwischen RMB 5 und 30, Privatmuseen und -galerien können auch schon einmal bis zu RMB 50 und mehr verlangen.

Telefonieren

Ein Ferngespräch nach Europa kostet von öffentlichen Telefonapparaten pro Minute im Normaltarif RMB 8, aus dem Hotelzimmer heraus jedoch ein Vielfaches.

Organisierte Touren

Die folgenden Preisangaben dienen lediglich als Anhaltspunkt und schwanken von Veranstalter zu Veranstalter mitunter ganz erheblich:
- Ganztägiger Ausflug zur *Großen Mauer* in Badaling und zu den *Ming-Gräbern* (inklusive Mittagessen): Erwachsene RMB 350, Kinder RMB 240.

- *Große Mauer* in Mutianyu (inklusive Mittagessen): Erwachsene RMB 280, Kinder RMB 200.
- Ganztagestour zum *Tian'anmen-Platz*, *Kaiserpalast*, *Himmelstempel* und *Sommerpalast* (inklusive Mittagessen): Erwachsene RMB 400, Kinder RMB 280.
- Besichtigung des *Tian'anmen-Platzes*, *Kaiserpalastes* und *Himmelstempels* (inklusive Mittagessen): Erwachsene RMB 320, Kinder RMB 240.
- Tagestour mit *Sommerpalast*, *Lamakloster* und *Zoo* (inklusive Mittagessen): Erwachsene RMB 300, Kinder RMB 250.
- Vierstündige Peking Hutong Tour: Erwachsene RMB 300, Kinder RMB 200.
- Ganztägiger Ausflug in die Westberge: Erwachsene RMB 280, Kinder RMB 180.
- Ganztägiger Ausflug zur *Marco-Polo-Brücke* sowie zum *Jietai-* und *Tanzhe-Tempel* (inklusive Mittagessen): Erwachsene RMB 400, Kinder RMB 250.
- Halbtägiger Ausflug zum *Tempel der Azurblauen Wolke* und zum *Tempel des Schlafenden Buddha* (inklusive Mittagessen): Erwachsene RMB 220, Kinder RMB 130.
- Besichtigung von *Lamakloster-* und *Konfuziustempel*: Erwachsene RMB 200, Kinder RMB 120.
- Peking-Oper: RMB 180.
- Akrobatik-Vorstellung: RMB 180.
- Pekingentenessen: RMB 200.

Einkaufen

Nachstehend noch die Preise für einige der beliebtesten Mitbringsel bzw. Alltagsdinge:

Zehn Postkarten		RMB 5
• gute Qualität		RMB 10
Fahrradklingel		RMB 5–8
Tuschepinselset (einfache Qualität)		RMB 10
Gesundheitskugeln (Paar)	ab	RMB 15
Gestickte Tischdecke (100 cm x 150 cm) (einfache Qualität)	ab	RMB 60
T-Shirt		RMB 10
Großer Wandfächer (einfache Qualität)	ab	RMB 30
Seidentuch (gute Qualität)	ab	RMB 50
Seidenhemd	ab	RMB 60

KAPITEL 3
PEKING SEHEN UND ERLEBEN

Die Stadtstruktur im Überblick

Die Orientierung innerhalb Pekings ist in den letzten Jahren immer leichter geworden, seitdem Jahr für Jahr moderne Hochhäuser aus dem Boden schießen, die einem als Orientierungshilfen dienen können. Probleme bereiten die enormen Entfernungen, die es einem fast unmöglich machen, sich die Metropole zu Fuß zu erschließen. Zumindest ein Fahrrad ist, wenn man nicht mit der Gruppe unterwegs ist oder sich organisierten Touren anschließt, für die meisten Zielorte nahezu ein Muss. In den letzten Jahren wurden rund um die Stadt insgesamt vier Ringstraßen angelegt, eine fünfte befindet sich derzeit im Bau. Die erste von ihnen, die sogenannte „Zweite Ringstraße", umfasst den innerstädtischen Bereich, die zweite von ihnen, die „Dritte Ringstraße", verläuft durch die vor allem im letzten Jahrzehnt stark entwickelten Außenstadtbezirke, die drei übrigen Ringstraßen binden die Vorstadtbezirke an das Verkehrsnetz an.

Um dem Besucher das Auffinden der einzelnen Sehenswürdigkeiten zu erleichtern, werden im Folgenden zunächst diejeni-

Redaktionstipps

Sehenswürdigkeiten: Ganz oben auf dem Besichtigungsprogramm steht natürlich der **Kaiserpalast**. Der Dramaturgie wegen sollte man zuvor jedoch einen Rundgang über den **Tian'anmen-Platz** unternehmen, um von dort aus in Richtung **Verbotene Stadt** zu gehen. Wer sich einen Überblick über das Areal der einstigen Kaiserresidenz verschaffen möchte, steige auf den **Kohlehügel** empor. Ein wenig Erholung vom großstädtischen Trubel findet man im **Nordsee-Park**, der schönsten Parkanlage im Stadtzentrum, wer hingegen mehr an der Stadtentwicklung Interesse zeigt, darf sich die **Beijing Planning Exhibition Hall** nicht entgehen lassen. Pekings schönstes und interessantestes Gotteshaus stellt die **Nordkirche** dar.

Einkaufen: Zum Bummeln und Einkaufen lädt die **Wangfujing Dajie** ein, an der man u.a. die beiden riesigen Einkaufszentren **The Malls at Oriental Plaza** und **Sun Dong An Plaza** findet, aber auch den **Foreign Language Bookstore**.

Kulinarisches: Kaiserliche Küche kann man sich im **Fangshan** und im Nordsee-Park, im **Li Jia Cai** beim Houhai sowie im **Tanjia Restaurant** im Beijing Hotel schmecken lassen, feinste Kanton-Küche hingegen im **Huang Ting** im **The Peninsula Beijing**, das mit **Jing** ein weiteres Restaurant der Spitzenklasse beherbergt. Wer hingegen in künstlerischem Rahmen speisen möchte, der gehe in **The Courtyard**, überaus stilvoll diniert man aber auch im **Old Peking Grill** im **Grand Hotel Beijing**. Wer sich indes einmal unter das Volk mischen möchte, dem sei der Garküchenmarkt westlich der **Wangfujing Dajie** empfohlen.

Kulturelles: Ob man nur zum Tee oder auch zur Peking-Oper kommt, im **Lao She Teahouse** spürt man immer noch etwas vom alten Peking.

Übernachten (ⓘ Hotelkarte S. 176/177): Mögen die Übernachtungspreise im Stadtzentrum auch über denjenigen der Hotels außerhalb der Zweiten Ringstraße liegen, so lohnt es sich der kurzen Anmarschwege wegen dennoch, hier Quartier zu beziehen. Wer es sich leisten kann, sollte dies im **The Peninsula Beijing (6)** oder **The Regent Beijing (8)** tun, etwas preiswerter nächtigt man im **Park Plaza Beijing Wangfujing (31)** und **Crowne Plaza Hotel Beijing (26)**.

gen innerhalb des Stadtzentrums vorgestellt, beginnend mit dem Kaiserpalast, gefolgt vom Tian'anmen-Platz – dem Zentrum der Stadt –, anschließend wird auf alle anderen innerhalb der Zweiten und Dritten Ringstraße eingegangen, sodann auf diejenigen außerhalb der Dritten Ringstraße, die jedoch noch in den städtischen Randbezirken liegen, ehe am Ende eine Auflistung jener besuchenswerten Orte erfolgt, die außerhalb des näheren Stadtgebietes, d.h. in den Randgebieten bzw. den Landkreisen der Hauptstadt oder sogar jenseits der Grenzen der Regierungsunmittelbaren Stadt liegen, von Peking aus aber noch relativ einfach zu erreichen und innerhalb eines Tages zu besichtigen sind. Abgesehen vom Stadtzentrum selbst, erfolgt die Auflistung der Sehenswürdigkeiten jeweils im Norden und setzt sich im Uhrzeigersinn fort.

> **☞ Hinweis**
>
> *Organisierte Touren und Programmvorschläge finden Sie ab S. 430.*

Das Stadtzentrum

Kaiserpalast (1)
Gugong

> **ⓘ Information**
>
> ☏ 65132255
> **Öffnungszeiten** *täglich, 16.4.-15.10. 8.30-1 Uhr, 16.10.-15.4. 8.30-16.30 Uhr (Einlass bis jeweils eine Stunde vor Schließung).*
> **Eintritt** *1.4.-31.10. RMB 60, 1.11.-31.3 RMB 40, Kinder ganzjährig RMB 20, Kinder unter 1,2 m frei (Uhrenausstellung und Schatzkammer jeweils RMB 10 extra); Audio Tour (deutsch) RMB 40 (plus RMB 100 Deposit).*
> **Anreise** *Im Süden (Tian'anmen-Platz) Bus 1, 2, 4, 5, 10, 52, 101, 103, 728 und 826 sowie U-Bahn, Station Tian'anmen Xi und Tian'anmen Dong; im Norden Bus 103 und 109.*

Die Verbotene Stadt

Seit Bertoluccis Film „Der letzte Kaiser" kennt sie jeder, die **Verbotene Stadt**, wie der **Kaiserpalast** – mitunter auch **Palastmuseum** betitelt –, in dem 24 Ming- und Qing-Kaiser residierten, oftmals genannt wird. Ein Jahr nach der Verlegung der Hauptstadt von Nanjing nach Peking erließ 1407 der dritte Ming-Kaiser *Yongle* ein Edikt zur Errichtung eines neuen Kaiserpalastes nach den Vorbildern der Qin-, Tang- und Song-Dynastien. Während für Planung, Organisation der Arbeit und Beschaffung der Baumaterialien zehn Jahre benötigt wurden, betrug die reine Bauzeit nur drei Jahre, sodass der Palast 1420 eingeweiht werden konnte. Zu diesem Zeitpunkt standen jedoch nur die großen Zeremonial- und Repräsentationshallen und etwa die Hälfte der Verwaltungs-, Wohn- und Lagerhallen.

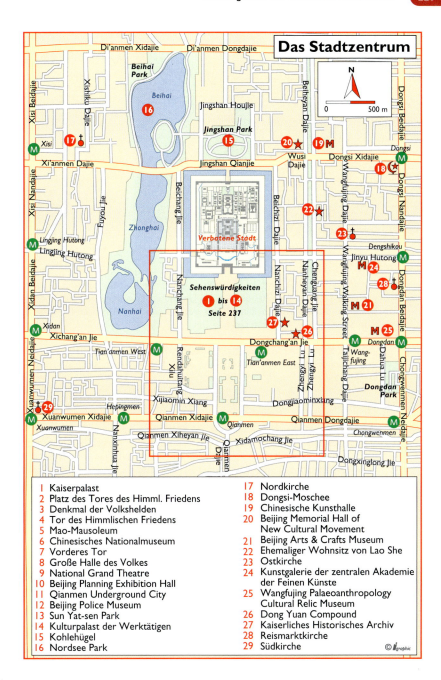

Jahrhundertelanges Machtzentrum: der Kaiserpalast

Als nur fünf Monate nach der Einweihung die **Drei Großen Hallen** niederbrannten, stellte dies lediglich den Auftakt zu einer nicht enden wollenden Serie von Brandkatastrophen dar, die die Jahrhunderte über immer wieder Teile der Palastanlage in Schutt und Asche legten, ausgelöst durch Blitzschlag, Feuerwerkskörper, Unfälle mit Öfen oder Brandstiftung. Beim Wiederaufbau bemühte man sich – auch während der Qing-Dynastie – weitestgehend um Originaltreue, kleinere Korrekturen blieben aber nicht aus. Die zahllosen Renovierungen, Umbauten, Erweiterungen und zweckdienlichen Veränderungen kamen erst gegen Ende der Mandschu-Herrschaft zum Stillstand – es fehlte an Geld.

Zwei Jahre nach der Vertreibung des letzten Kaisers wurde das **Palastmuseum** (so die offizielle Bezeichnung in China) 1926 eröffnet, das in der Folgezeit zahlreiche Fehlnutzungen, Beschädigungen und die Errichtung von stilwidrigen Bauten über sich ergehen lassen musste, ehe man in den 1980er Jahren mit der Restaurierung nach alten Plänen begann.

Der große Kunstraub

Die immensen Kunstschätze wurden von der Nationalregierung 1937 vor der anrückenden japanischen Armee in Sicherheit gebracht und bei ihrer Flucht vor den Kommunisten mit nach Taiwan genommen und befinden sich heute im Nationalmuseum bei Taipeh. Insgesamt sind dies 4.389 Bronzen, 4.636 Jadeobjekte, 23.863 Porzellangegenstände, 13.175 Gemälde, 14.223 Kalligrafien und 153.094 Bücher. Trotzdem lagern noch rund 100.000 Objekte in Nanjing und in den Magazinen in Peking, im Palast selbst ist somit nur eine winzige Auswahl davon ausgestellt. Die zu sehenden **Thronsessel** und **Möbel** in den ca. 50 für Besucher geöffneten Gebäuden sind jedoch **Kopien**.

Klassische Bauformen

Grundsätzlich unterscheidet sich die architektonische Struktur des Palastes nicht von der traditionellen chinesischen Bauweise anderer Gebäude, einzig und allein die Ausmaße und die überaus feine, aufwendige Verarbeitung räumen ihm eine Sonderstellung ein. Resultieren die meisten dekorativen Elemente der klassischen chinesischen Architektur ansonsten aus einer praktischen Funktion, so wird im **Kaiserpalast** ihr Dekorationscharakter besonders herausgestellt.

So dienten z.B. die großen goldfarbenen Knöpfe auf allen Toren ursprünglich nur zur Befestigung der innen liegenden Querbalken, die den Toren Stabilität gaben, hier sind sie jedoch größer als nötig und zudem in neun Reihen zu je neun Stück angeordnet, was neben dem rein ästhetischen Wert auch noch seine Ursache darin hat, dass die Zahl Neun als glückverheißend angesehen wird, bedeutet sie doch „Gesundheit". Aus dieser Zahlensymbolik heraus erklärt sich auch die Anzahl der Räume innerhalb der **Verbotenen Stadt**, die 9.999 betragen soll, wobei man unter einem „Raum" den von vier Säulen gebildeten Raum zu verstehen hat. Sie erklärt sich aber auch aus der Tatsache heraus, dass dem Kaiser zwar allerhöchste Ehren und der dazu gehörende Prunk zustanden, doch musste er sich als Sohn des Himmels mit einem Raum weniger begnügen als im Himmel vorhanden sind, nämlich 10.000.

Angeblich umfasst der Kaiserpalast 9.999 Räume

Ein weiteres Beispiel dekorativen Überschwangs sind die aus jeder Terrasse hervorschauenden zahllosen Drachenköpfe, die zwar in erster Linie als Wasserspeier gedacht sind und das Hinablaufen des Regenwassers an dem hellen Gestein verhindern sollen, ihre Anzahl lässt sich aber wiederum nur aus dekorativen Motiven heraus erklären. Das gilt aber auch für die den obersten Firstbalken im Maul tragenden „starrenden Drachen". Die Beschaffung des geeigneten Baumaterials dauerte mitunter mehrere Jahre, musste doch das für die tragenden Säulen und die Dachkonstruktionen verwendete Holz auf dem Wasserweg bis aus Yunnan herbeigeschafft werden. Das Gros der rund 100 Millionen verbauten, genormten Ziegel kam ebenfalls auf dem Wasserweg aus der Provinz Shandong.

Drachen allerorten

Genormt waren auch die Dachziegel und anfangs auch die Bruchsteine, die für den Aufbau der Terrassen benötigt wurden und so lang wie der Abstand zwischen zwei Säulen sein mussten. Im Laufe der Zeit wurde es aber immer schwieriger, derartige Quader, die zum größten Teil in den umliegenden Bergen gebrochen wurden, heranzuschaffen. Auch für den **Kaiserweg**, die zentrale Achse durch die Palastanlage, benötigte man solche Bruchsteinplatten, deren größte – die schräg zu den Terrassen hinauflaufenden, reich dekorierten – mehr als 200 Tonnen wiegen.

Kosmisches Spiegelbild Die **Verbotene Stadt** galt als irdisches Spiegelbild der im Kosmos waltenden Ordnung, für deren Erhaltung der Kaiser, der Sohn des Himmels, zuständig war. Daher richteten sich alle Gebäude an einer Nord-Süd-Achse aus, die im Norden am *Glockenturm* endete. Die wichtigsten Gebäude der Residenz sind südwärts ausgerichtet, der Segen bringenden Sonne entgegen.

INFO
Die Grundpfeiler der klassischen Geomantik

Eine wichtige Rolle spielte bei der Erbauung die klassische Geomantik mit ihren Gegensätzen von Yin und Yang, ihren fünf Elementen und fünf Himmelsrichtungen (außer Nord, Ost, West und Süd noch die Mitte). So wird der **Äußere Hof** von ungeraden Zahlen beherrscht (drei Gebäude, fünf Brücken etc.), denn er gilt als männlich (Yang), der **Innere Hof** dagegen, der als weiblich gilt (Yin), von geraden Zahlen (zwei Paläste und jeweils sechs Wohnpaläste im Westen und Osten). Zudem korrespondieren mit den fünf Elementen die fünf Himmelsrichtungen, fünf Lebensstufen und fünf Grundfarben, sodass sich folgende Zuordnung ergibt:
- Holz – Osten – Geburt – Grün
- Feuer – Süden – Wachstum – Rot
- Erde – Mitte – öffentliches Wirken – Gelb
- Metall – Westen – Besinnung – Weiß
- Wasser – Norden – Selbstbewahrung – Schwarz

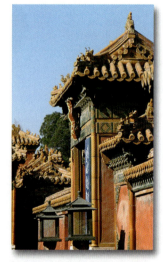

Die kunstvoll verzierten Dächer des Kaiserpalastes verdienen besonderes Augenmerk

Der **Kaiser** verkörperte natürlich die Mitte, das öffentliche Wirken, und hatte als **Farbe Gelb**, das auch Würde und Reichtum symbolisiert, weswegen alle öffentlichen Hallen und kaiserlichen Wohngemächer diese Farbe tragen. Da Rot auch Glück bedeutet, kam diese Farbe im Palast ebenfalls reichlich zur Anwendung. Die Wohnräume der Thronfolger lagen meistens im Osten und waren mit grünen Glasurziegeln gedeckt, diejenigen der Kaiserinwitwe befanden sich im Westen.

Man kann die **Verbotene Stadt** auch von Norden her aufrollen, sinnvoller und spannender ist es indes, beim Südeingang mit seinem Rundgang zu beginnen, wo sich zunächst die imposante **Palastmauer** vor einem aufbaut, die auf einer Länge von 961 m und einer Breite von 753 m den gesamten rechteckigen **Kaiserpalast** umgibt, der somit eine Gesamtfläche von 723.633 m^2 aufweist. Auf jeder Ecke der 7,9 m hohen, zinnenbewehrten Mauer erhebt sich ein Turm,

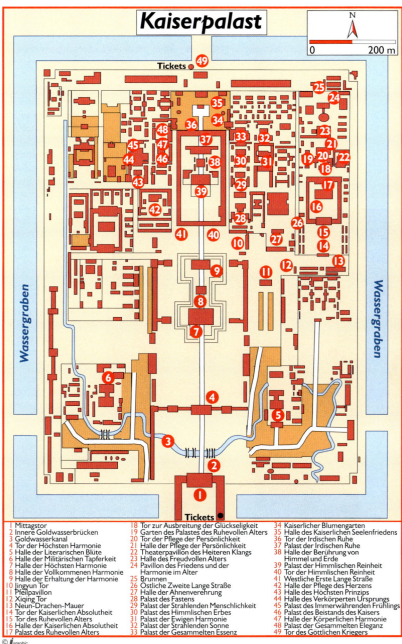

3. Peking sehen und erleben/Das Stadtzentrum

Kaiserpalast

1 Mittagstor
2 Innere Goldwasserbrücken
3 Goldwasserkanal
4 Tor der Höchsten Harmonie
5 Halle der Literarischen Blüte
6 Halle der Militärischen Tapferkeit
7 Halle der Höchsten Harmonie
8 Halle der Vollkommenen Harmonie
9 Halle der Erhaltung der Harmonie
10 Jingyun Tor
11 Pfeilpavillon
12 Xiqing Tor
13 Neun-Drachen-Mauer
14 Tor der Kaiserlichen Absolutheit
15 Tor des Ruhevollen Alters
16 Halle der Kaiserlichen Absolutheit
17 Palast des Ruhevollen Alters
18 Tor zur Ausbreitung der Glückseligkeit
19 Garten des Palastes des Ruhevollen Alters
20 Tor der Pflege der Persönlichkeit
21 Halle der Pflege der Persönlichkeit
22 Theaterpavillon des Heiteren Klangs
23 Halle des Freudvollen Alters
24 Pavillon des Friedens und der Harmonie im Alter
25 Brunnen
26 Östliche Zweite Lange Straße
27 Halle der Ahnenverehrung
28 Palast des Fastens
29 Palast der Strahlenden Menschlichkeit
30 Palast des Himmlischen Erbes
31 Palast der Ewigen Harmonie
32 Palast der Strahlenden Sonne
33 Palast der Gesammelten Essenz
34 Kaiserlicher Blumengarten
35 Halle des Kaiserlichen Seelenfriedens
36 Tor der Irdischen Ruhe
37 Palast der Irdischen Ruhe
38 Halle der Berührung von Himmel und Erde
39 Palast der Himmlischen Reinheit
40 Tor der Himmlischen Reinheit
41 Westliche Erste Lange Straße
42 Halle der Pflege des Herzens
43 Halle des Höchsten Prinzips
44 Halle des Verkörperten Ursprungs
45 Palast des Immerwährenden Frühlings
46 Palast des Beistands des Kaisers
47 Palast der Körperlichen Harmonie
48 Palast der Gesammelten Eleganz
49 Tor des Göttlichen Kriegers

vier überbaute Eingangstore in den vier Himmelsrichtungen führen in den Komplex. An der Basis misst die rot gestrichene Mauer 8,62 m, an der Krone 6,66 m, sie ist innen und außen mit je drei Lagen von Ziegelsteinen bedeckt und im Inneren mit Stampferde gefüllt. Der 52 m breite **Wassergraben** rings um die Anlage diente als zusätzlicher Schutz, aus seinem Aushubmaterial entstand der nördlich des Palastes gelegene **Kohlehügel**.

Der Besucher betritt die **Verbotene Stadt** durch das einem auf dem Kopf stehenden „U" gleichende **Mittagstor** (*Wu Men*) (**1**), das 38 m hohe Haupttor der Anlage, das wegen der fünf aufgesetzten Pavillons auch „Fünf-Phönix-Tor" genannt wurde. 1420 erbaut, verlas von ihm aus der Kaiser alljährlich am 1. Tag des 10. Mondmonats den neuen Kalender (der u.a. Aussaat und Ernte festlegte), beteiligte sich an militärischen Übungen und bestätigte oder annullierte Todesurteile. Durch das mittlere Tor schritten der Kaiser und die drei erfolgreichsten Kandidaten der Kaiserlichen Examen, die kaiserliche Familie benutzte das westliche, die Beamten das östliche Tor.

Die Halle der Höchsten Harmonie diente als Thronsaal

Nach Durchschreiten des Mittagstores betritt man den **Äußeren Hof** (*Wai Chao*), der den südlichen Teil des Kaiserpalastes darstellt und der für Zeremonien und Ministerempfänge reserviert war, wohingegen im nördlich davon gelegenen **Inneren Hof** (*Nei Ting*) die privaten Wohnquartiere untergebracht waren.

Bronzelöwen schützen die Hallen

Sogleich fallen die Augen des Besuchers auf die fünf weißen Marmorbrücken, die **inneren Goldwasserbrücken** (*Jinshui Qiao*) (**2**), die – als Symbole der Tugend – den 2.100 m langen künstlichen **Goldwasserkanal** (**3**) überspannen, der der chinesischen Geomantik zufolge von Nordwesten nach Südosten durch die Palastanlage fließt. Da der Nordteil der Anlage circa einen Meter höher liegt als der Südteil, war der Wasserfluss gewährleistet. Im Norden begrenzen drei Tore den ersten, 26.000 m² großen Hof, wovon das mittlere, das **Tor der Höchsten Harmonie** (*Taihe Men*) (**4**) mit 58 m Breite das größte des gesamten Palastes ist und von zwei gewaltigen Bronzelöwen, Symbolen der Macht, bewacht wird. Obwohl beide Löwen Mähnen haben, handelt es sich bei dem linken (mit dem Junglöwen unter der Tatze) um ein Weibchen, das Männchen wird immer mit einer Kugel dargestellt. An diesem Tor nahm der Kaiser Berichte entgegen, erließ Edikte und empfing Minister und Generäle.

Größtes Tor

In den Galerien an der östlichen und westlichen Seite des Hofes waren früher die kaiserlichen Läden untergebracht, in denen Schmuck, Möbel, Stoffe, Pelze und vielerlei mehr angeboten wurden. In den westlichen Hallen werden gegenwärtig neben alten Waffen und Uniformen noch Musikinstrumente, Cloisonné, Porzellan und andere erlesene Kostbarkeiten aus der kaiserlichen Schatzkammer gezeigt.

Hinter den Seitenhallen liegen zwei für die Besucher nicht geöffnete Gebäude: im Osten die **Halle der Literarischen Blüte** (*Wenhua Dian*) (**5**), die während der Ming-Dynastie der Aufenthaltsort des Kronprinzen war, zu Zeiten der Qing dem Kaiser und seinen Gelehrten als Diskussionsort diente. Im Westen befindet sich die **Halle der Militärischen Tapferkeit** (*Wuying Dian*) (**6**), in die sich die Kaiser zum Fasten zurückzogen und in der in der Qing-Dynastie mehrere literarische Werke zusammengestellt wurden.

Vom **Tor der Höchsten Harmonie** hat man einen wunderbaren Überblick über den nächsten, mehr als 30.000 m² umfassenden Hof, in dem sich die **Drei Großen Hallen** – die einem gemauerten Ofenbett (*Kang*) gleich im Winter beheizt werden konnten – befinden, die auf einer dreistufigen, 8,13 m hohen Plattform stehen. Diese soll den buddhistischen Weltenberg Meru symbolisieren. Die von Marmorbalustraden umgebenen Terrassen mit ihren Säulen und jeweils darunter angebrachten drachenköpfigen Wasserspeiern durften bei Zeremonien nur Prinzen und die höchsten Beamten betreten.

Zentrale Hofanlage

Auf der Plattform sieht man 18 Räuchergefäße – entsprechend den 18 Provinzen der Qing-Zeit –, in denen bei feierlichen Anlässen Sandelholz entzündet wurde. Daneben finden sich Steinlaternen, voluminöse Bronzegefäße, die Löschwasser enthielten, und bronzene Schildkröten und Kraniche, Symbole der Langlebigkeit und des Glücks. Drei Treppen führen zu der Plattform hinauf, auf deren mittlerer, die einzig und allein ihm vorbehalten war und von einer mit Drachen verzierten Marmorplatte belegt ist, der Kaiser in seiner Sänfte hinaufgetragen wurde.

Oben steht man dann vor der ersten der drei Hallen, der **Halle der Höchsten Harmonie** (*Taihe Dian*) (**7**), die mit einer Gesamtfläche von 2.400 m², bei einer Breite von 60 m und einer Höhe von 35,05 m, die größte Halle der

Verbotenen Stadt ist und als Thronhalle diente. 24 Säulen – die für die 24 Stunden des Tages stehen – mit einer Höhe von 12,7 m und einem Durchmesser von einem Meter tragen die mit Bällen spielenden Drachen verzierte Kassettendecke. Sieben Stufen führen zu dem kunstvoll geschnitzten und vergoldeten Thronsessel, hinter dem ein prächtiger Wandschirm steht.

Die vier Schriftzeichen über dem Drachenthron bedeuten: *„Der Herrscher soll offen und gerecht sein und über alles scheinen wie die Sonne"*. In dieser Schrifttafel wurde aber auch in einem kleinen Hohlraum das kaiserliche Testament mit dem Namen des designierten Nachfolgers aufbewahrt. In dieser Halle fanden die wichtigsten Zeremonien statt, z.B. Thronbesteigungen, kaiserliche Hochzeiten und Geburtstagsfeiern, Staatsbankette, Neujahrsfeiern und die Bekanntgabe der erfolgreichen Kandidaten bei den Staatsprüfungen.

Halle der Höchsten Harmonie

Auf der Terrasse vor der Halle sieht man links (d.h. im Westen) eine Art Miniaturtempel, der ein Hohlmaß (*Jialiang*) enthält, mit dem Reis abgemessen wurde. Rechts befindet sich eine Sonnenuhr, beides Symbole für die Gerechtigkeit des Kaisers.

Auf die oben genannten Zeremonien bereitete sich der Kaiser in der dahinter liegenden, quadratischen **Halle der Vollkommenen Harmonie** (*Zhonghe Dian*) (**8**) vor, die die kleinste der drei Hallen ist und in der der Kaiser außerdem das Saatgut begutachtete und die Überprüfung der Texte vornahm, die im Ahnentempel verlesen werden sollten.

Es folgt die **Halle der Erhaltung der Harmonie** (*Baohe Dian*) (**9**), die in ihrer Konstruktion der in der Song-Zeit entwickelten Methode folgt, bei der die mittlere Säulenreihe weggelassen wurde, wodurch in der Mitte ein

Halle der Vollkommenen Harmonie (links) und Halle der Erhaltung der Harmonie (rechts)

größerer Raum entstand, der für Bankette genutzt werden konnte. Während der Regierungszeit von Kaiser *Qianlong* wurden hier auch die kaiserlichen Examen abgehalten, die zuvor in der **Taihe Dian** stattgefunden hatten. Alle drei Hallen ruhen auf einem zwei Meter hohen Marmorsockel, der von oben gesehen die Form des Schriftzeichens „Gong" hat, Himmel und Erde symbolisierend, die **Nebengebäude** westlich und östlich davon versinnbildlichen die wichtigsten Gestirne.

An dieser Stelle endet der **Äußere Hof**, eine 16,57 m lange, 3,07 m breite und 1,07 m dicke Steinplatte (die größte Steinplatte des Kaiserwegs) hinter der **Baohe Dian** führt wieder auf das Bodenniveau hinunter. Dieses Mittelstück der Treppe, das wiederum dem Kaiser vorbehalten war, wiegt über 200 Tonnen und bringt den Besucher in einen kleineren Zwischenhof, der die beiden Haupthöfe voneinander trennt. Nördlich dieses Hofes lagen die kaiserlichen Privatgemächer, die als „Paläste" bezeichnet wurden und zu denen – außer bei hohen Feierlichkeiten – neben Kaiser, Kaiserin und den kaiserlichen Konkubinen mitsamt ihren Sprösslingen nur noch die adligen unter den ca. 5.000 Hofdamen und die hohen Chargen der etwa 10.000 Eunuchen Zutritt hatten.

Kaiserliche Privatgemächer

Man verlässt den Zwischenhof auf der Ostseite durch das **Jingyun Men (10)** und gelangt so in einen weiten Hof, in dem sich rechter Hand der **Pfeilpavillon** (*Jian Ting*) **(11)** befindet, bei dem der Kaiser *Qianlong* seine Söhne Reiten und Bogenschießen üben ließ.

Durchquert man diesen Hof ostwärts, so gelangt man zum **Xiqing Men (12)**, durch das man in einen kleinen Vorhof tritt, in dem sich die berühmte **Neun-Drachen-Mauer** (*Jiulong Bi*) **(13)** befindet. Die 29,4 m breite und 3,5 m hohe Mauer wurde 1771 errichtet und steht auf einem Marmorsockel, bedeckt von einer Dachimitation. Die auf ihr dargestellten neun mit Flammenperlen spielenden fliegenden Drachen sind aus 270 glasierten Kacheln zusammengesetzt und gehören zur höchsten Drachenkategorie, den „Long", wie man an ihren zwei Hörnern und fünf Krallen erkennen kann. Der gelbe Drache, der den Betrachter direkt anblickt bzw. durch das gegenüberliegende Tor schaut, wird von vier Paaren flankiert, die von innen nach außen in den Farben Blau, Weiß, Schwarz und Gelb gehalten sind.

Schmuckmauer

Das **Tor der Kaiserlichen Absolutheit** (*Huangji Men*) **(14)** hinter sich lassend und durch das sich anschließende hölzerne **Tor des Ruhevollen Alters** (*Ningshou Men*) **(15)** tretend, öffnet sich vor einem ein sehr traditionell gestalteter Palasthof, durch den ein 6 m breiter, 1,6 m hoher und 30 m langer Plattenweg zur zentralen **Halle der Kaiserlichen Absolutheit** (*Huangji Dian*) **(16)** führt. Die Halle, in der heute Kostbarkeiten der kaiserlichen Schatzkammer ausgestellt sind, ist dem Kaiserpalast des **Inneren Hofes**, dem **Palast der Himmlischen Reinheit**, nachempfunden. Genutzt wurde der Palast anlässlich des 60. Geburtstags der Kaiserinwitwe *Cixi*, die hier in der Folgezeit auch wohnte und nach ihrem Tode fast ein Jahr lang

In der Verbotenen Stadt

aufgebahrt wurde, bis man einen günstigen Tag für ihre Beerdigung ausgemacht hatte. Auch der dahinter liegende **Palast des Ruhevollen Alters** (*Ningshou Gong*) **(17)** wird museal genutzt; zu sehen sind Teile der kaiserlichen Gemäldesammlung.

Dahinter schließt sich ein kleiner, mit alten Bäumen bestandener Innenhof an, den man linker Hand durch das **Tor zur Ausbreitung der Glückseligkeit** (*Yanqi Men*) **(18)** verlässt und so in den **Garten des Palastes des Ruhevollen Alters** (*Ningshou Gong Huayuan*) **(19)** gelangt, in dem mehrere Pavillons, eine Grotte zur Verehrung *Buddhas*, reicher Baumbestand und anderes mehr zum Verweilen einladen.

Kaiserliches Theater

Man muss wieder zurück in den kleinen Innenhof, um durch das **Tor der Pflege der Persönlichkeit** (*Yangxing Men*) **(20)** zur **Halle der Pflege der Persönlichkeit** (*Yangxing Dian*) **(21)** zu kommen, die aufgrund ihrer quadratischen Säulen eine Sonderstellung einnimmt und in der Möbel aus den beiden letzten Dynastien ausgestellt sind. Östlich davon erhebt sich der über 20 m hohe dreistöckige **Theaterpavillon des Heiteren Klangs** (*Changyin Ge*) **(22)**, der auf allen drei Ebenen über Bühnen verfügt, die mittels Falltüren miteinander verbunden sind.

Auf der Hauptachse schließt sich nördlich die **Halle des Freudvollen Alters** (*Leshou Tang*) **(23)** an, in deren umlaufende Galeriewand zahlreiche Steinkalligrafien eingelassen sind. Kunstvolle Schnitzereien zieren das Halleninnere, und neben Möbeln werden außerdem einige große Jadeplastiken gezeigt, deren größte 4,5 Tonnen wiegt und in einem Zeitraum von sechs Jahren angefertigt wurde; der Transport von Xinjiang nach Peking dauerte dann noch einmal drei Jahre.

Der sich anschließende **Pavillon des Friedens und der Harmonie im Alter** (*Yihu Xuan*) **(24)** beherbergte einst eine Bibliothek, in der der *Qianlong*- und der *Jiaqing*-Kaiser gedichtet und kalligrafiert haben sollen. Auf dem Weg in Richtung nördlicher Ausgang sollte man sein Augenmerk kurz auf den kleinen **Brunnen (25)** richten, in dem angeblich die Lieblingskonkubine des Kaisers *Guangxu*, namens *Zhenfei*, ihr Ende gefunden hat.

Um zum **Pfeilpavillon** zurückzugelangen, biegt man beim **Brunnen** in den langen Korridor, die sogenannte **Östliche Zweite Lange Straße** (*Dongtongzi Zhijie*) (**26**) ein, die den soeben besichtigten **Palast des Ruhevollen Alters** von den **Sechs Östlichen Palästen** (*Dongliu Gong*) trennt.

Am südlichen Ende des Korridors biegt man zweimal rechts um die Ecke und erreicht so den dem **Jingyun Men** gegenüberliegenden Eingang zu einem Zwischenhof, über den man zur **Halle der Ahnenverehrung** (*Fengxian Dian*) (**27**) gelangt. Diese gibt sich durch ihre Größe, das doppelte Walmdach und den h-förmigen Grundriss als besonders wichtige Halle zu erkennen. Wie am Namen unschwer zu erkennen ist, wurden in ihr die Ahnentafeln der kaiserlichen Qing-Familie aufbewahrt, und zwar im vorderen Teil diejenigen des Gründers der Qing-Dynastie und die seiner Nachfahren, im hinteren die seiner Vorfahren. Heute wird in der Halle die kostbare kaiserliche Uhrensammlung präsentiert.

Fasten für das Kaiserreich

Da dieser Komplex über keinen weiteren Ausgang verfügt, muss man zurück zum **Jingyun Men**, passiert diesen und biegt unmittelbar dahinter rechts in den Gang, der einen, nachdem man an der ersten Abzweigung rechts abgebogen ist, zum **Palast des Fastens** (*Zhai Gong*) (**28**) führt. Der Palast wurde 1731 erbaut und diente dem Kaiser jeweils für zwei bis drei Tage zur Vorbereitung auf wichtige Opferzeremonien. Heute werden Bronzegegenstände der beiden hier vormals residierenden Kaiserdynastien gezeigt.

Die sich nördlich anschließenden fünf besuchenswerten Gebäude liegen, jeweils nur durch ein Tor zugänglich, in separaten Höfen und bilden so jedes für sich eine abgeschlossene Einheit. Sie dienten meistens als Unterkünfte der Prinzen und wurden nur selten umgebaut, was ihre schlichte und gleichmäßige Struktur erklärt. Im **Palast der Strahlenden Menschlichkeit** (*Jingren Gong*) (**29**) wurde Kaiser *Kangxi* geboren, außerdem lebten die späteren Kaiser *Qianlong* und *Daoguang* als Kronprinzen in ihm. Nördlich davon kommt man in den **Palast des Himmlischen Erbes** (*Shengqian Gong*) (**30**), in dem Töpferwaren des kaiserlichen Hofes ausgestellt sind.

Im östlich davon gelegenen **Palast der Ewigen Harmonie** (*Yonghe Gong*) (**31**)

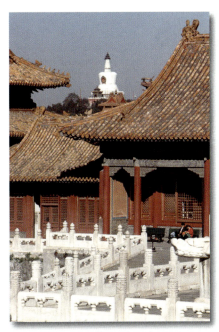

Ruhige Winkel gibt es im Kaiserpalast vielerorts

Im Kaiserlichen Blumengarten

erwarten den Besucher z.T. sehr schöne Porzellanwaren aus der Ming-Zeit. Im sich nördlich anschließenden **Palast der Strahlenden Sonne** (*Jingyang Gong*) **(32)** sieht man Cloisonné-Waren aus der Qing-Dynastie, im westlich davon gelegenen **Palast der Gesammelten Essenz** (*Zhongcui Gong*) **(33)** hingegen Jadegegenstände.

Paradebeispiel chinesischer Gartenbaukunst

Unmittelbar daneben schließt sich der **Kaiserliche Blumengarten** (*Yuhua Yuan*) **(34)** an, der bereits zur Ming-Zeit auf einem Areal von 12.000 m² angelegt wurde und ein hervorragendes Beispiel für die äußerst kunstvolle Konstruktion von Landschaften in chinesischen Gärten ist. Nichts blieb dem Zufall, der Natur überlassen, alle Bestandteile wurden zueinander in Bezug gesetzt, folgen einem wohldurchdachten Ordnungsprinzip.

Um die in der Gartenmitte errichtete **Halle des Kaiserlichen Seelenfriedens** (*Qin'an Dian*) **(35)**, die für taoistische Zwecke genutzt wurde, gruppieren sich verschiedene Pavillons:

im Osten
- der **Pavillon der Kaiserlichen Landschaft** (*Yujing Ting*),
- die **Halle der Schwungvollen Handschrift** (*Chizao Tang*),
- der **Pavillon des Dahinschwebenden Grüns** (*Fubi Ting*),
- der **Pavillon des Ewigen Frühlings** (*Wanchun Ting*),
- das **Häuschen der Purpurpäonie** (*Jiangxue Xuan*);

im Westen
- der **Pavillon der Andauernden Herrlichkeit** (*Yanhui Ge*),
- der **Pavillon des Reinen Glücks** (*Chengrui Ting*),
- der **Pavillon der Langlebigkeit** (*Qianqin Ting*),
- das **Studio der Moralischen Vervollkommnung** (*Yangxing Zhai*).

Beachtung sollte man auch den mit Pflanzen- und Tiermosaiken ausgelegten Gehwegen schenken. Auf den **Hügel der Aufgetürmten Vorzüglichkeiten** (*Duixiu Shan*) an der Nordwand führt ein schmaler, steiler Pfad bis zum **Pavillon der Kaiserlichen Aussichten** (*Yujing Ting*) empor. (Nicht immer geöffnet.)

Wer möchte, kann sich auf seinem Rundgang hier erst ein wenig Ruhe gönnen, oder aber er behält sich dies für den Schluss vor und passiert das **Tor der Irdischen Ruhe** (Kunning Men) (**36**), durch das er zum **Palast der Irdischen Ruhe** (Kunning Gong) (**37**) kommt, dem Wohnbereich der Ming-Kaiserinnen, deren letzte sich beim Anrücken der aufständischen Bauern hier erhängte. In der Qing-Zeit wurde das Gebäude zu einer religiösen Gedenkstätte für *Buddha* und die mongolischen Götter umfunktioniert, in der auch täglich Schweine geschlachtet und zubereitet wurden. Während dieser Zeit wurden auch die noch sichtbaren Ofenbetten (*Kang*) eingebaut.

In dem Gebäude befindet sich auch die **Ostkammer der Wärme** (*Dongnuan Ge*), die den Qing-Kaisern als Brautgemach für die ersten drei Nächte nach der Vermählung diente und ganz in Rot (die Farbe des Glücks) gehalten war. In den Seitenhallen des Hofes waren u.a. die Aufenthaltsräume der Ärzte, die Apotheke sowie Wohnräume der Eunuchen untergebracht.

Auf dem Rundgang kommt man als nächstes zur **Halle der Berührung von Himmel und Erde** (*Jiaotai Dian*) (**38**), die Kaiser *Jiajing* nachträglich in den Gesamtkomplex der sogenannten **drei Inneren Paläste** einfügen ließ. In ihr wurde der Geburtstag des Kaisers gefeiert, zu Zeiten der Qing nutzte die Kaiserin sie als Empfangsraum. Der Besucher kann hier heute 25 kaiserliche Siegel aus der *Qianlong*-Zeit besichtigen, zudem eine bronzene Wasseruhr und eine Glockenspieluhr. Über dem Thronsitz prangen auf einer Tafel die beiden das taoistische Grundprinzip verkündenden Schriftzeichen *Wu Wei* („Nicht eingreifen"). Nicht unbeachtet lassen sollte man die schöne Kassettendecke.

Kaiserliche Siegel

Es folgt der größte der drei **Inneren Paläste**, der **Palast der Himmlischen Reinheit** (*Qianqing Gong*) (**39**), der ursprünglich dem Kaiser zustand, während der Qing-Dynastie allerdings für Empfänge, Audienzen und Bankette genutzt wurde. Hier tötete der letzte Ming-Kaiser seine 15-jährige Tochter und zwei seiner Konkubinen, ehe er sich selbst am *Kohlehügel* erhängte. Zudem wurden die meisten Kaiser nach ihrem Tod hier aufgebahrt. Die zu sehende Innenausstattung stammt noch aus der Qing-Zeit und lehnt sich an diejenige in der **Halle der Höchsten Harmonie** an, ohne indes deren allgegenwärtigen Prunk zu erreichen.

Vor dem Palast stößt man u.a. wiederum auf die Symbole kaiserlicher Gerechtigkeit, Sonnenuhr und Hohlmaß, zudem auf Schildkröten und Kraniche als Symbole der Langlebigkeit. Über der Palasttür hängt eine auf Geheiß von Kaiser *Kangxi* angebrachte Tafel mit der Aufschrift: „*Aufrichtigkeit und Offenheit*", eine Kalligrafie des Kaisers *Shunzhi*.

Man verlässt diesen inneren Palastbezirk durch das **Tor der Himmlischen Reinheit** (*Qianqing Men*) (**40**) und hält sich dann rechts, wo man wiederum nach rechts in die **Westliche Erste Lange Straße** (*Xiyichang Jie*) (**41**) abbiegt, die zur links davon gelegenen **Halle der Pflege des Her-**

zens (*Yangxin Dian*) (**42**) führt, in der die meisten Ming- und Qing-Kaiser wohnten. Gegenüber dem von zwei Löwen bewachten **Tor zur Pflege des Herzens** (*Yangxin Men*), das zum Innenhof mit der Haupthalle führt, befindet sich ein großes Jadetablett, auf dem in Wolken schwebende Drachen dargestellt sind, die die Perle der buddhistischen Weisheit bewachen. Um die östliche und westliche Mauer des Vorhofs sind Eunuchenunterkünfte angebaut. Im Innenhof erhebt sich auf einer flachen Plattform die Haupthalle mit einer offenen Säulengalerie. Bemerkenswert ist das dreifüßige bronzene Weihrauchgefäß linker Hand, das in Form dreier Kraniche gestaltet ist. Es war der zweite Ming-Kaiser *Yongzheng*, der – wahrscheinlich aus Ehrfurcht vor seinem lange regierenden Vater – diesen Komplex ausbauen ließ, worin es ihm die Mehrheit seiner Nachfolger gleichtat.

Wohnbezirk des Herrschers

Im mittleren der drei Räume in der Haupthalle steht auf einer niedrigen Plattform der Thronsitz mit einem Arbeitstisch, die Bücherregale enthalten Qingzeitliche Cloisonné-, Jade- und Lackgegenstände. In der östlichen Kammer befand sich hinter einem Gazevorhang ein zweiter Thron, von dem aus *Cixi* auf des Kaisers Gespräche Einfluss nehmen konnte. Sie konnte aber auch, genauso wie die westliche Kammer, zu Audienzzwecken benutzt werden. Seitlich der Westkammer ließ *Qianlong* die **Halle der Drei Raritäten** (*Sanxi Tang*) einrichten, in der er drei wertvolle Kalligrafien aus der Jin-Dynastie aufbewahrte.

Wohngemächer des letzten Kaisers

Rechts hinter der Haupthalle liegt die **Halle der Offenbarung der Willfährigkeit** (*Tishun Tang*), die dem Kaiser als Schlafgemach diente. Diese Räume bewohnte *Puyi* von 1911 an bis zu seiner Vertreibung aus dem Palast im Jahre 1924. Die Gebäude weiter westlich standen der Kaiserin und den Konkubinen der verstorbenen Kaiser zur Verfügung.

Das Labyrinth des Kaiserpalastes gewährt immer wieder neue Durchblicke und Ausblicke

Zum Abschluss des Rundgangs sollte man sich noch die **Sechs Westlichen Paläste** (*Xiliu Gong*) anschauen. Um zum ersten von ihnen, der **Halle des Höchsten Prinzips** (*Taiji Dian*) (**43**), zu gelangen, kehrt man am besten zunächst auf die **Westliche Erste Lange Straße** zurück, auf der man sich sodann links hält und anschließend nach links abbiegt. Die Halle enthält prächtige Holzschnitzereien. Durch die sich anschließende **Halle des Verkörperten Ursprungs** (*Tiyuan Dian*) (**44**) erreicht man den **Palast des Immerwährenden Frühlings** (*Changchun Gong*) (**45**), in dem die Kaiserinwitwe *Cixi* gegen Ende der Dynastie lebte. Gegenüber stößt man auf einen Theater-Pavillon, der von ihrer Lieblingsbeschäftigung zeugt.

An den **Galeriewänden** rund um den Hof sind Szenen aus dem Roman „Der Traum der Roten Kammer" dargestellt, Gemälde, wie man sie sonst nirgendwo im Kaiserpalast findet. Angeblich stammen sie aus der Zeit Ende des 19. Jahrhunderts.

Noch einmal überquert man den langen Nord-Süd-Korridor, um auf der anderen Seite die letzten drei Hallen zu inspizieren, und zwar zunächst den **Palast des Beistands des Kaisers** (*Yikun Gong*) (**46**), in dem z.T. herrliche Schnitzereien, Malereien, Möbel und Dekorationsgegenstände aus der Qing-Zeit zu sehen sind. Das gleiche gilt für die dahinter liegende **Halle der Körperlichen Harmonie** (*Tihe Dian*) (**47**). *Feines Kunsthandwerk*

In der nördlichsten der drei Hallen, dem **Palast der Gesammelten Eleganz** (*Chuxiu Gong*) (**48**), ist noch heute das Schlafgemach von *Cixi* zu besichtigen. Anlässlich ihres 50. Geburtstags, den sie 1884 an diesem Ort feierte, ließ sie den Komplex prächtig restaurieren und zog anschließend hier ein. Zwei fünfkrallige, mit einer Perle spielende Kaiserdrachen stehen vor der Haupthalle. Da diese sowohl in der Luft als auch im Ostmeer residieren, ist der Sockel als Wolken bzw. Wellen zu interpretieren. Die Hirsche dagegen sind Symbole der Langlebigkeit. Im mittleren der fünf Räume in der Haupthalle empfing die Kaiserinwitwe Gäste, im sich westlich anschließenden Raum befindet sich ein Kang zum Ausruhen, und ganz im Westen das Schlafgemach. Die Verzierungen auf Paravents, im Gitterwerk der Fenster und in den Malereien der Galerie sind buddhistische Swastika, Fledermäuse und andere symbolträchtige Motive, die allesamt auf langes Leben und Glück hinweisen.

Durch den östlich gelegenen Ausgang erreicht man sogleich den **Kaiserlichen Blumengarten**, in dem man noch ein wenig verweilen kann, oder aber man beendet seine Tour durch die Verbotene Stadt, indem man den Garten auf der Nordseite verlässt und zum Abschluss noch einen Blick auf das Nordtor, das **Tor des Göttlichen Kriegers** (*Shenwu Men*) (**49**) wirft. Hier wurden während der Qing-Dynastie die Mädchen und Frauen gemustert, die in den Palastdienst eingestellt werden sollten und die Anlage nur auf diesem Wege betreten durften. *Architekturmuseum*

Wer noch ein bisschen Zeit hat, kann sich die hier gezeigte Ausstellung anschauen, die über traditionelle chinesische Architektur und die Werkzeuge informiert, die beim Bau des Kaiserpalastes verwendet wurden.

Platz des Tores des Himmlischen Friedens (2)
Tian'anmen Guangchang

> **Information**
>
> **Anreise** Bus 1, 2, 4, 5, 10, 20, 22, 37, 52, 54, 120, 726, 728, 802 und 826 sowie U-Bahn, Station Qianmen, Tian'anmen Xi und Tian'anmen Dong

Das Zentrum der Stadt ist der **Platz des Tores des Himmlischen Friedens** (*Tian'anmen Guangchang*) **(2)** (kurz *Platz des Himmlischen Friedens* genannt), dessen Name am 4. Juni 1989 weltweit in die Schlagzeilen rückte, als die chinesische Regierung mit Panzern und Gewehrfeuer die Demokratiebewegung niederwalzen ließ. Doch schon zuvor hatte der Tian'anmen-Platz im Brennpunkt politischer Entwicklungen gestanden, so u.a. bei der „4. Mai-Bewegung" im Jahre 1919 und dem Qing Ming-Fest am 4./5. April 1976, als 200.000 Menschen für den verstorbenen Ministerpräsidenten *Zhou Enlai* und gegen die Viererbande demonstrierten.

Historischer Brennpunkt

Der größte innerstädtische Platz der Welt umfasst heute rund 40 Hektar und liegt dabei genau auf der von kaiserlichen Bauten geprägten Nord-Süd-Achse, auf der er sich rund 800 m erstreckt, bei einer Breite von circa 500 m. Der im Norden von der Chang'an Jie (*Straße des ewigen Friedens*) und im Süden vom *Qianmen* (*Vorderes Tor*) begrenzte Platz war bei seiner Anlegung 1651 wesentlich kleiner, erst 1958 wurde er um das Vierfache vergrößert und zementiert, sodass heute über eine Million Menschen auf ihm Platz finden. Zu Kaiserzeiten besaß er eine T-förmige Gestalt, mit einem quer liegenden Teil vor dem *Tian'anmen* und einem breiten nach Süden verlaufenden Prachtboulevard, an dessen östlicher Seite die Ministerien für Krieg, Riten und Arbeit, und an dessen westlicher Seite das Zivil-, Personal- und Justizministerium sowie das Amt der Opferzeremonien und der Hof der Zensoren lag. Das gesamte Viertel, durch eine rote Ziegelmauer von der Reststadt abgeschirmt, war den Beamten vorbehalten, die hier auch wohnten. Im Zuge der Erweiterung wurden auch die meis-

Das Zentrum der Stadt: der Tian'anmen-Platz

3. Peking sehen und erleben/Das Stadtzentrum

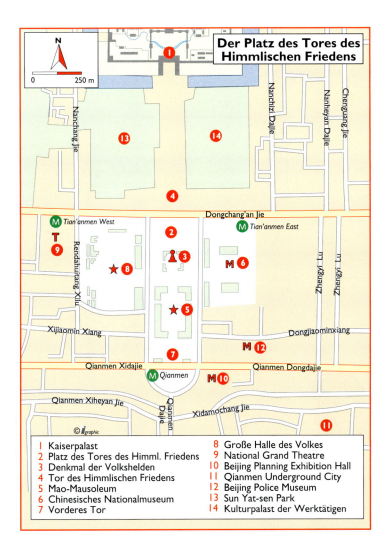

1 Kaiserpalast
2 Platz des Tores des Himml. Friedens
3 Denkmal der Volkshelden
4 Tor des Himmlischen Friedens
5 Mao-Mausoleum
6 Chinesisches Nationalmuseum
7 Vorderes Tor
8 Große Halle des Volkes
9 National Grand Theatre
10 Beijing Planning Exhibition Hall
11 Qianmen Underground City
12 Beijing Police Museum
13 Sun Yat-sen Park
14 Kulturpalast der Werktätigen

ten heute am und um den Platz herum zu sehenden Bauten errichtet, aus deren Bauweise unschwer der Einfluss des ehemaligen Hauptverbündeten Sowjetunion herauszuerkennen ist. An der südöstlichen Ecke des *Tian'anmen-Platzes* steht jedoch noch der renovierte, an seinem Glockenturm zu erkennende ehemalige Hauptbahnhof Pekings („The Station"), der zu Beginn des 20. Jahrhunderts erbaut wurde.

Denkmal der Volkshelden (3)
Renmin Yingxiong Jinianbei

> **Information**
>
> **Anreise** Siehe Platz des Tores des Himmlischen Friedens

Geschichtsträchtiger Obelisk

Das 37,94 m hohe Denkmal im Zentrum des *Tian'anmen-Platzes* wurde am 1. Mai 1958 eingeweiht und gedenkt der Volkshelden der verschiedenen Aufstände seit der Zeit des Ersten Opiumkrieges. Die Grundsteinlegung für den aus über 17.000 Granit- und Marmorsteinen bestehenden quadratischen Obelisken, der auf einer zweistufigen Plattform steht, erfolgte am 30. September 1949 durch Mao Zedong.

Auf der Nordseite der Stele findet sich eine Widmung *Maos*: „*Ewiger Ruhm den Helden des Volkes*"; die Südseite ziert ein Gedicht *Zhou Enlais*: „*Die Helden, die in den letzten drei Jahren ihr Leben dem Volksbefreiungskampf und der Volksrevolution opferten, sind unsterblich. Die Helden, die in den letzten dreißig Jahren ihr Leben dem Volksbefreiungskampf und der Volksrevolution opferten, sind unsterblich. Die Helden, die seit 1840 ihr Leben in den Kämpfen gegen innere und äußere Feinde für die Nation, die Unabhängigkeit, für Freiheit und das Glück des Volkes opferten, sind unsterblich.*"

Denkmal der Volkshelden

Seit den Ereignissen am 4. Juni 1989 ist es nicht mehr gestattet, die Plattform zu besteigen, sodass man die zehn Basreliefs am Sockel des Obelisken, die die wichtigsten Ereignisse der chinesischen Geschichte seit 1839 wiedergeben, nur aus der Ferne in Augenschein nehmen kann.

Die Sequenz beginnt auf der Ostseite: 1) Opiumverbrennung 1839 in Guangzhou, 2) Taiping-Aufstand 1851.

Auf der Südseite sieht man: 3) Aufstand gegen die Mandschu-Herrschaft in Wuchang am 10. Oktober 1911, 4) 4. Mai-Bewegung 1919, 5) Antikolonialistische Bewegung in Shanghai am 30. Mai 1925; auf der Westseite: 6) Aufstand in Nanchang am 1. August 1927, 7) Antijapanischer Krieg.

Die Nordseite zeigt: 8-10) Szenen der Volksbefreiungsarmee, rechts „Nahrung für die Front", in der Mitte die siegreiche Überquerung des Chang Jiang, links „Lang lebe die Volksbefreiungsarmee".

Tor des Himmlischen Friedens (4)
Tian'anmen
Chang'an Jie, Dongcheng District

Information

 65243322
Öffnungszeiten *täglich 8.30-16.30 Uhr*
Eintritt *RMB 15. Größere Taschen müssen beim Eingang abgegeben werden.*
Anreise *Bus 1, 2, 4, 5, 52, 728 und 826 sowie U-Bahn, Station Tian'anmen Xi und Tian'anmen Dong*

Jenseits der Chang'an Jie begrenzt im Norden das 1417 zusammen mit dem *Kaiserpalast* erbaute **Tian'anmen** den Platz, einst das Süd- und Haupttor der kaiserlichen Residenz, damals noch *Cheng Tian Men* („Tor zur Stütze des Himmels") genannt. Der ursprüngliche Holzbau brannte jedoch 1457 nieder und wurde 1651 durch den heutigen Bau ersetzt, gleichzeitig erhielt er seinen heutigen Namen. Wie beim *Himmelstempel* zielte der Name des 34 m hohen Bauwerks auf die Verbindung zwischen Himmel und Erde ab. Wurden dereinst von ihm die kaiserlichen Edikte herabgelassen, die von den unten wartenden Beamten entgegengenommen und dem Volk verkündet wurden, so proklamierte von diesem Tor herab *Mao Zedong* am 1. Oktober 1949 die Volksrepublik China. Sein über dem Mittelportal hängendes Porträt wird von zwei Parolen flankiert, deren linke „Lang lebe die Volksrepublik China" und deren rechte „Lang lebe die große Einheit der Völker der Welt" lautet. Das Bildnis des Tores, durch das der Kaiser auf seinem Weg zum *Himmelstempel* mit seinem Gefolge schritt und vor dem er sein erstes Opfer darbrachte, ziert heute das Staatswappen der VR China.

Pforte zur Kaiserresidenz

Fünf zu den fünf Eingängen des Tores führende Marmorbrücken (mittlerer Eingang und mittlere Brücke waren dem Kaiser vorbehalten), die sogenannten **Goldwasserbrücken**, überspannen den davor liegenden **Goldwasserfluss**, der zum Schutz des *Kaiserpalastes* angelegt wurde. An die zwei jeweils mehr als 20 Tonnen wiegenden **weißen Marmorsäulen** (*Huabiao*) links und rechts der Brücken sollen die Untertanen früher Verbesserungsvorschläge und Klagebriefe an den Kaiser geheftet haben, im Laufe der Zeit verloren sie jedoch diese Bedeutung und dienten nur noch als Wegweiser und Zierde. Die Säulen, auf deren Spitzen das Fabelwesen *Kong* thront und neben denen je ein steinerner Löwe sitzt, gelten als Symbole des himmlischen Friedens und der kaiserlichen Autorität; ihr Alter ist unbekannt.

Mao-Porträt am Tor des Himmlischen Friedens

Mao-Mausoleum (5)
Mao Zhuxi Jiniantang

> **Information**
>
> ☏ 65131130
> **Öffnungszeiten**: *Di, Do u. Sa 8-11.30 Uhr u. 13.30-16.40 Uhr sowie Mo, Mi u. Fr 8.30-11.30 Uhr (außer bei Staatsbesuchen o.ä.)*
> **Eintritt**: *frei. Der Eingang befindet sich an der Nordseite des Mausoleums. Taschen und Kameras dürfen nicht mit in die Halle genommen werden (Abgabemöglichkeit an der Ostseite), durch die man zügig hindurchzugehen hat.*
> **Anreise**: *Siehe Platz des Tores des Himmlischen Friedens*

Nationale Gedenkstätte

Ein Stückchen südlich des *Denkmals für die Volkshelden* wurde auf der Zentralachse die Gedenkhalle für den am 9. September 1976 verstorbenen Gründer der VR China errichtet. Am 24. November 1976 legte der damalige Parteivorsitzende *Hua Guofeng* den Grundstein für das am ersten Jahrestag des Todes von *Mao Zedong* eingeweihte 33 m hohe, 20.000 m² große Mausoleum, dessen erlesene Baumaterialien aus allen Teilen des Reiches stammen. 44 ringsum angeordnete Granitsäulen tragen den Dachvorsprung, roter Granit bedeckt den Boden.

Man betritt das Mausoleum von Norden her. In der Vorhalle befindet sich eine monumentale weiße Marmorstatue des sitzenden *Maos* vor einem Landschaftsbild des westlich inspirierten Malers *Huang Yongyu*. In der Haupthalle ist der einbalsamierte Leichnam *Mao Zedongs* in einem Kristallsarg aufgebahrt, von der roten Fahne der Kommunistischen Partei Chinas bedeckt und einer Ehrengarde bewacht. Bis heute halten sich die wildesten Gerüchte, denen zufolge die Vietnamesen beim Balsamieren derartig geschlampt hätten, dass der Leichnam mehrmals schon hätte nachbearbeitet werden müssen, ganz böse Zungen behaupten sogar, der Leichnam sei aufgrund des Pfusches verwest und durch eine Wachs-

Nationale Gedenkstätte: das Mao-Mausoleum

puppe ersetzt worden. In der südlichen Halle hängt eine in Marmor nachgebildete, riesige Schriftrolle mit einem Gedicht *Maos*, die seinen kraftvollen Schreibstil dokumentieren soll.

In den Nebenhallen richtete man mittlerweile Gedenkhallen für andere chinesische Partei- und Staatsführer, u.a. für *Zhou Enlai*, *Zhu De* und *Liu Shaoqi* ein.

Chinesisches Nationalmuseum (6)
Zhongguo Bowuguan
16 Dongchang'an Jie, Dongcheng District

> **Information**
>
> ☎ 65132801 und 84474914, www.nationalmuseum.cn
> **Öffnungszeiten**: täglich 9-16.30 Uhr
> **Eintritt**: RMB 30, Kinder die Hälfte; Audio Tour RMB 20 (plus RMB 100 Deposit)
> **Anreise**: Busse wie Platz des Tores des Himmlischen Friedens sowie U-Bahn, Station Tian'anmen Dong

Die Ostseite des *Tian'-anmen-Platzes* dominiert der gewaltige Museumskomplex, der in einem 2007-2010 völlig neu konzipierten und dabei auf 192.000 m² erweiterten Kolossalbau untergebracht ist. Chinas größtes Museum beleuchtet praktisch alle Aspekte dieses riesigen, kulturbeladenen Landes, von den Anfängen bis in die Neuzeit. Mehr als 620.000 Exponate, Antiquitäten,

Chinesisches Nationalmuseum

historische Dokumente und Fotos, aber auch die größte Wachsfigurenausstellung Chinas, mit rund 130 Figuren werden gezeigt (nach den Umbauarbeiten sollen weitere 400.000 Ausstellungsstücke aus anderen Museen des Landes hinzu kommen).

Ein besonderer Aspekt gilt der chinesischen Revolution und der Ära nach *Deng Xiaoping*. (Derzeit im Umbau, daher lässt sich über die Neuarrangierung noch nichts Genaues sagen.)

Vorderes Tor (7)
Qianmen

 Information

☏ 65229384
Öffnungszeiten *täglich 8.30-16.30 Uhr*
Eintritt *RMB 10, Kinder die Hälfte*
Anreise *Bus 17, 22, 44 und 66 sowie U-Bahn, Station Qianmen*

Den *Platz des Himmlischen Friedens* nach Süden hin schirmt das **Tor der Mittagssonne** (*Zhengyang Men*) – so der offizielle Name – ab. Mit einer Höhe von 42 m, einer Länge von 36,7 m und einer Breite von 16,5 m einst das mächtigste der neun Stadttore, entging es dem Abriss der Stadtmauer nach dem Zweiten Weltkrieg. Das Tor trennte während der Ming- und Qing-Dynastie die kaiserliche Tatarenstadt im Norden von der südlich davon gelegenen Chinesenstadt. Die beiden heute durch die Qianmen Dajie getrennten Tore bildeten früher eine durch Quermauern verbundene, einen Hof umschließende Einheit.

Der 1421 errichtete und als Schmucktor dienende, ganz aus Holz bestehende nördliche Turm brannte 1780 und 1849 nieder und wurde 1900 von den alliierten Truppen bei der Niederschlagung des „Boxeraufstandes" zerstört. Der aus Stein bestehende südliche Turm (Bogenturm), der als Verteidigungsanlage fungierte und daher über zahlreiche Schießscharten verfügte, wurde ebenfalls im Jahre 1900 zerstört, doch 1905 wieder aufgebaut. Ebenso das Schmucktor, in dem derzeit alte Fotografien, Modelle der Ming-Stadttore sowie alte Spielkarten ausgestellt sind. Vom Innenhof der Toranlage führten drei Durchgänge in die Südstadt, deren mittlerer dem Kaiser vorbehalten war und auch nur anlässlich seiner Besuche im *Himmelstempel* geöffnet wurde, der Alltagsverkehr benutzte die Seitendurchgänge.

 Große Halle des Volkes (8)
Renmin Dahuitang
Westseite des Tian'anmen-Platzes, Xicheng District

 Information

☏ 63096156
Öffnungszeiten *täglich 8-16 Uhr (außer bei Sitzungen oder Staatsbesuchen)*
Eintritt *RMB 30, Kinder die Hälfte (Tickets erhält man an der Südseite des Gebäudes.)*
Anreise *Busse wie Platz des Tores des Himmlischen Friedens sowie U-Bahn, Station Tian'anmen Xi*

Nur zehn Monate betrug die Bauzeit für diesen 1959 eröffneten klassizistischen Monumentalbau an der Westseite des *Tian'anmen-Platzes*, der über insgesamt 171.800 m² verfügt. In der Mitte der 310 m langen Frontseite befindet sich das rot-goldene Staatswappen der VR China. Im 7.000 m² großen Hauptversammlungssaal (Auditorium) mit 9.700 Plätzen tagen der Nationale Volkskongress, die Parteitage und die Politische Konsultativkonferenz (ein Beratergremium), im Bankettsaal können 5000 Menschen gleichzeitig verköstigt werden. In dem Gebäudekomplex hat außerdem jede Provinz bzw. Autonome Region und Sonderverwaltungszone einen eigenen Raum, der im entsprechenden lokalen Stil ausgestaltet ist und für Sitzungen und Empfänge benutzt wird. Im Südflügel hat der „Ständige Ausschuss des Nationalen Volkskongresses" seine Räume.

Große Halle des Volkes

Das National Grand Theater

National Grand Theatre (9)
Xichang'an Jie, Xicheng District

 Information

Anreise Bus 1, 2, 4, 5, 52, 728 und 826 sowie U-Bahn, Station Tian'anmen Xi

Unmittelbar westlich der Großen Halle des Volkes glitzert direkt an der Xichang'an Jie das rund drei Milliarden Yuan teure neue **National Grand Theatre**, gebaut nach Plänen des französischen Architekten Paul Andreu. Das inmitten eines riesigen Teiches liegende, einem halben, in der Längsachse durchgeschnittenen Ei gleichende, von einer titanverstärkten gläsernen Hülle ummantelte Gebäude (212 m lang, 143 m breit und 46 m hoch, zu denen noch 32,5 m unter der Erdoberfläche hinzukommen) birgt in seinem Inneren u.a. einen großen Theatersaal mit 2.398 Plätzen für Oper, Ballett und Konzert, der die größte Orgel Asiens sein Eigen nennen kann, einen weiteren mit 2.019 Plätzen großen Konzertsaal sowie ein Theater mit 1.035 Plätzen. Den im Norden gelegenen Haupteingang erreicht man mittels eines 80 m langen, unter dem Teich hindurchführenden Korridors.

Beijing Planning Exhibition Hall (10)
20 Qianmen Dongdajie, Chongwen District

Information

☎ 67024559 und 67017074, www.bjghzl.com.cn
Öffnungszeiten: Di-So 9-16 Uhr
Eintritt: RMB 30, 3D-Kino RMB 10 extra
Anreise: Bus 5, 9, 20, 44, 120 und 819 sowie U-Bahn, Station Qianmen

Die Beijing Planning Exhibition Hall zeigt das Peking von heute und morgen

Das Stadtplanungsmuseum zeigt, wie Peking einst aussah und zukünftig erstrahlen soll. Das Highlight der Ausstellung stellt das riesige, eine ganze Etage einnehmende **Stadtmodell** dar. Finden sich im ersten Stock Aufnahmen alter Hutong und Wohnhäuser, stößt man in den drei Etagen darüber auf Pekings Gegenwart und Zukunft, u.a. anhand eines 302 m² großen Stadtmodells im 3. Stock. Beeindruckend ist auch das riesige, den Stadtkern Pekings zeigende **Bronzerelief** im Treppenaufgang.

Qianmen Underground City (11)
62 Xidamochang Jie, Qianmen, Chongwen District

Information

☎ 67022657
Öffnungszeiten: täglich 8.30-18 Uhr
Eintritt: RMB 20 (Fotografieren verboten!)
Anreise: Bus 5, 9, 20, 44, 120 und 819 sowie U-Bahn, Station Qianmen

Wächst Peking gegenwärtig immer mehr in die Höhe, so entstand nach dem Bruch mit der Sowjetunion in den 60er Jahren des vergangenen Jahrhunderts aus der Furcht vor einem atomaren Angriff des Nachbarn eine komplette unterirdische Stadt, deren Tunnelsystem sich unter dem gesamten inneren Stadtgebiet erstreckt und sogar bis zum Sommerpalast und zu den Westbergen reicht. 85 km² umfasste das System, in dem zum Zeitpunkt des Baus rund 40 Prozent der Bevölkerung Pekings Schutz vor chemischen, biologischen oder atomaren Angriffen gefunden hätte und in dem neben Waffenlagern, Läden und Magazinen sogar Kinos eingerichtet wurden. Im Zuge des U-Bahn-Baus wurden etliche der alten Bunker- und Tunnelanlagen in U-Bahn-Stationen umgewandelt, ebenso z.B. beim Bau der Xidan Shopping Mall, deren Untergeschoss gleichfalls Teil des Schutzsystems war.

Beijing Police Museum (12)
36 Dongjiaomin Xiang, Dongcheng District

 Information

☏ *85225018*
Öffnungszeiten: *Di-So 9-16 Uhr*
Eintritt: *RMB 5*
Anreise: *Bus 3, 6, 8, 9, 41, 44, 48 und 110 sowie U-Bahn, Station Qianmen*

Gezeigt werden mehr als 8.000 polizeiliche Waffen und Gerätschaften, von der Han-Dynastie bis heute, man findet Hightech neben martialischen Folterinstrumenten. Vom *Platz des Himmlischen Friedens* kommend, gelangt man nach dem Durchschreiten des *Tian'anmen* in eine sich bis zum Eingang des *Kaiserpalastes* erstreckende Zwischenzone, die rechts und links des Hauptweges von zwei Parkanlagen flankiert ist.

Sun Yat-sen-Park (13)
Zhongshan Gongyuan

 Information

Öffnungszeiten: *täglich, 1.4.-31.10. 6-21 Uhr und 1.11.-31.3. 6.30-20 Uhr*
Eintritt: *RMB 3, Kinder die Hälfte. Lohnenswert ist der Besuch des im östlichen Teil des Parks gelegenen Teehauses, eines der wenigen noch in Peking existierenden.*
Anreise: *Bus 1, 2, 4, 5, 10, 52, 101, 103, 728 und 826 sowie U-Bahn, Station Tian'anmen Xi*

Auf der linken, westlichen Seite liegt der nach dem Gründer der chinesischen Republik benannte Park, in dem unter den Ming 1421 auf einer quadratischen Steinterrasse der **Erde**- und **Erntealtar** (*Sheji Tan*) errichtet wurde, bei dem

Kaiserliche Bittstätte

fortan die Kaiser im Frühjahr für eine gute Ernte und im Herbst als Dank für eine solche beteten und opferten. Schon zu Zeiten der Liao befand sich hier ein Heiligtum, und zwar der *Tempel der Landesblüte*, später in *Tempel der Langlebigkeit und der Landesblüte* umbenannt. Erst nach dem Sturz der letzten Dynastie wurde die Anlage 1914 für das Volk zugänglich gemacht und 1928 nach *Dr. Sun Yat-sen* benannt.

Hinter dem Eingang im Süden befindet sich das zu Ehren des beim „Boxeraufstand" getöteten deutschen Gesandten *Klemens von Ketteler* erbaute weiße **Marmorehrentor**, das man 1918 von seinem ursprünglichen Standort hierher brachte. Die 1953 vom Gelehrten und Schriftsteller *Guo Moruo* (1892-1978) kalligrafierte goldene Inschrift, die eine ältere ersetzte, lautet: „Verteidigt den Frieden".

Weiter hinten im Park stößt man auf den **Altar** selbst, auf dem die fünf verschiedenfarbigen Erdschichten die Herrschaft des Kaisers über alle Regionen des Reiches symbolisierten, stand doch jede der Farben für eine Himmelsrichtung (Nord, Ost, Süd, West, Mitte) und ein Element (Metall, Holz, Wasser, Feuer, Erde), aus denen die Erde besteht.

Nördlich des Altars schließt sich die mehr als 560 Jahre alte **Sun Yat-sen-Halle** (*Zhongshan Tang*) an, die der älteste noch gut erhaltene Holzbau Pekings und ein hervorragendes Beispiel früher Ming-Architektur ist; während der beiden letzten Dynastien diente sie als Ort der Meditation und der sakralen Anrufung. Vom Park aus kann man zu einer Bootstour auf dem rund um die Verbotene Stadt führenden Wassergraben starten.

Kulturpalast der Werktätigen (14)
Laodong Renmin Wenhuagong

> ### Information
>
> ☏ 65252189
> **Öffnungszeiten** *täglich 6-20 Uhr*
> **Eintritt** *RMB 5*
> **Anreise** *Bus 1, 2, 4, 5, 10, 52, 101, 103, 728 und 826 sowie U-Bahn, Station Tian'anmen Dong*

Die östlich vom *Sun Yat-sen-Park* gelegene Anlage beherbergte ehemals den Ahnentempel der kaiserlichen Familie, in dem die wertvollsten Objekte einer Familie aufbewahrt wurden. 1420 angelegt, öffnete man 1949 den Park – der heute zu Vergnügungs- und Kulturzwecken, aber auch als Exerzierplatz benutzt wird – der Allgemeinheit.

Vom Südtor kommend, gelangt man zur südlichen Tempelmauer, die von drei Eingängen durchbrochen ist. Die **fünf Goldwasserbrücken** hinter sich lassend, erreicht man sodann das Tor **Daji Men**, durch das man in den Innenhof mit den drei auf zwei Terrassen stehenden ehemaligen Gedenkhallen tritt. In der vordersten (*Tai Miao* oder *Qian Dian*) fanden die Zeremonien der Ahnenverehrung statt, wohingegen in der **Mittleren Halle** (*Zhong Dian*), die Ahnentafeln aufbewahrt wurden, die man anlässlich der Gedenkfeiern in die **Vordere Halle** trug.

Sehenswerte Schnitzarbeiten

Die **Hintere Halle** (*Hou Dian*), etwas erhaben auf einer gesonderten Plattform, schließt die Tempelanlage nach Norden ab. Beachtung sollte man den **geschnitzten Holzdecken** der Vorderen und Mittleren Halle schenken.

Innerhalb der Parkanlage findet man zudem das **Imperial City Art Museum** (☏ 85115104, *täglich 9-16.30 Uhr, Eintritt RMB 20, Kinder die Hälfte*). Gezeigt werden neben Waffen und Kleidungsstücken der ehemaligen Palastwache und Hofbeamten auch zahlreiche den Kaisern gemachte Geschenke.

Kohlehügel (15)
Mei Shan oder Jing Shan
44 Jingshan Xijie, Xicheng District

> **Information**
>
> ☏ 64044071
> **Öffnungszeiten** *täglich, 1.4.-31.10. 6-21 Uhr und 1.11.-31.3. 6.30-20 Uhr*
> **Eintritt** *RMB 2 (während Ausstellungen RMB 5)*
> **Anreise** *Bus 5, 58, 60, 101, 103, 109 und 202*

Ehe der Hochhausboom Peking erfasste, war dies die höchste Erhebung innerhalb der Stadt. Seinen Namen verdankt der fünfhügelige Park der während der Kaiserzeit hier im Winter gelagerten Kohle, die für die Beheizung des *Kaiserpalastes* benötigt wurde. Damals lag zwischen dem Nordtor der Palastanlage und dem Park lediglich eine offene Fläche, diente dieser doch ebenso der Freizeitbelustigung des Kaiserhofes wie die benachbarte Seenlandschaft.

Seine heutige Größe und Gestalt beruht auf den Aufschüttungen des Aushubmaterials für den Wassergraben des *Kaiserpalastes*; auch Erd-

Kohlehügel

reich aus dem künstlich angelegten *Nordsee-See* soll verwendet worden sein. Kaiser *Qianlong* ließ auf jedem der fünf Hügel einen Pavillon mit Bronzebuddhas, deren Verschwinden den alliierten Truppen des Jahres 1900 angelastet wird, erbauen. Geschichte machte der **Kohlehügel** am 19. März 1644, als sich beim östlichen Aufstieg der letzte Ming-Kaiser *Chongzhen*, nachdem er seine beiden Lieblingskonkubinen und seine Tochter im Palast getötet hatte, aus Furcht vor den anrückenden Aufständischen unter *Li Zicheng* an einem alten Baum erhängte, der während der *Kulturrevolution* von den Roten Garden gefällt wurde. Eine Neupflanzung, neben der eine Gedenktafel angebracht ist, erinnert an dieses historische Ereignis.

Das Ende der Ming-Dynastie

Wer den Park durch das Südtor betritt, gelangt zunächst zum **Turm der Schönen Aussicht** (*Qiwang Lou*), neben dem rechter Hand ein ziemlich steiler Fußweg auf den mittleren Hügel mit dem **Pavillon des Ewigen Frühlings** (*Wanchun Ting*) hinaufführt. Die Anhöhe zeigt einen herrlichen Überblick über weite Teile der Innenstadt. Im Süden erstreckt sich direkt vor einem die *Verbotene Stadt*, im Westen leuchtet aus dem *Nordsee-Park* die Weiße Dagoba herüber, im Norden schweift der Blick bis zum *Trommelturm*.

Fantastische Aussicht

In dieser Richtung liegt am Fuße des Hügels auch die von Kaiser *Qianlong* in Auftrag gegebene **Halle der Kaiserlichen Langlebigkeit** (*Shouhuang Dian*), in der ursprünglich die Bilder seiner Vorfahren hingen, die heute jedoch als „Kinderpalast" mit einem Internat für Kaderkinder genutzt wird.

Von hier aus kann man entweder den westlichen Abstieg benutzen, der einen zum Osteingang des *Nordsee-Parks* bringt, oder aber man benutzt den gleichen Weg hinunter, hält sich am Südausgang nach rechts und kommt so zum Südeingang des *Nordsee-Parks*.

Nordsee-Park (16)
Beihai Gongyuan
Wenjin Jie, Xicheng District

> **Information**
>
> *64031102*
> **Öffnungszeiten** *täglich, 1.4.-31.10. 6-21.30 Uhr und 1.11.-31.3. 6.30-20.30 Uhr (Runde Stadt 9-17.30 Uhr)*
> **Eintritt** *RMB 10 (mit Weißer Dagoba RMB 20), Kinder die Hälfte*
> **Anreise** *Bus 5, 13, 42, 101, 103, 107, 109, 111, 202 und 204*

Er ist der größte der insgesamt sechs westlich der kaiserlichen Achse anzutreffenden Seen, deren beide südlichsten, der *Nanhai* (Südsee) und der *Zhonghai* (Mittlerer See), die „Neue Verbotene Stadt" der kommunistischen Führung darstellen. Nördlich des **Nordsee-Parks** liegen noch drei weitere Seen, um die herum

3. Peking sehen und erleben/Das Stadtzentrum

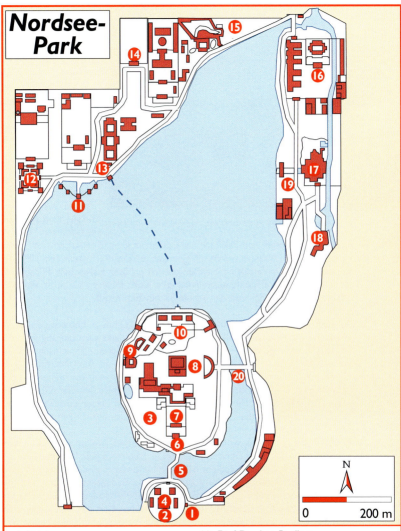

Nordsee-Park

1. Südeingang
2. Runde Stadt
3. Jadeinsel
4. Halle der Erleuchtung
5. Brücke des Ewigen Friedens
6. Tempel des Ewigen Friedens
7. Halle des Gesetzesrades
8. Weiße Dagoba
9. Pavillon zum Lesen der Klassiker
10. Fangshan-Restaurant
11. Fünf-Drachen-Pavillons
12. Pavillon des Kleinen Westlichen Himmels
13. Eiserne Mauer
14. Neun-Drachen-Mauer
15. Studio zur Beruhigung der Sinne
16. Altar der Seidenraupen
17. Studio auf Bemaltem Boot
18. Pavillon zwischen den Flüssen Hao und Pu
19. Bootshaus
20. Brücke Zhishan Qiao

Der Nordsee-Park ist die beliebteste innerstädtische Parkanlage

sich das schönste Bar- und Restaurantviertel Pekings befindet. Unter den Liao wurde an dieser Stelle im 10. Jahrhundert eine Residenz erbaut, der geplante Vergnügungspark wurde aber erst in der Jin-Zeit verwirklicht. Was man heute zu sehen bekommt, hat seinen Ursprung indes weitestgehend in der Zeit des Ming-Kaisers *Yongle*, auch wenn die aus dieser Epoche stammenden Hallen und Pavillons nicht mehr im Original erhalten sind – während der Qing-Dynastie wurde eifrig umgebaut. Der Park steht seit 1925 der Öffentlichkeit zur Verfügung, bei der er sich größter Beliebtheit erfreut. Die alten Gebäude sind heutzutage leider alle einer anderen als ihrer einstigen Bestimmung zugeführt, von der Schule bis hin zum Kiosk.

Erholung für Städter

Am sinnvollsten ist es, die Parkanlage von Süden (1) her zu betreten, doch sollte man zuvor noch einen Blick in die unmittelbar links vom Eingang gelegene **Runde Stadt** (*Tuan Cheng*) (2) werfen, das Zentrum der einstigen Yuan-Hauptstadt Dadu. Vor der Teilung des Sees (in *Beihai* und *Zhonghai*) im 15. Jahrhundert war sie eine der drei im See angelegten Inseln, von denen nur die **Jadeinsel** (*Qionghua Dao*) (3) übrig blieb. Die nunmehr wieder zum Festland gehörende Ministadt ist von einer fünf Meter hohen Mauer umschlossen, hinter der Gebäude aus der Zeit von Kaiser *Qianlong* zu besichtigen sind.

In der Mitte des Hofes stößt man auf einen kleinen Pavillon, in dem sich ein kugelförmiges, 1,5 m im Durchmesser großes Bassin aus Jade befindet, das *Kublai Khan* als Weinbehälter gedient haben soll und während der Restaurierungsarbeiten unter *Qianlong* hierher gebracht wurde. Bedeutendstes und architektonisch herausragendes Gebäude der Runden Stadt ist allerdings die kreuzförmige **Halle der Erleuchtung** (*Chengguang Dian*) (4). In der Dekoration sieht man vier Kraniche, die Drachen umgeben und Weisheit und langes Leben symbolisieren. Die aus einem einzigen Stück weißer Jade gefertigte sitzende 1,5 m hohe Buddhastatue im Inneren soll um die Jahrhundertwende von Birma nach Peking gebracht worden sein; ihre Beschädigung rührt wiederum von den alliierten Truppen des Jahres 1900 her.

Durch den Nordausgang der **Runden Stadt** gelangt man in den eigentlichen **Nordsee-Park**, in dem man über die aus der Yuan-Zeit stammende **Brücke** des **Ewigen Friedens** (*Yong'an Qiao*) (**5**), an deren beiden Enden sich je ein Ehrentor erhebt, zur **Jadeinsel** (*Qionghua Dao*) hinüberkommt. Am Hügel stößt man auf den **Tempel des Ewigen Friedens** (*Yong'an Si*) (**6**), der 1651 auf den Mauern des von den Jin erbauten, später durch ein Erdbeben zerstörten Guanghan-Palastes errichtet wurde. Pavillons

In der Runden Stadt

flankieren die **Halle des Gesetzesrades** (*Falun Dian*) (**7**); außerdem stößt man noch auf einige Taihu-Steine (Schmucksteine) aus dem gleichnamigen See bei Wuxi.

Ehe man seinen Aufstieg beendet, kommt man noch an der **Halle des Allgemeinen Friedens** (*Pu'an Dian*) vorbei und steht dann oben zunächst vor dem **Pavillon der Gütigen Stimme** (*Shanyin Dian*), der ganz mit gelb- und grün-glasierten Kacheln bedeckt ist, wobei die 455 Wandnischen jeweils eine Buddhadarstellung enthalten.

Leicht erhöht dahinter erhebt sich die 35,9 m hohe **Weiße Dagoba** (*Bai Ta*) (**8**), die eigentlich ein *Chörten*, ein Grabmal für einen tibetischen Mönch, ist. Die anlässlich des 1651 erfolgten Besuches des 5. Dalai Lamas in Peking vom ersten Qing-Kaiser errichtete Dagoba wurde in der Folgezeit mehrfach durch Erdbeben – letztmalig 1976 – stark beschädigt, doch immer wieder im alten Stil hergerichtet. Bei der letzten Restaurierung fanden Archäologen einen bis dato unbekannten Schrein, der Buddhafiguren, Zeremonialobjekte und Altartafeln barg; ein weiterer Schrein in der Monumentspitze enthielt zwei Reliquienknochen. Auf der Südseite ist eine Nische mit einem roten Emblem zu sehen, in der vermutlich Reliquien aufbewahrt wurden. Die Sanskritinschrift darin lautet: *„Tür zum Augenlicht".* Bei der Pagode vollzogen die Kaiser schamanistische Rituale, gleichzeitig besaß sie militärische Bedeutung: Da sie aufgrund

Weithin sichtbar: die Weiße Dagoba im Nordsee-Park

ihrer exponierten Lage weithin sichtbar war, konnten zur Alarmierung der kaiserlichen Truppen hier oben Flaggen gehisst bzw. nachts farbige Laternen entzündet werden.

Feinste Kochkunst

Für den Abstieg wähle man den am Nordhang beginnenden, nach Westen verlaufenden Zickzackpfad, über den man entlang einiger Pavillons, Aussichtsplattformen und Höhlen zum **Pavillon zum Lesen der Klassiker** (*Yuegu Lou*) **(9)** gelangt, der 495 antike Steinstelen mit klassischen Kalligrafien beherbergt, die *Qianlong* gesammelt hatte. Von hier aus folge man dem 300 m langen, wunderschön bemalten Wandelgang nordwärts, wo man in Kürze zu zwei genau an der Nordspitze gelegenen zweistöckigen Hallen gelangt, in deren einer das **Fangshan-Restaurant (10)** untergebracht ist, in dem man allerfeinste kaiserliche Küche zu speisen bekommt.

Vor dem Eingang des Restaurants befindet sich die Ablegestelle der kleinen Fähre, die einen in wenigen Minuten ans nordwestliche Ufer übersetzt. Vom Boot aus hat man einen guten Blick auf die **Fünf-Drachen-Pavillons** (*Wulong Ting*) **(11)** – fünf Pavillons, die im Wasser zu schwimmen scheinen und durch Brücken miteinander verbunden sind. Der Name rührt von den verschiedenen, einen Drachen verkörpernden Höhlen her, der auch durch die sie verbindenden Zickzackgänge symbolisiert wird.

Hält man sich links, steht man nach wenigen Metern vor dem **Pavillon des Kleinen Westlichen Himmels** (*Xiaoxi Tian*) **(12)**, einer riesigen hölzernen Pagode aus dem Jahre 1770, der flächenmäßig angeblich der größte Pavillon Chinas ist, umgeben von einer Mauer mit Wachtürmen und einem Graben, den man auf vier Wegen überqueren kann.

Mythologisches in Stein

Da die nördlich des Holzbaus gelegene Versuchsstation des **Botanischen Gartens** nicht zugänglich ist, geht man ein kurzes Stück zurück und kommt schon bald zur **Eisernen Mauer** (*Tieying Bi*) **(13)**. Diese 3,5 m lange und 1,9 m hohe Mauer besteht jedoch nicht – wie man vermuten könnte – aus Eisen, sondern aus Vulkangestein und ist mit Reliefs mythologischer Tiere verziert. Sie stammt aus der Yuan-Zeit und wurde 1947 an dieser Stelle aufgestellt.

Am gegenüberliegenden Restaurant vorbei gelangt man, ein Stückchen vom See entfernt, zur **Neun-Drachen-Mauer** (*Jiulong Bi*) **(14)**, die 25,5 m breit, 6,9 m hoch und 1,4 m stark ist. Die mit 424 siebenfarbigen Reliefs aus glasierten Ziegeln dekorierte Mauer ist zwar nicht ganz so lang wie ihr Pendant im *Kaiserpalast*, dafür aber höher und freistehend, d.h. sie ist auf beiden Seiten mit je neun Drachen verziert. Einst schützte die 1417 errichtete Mauer den Zugang zu einem heute nicht mehr existierenden Tempel.

Nebenan liegen die ehemaligen Gebäude des **Übersetzungs-** und **Druckstudios für lamaistische Texte**, von denen manche für Ausstellungen genutzt werden. Wenig weiter stößt man auf das **Studio zur Beruhigung der Sinne** (*Jingxin Zhai*) **(15)**, ein Garten im Garten, den *Qianlong* 1756 anlegen ließ und der den Kaisern als Ort des Studiums, des Lesens, Schreibens, Musizierens, Malens und Teetrinkens diente. *Cixi* ließ später noch mehrere Gebäude hinzufügen. Vor den einzelnen Pavillons verströmen kleine Teiche Stille und Beschaulichkeit, die nur von wenigen Besuchern gestört wird, da für die Besichtigung eine gesonderte Eintrittskarte zu lösen ist (*geöffnet täglich 8.30-18.30 Uhr*). Wandelgänge durchziehen das Areal, in dem man gemütlich in den Spätnachmittag hineindämmern kann.

Am Nordsee-Park

Auf dem weiteren Rundgang um den See kommt man nach Passieren des nördlichen Eingangs am **Altar der Seidenraupen** (*Can Tan*) (**16**) vorbei, auf dem die Kaiserin einst einmal im Jahr *Leizu*, der Frau des legendären *Gelben Kaisers*, welche die die Seidenraupenzucht erfand und als Göttin verehrt wurde. ein Opfer darbrachte. Bei der Zeremonie pflückte die Kaiserin Blätter von den umstehenden Maulbeerbäumen und opferte sie vor der Ahnentafel *Leizus*. Heute ist darin ein Kindergarten für Kaderkinder untergebracht, der nicht besichtigt werden kann. Weiter gen Süden passiert man noch das **Studio auf Bemaltem Boot** (*Huafang Zhai*) (**17**) und den **Pavillo**n zwischen den Flüssen **Hao** und **Pu** (*Haopu Ting*) (**18**), die beide aus der Zeit Kaiser *Qianlongs* stammen. Am Seeufer steht ein großes **Bootshaus** (**19**), in dem einst die höfischen Ausflugsboote vertäut waren.

Man kann den Park entweder bei der **Brücke Zhishan Qiao** (**20**), die zur Jadeinsel hinüberführt, durch das Osttor verlassen oder aber seinen Rundgang vervollständigen und am Ufer entlang bis zum Südtor weiterbummeln.

Nordkirche (17)
Bei Tang
33 Xishiku Dajie, Xicheng District

	Information

☏ *66175198*
Öffnungszeiten *täglich 7-19 Uhr*
Eintritt *frei*
Anreise *Bus 14, 55, 101, 202 und 204*

Der heutige Bau ist bereits die dritte **Nordkirche**, die erste wurde vor rund 300 Jahren von französischen Jesuitenmissionaren gegründet, denen Kaiser *Kangxi* aus Dankbarkeit für ärztlichen Beistand 1693 ein Grundstück in der Nähe des *Kaiserpalastes* überlassen hatte. Das darauf errichtete Gotteshaus, das unter Kaiser *Qianlong* in den Besitz der Lazaristen überging, wurde von dessen anti-

Stilmix aus Ost und West: die Nordkirche

christlich eingestelltem Nachfolger konfisziert und schließlich 1827 niedergerissen. Der im Jahre 1860 in Angriff genommene Nachfolgebau lag der extrem traditionalistisch eingestellten Kaiserinwitwe indes zu nahe beim *Kaiserpalast*, woraufhin sie dessen Verlegung anordnete. So entstand dann der **dritte Kirchenbau** 1889 ein Stückchen weiter nördlich, der sich mit seinem gotischen Stil an die Kathedrale von Reims anlehnt, flankiert von zwei chinesischen Pavillons.

Während des Boxeraufstandes im Jahre 1900 belagerten die Aufständischen sieben Wochen lang erfolglos 3.000 Christen in ihr, die sich hier zusammen mit etwa 50 alliierten Soldaten unter Führung von Bischof *Favier* verschanzt hatten, ehe sie von japanischen Truppen befreit wurden. Nach der kommunistischen Revolution brachen schlechte Zeiten für die Kirche an, sie wurde als Schule, Lagerhaus und sogar kurzfristig als Fabrik benutzt, die meiste Zeit stand sie jedoch leer. Erst 1985 wurde sie nach gründlicher Renovierung feierlich wiedereröffnet und ist seither Bischofssitz. Unter Pekings Gotteshäusern ist sie dank ihrer fein gearbeiteten, in Weiß-Blau gehaltenen Fassade sicherlich das schönste.

Zufluchtsort

Dongsi-Moschee (18)
Dongsi Qingzhensi
13 Dongsi Nandajie, Dongcheng District

> **Information**
>
> ☎ 65257824
> **Öffnungszeiten** täglich 8-20 Uhr (während des Gottesdienstes am Fr um 13.30 Uhr für Nicht-Muslime geschlossen)
> **Eintritt** frei
> **Anreise** Bus 106, 108, 110 und 116

Besuch mit Voranmeldung

Die von der Straße aus kaum wahrzunehmende Moschee kann nur nach Voranmeldung besucht werden. Dem 1447 erbauten muslimischen Gotteshaus wurde 1450 vom Ming-Kaiser *Jiangtai* die Bezeichnung „Qingzhen Si" (*Tempel der Rein-*

heit und Klarheit) verliehen, die heutzutage alle chinesischen Moscheen tragen. Wohltuende Ruhe empfängt den Besucher, sobald er die drei Innenhöfe des letztmalig 1979 restaurierten Komplexes betritt. Die mit vergoldeten Säulen und bemalten Dachbalken ausgeführte **Haupthalle** ist **zweigeteilt**: Der vordere Teil spiegelt chinesische Holzbauweise wider, den hinteren überspannen gewölbeartig drei aus zusammengesetzten Ziegeln konstruierte Kuppeln über den Jochen der Mihrab-Wand. Die Halle bietet über 500 Menschen Platz zur Andacht und verfügt auch über einen gesonderten Bereich für Frauen. Als schmückendes Zierwerk dienen die Tafeln mit eingravierten Koransuren.

Die angeschlossene **Bibliothek** ist im Besitz zahlreicher wertvoller muslimischer Schriften aus verschiedenen Ländern, so u.a. eines rund 700 Jahre alten Koranmanuskripts. Während der Kulturrevolution war die Moschee, die seit 1949 Sitz der Islamischen Gesellschaft ist, geschlossen. Seither finanziert sie sich aus den Spenden und Beiträgen der Gläubigen, die die religiöse Gedenkstätte im Sommer vielfach auch zum Zwecke der Körperpflege aufsuchen, da die Altstadtviertel Pekings nur über unzureichende Waschgelegenheiten verfügen. Die Hui (d.h. die Angehörigen des islamischen Glaubens) sind als religiöse Minderheit von der ansonsten vorgeschriebenen Feuerbestattung ausgenommen und dürfen ihre Toten erdbestatten.

Chinesische Kunsthalle (19)
Zhongguo Meishuguan
1 Wusi Dajie, Dongcheng District

 Information

✆ *64017076*
Öffnungszeiten *täglich 9-17 Uhr*
Eintritt *RMB 20, Kinder und Senioren RMB 15*
Anreise *Bus 103, 111, 112, 814 und 819*

Das Museum zeigt Wechselausstellungen traditioneller und moderner chinesischer Kunst, gelegentlich auch westlicher Kunst.

Beijing Memorial Hall of New Cultural Movement (20)
29 Wusi Dajie, Dongcheng District

 Information

✆ *64024929*
Öffnungszeiten *Di-So 8.30-16.30 Uhr*
Eintritt *RMB 5, Kinder RMB 3*
Anreise *Bus 101, 103, 109, 111, 810, 812, 814, 819 und 846*

In einem ehemaligen Gebäude der Peking University untergebracht, wird hier die Entstehung der neuen Kulturbewegung und der kommunistischen Partei Chinas nachgezeichnet. Zu sehen ist u.a. der Leseraum, in dem *Mao* einst arbeitete.

Beijing Arts & Crafts Museum (21)
4/F, Gongmei Emporium, 200 Wangfujing Dajie, Dongcheng District

  Information

☎ 65289326 und 65288866 ext. 4031, www.gongmeigroup.com.cn
Öffnungszeiten *Mo-Fr 9-17 Uhr und Sa u. So 10-17 Uhr*
Eintritt *RMB 10, Kinder die Hälfte*
Anreise *Bus 1, 4, 10, 52, 103, 104 und 803 sowie U-Bahn, Station Wangfujing*

Erstklassiges Kaleidoskop chinesischen künstlerischen Schaffens, auf 550 m² privatwirtschaftlich anhand von mehr als 3.000 erlesenen Kunstwerken präsentiert.

Ehemaliger Wohnsitz von Lao She (22)
Lao She Bowuguan
19 Fengfu Hutong, Dengshikou Xijie, Dongcheng District

  Information

☎ 65142612
Öffnungszeiten *täglich 8.30-17 Uhr*
Eintritt *RMB 10*
Anreise *Bus 60, 103, 104 und 108 sowie U-Bahn, Station Xinhua Jie*

Zu den bedeutendsten Schriftstellern des modernen Chinas zählend, erinnern im ehemaligen Wohnhaus Kalligrafien, Kleidungsstücke, Mobiliar, alltägliche Gebrauchsgegenstände und eine Sammlung seiner Werke an das Leben *Lao Shes*.

Ostkirche (23)
Dong Tang
74 Wangfujing Dajie

  Information

☎ 65240634
Öffnungszeiten *So 6-8 Uhr und Mo-Sa 6.30-7 Uhr*
Anreise *Bus 103, 104, 108, 111 und 201*

Der Vorgängerbau des 1905 errichteten Gotteshauses, das auch als *St. Joseph's Cathedral* bekannt ist, wurde im Jahre 1900 während des Boxeraufstandes in Schutt und Asche gelegt. Das Grundstück, auf dem sich die Kirche erhebt, gehörte einst zum Haus von *Adam Schall von Bell* (s. Nr. 29), der hier 1666 starb. Da man zwischenzeitlich die alten umliegenden Häuser abgerissen hat, ist vor der nunmehr freistehenden Kathedrale eine zauberhafte Plaza entstanden, auf der man von einer der Bänke das Treiben auf der Wangfujing Dajie verfolgen kann.

Pekings beliebteste Einkaufsstraße: Wangfujing Dajie

Während das alte Eingangstor die Plaza zur Einkaufsstraße hin flankiert, findet man auf deren Nordseite noch einen kleinen Pavillon, in dem eine Statue von Gottvater mit dem Jesuskind auf den Armen untergebracht ist.

Malerische Ostkirche mit Plaza

Kunstgalerie der zentralen Akademie der Feinen Künste (24)
5 Xiaowei Hutong, Dongcheng District

> **Information**
>
> ☏ 65282022
> **Öffnungszeiten** täglich 9.30-16.30 Uhr (Tickets bis 16 Uhr)
> **Eintritt** RMB 5
> **Anreise** Bus 103, 104, 803 und 814 sowie U-Bahn, Station Wangfujing

Gezeigt werden ausgezeichnete Sammlungen in den Bereichen traditionelle und moderne chinesische Malerei und Kalligrafie, Druck, Ölmalerei, Plastik und Wandmalerei.

Wangfujing Palaeoanthropology Cultural Relic Museum (25)
B2, Oriental Plaza, 1 Dongchang'an Jie, Dongcheng District

 Information

☎ 85186306
Öffnungszeiten Mo-Fr 10-16.30 Uhr und Sa u. So 10-18.30 Uhr
Eintritt RMB 10, Kinder die Hälfte
Anreise Bus 1, 4, 10, 37, 52, 57, 103, 104, 337, 813, 814 und 867 sowie U-Bahn, Station Wangfujing

Mit geschätzten 25.000 Jahren vor unserer Zeit eine der ältesten Fundstätten menschlicher Zivilisation im Raum Peking, bestehend aus Tierknochen und von Menschenhand zerschlagenen Bruchstücken, 12 m unter der Erdoberfläche. Nicht besonders groß, dafür gut zu erreichen.

Dong Yuan Compound (26)
Ecke Dongchang'an Jie/Nanchizi Jie

 Information

Öffnungszeiten rund um die Uhr
Eintritt frei
Anreise Bus 2, 4, 10, 41 und 60 sowie U-Bahn, Station Tian'anmen Dong

Zwischen der Nanchizi Dajie und der Hualong Jie verläuft parallel zur Dongchang'an Jie der **Dong Yuan Compound**, bekannt auch unter dem Namen Garten von Chang Pu He, eine reizvolle Gartenanlage, durch die sich ein von mehreren Brücken überspannter Wasserlauf windet und in dem man das Dong Yuan Theatre sowie das Huangcheng Shifu Restaurant findet.

Dieser kleine Park ist eine **Oase des Friedens** inmitten des hektischen Treibens ringsum.

Die grüne Oase Dong Yuan Compound kann man leicht übersehen

Kaiserliches Historisches Archiv (27)
Huang Shicheng
Nanchizi Dajie, Dongcheng District

> **Information**
>
> **Öffnungszeiten** *täglich 9-16 Uhr*
> **Eintritt** *RMB 2*
> **Anreise** *Bus 2, 4, 10, 41 und 60 sowie U-Bahn, Station Wangfujing*

Obwohl das Archiv 1807 umgebaut wurde, blieb die Struktur des Hauptteils dieses aus dem Jahre 1534 stammenden Gebäudes weitestgehend unverändert, was es zum ältesten seiner Art in China macht. Zu seinen reichhaltigen Beständen zählen wichtige historische und literarische Dokumente aus mehreren Jahrhunderten. *Chinas ältestes Archiv*

Man betritt den auf einer Nord-Süd-Achse ausgerichteten Komplex durch den Eingang auf der Westseite des rechteckigen Vorderhofes, an dessen nördlichem Ende sich die ausschließlich aus Stein erbaute Bibliothek anschließt. Bei der Ausführung der fünf rundförmigen Eingänge an der Südfassade des langgestreckten Gebäudes bemühte man sich jedoch, eine Holzmaserung nachzuahmen. Die Wände bestehen aus poliertem grauen Stein, wobei die Dachränder kürzer und nicht so kräftig geschwungen sind wie bei Holzkonstruktionen. Blaugrüne und goldverzierte Dachträger bilden die Übergangszone zwischen dem grauen Mauerwerk und den gelb-glasierten Dachziegeln. Im Halleninneren stehen auf einer niedrigen Marmor-Plattform zwanzig Regale, in denen diverse Gegenstände und Dokumente der Kaiserzeit und verschiedener nationaler Minderheiten aufbewahrt werden.

Reismarktkirche (28)
Mishi Tang
Dongdan Beidajie, Dongcheng District

> **Information**
>
> **Öffnungszeiten** *unregelmäßig*
> **Anreise** *Bus 116 und 204*

Die wichtigste protestantische Kirche Pekings ist ein graues Backsteingebäude mit chinesisch gehaltenem Dach und doppelten Holztraufen und wurde 1925 als Sitz der „Chinesischen Bibelgesellschaft" gegründet. Seit 1958 ist in der Kirche, die zwischen 1966 und 1971 geschlossen war, die Pekinger Zweigstelle des „Chinesischen Christlichen Rates" untergebracht. Im Obergeschoss befindet sich eine recht umfangreiche Bibliothek.

Südkirche (29)
Nan Tang
141 Qianmenxi Dajie, Xicheng District

> ### Information
>
> ☏ 66037139
> **Öffnungszeiten** täglich 6-17 Uhr; Messen auf Englisch jeden So 10 Uhr, auf Lateinisch Mo-Fr 6 Uhr, Sa 6.30 Uhr und So 6 Uhr u. 7 Uhr
> **Anreise** Bus 15, 25, 44, 45, 102, 105 und 204 sowie U-Bahn, Station Xuanwumen

Es dürfte dies Pekings älteste Kirche sein, zurückgehend auf die Jahre, als die beiden Jesuitenpatres *Matteo Ricci* (1552-1610) und *Adam Schall von Bell* (1592-1666) versuchten, das Christentum in China Fuß fassen zu lassen. Bereits im 16. Jahrhundert soll sich dort eine christliche Kirche befunden haben. Wie auf einer Steintafel zu lesen ist, wurde auf Anweisung des Kaisers 1650 eine neue Kirche erbaut, die 1775 vollständig niederbrannte und nur dank finanzieller Unterstützung Kaiser *Qianlongs* wieder aufgebaut werden konnte. Erdbeben beschädigten den Kirchenbau mehrmals, ehe er während des Boxeraufstandes vollständig zerstört wurde.

Älteste Kirche Beijings

Das heutige Gebäude stammt aus dem Jahre 1904 und ist seit den frühen 1980er Jahren für die Gläubigen wieder zugänglich. Hier befindet sich auch der Sitz der „Patriotischen Gesellschaft der Chinesischen Christen", die vom Vatikan unabhängig ist und von der Regierung toleriert wird. Vor dem Gotteshaus liegt ein chinesisch anmutender Hof, in dem sich schräg gegenüber dem Eingang in einer kleinen Felsengrotte eine Mariendarstellung befindet.

Den Vorderteil des eigentlichen Kirchengebäudes, das rund 1.000 Menschen Platz bietet, dominiert ein zentraler Marienaltar, den hinteren Teil hingegen beherrscht das Chorgestühl.

Pekings Ost-West-Transversale: die Chang'an Jie

Im Norden bis zur Dritten Ringstraße

Redaktionstipps

...henswürdigkeiten: Das schönste Viertel Pekings, ...s man am besten zu Fuß erkundet, findet man ...ngs um die Seen **Qianhai**, **Houhai** und **Xihai**. ...icht nur viele nette Lokale verführen zum ...rweilen, insbesondere in den späten Nachmittags- ...d Abendstunden. Allein ein Gang rund um die ...en und die angrenzenden Hutong lassen ein wenig ... das Peking früherer Tage eintauchen. Erschließen ...nn man sich diese Welt auch per **Rikscha-Tour**, ...obei man auch in diesem Fall folgende Besichti- ...ungspunkte auf keinen Fall verpassen sollte: ...hemaliger Palast des Prinzen Gong, Ehema- ...ger Wohnsitz von Madame Soong** und **Trom- elturm**. Wer den religiösen und philosophischen ...aditionen der Chinesen nachspüren möchte, sollte ...bedingt das **Lamakloster** und den **Konfuzius- ...mpel** sowie den **Westlichen Gelben Tempel** in ...in Besichtigungsprogramm aufnehmen.

...inkaufen: In den kleinen **Läden rund um den ...ommelturm** und von diesem bis hin zur Silberbar- ...nbrücke findet man mitunter recht nette Mit- ...ingsel.

...ulinarisches: Feine kaiserliche Küche unter frei- ...m Himmel gibt es im **Red Capital Club**, im ...hanghai Restaurant** im **Kunlun Hotel** hingegen ...ne aus Chinas größter Hafenstadt, wohingegen ...an im **Nuage** in das Vietnam der Kolonialzeit ver- ...tzt wird.

...achtleben: Rund um die **Oberen Seen** pulsiert ...ends das Leben – und bei der Auswahl findet ...cherlich jeder sein Lieblingslokal.

...bernachten (ⓘ Hotelkarte S. 176/177): Luxu- ...ös logiert es sich im **Great Wall Sheraton Hotel** ...4), zentraler und mit überaus viel Lokalkolorit ...ngegen in der **Red Capital Club Residence (45)**, ...lvoll und preiswerter sodann im **Bamboo Garden ...otel (48)** und **Qomolangma Hotel (51)**.

Mei Lanfang Memorial Museum (1)
Mei Lanfang Jinianguan
9 Huguosi Lu, Xicheng District

> ⓘ **Information**
>
> ☏ 66183598,
> www.meilanfang.com.cn
> **Öffnungszeiten** täglich 9-16 Uhr
> **Eintritt** RMB 10
> **Anreise** Bus 13, 22, 38, 42, 47, 55, 107, 111, 118, 409, 701, 709, 726, 806, 810, 823, 826 und 850

Hier lebte der bekannteste Peking-Opern-Darsteller (1894-1961), dessen Lebensgeschichte die Grundlage für den Film „Lebe wohl, meine Konkubine" darstellte.

Ehemaliger Wohnsitz von Guo Moruo (2)
Guo Moruo Guju
18 Qianhai Xijie, Xicheng District

> ⓘ **Information**
>
> ☏ 66125392
> **Öffnungszeiten** Di-So 9-16.30 Uhr (vom letzten Dienstag im Jahr bis zum dritten im darauf folgenden ersten Mondkalendermonat geschlossen)
> **Eintritt** RMB 10, Kinder die Hälfte
> **Anreise** Bus 13, 107, 111, 118, 701, 810 u. 823

Gezeigt werden vor allem Fotos, die das Leben des Historikers, Autors und Übersetzers (1892 - 1978) zahlreicher europäischer Klassiker nachzeichnen, aber auch einige Besitztümer und Möbel.

INFO

Hutong

Geblendet vom Glanz der neuen Glaspaläste, macht sich der anfänglich verwirrte Besucher alsbald auf die Suche nach dem alten Peking, das er am ehesten noch in den Altstadtvierteln zu finden hofft. Wurden und werden viele dieser sich zwischen den Hochhausfassaden duckenden Stadtteile abgerissen, so besitzt die Metropole noch immer rund 4.000 Hutong. Es sind dies jene schmalen Gassen, zu deren beiden Seiten sich Hofhäuser (*Siheyuan*) Wand an Wand aneinanderreihen.

Das Wort „Hutong" kommt aus dem Mongolischen und bezeichnet einen zwischen Zelten oder Jurten hindurchführenden Weg oder Pfad. Bis heute tragen viele dieser Sträßchen noch die Namen von Beamten oder Eunuchen, die einst in ihnen lebten, da sie es hauptsächlich waren, die diese Viertel nahe des Kaiserpalastes bewohnten. Dem gewöhnlichen Volk war es nicht gestattet, innerhalb der Stadtmauern zu wohnen. Oder sie weisen in ihrer Bezeichnung auf Handwerkszweige hin, die dereinst in ihnen beheimatet waren, z.B. Weißpapiergasse, Tuchgasse oder Hutgasse. Als Grobeinteilung galt früher: der Osten für die Reichen, der Westen für die Noblen, der Norden für die Armen, der Süden für die Unteren.

Die Bauweise der alten Hofhäuser richtete sich nach von alters her überlieferten Vorschriften: So deutete ein mit einem Tierkopf verzierter Türklopfer an, dass das Haus von einem Beamten bewohnt wurde, der über dem zweiten Beamtenrang stand. Die Verzierungen an den Basen der Türpfosten dienten zur Abwehr böser Geister.

Im Norden bis zur Dritten Rings

1 Mei Lanfang Memorial Museum
2 Ehemaliger Wohnsitz von Guo Moruo
3 Ehemaliger Palast des Prinzen Gong
4 Silberbarrenbrücke
5 Tempel des Allumfassenden Wandels
6 Ehemaliger Wohnsitz von Madame Soon
7 Huitong-Tempel

3. Peking sehen und erleben/Im Norden bis zur Dritten Ringstraße

8	Deshengmen	15	Lamakloster
9	Xu Beihong Museum	16	Tempel des maßgebenden Lehrens
10	Trommelturm	17	Tempel des Wen Tianxiang
11	Glockenturm	18	Westlicher Gelber Tempel
12	Ehemaliger Wohnsitz von Mao Dun	19	Erdaltar-Park
13	Konfuziustempel	20	Beijing Museum of Tap Water
14	Kaiserliche Akademie		

INFO

Ursprünglich gehörte ein solches Hofhaus einer einzigen Familie. Mit der stark wachsenden Einwohnerzahl fanden indes allmählich Erweiterungen dieser Häuser statt, wobei die verheirateten Söhne mit ihren Familien in die Seitengebäude zogen. Den Wandel der Zeiten überdauert hat hingegen die Funktion dieser Häuser, deren Höfe Mittelpunkte familiären Lebens sind. In ihnen spielt man mit den Nachbarn Karten oder trinkt mit ihnen Tee, oder man zieht Blumen und hält ein paar Stück Geflügel. Wie eng und bisweilen einem Labyrinth gleichend es zugeht, mag man daraus entnehmen, dass sich im Durchschnitt pro Quadratkilometer rund 100 dieser schmalen Gassen ineinander verschlingen, mit einer Gesamtlänge von bis zu

30 km. Dass es bei diesen beengten Lebensverhältnissen nicht immer harmonisch zugeht, ist klar: Mal stören des Nachbarn Hühner, mal dessen allzu penetranter Küchendunst. Und dass es mit den sanitären Einrichtungen nicht weit her ist, dürfte sich von selbst verstehen. Eine Gemeinschaftstoilette und eine Wasserzapfstelle im Block sind der Preis für zentrale Wohnlage und niedrige Wohnnebenkosten.

Es lohnt sich, der Erkundung dieser Viertel einen oder gar mehrere Tage zu widmen, gewähren sie doch einen tiefen Einblick in das Alltagsleben der Menschen, wobei es gar nicht einmal so selten vorkommt, dass man mit einem freundlichen Wink zu einer Tasse Tee in die gute Stube gebeten wird. Auch wenn Sie sich verbal nicht verständigen können, folgen Sie dieser Geste, sicherlich verstehen Sie einander dennoch, und hinterher verstehen Sie noch viel mehr.

In den Hutong

Sehr schöne Altstadtviertel findet man um die Seen oberhalb des Nordsee-Parks bis hin zum *Trommelturm* und im Süden rund um die *Niujie-Moschee* und die Liulichang Jie und Dazhalan Jie. Aber auch östlich und westlich des Kaiserpalastes stößt man noch auf sehr interessante Viertel, die jedoch zunehmend von Neubauten bedroht sind.

Ehemaliger Palast des Prinzen Gong (3)
Gongwang Fu
14 Liuyin Jie, Xicheng District

Information

☏ 66116053
Öffnungszeiten täglich 8.30-17 Uhr
Eintritt RMB 20, Kinder die Hälfte; einschließlich Peking-Opern-Aufführung RMB 60
Anreise Bus 13, 107 und 111

Die vormalige Residenz des Prinzen *Gong*, eines jüngeren Bruders von Kaiser *Xianfeng*, wurde 1777 von *He Shen* erbaut, einem der korruptesten Minister unter Kaiser *Qianlong*. Sie liegt inmitten jenes innerstädtischen Viertels, das seinen altchinesischen Charakter bis dato am besten über die Neuerungen der letzten Jahre hinweg retten konnte, und stellt den am besten erhaltenen Komplex des ganzen Viertels dar. Die Residenz besteht aus drei Gebäudeensembles samt weitläufiger Gartenanlage, wobei sich die Gesamtanlage insgesamt in mehr als 20 sich im Stil und Erscheinungsbild voneinander unterscheidende Areale unterteilt.

An den Oberen Seen

Der zentrale Gebäudekomplex weist die für eine Prinzenresidenz typischen Bauformen auf, darunter eine zweistöckige, 180 m lange Halle, zu der man via einer Treppe gelangt, die sich einen aus Holz gefertigten künstlichen Hügel hinaufschlängelt. Während die Gebäude im Ostteil der Anlage im Ming-Stil gehalten sind, betritt man den westlichen Komplex durch das „**Hof des himmlischen Wohlgeruchs**" genannte Tor, das in den von etlichen eleganten Räumen umgebenen Hof überleitet.

Eine Perle chinesischer Baukunst

Der Garten weist, begrünt von einer Vielzahl unterschiedlichster Sträucher und Bäumen, die für eine chinesische Gartenanlage typischen Elemente wie künstliche Hügel, kleine Teiche, Wandelgänge und Pavillons auf. Wie neuere Forschungen ergeben haben, fußt die vom Schriftsteller *Cao Xueqin* in dem Roman „Der Traum der roten Kammer" geschilderte Erzählung auf dessen in dieser Anlage verbrachten Lebensjahre.

Das **Grand Theatre** wird bis heute für abendliche Peking-Oper-Aufführungen genutzt.

Silberbarrenbrücke (4)
Yinding Qiao

 Information

Anreise Die Brücke liegt am nördlichen Ende des Qianhai. Entweder benutzt man Buslinie 58 oder 204 oder man spaziert vom Nordtor des Nordsee-Parks oder vom Glocken- und Trommelturm herüber.

Hierher sollte man zum **Sonnenuntergang** kommen, um den herrlichen Blick nach Westen zu genießen, wenn über den *Westbergen* die Abendwolken aufziehen und das Wasser des Sees wie ein silberner Fluss erscheint. Es ist der Ausblick, der einen zu der Brücke von 1984 zieht, deren Vorläufer allerdings bis ins 18. Jahrhundert zurückdatiert.

Tempel des Allumfassenden Wandels (5)
Guanghua Si
31 Ya'er Hutong, Xicheng District

> **Information**
>
> ☏ 64035032
> **Öffnungszeiten** *täglich 8-17 Uhr*
> **Eintritt** *RMB 5*
> **Anreise** *Bus 5, 8, 58, 107 oder 204 (bis Trommelturm) sowie U-Bahn, Station Gulou*

Versteckt im Altstadtviertel rings um den Houhai, liegt rund 500 m westlich des Trommelturms in einer Parallelgasse zur Uferstraße an dessen östlicher Seite der Tempelkomplex, der während der Yuan-Dynastie erbaut, im 16. und 19. Jh. renoviert und 1894 auf den alten Grundrissen rekonstruiert wurde. Sein Name geht auf einen Wandermönch zurück, der nur die Hälfte des jeweils ihm gereichten Reises aß und die andere Hälfte veräußerte, um so den Bau dieses Tempels mit zu finanzieren. Der während der Kulturrevolution nicht unerheblich in Mitleidenschaft gezogene Tempel, der nicht – wie sonst bei buddhistischen Tempeln – aus drei Gebäudereihen, sondern aus fünf besteht, und in dem heute wieder etwa 20 Mönche leben, weist zwar keine besonderen kulturhistorischen oder künstlerischen Kleinode auf, seine Lage fern der üblichen Touristenpfade macht ihn jedoch zu einem lohnenden Ausflugsziel für all diejenigen, die ein wenig mehr vom religiösen Alltagsleben der Einheimischen kennen lernen möchten. In den beiden Tempelhallen sind neben den drei Buddhas der Erdzeitalter noch die gemalten Darstellungen der 18 Luohan zu sehen.

Abgeschiedener Tempelkomplex

Chinas letzter bekannter Eunuch, *Sun Yaoting*, hütete bis zu seinem Tode im Jahre 1996 rund 20 Jahre diesen kleinen Tempel. Die Beschädigungen an den Steinstelen im Tempelhof zeugen noch vom Vandalismus der Roten Garden. Den größten Schatz des Tempels, der die „Beijing Association of Buddhism" beherbergt, stellt eine umfangreiche Sammlung buddhistischer Schriften dar.

Ehemaliger Wohnsitz von Madame Soong Ching Ling (6)
Song Qingling Guju
46 Houhai Beiyan, Xicheng District

> **Information**
>
> ☏ 64044205
> **Öffnungszeiten** *täglich 9-16 Uhr*
> **Eintritt** *RMB 20, Kinder die Hälfte*
> **Anreise** *Bus 5, 27, 44 und 55 sowie U-Bahn, Station Gulou oder Jishuitan*

Original erhaltener Wohnsitz der Gattin des Republikgründers *Dr. Sun Yat-sen*, die aus einer der politisch und wirtschaftlich einflussreichsten Familien Chinas stammte. Eine ihrer beiden Schwestern war mit *Chiang Kaishek* verheiratet, die andere neigte den Kommunisten zu. Prächtiges, im europäischen Stil erbautes Haus mit zauberhafter Gartenanlage.

Huitong-Tempel (7)
Huitong Si
A60 Xida Dajie, Xicheng District

 Information

☏ 66183038
Öffnungszeiten *täglich 8.30-17 Uhr*
Eintritt *RMB 1*
Anreise *Bus 55, 305, 315, 815 und 946 sowie U-Bahn, Station Jishuitan*

Der am nördlichen Ende des Xihai gelegene ehemalige Tempel hat heutzutage seine Funktion als religiöse Andachtsstätte verloren und beherbergt das kleine **Memorial Museum of Guo Shoujing** (1231-1316), der sich während der Yuan-Dynastie neben der Astronomie hauptsächlich mit der Erhaltung der Wasserreserven beschäftigte. Doch kommt man eigentlich nicht wegen der astronomischen Geräte hierher, sondern der einzigartigen Lage wegen. Sich auf einer kleinen Insel erhebend, hat man von hier aus einen **sehr schönen Blick** in Richtung Stadtzentrum. Besonders lohnend ist der Besuch an einem klaren Tag zur Zeit des Sonnenuntergangs.

Deshengmen (8)
Deshengmen Dajie, Xicheng District

 Information

☏ 62018073
Öffnungszeiten *Di-So 9-16 Uhr*
Eintritt *RMB 10, Kinder die Hälfte*
Anreise *Bus 5, 27, 44, 55, 315, 345, 380, 409, 815, 819, 820 und 919 sowie U-Bahn, Station Jishuitan oder Gulou*

Dieser imposante, aus der Ming-Zeit stammende Wachturm ist eines der **ehemaligen neun Stadttore**. In der in einem Seitengebäude untergebrachten **Beijing Ancient Currency Exhibition Hall** (*Gudai Qianbi Bowuguan*) kommen Numismatiker voll auf ihre Kosten: Das Museum präsentiert das vier Jahrtausende alte Münzwesen des Reiches. Im Obergeschoss des Turms findet man darüber hinaus Ausstellungsstücke zu Pekings Architekturgeschichte, zudem hat man von seiner Balustrade aus auch einen schönen Blick auf die Oberen Seen.

Xu Beihong Museum (9)
Xu Beihong Jinianguan
53 Xinjiekou Beidajie, Xicheng District

> **Information**
>
> ☏ 62252042
> **Öffnungszeiten** *täglich 9-16 Uhr*
> **Eintritt** *RMB 5, Kinder frei*
> **Anreise** *Bus 22, 38, 47, 409, 626, 709, 726, 810 und 826 sowie U-Bahn, Station Jishuitan*

Neben Werken dieses international bekannten chinesischen Malers (1895-1953) werden u.a. auch Teile seiner umfangreichen Gemäldesammlung präsentiert, die Werke verschiedener chinesischer Dynastien umfasst. Insgesamt gibt es über 1.200 Objekte.

Trommelturm (10)
Gu Lou
Di'anmenwai Dajie, Dongcheng District

> **Information**
>
> ☏ 84036706
> **Öffnungszeiten** *täglich 9-17.30 Uhr*
> **Eintritt** *RMB 20, Kinder die Hälfte*
> **Anreise** *Bus 5, 60, 107, 124, 815, 819 und 843 sowie U-Bahn, Station Gulou*

Als erstes ließ *Kublai Khan* 1272 an dieser Stelle einen Turm erbauen, der sich damals im Zentrum seiner Hauptstadt befand. In seiner jetzigen Form entstand er 1420, wurde allerdings seither mehrfach grundlegend renoviert.

Antiker Zeitgeber Die unter den Ming populär gewordenen Trommeltürme dienten der Zeitanzeige bei Nacht, indem man abends um sieben Uhr die Trommel dreizehn Mal schlug, was als „Stellen der Uhr" bekannt war und das Schließen der Stadttore verkündete. Danach wurde die Trommel im 2-Stunden-Rhythmus angeschlagen, entsprechend der chinesischen Zeiteinheit von zwei Stunden. Um fünf Uhr morgens wurde sie zum letzten Mal geschlagen, ab sieben Uhr löste sie die Glocke des nebenan liegenden *Glockenturms* ab.

Der Steinsockel des **Trommelturms** misst 55,6 x 30 m und wird von drei tunnelartigen Gängen durchbrochen, die aufgesetzte Holzhalle wird von einem doppelstufigen Fußwalmdach mit grün-glasierten Ziegeln abgeschlossen. Von oben hat man einen hübschen Überblick über die nähere Umgebung.

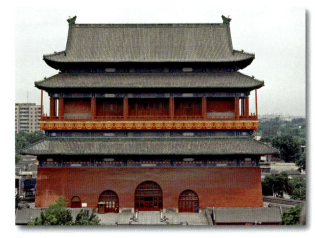

Trommelturm

Bei den 25 zu sehenden Trommeln, mit einem Durchmesser von 1,4-2,2 m, von denen 24 die Jahreszeiten des alten chinesischen Kalenders symbolisieren und deren 25ste die größte der Welt sein soll, handelt es sich bis auf eine um Repliken. Ein Teil von ihnen wird täglich von 9-11.30 Uhr und von 13.30-17.30 Uhr halbstündlich für die Besucher geschlagen.

Glockenturm (11)
Zhong Lou
Di'anmenwai Dajie, Dongcheng District

 Information

☏ *84036706*
Öffnungszeiten *täglich 9-17.30 Uhr*
Eintritt *RMB 20, Kinder die Hälfte*
Anreise *Bus 5, 60, 107, 124, 815, 819 und 843 sowie U-Bahn, Station Gulou*

Wenige Meter nördlich des *Trommelturms* erhebt sich der aus dem Jahre 1747 stammende **Glockenturm**, dessen hölzerner Vorgängerbau – ein erweiterter Tempelbau aus der Yuan-Zeit – aus dem Jahre 1420 einer Feuersbrunst zum Opfer gefallen war. Der 33 m hohe Steinbau ist kleiner und einfacher gehalten als der *Trommelturm*.

Während die Eisenglocke des ersten Bauwerks erhalten geblieben und hinter dem Turm ausgestellt ist, ging die Bronzeglocke der Qing-Zeit, die man angeblich 20 km weit hörte, verloren. Mit dem ersten Glockenschlag um sieben Uhr morgens läutete man früher offiziell den Tag ein und veranlasste das Öffnen der Stadttore. Tagsüber wurde sie dann alle zwei Stunden geläutet, bis fünf Uhr nachmittags.

Ehemaliger Wohnsitz von Mao Dun (12)
Mao Dun Guju
13 Yuan'ensi Hutong, Dongcheng District

> **Information**
>
> ☏ 64040520
> **Öffnungszeiten** *Mo, Mi u. Sa 9.30-16 Uhr*
> **Eintritt** *RMB 5, Kinder RMB 3*
> **Anreise** *Bus 13, 101, 102 und 103*

Man wandelt in den ehemaligen Wohnräumen des bekannten chinesischen Schriftstellers, dessen Leben rund 400 Exponate nachzeichnen.

Konfuziustempel (13)
Kong Miao
13 Guozijian Jie, Dongcheng District

> **Information**
>
> ☏ 64042407
> **Öffnungszeiten** *täglich 8.30-17 Uhr (Einlass bis 16.30 Uhr)*
> **Eintritt** *RMB 10, Kinder RMB 3*
> **Anreise** *Bus 13, 18, 44, 104, 108, 116, 406 und 807 sowie U-Bahn, Station Yonghegong*

Den ersten zu Ehren des chinesischen Philosophen errichteten Tempel gab *Kublai Khan* in Auftrag, jedoch an anderer Stelle; der Tempel hier hingegen datiert auf das Jahr 1306 zurück. Kaiser *Qianlong* verlieh ihm den Rang eines kaiserlichen Tempels, wie man an den gelben Dachziegeln unschwer erkennen kann. Zu Zeiten der Kulturrevolution wurde der **Konfuziustempel** wie die meisten historischen und religiösen Stätten als Lager und Fabrik missbraucht. Mittlerweile finden hier wieder am Geburtstag des Gelehrten alljährlich Gedenkfeiern statt. Ehe man den Tempelbezirk betritt, sollte man einen Blick auf die andere Straßenseite werfen, wo eine Einbuchtung in der Mauer als **Ersatzgeisterwand** dient.

Durch das **Tor des Obersten Lehrers** (*Xianshi Men*) gelangt man sodann in den ersten Hof des auf einer Nord-Süd-Achse ausgerichteten Tempels. In ihm sind **ringsum 198 Stelen** aufgestellt, die aus der Zeit vom Anfang des 14. Jahrhunderts bis zu Beginn des 20. Jahrhunderts stammen und in denen die Namen von 51.624 erfolgreichen Kandidaten der alle drei Jahre stattfindenden kaiserlichen Beamtenexamen eingraviert sind, wobei während der Ming-Zeit zahlreiche Stelen aus der Yuan-Zeit abgeschliffen und mit neuen Namen versehen wurden. Von oben nach unten gelesen stehen auf ihnen jeweils der Prüfungsrang, der Kandidatenname und dessen Heimatprovinz.

Seiner gedenkt man im Konfuziustempel

Vor dem **Tor der Großen Leistungen** (*Dacheng Men*), durch das man zum Tempelinnenhof kommt, passiert man eine 1993 aufgestellte *Konfuzius*-Statue. Auf den Stelen neben den zehn etwa 70 cm hohen, aus dem 18. Jahrhundert stammenden Steintrommelnachbildungen der Zhou-Dynastie, beschrieb Kaiser *Qianlong* die Geschichte der Trommeln, auf denen angeblich Oden aus der Zeit des Königs *Xuan* eingraviert sein sollen. (Die Originale befinden sich im *Palast-Museum*.)

Steintrommeln

Uralte, knorrige Zypressen beiderseits des Hauptweges umstehen die insgesamt elf verschieden großen **Stelenpavillons**, die den Innenhof füllen. Die Steintafeln, die die militärischen Ruhmestaten der Kaiser der letzten beiden Dynastien beschreiben, werden von Schildkröten getragen, zum Zeichen der Unvergänglichkeit. Das Wasser des kleinen, ausgetrockneten Brunnens links des Hauptweges galt „für Dichter und Schriftsteller inspirierend".

Die in der Mitte durch einen kaiserlichen „**Marmorteppich**" verschönerte Treppe führt am nördlichen Ende des Hofes zu einer großen Terrasse vor der Haupthalle hinauf, in der die Zeremonien zu Ehren des großen Gelehrten stattfanden und -finden.

Ausstellungs- und Gedenkhalle

In der **Halle der Großen Leistungen** (*Dacheng Dian*) wurden ehemals Kopien der Ahnentafeln des Meisters und seiner Schüler aufbewahrt, heute wird in der aus dem Jahre 1906 stammenden Halle eine Reihe von Zeremonialgegenständen und alten Musikinstrumenten aufbewahrt. Für ein paar Yuan spielen die Angestellten für die Touristen auf ihnen ein kleines Lied.

Hinter dieser Halle kann man den **Schrein des Großen Weisen** (*Chongsheng Ci*) sehen, in dem die Ahnen des *Konfuzius* verehrt wurden.

Wer sehen möchte, wie man vor der Erfindung des Buchdrucks die alten Klassiker vervielfältigte, der sollte an der Haupthalle links vorbeigehen, sich im Hinterhof ebenfalls links halten und dann links in eine provisorische Halle treten, in der auf **189 Stelen** die 13 konfuzianischen Klassiker eingeritzt sind. Mittels Abreibungen war es so möglich, diese Werke den Schülern in beliebiger Zahl zur Verfügung zu stellen.

Kaiserliche Akademie (14)
Guozijian
Guozijian Jie, Dongcheng District

 Information

Öffnungszeiten *Mo-Do 8.30-19 Uhr und Sa u. So 8.30-17.30 Uhr*
Eintritt *frei*
Anreise *Bus 13, 18, 44, 104, 108, 116, 406 und 807 sowie U-Bahn, Station Yonghegong*

Direkt an den *Konfuziustempel* schließt sich westlich – von diesem durch ein Seitentor erreichbar – die einst höchste Lehranstalt im kaiserlichen China an, an der vor allem die klassischen chinesischen Schriften gelehrt wurden. Akademie und Tempel sind als Einheit zu verstehen, denn während in ersterer Lehre und Studium auf der Tagesordnung standen, fanden in letzterem die mit der Staatsreligion und -ideologie verbundenen Zeremonien statt.

Kaiserliche Schulen aus der Han-Zeit fungierten bei der Einrichtung der Lehranstalt im Jahre 1287 als Vorbild, wobei es dann zu der engen Verflechtung mit dem nebenan gelegenen Tempel kam. Der Einrichtung einer Bibliothek im Jahre 1313 folgte unter den Ming die Aufwertung zu einer Akademie, was angesichts der großen Studentenzahlen die Errichtung von Wohngebäuden im südlichen Teil der Anlage notwendig machte. So sollen z.B. 1462 rund 13.000 Studenten hier eingeschrieben gewesen sein, auch aus dem benachbarten Ausland. 1737 schließlich verlieh ihr Kaiser *Qianlong*, der sie 1784 restaurieren, erweitern und wie einen Palast herrichten ließ, den kaiserlichen Status, woraufhin sie gelb gedeckt wurde.

In der Kaiserlichen Akademie

Heute gehört die Akademie zur **Hauptstadtbibliothek** (*Danwei*). Durchschreitet man das **Tor der Höchsten Gelehrsamkeit** (*Taixue Men*), so steht man in dem sich anschließenden breiten, aber nicht allzu tiefen Innenhof unvermittelt einem klotzigen **Ehrentor** (*Pailou*) gegenüber, zu dessen Seiten der rechts zu sehende **Glockenturm** und der links gelegene **Trommelturm** wie hineingequetscht wirken.

Kaiserliche Vorträge

Durch das **Ehrentor** hindurch gelangt man zur zentralen **Jade-Scheibe-Halle** (*Biyong*), die sich inmitten eines runden Teichs erhebt und von einer goldenen Kugel gekrönt wird. Vier **Marmorbrücken** führen zu dem Pavillon hinüber, in dem der Kaiser gelegentlich vor militärischen und zivilen Würdenträgern sowie Studenten der Akademie die Klassiker auslegte.

Hinter der **Biyong-Halle** liegt die **Halle der Sittenlehre** (*Yilun Tang*), der ehemalige **Pavillon der Erhabenen Literatur**, der in der Yuan-Dynastie als Bibliothek genutzt wurde und heute einer der Lesesäle der Hauptstadtbibliothek ist.

Lamakloster (15)
Yonghegong
12 Yonghegong Dajie, Dongcheng District

Information

☏ *64044499*
Öffnungszeiten *täglich 9-16.30 Uhr*
Eintritt *RMB 25, Kinder RMB 12; Audio Tour (englisch) RMB 20 (plus RMB 200 Pfand). Um nicht nur von den Touristengruppen hindurchgeschubst zu werden, sollte man entweder um Punkt 9 Uhr oder nachmittags gegen 15 Uhr kommen, wenn der Ansturm etwas abflaut.*
Anreise *Bus 13, 18, 44, 62, 116, 406 und 807 sowie U-Bahn, Station Yonghegong*

Hinweise

Bitte denken Sie daran, dass in buddhistischen Tempeln das Betreten der Türschwellen als Missachtung der Religion gewertet wird und daher unterlassen werden sollte. In den Hallen ist das Fotografieren und Filmen untersagt!

Das **Lamakloster** zählt zu den wichtigsten Sehenswürdigkeiten Pekings und ist der **größte** und schönste **lamaistische Tempel der Stadt**. Kaiser *Kangxi* ließ an dieser Stelle im Jahre 1694 für seinen vierten Sohn, den späteren Kaiser *Yongzheng*, eine Residenz errichten, von der dieser nach seiner Thron-

Lamakloster

1 Vorhof
2 Ehrentore
3 Geistermauer
4 Vorhof
5 Tor
6 Innenhof
7 Glockenturm
8 Trommelturm
9 Stelenpavillon
10 Halle der Himmelskönige
11 Innenhof
12 Pavillon der Viersprachigen Stele
13 Halle zur Auslegung der Schriften
14 Halle der Esoterischen Lehre
15 Halle der Mathematik
16 Halle der Medizin
17 Palast des Friedens und der Harmonie
18 Halle des Ewigen Schutzes
19 Halle des Buddhistischen Rades
20 Halle des Pantschen Lama
21 Halle des Altars der Abstinenz
22 Pagode des Zehntausendfachen Glücks
23 Pavillon des Ewigen Friedens
24 Pavillon des Ewigen Glücks
25 Kammer des Widergespiegelten Buddha

besteigung 1723 einen Teil als „stille Rückzugsstätte" für sich behielt. Die restliche Anlage wurde in einen lamaistischen Tempel umgewandelt, gemäß der Tradition, dass ehemalige Residenzen der kaiserlichen Familie nur in religiöse Stätten umgewandelt werden durften. Um die Allianz zwischen mandschurischem und tibetischem Adel zu stärken, war es daher nur folgerichtig, den größeren Teil der ehemaligen Prinzenresidenz in ein **tibetisches Lamakloster** umzufunktionieren, das den Namen „Palast des Friedens und der Harmonie" (*Yonghegong*) bekam.

Als Kaiser *Yongzheng* 1735 starb, wurde er hier aufgebahrt, doch mussten zuvor auf Befehl seines Sohnes und Nachfolgers *Qianlong*, der dem Tempel den kaiserlichen Status verlieh, innerhalb von zwei Wochen alle Dächer gelb eingedeckt werden. 1744 schließlich wurde die gesamte Anlage in ein Lamakloster verwandelt und der südliche Teil ausgebaut, um den 500 auf Kosten des Kaiserhofes eingeladenen lamaistischen Mönchen und chinesischen Schülern entsprechende Unterkünfte stellen zu können.

Lamaistisches Zentrum

Seine Blütezeit erlebte der Tempel in der zweiten Hälfte des 18. Jahrhunderts, als rund 1.200 Mönche aus Tibet, der Mongolei und der Mandschurei hier studierten und lebten. Laien hatten keinen Zutritt zum Kloster, u.a. weil tantrische Praktiken des Vajrayana ausgeübt wurden. Einzig und allein den Kaisern war es nach dem Tode *Qianlongs* gestattet, dreimal im Jahre an Riten im Tempel teilzunehmen, nachdem sie am nahe gelegenen *Erdaltar* gebetet hatten.

Mit dem Niedergang des Tempels gegen Ende des 19. Jahrhunderts, ging auch ein moralischer Verfall der Mönchsgemeinschaft einher; viele Mönche verließen das Kloster, ausländische Besucher, die mittlerweile zugelassen waren, wurden beschimpft und bedroht. Im Jahre 1900 besetzten alliierte Truppen die sich im Verfall befindliche Anlage. Sie wurde fortan vom „Büro für mongolische und tibetische Angelegenheiten" der Nationalisten verwaltet. Der Verfall schritt in den folgenden Jahrzehnten, in denen wertvolle Kunstgegenstände verschwanden, unaufhaltsam fort, doch konnte das Kloster dank der Intervention *Zhou Enlais* gerettet werden. In

Reich verzierte Dächer im Lamakloster

den 1980er Jahren konnte dann mit der Renovierung des Komplexes begonnen werden, sodass gegenwärtig rund 50 Mönche darin leben können.

Gemäß ihrer einstigen Funktion ist die Anlage auf einer Nord-Süd-Achse ausgerichtet und unterscheidet sich rein äußerlich kaum von einem normalen buddhistischen Tempel in China. Dekoration und figürliche Ausstattung zeugen indes von der eigenständigen Entwicklung des Lamaismus im Vergleich zu Hinayana und Mahayana.

Der **Vorhof** (**1**) ist bedauerlicherweise fast immer mit Tourbussen verstopft, wodurch das Ensemble der drei **Ehrentore** (**2**) auf der West-, Nord- und Ostseite des Platzes und der **Geistermauer** (**3**) auf der Südseite nicht zu überblicken ist. Erst beim genaueren Hinsehen fällt auf, dass die drei farbig gehaltenen Tore aus Beton sind. Die fein geschnitzten Originale aus Holz wurden in den 1930er Jahren von den japanischen Besatzungstruppen nach Japan geschafft. Nach Passieren des Nordtores steht man in einem rechteckigen bepflanzten **Vorhof** (**4**). Dieser Vorhof wurde 1744 an den Tempel angebaut, um Platz zu schaffen für die neu aufgenommenen Mönche, die in Gebäuden links und rechts des Hofes unterkamen.

Beton statt Holz

Durch ein weiteres **Tor** (**5**) betritt man den **Innenhof** (**6**), in dem neben zwei Fahnenmasten zunächst rechts ein **Glockenturm** (**7**) und links ein **Trommelturm** (**8**) zu sehen sind, hinter denen sich zwei **Stelenpavillons** (*Bei Ting*) (**9**) befinden. In die Steintafeln auf den Stelen ist *Qianlongs* Aufsatz über den Lamaismus in vier Sprachen eingeritzt: auf der rechten in Chinesisch und Mandschurisch, auf der linken in Tibetisch und Mongolisch. Zu Füßen des Trommelturms findet man den so genannten **Porridge Pot**, einen überdimensionierten Bronzetopf mit einem Durchmesser von zwei Metern und einer Höhe von 1,7 m, der 1744 gegossen wurde und in dem während der Qing-Dynastie die Mönche des Klosters jedes Jahr am 8. Dezember (dieses Datum steht für „Glück") für die Gläubigen Haferflockenbrei zubereiteten.

Chinesische Gulaschkanone

In Pekings bedeutendste Tempelanlage strömen täglich Tausende

In der ersten der fünf großen Tempelhallen, der **Halle der Himmelskönige** (*Tianwang Dian*) (**10**), empfangen an den Seiten vier mächtige, furchteinflößend dreinblickende Statuen den Besucher, besagte Himmelskönige, während einen in der Mitte der dickbäuchige Buddha *Milefo* angrinst, die chinesische Variante des Buddhas *Maitreya*. Diese vier Himmelswächter findet man fast immer in der Eingangshalle lamaistischer Tempel. Ihre Aufgabe ist es, je eine der vier Himmelsrichtungen zu bewachen. Zu erkennen sind sie an ihren Attributen: Der Osthimmel-König belegt seine Feinde durch den Saitenschlag der *Pipa* mit Taubheit, der Südhimmel-König teilt mit seinem Schwert Feuerhiebe aus, der Westhimmel-König vergiftet die Feinde mit der Naga-Schlange, und der Nordhimmel-König kann seine Person durch das Öffnen der Schirmstandarte vertausendfachen. Hinter *Milefo* wacht – mit einer Eisenstange in der Hand – *Weituo*, der Schirmherr des Buddhismus, über den nächsten Hof und die Buddhastatuen in der nächsten Halle.

Schutzgottheiten

Tritt man auf der Rückseite aus der ersten Halle, so steht man in einem weiteren **Innenhof** (**11**), in dem hinter einem Weihrauchgefäß der **Pavillon der Viersprachigen Stele** (*Si Ti Bei*) (**12**) die Aufmerksamkeit auf sich zieht. Auf der darin 1792 aufgestellten quadratischen Stele lässt sich *Qianlong* erneut in den vier Sprachen über den Lamaismus und die politischen Erwägungen seiner eigenen Beziehung zu dieser Religion aus. Hinter dem Stelenpavillon erhebt sich aus einem kleinen Marmorbecken (Sinnbild des Weltmeeres) die um 1600 entstandene, aus Bronze gegossene Nachbildung des Weltenberges *Sumeru*, an dessen Abhängen die Himmelsgötter wohnen, während ganz oben der Palast des *Sakyamuni* thront. Die Hofseiten werden von den Studienhallen der Mönche begrenzt: **Halle zur Auslegung der Schriften** (**13**), **Halle der Esoterischen Lehre** (**14**), **Halle der Mathematik** (**15**) und **Halle der Medizin** (**16**). In den Hallen finden sich u.a. Statuen *Tsongkhapas*, dreidimensionale Mandalas und wunderschöne alte Thangkas.

Nachbildung des Weltenberges Sumeru

Es folgt die Haupthalle des Klosters, der **Palast des Friedens und der Harmonie** (*Yong He Gong*) (**17**), die ehemalige Audienzhalle der Prinzenresidenz, von der die Gesamtanlage ihren Namen hat. Dem Eintretenden gegenüber sitzen drei große Buddhastatuen, die

die Buddhas der drei jeweils 5.000 Jahre dauernden Erdzeitalter darstellen: links *Kashyapa* (Buddha der Vergangenheit), in der Mitte *Sakyamuni* (Buddha der Gegenwart), rechts *Maitreya* (Buddha der Zukunft). *Sakyamuni* zur Seite stehen seine beiden Lieblingsschüler, der jüngere *Ananda* und der ältere *Kashyapa*, an den Hallenseiten sieht man weitere Schüler *Gautama Buddhas*, die 18 *Luohan* oder *Arhats*. In der Nordostecke der Halle steht *Ksitigarbha*, der die Menschen von den Höllenqualen erlöst, in der Nordwestecke sieht man eine *Maitreya*-Darstellung, und an der Westseite noch *Guanyin*, das weibliche Pendant des tausendarmigen *Avalokiteshvara*. Die Gemälde im hinteren Hallenbereich schließlich zeigen verschiedene Inkarnationen *Sakyamunis*.

Zentrale Andachtsstätte

Die sich anschließende **Halle des Ewigen Schutzes** (*Yongyou Dian*) (**18**) diente dem Prinzen einst als Wohnhalle, zudem wurde er in ihr nach seinem Tode aufgebahrt. Auch in ihr trifft der Besucher auf drei Buddhagestalten, vor denen jeweils die acht heiligen Objekte des Buddhismus aufgestellt sind. Zur Linken sitzt der *Buddha des Löwengebrülls* (in China *Shihoufo* genannt), in der Mitte *Amitabha* (der Buddha des Unermesslichen Lichtes) und rechts der *Medizinbuddha*.

Auf der Hauptachse folgt das größte Gebäude der Anlage, die **Halle des Buddhistischen Rades** (*Falun Dian*) (**19**), in deren Mitte sich eine sechs Meter hohe Statue des Reformators und Gründers der Gelbmützensekte, *Tsongkhapa*, befindet, die 1931 aufgestellt wurde. Die Halle ist den geistigen Führern Tibets gewidmet, war *Tsongkhapa* doch Lehrer des ersten Dalai Lamas, und so stehen die Throne der beiden geistigen Institutionen zu Seiten der Figur: Steht man dieser vis-à-vis, so sieht man links den Sitz für den Dalai Lama, rechts denjenigen für den Pantschen Lama. Die Gemälde an den Seitenwänden gehen auf das Leben *Tsongkhapas* und *Sakyamunis* ein, in den Kästen darunter werden die in tibetischer Sprache verfassten heiligen Schriften des Lamaismus aufbewahrt, in denen während der Mönchsandachten gelesen wird. Auf der östlichen Seite bewahrt man den 207-bändigen Tanjur, auf der westlichen den 108-bändigen Kanjur auf. Zudem gehören zwei mit Goldfarbe geschriebene Bücher zur Sammlung dieser Halle. Im hinteren Teil sieht man noch eine große aus Sandelholz gefertigte Schnitzarbeit eines Berges mit insgesamt 500 Luohan (eine magische Zahl in der indischen Kosmologie), die aus Gold, Silber, Bronze, Zinn und Eisen gegossen sind.

Versammlungshalle der Mönche

Die beiden Hallen seitlich werden heutzutage zu Ausstellungszwecken genutzt, wobei besonders die östliche interessant ist, denn in ihr werden wiederum Ritualgegenstände und dem Tempel überreichte Geschenke präsentiert. In dieser **Halle des Pantschen Lama** (**20**) hielt das Oberhaupt der Rotmützensekte seine Audienzen ab. In der westlich gelegenen **Halle des Altars der Abstinenz** (*Jitai Dian*) (**21**) feierte *Qianlong* seinen 70. Geburtstag. Beim Betreten des letzten Hofes bleibt der Besucher zunächst angesichts des Gebotenen erstaunt stehen: Zwei Brücken gleich verbinden im ersten Stock Galeriegänge die Zentralhalle mit den beiden Seitenpavillons, der Konstruktion trotz ihrer Kolossalität etwas Schwebendes verleihend. Unweigerlich strebt man dem Mittelteil, der dreigeschossigen **Pagode des Zehntausendfachen Glücks** (*Wanfu Ge*) (**22**) entgegen, in der man wie gebannt vor der insgesamt 26 m hohen Statue des Buddhas *Maitreya* stehen bleibt, die – außer den ange-

Galeriegänge verbinden die Pagode des Zehntausendfachen Glücks mit den Seitenhallen

setzten Gewandfalten und Armen – aus einem **einzigen Sandelholzbaumstamm** geschnitzt wurde. Rund acht Meter des 2,8 m dicken Kolosses sind zur Sicherung der Standfestigkeit im Boden versenkt. Der Pavillon wurde erst nach Beendigung der bildhauerischen Arbeiten, die von Palasthandwerkern ausgeführt wurden, um die fertige Statue herum hochgezogen. Aus der Qing-Zeit stammt die im westlichen **Pavillon des Ewigen Friedens (23)** ausgestellte mechanische Lotusblüte, die wie ihr natürliches Gegenstück ihre Blätter tagsüber öffnet und nachts schließt, doch wird der Mechanismus nur noch selten in Gang gesetzt. Im östlichen **Pavillon des Ewigen Glücks (24)** findet sich in einem achteckigen Raum ein gewaltiges tibetisches Gebetsrad, das einerseits tibetischer Vorstellung zufolge den ewigen Zyklus der Wiedergeburten symbolisiert, andererseits als Gebetsvervielfachung dient, denn die auf ihm geschriebenen Gebete gelten bei jeder Umdrehung als einmal gesprochen.

Man sollte noch einen Blick auf die **Kammer des Widergespiegelten Buddha** (*Zhaofo Lou*) **(25)** werfen, deren Name auf folgende Legende zurückgeht: Als *Buddha* kurz vor dem Eingang ins Nirvana stand, baten ihn seine Schüler, er möge ihnen ein Bildnis von sich hinterlassen. Der vom Meister mit der Erstellung des Porträts beauftragte Künstler weigerte sich indes, *Buddha* direkt ins Gesicht zu schauen, und schuf das Werk nach der Spiegelung im Wasser eines Flusses, an den sich *Sakyamuni* gestellt hatte. Von diesem Porträt sollen auch alle anderen Bildnisse des Erleuchteten abstammen. Die kleine, aus *Nanmu* (eine Edelholzart) gefertigte Nische, in der die besonders von der Mutter des Kaisers *Qianlong* verehrte Buddha-Figur steht, zeigt 99 weitere Buddhas, die Statuette des Erleuchteten hingegen ist nur so bearbeitet, als wäre sie aus Holz, in Wirklichkeit ist sie aus Bronze. Der von ihr getragene goldene Schirm und die große Perle in der Stirn gingen in den revolutionären Wirren nach 1949 verloren.

Urbildnis Buddhas

Tempel des maßgebenden Lehrens (16)
Tongjiao Si
19 Zhenxian Hutong, Dongzhimen Beixiaojie, Dongcheng District

 Information

☏ 64055918
Öffnungszeiten *am 1. und 15. jeden Monats 8-17 Uhr*
Eintritt *frei*
Anreise *Bus 107*

Während der Ming-Ära für Eunuchen errichtet und zu Zeiten der Qing als Konvent genutzt, stellt das **betriebsame Nonnenkloster** mit seiner schönen **Gartenanlage** eine willkommene Ruhezone zwischen den umliegenden Wohnblocks dar. Während der Kulturrevolution als Polizeistation genutzt, wurde es 1981 nach umfangreichen Renovierungsarbeiten bereits wieder eröffnet.

Tempel des Wen Tianxiang (17)
Wen Tianxiang Si
63 Fuxue Hutong, Dongcheng District

> **Information**
>
> ☏ 64014968
> **Öffnungszeiten** *täglich 9-17 Uhr*
> **Eintritt** *RMB 5, Kinder RMB 3*
> **Anreise** *Bus 2, 13, 104, 108, 115, 734 und 834*

Der kleine Tempel wurde zu Ehren des während der Südlichen Song-Dynastie gegen die Yuan-Herrscher kämpfende, hier inhaftierten Helden *Wen Tianxiang* erbaut. Innerhalb des Komplexes findet man neben Steintafeln, auf denen das Leben des Namensgebers dargelegt wird, einen Wandschirm mit dem berühmten Spruch Mao Zedongs: „Niemand wird vom Tode verschont, doch das tapfere Herz bleibt, um das Land zu verteidigen."

Westlicher Gelber Tempel (18)
Xihuang Si
Huangsi Lu, Chaoyang District

> **Information**
>
> **Öffnungszeiten** *auf Anfrage*
> **Eintritt** *frei (Spende erbeten)*
> **Anreise** *Bus 123*

Früher befanden sich an diesem Ort zwei Tempel, der *Östliche* und der **Westliche gelbe Tempel**, doch ging ein Großteil der Bausubstanz 1958 verloren. Trotzdem zählt der Tempel zu den feinsten Zeugnissen lamaistischer Kultur in der Metropole. Bereits während der Ming-Zeit standen hier zwei Tempel, die jedoch beim Sturz der Dynastie 1643 zerstört wurden. 1651 gab der erste Qing-Kaiser die Wiedererrichtung des östlichen Tempels in Auftrag, der dem Dalai Lama bei seinem Aufenthalt in Peking als Unterkunft dienen sollte. Im darauf folgenden Jahr erbaute man den westlichen Tempel, in dem das Gefolge des Dalai Lamas unterkam, ebenfalls neu.

Die Marmorpagode im Westlichen Gelben Tempel

Zu Beginn des 20. Jahrhunderts waren bereits viele der Gebäude verfallen. Die noch stehende **Marmorpagode** aus dem Jahre 1781 wurde auf Geheiß Kaiser *Qianlongs* hin errichtet, um des während seines Besuches in der Hauptstadt verstorbenen Pantschen Lamas zu gedenken. Die achteckige Pagode, in der vermutlich die Kleider des Verstorbenen aufbewahrt wurden, ist mit Reliefs geschmückt, die das Leben *Buddhas* schildern.

Erdaltar-Park (19)
Ditan Gongyuan
A2 Di'anmenwai Dajie, Chaoyang District

> **Information**
>
> ☏ 64214657
> **Öffnungszeiten** *täglich 6-21 Uhr*
> **Eintritt** *RMB 2; Fangze Tan (8.30-18.30 Uhr) RMB 1 extra*
> **Anreise** *Bus 13, 27, 104, 108 und 116 sowie U-Bahn, Station Yonghegong*

Der heute einschließlich der einstigen Zeremonialhallen in eine öffentliche Parkanlage umgewandelte **Erdaltar** stellt **das nördliche Gegenstück** zum *Himmelstempel* im Süden dar. Zu Beginn des 16. Jahrhunderts begann am Kaiserhof ein Disput darüber, ob Himmel und Erde am selben Ort geopfert werden sollte oder an zwei verschiedenen. Nachdem man sich für die zweite Lösung entschieden hatte, erbaute man 1530 den nördlich der ehemaligen Stadtmauer gelegenen **Erdaltar**, der unter den Kaisern *Yongzheng* und *Qianlong* renoviert wurde. Nach der Ausrufung der Republik China wurden sämtliche hier stattfindenden Opferzeremonien, die vor allem mit der mythischen Legitimierung der Kaiserherrschaft verbunden waren, abgeschafft, woraufhin die Gebäude dem Verfall anheimgegeben bzw. zweckentfremdet wurden. Heute werden sie als Kioske und Restaurants benutzt.

Schon rein äußerlich ist der **Altar** leicht als Pendant zum Himmelsaltar im *Himmelstempel* zu erkennen, als das er ja auch gedacht war. Während dort ungerade Zahlen vorherrschen, dominieren hier gerade, von denen die „8" als höchste gilt. So war der noch zu sehende, 1530 erbaute (1749 und 1981 restaurierte) quadratische **Altar** (*Fangze Tan*) von einer quadratischen Einfassungsmauer umgeben, der **Altar** selbst ist zweistufig und über vier achtstufige Treppen zu besteigen. Den innersten Ring auf dem **Altar** bilden 36 Steinplatten, zu denen bei jedem weiteren Ring acht zusätzliche hinzukommen, sodass der äußerste Ring 156 zählt. Den Gesetzen der Geomantik zufolge versammeln sich am **Altar** die dem *Himmelstempel* entgegengesetzten Kräfte, korrespondiert die Erde ihr zufolge doch

Im Erdaltar-Park

mit dem weiblichen Element (*Yin*), zu dem u.a. auch der Norden, das Rechteck, gerade Zahlen und die Dunkelheit gehören, weswegen der Kaiser der Erde am Tage der Sommersonnenwende opferte, wenn die Tage wieder kürzer wurden und das Dunkle die Oberhand über das Licht gewann.

Nicht zugänglich ist die südlich des Altars gelegene **Kammer der Kaiserlichen Verehrung** (*Huangzhi Shi*), in der die Geistertafeln der Erde und diejenigen der ebenfalls an diesem Ort verehrten, mit der Erde verbundenen Geister der Vier Flüsse, Vier Meere, Fünf Gebirgszüge und Fünf Gipfel aufbewahrt wurden. Da man die Opfergaben an die Erde vergrub und nicht wie sonst üblich verbrannte, sucht man Verbrennungskessel oder -öfen hier vergeblich. Es lohnt noch ein Blick in den westlich des **Altars** gelegenen Baukomplex, in dessen **östlicher Halle** (*Shen Ku*) die heiligen Opfergeräte aufbewahrt (u.a. die Tragsessel für die Gedenktafeln für die Erdgöttin und die sie begleitenden niederen Götter) und in dessen **westlicher Halle** (*Shen Chu*) die Opferspeisen zubereitet wurden. In der **südlichen Halle** (*Nan Dian*) sind alte Musikinstrumente ausgestellt.

Orte des Kultes

Beijing Museum of Tap Water (20)
Dongzhimen, No. 6 Courtyard, Qingshuiyuan Neighborhood, Chaoyang District

> **Information**
>
> ☏ *64650787*
> **Öffnungszeiten** *Mi-So 9-16 Uhr*
> **Eintritt** *RMB 5, Kinder RMB 2*
> **Anreise** *Bus 44, 106, 117, 123 und 800 sowie U-Bahn, Station Dongzhimen*

Anhand von Karten und Fotos sowie 130 Objekten und mehreren Dutzend Modellen kann man sich über Pekings unterirdisches Wasserleitungssystem und Wasserversorgung informieren.

Im Osten bis zur Dritten Ringstraße

Tempel der Weisheitserlangung (1)
Zhihua Si
5 Lumicang Hutong, Jianguomennei, Dongcheng District

Information

Öffnungszeiten täglich 7-17.30 Uhr
Eintritt RMB 20, Kinder die Hälfte
☏ 65286691
Anreise Bus 2, 24, 44, 750 und 800

Der zunächst recht unscheinbar wirkende Tempel, wegen seiner tiefblauen Dachziegel auch „Schwarzer Tempel" genannt, wurde 1443 vom Eunuchen Wang Zhen erbaut und birgt ein paar Kostbarkeiten besonderer Art: So findet man in der westlichen Seitenhalle des zweiten Hofes einen bis unter die Decke reichenden **oktogonalen Schrein**, dessen Seitenwände mit jeweils 9 x 5 eingesetzten Buddhatäfelchen bedeckt sind, wohingegen die Eckkanten und Friese mit geschnitzten Löwen, Elefanten, geflügelten Pferden u.a. Fabelwesen verziert sind. Bemerkenswert ist auch die zweistöckige **Haupthalle**, in deren Untergeschoss Sakyamuni, flankiert von zwei Schülern, thront. Rechts und links werden in freistehenden

Redaktionstipps

Sehenswürdigkeiten: Von Ausländern noch immer v gleichsweise wenig besucht werden der **Tempel Weisheitserlangung** und der **Ostgipfel-Tempel**. Au das **Alte Observatorium** liegt noch etwas abseits der n malen Touristenpfade. Von Letzterem aus ist es auch ni mehr allzu weit bis zum **Dongbianmen** und zum da angrenzenden **Ming Dynasty Citywall Relic Park**.

Einkaufen: Zum Einkaufen laden in diesem Teil Stadt insbesondere die großen Einkaufszentren Ch **World Trade Center Shopping Mall**, **COFCO Pla** das **Henderson Center** sowie das **New World Sh** **ping Center** ein, doch auch auf dem **Silk Str Market** findet man gelegentlich noch Preiswertes.

Kulinarisches: Im **Celestial Court** im **St. Regis** king kommt allerbeste Kanton-Küche auf den Tisch, **Danieli's** im gleichen Haus verwöhnt hingegen mit i lienischen Leckereien. Wer es lieber scharf mag, so ins **Xi He Ya Ju** im **Ritan Park** gehen, wo man chuan-Küche serviert. Die hohe Kunst internationa Küche präsentiert das **Scene a Café** im **China Wo Hotel**, das **Starlight Revolving Restaurant** im **Beiji International Hotel** punktet neben seinen asiatisch Gerichten zudem mit seiner großartigen Aussicht.

Nachtleben: Das Viertel **Sanlitun** zählt noch immer den beliebtesten Bar- und Restaurantvierteln der Sta Hier kann man bis zum Sonnenuntergang durchmach bei Essen und Musik aus aller Welt. Erstklassige Peki Opern-Vorstellungen gibt es hingegen allabendlich **Chang'an Grand Theater** zu sehen.

Kinder: Im **Blue Zoo Beijing** begeistern sich auch Kleinen für die marinen Lebensformen.

Übernachten (ⓘ Hotelkarte S. 176/177): Die T adressen in diesem Stadtgebiet sind das **China Wo Hotel (1)** und **The Kerry Centre Hotel Beijing (5)**, v nicht ganz so tief in die Tasche greifen möchte, sollte h gegen das **Traders Hotel (33)** oder **Jianguo Hotel (4** ins Auge fassen.

3. Peking sehen und erleben/Im Osten bis zur Dritten Ringstraße

raumhohen Regalen die heiligen Schriften Tanjur und Kanjur aufbewahrt. Die Seitenwände zieren über und über ca. 9.000 kleine Buddhafiguren aus Holz, Bronze und Terrakotta, ebenso im Obergeschoss, in dem die drei Buddhas der Erdzeitalter den Besucher empfangen. Der Tempel ist ein bislang noch unentdecktes Kleinod und fristet unverdientermaßen ein Schattendasein. Die Anlage beherbergt darüber hinaus das „Ancient

Die Haupthalle des Tempels der Weisheitserlangung

Music Center" sowie das **Beijing Museum for Cultural Relic Exchange**, das Daten über alle Museen der Welt sammelt und den Status Quo der Pekinger Museen aufzeigt.

Altes Observatorium (2)
Gu Guanxiangtai
2 Biaobei Hutong, Jianguomennei Dajie, Dongcheng District

Information

☏ 65128923
Öffnungszeiten *täglich 9-16.30 Uhr*
Eintritt *RMB 10, Kinder die Hälfte*
Anreise *Bus 1, 4, 9, 10, 37, 43, 44, 57, 103 und 403 sowie U-Bahn, Station Jianguomen*

Bereits 1279 richteten die Yuan in Peking eine Sternwarte ein, von den unter den Ming in den Jahren 1437-1446 errichteten Gebäuden hat sich indes nur der massive, etwa zehn Meter hohe Unterbau erhalten, bei dem es sich um einen Restbestandteil der alten Stadtmauer handelt. Auf ihm sind gegenwärtig mehrere astronomische Geräte ausgestellt.

Das Observatorium war über mehrere Jahrhunderte hinweg das Zentrum der chinesischen Astronomie, an ihm arbeitete einst der berühmte **Astronom**, **Wasserbauingenieur** und **Mathematiker** *Guo Shoujing*. Die Präzision der auf der Plattform gezeigten Ming- und Qing-zeitlichen astronomischen Geräte kündet von der Leistungsfähigkeit des chinesischen Handwerks. Sie wurden 1674 nach Entwürfen des belgischen Missionars *Ferdinand Veerbiest* angefertigt, der Berater und Astronom am Kaiserhof war.

Sieben der einstmals 15 Bronzeinstrumente, die nach dem *Boxeraufstand* nach Deutschland gebracht worden waren und erst 1919 zurückgegeben wurden, gelangten 1931 ins Observatorium von Nanjing, von dem das eine

Astronomische Geräte im Alten Observatorium

oder andere Stück mittlerweile wieder zurückgegeben wurde, sodass heute noch drei Armillarsphären, zwei Quadranten, ein Sternenglobus, ein Sextant und ein Äquator-Theodolit zu besichtigen sind.

Dongbianmen (3)
Chongwenmen Dongdajie, Chongwen District

> **Information**
>
> ☏ *65251005 und 65275080*
> **Öffnungszeiten** *täglich 10-17 Uhr*
> **Eintritt** *RMB 10, Kinder die Hälfte*
> **Anreise** *Bus 43 und 44*

Wer einmal einen der wenigen erhaltenen alten Wachtürme der Pekinger Stadtmauer besichtigen möchte, kann dies südlich des Alten Observatoriums an der südöstlichen Ecke der Zweiten Ringstraße tun. In ihm ist auch die **Red Gate Gallery** untergebracht, derzeit eine der führenden Kunstgalerien der Stadt.

Ming Dynasty Citywall Relic Park (4)
Chongwenmen Dongdajie, Chongwen District

> **Information**
>
> **Öffnungszeiten** *rund um die Uhr*
> **Eintritt** *frei*
> **Anreise** *Bus 43, 44, 108 und 111 sowie U-Bahn, Station Chongwenmen*

Entlang der Nordseite der Chongwenmen Dongdajie wurde eines der wenigen erhalten gebliebenen **Teilstücke der einstigen Stadtmauer** renoviert, sodass man sich in dieser netten Parkanlage nunmehr einen Eindruck davon verschaffen kann, welch mächtiges Bollwerk die Stadt einst umgab.

Chongwenmen Protestant Church (5)
Chongwenmen Tang
D2 Hougou Hutong, Chongwen District

> **Information**
>
> ☏ *65133549*
> **Öffnungszeiten** *Gottesdienst So 9.30 Uhr, sonst unregelmäßig*
> **Anreise** *Bus 3, 10, 39, 44, 103, 104 und 106 sowie U-Bahn, Station Chongwenmen*

Methodisten aus den USA errichteten 1876 den ersten Kirchenbau an dieser Stelle, der während des *Boxeraufstandes* im Jahre 1900 verwüstet wurde, sodass man 1904 einen Neubau erstellte. In den Jahren der Kulturrevolution geschlossen, wurde das Gotteshaus 1982 wieder geöffnet und erfreut sich bei jeder Sonntagsmesse großen Zulaufs. Zu seinen prominentesten Besuchern zählen der Erzbischof von Canterbury und der ehemalige US-Präsident *Bill Clinton*.

 Poly Art Museum (6)
2/F, Poly Building, 14 Dongzhimen Nandajie, Dongcheng District

> ### *i* Information
>
> ☏ 65008117
> **Öffnungszeiten** Mo-Sa 9.30-16.30 Uhr (an Feiertagen geschlossen)
> **Eintritt** RMB 50, Kinder die Hälfte
> **Anreise** Bus 115 und 118 sowie U-Bahn, Station Dongsishitiao

Dieses halbprivate Museum hat sich dem Rückkauf verlorener Kunstschätze im Ausland verschrieben. Die beiden Hauptsammlungen bestehen aus alten Bronzen und Buddhastatuen. Voller Stolz zeigt man hier die vier bronzenen, zum chinesischen Tierkreis gehörenden Tierköpfe, die einst aus dem alten Sommerpalast entwendet worden waren.

 Ostgipfel-Tempel (7)
Dong Yue Miao
141 Chaoyangmen Waidajie, Chaoyang District

> ### *i* Information
>
> ☏ 6551 0151
> **Öffnungszeiten** täglich 8.30-16.30 Uhr
> **Eintritt** RMB 10
> **Anreise** Bus 101, 110, 112 und 120 sowie U-Bahn, Station Chaoyangmen

Nach umfangreichen Renovierungsarbeiten zu Beginn des 21. Jahrhunderts wieder für den allgemeinen Publikumsverkehr geöffnet, zählt dieser taoistische Tempel nunmehr wieder zu den faszinierendsten der Stadt. Gegründet 1322 und 1761 zu Zeiten von Kaiser *Qianlong* schon einmal gründlich renoviert, wurde der Tempel ursprünglich jenem Kult geweiht, der bereits im zweiten nachchristlichen Jahrhundert vom mystischen Heiler *Zhang Daoling* ins Leben gerufen worden war. So finden sich zahlreiche auf Wundertätigkeiten hinweisende figürliche Relikte in ihm, auch wenn vieles davon für den aus dem Westen kommenden Besucher mehr oder weniger bizarr oder grotesk anmuten mag. Insbesondere die **Figurengruppen**, die in den 76 rings um den Haupthof verteilten **Nischen** untergebracht sind, verleihen dem Ganzen mitunter ein wenig den Charakter eines Jahrmarktes, auf dem es für jeden und alles etwas zu finden gibt. Denn in jeder dieser Nischen findet sich ein göttlicher Ratgeber mitsamt seinen Gehilfen, bei denen praktisch ein jeder um Rat oder Hilfe Nachsuchender Antwort oder zumindest Gehör für sein Anliegen findet.

Auf den kleinen roten Papierplaketten an den die Nischen zum umlaufenden Wandelgang hin abschließenden Barrieren steht vermerkt, was sich die Gläubigen an Hilfe von der jeweiligen Gottheit versprechen, wobei es sich bei jeder dieser großenteils recht düster und grimmig dreinblickenden Gestalten um Spezialisten handelt: Ist die eine zuständig für Reichtum, so ist es eine andere für den Ruhm, an wiederum eine andere wendet man sich zwecks Gesundheit, und noch eine andere möge einem ein langes Leben bescheren, doch kann man auch Gerechtigkeit oder Rache herbeiwünschen, eben alles, wonach die menschliche Natur sich sehnt. Wen wundert's, dass man an jenen Nischen, bei denen man um Wohlstand und ein langes Leben fleht, die meisten Papierplaketten vorfindet.

Jede Gottheit bietet Hilfe

Ehe man den Tempel betritt, fällt auf der gegenüberliegenden Straßenseite ein großes, mit bunt glasierten Kacheln verziertes Ehrentor auf, das ursprünglich zum Tempelkomplex gehörte. Im ersten Hof passiert man ein von zwei Himmelskönigen bewachtes Tor, denen jeweils fünf kleinere Wächterfiguren zur Seite stehen. Im sich anschließenden Hof erheben sich neben zwei Stelenpavillons zwei Verbrennungsöfen für die papierenen Opfergaben sowie die Haupthalle des Komplexes, in der sich neben der zentralen Götterfigur links und rechts je vier Berater- und Richtergestalten finden. In diesem Hof fällt zudem eine große Stele auf, eines von über hundert beschrifteten Monumenten, die die Schutzherrschaft von Kaiser *Qianlong* und dessen Großvater, Kaisers *Kangxi*, belegt.

Sonnenaltar-Park (8)
Ritan Gongyuan
6 Ritan Beilu, Chaoyang District

 Information

☏ *85635038*
Öffnungszeiten *täglich 6-18 Uhr*
Eintritt *RMB 5*
Anreise *Bus 1, 4, 43, 57 und 120*

Wie die anderen Altäre im Jahre 1530 unter dem Namen *Zhao Ritan* (Altar der Aufgehenden Sonne) erbaut, wurde diese Anlage ebenfalls in einen öffentlichen Park umgewandelt. Dereinst brachte der Kaiser hier einmal jährlich Opfer dar, doch blieb von den ehemaligen Gebäuden nur die **1,5 m hohe quadratische Altarplattform** erhalten, die sich in einem von einer runden Mauer umgebenen Innenhof befindet.

Im Süden bis zur Dritten Ringstraße

Redaktionstipps

Sehenswürdigkeiten: Am Wahrzeichen und einer der Hauptsehenswürdigkeiten Pekings, dem **Himmelstempel**, kommt niemand vorbei. Kaum anderswo im Stadtgebiet kann man den Einheimischen bei ihren alltäglichen Freizeitbeschäftigungen wie Kartenspielen, Tanzen oder Peking-Opern-Singen zuschauen. Obwohl man hier einen ganzen Tag verbringen kann, sollte man trotzdem auch beim **Tempel der Quelle der Buddhistischen Lehre**, der **Niujie-Moschee** und beim **Park der Augenweide** vorbeischauen.

Einkaufen: Auch wenn man nichts kaufen möchte, einen Besuch ist der **Panjiayuan Antiquitätenmarkt** in jedem Fall wert. Locken Qianmen Dajie, Dazhalan Jie und Liulichang Jie vor allem mit kleineren Läden und traditionellem Warenangebot, findet man in den riesigen Einkaufszentren **New World Shopping Center** und **LCX Times Square** vor allem aktuelle Mode und High Tech.

Kulinarisches: Wo anders als im **Stammhaus von Quanjude** an der Qianmen Dajie isst man Peking-Ente?

Kulturelles: Im **The Traditional Opera Museum of Beijing** (Huguang Huiguan) kann man nicht nur einer Peking-Opern-Aufführung beiwohnen, sondern sich auch über deren Geschichte informieren. Schöne Aufführungen bietet auch das **Grand View Garden Theater** im Park der Augenweide.

Übernachten (Hotelkarte S. 176/177): Architektonisch ansprechend wohnt man im **Grand View Garden Hotel (29)**, viel Charme strahlt aber auch das **Jianguo Hotel Qianmen Beijing (42)** aus, wohingegen das **New World Courtyard Beijing (44)** vor allem Geschäftsreisende überzeugen dürfte.

Beijing Mumingtang Ancient Porcelain Museum (1)
1/F, Beijing Municipal Real Estate Trading Center, 1 Donghuashibeili Dongjie, Chongwen District

Information
☏ 67187266 und 67186939
Öffnungszeiten täglich 10-20 Uhr
Eintritt RMB 10
Anreise Bus 43, 44, 610, 723 und 800

Hier hat man sich ganz und gar der chinesischen Teezeremonie verschrieben. Aus der mehr als 50.000 Stücke umfassenden Sammlung an Teeporzellan, werden regelmäßig in Wechselausstellungen rund 1.200 Stück gezeigt. Darüber hinaus kann man auch einer Teezeremonie beiwohnen.

Panjiayuan Antiquitätenmarkt (2)
Panjiayuan Qiao, Chongwen District

Information
☏ 67752405
Öffnungszeiten Mo-Fr 8.30-18 Uhr, Sa u. So 4.30-18.30 Uhr
Anreise Bus 36

Pekings wohl bester Antiquitäten- und Flohmarkt lockt tagtäglich tausende Besucher an. Wer fündig werden möchte, sollte viel Zeit und Verhandlungsgeschick mitbringen. Das Kommen lohnt allerdings auch, wenn man keine Kaufabsichten hat.

Longtan-Park (3)
Longtan Gongyuan
Longtan Lu, Chongwen District

> **Information**
>
> **Öffnungszeiten** *täglich 9.30-16.30 Uhr*
> **Eintritt** *RMB 2*
> **Anreise** *Bus 6, 8, 12, 60, 116 und 352*

In den Park integriert ist auch der **Beijing Amusement Park** (i) „Allgemeine Reisetipps – Kinder", S. 128), weitaus interessanter jedoch ist der am nordwestlichen Ende stattfindende **Vogelmarkt**, auf dem sich vor allem sonntags Hunderte von Schau- und Kauflustigen drängen. Die verschiedensten Vogelarten werden feilgeboten, dazu das entsprechende Futter, bestehend aus Körnern, Larven, Grillen und Würmern. Nebenan versammeln sich die Lerchenfreunde, die die Käfige ihrer gefiederten Freunde über sich in die Bäume hängen und untereinander allerlei Anekdoten austauschen oder fachsimpeln. Und zu erzählen gibt es jede Menge, denn die mongolischen Lerchen zählen zu den besten und somit auch teuersten Sangeskünstlern.

Zur Zeit des Mondfestes (15. Tag des 8. Mondmonats) versammelt sich hier ein gar merkwürdiges Völkchen, denn es ist die hohe Zeit der Grillenkämpfe, die von Profis sogar nach Gewichtsklassen getrennt ausgetragen werden, wobei sich besonders die Besitzer einer Doppelzahn- oder Jadeschwanzgrille gute Gewinnchancen ausrechnen können.

Kinder im Park

3. Peking sehen und erleben/Im Süden bis zur Dritten Ringstraße

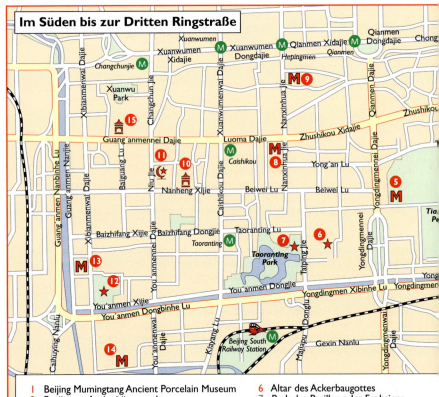

1 Beijing Mumingtang Ancient Porcelain Museum
2 Panjiayuan Antiquitätenmarkt
3 Longtan Park
4 Himmelstempel
5 Beijinger Naturkundemuseum
6 Altar des Ackerbaugottes
7 Park des Pavillons des Frohsinns
8 The Traditional Opera Museum of Beijing
9 Songtangzhai Folk Carving Museum
10 Tempel der Quelle der Buddhistischen L

Himmelstempel (4)
Tiantan
Chongwen District

> **Information**
>
> ☏ 67028866
> **Öffnungszeiten** Parkanlage täglich 6-20 Uhr; Himmelsaltar, Halle des Himmelsgewölbes und Halle der Ernteopfer 8-17.30 Uhr (Tickets bis 16 Uhr)
> **Eintritt** RMB 40, nur für den Park RMB 15; Audio Tour RMB 40 (plus RMB 50 Pfand)
> **Anreise** im Norden Bus 34, 35 und 36, im Süden Bus 36 und 116, außerdem Bus 6, 43, 60 und 106

3. Peking sehen und erleben/Im Süden bis zur Dritten Ringstraße

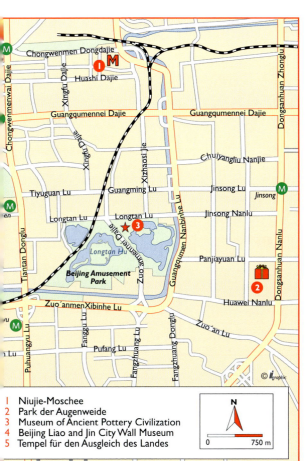

1 Niujie-Moschee
2 Park der Augenweide
3 Museum of Ancient Pottery Civilization
4 Beijing Liao and Jin City Wall Museum
5 Tempel für den Ausgleich des Landes

Zwar verfügt die zum Weltkulturerbe zählende Tempelanlage an allen vier Seiten über Eingänge, doch sollte man der dramaturgischen Steigerung wegen seinen Gang durch den **Himmelstempel** am **Südeingang** beginnen und sich anschließend nordwärts orientieren.

Wer ausreichend Zeit hat, kann sich neben der Besichtigung der Hauptgebäude noch einen Spaziergang durch die riesige, 273 ha große **Parkanlage** (dreimal so groß wie der *Kaiserpalast*) gönnen, in der zahlreiche alte Bäume im heißen Pekinger Sommer

Riesige Parkanlage

Schatten spenden. Ein doppelter Mauerzug, 6,5 bzw. 4 km lang, umschließt die Parkanlage. Zwischen **1406** und **1420** entstand der erste, zu dieser Zeit noch **rechteckige Himmelstempel** an diesem Ort, an dem die Kaiser damals noch Himmel und Erde opferten, in der Annahme, dass dies der einzige Ort sei, an dem unmittelbar Kontakt mit dem Himmel aufgenommen werden könne. Erst nach Beendigung des Ritenstreits unter den Gelehrten und der daraus resultierenden Erbauung des *Erdaltars* diente die Anlage nach 1530 ausschließlich der Anbetung des Himmels, 1545 ersetzte die erste runde Halle in der umgebauten und erweiterten Tempelanlage die vormalig rechteckige.

Kaiser *Qianlong* ließ 1749 Hallen und Altar ausbauen und mit mehr Prunk ausstatten, und nach wie vor kam der Kaiser selber Jahr für Jahr zweimal hierher,

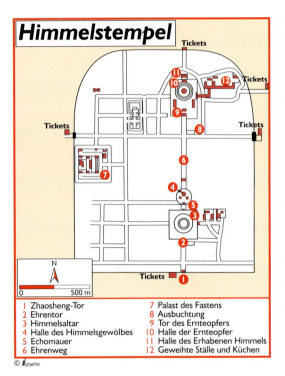

1 Zhaosheng-Tor
2 Ehrentor
3 Himmelsaltar
4 Halle des Himmelsgewölbes
5 Echomauer
6 Ehrenweg
7 Palast des Fastens
8 Ausbuchtung
9 Tor des Ernteopfers
10 Halle der Ernteopfer
11 Halle des Erhabenen Himmels
12 Geweihte Ställe und Küchen

um für eine gute Ernte zu beten bzw. Segen für sich selbst nachzusuchen. Für das Volk geöffnet wurde der Park am 10.10.1912, dem ersten Jahrestag der Ausrufung der Republik China. Der selbsternannte Kaiser *Yuan Shikai*, einst Weggefährte *Dr. Sun Yat-sens*, beging allerdings am 23.12.1914, zur Wintersonnenwende, noch einmal die alten Opferzeremonien.

Schlimmes widerfuhr der Anlage während der Regierungszeit der Guomindang, die den Park als Exekutionsplatz nutzten und **1948** einen Großteil des alten Zypressenbestandes fällten, um auf dem Gelände eine Flugzeuglandebahn anzulegen. Doch auch die nachfolgende Volksregierung benutzte ein Drittel der Gesamtanlage zu andern Zwecken, so u.a. zur Einrichtung des Pekinger Naturkundemuseums, des Forstamtes, eines Krankenhauses und eines Hotels.

Ehe man zu seinem Rundgang startet, sollte man sich noch einmal die an diesem Ort vom Kaiser durchgeführten Opferzeremonien ins Gedächtnis rufen. Die zur Wintersonnenwende praktizierten Riten gehen bis auf die Zeit der Zhou zurück, in deren „Buch der Riten" zu lesen ist, dass der Kaiser dem Himmel opfert, damit *„Winde und Regen geordnet werden und Kälte und Hitze zur richtigen Zeit auftreten..."*, denn nur dann herrsche Ordnung unter dem Himmel. Das darzubringende Opfer diente somit zwei Zwecken: Zum einen bat es um eine gute Ernte und das dafür erforderliche Wetter, zum anderen zielte es auch auf die gesellschaftliche Ordnung, wodurch der unmittelbare Zusammenhang zwischen Naturphänomenen und der Legitimation kaiserlicher Herrschaft klar zum Ausdruck kommt.

Kaiserliche Enthaltsamkeit

Bevor der Kaiser zum **Himmelstempel** kam, hatte er bereits zwei Tage im Palast gefastet, doch ist damit kein Fasten nach unserem Verständnis gemeint, sondern lediglich die Enthaltsamkeit von Fleisch, Wein und Frauen, zudem durfte er keine Musik hören, keine Kranken besuchen und keine Verbrechensfälle bearbeiten. Mit einem rund 2.000 Mann zählenden Gefolge begab sich der Kaiser sodann in seiner Sänfte in einer **prächtigen Prozession**, die von den Umstehenden nicht beobachtet werden durfte, durch das *Qianmen* zum Südtor der Anlage und opferte anschließend in der **Halle des Himmelsgewölbes** vor den Ahnentafeln. Danach zog er sich in den **Palast des Fastens** in der Nähe des Westtores zurück, um sich dort auf die Feierlichkeiten des nächsten Tages vorzubereiten, die sich in der **Halle der Ernteopfer** abpielten. Die ganze auf einer Nord-Süd-Achse gelegene Anlage ist voller Symbole, so spiegelt z.B. schon allein die ursprüngliche äußere Form die angestrebte Symbiose aus Himmel und Erde wider: Ein Quadrat im Süden versinnbildlicht die Erde, der im Norden aufgesetzte Halbkreis den Himmel.

Der Himmelstempel stellt Pekings größte Tempelanlage dar

Von Süden her durch das **Zhaosheng-Tor** (1) kommend, gelangt man nach Durchschreiten eines weiteren **Ehrentores** (2) zum **Himmelsaltar** (*Huanqiu Tan*) (3), dem ersten wichtigen Bauwerk des Tempels. Erstmalig 1530 aus blauen Steinen erbaut, ließ ihn Kaiser *Qianlong* 1749 unter Verwendung weißer Steine erheblich vergrößern. Anlässlich der alljährlichen Opferzeremo-

Im Himmelstempel trifft sich Jung und Alt

nien wurden auf dem Altar ein kleiner Tisch und einige Zelte aufgebaut. Nachdem der Kaiser Tiere und Wein geopfert und seine zuvor im *Kaiserpalast* auf Papierrollen aufgeschriebenen Gebete und Reden gen Himmel gesandt hatte, wurden letztere in den südlich vom Altar stehenden Öfen verbrannt, in der Hoffnung, der Himmel werde sie erhören. Zweimal kam der Kaiser im Jahr hierher, zum einen zur Wintersonnenwende, wenn das männliche Element (*Yang*), d.h. das Licht, wieder die Oberhand über das weibliche, d.h. das Dunkel, gewann, die Tage wieder länger wurden, zum anderen im vierten Mondmonat, in dem er den Himmel um Regen und eine gute Ernte bat.

Hier am **Himmelsaltar** wird das Bemühen um die Findung eines Ausgleichs der beiden Elemente Yin und Yang in nahezu jedem Detail offensichtlich. So umfasst eine runde Begrenzungsmauer den inneren Altarbezirk, Ausdruck des Elements Yang und gleichzeitig Symbol des Himmels, als äußere Begrenzung hingegen dient eine quadratische Mauer, in der das Element Yin zum Tragen kommt und die Erde versinnbildlicht. In der Verschmelzung und Harmonisierung beider, so die altchinesische Vorstellung, ruht das – positive – Schicksal der Menschheit, aber auch jedes einzelnen. Der Altar selbst wiederum ist rund

Ausgleich der polaren Kräfte

Schmuckelement an der Umfassungsmauer des Himmelsaltars

und liegt bewusst im Süden der Stadt, da der Süden ebenso zu Yang zählt wie die ungeraden Zahlen, deren höchster, der „9", größte Bedeutung zukommt, schließlich ist sie die kaiserliche Zahl. So misst die oberste der drei Plattformen (Symbol des Himmels) neun Zhang (etwa 27 m), die mittlere (Symbol der Menschlichen Welt) drei mal fünf Zhang und die unterste (Symbol der Erde) drei mal sieben Zhang. Im Zentrum der obersten Plattform liegt eine kreisrunde Platte, einst einer der heiligsten Plätze, quasi der Mittelpunkt des Reiches. Wer auf dieser Platte stehend spricht, hört seine Stimme verstärkt, alle anderen hören sie lediglich in der gesprochenen Lautstärke. Ursachen für diesen Effekt sind der von den Balustraden zurückgeworfene Schall und ein als Resonanzkörper dienender Hohlraum unter der Steinplatte. Diese umschließen im ersten Ring neun Platten, jeder weitere Ring zählt sodann neun weitere, bis auf der obersten Ebene insgesamt 81 (9 x 9) erreicht sind, eine überaus günstige Zahl. Dieses Prinzip setzt sich auf den beiden anderen Plattformen beginnend mit 9 x 10 Platten fort, sodass auf der zweiten schließlich 162 (2 x 9 x 9) und auf der dritten 243 (3 x 9 x 9) zu zählen sind. Aber auch die Säulen der Balustraden folgen diesem Neunerrhythmus, oben beginnend mit 36 (9 x 4), gefolgt von 72 und 108 Säulen, eine auch im Buddhismus als glückbringend angesehene Zahl. Zudem führen jeweils neunstufige Treppen zu den einzelnen Plattformen hinauf.

Neunerrhythmus

Verlässt man den Altar auf der Nordseite, so gelangt man durch zwei Ehrentore zum zweiten wichtigen Baukomplex, der 1530 erbauten **Halle des Himmelsgewölbes** (*Huangqiong Yu*) (**4**), der von einer kreisrunden Mauer umgeben wird, der so genannten **Echomauer** (*Huiyin Bi*) (**5**), durch die man von Süden her in einen kleinen Innenhof tritt, in dem sich drei Gebäude befinden.

Aufbewahrungsort der Ahnentafeln

Dem Eintretenden direkt gegenüber steht auf einer einstufigen Terrasse das wichtigste Gebäude, eben besagte runde **Halle des Himmelsgewölbes**, die wie eine Miniaturisierung der **Halle der Ernteopfer** wirkt, allerdings nur mit einem einstufigen Dach ausgestattet ist. In ihr wurden die bei den Zeremonien auf dem Himmelsaltar benötigten Ahnentafeln aufbewahrt. Das einst grüne Dach wurde während der Erweiterungsarbeiten zu Zeiten *Qianlongs* als Hinweis auf den Himmel ebenso blau eingedeckt wie die restlichen Dächer der Tempelanlage. Über die reich verzierte **Marmorplatte** gelangte der Kaiser zu der Halle hinauf, in der heute diverse Ritualgegenstände ausgestellt sind. Ähnliche Gegenstände sind auch in den beiden Nebenhallen links und rechts zu besichtigen.

Wer das Glück hat, die Anlage einmal menschenleer anzutreffen, kann sich entlang der **Echo-**

Die Halle des Himmelsgewölbes mit Echomauer

mauer (65 m im Durchmesser) Flüsterparolen zutuscheln. Dank deren akustischer Qualität kann man – das Ohr an die Mauer gelegt – leise gesprochene Worte am anderen Ende des Rund deutlich vernehmen. Ein weiteres akustisches Phänomen sind die drei **Echosteine** (*Sanyin Shi*) vor dem Aufgang zur runden Zentralhalle: Auf der dem Aufgang am nächsten liegenden Platte hört man beim Klatschen ein einfaches Echo, auf der zweiten ein zweifaches und auf der dritten ein dreifaches (jedoch nur bei absoluter Stille), was durch den unterschiedlichen Abstand zur Umfassungsmauer zu erklären ist.

Nach Verlassen dieses Komplexes kann man entweder um diesen herumgehen und sich auf dem **Ehrenweg** (*Danbi Qiao*) (**6**) nordwärts halten, wobei man an seinem südwestlichen Ende auf den ältesten Baum des Parks trifft, eine rund 700 Jahre alte Zypresse, die auch **Neun-Drachen-Zypresse** genannt wird. Dieser erhöht gebaute Weg verbindet die wichtigsten Gebäude der Anlage miteinander, doch lässt er eines seitlich liegen, und zwar den **Palast des Fastens** *Bäume für* (*Zhai Gong*) (**7**), den man erreicht, wenn man sich von der **Halle des Him-** *Fantasie-* **melsgewölbes** zunächst westwärts, sodann nordwärts und schließlich noch *begabte* einmal nach Westen hält.

Der **Palast des Fastens** ist von einem – einst mit Wasser gefüllten – Graben umgeben und weist in seinem Inneren noch einen weiteren U-förmigen Graben auf. In der zentralen Haupthalle beriet sich der Kaiser mit den für die Rituale Verantwortlichen. Zurück auf dem Ehrenweg, gelangt man als nächstes zu **einer kleinen Ausbuchtung** (**8**) östlich des Weges, auf der anlässlich der Zeremonien für den Kaiser ein Umkleidezelt aufgebaut wurde. Von hier aus legten die Kaiser während der Ming-Dynastie den restlichen Weg bis zum **Tor des Ernteopfers** (*Qinian Men*) (**9**) barfuss zurück. Beim Durchschreiten des Tores gelangt man in einen rechteckigen Hof, der wiederum als Symbol der Erde zu verstehen ist. Als erstes Ziel bei den Zeremonialhandlungen begab sich der

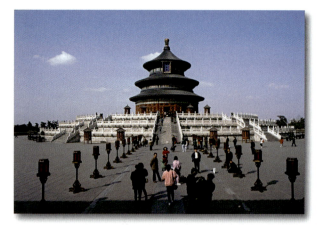

Die Halle der Ernteopfer

Kaiser zu der in der Mitte des Gevierts auf einer dreistufigen Terrasse erhebenden **Halle der Ernteopfer** (*Qinian Dian*) (**10**), deren Rundform wiederum den Himmel versinnbildlicht. Sie entstand 1420, wurde 1751 restauriert und fiel 1889 einem durch Blitzschlag ausgelösten Feuer zum Opfer, wurde aber bereits im folgenden Jahr originalgetreu wiedereröffnet. Es gibt kaum ein anderes Baudenkmal, das eine derartige **Perfektion in den Dimensionen** aufzuweisen hat.

Harmonie in Vollendung

Fast magisch zieht es den Besucher zu diesem architektonischen Meisterwerk, das auf drei kreisrunden Terrassen gleichsam schwerelos und doch erdverbunden zu schweben scheint, und zu dem man über insgesamt acht Treppenaufgänge empor gelangt. **Reich dekorierte Marmorplatten** kennzeichnen den Weg, den der Kaiser im Süden zu der Halle empor schritt. Während der unterste Teil – wie auch die Balustradensäulen – **Wolkenmotive** aufweist, sieht man im mittleren Teil **zwei Phönixe** (Symbol der Kaiserin) und im oberen **zwei** auf den Kaiser verweisende **Drachen**. Unter jeder Säule der Balustrade befindet sich – wie im *Kaiserpalast* – ein Drachenkopf als Wasserableitung.

Was den Betrachter beim ersten Anblick in Bann zieht, ist das blau gedeckte dreistufige Dach, das den Bezug zum Himmel überdeutlich herstellt. **50.000 blaue Glasurdachziegel**, gekrönt von einer überdimensionalen goldenen Perle, decken seit Kaiser *Qianlong* die Halle, ursprünglich jedoch war nur ihr oberstes Dach blau eingedeckt, das mittlere hingegen gelb und das unterste grün (Sinnbild für die Erde und die einfachen Menschen).

Welch imposantes Bauwerk diese **38 m hohe Halle** ist, offenbart sich dem Besucher erst so recht beim Betreten. 30 m misst sie im Durchmesser, und doch wurde für ihren Bau kein einziger Eisennagel oder Zement verwendet. Das ausgeklügelte Konstruktionssystem, das vollständig aus Holz gefertigt ist, strebt in einer geradezu atemberaubenden Dachkonstruktion gen Himmel.

Vier mächtige, meterdicke **Säulen** („Säulen des Drachenbrunnens" = *Longjing Zhu*) aus je einem einzigen Baumstamm **tragen das oberste Dach** und repräsentieren gleichzeitig die vier Jahreszeiten. Die darum herum freistehenden zwölf Säulen stützen das mittlere Dach und symbolisieren die zwölf Monate, wohingegen die zwölf in die Außenmauer integrierten Stützsäulen nicht nur das unterste Dach tragen, sondern auch für die zwölf zweistündigen altchinesischen Zeiteinheiten stehen, die ihrerseits mit je einem Tier des Tierkreiszyklus verbunden sind. Die mächtigen Baumstämme für die insgesamt 28 Säulen – sie verweisen wiederum auf die 28 Tage des Mondmonats –, die man nach dem Brand von 1889 benötigte, importierte man aus den USA. Die Wände der Halle bestehen aus hölzernen Gittertüren. Die überaus fein ausgemalte Dachkonstruktion ziert in der Spitze ein geschnitzter Drache. Am Boden sieht man im Zentrum den **Drachen**- und **Phönixstein** (**Longfeng Shi**), der zum einen Kaiser und Kaiserin, zum anderen Himmel und Erde symbolisiert.

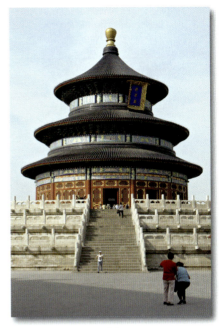

Majestätisches Wahrzeichen Pekings – die Halle des Erhabenen Himmels

Hier opferte der Kaiser am 15. Tag des 1. Mondmonats mit der Bitte um eine gute Ernte. Anlässlich dieser Zeremonie wurden die Ahnentafeln des Herrschers und die Geistertafeln des Himmels in der Halle aufgestellt, zudem wurden Weihrauch, Wein, Jade, Seide und Tieropfer dargebracht, wobei der Kaiser zu den Klängen des Orchesters den obligatorischen Kotau (drei tiefe Verbeugungen und neunfaches Niederwerfen) vor den Täfelchen ausführte. Diese Täfelchen wurden zusammen mit den Ritualgefäßen und anderen Zeremonialgegenständen in den beiden östlichen und westlichen Seitenhallen aufbewahrt; einige Kopien sind heute neben diversen Musikinstrumenten in der östlichen Halle zu sehen, in der westlichen hingegen ist ein Laden untergebracht.

Schicksalsschweres Ritual

Nördlich der Halle der Ernteopfer wurden in der **Halle des Erhabenen Himmels** (**11**) die Ahnentafeln des mythischen Kaisers *Shangdi*, der gleichzeitig als höchstes Wesen angesehen wurde, aufbewahrt. Heute kann man darin zahlreiche während der Zeremonien benutzte Gegenstände besichtigen.

Östlich dieses Komplexes gelangt man durch einen langen überdachten **Wandelgang zu den Geweihten Ställen und Küchen** (**12**), in denen die Opfertiere geschlachtet und für die Zeremonien zubereitet wurden. Folgt man dem Weg weiter ostwärts durch die Parkanlage, so kommt man schließlich zu dem Busparkplatz, auf dem die Tourbusse warten.

Pekinger Naturkundemuseum (5)
Beijing Ziran Bowuguan
126 Tianqiao Nandajie, Chongwen District

> **Information**
>
> ☏ 67024431, www.bmnh.org.cn
> **Öffnungszeiten** Di-So 8.30-17 Uhr (Tickets bis 16 Uhr)
> **Eintritt** RMB 30, Kinder die Hälfte
> **Anreise** Bus 2, 6, 15, 17, 25, 35, 54, 102, 105, 110 und 120

Hier wird die Entwicklungsgeschichte von Tier und Mensch nachgezeichnet, wobei besonders die Dinosaurierabteilung einen Besuch lohnt.

Altar des Ackerbaugottes (6)
Xiannongtan
21 Dongjing Lu, Xuanwu District

> **Information**
>
> **Öffnungszeiten** täglich 9-16 Uhr
> **Eintritt** frei
> **Anreise** Bus 15, 20, 59 und 106

Bei diesem Altar, der *Shennong*, dem legendären Kaiser und „ersten Bauern" Chinas, gewidmet war, zog der Kaiser einst im Frühjahr in einer großen Zeremonie die erste Furche mit dem Pflug und eröffnete so die Ackerbausaison. Der aus Backsteinen erbaute, 15 m im Quadrat messende **Altar** stammt aus der Mitte des 16. Jahrhunderts und erinnert ein wenig an einen überdimensionalen Kang, ist allerdings nur 1,5 m hoch. Nördlich davon liegt die **Haupthalle**, in deren fünf Räumen die geweihten Zeremonialtafeln aufbewahrt wurden.

Außerdem kann man noch drei weitere Gebäude auf dem Gelände sehen: den **Palast des Fastens** (*Qingcheng Gong*), die **Plattform zur Beobachtung der Feldbestellung** (*Guangeng Tai*) und den **Göttlichen Vorratsspeicher** (*Taishui Dian*).

An der Stelle des ehemaligen Xiannong-Altars befindet sich heute das **Pekinger Museum für alte Architektur** (☏ 63045608, täglich 9-16 Uhr, Eintritt RMB 15), das erste Museum Pekings, das sich mit der Erforschung und Präsentation alter Architektur beschäftigt und u.a. ein Modell des alten Peking präsentiert.

Park des Pavillons des Frohsinns (7)
Taoranting Gongyuan
19 Taiping Jie, Xuanwu District

> **Information**
>
> ☎ 63535704
> **Öffnungszeiten** *täglich 7-20 Uhr*
> **Eintritt** *RMB 2*
> **Anreise** *Bus 20, 40, 59, 102, 106, 122 und 819*

Diesen alten, romantischen Park besucht kaum ein Ausländer, dabei befindet man sich hier auf altem Siedlungsgebiet, wie Ausgrabungen im Jahre 1952 ergaben. Bereits im dritten vorchristlichen Jahrhundert war diese Gegend besiedelt, Aufzeichnungen aus der Liao- und Jin-Dynastie berichten von einem Park in diesem Gebiet. Die Yuan ließen hier das Kloster **Cibei An** (Kloster der Güte und des Mitleids) errichten, 1695 entstand direkt daneben ein Pavillon, der in Anlehnung an ein Gedicht, das der Tang-Dichter *Bai Juyi* über diesen Ort verfasst hatte, **Taoranting** benannt wurde. Blieben alle anderen Parks der Stadt der kaiserlichen Familie vorbehalten, so stand dieser Park von Anbeginn an der Öffentlichkeit offen, wodurch er insbesondere während der Qing-Dynastie zu einem **beliebten Treffpunkt für Dichter und Literaten** wurde. In der Folgezeit verkam der Park allmählich und wurde erst 1952 von Grund auf neu gestaltet, sieben kleine Hügel wurden angelegt, die Seen gesäubert und mehrere Pavillons errichtet, was ihn heute zu einem Paradies für Spaziergänger macht.

Beim Spaziergang

Taoranting und **Kloster** befinden sich zwischen den beiden Seearmen, wobei im Innenhof des letzteren zwei buddhistische Säulen aus den Jahren 1099 und 1131 zu sehen sind, zudem eine **Guanyin-Säule** aus dem Jahre 1663. Die beiden **Pavillons** südwestlich des **Klosters** stammen aus der *Qianlong*-Zeit und wurden 1954 vom *Nanhai* (Süd-See) hierher gebracht. Die beiden **Ehrenbögen** aus bemaltem Holz versetzte man aus der Chang'an Jie, wo sie den Verkehr behinderten, an ihre jetzigen Standorte.

The Traditional Opera Museum of Beijing (8)
Huguang Huiguan
3 Hufang Lu, Xuanwu District

> **Information**
>
> ☏ 63518284 und 63510019
> **Öffnungszeiten** *täglich 9-16.30 Uhr (Vorführung täglich 19-20.45 Uhr)*
> **Eintritt** *RMB 10, Kinder die Hälfte*
> **Anreise** *Bus 6, 7, 14, 15, 23, 34, 50, 53, 66, 102, 105 und 201*

Anhand von Literatur, Fotos, Videos und Kostümen, darunter solchen von *Mei Lanfang*, der hier oft auftrat, erhält man einen Überblick über die Geschichte der Peking-Oper, der man am Abend dann live beiwohnen kann.

Songtangzhai Folk Carving Museum (9)
14 Liulichang Dongjie, Xuanwu District

> **Information**
>
> ☏ 83164662
> **Öffnungszeiten** *Di-So 9-18 Uhr*
> **Eintritt** *RMB 20, Kinder die Hälfte*
> **Anreise** *Bus 7, 14, 15, 25 und 44 sowie U-Bahn, Station Hepingmen*

Zwei Stockwerke voller alter Türen, Möbel sowie verschiedene Holz- und Steinschnitzarbeiten aus ganz China.

Tempel der Quelle der Buddhistischen Lehre (10)
Fayuan Si
Jiaozi Hutong, 7 Fayuansi Qianjie, Xuanwu District

> **Information**
>
> ☏ 63533966
> **Öffnungszeiten** *täglich 8-16 Uhr*
> **Eintritt** *RMB 5*
> **Anreise** *Bus 23 und 105*

Die Anfänge des ältesten erhaltenen buddhistischen Tempels im Innenstadtgebiet gehen bis auf das Jahr 654 zurück, als auf Befehl des Kaisers *Li Shimen* mit dem Bau des Tempels *Minzhong Si* (Tempel der Trauer für die Getreuen) begonnen wurde, dessen Fertigstellung 696 erfolgte. Diese Anlage war den Gefallenen eines gescheiterten Korea-

Vairocana auf den vier Buddhas der Himmelsrichtungen

Feldzuges gewidmet und wurde mehrmals durch Kriegseinwirkungen und Erdbeben zerstört, jedoch immer wieder aufgebaut und schließlich unter den Ming in den Jahren 1443 und 1608 zur heutigen Größe von 6.400 m² ausgebaut.

Während der Yuan-Zeit wurde der Tempel zu einer Stätte der Gelehrsamkeit, in der man auch die kaiserlichen Beamtenprüfungen abnahm. Seinen heutigen Namen erhielt er 1734, seit 1956 ist er – mit Unterbrechungen – Sitz einer von der „Chinesischen Buddhistischen Gesellschaft" eingerichteten Akademie, die sich der Erforschung der Lehre *Gautama Buddhas* widmet und gläubige Studenten aus dem ganzen Land aufnimmt und in einem vier- bis fünfjährigen Studium für andere chinesische Klöster ausbildet. Schwerer Schaden wurde dem Tempel während der Kulturrevolution zugefügt, als er geschlossen wurde und viele der kostbaren Statuen und Kultobjekte verschleppt wurden. 1977 begannen die Restaurierungsarbeiten, ein Jahr später nahm man die religiösen Aktivitäten wieder auf.

Ältester buddhistischer Tempel

Durch das **Bergtor** (*Shan Men*), vor dem zwei Steinlöwen wachen, tritt man in den von **Glocken- und Trommelturm geprägten Eingangshof**, der von der **Halle der Himmelskönige** (*Tianwang Dian*) abgeschlossen wird. In ihr trifft man auf vier bronzene, vermutlich aus der Ming-Dynastie stammende Himmelswächter, eine Statue des dickbäuchigen *Milefos* (= *Maitreya*) und eine ebensolche *Weituos* aus der Ming-Dynastie.

Erstanden aus den Trümmern

Am Ende des zweiten Hofes, in dem mehrere Stelen mit Inschriften von berühmten Kalligrafen und Kaisern stehen, folgt die Haupthalle des Tempels, die **Mahavira-Halle** (*Daxiongbao Dian*), in der 18 vergoldete Luohan und die drei Ming-zeitlichen Bronzebuddhas der Weltzeitalter den Besucher empfangen. Diese sind links *Maitreya* (Buddha der Zukunft), in der Mitte *Sakyamuni* (Buddha der Gegenwart) und rechts *Kasyapa* (Buddha der Vergangenheit).

Vorbei an einem kleinen Saal mit Steintafeln gelangt man im dritten Hof zur **Vairocana-Halle** (*Pilufo Dian*), in der früher der Mönch *Xuanzang* (602-664) verehrt wurde, dessen Pilgerfahrt nach Indien zu den bedeutendsten chinesischer Buddhisten zählt. Benannt ist die Halle nach der 4,58 m hohen *Vairocana*-Figur aus der Ming-Zeit, die auf einem runden, kugelförmigen Sockel inmitten der vier Buddhas der Himmelsrichtungen steht.

Eine weitere Kostbarkeit des Tempels befindet sich in der letzten Halle, der **Dabianjue Tang**, nämlich eine aus der Östlichen Han-Zeit stammende Keramikstatue. Außerdem zu sehen sind hier noch ein Schlafender Buddha und weitere hervorragende buddhistische Plastiken, so z.B. ein tausendarmiger *Guanyin*-Bodhisattva. Die angeschlossene **Bibliothek** ist im Besitz von weit über 100.000 wertvollen Büchern.

Niujie-Moschee (11)
Niujie Libai Si
88 Niu Jie, Xuanwu District

Information

☏ 63532564
Öffnungszeiten *täglich 5.10-20 Uhr*
Eintritt *RMB 10. Das Betreten in kurzen Hosen sowie ärmellosen Hemden oder Blusen ist verboten.*
Anreise *Bus 6, 10, 14, 38, 50, 53, 61 und 109*

Haupt-moschee Es ist dies die größte und älteste der rund 50 Moscheen Pekings und somit religiöses Zentrum der etwa 250.000 in der Hauptstadt lebenden Hui (Minorität der chinesischen Muslims). Sie liegt inmitten des größten muslimischen Viertels der Stadt, das „Rinderstraße" heißt.

Die Moschee gleicht vor allem aufgrund ihrer Dachkonstruktionen eher einem chinesischen Tempel denn einer Moschee, und tatsächlich entstand sie 996 im Stil buddhistischer Tempel, nachdem der Islam während der Tang-Dynastie Eingang in China gefunden hatte. Die reichen arabischen und islamischen Dekorationen machen einem die Funktion des Gebäudes jedoch klar.

Eine vollständige Renovierung erfuhr die 1442 erweiterte Moschee unter Kaiser *Kangxi* gegen Ende des 17. Jahrhunderts. Sie war auch in gewisser Weise Wiedergutmachung für den gegen die Hui laut gewordenen Vorwurf, sie würden zu Beginn des Fastenmonats eine Rebellion anzetteln. An dieses Ereignis erinnert auch noch eine Steintafel in der Moschee, auf der zu lesen ist: *„Teilt den Landesprovinzen mit, dass der Gouverneur jeden, der Falschmeldungen über die Muslims verbreitet, hinrichten und mir dann Bericht erstatten soll. Alle Hui sollen den Islam befolgen und dürfen nicht gegen meinen Befehl verstoßen."*

Das erste Gebäude, das einem beim Betreten der Moschee auffällt, ist der sechseckige **Turm zum Betrachten des Mondes** (*Wangyue Lou*), den der Imam alljährlich während des Ramadan besteigt, um den Mond zu beobachten und so die Dauer der Fastenzeit festzulegen.

Niujie-Moschee

Gleich hinter dem Turm liegt die **Hauptgebetshalle**, die die Gläubigen nach der vorgeschriebenen rituellen Waschung zum Gebet aufsuchen. An der Stirnseite der schmucklosen, aus drei Abteilungen (aus der Song-, Ming- und Qing-Zeit) bestehenden Halle befinden sich Minbar (Gebetskanzel) und Mihrab (Gebetsnische), im hinteren Teil, abgetrennt durch Tücher, die Gebetsecke für die Frauen.

Weiter östlich, hinter der **Gebetshalle**, stößt man neben weiteren, kleineren Gebäuden und dem **Stelen-Pavillon** (*Bei Ting*), in dem Steintafeln mit chinesischen und arabischen Inschriften aufbewahrt werden, auf das 1474 erbaute **Minarett** (*Bangge Lou*), von dem aus die Gläubigen zum Gebet gerufen werden. In dem sich anschließenden **Hofgarten** findet man sodann den Grabstein des Moscheegründers – vermutlich ein arabischer Priester –, den die Gläubigen während der Kulturrevolution an der Mauer vergraben hatten, außerdem noch die Gräber zweier muslimischer Missionare aus der Yuan-Zeit.

Mehr Tempel als Moschee

Park der Augenweide (12)
Daguan Yuan
Nancaiyuan Jie Xuanwu District

Information

☏ 63544994
Öffnungszeiten täglich 8.30-17 Uhr
Eintritt RMB 20
Anreise Bus 19, 56, 59, 112, 351 und 423

Bei diesem erst 1986 eröffneten, **dreizehn Hektar großen Park** handelt es sich um die einer literarischen Vorlage nachempfundene Filmkulisse, die für eine mehrteilige Fernsehbearbeitung des Romans „Der Traum der Roten Kammer" benötigt wurde. Auf diese Weise wurde ein Stück klassischer chinesischer Literatur Wirklichkeit. Der Name rührt von einem Gedicht her, das eine der Heldinnen des Romans namens *Yuanchun*, eine kaiserliche Konkubine, verfasste.

Einer der schönsten Hauptstadtparks: Daguan Yuan

Um einen See gruppieren sich vornehme, im Qing-Stil gehaltene Pavillons, farbenprächtige Wandelgänge, Zickzackbrücken, Stege und ein Tempel.

Ein reizender **Wasserpavillon** weist ebenso auf die verschiedenen Romanepisoden hin wie der nordwestlich des Eingangs gelegene **Hof des Roten Glücks**, das **Studio der Herbstfrische**, die **Bambusklause** und andere Lokalitäten. In der ganzen Gartenanlage spiegelt sich die hohe Fertigkeit chinesischer Gartenbaukunst und Architektur wider.

In den verschiedenen **Hallen** werden insgesamt rund 10.000 Kunstgegenstände, teils Originale, teils Repliken, präsentiert.

> **Tipp**
>
> Man sollte versuchen, am Samstagnachmittag hierher zu kommen, denn dann stellen Laienschauspieler – außer in den Wintermonaten – in einem farbenprächtigen Schauspiel Szenen aus der Romanvorlage nach.

Museum of Ancient Pottery Civilization (13)
Gutao Wenming Bowuguan
12 Nancaiyuan Xijie, Xuanwu District

> **Information**
>
> ☎ 63538811
> **Öffnungszeiten** *Di-So 10-17 Uhr*
> **Eintritt** *RMB 20, Kinder die Hälfte*
> **Anreise** *Bus 3, 10, 19, 59, 122, 410, 603, 626, 716 und 937*

Ausgestellt sind Stücke aus der Frühphase der chinesischen Töpferei.

Beijing Liao and Jin City Wall Museum (14)
40 Yulin Community, You'anmenwai Jie, Fengtai District

| i | **Information** |

☏ 63054992
Öffnungszeiten Di-So 9-16 Uhr
Eintritt RMB 10
Anreise Bus 3, 19, 49, 59, 122, 361, 716, 717, 744 und 800

Auf den Überresten eines Wassertores der Jin-Hauptstadt erbaut, wird hier neben dem alten Abwasserkanal auch die Stadtentwicklung aufgezeigt.

Tempel für den Ausgleich des Landes (15)

Baoguo Si
Baoguosi Qianjie, Guang'anmennei Dajie, Xuanwu District

| i | **Information** |

☏ 63173169
Öffnungszeiten täglich 7-16.30 Uhr
Eintritt frei
Anreise Bus 10, 38 und 40

1103 unter den Liao gegründet und während der Ming-Ära 1466 neu erbaut, war dieser Tempel für seinen hohen Pavillon, seine ungewöhnliche *Guanyin*-Darstellung, seine alten Pinien und seinen Holzapfel-Garten bekannt.

Nach der Kulturrevolution schmolz man in der Anlage Altmetall ein; die erhalten gebliebenen Hallen und ein Ehrenbogen wurden zwischenzeitlich renoviert. In dem wenig bekannten Tempel findet täglich ein Antiquitätenmarkt statt.

Antiquitätenmarkt im Baoguo Si

Im Westen bis zur Dritten Ringstraße

▬▬ **Kulturpalast der nationalen Minderheiten (1)**
Minzu Wenhuagong
49 Fuxingmennei Dajie, Xicheng District

> **Information**
>
> ☏ 66024433
> **Öffnungszeiten** *Mo-Sa 8.30-16.30 Uhr*
> **Eintritt** *frei*
> **Anreise** *Bus 1, 10, 15, 22, 37, 57, 102, 105 und 109 sowie U-Bahn, Station Xidan*

Volkskundliche Ausstellungen mit über 40.000 Exponaten über die 55 nationalen Minderheiten Chinas.

▬▬ **China Currency Museum (2)**
People's Bank of China, 32 Chengfang Jie, Xicheng District

> **Information**
>
> ☏ 66081385
> **Öffnungszeiten** *Di-So 9-16 Uhr*
> **Eintritt** *RMB 20, Kinder die Hälfte*
> **Anreise** *Bus 4, 5, 7, 38 und 52 sowie U-Bahn, Station Fuxingmen*

1	Kulturpalast der Nationalen Minderheiten
2	China Currency Museum
3	National Arts and Crafts Museum
4	Chinesisches Geologisches Museum
5	Tempel der Allumfassenden Erlösung
6	Tempel der Kaiser der Vergangenheit
7	Tempel der Weißen Dagoba
8	Ehemaliger Wohnsitz von Lu Xun
9	Pagode des Himmlischen Friedens
10	Tempel der Weißen Wolke
11	Capital Museum
12	Mondaltar-Park
13	Chinesisches Militärmuseum
14	Millennium-Monument
15	Yuyuantan-Park
16	CCTV Tower
17	Jesuitenfriedhof
18	Beijing Planetarium
19	China Palaeozoological Hall
20	Great View Tower
21	Zoologischer Garten
22	Park des Purpurbambus-Tempels
23	Beijinger Kunstmuseum
24	Museum for Nationalities
25	Tempel der Fünf Pagoden

Gezeigt werden sowohl einheimische als auch ausländische Zahlungsmittel verschiedenster Art, historische ebenso wie aktuelle, insgesamt etwa 300.000 Exponate.

3. Peking sehen und erleben/Im Westen bis zur Dritten Ringstraße

National Arts and Crafts Museum (3)
5/F, Parkson Department Store, 101
Fuxingmennei Dajie, Xicheng District

Information

☏ 66053476
Öffnungszeiten Di-So 9.30-16 Uhr
Eintritt RMB 15
Anreise Bus 1, 4, 15 und 44 sowie U-Bahn, Station Fuxingmen

Die Schatzkammer zeigt 500 erlesene Stücke kunsthandwerklichen Schaffens aus dem Reich der Mitte.

Chinesisches Geologisches Museum (4)
Zhongguo Dizhi Bowuguan
15 Yangrou Hutong, Xisi Nandajie, Xicheng District

Information

☏ 66557858, www.gmc.org.cn
Öffnungszeiten Di-So 9-16.30 Uhr
Eintritt RMB 30
Anreise Bus 22, 38, 101, 102, 103, 603, 806, 808 und 850

Darstellungen der Erdgeschichte und Bodenschätze anhand von mehr als 200.000 Mineralien und Fossilien.

Tempel der Allumfassenden Erlösung (5)
Guangji Si
Fuchengmennei Dajie (gegenüber dem Geologischen Museum), Xicheng District

Information

☏ 66160907
Öffnungszeiten täglich 8-16.30 Uhr
Eintritt frei
Anreise Bus 13, 19, 22, 38, 42, 101, 103, 109, 202 und 204

Redaktionstipps

Sehenswürdigkeiten: Wer sich für G‍schichte und Kunst der Stadt interessie‍ kommt am **Capital Museum** nicht vo‍ bei, an Flora und Fauna der Meere int‍ressierte sollten hingegen das **Aquariu‍ im Zoologischen Garten** besuchen oder dessen Pandas. Ein architekton‍sches Schmuckstück stellt indes d‍ **Tempel der Fünf Pagoden** dar, wohi‍ gegen man im neuen **Planetarium** ein‍ Blick in das Universum wagen kan‍ Einen fantastischen Überblick über d‍ Stadt verschafft die Aussichtsplattfor‍ des **CCTV Tower**.

Einkaufen: Wer das Gewühle nicht sche‍ schaut sich in der **Xidan Dajie** nach prei‍ günstigen Mitbringseln um.

Übernachten (ⓘ Hotelkarte S. 17‍ 177): Zu den besten Adressen der Sta‍ zählt **The Ritz-Carlton Beijing** (9‍ Financial Street, dem das **Presidenti‍ Plaza Beijing** (18) jedoch kaum nac‍ steht. Wer nicht ganz so viel Wert a‍ Luxus legt, dem stehen mit dem **Ma‍riott Beijing West** (17), **Holiday In‍ Downtown** (39) oder **Beijing Capit‍ Xindadu Hotel** (23) ansprechend‍ Alternativen zur Verfügung.

Der **erste Tempel** namens *Xiliucun Si* (Tempel des Dorfs der Westlichen Liu) entstand an dieser Stelle bereits während der **Jin-Dynastie** im 12. Jahrhundert. Erste größere architektonische Veränderungen wurden auf Geheiß des Ming-Kaisers *Tianshun* im Jahre 1457 vorgenommen und der Tempel in *Hongci Guangji Si* (Tempel der Großen Barmherzigkeit und der Allumfassenden Erlösung) umbenannt, im Volksmund kurz **Guangji Si** genannt. Weitere Umbau- und Ausbauarbeiten folgten in den Jahren 1584 und 1694, wodurch die Anlage während der Qing-Dynastie zu einem der bedeutendsten Tempelkomplexe geworden war, beherbergte sie doch mittlerweile neben einer drei Meter großen **Buddhastatue aus Sandelholz** auch eine bedeutende Sammlung buddhistischer Schriften. Dank jahrelanger behutsamer Wiederaufbauarbeiten konnten die Schäden, die ein Brand im Jahre 1932 verursachte und den größten Teil des Tempels vernichtete, beseitigt werden.

Tempel der Allumfassenden Erlösung

Bedeutende Tempelanlage

Die Anlage folgt in ihrem Aufbau der klassischen chinesischen Tempelarchitektur, der zufolge man im ersten der vier Innenhöfe auf **Glocken-** und **Trommelturm** stößt. Es folgen die **Maitreya-Halle** und die **Mahavira-Halle** (*Daxiong Bao Dian*), vor der Stelen aus der Ming- und Qing-Zeit aufgestellt sind. Im Inneren der Halle steht man **drei Buddhastatuen** und **18 Luohan** gegenüber, die allesamt **über 500 Jahre alt** sind. Die wichtigste Halle ist jedoch die dritte, die **Guanyin-Halle** (*Yuantong Dian*), in der sich neben einer Bronzestatue der *Göttin der Barmherzigkeit* aus der Yuan-Dynastie und einer lackierten Tara-Statue aus der Ming-Zeit noch eine tausendarmige, vergoldete *Guanyin*-Statue befindet. Im sich anschließenden **Sarira-Pavillon** hängt an der Westwand die älteste Bildrolle des Tempels aus der Song-Zeit mit dem Titel „Manjushri besucht den kranken Vimalakirti". Dahinter schließt die **Duo Bao-Halle** die Anlage ab.

Berühmt ist der Tempel wegen seiner **Bibliothek**, in der seltene handgeschriebene Sutras aus der Tang-Dynastie und rund 30.000 Abreibungen von Steininschriften aus dem *Yunju Si* aus dem Pekinger Vorstadtkreis Fangshan aufbewahrt werden, die buddhistische Mönche zwischen 615 und dem 16. Jahrhundert in insgesamt 15.122 Stelen eingemeißelt haben. Um dieses Dokument, das über die Verbreitung des Mahayana-Buddhismus aufklärt, der Nachwelt zu erhalten, wurden in den 1950er Jahren die Steinabreibungen angefertigt.

Einzigartige Sammlung von Steininschriften

Tempel der Kaiser der Vergangenheit (6)
Lidai Diwang Miao
Fuchengmennei Dajie, Xicheng District

> **Information**
>
> ☏ 66161141
> **Öffnungszeiten** täglich 9-16.30 Uhr
> **Eintritt** RMB 20, Kinder die Hälfte
> **Anreise** Bus 13, 101, 102 und 103

1530 von Kaiser *Jiajing* erbaut, weist die imperial ausgeführte Anlage für einen buddhistischen Tempel vergleichsweise wenig Grün auf. Die Herrscher der Ming- und Qing-Dynastie nutzten ihn zur Legitimierung ihrer Macht, indem sie ihren Vorgängern und wichtigen Personen der Vergangenheit mittels Opfergaben ihre Ehrerbietung erwiesen, um sich so als zivilisierte Herrscher zu präsentieren. In der Haupthalle findet man 188 Gedenktafeln für die ehemaligen Kaiser. Von 1925 an wurde die Anlage anderweitig genutzt, u.a. um eine Andachtszeremonie anlässlich des Todes von *Dr. Sun Yat-sen* abzuhalten, ab 1931 hingegen diente sie als Schule, und wurde erst im Jahre 2004 nach zehnjährigen Renovierungsarbeiten wieder als Tempelanlage eröffnet.

Tempel der Weißen Dagoba (7)
Bai Ta Si
171 Fuchengmennei Dajie, Xicheng District

> **Information**
>
> ☏ 66160211
> **Öffnungszeiten** täglich 9-17 Uhr
> **Eintritt** RMB 10
> **Anreise** Bus 13, 101, 102 und 103 sowie U-Bahn, Station Fuchengmen

Tibetische Vorbilder

Die zwischen Wohnhäusern eingeklemmte Tempelanlage wurde 1096 gegründet und unter *Kublai Khan* im Jahre 1271 nach Entwürfen des nepalesischen Architekten *Arniko* im tibetischen Stil restauriert, wobei ein Lamatempel vor der **Dagoba** errichtet wurde. Zwölf Jahre später fiel die Anlage einem Brand zum Opfer und wurde erst 1457 unter ihrem offiziellen Namen *Miaoying Si* (Kloster der Göttlichen Gerechtigkeit) wieder aufgebaut.

Seinen gebräuchlichen Namen verdankt der Tempel der 50,9 m hohen weißen **Dagoba** (die mit einer Spezialfarbe gestrichen wird), der größten ihrer Art in China, die von einem gravierten Kupferschirm bekrönt wird – die sich im Winde bewegenden Glöckchen sollen böse Geister vertreiben.

Weitere Restaurierungen erfolgten unter den Kaisern *Kangxi* und *Qianlong*. Aufgrund der Schäden, die das Erdbeben von 1976 der **Dagoba** zugefügt hatte, unterzog man 1978 das innere Holzgerüst einer Generalüberholung, bei der man in der Spitze 724 Rollen Tripitaka-Sutras, mehr als zwanzig Kultgegenstände, Kalligrafien Kaiser *Qianlongs*, Schmuck, Münzen verschiedener Dynastien sowie die Kappe und Kutte eines Mönchs fand. Derlei Gegenstände wurden gewöhnlich beim Bau oder der Restaurierung einer Dagoba zur Abwehr böser Geister mit eingemauert. Inschriften belegen, dass die gefundenen Gegenstände, die heute im Tempel ausgestellt sind, aus der Regierungszeit *Qianlongs* stammen.

Die Weiße Dagoba des gleichnamigen Tempels

Kostbarer Fund

In den Hallen werden u.a. die während der Restaurierungsarbeiten gemachten Funde gezeigt, wobei in der vierten Halle schließlich neben Skulpturen der drei Buddhas der Weltzeitalter und denjenigen zweier Buddha-Schüler noch diverse *Thangkas* zu sehen sind. **Beachtung** verdient auch die **kunstvolle Decke** in der zweiten Halle.

Ehemaliger Wohnsitz von Lu Xun (8)
Lu Xun Bowuguan
19 Fuchengmen Gongmen Ertiao, Xicheng District

> **Information**
>
> ☏ 66156548/9
> **Öffnungszeiten** Di-So 9-15.30 Uhr
> **Eintritt** RMB 5, Kinder RMB 3
> **Anreise** Bus 44, 102, 103, 387 und 719 sowie U-Bahn, Station Fuchengmen

Dieses Museum ist *Lu Xun* (1881-1936) gewidmet, dem bedeutendsten chinesischen **Schriftsteller** der **Moderne**, dem Wegbereiter der revolutionären Literatur in China. Das Museum gliedert sich in vier Abteilungen: Kindheit und Ausbildung mit den ersten Übersetzungen (1881-1909), Reisen und frühe Schriften (1909-1927), Aufenthalt in Shanghai (1927-1936) und Ausstrahlung und Rezeption des Werkes. Nebenan findet man das Wohnhaus (hier lebte er von 1924 bis 1926) und eine Bibliothek des Dichters.

Pagode des Himmlischen Friedens (9)
Tianning Sita
Guang'anmenwai Dajie, Xicheng District

Information

Öffnungszeiten *täglich 9-17 Uhr*
Eintritt *frei*
Anreise *Bus 6, 42, 46, 50 und 201*

Pagode des Himmlischen Friedens

Die **Pagode** gilt als **ältestes Bauwerk** innerhalb des Stadtgebietes, wobei zunächst in der Nördlichen Wei-Dynastie zwischen 471 und 476 ein Tempel und dann unter den Sui eine Pagode entstanden sein sollen, die heute zu sehende Pagode indes stammt aus der Liao-Dynastie (12. Jahrhundert) und wurde während der beiden letzten Dynastien nur leicht verändert.

Der dazugehörige Tempel ist mittlerweile verschwunden, sodass man lediglich die 57,8 m hohe, achteckige **Ziegelsteinpagode** besichtigen kann. Eine Art Reliefband von Nischen schmückt die mit Balustraden verzierte Plattform, ein Dekor, das am Baukörper selbst auch auftaucht. Die dreizehn Dächer sind alle an den Ecken mit Glöckchen bestückt.

Tempel der Weißen Wolke (10)
Baiyun Guan
6 Baiyun Lu, Fuxingmenwai Dajie,
Xicheng District

Information

☏ 63463531
Öffnungszeiten *täglich 8.30-16.30 Uhr*
Eintritt *RMB 10*
Anreise *Bus 19, 48, 114, 708 und 727*

Als der Tempel 793 auf Veranlassung von Kaiser *Xuanzong* (reg. 713-756) gegründet wurde, nannte man ihn *Tianchang Guan*. In ihm bewahrte man eine gleichzeitig geschaffene **Steinskulptur des** *Laozi* auf, die als einziges den Brand von 1202 überdauerte und heute im **Tempelmuseum** ausgestellt ist. Nach dem Wiederaufbau der Tempelanlage setzte sich hier 1224 der berühmte taoistische Meister *Qiu Chuji* auf Einladung *Kublai Khans* zur Ruhe. Er beauftragte seinen besten Schüler mit dem Ausbau, wodurch sich das taoistische Kloster zum größten und bedeutendsten der Stadt entwickelte. Der Gelehrte wurde nach seinem Tod von seinen Schülern im östlichen Teil des Tempels beerdigt, über seiner Grabstelle errichteten sie die **Qiuzu-Halle**. Der Mongolenherrscher veranlasste daraufhin die Umbenennung der Anlage in *Changchun-Palast*. In der Folgezeit entwickelte sich der Tempel zu einem Zentrum der taoistischen *Quanzhen*-Richtung, die 1167 von *Wang Chongyang* in der Provinz Shandong gegründet worden war. Im 15. Jahrhundert erhielt der Tempel seinen heutigen Namen.

Im Tempel der Weißen Wolke

Die taoistische Anlage ist ähnlich einer buddhistischen angelegt und erstreckt sich auf einer Nord-Süd-Achse, mit zwei parallel verlaufenden Seiten- und einem Mitteltrakt in ihrem Hauptteil, wobei die heutzutage zu sehenden Gebäude weitestgehend aus der Qing-Dynastie stammen.

Klassische Tempelanlage

Nach Durchschreiten eines prächtigen **Ehrentores** und des **Bergtores** (*Shan Men*) gelangt der Besucher zu einem **Teich** mit einer Brücke und in den ersten Hof mit der Halle **Lingguan Dian**, die eine Statue des Tempelwächters *Wangshan* enthält. Im nächsten Hof stehen links bzw. rechts **Glocken-** und **Trommelturm**, gefolgt von der **Halle des Jadekaisers** (*Yuhuang Dian*), in der die höchste taoistische Gottheit, der *Jadekaiser*, verehrt wird.

Vor der **Halle des Religiösen Gesetzes** (*Laolutang Dian*), steht ein **Bronzepferd**, das sich ursprünglich im ehemaligen *Dongyue Miao* (im Osten der Stadt) befand und erst 1961 hierher gebracht wurde. Die aus dem 13. Jahrhundert stammende **Halle des Vorfahren Qiu** (*Qiuzu Dian*) im nächsten Hof birgt neben der Statue des taoistischen Meisters *Qiu Chuji* – der unter seinem Standbild begraben ist – noch eine aus Baumwurzeln hergestellte Schale, die ein Geschenk *Qianlongs* an den Tempel war. In dem folgenden, zweistöckigen Gebäude ist im Untergeschoss die **Halle der Vier Himmelskaiser** (*Siyu Dian*), im Obergeschoss die **Halle der Drei Reinen** (*Sanqing Ge*), in der taoistische Schriften aufbewahrt werden, untergebracht.

Hinter diesem Gebäude erstreckt sich der **Tempelgarten** „Insel der Unsterblichen", zu dem man durch den westlichen Seitentrakt gelangt. Einer Oase gleich umfängt die Gartenanlage, in der sich auch die **Ordinationsterrasse**

Hinterer Tempelbezirk

Jietai befindet, den Besucher mit wohltuender Ruhe und Harmonie. In diesem westlichen Teil sind noch der **Palast des Heiligen Lu** (*Luzu Gong*), die **Halle der Acht Heiligen** (*Baxian Dian*) sowie die **Halle zur Verehrung der Mutter des Jin-Kaisers** (*Yuanchen Dian*) zu besichtigen. Neben alten, bronzenen Wächterfiguren stößt man hier auch auf 60 neu angefertigte Schutzgottheiten, die so genannten *Tai Suis*, von denen jede für ein Jahr des 60-jährigen taoistischen Kalenderzyklus steht.

Der Tempel ist heute Sitz der „Chinesischen Taoistischen Gesellschaft". Seit 1987 wird alljährlich vom ersten bis sechsten Tag des Frühlingsfestes ein großer, farbenfroher Tempelmarkt abgehalten.

Capital Museum (11)
Shoudu Bowuguan
16 Fuxingmenwai Dajie, Xicheng District

> **Information**
>
> ☏ *63370491/2, www.capitalmuseum.org.cn*
> **Öffnungszeiten** *Di-So 9-17 Uhr (Tickets bis 16 Uhr)*
> **Eintritt** *RMB 30, Kinder die Hälfte*
> **Anreise** *Bus 1, 4, 26, 37, 52, 319, 650, 708, 717, 727 und 937 sowie U-Bahn, Station Muxidi*

Blickfang des von *Cui Kai*, dem Vizepräsidenten des China Architectural Design Research Institute entworfenen blockartigen Baukörpers stellt der sechsstöckige Bronzezylinder dar, der diesen zu durchstoßen scheint. Mit diesem großzügig bemessenen und lichten **Neubau** kann Chinas Hauptstadt endlich eine würdige Stätte für die Präsentation ihrer rund 200.000 Stücke umfassenden Sammlung ihr Eigen nennen. Während im kubischen Baukörper die Exponate zur städtebaulichen Entwicklung Pekings zu sehen sind, birgt der Zylin-

Alles zur Geschichte der Stadt im Capital Museum

der u.a. erlesene Stücke aus den Bereichen Malerei, Kalligrafie, Porzellan, Jade und Bronze. Ein wenig an New Yorks Guggenheim Museum erinnert der sich um das Innere des Zylinders windende Aufgang. Leider hat man es bis dato versäumt, alle Ausstellungsstücke angemessen englisch zu beschriften, und auch die vielen Souvenirläden stören ein wenig, Kunstliebhaber sollten sich davon aber in keinerlei Weise abschrecken lassen. Ein Muss für jeden, der sich für die Historie der Stadt und ihre Kunst interessiert.

Mondaltar-Park (12)
Yuetan Gongyuan
Yuetan Beijie, Xicheng District

 Information

Öffnungszeiten *täglich 6.30-21.00 Uhr*
Eintritt *RMB 2*
Anreise *Bus 15 und 19*

Die Lage des Parks ist schon von der Ferne auszumachen, denn 1969 wurde in ihm ein Sendemast errichtet.

Bei Vollmond wurde der Altar früher bedeckt mit **Opfergaben** wie weißer Seide, weißer Jade und Perlen. Der Kaiser verbeugte sich daraufhin vor dem Mond, anschließend wurden vier Tiere geopfert: ein Schwein, ein Ochse, ein Schaf und ein Reh. Dazu wurden die Glocken eines nahe gelegenen Turms geschlagen. Zum Abschluss wechselte der Kaiser im Pavillon seine Kleider, während das Volk die Opfergaben unter sich aufteilte.

Chinesisches Militärmuseum (13)
Renmin Geming Junshi Bowuguan
9 Fuxing Lu, Haidian District

 Information

☏ *66817161*
Öffnungszeiten *täglich 8-17 Uhr*
Eintritt *RMB 20, Kinder die Hälfte (beim Eintritt muss man seinen Reisepass vorlegen)*
Anreise *Bus 1, 4, 21 und 337 sowie U-Bahn, Station Military Museum*

Das Kriegshandwerk feiert sich wieder einmal selbst. Neben chinesischem Militärgerät aus fünf Jahrtausenden zeigt man auch Beutegut aus dem Korea-Krieg oder Wrackteile der U2.

Millennium-Monument (14)
Zhonghua Shijitan
9A Fuxing Lu, Haidian District

> **Information**
>
> ☏ 68573281, www.bj2000.org.cn und www.worldartmuseum.cn
> **Öffnungszeiten** täglich, 1.4.-31.10. 8-18 Uhr, 1.11-31.3. 9-17.30 Uhr
> **Eintritt** RMB 30, Kinder RMB 20
> **Anreise** Bus 1, 4, 32, 57, 65, 320, 337, 414, 617, 728 und 827 sowie U-Bahn, Station Military Museum

Das unmittelbar westlich an das Militärmuseum angrenzende Millennium Monument besteht aus einem großen, sich rund 300 m in Nordsüdrichtung erstreckenden Freigelände und dem eigentlichen, sich am nördlichen Kopfende erhebenden, als Sonnenuhr dienenden, mehrgeschossigen Monument.

Nationale Unvergänglichkeit

Betritt man die Anlage am südlichen Ende, gelangt man zunächst auf die kreisrunde **Plaza of Holy Fire**, deren 960 Granitplatten das rund 9,6 Millionen Quadratkilometer umfassende Gesamtterritorium Chinas symbolisieren, wohingegen die im äußersten südlichen Teil zu findenden 300 fiberoptischen Bodenplattenelemente das Meer darstellen.

Die links und rechts die Plaza flankierenden Wasserkaskaden wiederum sind Sinnbilder für die beiden Mutterflüsse des Reiches, den **Chang Jiang** (*Yangtzekiang*) und den **Huang He** (*Gelber Fluss*). Das in der Mitte des Platzes lodernde „**heilige Feuer Chinas**" wurde an der Fundstätte des Peking-Menschen in Zhoukoudian entzündet.

Orientiert man sich sodann nordwärts, passiert man die Abertausenden schmalen, auf der Mittelachse ausgelegten Bronzeplatten, die Aufschluss über die wichtigsten historischen Ereignisse Chinas von 3.000 v. Chr. bis zum

Imposant: das Millennium-Monument

Jahr 2.000 n. Chr. geben, wobei die Jahrestafeln ab 1901 mit der Darstellung des jeweiligen Tierkreiszeichens versehen wurden. Am nördlichen Ende der Promenade gelangt man schließlich zum eigentlichen **Monument**, das sich rein äußerlich aus den beiden Komponenten Qian (Himmel) und Kun (Erde) zusammensetzt, 28 m hoch und 85 m im Durchmesser ist. Qian ist dargestellt durch die 47 m messende drehbare Betonplattform, deren Umlaufzeit zwischen 2,6 und 55 Stunden variiert. Aus ihr ragt im 45-Grad-Winkel die 27,6 m lange **Time and Space Needle** in den Himmel von Peking.

Die rings um Qian laufende Wand ist mit Reliefs verziert, die in abstrahierter Form für die 56 Nationalitäten Chinas stehen. Durch einen der Eingänge gelangt man schließlich in das Innere des Monuments, das sich in drei Etagen gliedert. Dieser Kun symbolisierende Unterbau besteht u. a. aus zwei übereinander liegenden 140 m langen und sechs Meter breiten Korridoren, in denen sich insgesamt 40 Bronzeskulpturen wichtiger Personen der chinesischen Geschichte finden. Die sich entlang der Korridore anschließenden Räumlichkeiten werden für Ausstellungen des **China Millennium Monument Art Museum** genutzt.

Im Zentrum der oberen Etage befindet sich die kreisrunde **Millennium Hall** mit einem Durchmesser von 38 m, an deren Wand das reliefartige „Panorama of Millennium – Old Chinese Civilization" wichtige Etappen der chinesischen Historie darstellt. Die in der Mitte der Halle stehenden neun vergoldeten Kupfersäulen weisen neben Darstellungen von Drachen und Phönixen, die die Vitalität der chinesischen Nation symbolisieren, auch folgende Inschrift auf: „Von Drachen und Phönixen gebrachter Wohlstand sowie Glanz der Sonne und des Mondes". Die rund 5.000 kleinen Lichter an der Hallendecke wiederum stellen den Sternenhimmel über dem Reich der Mitte dar, wie er sich am 1.1.2001 um Mitternacht gezeigt hat.

Panorama of Millenium

Yuyuantan-Park (15)
Yuyuantan Gongyuan
Xisanhuan Zhonglu, Haidian District

ℹ️ Information

☏ 88653806
Öffnungszeiten *täglich 6-22.30 Uhr*
Eintritt *RMB 2, Kinder die Hälfte*
Anreise *Bus 1, 40, 52, 57 und 121 sowie U-Bahn, Station Gongzhufen*

Ein großer See beherrscht die riesige Parkanlage, an deren östlicher Seite das *Diaoyutai State Guest House* angrenzt, in dem Staatsgäste während ihres Pekingaufenthaltes zumeist logieren. Straßen durchschneiden das Areal, in dem man Abstand von der Alltagshektik ringsum gewinnen kann.

CCTV Tower (16)
Xisanhuan Zhonglu, Haidian District

> **Information**
>
> **Öffnungszeiten** täglich 8.30-22 Uhr
> **Eintritt** RMB 50
> **Anreise** Bus 323 und 374

405 m hoch ragt der 1992 erbaute Pekinger Fernsehturm in den Himmel. Von seiner Aussichtsplattform in 238 m Höhe und dem angeschlossenen Restaurant aus hat man einen fantastischen Blick über weite Teile der Stadt. Alljährlich findet ein Wettrennen zur Bewältigung der 1.484 Treppenstufen statt.

Jesuitenfriedhof (17)
Limadou Mu
6 Chegongzhuang Dajie, Xicheng District

> **Information**
>
> ☏ 68007200
> **Öffnungszeiten** täglich 8.30-17 Uhr
> **Eintritt** frei (die Besuchsgenehmigung bekommt man vor Ort bei der Verwaltung)
> **Anreise** Bus 15, 19 und 45

Auf diesem **alten Jesuitenfriedhof** im Hof der Parteischule des Stadtkomitees Peking der KP Chinas liegen neben 61 weiteren Jesuiten die bekannten Jesuitenmissionare *Matteo Ricci*, *Adam Schall von Bell* und *Ferdinand Veerbiest* begraben, die sich im 16. und 17. Jahrhundert um die Ausbreitung des Christentums in China bemühten.

Beijing-Planetarium (18)
Beijing Tianwenguan
138 Xizhimenwai Dajie, Xicheng District

> **Information**
>
> ☏ 68312570, 🖷 68353003, www.bjp.org.cn
> **Öffnungszeiten** Mi-Fr 10-16 Uhr, Sa u. So 9-16 Uhr
> **Eintritt** Ausstellungshalle RMB 10 (Kinder RMB 5), Space Theater RMB 45 (Kinder RMB 35), 4D Theater RMB 30 (Kinder RMB 20), 3D Space Shuttle Simulator RMB 30 (Kinder RMB 20), Natural Phenomena Hall RMB 15, Aerospace Exhibition RMB 15 (Kinder RMB 10)
> **Anreise** Bus 7, 15, 65, 102, 103, 107, 111 und 334

Am 12. Dezember 2004 wurde unmittelbar neben dem alten das 300 Millionen Yuan teure **neue Planetarium** eröffnet, das nunmehr neben einem digitalen Zeiss-Projektionssystem neuester Bauart unter anderem auch noch über eine Simulationsraumkapsel, ein 4D-Theater, Ausstellungsräume, ein 400-mm-Teleskop und das einzige Vacuumteleskop landesweit verfügt.

China Palaeozoological Hall (19)
142 Xizhimenwai Dajie, Xicheng District

 Information

☏ *68935280*
Öffnungszeiten *Di-So 9-16.30 Uhr (Tickets bis 16 Uhr; am 1., 2. und 3. jedes Mondmonats geschlossen)*
Eintritt *RMB 20, Kinder die Hälfte*
Anreise *Bus 27, 105, 107 und 714*

Mehr als 200.000 Fossilien erläutern die Entwicklung der Wirbeltiere, von den Dinosauriern über Fische und Reptilien bis hin zu den Säugetieren.

Great View Tower (20)
Chang Guan Lou
137 Xizhimenwai Dajie (beim westlichen Eingangstor des Zoos),
Haidian District

 Information

☏ *68338888*
Öffnungszeiten *täglich 10-18 Uhr*
Eintritt *RMB 15*
Anreise *Bus 7, 15, 16, 19, 27, 45, 102, 103, 105, 107 und 111*

Die Bezeichnung ist ein wenig irreführend, handelt es sich bei dem vermeintlichen Turm in Wahrheit doch um eine zweigeschossige barocke Villa, die ihren Namen von den beiden Ecktürmchen herleitet. Erbaut wurde der herrschaftliche Sitz 1908 auf Geheiß der Kaiserinwitwe *Cixi*, die ihn auf ihrem Weg vom Kaiserpalast zum Sommerpalast als Übernachtungsstätte benutzte.

Diese einzige im **barocken Stil** innerhalb Pekings erhalten gebliebene **kaiserliche Residenz**, die alles in allem 88 Fenster und 66 Türen aufzuweisen hat, ist nunmehr – nach einer 17 Millionen Dollar kostenden Renovierung – als „Beijing Royal International Club", zu dem ein Restaurant gehört, wieder für den Publikumsverkehr geöffnet. In etlichen der Zimmer findet sich noch das aus kaiserlichen Zeiten stammende Mobiliar, darunter das Schlafzimmer von *Cixi*. (Geführte Touren sind zwar theoretisch möglich, doch nicht immer sind Führer anwesend.)

Zoologischer Garten (21)
*Dongwu Yuan / 37
Xizhimenwai Dajie,
Haidian District*

Einst Cixis nächtliche Ruhestätte: Great View Tower

> **Information**
>
> ☏ 68315131
> **Öffnungszeiten** *täglich, 1.4.-31.10. 7.30-18 Uhr und 1.11.-31.3. 7.30-17 Uhr*
> **Eintritt** *1.4.-31.10. RMB 15, 1.11.-31.3. RMB 10, Pandahaus RMB 5 extra (Aquarium s.u.).*
> **Anreise** *7, 15, 16, 19, 27, 45, 102, 103, 105, 107, 111, 332, 334, 360, 601, 814 und 904*

Nr. 1 in China Der 1908 gegründete **Zoologische Garten** ist der größte Chinas und entstand in einem aus der Ming-Zeit stammenden Park, der gegen Ende der Qing-Dynastie kaum genutzt und vernachlässigt wurde und somit verfiel.

Als der Kaiserinwitwe *Cixi* von einem von einer Auslandsreise zurückkehrenden hohen mandschurischen Beamten rund 700 Tiere, von denen die meisten aus Deutschland kamen, geschenkt wurden, ließ diese den Garten 1902 in den „Park der Zehntausend Tiere" (*Wanshsng Yuan*) umwandeln, der vier Jahre später durch einen **Botanischen Garten** erweitert wurde. 1908 schließlich wurde der Park der Öffentlichkeit zugänglich gemacht. Während der folgenden Kriegswirren verkam der Zoo vollständig, sodass hier bei Gründung der Volksrepublik nur noch 17 Tiere lebten. Die fortan zur Verfügung gestellten Gelder ermöglichten die Wiederherstellung der Anlage und den Ankauf zahlreicher Tiere, sodass heute rund **7.000 Tiere** zu sehen sind, die zu etwa 620 Arten gehören. Darunter befinden sich auch seltene Arten wie der mandschurische Tiger, Yangtze-Alligatoren, Riesenmeeresschildkröten, tibetische Wildyaks oder der kleine Pandabär. Hauptattraktion sind aber selbstverständlich die **Großen Pandabären**, deren Haus sich gleich beim Haupteingang befindet. In freier Wildbahn leben nach letzten Schätzungen höchstens noch 1.000-1.500 Exemplare dieser Spezies, doch können es auch weit weniger sein. Um ihr

Die Hauptattraktion im Zoologischen Garten

Überleben zu garantieren, versucht man in den Zoos, durch künstliche Befruchtung die von Natur aus sehr niedrige Nachwuchsrate zu erhöhen, bislang aber nicht mit dem erhofften Erfolg, denn viele der in Gefangenschaft Geborenen sterben frühzeitig. Allerdings konnten gerade in den letzten Jahren recht gute Nachzuchterfolg erzielt werden.

Größte Attraktion neben den Pandabären ist das in Form einer riesigen Muschel erbaute **Beijing Aquarium** (*Beijing Ocean Hall*, 18B Gaoliangqiao Xiejie, ☏ 62123910, www.bj-sea.com, August-Mai täglich 9-17 Uhr, Juni u. Juli täglich 9-22 Uhr, Eintritt RMB 100, Kinder RMB 50, Kinder unter 1,2 m frei, Senioren (60plus) RMB 60.), das größte seiner Art in Asien. In dessen sechs Galerien werden die wichtigsten Klimazonen der Erde erklärt, im Wasserbecken tummeln sich Tausende von Fischen, darunter Wale, Delfine und Seekühe. Um alles sehen zu können, benötigt man mindestens einen halben Tag, wobei man – will man nicht enttäuscht werden – die Erwartungen bezüglich artgerechter Haltung nicht allzu hoch ansetzen sollte.

Tiefsee-Feeling

Park des Purpurbambus-Tempels (22)
Zizhuyuan Gongyuan
45 Baishiqiao Lu, Haidian District

> **Information**
>
> ☏ 68425851
> **Öffnungszeiten** täglich, 1.4.-31.10. 6-21 Uhr, 1.11.-31.3. 6-20 Uhr
> **Eintritt** RMB 2
> **Anreise** Bus 105, 107, 111 und 114

Park des Purpurbambus-Tempels

Geprägt wird der im Westen der Stadt gelegene Park von drei Seen mit zwei Inseln. Bereits zu Zeiten der Yuan wurde in den künstlich angelegten Seen Wasser aus den nordwestlich davon gelegenen Kreisen für die Wasserversorgung der Hauptstadt aufgefangen. Dieses wurde sodann mit Hilfe des Chang He-Kanals in die Stadt geleitet. Und auch heute spielt die Anlage bei der Wasserversorgung der Metropole wieder eine wichtige Rolle, nachdem der Zulauf der Seen während der Qing-Dynastie verstopfte und die Seen anschließend ausgetrocknet waren.

Dank der eingeleiteten Ausbesserungs- und Erweiterungsarbeiten nach 1952 fließt nunmehr nicht nur wieder das Wasser in die Stadt, gleichzeitig legte man eine herrliche Parkanlage an, die geprägt ist von **zehn verschiedenen Arten** des in Nordchina seltenen **Bambus**, von dem über 160.000 Stauden gepflanzt worden sein sollen.

Im Süden der Parks befindet sich ein **Kindervergnügungspark**, ein recht vergnügliches Schauspiel ganz anderer Art spielt sich indes jeden Sonntagmorgen östlich des Südwesttores ab, wenn sich Hunderte von Chinesen und Chinesinnen treffen, um in der so genannten „**English Corner**" ihre Fremdsprachenkenntnisse zu praktizieren: Jeder auftauchende Ausländer sieht sich dann rasch von einem Pulk Lernbegieriger umringt – ein Gedankenaustausch, der schon so manche Freundschaft eingeleitet hat.

Pekinger Kunstmuseum (23)
Beijing Yishu Bowuguan
Xisanhuan Beilu, Suzhou Jie,
Haidian District

> **Information**
>
> ☎ 68413380
> **Öffnungszeiten** *Di-So 9-16 Uhr*
> **Eintritt** *RMB 20, Kinder die Hälfte*
> **Anreise** *Bus 300, 323, 374, 811 und 817*

Das Museum befindet sich in dem 1577 erbauten **Tempel der Langlebigkeit** (*Wanshou Si*), in dem dereinst der kleine Lamatempel **Zizhu Yuan** (Purpurbambus-Tempel) stand. Der Tempel wurde 1894 von *Cixi* zur Residenz umgebaut und präsentiert sich nach der Restaurierung als **schöne Gartenanlage**.

In den Hallen werden u.a. Textilien und Namenssiegel aus der Ming- und Qing-Zeit, buddhistische Kunst und Malerei aus der Qing- und japanischen Besatzungszeit gezeigt, alles in allem mehr als 50.000 Objekte.

Museum for Nationalities (24)
Central University for Nationalities, 27 Baishiqiao Lu, Haidian District

 Information

☎ 68932390
Öffnungszeiten *Mo, Di u. Do 9-12 Uhr u. 14-17 Uhr, Mi u. Fr 9-12 Uhr*
Eintritt *RMB 10, Kinder die Hälfte*
Anreise *Bus 320 und 332*

Der Schwerpunkt der rund 30.000 Ausstellungsobjekte liegt auf der Bekleidung der nationalen Ethnien sowie deren Herstellung.

Tempel der Fünf Pagoden (25)
Wuta Si
24 Wuta Si Cun, Haidian District

 Information

☎ 62173543
Öffnungszeiten *täglich 9-16.30 Uhr*
Eintritt *RMB 20, Kinder die Hälfte*
Anreise *ab Zoo (siehe Nr. 93) Bus 332 (Der Tempel liegt hinter der Sporthalle der Hauptstadt nördlich des Zoos. Folgt man bei der Sporthalle der Straße ostwärts entlang des Kanals, so gelangt man nach etwa 500 m zum Tempel.)*

Dieser aufgrund seiner Abgelegenheit noch nicht überlaufene Tempel wurde unter Kaiser *Yongle* in den Anfangsjahren des 15. Jahrhunderts unter dem Namen *Tempel des Wahren Erwachens* (*Zhenjue Si*) erbaut. Anlass dafür war der Besuch des indischen Mönchs *Pandida* in Peking, der dem Kaiser neben fünf goldenen Buddhastatuen auch eine Miniatur des Mahabodhi-Tempels in Bodhgaya überreicht hatte. Dafür sollte ein angemessener Aufbewahrungsort geschaffen werden.

Der Tempel der Fünf Pagoden überrascht mit seiner eigenwilligen Architektur

Figürlicher und Reliefschmuck im Tempel der Fünf Pagoden

Im Jahre 1473 ließ Kaiser *Chenghua* im Zentrum der bereits bestehenden Anlage nach dem Vorbild des Mahabodhi die fünftürmige **Vajra-Pagode** hinzufügen, der der Tempel seinen heutigen Namen zu verdanken hat. Kaiser *Qianlong* ließ den Tempel restaurieren, doch fiel er 1860 und 1900 den brandschatzenden alliierten Truppen zum Opfer, sodass von dem ursprünglichen Tempel Kaiser *Yongles* nichts mehr zu sehen ist, zumal die Warlords nach 1927 die verbliebenen Reste Stein für Stein verkauften.

Überdauert hat nur die **Pagode**, deren fünf Türme sich auf einem gewaltigen quadratischen Sockel erheben, dessen Basreliefs – bestehend aus Buddhas, Lotusblüten, himmlischen Wächtern, dem Rad der Lehre, Symbolisieren u.a. – besondere Aufmerksamkeit verdienen. Die Sockel der **fünf Pagodentürme**, zu denen man über zwei Treppen gelangt, sind ebenfalls mit Reliefs verziert. Diesen Pagodentyp nennt man **Diamantenthronpagode**, wobei die Basis als Diamantthron fungiert. Sie ist die älteste ihrer Art in China.

Im Hof erwartet den Besucher zudem eine beeindruckende **Stelensammlung**, die Teil des **Pekinger Museums für Steinschnitzerei** (*Shike Yishu Bowuguan*) ist, und die rund um den zentralen Tempelbau eine reiche Skulpturensammlung aus sieben Jahrhunderten präsentiert.

Sehenswürdigkeiten außerhalb der Dritten Ringstraße – Nördlich der Dritten Ringstraße

Tempel der Großen Glocke (1)
Dazhong Si
31 Beisanhuan Xilu, Haidian District

 Information

☏ 62641384
Öffnungszeiten *täglich 8.30-16.30 Uhr*
Eintritt *RMB 10, Kinder RMB 4*
Anreise *Bus 361, 367, 422, 425, 601, 718, 727, 739 und 836*

Der 743 erbaute und während der Kulturrevolution arg ramponierte Tempel, der heute als **Glockenmuseum** genutzt wird, ist insbesondere wegen seiner **außergewöhnlichen Glockensammlung** bekannt, deren insgesamt über 700 Exemplare aus zwei Jahrtausenden stammen und deren älteste auf die Westliche Zhou-Dynastie (1100-771 v.Chr.) zurück datiert. Die darüber hinaus aus der Song-, Yuan-, Ming- und Qing-Dynastie stammenden Stücke bringen Gewichte von 150 Gramm bis 46,5 Tonnen auf die Waage. Letzterem Schwergewicht verdankt der 1733 völlig neu gestaltete Tempel auch seinen heutigen Namen.

Dieser Koloss namens Huayan Zhong ist in einem eigens für ihn erbauten 18 m hohen Turm im hinteren Teil der Anlage untergebracht und gilt als älteste und eine der **größten Glocken der Welt**.

Auf der 6,87 m hohen Glocke mit einem Durchmesser unten von 3,67 m wurden von dem berühmten Ming-zeitlichen Kalligrafen *Shen Du* innen und außen in **227.000 Schriftzeichen 17 buddhistische Texte**, nämlich die Lotus- und Diamantsutras, im Hochrelief „aufgesetzt", was durch das Auftragen einer zweiten Tonschicht geschah.

Redaktionstipps

Sehenswürdigkeiten: Meisterwerke alter Bronzegusstechnik kann man im **Tempel der Großen Glocke** bestaunen, im **Chinesischen Wissenschafts- und Technikmuseum** hingegen den Erfindungen und Errungenschaften der Neuzeit nachspüren. Wer sich einen Überblick über die kulturelle und ethnische Vielfalt des Riesenreiches verschaffen möchte, der plane einen Tag im **Chinese Ethnic Culture Park** ein.

Übernachten (ⓘ Hotelkarte S. 176/177): Wer viel in diesem Teil der Stadt unterwegs ist, sollte als Quartier das **Crowne Plaza Park View Wuzhou Beijing (26)** wählen. (Hinweis: Das Hotelangebot in diesem Stadtgebiet wird im Rahmen der Olympischen Spiele noch gewaltig erweitert.)

3. Peking sehen und erleben/
Sehenswürdigkeiten außerhalb der Dritten Ringstraße – Nördlich der Dritten Ringstraße

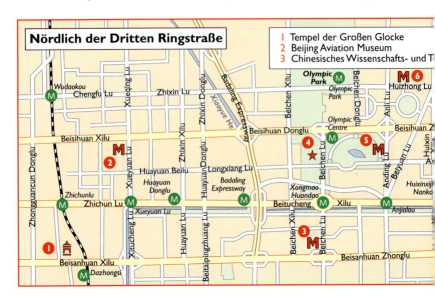

Das 46,5 Tonnen schwere Bronzeungetüm, das am Schlagring eine Dicke von 18,5 cm aufzuweisen hat, wurde 1406 im Auftrag von Kaiser *Yongle* in einem einzigen Stück gefertigt und nach dem Verfall des **Tempels der Langlebigkeit** (*Wanshou Si*), in den **Tempel der Reifung des Bewusstseins** (*Juesheng Si*) gebracht. Ihr Schlag ist angeblich 10 km im Umkreis zu hören. Vor wenigen Jahren hängte man die Glocke in Augenhöhe auf, sodass man nun auch leicht ein Charakteristikum chinesischer Glocken erkennen kann: diese haben keinen Klöppel, sondern hängen starr und werden von außen mit einem Holzstamm angestoßen.

Zur Ausstellung gehört auch ein über 3.000 Jahre altes **Glockenspiel** für Bankettmusik. Für RMB 100 kann man dem Spiel der anwesenden Musiker lauschen.

Tempel der Großen Glocke

3. Peking sehen und erleben/
Sehenswürdigkeiten außerhalb der Dritten Ringstraße – Nördlich der Dritten Ringstraße

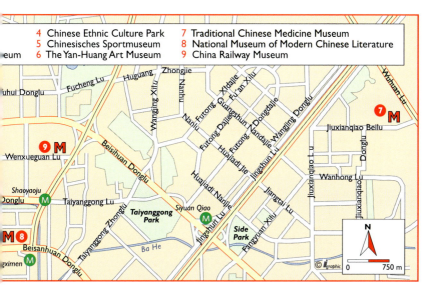

4 Chinese Ethnic Culture Park
5 Chinesisches Sportmuseum
6 The Yan-Huang Art Museum
7 Traditional Chinese Medicine Museum
8 National Museum of Modern Chinese Literature
9 China Railway Museum

Beijing Aviation Museum (2)
Beijing University of Aeronautics and Astronautics, 37 Xueyuan Lu, Haidian District

Information

☏ 82317513
Öffnungszeiten Di-So 8.30-12 Uhr u. 14-17 Uhr
Eintritt RMB 10
Anreise Bus 386 und 719

Von Interesse sind die auf dem Freigelände ausgestellten rund 30 Flugzeuge nationaler und internationaler Produktion.

Chinesisches Wissenschafts- und Technikmuseum (3)
Zhongguo Kexue Jishu Bowuguan
1 Beisanhuan Zhonglu, Xicheng District

Information

☏ 62371177, www.cstm.org.cn
Öffnungszeiten Di-So 9-16.30 Uhr
Eintritt Halle A und B jeweils RMB 30, Kinder RMB 20, Halle C RMB 10, Kinder RMB 20 (Kinder unter 1,2 m frei)
Anreise Bus 21, 300, 302, 367, 387, 407, 718, 801 und 825

Die Errungenschaften aus Wissenschaft und Technik im groben Überblick, dazu eines der weltweit größten **Sensor-Round-Sound-Kinos** der Welt mit 360°-Leinwand. Halle A beschäftigt sich mit der Raumfahrt, Halle B zeigt u.a. IMAX-Filme (leider nur auf Chinesisch), in Halle C hingegen kommen die Kleinen im *Children's Science Paradise* voll auf ihre Kosten.

Chinese Ethnic Culture Park (4)
1 Minzuyuan Lu, Chaoyang District

> **Information**
>
> ☏ 62063646/7, 📠 64267397
> **Öffnungszeiten** *täglich 8.30-17.30 Uhr*
> **Eintritt** *pro Garten RMB 60, beide zusammen RMB 90 (der südliche Garten ist von Dezember bis März geschlossen)*
> **Anreise** *Bus 55, 386, 407, 740, 804, 819, 849, 921, 941 und 944*

Gezeigt werden auf 450.000 m² in zwei Gärten neben folkloristischen Darbietungen Bauformen und Kulturgegenstände vieler nationaler Minderheiten Chinas.

Chinesisches Sportmuseum (5)
A3 Anding Lu, Chaoyang District

> **Information**
>
> ☏ 64912167
> **Öffnungszeiten** *täglich 9-16 Uhr*
> **Eintritt** *RMB 10, Kinder die Hälfte*
> **Anreise** *Bus 18, 108, 328, 387, 803 und 850*

Besonders sehenswert sind hier Exponate zu alten chinesischen Sportarten, wie den verschiedenen Kampfkunstdisziplinen, aber auch Bogenschießen, Ringen oder Polo.

The Yan-Huang Art Museum (6)
Yan Huang Yishuguan
Asian Games Village, 9 Huizhong Lu, Chaoyang District

> **Information**
>
> ☏ 64912902
> **Öffnungszeiten** *Di-So 9-16 Uhr*
> **Eintritt** *RMB 5, Kinder RMB 3*
> **Anreise** *Bus 108, 328, 387, 408, 417 und 847 sowie U-Bahn, Station Jishuitan*

Eine der besten Privatgalerien Pekings; präsentiert monatliche Wechselausstellungen, überwiegend zeitgenössische chinesische Kunst.

Traditional Chinese Medicine Museum (7)
Beijing University of Traditional Chinese Medicine, 11 Beisanhuan Donglu, Chaoyang District

Information

☏ *64286845 und 64286835*
Öffnungszeiten *Mo, Mi u. Fr 8.30-16.30 Uhr*
Eintritt *RMB 10, Kinder die Hälfte*
Anreise *Bus 104*

Wer sich für TCM interessiert, sollte einmal vorbeischauen und die rund 1.100 Exponate begutachten.

National Museum of Modern Chinese Literature (8)
Zhongguo Xiandai Wenxue Guan
45 Wenxueguan Lu, Shaoyaoju Beili, Chaoyang District

Information

☏ *84619054*
Öffnungszeiten *Di-So 9-16.30 Uhr*
Eintritt *RMB 20, Kinder die Hälfte*
Anreise *Bus 119, 409 und 422*

Gedenkstätte für einige der bedeutendsten Literaten Chinas, darunter *Ba Jin* und *Bin Xin*. Die Sammlung umfasst gegenwärtig rund 300.000 Exponate, darunter 190.000 Bücher.

China Railway Museum (9)
Jiuxianqiao Beilu, Chaoyang District

Information

☏ *64381317*
Öffnungszeiten *Di-So 9-16 Uhr*
Eintritt *RMB 20, Kinder die Hälfte*
Anreise *Bus 403, 629 und 813*

Das Hauptaugenmerk gilt natürlich den rund 40 Lokomotiven, darunter Chinas erste Dampflok.

Östlich der Dritten Ringstraße

Redaktionstipps

Sehenswürdigkeiten: In dieses von High Tech und Dienstleistungsunternehmen geprägte Stadtviertel kommt man meist nur des Arbeitens wegen. Wer jedoch hier ohnehin Quartier bezogen hat, sollte es trotzdem nicht versäumen einmal in den **Chaoyang Park** zu gehen oder dem **China Red Sandalwood Museum** einen Besuch abzustatten.

Einkaufen: Exklusive Mode und feines Kunsthandwerk findet man in **You Yi Shopping City – Beijing Lufthansa Center**. Preiswertes in einer riesigen Auswahl gibt es hingegen auf dem Lido Markt.

Kulinarisches: Die Zahl erstklassiger Restaurants in diesem Viertel ist groß, der Aussicht wegen sollte man es aber nicht versäumen, einmal in den **21st Floor** im **Great Wall Sheraton Hotel** zu gehen, des Ambientes wegen aber auch einmal ins **Green T. House**.

Kinder: Kurzweil für Jung und Alt bietet der **Happy Valley Amusement Park**.

Übernachten (i) Hotelkarte S. 176/177): In diesem Viertel hat praktisch jedes Hotel seine langjährige Stammkundschaft, die sich überwiegend aus Geschäftsreisenden zusammensetzt. Die ungekrönte Nummer Eins ist dabei das **Kempinski Hotel Beijing (4)**, gefolgt vom **Beijing Hilton International (10)** und **Great Wall Sheraton Hotel (14)**. Ein Stückchen weiter Richtung Flughafen gelegen, zählt das **Holiday Inn Lido (15)** von Anbeginn an zu den beliebtesten Adressen der Stadt.

Chinesisches Landwirtschaftsmuseum (1)

Zhongguo Nongye Bowuguan Agriculture Exhibition Hall, 16 Dongsanhuan Beilu, Chaoyang District

 Information

☎ 65931355
Öffnungszeiten Di-So 9-16 Uhr
Eintritt RMB 8, Kinder die Hälfte
Anreise Bus 43, 113, 115, 300 und 302

Die Geschichte der chinesischen Landwirtschaft im Überblick, aber auch Hunderte Exponate von seltenen Fischen und Säugetieren. In der angeschlossenen Gartenanlage findet sich eine Vielzahl an Bäumen, Sträuchern, Blumen und anderen Gewächsen.

Chaoyang Park (2)

1 Nongzhan Nanlu, Chaoyang District

 Information

☎ 65065409
Öffnungszeiten täglich 6-22 Uhr
Eintritt RMB 5, Kinder die Hälfte
Anreise Bus 115, 302, 705, 710, 976 und 988

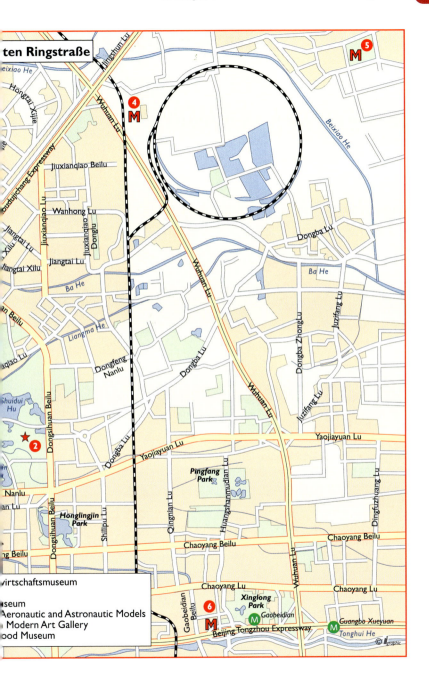

Flanieren und Entspannen in Pekings Naturoasen

Grüne Oase im Stadtdschungel

Pekings größter Park stellt eine gelungene Symbiose aus Wasser- und Grünlandschaft dar, angereichert durch eine Vielzahl von Attraktionen, bei denen vor allem auch die Jüngeren auf ihre Kosten kommen. In ihm plant man ein 205 m hohes Riesenrad zu errichten.

Beijing Jintai Art Museum (3)
Nahe Westtor des Chaoyang Park (siehe Nr. 109), Chaoyang District

> **Information**
>
> ☏ 65019441
> **Öffnungszeiten** täglich 10-16 Uhr
> **Eintritt** Im Ticket für den Chaoyang Park beinhaltet
> **Anreise** Bus 302, 705 und 805

In Chinas größtem Volkskundemuseum werden den Chinesen mittels länderspezifischer Wechselausstellungen Traditionen und Kultur fremder Nationen nahe gebracht.

Beijing Museum of Aeronautic and Astronautic Models (4)
Dashanzi Huantie, Chaoyang District

> **Information**
>
> ☎ *64372990 und 64373015*
> **Öffnungszeiten** *Di-So 8.30-17 Uhr*
> **Eintritt** *RMB 20, Kinder die Hälfte*
> **Anreise** *Bus 403 und 813*

Flugmodellbauern schlagen hier die Herzen höher.

He Yang & Wu Qian Modern Art Gallery (5)
1128 Changdiancun, Yujinxiang Huayuan, Chaoyang District

> **Information**
>
> ☎ *65939381*
> **Öffnungszeiten** *täglich 8.30-17 Uhr*
> **Eintritt** *RMB 5, Kinder RMB 2*
> **Anreise** *Bus 418*

Neben den eigenen Werken der beiden Künstler kann man auch noch rund 1.000 andere Kunstgegenstände in Augenschein nehmen.

China Red Sandalwood Museum (6)
23 Jianguo Lu, Chaoyang District

> **Information**
>
> ☎ *85752818, www.redsandalwood.com*
> **Öffnungszeiten** *Di-So 9-17 Uhr (Tickets bis 16.30 Uhr)*
> **Eintritt** *RMB 50, Kinder RMB 30*
> **Anreise** *Bus 312 und 728 sowie U-Bahn, Station Gaobeidian*

Rund 1.000 handgearbeitete Kunstwerke aus Edelhölzern verschiedener Art hat Chinas reichste Frau, *Chen Lihua*, zusammengetragen. Darunter Modellnachbildungen eines Eckturms der Verbotenen Stadt, des Himmelstempels und einer Prinzenresidenz. Zugleich dient das Museum aber auch als Selbstdarstellungsplattform der Eigentümerin, die als führendes Mitglied der KPCHs und der örtlichen Regierung Kontakte zu politischen Repräsentanten aus aller Welt sowie Größen aus Sport und Showbiz unterhält.

Südlich der Dritten Ringstraße

Beijing Yushengtang Herbal Medicine Museum (1)
Sihe Manor, 69 Fengtai Nanlu, Fengtai District

 Information

☎ 63712176
Öffnungszeiten täglich 9-16 Uhr
Eintritt RMB 20, Kinder die Hälfte
Anreise Bus 351, 353, 747 und 804

Anhand der rund 3.000 Ausstellungsobjekte wird ein Überblick über die 6000-jährige Geschichte der chinesischen Medizin gewährt. Für Interessierte an den so genannten alternativen Heilmethoden ist dies sicher eine informative Anlaufstelle. Spannend ist es auch, den zahllosen engen Verknüpfungen mit den chinesischen Traditionen nachzuspüren.

Redaktionstipp

Sehenswürdigkeit: Wer sich mit seinem Nachwuchs einen unterhaltsamen Tag machen möchte, kann dies im **Beijing World Park** (ⓘ S.129) tun.

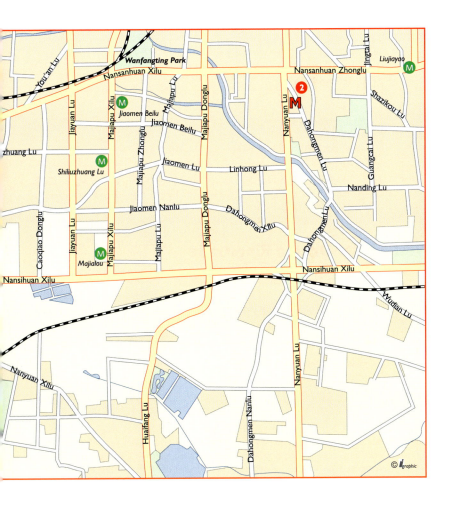

Chinesisches Raumfahrtmuseum (2)
1 Dahongmen Lu, Fengtai District

> **Information**
>
> ☏ 68384456
> **Öffnungszeiten** täglich 9-16.30 Uhr
> **Eintritt** RMB 30, Kinder die Hälfte
> **Anreise** Bus 729 und 742

Das Museum ist dem ehrgeizigen chinesischen Raumfahrtprogramm gewidmet.

Beijing Dabaotai Grabmuseum der Westlichen Han (3)
Dabaotai Xihan Mu Bowuguan
Südlich von Guogongzhuang, nahe Beijing World Park, Fengtai District

> **Information**
>
> ☏ 83612852
> **Öffnungszeiten** täglich 9-16 Uhr
> **Eintritt** RMB 10
> **Anreise** Bus 340, 352 und 937

In der aus der Westlichen Han-Dynastie stammenden, 23,2 m x 18 m großen Grabanlage, die sich 4,7 m unter der Erdoberfläche befindet, fand man neben drei Wagen und elf Pferdefiguren noch tausende andere Relikte aus anderen Dynastien.

Westlich der Dritten Ringstraße

Tempel der Menschlichen Langlebigkeit (1)
Cishou Si
Landianchang Nanlu, Shijingshan District

> **Information**
>
> **Öffnungszeiten** täglich 8-17 Uhr
> **Eintritt** frei
> **Anreise** Bus 27, 40, 336 und 414

Ming-zeitliches Relikt — Die 50 m hohe, dreizehnstöckige Pagode mit dem Namen *Yong'an Wanshou* ist das einzige Überbleibsel des 1576 vom Ming-Kaiser *Wanli* für seine Mutter in Auftrag gegebenen Tempels. Während von allen anderen Gebäuden des Tempelkomplexes nichts mehr zu sehen ist, beeindruckt der **achteckige Pagodenbau**,

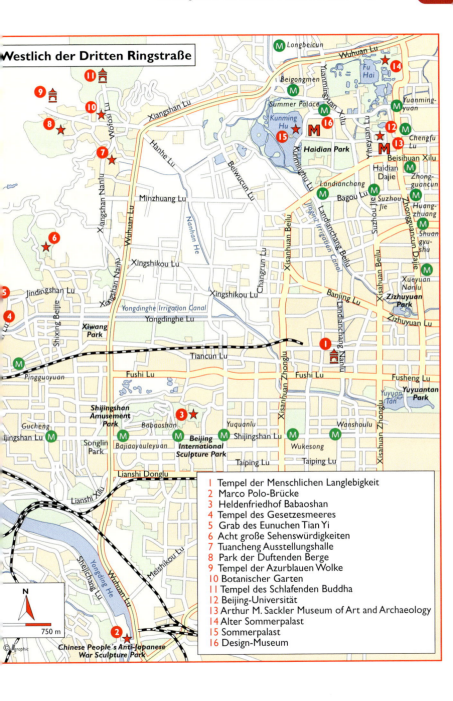

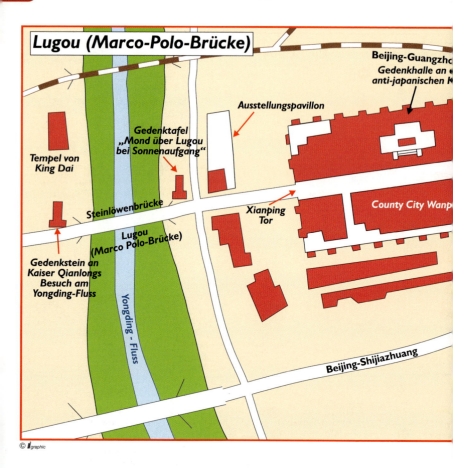

der angeblich der *Tianning Sita* nachempfunden worden sein soll, noch immer insbesondere durch seine fein gearbeiteten Reliefs am Sockel und Dachfirst und ist würdiger Repräsentant des Ming-zeitlichen Pagodenbaus im Raume Peking.

Marco-Polo-Brücke (2)
Lugou Qiao
77 Lugouqiao, Chengnan Jie, Fengtai District

> **Information**
>
> ☎ 83892521
> **Öffnungszeiten** *täglich 8-17 Uhr*
> **Eintritt** *RMB 10, Kinder die Hälfte*
> **Anreise** *Bus 624, 709, 748, 964, 971 und 983*

Redaktionstipps

Sehenswürdigkeiten: In dieser Region der Stadt findet man einige der beeindruckendsten Sehenswürdigkeiten Pekings. Für sie sollte man genügend Zeit, mindestens zwei Tage, einplanen. Zwar in aller Regel vollkommen überlaufen, darf der Sommerpalast dennoch auf keinem Besuchsprogramm fehlen. Ein Kleinod stellt der **Tempel des Gesetzesmeeres** mit seinen großartigen Fresken dar, landschaftlich überaus reizvoll hingegen präsentieren sich die **Acht großen Sehenswürdigkeiten** und der **Park der Duftenden Berge**, in dem man auch den **Tempel der Azurblauen Wolke** findet. Ein Muss für jeden Gartenfreund ist der **Botanische Garten**, in dem man auf den **Tempel des Schlafenden Buddha** stößt.

Kulinarisches: Während seines Besuchs des Sommerpalastes sollte man es nicht versäumen im **Tingliguan Restaurant** feine Küche vom Kaiserhof zu probieren, mit Leckereien aus Kanton hingegen verwöhnt man den Gast im **Shang Palace** im **Shangri-La Hotel**.

Übernachten (ⓘ Hotelkarte S. 176/177): Viel Luxus zu gemäßigten Preisen bietet das **Shangri-La Hotel** **(20)**.

Rund 15 km südwestlich der Stadt überspannt die Brücke den **Yongding-Fluss**, der seit der Errichtung eines Reservoirs die meiste Zeit ausgetrocknet ist. Früher befand sich an dieser Stelle nur eine hölzerne Pontonbrücke, die immer wieder fortgeschwemmt wurde oder abbrannte. 1189 befahl der Jin-Kaiser *Shizong* die Errichtung einer Steinbrücke, deren Fertigstellung drei Jahre benötigte. 1444 und noch einmal – nach teilweiser Zerstörung infolge einer Flutkatastrophe – 1698 wurden Instandsetzungsarbeiten notwendig.

Noch heute trägt die älteste **Steinbogenbrücke** der Region ihren ursprünglichen Namen, und zwar „Brücke über den Schwarzen Graben" (*Lugou Qiao*; frühere Bezeichnung des *Yongding*), bei Ausländern ist sie indes unter dem Namen des venezianischen Kaufmanns bekannt, der sie 1290 überschritt und überschwänglich beschrieb. In elf Bögen spannt sich die 266,5 m lange, acht Meter breite Marmorbrücke über das Flussbett, mit zwei Brückengeländern aus je 140 kleinen Säulen, die von unterschiedlich gestalte-

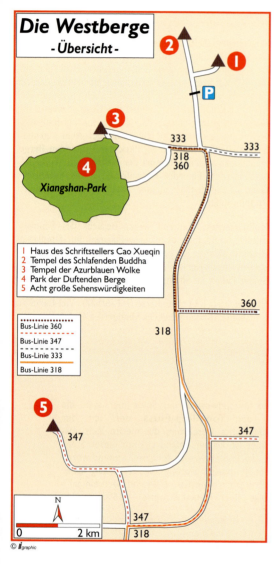

ten Steinlöwen gekrönt werden, von denen jeder ein wenig anders ist als die übrigen. Es lohnt sich, die verschiedenen Mienen der insgesamt **485 Steinfiguren** näher zu betrachten, wobei kleinere Figuren größeren spielerisch zugeordnet sind. Am östlichen Ende der Brücke trifft man neben Tierfiguren auf eine **4,65 m hohe Steinstele** mit einer eingravierten Kalligrafie Qianlongs: „Morgen-Mondlicht über der Lugou-Brücke". Dies galt ihm als eine der acht schönsten Ansichten Pekings. Auch am anderen Ende der Brücke sieht man eine neben Tierfiguren stehende Stele, deren Inschrift von den Restaurierungsarbeiten zu Zeiten Kaiser Kangxis berichtet.

Traurige Berühmtheit erlangte die Brücke aufgrund des hier am 7. Juli 1937 von den Japanern, die seit 1931 die Mandschurei besetzt hielten und immer mehr nach Süden vorrückten, provozierten Schusswechsels, der den Zweiten Weltkrieg in Asien einläutete.

Wenige Meter von der Brücke entfernt findet man die **Gedenkhalle des chinesischen Volkes für den Anti-Japanischen Krieg** (Zhongguo Renmin Kangri

Gedenkhalle für den anti-japanischen Krieg Zhanzheng Jinianguan; ☎ 838931365, täglich 8-16.30 Uhr – Tickets bis 16 Uhr – Eintritt RMB 15, Kinder RMB 8), in der anhand von rund 3.800 Fotos und 5.000 historischen Fundstücken der Gräueltaten der Japaner während des Zweiten Weltkrieges gedacht wird.

Heldenfriedhof Babaoshan (3)
Babaoshan Leishi Gongmu
Shijingshan Lu, Shijingshan District

ℹ️ Information

Öffnungszeiten *täglich 7-20 Uhr*
Eintritt *frei*
Anreise *Bus 337 und 389 sowie U-Bahn, Station Babaoshan*

Auf dem **Friedhof** sind neben zahlreichen verdienstvollen Kommunisten auch berühmte Persönlichkeiten, wie z.B. der Maler *Xu Beihong* und der letzte Qing-Kaiser *Puyi*, begraben. Zum Gesamtkomplex gehören ein großes Krematorium und mehrere Hallen für Totengedenkfeiern.

Tempel des Gesetzesmeeres (4)
Fahai Si
80 Moshikou Dajie, Shijingshan District

ℹ️ Information

☏ 88715776
Öffnungszeiten *täglich, 1.4.-31.10. 9-17 Uhr, 1.11.-31.3. 9-16.30 Uhr*
Eintritt *RMB 20, Kinder die Hälfte*
Anreise *mit U-Bahn bis Station Pingguoyuan, von dort weiter mit Bus 336 oder 396 bis Shougang Xiaoqu, um dort in Bus 311 bis Moshikou Dongkou umzusteigen; oder man nimmt ab der U-Bahn-Station Pingguoyuan (Exit A oder D) ein Taxi bis zum Tempel.*

Wie eine Stele auf dem Gelände verrät, wurde der buddhistische Tempel in den Jahren 1439-43 erbaut und bestand zu jener Zeit aus mehreren Hallen, Pavillons, einem Glocken- sowie einem Trommelturm. Davon interessant ist heute nur die auf der Nordseite des hintersten Hofes stehende **Halle der Großen Helden** (*Daxiong Baodian*), deren Wände reich mit **Fresken** aus der Ming-Zeit dekoriert sind. Diese zeigen Kaiser und Kaiserinnen sowie Gläubige bei der Ausübung ihrer religiösen Zeremonien, außerdem die von jenen verehrten Göttergestalten *Guanyin*, *Manjushri* und *Samantabhadra*.

Beachtung verdienen auch die gemalten *Mandalas* an der Decke. Trotz der Beschädigungen kann man ihr hohes künstlerisches Niveau erkennen. Auf einer aus dem Jahre **1444 stammenden Stele** hat man alle Namen der Künstler und Handwerker gefunden, die diese Meisterwerke geschaffen haben.

Einzigartige Fresken birgt der Tempel des Gesetzesmeeres

Östlich der Halle ist eine zwei Meter große, mit chinesischen und tibetischen Schriftzeichen verzierte **Bronzeglocke** aufgestellt, die derjenigen im *Tempel der Großen Glocke* (Dazhong Si) ähnelt.

 Grab des Eunuchen Tian Yi (5)
Moshikou Dajie,
Shijingshan District

> **Information**
>
> ☏ 88724148
> **Öffnungszeiten** *täglich 9-16 Uhr*
> **Eintritt** *RMB 8*
> **Anreise** *wie zum Fahai Si (Nr. 4)*

Grab des Eunuchen Tian Yi

Unmittelbar neben dem Fahai Si findet man das Grab des Eunuchen *Tian Yi* (1534-1605), der während der Ming-Dynastie 63 Jahre lang insgesamt drei Kaisern diente und als oberster Zeremonienmeister die vierthöchste Rangstufe in der politischen Hierarchie seiner Zeit einnahm. Kaiser *Wan Li* persönlich befahl die Errichtung dieser Grabstätte, aus Dank und Respekt gegenüber dem Eunuchen für dessen langjährige Dienste. Aus demselben Grunde ließen sich sechs weitere Eunuchen an der Seite von *Tian Yi* bestatten. Über eine Treppe gelangt man in die zehn Fuß unter der Erde liegende einfache Grabkammer; eine kleine Ausstellungshalle am Eingang gewährt Einblicke in das Alltagsleben der Eunuchen am Kaiserhof.

 Acht große Sehenswürdigkeiten (6)
Badachu
Badachu Lu, Shijingshan District

> **Information**
>
> ☏ 88964661
> **Öffnungszeiten** *täglich 5.30-20 Uhr (die Tempel schließen meist schon um 16.30 Uhr)*
> **Eintritt** *Park RMB 10, die einzelnen Tempel RMB 1-5 extra; Standseilbahn RMB 30 (ein Weg) bzw. RMB 55 (retour)*
> **Anreise** *Bus 389 und 662 sowie ab Zoo Bus 347 und ab U-Bahn-Station Pingguoyuan Bus 972*

In dem 332 ha großen Park auf den Bergen Cuiwei Shan, Lushi Shan und Pingbo Shan, dessen höchster Gipfel sich 464 m hoch erhebt, gelangt der Besucher zu **acht alten Tempeln**, die eingebettet liegen in ein Meer von Aprikosen-, Ginkgo-, Zypressen-. Kiefern- und Weidenbäumen. Sie wurden im Laufe der Jahrhunderte – die meisten während der Yuan-, Ming- und Qing-Dynastie – angelegt und sollen nachstehend von Süden her kommend beschrieben werden, so wie man sie auf einem etwa fünf Kilometer langen, bergauf bergab führenden Spaziergang passiert.

Immer bergauf

Als erstes gelangt man dabei zum 1504 erbauten und 1671 erneuerten **Tempel des Ewigen Friedens** (*Chang'an Si*) (**1**) am Hang des Cuiwei Shan. In der **Eingangshalle** sitzt eine Bronzestatue des *Guan Yu*, eines Generals der ausgehenden Östlichen Han-Zeit bzw. der Zeit der Drei Reiche, der in späterer Zeit als Kriegsgott *Guandi* verehrt wurde. In einem Korridor hinter der Halle ist eine Bronzeglocke aus dem Jahre 1600 zu sehen.

Die folgende **Haupthalle** ist *Sakyamuni* geweiht, die dritte hingegen, **Niangniang Dian**, der Göttin *Niangniang*, die Hilfe suchenden Ehepaaren den Wunsch nach Nachwuchs erfüllen soll. Da dieser Tempel auf dem Gelände eines Krankenhauses liegt, ist er nur mit besonderer Erlaubnis zugänglich.

Abhilfe bei Nachwuchsproblemen

Zu den anderen Tempeln gelangt man, wenn man hinter dem Eingang zum neu geschaffenen Landschaftspark der Straße geradeaus folgt und nach etwa 300 m (bei den chinesischen Hinweisschildern) links den Berg hinan abbiegt.

Als nächstes erreicht man so den nordwärts gelegenen **Tempel des Heiligen Lichts** (*Lingguang Si*) (**2**), dessen ursprünglicher Baubestand auf das Jahr 963 zurückgeht, als die Anlage noch *Drachenquellen-Tempel* (*Longquan Si*) genannt wurde. Von der 1071 hinzugekommenen **achteckigen Pagode** (*Liao Ta*) sind noch die Fundamente zu sehen, denn sie wurde beim Angriff der ausländischen Interventionstruppen im Jahre 1900 ebenso zerstört wie der Rest der Anlage. Bei den Aufräumungsarbeiten entdeckte man

Alliierte Zerstörungswut

Malerisch gelegen: die Acht großen Sehenswürdigkeiten

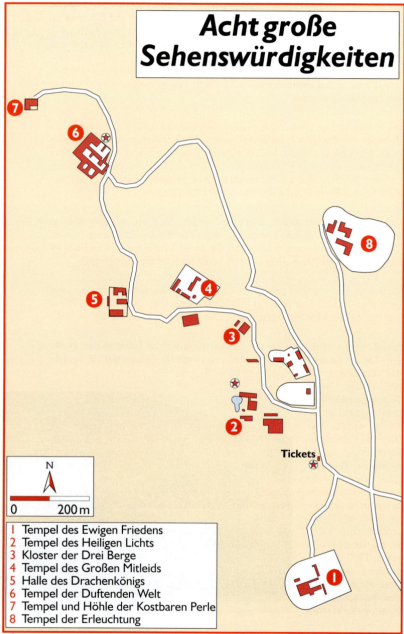

eine hölzerne Lade, in der sich eine Zahnreliquie *Buddhas* befand, die man in den 1950er und 60er Jahren in der Halle der Buddhistischen Reliquien im *Tempel der Allumfassenden Erlösung* (*Guangji Si*) aufbewahrte. Heute befindet sie sich wiederum auf dem Areal des historischen Lingguang Si, und zwar in der 1956 erbauten dreizehnstöckigen, achteckigen **Buddhazahn-Pagode** (*Foya Ta*), die im nördlichen Hof des Tempels mehr als 50 m hoch aufragt.

Tempel des Heiligen Lichts

In dem Qing-zeitlichen **Goldfischbassin** (*Jinyu Chi*) vor dem **Lingguang Si** schwimmen zahlreiche besonders große Exemplare dieses bei den Chinesen beliebten Fisches, dessen Bezeichnung ähnlich klingt wie „Gold im Überfluss", und der daher gerne als Haustier gehalten wird. Der **Wasserpavillon** (*Shuixin Ting*) hingegen ist neuzeitlichen Datums.

Folgt man dem Weg ein wenig den Berg hinauf, so kommt man zum **Kloster der Drei Berge** (*Sanshan An*) (**3**), dessen Gründungsdatum nicht bekannt ist. Den Eingang zur **Haupthalle** im kleinen Innenhof schmückt eine als „Wolken- und Wasserstein" (*Shuiyun Shi*) bekannte Steinplatte, die eine Landschaft mit Menschen und Tieren zeigt. Von dem kleinen, östlich der Haupthalle gelegenen **Pavillon** aus hat man einen schönen Blick über das Tal.

Schöner Blick ins Tal

Bizarre Felsformationen flankieren den weiteren Weg, der einen zum **Tempel des Großen Mitleids** (*Dabei Si*) (**4**) bringt, aus dem Jahr 1550 und in der Folgezeit mehrfach ausgebaut. Reizvolle Landschaftsgestaltungen bezaubern den Eintretenden, wobei im hinteren Hof zwei über 800 Jahre alte **Ginkgo-Bäume** stehen. Zunächst wird der Besucher in der ersten Halle jedoch neben Buddhastatuen und einer solchen der *Guanyin* der 18 Luohan ansichtig, die dem berühmten Bildhauer *Liu Yuan* aus der Yuan-Zeit zugeschrieben werden.

Nordwestlich folgt die aus der Qing-Zeit stammende **Halle des Drachenkönigs** (*Longwang Tang*) (**5**), die auch „Kloster der Drachenquelle" (*Longquan An*) genannt wird, ein Name, der auf die in einem Felsen hinter dem zweiten Hof befindende Quelle hinweist. Der Legende zufolge soll der Drachenkönig, dessen Statue man in der ersten Halle sehen kann, hier gelebt haben. In der zweiten Halle sind drei Buddhafiguren ausgestellt. Zum Verweilen lädt

Bei den Acht großen Sehenswürdigkeiten

der **Kleine Pavillon zum Lauschen des Quellwassers** (*Tingquan Xiaoxie*) ein.

Eine Steintreppe führt zur größten Anlage von **Badachu**, dem **Tempel der Duftenden Welt** (*Xiangjie Si*) (**6**), der aus der Tang-Zeit stammen soll und im 10. Jahrhundert „Pingpo Si" genannt wurde. Der Komplex wurde 1425 und 1678 von Kaiser *Kangxi* renoviert und 1748 auf Anweisung Kaiser *Qianlongs*, von dem er seinen heutigen Namen erhielt, letztmalig erweitert. Dabei entstanden auf dem Gelände ein Palast als kaiserliche Residenz sowie eine Archivhalle für buddhistische Schriften. **Glocken-** und **Trommelturm** flankieren die Haupthalle des Tempels, die den drei Buddhas der Weltzeitalter geweiht ist; außerdem befinden sich hier noch 18 Luohan-Skulpturen.

Ehemals kaiserliche Residenz

Ein steiler Pfad, von dem aus man Felsen mit Kalligrafien verschiedener Kaiser sehen kann, führt von hier bis fast auf den Gipfel des Cuiwei Shan. An seinem Ende gelangt man durch ein Tor zum **Tempel der Kostbaren Perle** und der **Höhle der Kostbaren Perle** (*Baozhu Dong*) (**7**), die ihren Namen einigen Perlen gleichenden Steinen am Eingang verdanken. In der rund 25 m² großen Höhle lebte zu Zeiten der Qing 40 Jahre lang der Mönch *Hai You*, der nunmehr in einer Statue verewigt ist und dem zu Ehren die Pagode erbaut wurde. Vom **Pavillon des Weiten Blicks** hat man eine herrliche Aussicht.

Um den **Tempel der Erleuchtung** (*Zhengguo Si*) (**8**) zu erreichen, steigt man zunächst bergabwärts und dann wieder durch dichten Wald den Lushi Shan hinauf. Die Tempelgeschichte reicht bis in die Tang-Dynastie zurück, doch ist die derzeitige Gestalt der Anlage von mehreren später erfolgten Umbauten bestimmt. Im Eingangshof prunkt eine **zwei Meter hohe Bronzeglocke** aus dem Jahr 1470. Im Norden der Anlage stößt man auf einen löwenmaulgleichen Felsen, den so genannten **Felsen des Mystischen Dämonen** (*Mimo Yan*). Neben dem Felsen befindet sich eine Höhle, in der im 7. Jahrhundert der Mönch *Lu Shi* gewohnt haben soll, der angeblich u.a. zwei Löwen als Schüler hatte, um die sich zahlreiche Legenden spinnen.

Wechselvolle Geschichte

In der bei den Qing-Kaisern äußerst beliebten Gesamtanlage wurde vor wenigen Jahren **eine 1.050 m lange Standseilbahn** für Touristen installiert, dank der es auch Gehbehinderten möglich ist, sich zumindest einen Teil der schönen Anlage zu erschließen.

Tuancheng Ausstellungshalle (7)
1 Hongqi Village, Xiangshan Nanlu, Haidian District

> **Information**
>
> ☏ 62591609
> **Öffnungszeiten** Di-So 9-16 Uhr
> **Eintritt** 1.3.-30.11. RMB 10, 1.12.-28./29.2. RMB 5
> **Anreise** Bus 23, 66, 80, 112, 318, 331, 360, 630, 714, 733, 737, 854 und 904

Der einzige aus der Qing-Zeit erhalten gebliebene Komplex zur Aufbewahrung von Waffen und militärischen Ausrüstungsgegenständen innerhalb Pekings.

Park der Duftenden Berge (8)
Xiangshan Gongyuan
Haidian District (28 km nordwestlich des Stadtzentrums)

> **Information**
>
> ☏ 62591155
> **Öffnungszeiten** täglich 6-18.30 Uhr
> **Eintritt** RMB 20, Kinder die Hälfte; Sessellift (8.30-17 Uhr) RMB 40 (retour RMB 60), Kinder unter 1,2 m RMB 20
> **Anreise** ab Zoo Bus 360, ab Sommerpalast Bus 331, sowie Bus 737 und 904

Der **Xiang Shan** ist der höchste Berg in der näheren Umgebung Pekings, der Park selbst eines der beliebtesten Wochenendausflugsziele der Hauptstädter. Um allzu großem Gewühle aus dem Weg zu gehen, ist es empfehlenswert, während der Woche hierher zu kommen.

Kilometerlange Wanderwege

Auf dem Berggipfel liegen zwei Felsen, die aus der Ferne wie dreifüßige Weihrauchgefäße aussehen, und da der Berg oft in Dunst gehüllt ist, der diesen imaginären Gefäßen Rauch gleich zu entsteigen scheint, nannte man die Anhöhe **Xianglu Shan** (*Weihrauchbrennerberg*), kurz **Xiang Shan** (*Duftender Berg*).

Bereits 1186 baute man hier unter der regionalen Jin-Dynastie einen Palast und einen Tempel, den so genannten **Xiangshan-Tempel**. Seit der Yuan-Zeit war das Gebiet kaiserlicher Jagdgrund. Kaiser *Qianlong* ließ den 1.600 ha großen kaiserlichen Landsitz sodann zu einem Park umgestalten und diesen mit einer Mauer umgeben. **Terrassen**, **Pavillons**, **Tore**, **Hallen** und **Tempel** entstanden, seltene Tiere wurden im Park, der stark aufgeforstet wurde, ausgesetzt. Insgesamt schuf *Qianlong* 28 vorgegebene Aussichten mit poetischen Namen,

1 Haupteingang	7 Jadeblumenbergvilla
2 Hotel Xiangshan Fandian	8 Lotushalle
3 Xiangshan-Tempel	9 Tempel der Klarheit
4 Villa zur Doppelten Klarheit	10 Liuli Pagode
5 Xiangshan-Gipfel	11 Pavillon der Selbstprüfung
6 Xishan Qingxue	12 Brillensee
	13 Nordtor

von denen jedoch bedauerlicherweise nur wenige erhalten geblieben sind, das Gros ging ebenso verloren wie die meisten Gebäude, und die, die überdauert haben, werden heutzutage – wie fast stets in chinesischen Parks – zweckentfremdet. Grund für die Zerstörungen sind die Brandschatzungen der Alliierten in den Jahren 1860 und 1900, denen auch dieser Park zum Opfer fiel. Lediglich eine Pagode überstand den Vandalismus. Während der kurzen republikanischen Periode bauten die Mächtigen hier ihre Sommerresidenzen, seinen heutigen Reiz verdankt er indes den Restaurierungs- und Wiederaufforstungsarbeiten der letzten Jahrzehnte.

So ist es die bezaubernde Landschaft, deretwegen sich ein Spaziergang durch die weitläufige Anlage lohnt, wobei der Herbst, wenn sich das Laub der zahlreichen Ahornbäume flammend rot färbt, sicherlich die schönste Jahreszeit ist.

Kurz hinter dem im Osten gelegenen **Haupteingang** (1) (die Busse hingegen halten am Nordtor) gelangt man zum **Hotel Xiangshan Fandian** (2), einer gelungenen Synthese aus moderner westlicher Architektur und chinesischer Symbolik und Bepflanzung, das Anfang der achtziger Jahre von dem chinesischstämmigen, in den USA lebenden Stararchitekten *Ieoh Ming Pei* entworfen wurde, der u.a. durch den Bank of China Tower in Hong Kong und die Glaspyramide im Pariser Louvre zu Weltruhm gelangte.

Park der Duftenden Berge

Südöstlich hinter dem Hotel stößt man auf die Überreste des 1186 erbauten **Xiangshan-Tempels** (3), der unter den späteren Kaisern zu einer gewaltigen, sich über fünf Terrassen erstreckenden Anlage ausgebaut wurde, die über Hunderte von Räumen verfügte. 1860 wurde er von den alliierten Truppen zerstört.

Südlich der Tempelüberreste liegt die 1917 erbaute **Villa zur Doppelten Klarheit** (*Shuangqing-Villa*) (**4**), in deren Hof man einen Lotusteich bewundern kann. Da sich in ihm das Wasser zweier Quellen sammelt, wird er „doppelt rein" genannt. Einer Legende zufolge kam vor über 700 Jahren der Kaiser zum Übernachten hierher und träumte, er habe einen Pfeil abgeschossen, der eine Quelle traf. Die am nächsten Morgen ausgesandten Diener fanden tatsächlich eine Quelle, die fortan **Menggan Quan** („Durch einen Traum gefundene Quelle") genannt wurde. In der Villa wohnten von März bis November 1949 *Mao Zedong* und andere Parteiführer. Nahebei liegt der **Pavillon auf der Hälfte des Berges** (*Banshan Ting*), wo man von dem kleinen Turm aus die Parkanlage gut überblicken kann.

Wasser zweier Quellen

Sich immer westwärts haltend, biegt man anschließend nach einem guten Stück Weg in den **Gujian Chou** („Sogar der Teufel hat Angst") genannten, steil bergaufwärts führenden Pfad ein, über den man hoch zum **Xiangshan-Gipfel** (**5**) kommt. Von oben sieht man bei klarem Wetter im Osten den *Sommerpalast*, im Süden die *Marco-Polo-Brücke* und den *Jadequellberg*.

> **Hinweis**
>
> *Wer sich den Aufstieg zum **Xiang Shan** ersparen möchte, kann in der Nähe des **Nordtores** (13) den Sessellift benutzen.*

Beim Abstieg kann man entweder beim Aussichtspunkt **Xishan Qingxue** (**6**) vorbeischauen oder sich bei der zweiten Weggabelung gleich rechts in Richtung **Jadeblumenbergvilla** (*Yuhua Shanzhuang*) (**7**) orientieren. Ein Stückchen nördlich von ihr passiert man die **Lotushalle** (*Furong Guan*) (**8**) und steht, nachdem man sich bei seinem Rundgang zweimal links gehalten hat, schließlich vor dem **Tempel der Klarheit** (*Zhao Miao*) (**9**). Dieser Tempel wurde 1780 in tibetischem Stil errichtet und diente dem *Pantschen Lama* als Residenz. Die Spitze des Tempels soll einst aus purem Gold bestanden haben. Er liegt auf einer Achse, die mit einem kleinen **Pavillon** und einem **künstlichen See** beginnt, gefolgt von einem imposanten **Ehrentor**.

Klein-Tibet

Das sich anschließende Gebäude im typisch tibetischen Stil weist in seiner glatten, zehn Meter hohen Mauer viele blinde Fenster auf. Zwei Treppen führen an ihr entlang nach oben aufeinander zu. Im Innenhof umstehen Bäume eine quadratische Stele, auf der eingraviert ist, wie der *Pantschen Lama* bei seinem Besuch in Peking mit Kaiser *Qianlong* den Bau des Tempels plante. Leider ist nach den Zerstörungen der Jahre 1860 und 1900 nichts mehr von der Anlage zu sehen, die sich – von einer Mauer umgeben – den ganzen Hang hinaufzog. Übrig geblieben ist die sieben Stockwerke hoch aufragende acht-

Pavillon der Selbstprüfung

Dieses Ehrentor zählt zu den Hauptsehenswürdigkeiten im Park der Duftenden Berge

eckige Pagode **Liuli Ta** (10) westlich des Tempels, deren Bronzeglöckchen an den Ecken jedes Stockwerkdaches leise im Winde bimmeln. Nicht weit entfernt davon stößt man nördlich auf den **Pavillon der Selbstprüfung** (*Jianxin Zhai*) (11), der im 16. Jahrhundert im südchinesischen Stil errichtet wurde und in dessen Hofmitte sich ein halbmondförmiger Teich befindet. Eine Galerie umläuft den Teich; der Hof selbst ist für sein von der nördlichen, östlichen und südlichen Wand zurückschallendes Echo bekannt. Auf dem Weg zum **Nordtor** kommt man noch am **Brillensee** (*Yanjing Hu*) (12) vorbei, bei dem es sich um zwei, in der Mitte durch eine Brücke verbundene Seen handelt, deren Gestalt einer Brille gleicht.

Tempel der Azurblauen Wolke (125)
Biyun Si
Haidian District (nördlich des Xiangshan Gongyuan)

> **Information**
>
> ☏ *62591155 ext. 470*
> **Öffnungszeiten** *täglich 6-18 Uhr*
> **Eintritt** *RMB 10*
> **Anreise** *siehe Park der Duftenden Berge*

An das Nordtor schließt sich auf der kleinen Halbinsel der **Tempel der Azurblauen Wolke** an: Mit dem Bau der imposanten, malerisch in die Umgebung eingebetteten Tempelanlage begann man 1321, einige reiche Eunuchen der Ming-Zeit trieben ihren Ausbau weiter, ehe der kaiserliche Eunuch *Yu Jing* den Tempel im 16. Jahrhundert nochmals erweitern und in ihm eine Begräbnisstätte für sich anlegen ließ. In Ungnade gefallen, blieb sein letzter Wille jedoch unerfüllt, genauso wie derjenige des Eunuchen *Wei Zhongxian*, der den gleichen hegte und ebenfalls den Tempel ausbauen und für sich eine Grabanlage anlegen ließ. Aus Verzweiflung darüber erhängte er sich 1628. Eine nochmalige Erweiterung erfuhr die Anlage – ein beliebtes Rückzugsresort der Kaiser und ihrer Konkubinen – 1748 unter Kaiser *Qianlong*.

Mehrfache Erweiterung

Ehe man die über sechs Terrassen ansteigende Tempelanlage betritt, wovon jeder Verbindungshof einen eigenständigen Charakter aufzuweisen hat, überquert man eine weiße **Steinbrücke**, die von zwei fast fünf Meter hohen Steinlöwen bewacht wird.

Treppen führen zum **Bergtor** (*Shan Men*) hinauf, in dem die beiden Schutzgottheiten *Heng* und *Ha* wachen. Nach Passieren des Portals gelangt man zur von **Glocken-** und **Trommelturm** flankierten **Halle der Himmelskönige** (*Tianwang Dian*), in der Himmelswächter die bösen Geister abzuwehren versuchen. In der nächsten Halle, der **Maitreya-Halle** (*Milefo Dian*) empfängt *Milefo*, die dickbäuchige, lächelnde chinesische Variante des Zukunftsbuddhas, die Besucher. Im anschließenden Hof gelangt man zu einem **Goldfischteich**.

Steinwächter

Im dahinter liegenden dritten Hof stößt man auf die Halle **Pusa Dian**, die diversen Bodhisattvas geweiht ist.

In der gewaltigen, 1748 erbauten, einem griechischen Kreuz gleichenden Halle links, der **500 Luohan-Halle**, sind über 500 jeweils 1,5 m große vergoldete Holzstatuen dieser Schüler *Buddhas* untergebracht, von denen jede einzelne ihr besonderes Aussehen hat. Die meisten Figuren sind sitzend dargestellt. Würde man die **Figuren** durchzählen, so käme man auf **insgesamt 508**, die 500 Schüler *Buddhas*, sieben in den Gängen aufgestellte Götter und eine weitere Figur, die fröhlich auf einem Dachbalken in der Nähe des Eingangs sitzt und sich mit einem Fächer Frischluft zuzufächeln scheint. Bei ihr handelt es sich um den Mönch *Jigong*, der beim Bau des Tempels zu spät gekommen sein soll und so in verkleinerter Gestalt mit diesem etwas unbequemen Platz habe vorlieb nehmen müssen. Wieder auf der Hauptachse zurück, betritt man als nächstes die **Dr. Sun**

Altar in der Halle Pusa Dian

Statue von Dr. Sun Yat-sen

Yat-sen-Gedenkhalle, in deren Mitte eine Büste des Republikgründers ausgestellt ist. Daneben steht ein von der Sowjetunion geschenkter versilberter Bronzesarg, der allerdings erst zwei Wochen nach der Beerdigung eintraf und daher keine Verwendung mehr fand. An der Wand ist eine Inschrift des hier Verehrten auszumachen: ein von ihm an die Sowjetunion gerichteter Brief. Des Weiteren kann man dessen literarisches Werk sowie einige seiner handwerklichen Unterlagen in Augenschein nehmen und sich außerdem in den Seitenräumen anhand einer Fotodokumentation über das Leben und Wirken des Reformators informieren.

Hinter dieser Halle, weiter bergaufwärts, liegt der **Wasserquellhof** (*Shuiquan Yuan*) mit vielen Schatten spendenden Bäumen, in dem man sich eine behagliche Pause gönnen kann.

Auf der obersten Geländeterrasse folgt schließlich die aus Marmorblöcken bestehende **Diamantenthronpagode** (*Jinggangbaozuo Ta*), die 1748 erbaut wurde und deren Namen an den Ort Bodhgaya erinnert, an dem *Siddharta Gautama* die Erleuchtung erlangte. Die beiden unteren Teile der 34,7 m hohen, der *Wuta Si* in Peking nachempfundenen Pagode, bilden einen terrassenförmigen Unterbau, wobei der obere Teil mit Buddhas, Viras, Himmelskönigen, Drachen, Tieren und Wolkenmustern in tibetischem Stil verziert ist.

Diamantenthronpagode

Die Plattform, in deren Mitte die **weiße Pagode** steht, erreicht man über steile Treppen im Inneren. Umgeben ist die zentrale Pagode von **vier** kleineren **dreizehnstufigen** und zwei größeren **Dagobas**, die allesamt mit Reliefs verziert sind, genauso wie die anderen Teile dieses Bauwerks. Von 1925 bis zu seiner Überführung nach Nanjing am 1. Juni 1929 lag hier der Leichnam *Dr. Sun Yat-sens* aufgebahrt, seine Kleidung und sein Hut indes wurden hier begraben.

Reich dekoriert

 Tipp

Die Tempelanlage ist die beeindruckendste in den Westbergen und sollte daher, wenn es an Zeit mangelt, auf der Besichtigungsliste ganz oben stehen!

Botanischer Garten (10)
Wofosi Lu, Xiangshan, Haidian District

> **Information**
>
> ☎ 62591283, www.beijingbg.com; Cao Xueqin Memorial Hall, ☎ 625 91561 ext. 2028; China Honey Bee Museum, ☎ 82590094
> **Öffnungszeiten** täglich; Park 7-17 Uhr, Gewächshaus 8.30-16.30 Uhr, Cao Xueqin Memorial Hall 8.30-16 Uhr, China Honey Bee Museum 8.30-16.30 Uhr (15.11.-5.3. geschlossen)
> **Eintritt** Park RMB 5; Gewächshaus RMB 50; Cao Xueqin Memorial Hall RMB 10, Kinder die Hälfte; China Honey Bee Museum RMB 2, Kinder die Hälfte
> **Anreise**
> Bus 318, 333, 360, 737, 833 und 904

Die 400 ha große Gartenanlage **beherbergt Chinas größte Pflanzensammlung**, u.a. 225 Baumpäonienarten, mehr als 2.000 Orchideenarten und Hunderte anderer Arten Bäume und Sträucher. Zudem findet man hier mehr als 100 Jahre alte Bonsai, einen malerischen Rosengarten und ein – schon rein architektonisch – **sehenswertes Gewächshaus**. *Paradies für Botaniker*

Einem der bekanntesten Literaten des Landes gedenkt man in der **Cao Xueqin Memorial Hall** (*Cao Xueqin Jinianguan*): In den 18 Räumen des zwei Höfe umfassenden Gebäudes werden die Lebensgeschichte und das Werk des Schriftstellers (1715-63) präsentiert, der einen der bekanntesten chinesischen Romane verfasste: „Der Traum der Roten Kammer". Im westlichen Teil des Gartens findet man zudem das kleine **China Honey Bee Museum**, das sich ganz den fleißigen Honigsammlern verschrieben hat.

Angeschlossen an den Botanischen Garten befindet sich nördlich davon die **Kirschenschlucht** (*Yingtaogou*), die knapp einen Kilometer nordwestlich vom *Tempel des Schlafenden Buddha* (ⓘ S. 354) liegt und von diesem aus auf dem vom Nordende des Tempels nach Nordwesten führenden Weg zu erreichen ist.

Die Kirschenschlucht und der dazugehörige **Garten der Kirschenschlucht** (*Yingtaogou Huayuan*) sind seit jeher beliebtes Ziel stadtmüder **Erholungssuchender**, die vor allem im Sommer und Herbst in der reizvollen Landschaft Entspannung und Muße suchen. Früher wuchsen hier viele Kirschbäume, die dem Garten seinen Namen gaben. *Ausflugsort*

Ein kleines Tor markiert den Eingang zum Parkgelände, anschließend führt der Weg bergaufwärts, bis man zu einer Quelle gelangt. Ihr gegenüber erhebt sich der **Felsen des Weißen Hirschen**, der in seinem unteren Teil die **Höhle des Weißen Hirschen** birgt. Gemäß der Überlieferung soll dereinst ein Gott auf einem weißen Hirsch hierher gekommen sein und sich – angetan von der Landschaft – an diesem Ort für einige Zeit niedergelassen haben.

Über Bogenbrücken erreicht man den **Garten der Zhou-Familie** (*Zhoujia Huayuan*), der sich vor langer Zeit einmal im Besitz einer reichen Zhou-Familie befand. Steigt man weiter bergan, so kommt man schließlich zum **Wolkengipfel auf dem halben Weg zum Himmel** (*Baotian Yunlin*), von dem aus man eine herrliche Aussicht auf die nähere und fernere Umgebung hat.

Tempel des Schlafenden Buddha (11)
Wofo Si
Wofosi Lu, Xiangshan, Haidian District (innerhalb des Botanischen Gartens)

 Information

☏ 62591283
Öffnungszeiten *täglich 8.30-16.30 Uhr*
Eintritt *RMB 5 (plus Eintritt für den Botanischen Garten)*
Anreise *Bus 318, 333, 360, 737, 833 und 904*

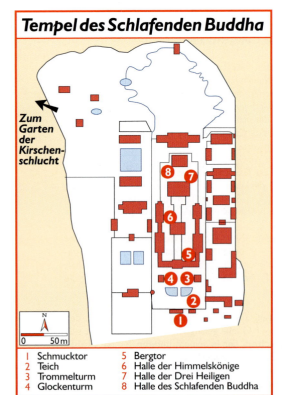

1 Schmucktor
2 Teich
3 Trommelturm
4 Glockenturm
5 Bergtor
6 Halle der Himmelskönige
7 Halle der Drei Heiligen
8 Halle des Schlafenden Buddha

Der im Norden der Westberge gelegene Tempel zählt zu den ältesten Pekings. Bereits im 7. Jahrhundert entstand hier ein Tempel namens *Doushuai Si*, der einen Schlafenden Buddha beherbergte. Erste umfangreiche Ausbauarbeiten wurden 1320 vorgenommen, als rund 7.000 Handwerker angeblich zehn Jahre lang mit der Neugestaltung des Komplexes beschäftigt waren. Die Ming benannten den Tempel in *Yong'an Si* („Tempel des Ewigen Friedens") um, seit 1734 trägt er seinen offiziellen Namen: *Shifangpujue Si* („Tempel des Allseitigen Geistigen Erwachens").

Aufgrund seiner berühmten Statue wird er jedoch gewöhnlich **Tempel des Schlafenden Buddha** genannt. Die jetzige Anlage stammt weitestgehend aus dem 18. Jahrhundert.

Harmonisch schmiegt sich der Tempel, einer Nord-Süd-Achse folgend, in die Landschaft. Uralte Koniferen begrüßen den Besucher, der zunächst durch ein **Schmucktor** (1) aus dem 18. Jahrhundert tritt, dessen drei mit gelb- und grün-glasierten Keramikziegeln verzierte Rundbögen auf dem weißen Marmorunterbau ruhen.

Ein kleiner, mit Lotus bewachsener **Teich** (2), über den sich eine schmale Brücke spannt, füllt die Mitte des ersten Hofes, dahinter erheben sich rechts und links **Trommel-** (3) bzw. **Glockenturm** (4).

Lotusteich vor dem Tempel des Schlafenden Buddha

Durch das **Bergtor** (*Shan Men*) (5), in dem zwei Wächterfiguren stehen, kommt man in den zweiten Hof, in dem man als nächstes zur **Halle der Himmelskönige** (*Tianwang Dian*) (6) gelangt, die neben den vier Himmelswächtern eine Figur *Maitreyas* und eine ebensolche *Weituos* birgt. Erhöht auf einer Terrasse gelegen, zieht den Besucher die **Halle der Drei Heiligen** (*Sansheng Dian*) (7)

Im Tempel des Schlafenden Buddha

an, in der eine Statue *Sakyamunis*, flankiert von *Amitabha* (links) und einem Medizinbuddha (rechts), 18 Luohan sowie im Rücken der Buddhafiguren eine *Guanyin* zu sehen sind.

Das nördliche Ende des Tempelkomplexes bildet die **Halle des Schlafenden Buddha** (*Wofo Dian*) (8), in der die berühmte, 5,2 m lange Figur des schlafenden, ins Nirvana eingehenden *Buddha* zu Hause ist, wobei ein Arm seinen Kopf stützt, der andere hingegen auf seinem Körper ruht. Die Statue soll 1321 unter Mitwirkung Tausender von Arbeitern aus **250 Tonnen Kupfer** gegossen worden sein, doch wiegt die zu sehende nur 54 Tonnen und dürfte auch jüngeren Datums sein. Die Tonfiguren von zwölf Schülern *Buddhas* umstehen den schlafenden Meister. Zu beiden Seiten der Halle kann man Kästchen mit bestickten Stoffschuhen ausmachen, die dem barfüßigen *Buddha* von den Qing-Kaisern dargebracht wurden.

Tonnenschweres Losgelöstsein

In dem kleinen Gebäude hinter der Haupthalle wurden früher die Sutratexte aufbewahrt. Über schmale Wege gelangt man zu mehreren **Aussichtspavillons** auf der Anhöhe, von denen aus man z.T. eine wunderschöne Aussicht auf die umliegende Hügellandschaft hat.

Beijing-Universität (12)
Beijing Daxue
Haidian District

> **Information**
>
> **Öffnungszeiten** *täglich 8-18 Uhr*
> **Eintritt** *frei*
> **Anreise** *Bus 332, 718, 732 und 808*

Es ist dies die **größte geisteswissenschaftliche Universität** des Landes. 1898 mit amerikanischer Hilfe unter dem Namen *Yanjing Daxue* gegründet, war sie zu jener Zeit noch in der Nähe des *Kohlehügels* untergebracht. An ihr reiften die Ideen fortschrittlicher junger Menschen heran, die während der 4. Mai-Bewegung von 1919 öffentlich formuliert wurden, außerdem rekrutierten sich aus ihr immer wieder Kräfte, die zum einen den antijapanischen Widerstand, zum anderen die Revolution vorantrieben. 1953 siedelte die **Beida** (so die Kurzbezeichnung) auf das heutige Gelände um, bei dem es sich um einen ehemaligen Privatbesitz eines hohen Qing-Beamten handelte. Im Laufe der letzten Jahre kamen zahlreiche neue Gebäude hinzu, in denen nicht nur gelehrt und studiert, sondern auch gewohnt wird, wie dies an chinesischen Universitäten üblich ist.

Denkfabrik

Am Südufer des im Gelände liegenden **Sees** befindet sich das **Grab Edgar Snows**, jenes amerikanischen Journalisten, der durch seine Reportagen über die chinesische Revolution, sein Buch „Roter Stern über China" und seine freundschaftlichen Beziehungen zu *Mao Zedong* bekannt wurde. Er war es auch, der dem amerikanischen Präsidenten *Richard Nixon* 1972 auf Geheiß *Maos* Gesprächsbereitschaft von Seiten der Chinesen signalisierte. Die Hälfte seiner Asche wurde hier, die andere Hälfte in der Schweiz beigesetzt. Am See findet man auch eine klassische chinesische Pagode sowie Pavillons und Steinfiguren.

Maos Freund

Östlich der *Beida* schließt sich die **Qinghua Daxue** (*Qingda*) an, Chinas größte Universität für Naturwissenschaften und Technik.

Arthur M. Sackler Museum of Art and Archaeology (13)
75 Haidian Lu, Beijing University, Haidian District, Eingang Westtor

> **Information**
>
> ☏ 62751667
> **Öffnungszeiten** *täglich 8.30-16.30 Uhr (Einlass bis 16 Uhr)*
> **Eintritt** *RMB 5*
> **Anreise** *Bus 332, 718, 732 und 808*

In den Räumen des von dem amerikanischen Philanthropen gespendeten Museums zeigt hier das Archaeology Department of Beijing University einen Teil seiner kostbaren Bronzen, Jadestücke, Keramiken und Steinarbeiten.

Alter Sommerpalast (14)
Yuanming Yuan = Garten der Vollkommenheit und des Lichts
28 Qinghua Xilu, Haidian District

 Information

☏ 62628501
Öffnungszeiten *täglich, 1.4.-31.10. 7-21 Uhr, 1.11.-31.3. 7-17.30 Uhr*
Eintritt *RMB 10, Kinder die Hälfte; Labyrinth RMB 15 extra. Der Teil westlich der Penglai-Insel ist nicht zugänglich.*
Anreise *Bus 320, 331, 365, 375, 722 und 825*

Im Jahre 1709 ließ Kaiser *Kangxi* nordwestlich der Stadt einen Garten nach südchinesischem Muster anlegen, den **Alten Sommerpalast**. Ihn prägten ein großer, künstlich angelegter See mit einer Insel, mehrere kleinere Seen und diverse Kanäle, Hunderte von Palasthallen, Pavillons und Tore, dazu Wandelgänge, Statuen und Brunnen. Mehr als 140 Gebäude verteilten sich so zwischen rund 100 kunstvoll gestalteten Landschaftsszenen.

Seine Vollendung erfuhr die Parkanlage aber erst unter Kaiser *Qianlong*, der die Jesuiten *Guiseppe Castiglione*, *Michel Benoit* und *Jean Denis Attiret* damit beauftragte, im nordöstlichen Teil des Gartens **Paläste im europäischen Stil** zu errichten, wodurch zwischen 1747 und 1760 ein für China einzigartiger Komplex von Rokokoschlösschen entstand – quasi als Pendant zu den Chinoiserien der Europäer. So entstanden im Laufe der Zeit eigentlich drei voneinander unabhängige Gärten, die sich aber harmonisch ergänzten: der **Garten der Vollkommenheit und des Lichts** (*Yuanming Yuan*), der **Garten des Ewigen Frühlings** (*Changchun Yuan*) und der **Garten des Schönen Frühlings** (*Qichun Yuan*).

Europa lässt grüßen

Die Qing-Kaiser regierten mehrere Monate im Jahr von hier aus das Reich. Aufgrund der zahllosen hier aufbewahrten wertvollen Bücher und Kulturobjekte erhielt der Park auch den Beinamen „**Schatzkammer der Kultur und Kunst**", und selbst in Europa war er als „**Garten der Zehntausend Gärten**" berühmt.

Der Prunk währte jedoch nur hundert Jahre, denn die am Ende des Zweiten Opiumkrieges (Oktober 1860) nach Peking vorrückenden Interventionstruppen der Briten und Franzosen leisteten ganze Arbeit, machten die prachtvolle, 340 ha große Parkanlage, die drei Tage und Nächte gebrannt haben soll, innerhalb von zehn Tagen dem Erdboden gleich. Von den geraubten Kostbarkeiten

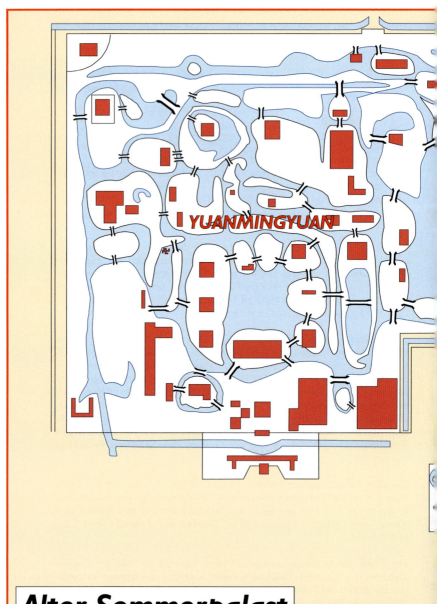

Alter Sommerpalast

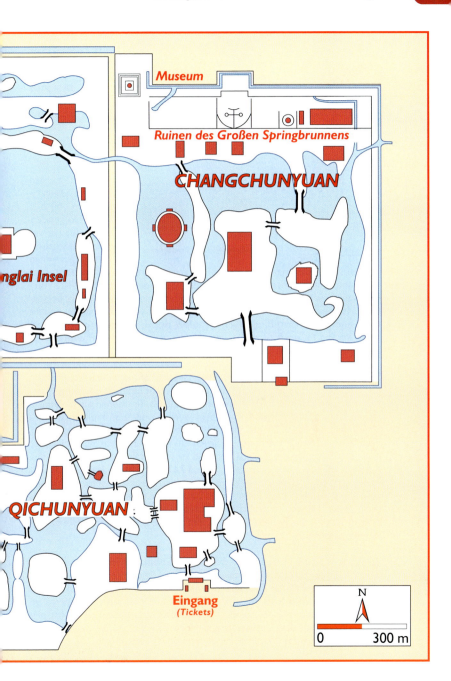

Ruinen im Alten Sommerpalast

erhielten die wertvollsten Königin *Victoria von England* und *Napoleon III*. Der Kaiser hatte sich kurz vor dem Überfall der Alliierten zusammen mit seinem Gefolge nach Chengde absetzen können.

Aus Mangel an den dafür notwendigen Finanzmitteln blieben die nachfolgenden Wiederaufbauversuche des Kaiserhauses im Anfangsstadium

Riesiges Ruinenfeld stecken, sodass die Ruinen, die von den Alliierten während des Boxeraufstandes noch einmal heimgesucht wurden, nach dem Sturz der Monarchie weiter verfielen, zumal sich die Bauern der herumliegenden Steine als Baumaterial bedienten. Erhalten gebliebene Pavillons und Denkmäler versetzte man an andere Orte, und so stehen z.B. die **Acht Säulen des Lan-Pavillons** (*Lan Ting*) heute im *Sun Yat-sen-Park*, die Steinsäulen des **Anyou Gong-Pavillons** vor der Pekinger Bibliothek und der *Beida*.

Seit 1985 bemüht sich die Yuanming Yuan-Gesellschaft um eine Restaurierung, doch ist man sich bislang noch nicht einmal so recht über das endgültige Konzept klar geworden, sodass abzuwarten bleibt, ob die Ruinen als Mahnmale stehen bleiben, original wiederaufgebaut werden oder zum Freizeitpark umfunktioniert werden. Da die meisten Bauten ehedem aus Holz bestanden, blieb von ihnen nichts erhalten, lediglich die kreuz und quer durcheinander *Verwaistes* liegenden Trümmer der Steinbauten sind zu sehen. Mit finanzieller Hilfe des *Idyll* Auslands konnte zwischenzeitlich ein **1747 erbautes Labyrinth** mit einem kleinen Pavillon in der Mitte restauriert werden. In seiner Mitte saß *Qianlong* am Abend des Herbstfestes, während seine Konkubinen – mit Fackeln in den Händen – versuchen mussten, möglichst schnell durch den Irrgang aus etwa 1,5 m hohen Mauern zu ihm zu gelangen, denn die erste erwartete ein Geschenk.

Zu sehen sind auch noch ein paar Relikte des **Gebäudes im Europäischen Stil** (*Xiyang Lou*), so u.a. ein Portal und eine Steinschildkröte. Da die Anlage auf der Beliebtheitsskala der Einheimischen nicht sehr weit oben steht, lassen sich rund um den **Fuhai-See** (*Meer des Glücklichen Lebens*) schöne Spaziergänge unternehmen, oder man mietet eines der Ruderboote und lässt sich auf seinen sanften Wogen aus dem Großstadttrubel hinüber zu der inmitten des Sees gelegenen **Insel Penglai** (*Wohnsitz der Unsterblichen*) davontragen.

Eine interessante Symbiose aus chinesischem Denken und europäischer Architektur war die **Wasseruhr am Palast des Ruhigen Meeres** (*Haiyan Tang*), dessen Ruinen sich zwischen Labyrinth und **Museum** erstrecken. Die Konstruktion des französischen Jesuiten *Benoit* besaß Köpfe der zwölf Tiere des chinesischen Tierkreiszeichens, die jeweils zwei Stunden lang Wasser spien – gemäß der chinesischen Tradition, nach der sich der Tag in zwölf Zwei-Stunden-Abschnitte teilt und jedem dieser Zeitabschnitte ein Tier des chinesischen Tierkreiszyklus zugeordnet ist. Während des Zweiten Opiumkrieges als Beutegut außer Landes gebracht, gelang es vor wenigen Jahren wohlhabenden chinesischen Geschäftsleuten vier der Bronzeköpfe auf Auktionen zu ersteigern. Diese können derzeit im *Poly Art Museum* (ⓘ S. 286) begutachtet werden.

Eigenwilliger Zeitgeber

Wer sich über die ursprüngliche Anlage und deren Zerstörung informieren möchte, sollte das kleine **Museum** aufsuchen, in dem einige alte Fotos und ein Modell der Gartenanlage ausgestellt sind.

Sommerpalast (15)
Yihe Yuan
19 Xinjian Gongmen, Haidian District

> ### ⓘ Information
>
> ☏ 62881144
> **Öffnungszeiten** täglich, 1.4.-31.10. 6.30-18 Uhr, 1.11.-31.3. 7-17 Uhr
> **Eintritt** Park 1.4.-31.10 RMB 30, 1.11.-31.3. RMB 20, Kinder die Hälfte; für manche Gebäudekomplexe bzw. Areale (z.B. Theater, Tempel des Wohlgeruchs Buddhas, Suzhou-Straße) muss gesondert Eintritt bezahlt werden, meist RMB 10; das All-Inclusive-Ticket kostet RMB 60
> **Anreise** ab Zoo Bus 332, ab U-Bahn-Station Xizhimen Bus 375, außerdem Bus 330, 333, 346, 394, 726 und 810

Wer alles sehen möchte, sollte einen ganzen Tag dafür einplanen, denn die weitläufige, 290 ha große, zum **Weltkulturerbe** zählende **Parkanlage** birgt zahlreiche reizvolle Winkel, in denen sich eine Pause zum Staunen und Besinnen einlegen lässt, und das exquisite **Tingliguan Restaurant** in der *Halle, in der man den Pirolen lauscht*, sorgt bei den zurückzulegenden langen Wegen für die nötige Stärkung.

Bevor man seinen Rundgang beginnt, noch ein kurzer Blick in die Geschichte: Zwar stammt die Anlage, so wie man sie heute zu sehen bekommt, erst aus der Qing-Dynastie, ihre Ursprünge reichen allerdings bis zu den Jin zurück, die die Vorteile klar erkannten. Die Anlage bot eine Kombination aus Hauptstadt in der Ebene und Erholung in den nahen *Westbergen*. „Goldberg" nannten sie den – damals noch niedrigeren – Hügel im dazugehörigen **Garten des Goldenen Wassers** (*Jinshui Yuan*). Das südlich von dem Hügel gelegene Sumpfland wurde

Kunstprodukt

Pekings größter und beliebtester Park: der Sommerpalast

Die kaiserliche Bootsanlegestelle

1153 mit Hilfe eines von der weiter westlich gelegenen **Jadequelle** umgeleiteten Baches unter Wasser gesetzt und der so entstandene See erhielt den Namen „Goldsee".

Unter den Yuan änderten sich infolge einer Legende die Namen des Berges und des Sees, die fortan „Kannenberg" (*Weng Shan*) und „Kannenbergsee" hießen. Gemäß dieser Sage soll sich am Hang des Hügels ein dem Gott des Reichtums geweihter Tempel befunden haben, wohingegen die um ihn herum lebenden Menschen arm waren und auch blieben. Aus Mitleid mit ihnen beschloss der Gott, jedes Jahr an einem bestimmten Tag jeweils eine Familie eine Kanne voller Preziosen finden zu lassen, was schließlich zu besagter Namensänderung führte.

Einem letztlich bis heute ungelösten **Problem** sahen sich die Yuan nach der Errichtung von Dadu gegenüber, nämlich **der Wasserversorgung** ihrer großzügig angelegten Hauptstadt. Da in den *Westbergen* genügend

Wasserreservoir

Wasser vorhanden war, gaben sie bei dem Ingenieur *Guo Shoujing* ein weit verzweigtes Kanalsystem in Auftrag, das in den folgenden Jahrhunderten weiter ausgebaut wurde, wodurch nicht nur der *Kannenbergsee*, sondern auch die im Nordwesten der Stadt gelegenen Gartenanlagen, der *Nordsee-Park* und der Wassergraben um den *Kaiserpalast* mit ausreichend Wasser versorgt werden konnten. Gleichzeitig dienten die Kanäle aber auch als Transportwege für Menschen und Güter. Zwar ließ Anfang des 16. Jahrhunderts, als das Areal *Garten der Wundervollen Hügel* hieß, Kaiser *Zhengde* auf dem Hügel einen Tempel und am Seeufer einen kleinen Palast erbauen, die **wahre Baugeschichte des Parks** begann indes erst unter Kaiser *Qianlong*, der ihn in einen kaiserlichen Freizeitpark umfunktionieren ließ. Anlässlich des 60. Geburtstags seiner Mutter ließ er See und Hügel ausbauen, indem er den **Berg des Langen Lebens** (*Wanshou Shan*), den vormaligen *Kannenberg*, mit dem Aushubmaterial des Sees aufschüttete. Doch auch der sich darauf befindliche Tempel erfuhr eine Erweiterung und wurde ebenso erneut umbenannt wie See und Hügel.

Während See und Tempel seither der Barmherzigkeit und dem langen Leben gewidmet sind, erhielt der See den Namen **Kunming-See**, gestaltet wurde er dabei nach dem Westsee in Hangzhou. Als großer Freund südchinesischer

Landschaften trieb *Qianlong* den Ausbau vehement voran, ließ in den 28 Gärten u.a. zahlreiche weitere Gebäude und Wandelgänge anlegen, die zumeist aus Holz gebaut waren und somit während der Plünderungen der Alliierten 1860 ein Raub der Flammen wurden. Sämtliche Kunstgegenstände wurden dagegen von den marodierenden Truppen davongeschleppt. *Wiederaufbau*

1873 ordnete Kaiser *Tongzhi* (*Cixis* Sohn) beim Erreichen der Volljährigkeit die Restaurierung der gesamten Anlage an, doch musste diese nach seinem überraschenden Tod im Jahre 1875 eingestellt werden. Seine Mutter, die Kaiserinwitwe *Cixi*, führte die Arbeiten zwischen 1886 und 1891 mit Geldern, die für den Aufbau einer Marine gedacht waren, weiter, wobei sie vor allem den südlichen Bergabhang ausbauen ließ, den sie zu ihrem Alterssitz erkoren hatte. Sie gab der Anlage den Namen „**Garten des Friedens und der Harmonie im Alter**" (*Yihe Yuan*); so kam der Park denn auch zu seinem heutigen Namen.

Erneut mutwillig zerstört wurde der **Sommerpalast** nach der Niederschlagung des Boxeraufstandes und der sich anschließenden Flucht des Kaiserhofes nach Xi'an. Die im Park stationierten britischen, italienischen und russischen Truppen machten sich u.a. einen Spaß daraus, aus Langeweile auf Dachreiter und Buddhafiguren zu schießen, und was irgendwie von Wert war, wurde abtransportiert. *Erneute Zerstörung*

Nach der Rückkehr aus Xi'an ließ *Cixi* den Palast zwischen 1902 und 1904 noch einmal herrichten. Nach ihrem Tod waren Besichtigungen nur unter Aufsicht der kaiserlichen Haushaltsabteilung möglich, erst **1914** gab man die Parkanlage der Allgemeinheit zur **Besichtigung** frei, doch konnte sich aufgrund der überzogenen Eintrittspreise praktisch niemand diesen Luxus leisten.

Nachdem ab 1924 einer der lokal herrschenden Generäle die Verwaltung des Parks an sich gezogen hatte, verfiel dieser noch weiter. Erst Ende der 1950er Jahre machte man sich an die Restaurierungsarbeiten, die heute weitgehend abgeschlossen sind, gleichzeitig öffnete man die Anlage tatsächlich für die Allgemeinheit. Mittlerweile sind auch die während der Kulturrevolution verursachten Beschädigungen wieder zum größten Teil beseitigt.

Der im Westen gebräuchliche Name „**Sommerpalast**" rührt von dem Umstand her, dass sich der Qing-Hof in seiner Spätphase den ganzen Sommer über hier aufhielt und sich somit auch alle west-

Der Sommerpalast ist ein beliebtes Naherholungsziel

1 Osttor	8 Pavillon des Langen Lebens	15 Tor zur Begrüßung des Mondes
2 Halle des Wohlwollens und des Langen Lebens	9 Pavillon der Freude und Landwirtschaft	16 Wandelgang
3 Palast der Jadewelle	10 Garten der Harmonie und des Vergnügens	17 Schmucktor
4 Haus der Duftenden Kräuter	11 Studio des Weiten Blicks	18 Eingangshalle
5 Garten der Harmonie und Tugend	12 Porzellanpagode	19 Yuha-Halle
6 Halle der Gesundheit und der Fröhlichkeit	13 Halle der Freude und des Langen Lebens	20 Halle der Rosa Wolken
7 Pavillon der Großen Glückseligkeit	14 Bootsanlegestelle	21 Zweites Palasttor
		22 Fanghui-Halle
		23 Halle der Purpurwolken

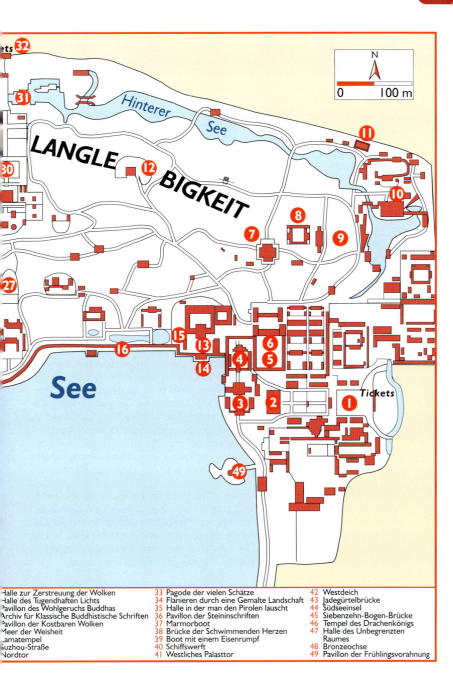

3. Peking sehen und erleben/Westlich der Dritten Ringstraße 365

Halle zur Zerstreuung der Wolken
Halle des Tugendhaften Lichts
Pavillon des Wohlgeruchs Buddhas
Archiv für Klassische Buddhistische Schriften
Pavillon der Kostbaren Wolken
Meer der Weisheit
Lamatempel
Suzhou-Straße
Nordtor

33 Pagode der vielen Schätze
34 Flanieren durch eine Gemalte Landschaft
35 Halle in der man den Pirolen lauscht
36 Pavillon der Steininschriften
37 Marmorboot
38 Brücke der Schwimmenden Herzen
39 Boot mit einem Eisenrumpf
40 Schiffswerft
41 Westliches Palasttor

42 Westdeich
43 Jadegürtelbrücke
44 Südseeinsel
45 Siebzehn-Bogen-Brücke
46 Tempel des Drachenkönigs
47 Halle des Unbegrenzten Raumes
48 Bronzeochse
49 Pavillon der Frühlingsvorahnung

lichen Diplomaten zur Erledigung ihrer Amtsgeschäfte hierher begeben mussten. Nach chinesischer Vorstellung handelt es sich indes um einen Garten (*Yuan*), dessen zentrale Elemente Wasser, Felsen, Pflanzen und Gebäude sind, alles wohl geplant und mit einer als harmonisch empfundenen Form ausgestattet. Zentraler Bestandteil der Gesamtanlage ist dabei der etwa **200 ha große Kunming-See**, an dessen Nordseite sich das Gros der Gebäude gruppiert. Diese folgen in ihrer Architektur jedoch nicht den strengen Vorschriften der Palastarchitektur, auch wenn sie am Südhang alle nach Süden ausgerichtet sind. Schließlich handelte es sich um einen Alterssitz mit Freizeitcharakter, in dem bizarre Felsen, die z.T. über 1.000 km weit aus dem Süden hierher gebracht wurden, und künstlich angelegte Blumen- und Baumarrangements immer neue Akzente setzen und Ausblicke freigeben.

Sommerresidenz des Kaiserhofes

Die gesamte Anlage ist von einer **Mauer** umgeben und besitzt vier Eingänge, und zwar je zwei im Osten und Norden. Beginnen sollte man seinen Rundgang am **Osttor** (*Donggong Men*) (**1**), vor dem zwei Bronzelöwen aus der Zeit *Qianlongs* wachen. Die große geschnitzte Marmorplatte, der so genannte **Drachen-Wolken-Stein** – mit zwei mit Perlen spielenden Drachen – in der Tortreppe wurde hingegen aus dem *Alten Sommerpalast* hierher gebracht. Über dem Eingang kann man die Schriftzeichen für den offiziellen Namen des Parks lesen: **Yihe Yuan**.

Steine und Fabelwesen

Wenige Meter hinter dem Eingang befindet sich rechts auf einer Schautafel ein Grundriss des Parks, links eine kurze historische Einführung (nur auf Englisch) dazu. Geradeaus weiter durchschreitet man zunächst eine **Geisterwand** und steht sodann der **Halle des Wohlwollens und des Langen Lebens** (*Renshou Dian*) (**2**) gegenüber, die bis zu *Cixis* Renovierung im Jahre 1890 „Palast zur Förderung guter Regierung" hieß. Diese Halle diente als offizielle Empfangshalle der Kaiserin, in der sie in- wie ausländische Gesandte empfing. Ob sie, wie meist erzählt wird, tatsächlich hinter einem Wandschirm lauschend dem Kaiser Befehle zuflüsterte, bleibt dahingestellt, denn eigentlich ist der Ausdruck „Hinter dem Wandschirm" im Chinesischen eine Metapher für die Pro-forma-Regierung eines schwachen oder unmündigen Kaisers, dessen Amtsgeschäfte von der Kaiserinwitwe wahrgenommen werden.

Der **Thron** *Cixis* steht noch immer in der Mitte der Halle, dahinter ein Wandschirm, auf dem das Zeichen für „Langes Leben" (*Shou*) zu lesen ist. Anlässlich der Audienzen wurde ein dünner Vorhang vor den Eingang gehängt, sodass die Kaiserinwitwe die Versammelten sehen konnte, selbst aber unsichtbar blieb. Im Hof stehen einige **Bronze-Qilin**, Symbole einer guten und friedfertigen Regierung, außerdem Drachen, Phönixe, Weihrauchkessel und einige Schmuckfelsen.

Geht man links an der Halle vorbei, so kann man nach wenigen Metern den ersten Blick auf den durchschnittlich nur zwei Meter tiefen **Kunming-See** (*Kunming Hu*) werfen, der rund drei Viertel des gesamten Parks einnimmt. Direkt an seinem Ufer liegt der **Palast der Jadewelle** (*Yulan Tang*) (**3**), die ehemalige Wohnanlage von Kaiser *Guangxu*, die von Süden her zugänglich ist.

Nachdem Cixis Neffe beim Erreichen der Volljährigkeit selbst die Regierungsgeschäfte übernommen hatte und eng mit den Reformwilligen zusammenarbeitete, stellte ihn die Kaiserinwitwe, aus Furcht vor dem Verlust alt angestammter Privilegien, kurzerhand unter Hausarrest. Von seinen Frauen getrennt, lebte Cixis Neffe hier zehn Jahre lang in einem einzigen Gebäude dieses Hofes bis zu seinem Tod im November 1908. In beiden Seitenhallen wurde etwa 50 cm hinter der Tür eine Ziegelmauer durch die Gebäude eingezogen, sodass der Kaiser weder auf den See hinausblicken noch die Nebengebäude benutzen konnte.

Theater im Sommerpalast

Das **Haus der Duftenden Kräuter** (Yiyun Guan) (**4**), in dem Guangxus Frauen und der Kindkaiser Puyi wohnten, links liegen lassend, kommt man zum **Garten der Harmonie und Tugend** (Dehe Yuan) (**5**), in dessen Hof sich ein offenes, dreistöckiges **Theater** befindet, das mit 21 m Höhe und 17 m Breite seinerzeit das größte Chinas gewesen sein soll. Der vordere Teil des Gebäudes dient heutzutage als **Museum**, in dem u.a. alte Kostüme und Sänften ausgestellt sind. Auf der Rückseite kann man dann die dreistöckige Konstruktion in Augenschein nehmen, deren verschiedene Ebenen durch jeweils sieben Falltüren miteinander verbunden sind, durch die Götter, Geister oder Unsterbliche auf- und abtreten konnten. Unterhalb der untersten Bühne verbergen sich fünf Wassertanks und ein Brunnen, sodass Teile der Bühne unter Wasser gesetzt werden bzw. Wasserspiele inszeniert werden konnten. Die Kaiserinwitwe saß während der Theateraufführungen gegenüber in der **Halle der Gesundheit und der Fröhlichkeit** (Yile Dian) (**6**), die Hofbeamten und geladenen Gäste mussten dem mitunter tagelangen Spektakel vor der Halle sitzend bzw. stehend folgen. Zu Cixis Geburtstag spielte das 384 Personen umfassende Eunuchen-Ensemble jeweils eine ganze Woche lang!

Theatermarathon

In den **Seitenhallen** und im folgenden **Innenhof** – mit einer reizenden Miniaturlandschaft in der Mitte – sind Schmuckgegenstände und Möbel aus der Qing-Dynastie ausgestellt, von denen viele Geschenke ausländischer Gesandtschaften waren. Die Hallen und Höfe verfügten über eine Art Fußbodenheizung, bei der heißes Wasser durch Kanäle floss. Wendet man sich beim Verlassen des Theaterkomplexes nach links und geht um diesen herum, so kann man an dessen Rückseite den Berg zum **Pavillon der Großen Glückseligkeit** (Jingfu Ge) (**7**) hochsteigen, eine Art Aussichtsturm, der ursprünglich aus der Qianlong-Zeit stammte, 1892 aber im jetzigen Stil erneuert wurde. Auf dem rechteckigen, von Korridoren umgebenen Turm soll Cixi an Regentagen gesessen und die Aussicht genossen haben, doch diente er auch zur Beobachtung des Mondes, nach dem sich ja früher der Kalender richtete.

Ausstellungshallen

Garten der Harmonie und des Vergnügens

Östlich des Turms passiert man den **Pavillon des Langen Lebens** (*Yishou Tang*) (**8**), ein Stückchen weiter den **Pavillon der Freude und Landwirtschaft** (*Lenong Xuan*) (**9**).

Hält man sich weiter gen Osten, so gelangt man schließlich zum 1751 angelegten und 1811 erneuerten **Garten der Harmonie und des Vergnügens** (*Xiequ Yuan*) (**10**), eine Art Garten im Garten, der nach der Zerstörung durch die Interventionstruppen von Kaiser *Guangxu* wieder

Garten im Garten instand gesetzt wurde. Sicherlich ist dieser im südchinesischen Stil angelegte Lustgarten der ruhigste und harmonischste Teil des gesamten Parks. Durch Wandelgänge miteinander verbunden, gruppieren sich vier Gebäudekomplexe um den kleinen künstlichen Teich, der im Sommer von Lotusblüten übersät ist und der sein Wasser aus dem **Hinteren See** bezieht.

Cixi pflegte in der größten Halle, der **Halle zur Erfassung der Ferne** (*Hanyuan Tang*), ihren Tee zu trinken und ihre Mittagspause zu verbringen; die zu sehenden Einrichtungsgegenstände stammen noch aus jener Zeit. Im nördlich gelegenen **Pavillon des Klaren Himmels** (*Jiqing Xuan*) wohnte 1924 für einige Monate *Puyis* Lehrer *Reginald Johnston*, als er zum Verwalter des Palastes bestellt worden war.

Cixis Wohngemächer Man verlässt den Garten im Norden, wo man zunächst am **Studio des Weiten Blicks** (*Tiaoyuan Zhai*) (**11**) vorbeikommt, von dem aus *Cixi* die Welt außerhalb des Parks beobachtete. Von hier aus hält man sich parallel zum Ufer des **Hinteren Sees** westwärts, wobei es jedem selbst überlassen bleibt, welche Seite des Sees er wählt. So kommt man schließlich nach etwa 500 m zur **Porzellanpagode** (*Duobao Ta*) (**12**), die aus der Zeit Kaiser *Qianlongs* stammt. Nach diesem mitunter etwas mühsamen Auf und Ab beginnt man den Abstieg hinunter zur **Halle der Freude und des Langen Lebens** (*Leshou Tang*) (**13**), dem einstigen Wohnquartier der Kaiserinwitwe, die hier alljährlich gemäß dem Mondkalender vom 1. April bis 10. Oktober residierte. Im Innenhof pflanzte sie Granatäpfel, Päonien, Oleander, Magnolien und Chrysanthemen an, am beeindruckendsten ist jedoch der riesige **Taihu-Stein** (Schmuckfelsen aus dem Taihu bei Wuxi), den *Qianlong* nur hereinschaffen lassen konnte, indem er einen Teil der Umfassungsmauer abreißen ließ, was als schlechtes Omen gewertet wurde. Die daran zu lesenden Inschriften stammen vom Kaiser persönlich und einigen berühmten Gelehrten seiner Zeit. Das hangwärts gelegene Hauptgebäude ist voller kostbarer Kunstgegenstände aus Elfenbein, Jade, Korallen und Perlen; das kaiserliche Schlafgemach befand sich im westlichen Seitenraum, der östliche diente als Umkleideraum. In diesem Komplex nahm die Kaiserin meist auch ihre verschwenderischen Mahlzeiten ein, bei denen jeweils 128 verschiedene Gerichte zur Auswahl aufgetragen wurden, von denen sie einige wenige auswählte. Eine einzige dieser Mahlzeiten entsprach dem Wert von drei Mahlzeiten für rund 5.000 Bauern. Vor diesem Komplex befindet sich am Seeufer eine **Bootsanlegestelle** (14), von der aus *Cixi* Bootspartien auf dem See unternahm und an der das kaiserliche Gefolge landete, wenn es vom *Kaiserpalast* hierher umsiedelte. Über Kanäle gelangte man damals von der Nordwestecke der *Verbotenen Stadt* bis hierher, wobei man unterwegs eine Übernachtung im *Tempel der Langlebigkeit* einlegen musste. Durch das ziemlich unscheinbare **Tor zur Begrüßung des Mondes** (*Yaoyue Men*) (15) tritt man in den 728 m langen, mit über 8.000 Bildern bemalten **Wandelgang** (*Changlang*) (16), der sich zwischen Seeufer und dem **Berg der Langlebigkeit** (*Wanshou Shan*) westwärts erstreckt. Vier Pavillons sind in diesen längsten Wandelgang innerhalb chinesischer Gärten integriert.

Den **Wandelgang** hatte Kaiser *Qianlong* 1750 für seine Mutter anlegen lassen, damit diese auch bei schlechtem Wetter einen Spaziergang entlang des Sees machen konnte. Nach seiner Zerstörung 1860 ließ ihn *Cixi* wieder aufbauen. Der Zerstreuung dienten auch die **Abertausende bunter Gemälde**, die die Quer- und Längsbalken der auf 273 Säulenpaaren ruhenden Dachkonstruktion zieren, wobei sich kein Motiv wiederholt. Dargestellt sind Szenen aus **Mythologie**, **Geschichte** und **Literatur** sowie berühmte chinesische Landschaften, Vögel und Blumen; die schönsten Malereien findet man in den vier Pavillons. Die Pekinger sagen, der Gang sei so lang, dass man an seinem einen Ende die ersten Worte der Liebe austauschen und an seinem anderen Ende bereits das Datum für die Hochzeit festlegen könne. Hat man die Hälfte des **Wandelgangs** hinter sich gebracht, kommt man zu einem großen **Schmucktor** (*Pailou*) (17), das ein beliebtes Fotomotiv innerhalb des Parks ist. Ihm gegenüber wachen zwei besonders schöne Bronzelöwen vor der **Eingangshalle** (*Paiyun Men*) (18) zum **Wanshou Shan**, den man als nächstes besteigen sollte, denn hier finden sich einige der schönsten Gebäude, die zur wichtigsten Tempelanlage des **Sommerpalastes** gehören und streng in einer Nord-Süd-Achse ausgerichtet sind. Die zwölf Steine aus dem Taihu, die auf dem Platz stehen, sollen die zwölf Tiere des chinesischen Tierkreiszyklus darstellen.

Lustwandeln unter Bildern

Nach dem Durchschreiten des **Paiyun Men** gelangt man in einen rechts von der **Yuhua Dian** (19) und links von der **Halle der Rosa Wolken** (*Yunjin Dian*) (20) flankierten Innenhof. Den anschließenden Hof, den man durch das **Zweite Palasttor** (*Ergong Men*) (21) betritt, begrenzen im Osten die Halle

Mit über 8.000 Bildern bemalter Wandelgang

Fanghui Dian (22) und im Westen die **Halle der Purpurwolken** (*Zixiao Dian*) (23), im Norden erhebt sich auf einer über drei Treppen zu erreichenden und mit einer Marmorbalustrade verzierten Plattform die **Halle zur Zerstreuung der Wolken** (*Paiyun Dian*) (24). In ihr nahm die Kaiserinwitwe die Gratulationen des Hofes an ihren Geburtstagen entgegen; rechts sieht man ein – geschöntes – Porträt von ihr als 70-jährige, gemalt von dem Holländer *Hubert Voß*.

Pavillon des Wohlgeruchs Buddhas (links) und die Halle Meer der Weisheit (rechts)

Auf beiden Seiten der Halle führen Korridore bergauf zur **Halle des Tugendhaften Lichts** (*Dehui Dian*) (25), von der aus es über Steintreppen ziemlich steil weiter den Berg hinaufgeht, bis man beim **Pavillon des Wohlgeruchs Buddhas** (*Foxiang Ge*) (26) anlangt. Der achteckige, 41 m hohe Pavillon ist unbestritten eines der **herausragenden Bauwerke** der Sommerresidenz und erhebt sich auf einem gewaltigen Steinfundament hoch über dem See, im Inneren gestützt von vier Säulen aus so genanntem „Eisenholz". Er zählt zu den größten Holzgebäuden Chinas und wurde von *Qianlong* zu Ehren seiner Mutter errichtet, doch auch *Cixi* brachte *Buddha* hier ihre Opfer dar. Die zu sehende Bodhisattva-Figur ist nicht das Original, sondern wurde vor einigen Jahren in einem Gebäude am **Hinteren See** gefunden. Es lohnt sich, ganz besonders bei schönem Wetter den Pavillon zu besteigen, von dem aus man einen herrlichen Blick über den See und bis hinein in die Stadt hat.

Fernsicht

Ein Stückchen östlich des Pavillons kommt man als nächstes zu einer **Archiv für Klassische Buddhistische Schriften** (*Zhuanlun Zang*) (27) genannten Anlage, in deren Mitte auf einer Terrasse eine zehn Meter hohe quadratische Stele mit einer Inschrift *Qianlongs* steht. Die beiden achteckigen Holzpagoden in den zwei Pavillons links und rechts sind Nachbildungen zweier Pagoden im *Fayun-Tempel* in Hangzhou.

Schwergewichtige Imitation

Westlich des **Foxiang Ge** befinden sich der **Fünfeckige Pavillon** (*Wufang Ge*) und der auf allen vier Seiten von kleineren Pavillons und Wandelgängen eingerahmte **Pavillon der Kostbaren Wolken** (*Baoyun Ge*) (28), der aufgrund der Tatsache, dass er vollständig aus Bronzeteilen gebaut ist, auch **Bronzepavillon** (*Tong Ting*) genannt wird. Der 7,55 m hohe Bau wiegt rund 200 Tonnen und erweckt den Eindruck, als bestünde er aus Holz. Auf seiner Südseite sind die Namen der an seinem Bau beteiligten Handwerker eingraviert. Dieser Pavillon entging 1860 und 1900 der Zerstörungswut der alliierten Truppen.

Ein Stück oberhalb erreicht man sodann einen **Meer der Weisheit** (*Zhihui*

Hai) (**29**) genannten Komplex aus dem Jahre 1750, der mit gelben und grünen Keramikziegeln verziert ist. Das Innere birgt eine vergoldete, sitzende Buddhastatue. Hier befand sich bis zur Kulturrevolution die Schatzkammer des ein Stück weiter oben gelegenen **Lamatempels** (*Xumilingjing* = Heilige Stätte des Sumeru) (**30**). Auch dieser von Kaiser *Qianlong* gegen Ende des 18. Jahrhunderts in Auftrag gegebene Bau fiel dem Vandalismus der Roten Garden anheim. 1752 hatte der Kaiser extra Handwerker und Beamte zum Studium der lokalen Architektur nach Tibet geschickt. Nach ihrer Rückkehr errichteten sie verkleinerte Kopien der dort gesehenen Tempelanlagen hier an diesem Hang und außerhalb der Sommerresidenz in Chengde.

Ein kleiner Abstecher führt einen bis zum **Hinteren See** am Fuße des Berges. Über eine kleine Brücke gelangt man zur einstigen **Suzhou-Straße** (**31**) und zum **Nordtor** (**32**), einst der Haupteingang des Parks. Die Straße brannte während der über die Palastanlage hinwegfegenden Zerstörungen zweimal nieder; erst **1986** begann man mit dem **Wiederaufbau**, der 1990 abgeschlossen war. Fußwege zu beiden Seiten des hier kanalisierten Sees führen nunmehr wieder an zahlreichen Geschäften vorbei, in denen Verkäuferinnen in historischen Kostümen auf Kundschaft warten. Ein Stückchen westlich der Brücke kann man

Klein-Venedig

noch der achteckigen **Pagode der vielen Schätze** (*Duobao Ta*) (**33**) einen Besuch abstatten, ein hauptsächlich mit gelben und grünen Ziegeln verkleideter 16 m hoher Bau, an dessen Dachvorsprüngen leise die Glöckchen im Winde bimmeln. Noch einmal heißt es den Berg überqueren, um zum achteckigen Pavillon **Flanieren durch eine Gemalte Landschaft** (*Huazhongyou*) (**34**) zu gelangen, dessen Name dazu anregen soll, sich die Landschaft ringsum als gemalt vorzustellen. Von hier sind es nur ein paar Meter bis zur **Halle, in der man den Pirolen lauscht** (*Tingli Guan*) (**35**), einst ein Theater, in dem der Kaiserhof auch Konzerten und Opern lauschte, und in dem heute das **Tingliguan Restaurant** untergebracht ist. In ihm kann man ganz vorzüglich essen. Hier stößt man auch wieder auf den **Wandelgang**, an dessen westlichem Ende, beim **Pavillon der Steininschriften** (*Shiwen Ting*) (**36**), man das berühmte **Marmorboot** (*Shifang* oder *Qingyanfang*) (**37**) zu sehen be-

Lamatempel im Sommerpalast

Suzhou-Straße

Das Marmorboot

kommt, das *Cixi* mit Geldern bauen ließ, die eigentlich für den Aufbau einer Marine bestimmt waren. Aus Marmor ist aber nur der 36 m lange als Basis dienende Rumpf, der 1755 von *Qianlong* angelegt und mit einem Holzaufbau versehen wurde. Der Aufbau wurde 1860 zerstört, woraufhin die Kaiserinwitwe 1893 die zu klein geratenen steinernen Schaufelradkästen anbringen und einen wiederum hölzernen Aufbau im westlichen Stil aufsetzen ließ. Der mit farbigen Glasfenstern ausgestattete Oberbau wurde zehn Jahre später hinzugefügt. Nach *Cixis* Tod benutzte man das Boot als **europäisches Teehaus**.

Cixis Spielzeug

Hinter dem Boot führt die **Brücke der Schwimmenden Herzen** (**38**) zur Bootsanlegestelle, von der aus man zur **Südsee-Insel** (**44**) fahren kann. Hält man sich indes weiter nordwärts, so passiert man wenig später ein **Boot mit einem Eisenrumpf** (**39**), das *Cixi* 1908 von der japanischen Regierung geschenkt bekam, weil sie diese im Krieg gegen Russland (1900) mit Salz beliefert hatte. Nachdem das im Kanal vertäute Schiff 1921 gesunken war, wurde es 1941 vom Eisenbahnministerium repariert. Unweit davon kann man die Einfahrten zu einer **Schiffswerft** (**40**) aus der Qing-Zeit sehen.

Brückenmarathon

Wer genug gesehen hat, geht immer weiter geradeaus und gelangt so zum Ausgang am **Westlichen Palasttor** (*Xigong Men*) (**41**), wo ihn der obligatorische Hallo-Hallo-Markt erwartet. Oder man nimmt beim **Marmorboot** ein Ausflugsboot zur **Südsee-Insel** (**44**). Die dritte Variante ist die strapaziöseste, wer genügend Zeit mitgebracht hat, sollte sie dennoch in Angriff nehmen. Und zwar führt sie, beim **Westlichen Palasttor** – wo man links abbiegt – beginnend, über den **Westdeich** (*Xidi*) (**42**) bis ans südliche Ende des Sees, an dessen Ostufer entlang man sich dann wiederum in Richtung **Osttor** orientiert. Der **Westdeich** ist eine Nachbildung des Su Dongpo-Deiches im Westsee von Hangzhou, ebenso die sechs Brücken, die man bei diesem Spaziergang überquert. Die schönste von ihnen ist sicherlich die **Jadegürtelbrücke** (*Yudai Qiao*) (**43**), die sich zu einem einzigen hohen Bogen mit marmornen Balustraden aufschwingt. Am Südende angekommen, folgt man dem Ostufer des **Kunming-Sees** bis zur **Südsee-Insel** (*Nanhu Dao*) (**44**), die über die **Siebzehn-Bogen-Brücke** (*Shiqikong Qiao*) (**45**) zu erreichen ist. 500 Säulen mit individuell gestalteten Löwen darauf schmücken die 150 m lange Marmorbrücke. Auf der Insel befindet sich der **Tempel des Drachenkönigs** (*Longwang Miao*) (**46**), der sich vor *Qianlongs* See-Erweiterung an dessen Südufer befunden hatte. Da der Kaiser den aus der Ming-Zeit stammenden Tempel erhalten wollte, schuf er die Insel und ließ diese durch die Brücke mit dem Ufer verbinden. Am nördlichen Ufer befindet sich noch die **Halle des Unbe-**

grenzten Raumes (*Hanxu Tang*) (**47**), die ebenso wie die Tempelgebäude die Jahrhunderte über die unterschiedlichste Verwendung fand.

Siebzehn-Bogen-Brücke

Verlässt man die Insel wieder, so fällt einem am Ufer der **Bronzeochse** (**48**) auf, der es sich auf einer Steinplattform bequem gemacht hat. Gemäß der Tradition, nach der an jeder neu errichteten Wasserbauanlage ein Eisenochse postiert werden musste, der den Wassergeist in Schach zu halten habe, ließ Kaiser Qianlong diesen Ochsen nach Beendigung der Erweiterungsarbeiten am See gießen und 1755 hier aufstellen. Von hier aus hält man sich – dem Ufer folgend – weiter nordwärts und gelangt zu einer südlich des **Palastes der Jadewellen** gelegenen kleinen Insel, die über eine Brücke zu erreichen ist. Auf ihr steht der **Pavillon der Frühlingsvorahnung** (*Zhichun Ting*) (**49**), der so genannt wurde, weil hier am Ende des Winters das Eis als erstes zu tauen beginnt. Nach einem letzten Rundblick über See und Parkanlage verlässt man den **Sommerpalast** sodann durch das **Osttor**.

Ein letzter Blick

Wer weniger Zeit zur Verfügung hat, sollte – vom **Osttor** kommend – nach der Besichtigung des **Theaters** immer am nördlichen Seeufer dem **Wandelgang** folgen, eventuell mit einem Abstecher hoch zum **Tempel des Wohlgeruchs Buddhas**. Beim **Marmorboot** angelangt, orientiere man sich sodann Richtung **Westliches Palasttor**, wo man die Anlage wieder verlässt.

> **Tipp**
>
> *Um die Großartigkeit dieser Anlage wirklich genießen zu können, sollte man auf jeden Fall den Sonntag meiden, schließlich ist der Sommerpalast das beliebteste Ausflugsziel der Pekinger und daher am Wochenende entsprechend voll.*

Design-Museum (16)
56 Kunminghu Nanlu, Haidian District

 Information

☏ 88433583
Öffnungszeiten täglich 8.30-18 Uhr
Eintritt RMB 5
Anreise Bus 330, 332, 333, 346, 374 und 905

Hier erhält man einen Überblick über aktuelles chinesisches Design.

Sehenswürdigkeiten in der Umgebung von Peking

Große Mauer
Chang Cheng

Redaktionstipps

Sehenswürdigkeit: Gemessen an den Besucherzahlen die Nummer Eins im Lande, gehört die **Große Mauer** zu den spektakulärsten und beeindruckendsten Bauwerken der Menschheit und darf daher auf keinen Fall versäumt werden. Wer genügend Zeit mitbringt, sollte unbedingt zum **Abschnitt bei Jinshanling** fahren.

Übernachten: Ein Übernachtungserlebnis der besonderen Art offeriert die – leider nicht ganz preiswerte – **Commune at the Great Wall** nahe Badaling.

Acht Stücke der Großen Mauer können in der Umgebung Pekings besichtigt werden: **Juyong, Badaling, Huanghuacheng, Mutianyu, Jinshanling** und **Simatai** sowie die beiden schwer zugänglichen und daher nachstehend nicht näher erwähnten Stücke bei **Jiankou** und **Jiuyanlou**. Will man sich keiner organisierten Tour anschließen, so empfiehlt es sich, einen Privatwagen anzumieten, um zeitlich unabhängig zu sein.

Schon bei der Annäherung an dieses steinerne Monument wird einem klar, welch gigantische Leistung die Erbauung der **Zehntausend Li langen Mauer** (*Wanli Chang Cheng*), so die chinesische Benennung, darstellt. Zu den **acht Weltwundern** und zum **Weltkulturerbe zählend**, schlängelt sie sich über Berge und durch Täler, verschwindet hinter Bergkuppen und taucht an ganz anderer Stelle unvermutet wieder auf, einem zu Stein gewordenen Drachen gleichend.

Zahlreiche Teilstücke

Bereits im siebten vorchristlichen Jahrhundert begannen die damals sieben auf dem Territorium Chinas entstandenen Königreiche mit dem Bau von 50 m bis 500 m langen Wehrmauern an strategisch besonders wichtigen Orten. Zweck dieser von jedem Königreich in eigener Regie errichteten Teilstücke war es zunächst, sich gegen die anderen Teilreiche abzuschirmen, ab dem vierten vorchristlichen Jahrhundert indes auch, sich gleichzeitig gegen die Nomadenvölker des Nordens zu wappnen, die immer wieder südwärts vorstießen. Diese Mauern bestanden allerdings nur aus einem aufgeschütteten Erde-Steingemisch, lediglich ein Teil der Signaltürme war solide aus Steinen erbaut. Das älteste Mauerstück überhaupt erstreckte sich über einige hundert Kilometer um den Staat Chu im Süden der heutigen Provinz Henan.

3. Peking sehen und erleben/Große Mauer

Nachdem es *Qin Shi Huangdi* 221 v.Chr. gelungen war, die anderen sechs Königreiche zu unterwerfen und China zu einen, beauftragte er seinen General *Meng Tian*, an der Spitze eines 300.000 Mann starken Heeres die teilweise bis südlich des Huang He vorgedrungenen Hunnen nach Norden bis in die heutige Innere Mongolei zurückzuschlagen. Anschließend begann man mit der **Verbindung** und der **Erweiterung** der **einzelnen Mauerstücke** der ehemaligen Königreiche **Yan**, **Zhao und Qin**, wodurch eine Mauer von circa 5.000 km Länge entstand. Dies war der Ursprung der legendären **Großen Mauer**, die das neu geschaffene Kaiserreich vor Überfällen aus dem Norden schützen sollte, denn die Mauer war stets eine **Verteidigungslinie**, niemals dagegen eine **Grenzbefestigung**. Die vorhandenen Mauern zwischen den einstigen Teilreichen wurden abgerissen, um separatistischen Bestrebungen vorzubeugen. 300.000 Zwangsarbeiter und Soldaten waren an dem zehn Jahre dauernden Bau beteiligt, und nicht wenige ließen dabei ihr Leben.

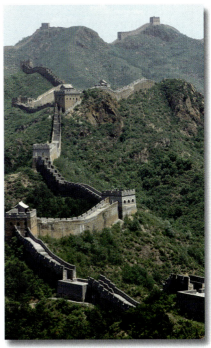

Die Große Mauer bei Jinshanling

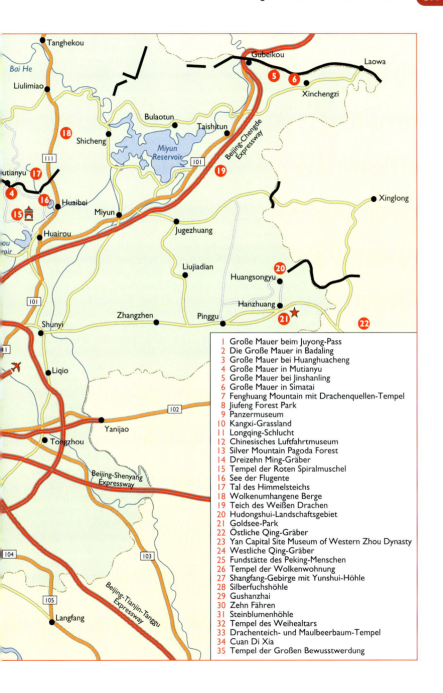

Hanzeitliche Erweiterung

Die folgende Han-Dynastie machte sich um den Ausbau der Maueranlage besonders verdient, hielt sie diese nicht nur gut in Schuss, sondern errichtete nördlich der alten Mauer eine neue, deren Länge 11.500 Li betrug. Aus dieser Zeit stammt denn auch die **chinesische Bezeichnung der Mauer** („**10.000 Li lange Mauer**"). Mit allen Nebenmauern, die unter den Han entstanden, soll die Gesamtlänge gegen Ende der Dynastie sogar 10.000 km betragen haben, noch immer als von Steinen befestigter Erdwall, durchsetzt mit Signaltürmen. Vom Yalu River (nahe Dandong an der nordkoreanischen Grenze) im Osten erstreckte sie sich bis in die heutige westliche Provinz Xinjiang. Die Jin bauten zusätzlich eine etwa 5.000 km lange Mauer zum Schutz vor den Mongolen, von der Reste noch heute in der Provinz Heilongjiang und der Inneren Mongolei zu sehen sind.

Menschen als Füllmaterial

Völlig überarbeitet wurde die Befestigungsanlage indes erst unter den Ming, die die Mauer befestigen und besonders die Pässe sichern ließen. Bis Mitte des **16. Jahrhunderts** war dieses gewaltige Bauvorhaben **abgeschlossen**, die Mauer nunmehr in **jener Form hergestellt**, wie sie auch heute noch zu sehen ist. Während die Stützmauern und die Pflasterung aus Stein und Ziegeln bestanden, verwendete man für das Innere der Mauer rund 180 Millionen Tonnen Erde und Steinbrocken als Füllmaterial; angeblich zum gleichen Zweck wurden auch die Leichname der mehr als 10.000 Toten benutzt, die beim Bau ums Leben kamen, was der Mauer den Beinamen „der längste Friedhof der Welt" eintrug. Dieses Stein gewordene Zeugnis menschlicher Schöpfungs- und Willenskraft reicht vom **Ersten Pass auf Erden** (*Shanhai Guan*) an der Bohai-Bucht in der Provinz Hebei bis zum **Jiayu Guan** im Qilian Shan in der heutigen Provinz Gansu. Auf seinen 6.350 Kilometern durchläuft es die verschiedensten Klimazonen und Landschaftsformen, weite Teile sind heutzutage aber nicht mehr oder nur sehr rudimentär erhalten. Addiert man alle im Verlauf der Jahrhunderte errichteten Mauerstücke, ergibt sich eine Gesamtlänge von über 50.000 km. Neun dem Kaiser direkt unterstellte Kommandanten waren für die Verteidigungsbereitschaft der Großen Mauer verantwortlich.

Die Große Mauer bei Mutianyu

Höhe und Breite der Mauer variieren je nach den spezifischen Gegebenheiten des Terrains, in der Regel ist sie zwischen sieben und acht Metern hoch und sechs bis sieben Meter breit. Bestiegen werden kann sie über Treppenanlagen, die sich in bestimmten Abständen voneinander befinden, ihre Pflasterung besteht aus drei Lagen Ziegeln. Auf der Innenseite

Ehrfurchtgebietend und schicksalsbeladen: die Große Mauer

befindet sich eine einen Meter hohe Brustwehr, die dem Feind zugewandte Seite weist rund doppelt so hohe Zinnen auf. Im Durchschnitt alle 300 bis 500 Meter, je nach topografischer Gegebenheit, ragen **zweistöckige Wachtürme aus der Mauer auf**, die aus Lagerräumen und Quartieren für die Soldaten unten, und einer Aussichtsplattform oben bestehen. Auf einigen der Türme sind Terrassen angelegt, von denen aus Rauch- und Feuerzeichen gegeben wurden.

Unüberwindbares Bollwerk

Signaltürme findet man aber nicht nur als integrierte Bestandteile der Mauer, sondern auch separat daneben. Von ihnen aus wurde Alarm gegeben, und zwar tagsüber in Form von Rauchzeichen und nachts durch Feuer; gleichzeitig feuerte man Schüsse ab. Nach den Vorschriften von 1468 wiesen eine Rauchsäule und ein Schuss auf ein höchstens 100 Mann starkes Angreiferheer hin, zwei Rauchsäulen und zwei Schüsse bedeuteten 500 Angreifer, drei Rauchsäulen und drei Schüsse 1.000 und fünf Rauchsäulen und fünf Schüsse über 5.000 Feinde. So konnte man innerhalb weniger Stunden eine derartige Meldung über gut 500 km weitergeben. Und zu überwinden war dieses Bollwerk eigentlich nur durch die Bestechung einzelner Wachposten.

Doch diente die Mauer nicht nur als **effektive Verteidigungsanlage**, sondern **auch** als **Verkehrsweg**, auf dem rasch und bequem große Entfernungen durch ansonsten unwegsame Landstriche zurückgelegt werden konnten.

Die erste „Autobahn"

Unter den Qing verlor sie ihre strategische Bedeutung, sodass sie nicht mehr repariert oder durch Neubauten erweitert wurde. Statt auf militärische Abschreckung, setzte man fortan mehr auf die Diplomatie, mit Hilfe derer man die bis dato feindselig gesinnten Nomaden des Nordens zu beschwichtigen hoffte. So verfiel die Mauer zusehends, erst der einsetzende Tourismus erweckte sie, zumindest abschnittsweise, wieder zu neuem Leben.

Große Mauer beim Juyong-Pass (1)
Juyong Guan
Changping County

> **Information**
>
> ☏ 69771665
> **Öffnungszeiten** täglich 7-18 Uhr
> **Eintritt** 1.4.-31.10. RMB 45, 1.11.-31.3. RMB 35, Kinder ganzjährig RMB 25, Kinder unter 1,2 m frei
> **Anreise** Bus 919 ab Deshengmen LDBS (ab 5.30 Uhr alle 30 min, letzte Rückfahrt gegen 18.30 Uhr) oder Tour Buses You 1, 2, 3, 4 und 5

Da mittlerweile die Restaurierungsarbeiten am rund 65 km vom Stadtzentrum entfernt gelegenen **Juyong-Pass** abgeschlossen wurden, der in vergangenen Zeiten den nördlichen Zugang zur Hauptstadt kontrollierte, sollte man, so man nicht ohnehin diesen Teilabschnitt der Mauer besucht, hier zumindest einen kurzen Fotostopp einplanen.

Verfall und Restauration
Bekannt ist er aufgrund seiner aus dem 14. Jahrhundert stammenden und nunmehr wieder restaurierten Toranlage, innerhalb der sich die so genannte marmorne **Wolkenterrasse** (*Yuntai*) aus dem Jahre 1345 befindet. Die drei auf der Terrasse zu sehenden, Ende Yuan-/Anfang Ming-Zeit zerstörten Türme wurden ebenso restauriert wie ein 2,5 km langer Mauerabschnitt. Dazu noch einige der einst zahlreichen in der Umgebung gelegenen Tempel.

Reicher Torschmuck
Markant an der Terrasse sind die **halb-sechseckigen, reich verzierten Torbögen**, doch auch die Tordurchfahrt weist mehr als 1.500 wunderschöne Reliefs auf, so z.B. Darstellungen der Vier Himmelskönige, Buddhas und diverser Götter sowie buddhistische Inschriften in sechs Sprachen (Mongolisch, Uighurisch, Tibetisch, Sanskrit, Chinesisch und Tangutisch). Auf einer Steinstele findet man die Namen der Geldgeber für diese Toranlage.

In neuem Glanz erstrahlt der 1997 wieder aufgebaute **Cheng Huang Si**, dessen Gründung auf die Jahre 1368-98 zurückgeht und der bereits 1765 erneuert worden war. In dessen Haupthalle findet man Statuen von *Cheng Huang*, dem Schutzgott der Stadt, sowie dem Höllengott *Yamaraja* und dem Gebirgs- bzw. Erdgott. Darüber hinaus hat man die Möglichkeit, sich in dieser Halle von einem der taoistischen Weissager die Zukunft voraussagen oder sich in der seitlich anschließenden Kammer den Segen eines taoistischen Priesters geben zu lassen.

Nördlich davon schließt sich der **Guandi Si** an, in dessen zentraler Halle man den von zwei Schutzgöttern flankierten Jadekaiser vorfindet.

Die Große Mauer in Badaling (2)
Yanqing County

Information

 69121737

Öffnungszeiten täglich 6-22 Uhr
Eintritt RMB 45, Kinder und Senioren (60plus) RMB 25 (das Ticket berechtigt auch zum Besuch des „Great Wall Museum of China" und des „Circle Vision"); Audio Guide (englisch) RMB 30 (RMB 200 Deposit; Rückgabe bis 16 Uhr erforderlich).
Anreise Bus 919 ab Deshengmen LDBS (ab 5.30 Uhr alle 30 min, letzte Rückfahrt gegen 18.30 Uhr) oder Tour Buses You 1, 2, 3, 4 und 5. Eine weitere Alternative stellt der Zug dar, der Peking ab der Beijing Railway Station verlässt und für einen Weg circa zwei Stunden benötigt. Es gibt drei Haltestellen an der Mauer: Qinglongqiao, New Qinglongqiao und Badaling, wobei erstere diejenige ist, die am nächsten zur Mauer liegt (ca. ein Kilometer). An der Mauer bleiben einem dann etwa zweieinhalb Stunden. Es fahren auch Züge ab der Xizhimen-Station.

Dieser 85 km vom Stadtzentrum entfernt gelegene Pass wurde 1957 für den Publikumsverkehr freigegeben und ist das von der Metropole aus am leichtesten zu erreichende Stück, was natürlich zur Folge hat, dass es meistens vor Menschen wimmelt.

Ehe man zur Mauer selbst gelangt, kommt man während der Anfahrt noch an einem **Museum** zu Ehren des ersten Kaisers von China, *Qin Shi Huangdi*, und dem Nachbau eines **Palastes** von *Kublai Khan* vorbei, die aber beide nicht unbedingt einen Besuch wert sind, da es sich um Restaurationsbetriebe bzw. billige Kopien handelt. Verfallene Mauerüberreste begleiten einen hoch bis nach *Badaling*, wo man sich vor dem Eingang darüber klar werden sollte, nach welcher Seite man auf der Mauer hochsteigt. Das Stück rechts vom Eingang ist insgesamt etwas leichter zu besteigen, daher auch voller. Links hingegen wird es im oberen Teil ziemlich steil, dafür ist es auch nicht so überlaufen, vor allem, wenn man nach dem obersten Signalturm noch weitergeht – dann ist man meist ganz allein. **Badaling** ist der **höchste Punkt** auf der gesamten Strecke der Mauer, und wurde daher von den Ming-Kaisern besonders befestigt.

Besucherandrang

Die Große Mauer bei Badaling

> **Tipps**
>
> - *Um den Massen zuvorzukommen, sollte man möglichst frühzeitig hier sein, d.h. spätestens um 6 Uhr in Peking losfahren. Gutes Schuhwerk ist in jedem Fall erforderlich, erhöhte Vorsicht ist bei Regen oder Schnee geboten, wenn sich die Mauer in eine Rutschbahn verwandeln kann. Fotografen sollten den Stand der Sonne beachten: Vormittags ist es günstiger, nach rechts hinaufzusteigen, nachmittags nach links. Wer nicht unbegrenzt Zeit hat, sollte trotz des Andrangs dieses Stück der Großen Mauer wählen, da er so die am Wege liegenden Ming-Gräber mit besuchen kann.*
> - *Ein besonderes Erlebnis – nicht nur für Fotografen – ist es, der allabendlich über die Bühne gehenden Illumination der Mauer bei Badaling beizuwohnen. Wer in den Genuss dieses einzigartigen Schauspiels kommen möchte, muss sich jedoch selbst um seinen Rücktransport nach Peking kümmern oder aber in Badaling übernachten.*

Es sei noch auf vier Attraktionen an diesem Mauerabschnitt hingewiesen.

Aufstiegshilfe **1)** Wer sich den strapaziösen Aufstieg ersparen möchte, kann sich von 9-17 Uhr auch mit der **Standseilbahn** nach oben befördern lassen. Gegenwärtig kostet sie hin und zurück RMB 85, ein Weg RMB 65 (*Eintritt für die Mauer nicht inbegriffen*).

Beeindruckende Aufnahmen **2)** Des Weiteren befindet sich in der Nähe des großen Busparkplatzes nördlich der Mauer ein **Circle Vision**, d.h. ein 360°-Kino. Dieses präsentiert täglich von 9-16 Uhr einen etwa 15 Minuten langen Film (chinesisch und englisch) über die Große Mauer. (*Eintritt im Ticketpreis für die Mauer beinhaltet*).

Blick auf die Große Mauer

3) Unmittelbar neben dem Rundumkino öffnet das **Great Wall Museum of China** Besuchern seine Pforten (*Zhong Guo Chang Cheng Bowuguan*, ☏ *691 21890, Sommer täglich 8.45-17 Uhr, Winter täglich 8.45-16.30 Uhr; Eintritt im Ticketpreis für die Mauer beinhaltet*). Im Eingangsbereich des Museums werden großformatige Fotos des westlichen und östlichen Endes der Mauer gezeigt, in den Sälen dahinter Fotodokumente zu Mauerabschnitten in den einzelnen Provinzen sowie Töpfereien, Schriftgut, Waffen, Rüstungen und Handwerkzeuge, die entlang der Mauer gefunden wurden. Diverse Modelle und mehrere Wandgemälde vervollständigen die Dokumentation, deren Beschriftung bedauerlicherweise nur chinesisch ist.

4) Die **Zhang Tianyou Memorial Hall** (☏ *69121506 und 69121561, Di-So 8.30-16.30 Uhr, Eintritt RMB 12, Kinder die Hälfte*) erinnert an *Zhang Tianyou*, der die Bauoberaufsicht bei der ersten in chinesischer Eigenregie erbauten Eisenbahnlinie hatte.

Große Mauer bei Huanghuacheng (3)
Chengguan Town, Huairou District

 Information

Öffnungszeiten täglich 8-17 Uhr, Sommer 7-18 Uhr
Eintritt RMB 25
Anreise Bus 916 ab Dongzhimen LDBS, der bis zum Huairou International Conference Center fährt, wo man in den Minibus nach Huanghuacheng umsteigt.

Von Ausländern noch relativ wenig besuchter, ungefähr 100 km vom Stadtzentrum entfernter Streckenabschnitt.

Große Mauer in Mutianyu (4)
Mutianyucun, Huairou District

 Information

☏ 61626505
Öffnungszeiten täglich 7-18.30 Uhr
Eintritt RMB 35, Kinder die Hälfte; Standseilbahn RMB 50 (ein Weg) bzw. RMB 85 (retour), Sessellift RMB 35
Anreise ab Xuanwumen bzw. Dongsishitiao Tour Bus You 6, oder Bus 916 ab Dongzhimen LDBS, der bis zum Huairou International Conference Center fährt, wo man in den Minibus nach Mutianyu umsteigt.

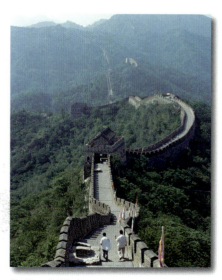
Die Mauer bei Mutianyu

Nichts für Fußkranke

95 Kilometer nördlich des Stadtzentrums liegt ein weiteres für die Öffentlichkeit zugängliches Mauerstück. Vom Zentrum sind es rund zwei Stunden Fahrtzeit bis zu dem in 486 m über dem Meeresspiegel gelegenen Parkplatz, von dem aus man noch einmal gut 2.000 Stufen zur **Mauer** selbst hochzusteigen hat.

Doch gibt es auch hier eine **Standseilbahn**, die einen bis dorthin hochbringt. Dieser Mauerabschnitt ist zumindest während der Woche nicht so überlaufen wie derjenige in *Badaling*, erfreut sich aber bei Kennern großer Beliebtheit, da man hier nach beiden Seiten hin große Teile der Mauer überblicken kann. Die Mauer ist hier durchschnittlich acht Meter hoch und vier Meter breit.

Große Mauer bei Jinshanling (5)
Miyun County

 Information

✆ *0314-8830222*
Öffnungszeiten *rund um die Uhr*
Eintritt *RMB 30; an der Mauer darf – für RMB 50 extra – übernachtet werden*
Anreise *Bus ab Dongzhimen LDBS Richtung Chengde bis nach Jinshanling, wo man ein Taxi anmietet (rund RMB 10), oder mit dem Privatwagen.*

Ausländer trifft man hier (120 km nordöstlich der Stadt) selten, dabei handelt es sich um das mit Abstand **spektakulärste Stück der Großen Mauer**, das derzeit zu besteigen ist.

Über enge Täler und steile Gipfel windet sich das Mauerband, durchsetzt von eng beieinander stehenden Wach- und Signaltürmen, die einem die Großartigkeit dieses einzigartigen Bauwerks nachdrücklich ins Bewusstsein rufen.

Bei Jinshanling präsentiert sich die Mauer besonders spektakulär

3. Peking sehen und erleben/Große Mauer

 Tipp

Peking Down Town Backpackers Accommodation (85, Nan Luogo Xiang, Dancheng District, ℡ 84002429) organisiert ganzjährig alle zwei Tage Touren zu diesem Mauerabschnitt. Der Ticketpreis von RMB 165-185 enthält neben den Fahrtkosten auch den Eintritt. Abfahrt ist um 7 Uhr, Rückkehr gegen 1 Uhr.

Große Mauer in Simatai (6)
Miyun County

 Information

℡ 69031051
Öffnungszeiten täglich 8-17 Uhr (im Sommer bis 22 Uhr)
Eintritt RMB 40, Kinder die Hälfte; Bootsfahrt RMB 5, Sessellift RMB 35 (retour RMB 50)
Anreise Tour Bus You 12, oder Bus 980 ab Dongzhimen LDBS, mit dem man bis Miyun fährt, wo man in den Bus nach Simatai umsteigt (Fahrtzeit ca. 2,5 h; Rückfahrt ca. 15 Uhr – fragen, um sicherzugehen). An Wochenenden fährt um 8.30 Uhr ab Qianmen ein Luxusbus für RMB 95 hin und zurück (Rückfahrt zwischen 15 und 16 Uhr), oder mit dem Privatwagen.

Rund 120 km nordöstlich der Stadt gelegen, handelt es sich bei diesem Mauerabschnitt um eine Besonderheit, denn hier stößt man auf Verteidigungsanlagen, die man als „Mauern innerhalb Mauern" bezeichnen könnte. Es sind dies Verteidigungsbastionen, die als letzte Rückzugsorte dienten, wenn die äußere Mauer bereits gefallen war. Hier in den Goldbergen (*Jin Shan*) bekommt man einen wahren Wald aus **158 Wachtürmen** zu sehen, die – teilweise in Abständen von 100 m voneinander – in viereckiger, mehreckiger, runder oder ovaler Form aufragen.

Türme dicht an dicht

Die Anlage ist nicht so gut restauriert wie die zuvor genannten Abschnitte, dafür auch relativ wenig besucht, wodurch sie viel mehr von dem zu vermitteln vermag, was dieses einzigartige Bauwerk ausmacht: Erhabenheit, Unnahbarkeit, menschliche Schöpfungskraft. Mit einem Boot kann man sich über das kleine Staubecken setzen lassen, das sich zu Füßen der Mauer erstreckt.

 Tipp

Konditionsstarke Naturen können den Streckenabschnitt von Simatai nach Jinshan in rund vier Stunden bewältigen und dabei eines der spektakulärsten Teilstücke der Mauer überhaupt erleben.

Im Norden

Fenghuang Mountain mit Drachenquellen-Tempel (7)
Haidain District

> **Information**
>
> ☏ 62455933
> **Öffnungszeiten** *täglich, 1.4.-31.10. 6-18 Uhr, 1.11.-31.3. 6.30-17.30 Uhr*
> **Eintritt** *RMB 25, Kinder RMB 13*
> **Anreise** *Bus 346 ab Sommerpalast*

Drei reizvolle Wanderwege führen durch diese 33 km nördlich des Stadtzentrums gelegene Gebirgslandschaft, vorbei an dem tausend Jahre alten **Drachenquellen-Tempel**.

Jiufeng Forest Park (8)
Bei'anhe Town, Haidian District

> **Information**
>
> ☏ 62455816
> **Öffnungszeiten** *täglich, Hochsaison 6-18 Uhr, Nebensaison 8-16 Uhr*
> **Eintritt** *RMB 15, Kinder RMB 8*
> **Anreise** *Bus 346 ab Sommerpalast*

Unspektakuläres, aber abwechslungsreiches Wandergebiet 18 km nordwestlich des Sommerpalastes, in dem man bis auf 1.153 m hochsteigen kann, immerhin 700 m über dem Parkeingang. Für die Mühsal entschädigt bei schönem Wetter die großartige Aussicht.

Panzermuseum (9)
No. 88372 Army Unit, Yangfang Town, Changping District

> **Information**
>
> ☏ 66759901 und 69767910
> **Öffnungszeiten** *Di-So 8.30-17 Uhr*
> **Eintritt** *RMB 18, Kinder die Hälfte*
> **Anreise** *Bus 914 ab Shahe, oder mit Bus 330 ab dem Sommerpalast bis Xixiaoying, von wo aus es mit Bus 911 weitergeht*

Im einzigen Museum seiner Art in Asien kommen Militärliebhaber auf ihre Kosten.

Kangxi-Grassland (10)
Kangxi Caoyuan
Yanqing County

 Information

☏ 69131601
Öffnungszeiten *täglich 7-20 Uhr*
Eintritt *RMB 30*
Anreise *Bus 919 ab Deshengmen, mit dem man bis Xibozi fährt (da der Bus hier nicht automatisch hält, dem Busfahrer zuvor Bescheid sagen), von der Unterführung aus geht es mit dem Taxi weiter (Preis aushandeln – rund RMB 30)*

Redaktionstipps

Sehenswürdigkeiten: Natürlich dürfen die **13 Ming-Gräber** nicht auf Ihrem Besuchsprogramm fehlen, doch versuchen Sie möglichst früh oder erst am späten Nachmittag zu kommen, um dem Rummel ein wenig aus dem Weg zu gehen. Wenn Sie nur Zeit für ein Grab haben und nicht unbedingt die **unterirdische Grabkammer** sehen möchten, sollten Sie zu **Changling** fahren. Sehr wenige ausländische Besucher findet man im **Tempel der Roten Spiralmuschel**, ebenso in der **Longqing-Schlucht**, in der man Abstand zum Großstadttrubel gewinnt.

Das **Kangxi-Grassland** liegt rund 85 km nordwestlich der Stadt unmittelbar östlich des Guanting-Sees, während im Norden die Haituo Shan aufragen. Der 2.133 ha große Landstrich mit seinen Bergen, Wäldern, dem See und üppigem Weideland kann im Sommer mit einem um etliche Grade kühleren Klima als die Metropole selbst aufwarten, was ihn zu einem beliebten Ausflugsziel der Städter hat werden lassen. Kein Wunder also, dass immer mehr touristische Attraktionen zur Verfügung stehen. Es besteht u.a. die Möglichkeit eines Ritts auf einem Kamel oder einem mongolischen Pferd sowie des Übernachtens in einer mongolischen Jurte, außerdem kann man auch Bootstouren oder Angelausflüge unternehmen. Oder man schaltet vom Großstadttrubel ab und genießt ganz einfach nur die Landschaft!

Freizeitvergnügen

Longqing-Schlucht (11)
Longqing Xia
Yanqing County

 Information

☏ 69191020
Öffnungszeiten *Januar-Anfang November täglich 8-17.30 Uhr*
Eintritt *RMB 40, Kinder die Hälfte (einschließlich aller Attraktionen RMB 100/50)*
Anreise *Tour Bus You 8, oder Bus 919 ab Deshengmen bis Yanqing Station, von wo aus es mit dem Taxi weiter eht.*

Diese **natürliche Schlucht** wurde unter die 16 landschaftlich schönsten Gegenden Pekings gewählt. In früheren Zeiten nannte man sie „Alte Stadt der neun Windungen", heute erstreckt sich in ihr ein sieben Kilometer langes, abgeschirmtes und daher stilles **Wasserreservoir**, das von einem 90 m breiten und 72 m hohen Damm aufgestaut wird, zu dem die weltweit längste Reihe an

Landschaftliche Augenweide

Rolltreppen hinauf führt. Das 119 km² große Gebiet erfreut sich bereits seit der Ming-Dynastie touristischer Attraktivität, doch kamen in jüngerer Zeit einige neue Attraktionen hinzu, darunter Bungee Jumping, Go-Kart und Klettern, die jedoch nicht unbedingt zur Harmonie der Landschaft beigetragen haben. Aufgrund ihrer für die nordchinesische Bergwelt außergewöhnlichen **topografischen Struktur** bezeichnet man die Schlucht auch gerne als „Oase in der Wüste". Besonders reizvoll ist eine Bootsfahrt durch die Schlucht, während derer man an bizarr geformten Felsformationen vorbeikommt. Einen der Höhepunkte des Jahres stellt das **Eislaternenfest** (*1.1.-Ende Februar, täglich 8.30-22.30 Uhr, Eintritt RMB 70*) dar. Anlässlich des Festes werden kunstvoll gestaltete Laternen aus Eisblöcken herausgemeißelt, ihr farbiges Licht verwandelt die Umgebung in ein bunt schillerndes Meer.

Kriegserinnerungen

Am Eingang zu diesem Naherholungsgebiet findet man die **Pingbei Memorial Hall of Anti-Japanese War** (*69191619 und 69192367, täglich 8.30-16.30 Uhr, Eintritt RMB 5, Kinder die Hälfte*), in der der Kampf der hier Lebenden gegen die Japaner in den Jahren 1933-45 nachgezeichnet wird.

Chinesisches Luftfahrtmuseum (12)
Xiaotangshan Town, Changping District, *61784882/3*

> **ℹ Information**
>
> ☏ 69191020
> **Öffnungszeiten** *täglich 8.30-17 Uhr*
> **Eintritt** *RMB 60, Kinder die Hälfte (unter 1,2 m frei)*
> **Anreise** *Bus 912*

Rund die Hälfte der insgesamt etwa 200 Flugzeuge sind in einem 20.000 m² großen Hangar ausgestellt, zu sehen sind hier viele alte **Originalflugzeuge**. Es ist das größte Museum seiner Art in Asien.

Silver Mountain Pagoda Forest (13)
Yinshan Talin
Yinshantalin, Changping County

> **ℹ Information**
>
> 89726425/6
> **Öffnungszeiten** *täglich 8-16 Uhr*
> **Eintritt** *1.4.-31.10. RMB 20, 1.11.-31.3. RMB 15*
> **Anreise** *Bus 845 ab Xizhimen (Haltestelle zwischen den U-Bahn-Stationen Xizhimen und Chegongzhuang an der Xizhimen Nandajie), mit dem man bis Changping Dongguan fährt, von wo aus es entweder mit dem Taxi (ca. RMB 150-200) oder mit Minibus 31 weitergeht, mit dem man wiederum bis Humen Town fährt, wo es dann noch etwa zehn Minuten entlang der Hauptstraße bis zum Parkeingang sind. (Der letzte Bus zurück nach Changping fährt gegen 16.30 Uhr.)*

60 km nördlich des Stadtzentrums, an der Stelle, an der einst der berühmte **Fahua-Tempel**, eine bedeutende buddhistische Lehranstalt, stand, findet man heute die aus **fünf imposanten Pagoden** bestehende Grabanlage aus der Jin-Dynastie, die **traurigen Überreste** von vormals rund **70 Tempeln**, die das Tal und die umliegenden Berghänge füllten. Ein recht ordentlich ausgebauter Pfad führt auf die Anhöhe hinauf, von der aus man das Tal überblicken kann.

Untergegangene Größe

Dreizehn Ming-Gräber (14)
Ming Shisan Ling
Changping District; Changling

> **ℹ Information**
>
> Changling ☏ 60761334, Dingling ☏ 60761424, Zhaoling ☏ 60761435 und Heiliger Weg ☏ 89749383
> **Öffnungszeiten** täglich; Changling 8.30-17 Uhr, Dingling 8-17.30 Uhr, Zhaoling 8.30-17 Uhr, Heiliger Weg 8.30-17.30 Uhr
> **Eintritt** Changling 1.4.-31.10. RMB 45, 1.11.-31.3. RMB 30, Kinder die Hälfte
> Dingling 1.4.-31.10. RMB 60, 1.11.-31.3. RMB 45, Kinder die Hälfte
> Zhaoling 1.4.-31.10. RMB 30, 1.11.-31.3. RMB 20, Kinder die Hälfte
> Heiliger Weg 1.4.-31.10. RMB 30, 1.11.-31.3. RMB 20
> **Anreise** Bus 345 ab Deshengmen, oder ab U-Bahn-Station Xizhimen Bus 845 bis Changping und von dort weiter mit Bus 314

Nachdem die Ming-Dynastie die Fremdherrschaft der Yuan beendet hatte, war sie bestrebt, auf allen Ebenen kaiserlichen Wirkens die alten Han-zeitlichen Riten und Praktiken wieder einzuführen, wozu auch die entsprechenden Begräbnisrituale gehörten. Durch die **Wiederbelebung** des **Song-zeitlichen Konfuzianismus** und die tradierte Ahnenverehrung wurde es notwendig, bezüglich der Begräbnisstätten der verstorbenen Kaiser geomantische Überlegungen anzustellen, um die ewige Ruhe der Verstorbenen zu gewährleisten und ihnen auch im Jenseits immerwährende Freude zu bereiten. Auf der Grundlage älterer Grabanlagen kam man so zu genauen Vorstellungen in Bezug auf Architektur und Symbolismus der Anlage und deren Ausstattung. Diesen Vorgaben folgten aus Legitimationsgründen auch die Qing, obwohl sie an und für sich keine Han-Chinesen waren, sich aber in einer ununterbrochenen Tradition zeigen wollten. Nur so ist es zu verstehen, dass in dieser Anlage auch das Grab des letzten Ming-Kaisers, *Chongzhen*, zu finden ist, der sich am *Kohlehügel* erhängt hatte. Um sich als guter Erbe zu erweisen, veranlasste der erste Qing-Kaiser, *Shunzhi*, dass jener ebenfalls bei seinen Vorfahren bestattet werde.

Wiederbelebte Tradition

Die Qing selbst legten zwar eigene Grabanlagen an, doch pflegten sie die Gräber der Ming regelmäßig, ohne dabei Umbauten oder stilistische Veränderungen vorzunehmen, sodass die Überreste der dreizehn Gräber zu den ältesten und besterhaltenen **Gebäuden Chinas** zählen. Zwar verfielen in diesem Jahrhun-

Eine der 36 Steinfiguren, die die Heilige Straße der Ming-Gräber säumen

dert einige Hallen und Tore oder wurden zerstört, das Gros blieb indes erhalten, besonders die vielerorts zu sehenden Steinschnitzereien.

Wie der Name der 50 km nördlich des Stadtzentrums gelegenen Grabanlage schon sagt, liegen hier nur dreizehn der insgesamt 16 Ming-Kaiser mit ihren Kaiserinnen und einigen Konkubinen begraben, *Grabpflege* was seinen Grund darin hat, dass der Dynastiegründer *Hongwu* seine Hauptstadt in Nanjing hatte und dort auch begraben wurde. Erst vom dritten Ming-Kaiser, *Yongle*, wurde die Kapitale wieder nach Peking verlegt. Außerdem fehlen die Gräber des zweiten Kaisers, *Jianwen*, dessen Bestattungsort bis heute unbekannt ist, und dasjenige des siebten Kaisers, *Jingtai*, der aufgrund dynastischer Streitigkeiten in den westlichen Hügeln begraben wurde.

Geomantische Ausrichtung Die Lage kaiserlicher Friedhöfe wurde nie zufällig gewählt, sondern folgte den strengen Regeln des *Feng Shui*, gemäß derer im Norden und wenn möglich auch im Westen und Osten Berge sein sollen, die vor widrigen Einflüssen, d.h. Sandstürmen, starken Winden und bösen Geistern, schützen. Nach Süden hin soll sich die Gesamtanlage hingegen öffnen, um so der als positiv geltenden Sonne ungehindert Einlass zu gewähren. Durch die Anlage selbst soll möglichst kein Wasser fließen und ein niedriger Grundwasserspiegel vorhanden sein, positive Auswirkungen wiederum hat es, wenn vor ihr im Süden ein Wasserlauf anzutreffen ist. All diese Anforderungen erfüllte der Talkessel zu Füßen der Tianshou-Berge aufs Vortrefflichste.

Doch auch jede einzelne der dreizehn Grabanlagen folgt geomantischen Gesetzen. Die idealerweise auf einer Nord-Süd-Achse angelegten Grabstätten verbinden Leben und Tod, d.h. Erde und Himmel. Da nach chinesischer Vorstellung die Erde quadratisch und der Himmel rund ist, besteht der südliche Teil eines Grabes, der das Leben versinnbildlicht, aus einem, zwei oder drei rechteckigen bzw. quadratischen Höfen, die von einer Mauer umgeben sind, wohingegen der den Tod symbolisierende nördliche Teil, d.h. der Grabhügel, rund zu sein hat. Aufgrund der topografischen Gegebenheiten konnte man die strenge Nord-Süd-Ausrichtung der Grabanlagen nur bei den ersten Gräbern einhalten, später wurde dem Prinzip Vorrang eingeräumt, demzufolge genau im Rücken des Grabes eine Bergspitze zu sein hat. Tore und Hallen ähneln denjenigen im *Kaiserpalast* und sollten symmetrisch angelegt sein. Ein **dreibogiges Eingangstor** (A) führt in den ersten Hof, in dessen Seitengebäuden sich Umkleideräume, Zeremonialgegenstände, Küchen und Schlachträume für die Opfertiere befinden. Bei Gräbern mit drei Höfen wird der vorderste von einer **Mauer mit einer Torhalle** (B) abgeschlossen, hinter der links und rechts je ein mit Keramikplatten bedeckter **Brennofen** (C) für Seide und Papier steht. Herrlich verzierte Marmorplatten bedecken – wie z.B. im *Kaiserpalast* oder *Himmelstempel* – die zentralen Treppenaufgänge. Im anschließenden zweiten Hof erhebt sich am hinteren Ende eines breiten, flachen Vorfeldes auf der Hauptachse als größtes Gebäude die **Opferhalle** (D), die auf einer mehrstufigen Marmorterrasse steht. Den letzten, relativ kurzen Hof erreicht man wiederum durch ein **dreiflügeliges Tor** (E), hinter dem eine **Geisterwand** (F) den direkten Blick entlang der Hauptachse verwehrt. Dahinter befindet sich der **Steinaltar** (G) mit den fünf für Zeremonien benötigten, ebenfalls aus Stein gefertigten Gegenständen, nämlich: ein Räuchergefäß, zwei Kerzenleuchter und zwei Vasen. Sie hatten zu Zeiten der Ming jedoch noch symbolischen Wert und dienten als Erinnerung an die Frühzeit, als es noch keine Hallen für die Opferzeremonien gab. Zu

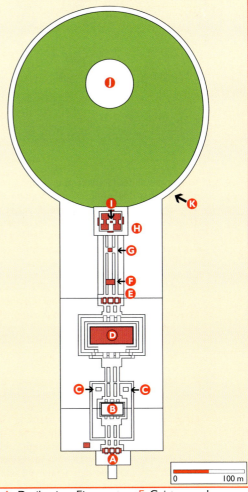

Typischer Aufbau einer Grabanlage der Ming

A Dreibogiges Eingangstor	F Geisterwand
B Mauer mit einer Torhalle	G Steinaltar
	H Stelenpavillon
C Brennofen	I Stele
D Opferhalle	J Grabhügel
E Dreiflügeliges Tor	K Umfassungsmauer

Bei den Ming-Gräbern

Zeiten der Ming fanden indes alle entsprechenden Zeremonien in der Opferhalle statt.

Am Ende des Hofes ragt der **Stelenpavillon (H)** empor, der an der Übergangsstelle zwischen Leben und Tod steht. Er gleicht einem chinesischen Stadttor mit einem tunnelartigen Durchgang. Den oberen Teil des Pavillons sowie den Befestigungswall des Grabhügels erreicht man gewöhnlich über seitliche Treppen oder Rampen, bei größeren Gräbern über Rampen hinter dem Stelenpavillon. Auf der oben aufgestellten **Stele (I)** selbst sind der Name des Kaisers und ein ihn lobendes Adjektiv zu lesen, wobei die Anzahl der Schriftzeichen immer ungerade ist, denn die ungeraden Zahlen zählen zum männlichen Element Yang. Die rechteckige, mehrstufige Stelenbasis wurde im Laufe der Zeit immer üppiger verziert.

Ritualgegenstände

Geradezu nüchtern im Vergleich zu den überwiegend rot und gelb gehaltenen Hallen und Toren nimmt sich der **Grabhügel (J)** mit seiner grauen **Umfassungsmauer (K)** aus. Die auf ihm gepflanzten Bäume und Sträucher dienen dem Verstorbenen als Nahrung. Waren sämtliche Gebäude in den Höfen überwiegend aus Holz, so besteht die unterirdische **Grabkammer** – als Symbol der Ewigkeit – ganz aus Stein und Marmor.

Kaiserliche Grablege

Man nähert sich der circa 40 km² großen Anlage, die einst von einer stark bewachten **Mauer** umgeben war, von Süden her. Im Osten, Norden und Westen ragen die Gipfel der Tianshou Shan auf, den südlichen Eingang flankieren **Drachen-** und **Tigerberg**. Das kaiserliche Gefolge benötigte früher zwei Tage vom *Kaiserpalast* bis hierher. Als erstes passiert man das 33,6 m breite und 10,5 m hohe **Ehrentor Shi Paifang (1)**, dessen sechs quadratische Stützsäulen aus jeweils einem einzigen Marmorblock gefertigt sind. Auf den Reliefs, die die unteren Säulenteile zieren, sind von außen nach innen mit einer buddhistischen Perle spielende Löwen, mythische Makara (Symbole der Fruchtbarkeit) und den Kaiser symbolisierende fünfkrallige Drachen (*Long*) abgebildet. Über den Reliefs sitzen bei den äußeren vier Säulen Löwen, bei den beiden inneren Qilin, die Sinnbilder einer guten Herrschaft. Gleich einem Holzdach ist das steinerne Dach des Ehrenbogens gefertigt. Aus Respekt vor den Kaisern und dem Jenseits blieb die Steintafel, auf der normalerweise der Name des Tores stehen würde, unbeschrieben. Hier am **Ehrentor** beginnt der 6,4 km lange **Heilige Weg** (*Shen Dao*) (**2**) oder **Seelenweg**.

Das **Ehrentor** wurde erst 1540 vom elften Ming-Kaiser, *Jiajing*, erbaut, der als Nachkomme einer entfernteren Verwandtschaftslinie durch den Bau einiger dekorativer Elemente im Begräbnisbereich seiner Herrschaft eine ganz besondere Legitimation verschaffen und seine enge Verbundenheit mit den Ahnen zum Ausdruck bringen wollte. An klaren Tagen kann man von hier aus durch sämtliche Tore hindurch bis zum Stelenpavillon des **Grabes Changling**, dem Grab Kaiser Yongles, blicken, das **am Ende des Heiligen Wegs** liegt. Nach einem Kilometer gelangt man zum ursprünglichen offiziellen Eingang der Grabanlage, zum **Großen Roten Tor** (*Dahongmen*) (**3**), vor dem ehemals eine kleine Säule stand, die alle Reiter, einschließlich dem Kaiser, aufforderte, vom Pferd zu steigen. Der mittlere der drei Durchgänge war den Särgen der verstorbenen Kaiser vorbehalten, die lebenden Kaiser benutzten den östlichen (rechten), alle anderen den westlichen (linken) Durchgang. In den Torbögen hingen mächtige Holztore. Auf der Höhe dieses Tores verlief einst

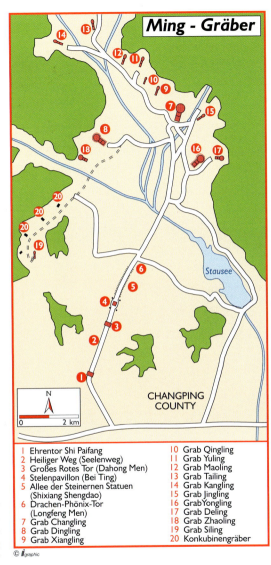

Ming - Gräber

1 Ehrentor Shi Paifang
2 Heiliger Weg (Seelenweg)
3 Großes Rotes Tor (Dahong Men)
4 Stelenpavillon (Bei Ting)
5 Allee der Steinernen Statuen (Shixiang Shengdao)
6 Drachen-Phönix-Tor (Longfeng Men)
7 Grab Changling
8 Grab Dingling
9 Grab Xiangling
10 Grab Qingling
11 Grab Yuling
12 Grab Maoling
13 Grab Tailing
14 Grab Kangling
15 Grab Jingling
16 Grab Yongling
17 Grab Deling
18 Grab Zhaoling
19 Grab Siling
20 Konkubinengräber

besagte **rote Mauer**, die jeden Normalsterblichen ohne besondere Genehmigung am Weitergehen hinderte. Außer den zur Bewachung abkommandierten Soldaten gab es noch bei jedem Grab ein kleines Dorf, dessen dorthin zwangsumgesiedelte Bewohner die jeweilige Grabstätte pflegen mussten.

Zutritt nur für Auserwählte

Tempel bei den 13 Ming-Gräbern

Die **300 Räume** umfassende **Halle** hinter dem Tor, in der sich der Kaiser mit seinem über 1.000 Mann zählenden Gefolge ausruhte und für den weiteren Weg umzog, ist bedauerlicherweise nicht mehr vorhanden.

Einen halben Kilometer weiter nördlich kommt man zum **Stelenpavillon** (*Bei Ting*) (**4**), um den herum Kaiser *Jiajing* **vier Ehrensäulen** (*Hua Biao*) aufstellen ließ, um die sich jeweils ein Drache in Wolken herum windet, wobei jede Säule oben zwei flügelartige Gebilde und ein weiteres mythisches Wesen trägt.

Beeindruckend ist vor allem die gewaltige Steinstele im Inneren des Pavillons, die eine Kopie der größten Stele Chinas, und zwar derjenigen auf dem Grab des ersten Ming-Kaisers in Nanjing, ist. Von einer 4,5 m langen, 2,5 m breiten und fast 2 m hohen Schildkröte getragen, wurde der zehn Meter hohe Koloss zusammen mit seiner Basis aus einem einzigen Felsen geschlagen. Die Spitze krönen hornlose Drachen (*Li*), die leicht erhöhte Plattform indes wird von Wellen und Garnelen geschmückt, deutlicher Hinweis darauf, dass die Ming auch über den Süden herrschten und sich des Handels und der Seefahrt annahmen. Die 3.500 Zeichen umfassende Inschrift auf der Südseite der Stele wurde von *Yongles* Sohn *Hongxi* 1426 verfasst und beschreibt die Erbauung des väterlichen Mausoleums. Aufgestellt wurde die Steintafel aber erst im Jahre 1436, wobei die Ausführung der Kalligrafie von dem berühmten Kalligrafen *Cheng Nanyao* stammte. Auf der Rückseite der Stele findet sich ein vom Qing-Kaiser *Qianlong* stammendes Gedicht, in dem er jedem der dreizehn Gräber ein Zeile widmet.

Stelenkoloss

Wenige Meter hinter dem Pavillon beginnt die **Allee der Steinernen Statuen** (*Shixiang Shengdao*) (**5**). Die hier 1435 aufgestellten 36 Tier-, Fabeltier- und Menschengestalten, deren Anzahl sich nach dem Rang des Begrabenen richtete, sollten die Gräber vor bösen Geistern, aber auch äußerst irdischen Grabräubern schützen, was sie offensichtlich auch sehr effektiv taten. Ihre abschreckende Wirkung besteht in dem chinesischen Glauben, dass Statuen das Essenzielle des dargestellten Wesens zum Ausdruck bringen, sodass es nicht unbedingt darauf ankam, einen Löwen besonders furchterregend darzustellen, allein schon durch die Präsenz der Figur waren all seine Eigenschaften zugegen. So erklärt sich auch die etwas uniform wirkende Darstellungsweise der Menschenfiguren, bei denen es nicht um die Verkörperungen von Individuen, sondern um diejenige von Ämtern ging.

Beamtenfigur an der Allee der Steinernen Statuen

Als erstes kommt man an **zwölf Tierpaaren** vorbei, von denen je zwei Paare das gleiche Tier zeigen, einmal wachend (stehend), einmal ruhend (sitzend). Der Legende nach lösen sie sich um Mitternacht bei der Wache ab. Es folgen **sechs Menschenpaare**, auch hier jeweils in Vierergruppen zusammengefasst. Noch vor dem ersten Tierpaar stehen jedoch ein paar Hinweissäulen, die den umherwandernden Seelen der Verstorbenen den rechten Weg zurück zu ihren Gräbern weisen sollen.

Steinerne Wächter

Die zuvorderst stehenden **Löwen** wurden, da sie in China nicht beheimatet waren, zunächst als mythische Wesen angesehen, wobei ihre Posen und Löckchen sie als den Menschen untertan darstellen. Als Symbol von Stärke und Macht gewann der Löwe im Laufe der Zeit aber zusehends an Bedeutung und Beliebtheit, wie man an den zahlreichen Darstellungen in allen wichtigen Anlagen sehen kann.

Das folgende Fabeltier **Xiezhi** verkörpert Gerechtigkeit, die sich anschließenden **Kamele** waren bis in die Neuzeit hinein die wichtigsten Transporttiere im Norden und vor allem Westen des Riesenreiches, sodass sie als Repräsentanten des westlichen Landesteils und der Ausdauer anzusehen sind. Den Süden und die Moral repräsentieren hingegen die **Elefanten**, von denen sich einige bis 1884 im Palastdienst befanden. Die zweiten Fabeltiere, die **Qilin**, stehen für Güte, die zum Schluss kommenden **Pferde** vertreten den Norden des Reiches und die Charaktereigenschaft Treue.

Transport- und Fabeltiere

Die Heilige Straße

Die zwölf Menschenfiguren repräsentieren die Vertreter der höchsten Staatsämter, beginnend mit **zwei Generälen** mit Befehlsstab, gefolgt von zwei weiteren **Generälen** mit verschränkten Armen und vier **Zivilistenpaaren**, die die Präsidenten der Ministerien und die höchsten Sekretäre darstellen. In ihnen verkörpern sich die Eigenschaften eines guten Beamten: Tugend, Weisheit, Strenge und Gelassenheit. Im Gegensatz zu den ziemlich stereotypen Gesichtsausdrücken legte man größten Wert auf die detailgetreue Ausarbeitung der Kleidung, bei der es sich um selten getragene Zeremonialgewänder handeln dürfte.

Geisterbarriere

Ein weiteres dreiflügeliges Tor am Ende des Weges versperrt den bösen Geistern, die ja nur geradeaus gehen können, den Weg. Aufgrund seiner Schutzfunktion für die Gräber von Kaisern und Kaiserinnen nennt man es **Drachen-Phönix-Tor** (*Longfeng Men*) (**6**). Von der **Allee** sind es noch einmal rund drei Kilometer bis zu den einzelnen Gräbern, die sich zu Füßen der umliegenden Berge befinden. Auf dem Weg dorthin kommt man am 1958 angelegten Shisanling-Stausee vorbei, an den u.a. *Mao Zedong* und *Zhou Enlai* persönlich Hand mit angelegt haben.

Bisher nur zwei Gräber restauriert

Bislang sind von den dreizehn Gräbern nur zwei ausgegraben und für den Publikumsverkehr geöffnet, und zwar das Grab **Changling**, das man zu einem Museum herrichtete (wobei die unterirdische Grabkammer bislang nicht geöffnet worden ist), und das Grab **Dingling**, bei dem ebenfalls zahlreiche Grabfunde museal ausgestellt sind und dessen Grabkammer bislang als einzige geöffnet worden ist. Auch wenn die restlichen Gräber noch der Renovierung harren, so lohnt es sich dennoch, einen Blick auf das eine oder andere von ihnen zu werfen, da sie einem in ihrer Abgeschiedenheit sehr viel von dem vermitteln können, wofür sie geschaffen worden sind: **Monumente für die Ewigkeit**.

Das Grab Changling (7)

Kaum dass Kaiser *Yongle* die Ruhestätte ausgesucht hatte, begann er – noch zu Lebzeiten – Anfang des 15. Jahrhunderts mit dem Bau seines 1409 fertigestellten Mausoleums, das nicht nur das größte innerhalb der kaiserlichen Grabanlage ist, sondern auch über die günstigste Lage verfügt, liegt es doch in der direkten Verlängerung des Zugangswegs und genau südlich des höchsten Gipfels ringsum. Dem Usus folgend, bauten seine Nachfolger ihre Grabstätten kleiner als das seine, lediglich der legitimationssüchtige *Jiajing* (Grab Yongling) und der protzsüchtige *Wanli* (Grab Dingling) suchten ihm nachzueifern. *Yongle* wurde hier 1424 zusammen mit der bereits 1407 verstorbenen Kaiserin *Renxiao* bestattet.

Das **Grab Changling** wurde in den fünfziger Jahren restauriert und als **Museum** hergerichtet, seine unterirdische **Grabkammer** blieb indes bis zum heutigen Tag ungeöffnet.

Das erste und größte Museum

Die Anlage hält sich in ihrem Aufbau streng an das oben beschriebene architektonische Grundschema. Man betritt sie durch das mächtige **dreiflügelige Eingangstor**, durch dessen mittleres Tor einzig und allein der Sarg des verstorbenen Kaisers hindurch getragen werden durfte. Im ersten Hof fällt rechts vom Eingang noch ein **Stelenpavillon** auf, der allerdings erst 1659, also vom ersten Qing-Kaiser *Shunzhi*, hier aufgestellt wurde. Getragen wird die Stele, die ein *Long* (fünfkralliger Drache = Symbol des Kaisers) bekrönt, von einem *Baxia* (Schildkröte mit Drachenkopf = Sohn des Drachen); in sie eingeritzt sind drei aus den Jahren 1659, 1786 und 1804 stammende kaiserliche Edikte über die Restaurierung der Grabstätte.

Durch das **Tor der Himmlischen Gnade** (*Ling'en Men*), hinter dem links und rechts die beiden **Verbrennungsöfen** stehen, gelangt man in den zweiten Hof. Mythische, böse Geister abwehrende Tierfiguren zieren die Dächer dieser Öfen.

Es schließt sich die **Halle der Himmlischen Gnade** (*Ling'en Dian*) an, die als **Opferhalle** fungierte. Sie erhebt sich auf einer dreistufigen Marmorterrasse, die von Balustraden eingefasst ist. Die Treppenmitte ziert ein **Marmorteppich**, über den nur der Kaiser gehen durfte. Er ist, wie die ganze Halle, mit Drachen- und Phönixmustern ausgestaltet. Mit einer Breite von 66,75 m und einer Tiefe von 29,31 m ist sie die größte, unverändert erhalten gebliebene **historische Halle Chinas**. Ihr doppelstöckiges Dach tragen 32 rund dreizehn Meter hohe Säulen aus Nanmu-Holz, das auf einer dreijährigen Reise aus Südchina bis hierher gebracht wurde. Besonders schön ist die **Kassettendecke** im Inneren der Halle. Befanden sich einst Thronsitze und Altäre in ihr, so nutzt man sie heute als Ausstellungshalle für Grabbeigaben aus dem **Grab Dingling**.

Gebaut für die Ewigkeit

Durch ein weiteres **dreiflügeliges Tor** abgetrennt folgt der dritte Hof, in dem man noch den mit Qilin-Figuren versehenen Rahmen der **Geisterwand** sehen kann, deren Holztüren jedoch verfallen sind. Auf dem sich dahinter befindlichen **Steinaltar** findet man die erwähnten Ritualgefäße, die solchen aus der Bronzezeit nachgebildet sind.

Zeremonielle Opfer

Beim Grab Changling

Es folgt der **Stelenpavillon** (*Ming Lou* = Pavillon der Klarheit), den man durch einen Tunnel und über eine sich seitlich anschließende Rampe besteigen kann.

Die **Grabstele** *Yongles*, auf der noch die rote Farbe erkennbar ist, fällt äußerst schlicht aus: Oben sieht man neben zwei Drachen in Wolken die beiden Schriftzeichen „Da Ming" (*Große Ming*), die Inschrift darunter lautet: „Mausoleum des erfolgreichen Kaisers Chengzu" (d.i. der Memorialname *Yongles*).

Den Abschluss der Grabanlage bildet der **Grabhügel** mit einem Durchmesser von etwa 300 m, sein **Umfassungswall** (*Kostbare Mauer*) ist rund drei Meter breit. Östlich und westlich liegen die Gräber von 16 kaiserlichen Konkubinen, die lebendig begraben wurden, um dem Kaiser in der Unterwelt zu dienen. Nach heutigen Erkenntnissen ruht der Kaiser bis dato ungestört in seinem **Mausoleum**, sodass bei eines Tages stattfindenden Grabungsarbeiten eine weitere archäologische Sensation zu erwarten sein dürfte.

Ungestörte Grabesruhe

Das Grab Dingling (8)

Es ist dies das einzige Grab, das bislang geöffnet wurde, wobei der Zufall seine Hände mit im Spiel hatte. Als man nämlich 1956 mit Restaurierungs- und Grabungsarbeiten begann und zu diesem Zwecke hinter dem **Stelenpavillon** einen Quertunnel grub, stieß man auf zwei Hinweissteine, auf denen die Lage des Eingangs beschrieben wurde. Derlei Steine wurden zwar stets nach der Fertigstellung einer Grabanlage hinterlassen (in diesem Fall immerhin 29 Jahre vor dem Tod des Kaisers), damit man den Eingang bei der Beerdigung wieder fand, ohne die unterirdische Kammer zu zerstören, doch wurden die Steine aus Furcht vor Grabräubern nach der Bestattung normalerweise entfernt, was in diesem Fall offensichtlich vergessen wurde.

Unter dem hier bestatteten dreizehnten Ming-Kaiser, *Wanli*, zeigte die Ming-Dynastie nach 200 Jahren der Herrschaft deutliche Verfallserscheinungen. Während sich der Kaiser selbst mehr den irdischen Genüssen hingab, überließ er die Regierungsgeschäfte den Eunuchen. Mit dem Bau seines Mausoleums war 1585 von 30.000 Arbeitern begonnen worden, sechs Jahre später war es fertig-

Fünfkrallige Drachen symbolisieren den König

gestellt, doch sollte es noch bis 1620 dauern, ehe er hier zur letzten Ruhe gebettet wurde. Zusammen mit Kaiser *Wanli* begrub man seine im gleichen Jahr verstorbene erste Frau *Xiaoduan*. 1.600 Sänftenträgerinnen sollen in seinem Begräbniszug mitgegangen sein, das Essen für das Begräbnisritual soll 200 Wagen gefüllt haben. Beiden zur Seite wurde zusätzlich jene Konkubine bestattet, die dem Kaiser zwei Söhne und somit den Nachfolger geboren hatte. Der Erbfolger war es denn auch, der ihre Umbettung aus dem Konkubinengrab – in dem seine Mutter 1611 begraben worden war – in das Kaisergrab veranlasste und seine Mutter postum zur Kaiserin *Xiaojing* erhob.

Ein Glücksfund

In seinem Aufbau folgt das 7,8 Millionen Unzen Silber teure Mausoleum (dies entsprach der gesamten Grundsteuer von zwei Jahren) den oben beschriebenen vorgegebenen Grundstrukturen. Die oberirdischen Anlagen wurden während der Kämpfe gegen Ende der Ming-Dynastie erstmalig zerstört, anschließend wieder aufgebaut, 1914 jedoch erneut zerstört. Im Zuge der Restaurierungsarbeiten während der letzten Jahrzehnte wurden sie wieder weitestgehend aufgebaut, die Anlage in ihrer ursprünglichen Form wiederhergestellt.

Das Millionengrab

Vor der Grabanlage befinden sich eine **dreifache weiße Marmorbrücke** und eine **Schildkrötenstele**, die früher von einem Pavillon geschützt wurde. Im dritten Hof steht in der Mitte das **Lingxing-Tor** (*Lingxing Men*), in den

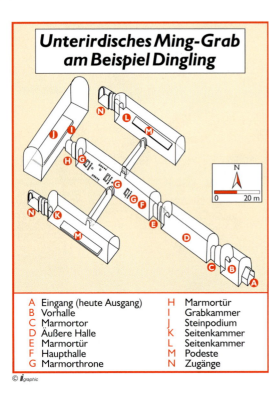

Unterirdisches Ming-Grab am Beispiel Dingling

A Eingang (heute Ausgang)
B Vorhalle
C Marmortor
D Äußere Halle
E Marmortür
F Haupthalle
G Marmorthrone
H Marmortür
I Grabkammer
J Steinpodium
K Seitenkammer
L Seitenkammer
M Podeste
N Zugänge

Seitenhallen des Hofes sind Fotos der 1956 begonnenen Grabungsarbeiten und Fundstücke aus der kaiserlichen Grabkammer ausgestellt, viele aber nur als Kopien – so auch die herrliche blaue Phönixkrone der Kaiserin und die mit zwei Drachen geschmückte goldene Filigrankrone des Kaisers, die beide mit jeweils 3.000 Perlen und Edelsteinen verziert wurden. Es war das erste auf Veranlassung der Regierung freigelegte chinesische Kaisergrab. Das besondere Interesse der Besucher gilt indes vornehmlich der 1.195 m² großen **unterirdischen Grabkammer** selbst, deren Ausgrabungsarbeiten im Folgenden kurz geschildert werden.

Nach der Freilegung des **Eingangs (A)** (heute ist dies der Ausgang), der durch einen vierzig Meter langen und sieben Meter tiefen Tunnel erreichbar war, und der Durchbrechung der Schutzmauer aus Ziegeln, gelangten die Archäologen zunächst in eine leere **Vorhalle (B)**, die nach Norden hin von einem massiven **Marmortor (C)**, dessen zwei Flügel jeweils sechs Tonnen wiegen, abgeschlossen wurde. Mit Hilfe eines starken Drahtes gelang es, den Selbstschließungsmechanismus zu überwinden. Dieser besteht aus mannshohen marmornen Keilen, die von innen schräg gegen die Türflügel gelehnt werden, wobei Mulden im Boden und Kerben in den Türen verhindern, dass diese nach hinten wegrutschen bzw. einfach weggedrückt werden können.

Vorstoß in die Unterwelt

Die sich anschließende **äußere Halle (D)** war ebenfalls leer. Durch eine weitere **Marmortür (E)** gelangten sie in die 32 m lange, 6 m breite und 7,2 m hohe **Haupthalle (F)**, in der sich drei **Marmorthrone (G)** befanden, einer auf der Hauptachse, die beiden anderen seitlich an den Wänden. Heute stehen sie alle drei auf der Mittelachse, wobei der hinterste für den Kaiser bestimmt war. Davor sieht man jeweils einen **Steinaltar** mit den fünf obligatorischen Ritualobjekten, dazu mit Öl gefüllte Ewige Lampen. Das Öl befand sich bei Auffindung der Grabkammer noch in den Gefäßen, doch waren die Flammen aus Sauerstoffmangel ausgegangen. Eine weitere **Marmortür** (**H**) war zu überwinden, ehe die Archäologen die eigentliche **Grabkammer** (**I**) betreten konnten, die 30,1 m breit, 9,1 m tief und 9,5 m hoch ist. Auf dem **Steinpodium** (**J**) standen die drei Särge des Kaisers, der Kaiserin und der einstigen Konkubine. Die heutigen Ausstellungsstücke sind allerdings Kopien. Ebenso die 26 Kisten daneben, die die Schätze enthielten, die in den **Museen** im dritten Hof zu sehen sind. Um jeden Sarg herum lagen zwölf unbearbeitete Jadeblöcke von bis zu 24 kg, die die Körper traditioneller Ansicht nach vor dem Verfall und bösen Geistern bewahren.

Unterirdische Schatzkammer

Außen lagen Modelle von Kutschen, Sänften, Waffen, Bannern und anderen in Prozessionen mitgeführten Dingen, die Zwischenräume zwischen den inneren und äußeren Särgen waren voll gestopft mit Jadeobjekten und blau-weißem sowie dreifarbigem Porzellan. Insgesamt fand man in der Grabkammer rund **3.000 Gegenstände**, deren wertvollste sich heute im *Kaiserpalast* befinden, einige wenige sind beim **Changling-Grab** zu sehen.

Die Leichen der drei Toten waren **prunkvoll ausstaffiert**: So war *Wanlis* Leiche mit einer kostbaren Brokatdecke zugedeckt, unter der noch neun weitere Decken aus verschiedenen Materialien seinen Leichnam einhüllten, z.T. mit Goldmünzen verziert. Bekleidet war er mit einem bestickten Totenhemd, einem Jadegürtel, gelben Damasthosen, hohen roten Satinstiefeln und einer schwarzen Gazekappe. Seidentücher und weitere Kleidungsstücke lagen zu seinen Füßen, Schmuckstücke aus Gold, Silber und Jade um seinen Kopf. Mit weiß-gelben Kleidungsstücken war **Kaiserin *Xiaoduan*** , deren Sarg links von demjenigen des Kaisers stand, bekleidet, wobei Hose, Hemd und Schuhe aus Satin mit aufgestickten Lotusblumen und Drachen bestanden. Auf dem Kopf trug sie eine schwarze, spitz zulaufende Gazekappe mit goldenen Haarnadeln. Bedeckt war sie mit sechs wattierten Decken, eine davon mit 100 Goldmünzen verziert. Neben weiteren Kleidungsstücken und Schuhen fand man Gebrauchsgegenstände des alltäglichen Lebens, wie z.B. Löffel, Essstäbchen und Kosmetika, in ihrem Sarg. Im Sarg Xiaojings fand man in etwa die **gleichen Utensilien** wie im Sarg *Xiaoduans*.

Prunkvolle Totengewänder

Parallel zur **Haupthalle** befinden sich noch zwei **Seitenkammern** (**K**, **L**), in denen gleichfalls **Podeste** (**M**) für Särge zu sehen sind, doch waren diese leer. Beide verfügen über eigene **Zugänge** (**N**), da es Unglück bedeutet hätte, hätte man den Haupteingang nach der Beisetzung des Kaisers noch einmal geöffnet. Vermutlich waren die **Seitenkammern** ursprünglich für die Kaiserinnen gedacht, die dann jedoch, vermutlich weil die Särge nicht durch die Eingänge passten, zu Seiten des Kaisers bestattet wurden. 50.000 polierte Steinblöcke, so genannte „goldene Bausteine", waren beim Bau des unterirdischen Palastes verbaut worden. Sie waren innerhalb von drei Jahren in Suzhou bearbeitet und anschließend 1.400 km weit bis hierher transportiert worden.

Der Besucher gelangt heute durch die **östliche Seitenkammer** (**L**) in die unterirdische Grabanlage, die sich **27 m unter der Erde** befindet.

Stelenpavillon des Grabes Dingling

Das Grab Xianling (9)

In dieser nordwestlich vom **Changling-Grab** gelegenen Anlage wurde der vierte Ming-Kaiser, *Hongxi*, beigesetzt. Als Besonderheit fällt zwischen ihrem ersten und zweiten Hof ein kleiner Hügel auf, der vermutlich besonders gutes Feng Shui versprach.

Das Grab Qingling (10)

Eine Notlösung musste her

Hier wurde der vierzehnte Ming-Kaiser, *Taichang*, beigesetzt, der 1620 nach nur einmonatiger Regierung plötzlich verstarb und daher noch kein Mausoleum für sich hatte errichten lassen können. Man bestattete ihn daher in dem schon 170 Jahre alten Grab seines Vorfahren *Jingtai*, der dem rechtmäßigen Kaiser Mitte des 15. Jahrhunderts die Rückkehr auf den Thron verweigert hatte. Nach *Jingtais* Sturz lehnte sein Nachfolger das Begräbnis auf dem Ahnenfriedhof ab und veranlasste den Abriss seines Mausoleums. Der erhalten gebliebene unterirdische Teil konnte indes für den überraschend verstorbenen *Taichang* benutzt werden. Wie beim Grab *Xianlings* liegt auch hier zwischen erstem und zweitem Hof ein kleiner Hügel.

Das Grab Yuling (11)

Zweimaliger Regent

In der Grabanlage des sechsten Ming-Kaisers, *Zhengtong* bzw. *Tianshun* (er kam zweimal an die Macht), kann man neben den Wänden der **Opferhallen** noch vier große Marmorgefäße für Wasser besichtigen.

Das Grab Maoling (12)

Hier ruht der achte Ming-Kaiser, *Chenghua*, auf dessen Grabhügel mit die ältesten Bäume des ganzen Tales wachsen. Die sich hinter dem freigelegten Tunnel des **Stelenpavillons** befindenden Rampen und eine **Keramikwand** haben die Jahrhunderte ziemlich gut überdauert.

Das Grab Tailing (13)

In der Grabanlage des neunten Ming-Kaisers, *Hongzhi*, blieb wenig erhalten, einzige Besonderheit ist einer der **Verbrennungsöfen**, bei dem jedoch die Keramikplatten fehlen.

Das Grab Kangling (14)

Das Grab des zehnten Ming-Kaisers, *Zhengde*, liegt in der äußersten nordwestlichen Ecke des Tales und ist weitestgehend verfallen.

Das Grab Jingling (15)

Von der Grabanlage des fünften Ming-Kaisers, *Xuande*, blieb nur wenig erhalten, so z.B. die **Tore** und die **Geisterwand**.

Das Grab Yongling (16)

Das Mausoleum des elften Ming-Kaisers, *Jiajing*, weist die **vermutlich schönsten Marmorschnitzereien** aller Grabanlagen im Tal auf. Zum ersten Mal findet sich auf dem **Marmorteppich** neben dem Drachen auch der Phönix, der mit ersterem spielt. Die Gesamtanlage ist fast so groß wie **Changling** und wurde ursprünglich in etwa dreißig Meter Abstand von einer zweiten Mauer umgeben. Obwohl die Hallen eingestürzt sind, **lohnt sich ein Besuch des Grabes**, dessen Stelenpavillon ganz aus Stein besteht und daher von den unrestaurierten der am besten erhaltene ist.

Kunstvolle Marmorschnitzereien

Das Grab Deling (17)

Auf drei Seiten von Hügeln umschlossen, liegt das Grab des fünfzehnten Ming-Kaisers, *Tianqi*, dessen **Schildkrötenstele** schön mit Fischen und anderen Seetieren verziert ist. Zwei Besonderheiten verdienen Beachtung: Zum einen hat auf dem **Marmorteppich** – abweichend von der Regel – der Drache die Perle gefangen, zum anderen weist die Basis der **Grabstele** als einzige im Tal buddhistische Symbole auf.

Besonderheiten

Das Grab Zhaoling (18)

Nicht weit vom **Grab Dingling** entfernt, befindet sich das Mausoleum des zwölften Ming-Kaisers, *Longqing*. Seit 1987 sind rege Restaurierungsarbeiten im Gange, deren Ziel es ist, die Anlage wieder in ihrem alten Glanz erstrahlen zu lassen. Die **Opferhalle** wird ebenso nach den Ming-zeitlichen Plänen hergerichtet wie der Rest der Anlage. In ihr stehen vier Throne in Richtung Süden: einer für den Kaiser und je einer für seine drei Kaiserinnen.

Eifrige Restaurierung

Vor jedem ist ein **rot gestrichener Altar** aufgestellt, zusätzlich weitere niedrige Tische für die Opfergaben. Die Himmelbetten im Hintergrund dienten den Seelen als Ruhestätten, von wo aus sie den Zeremonien bequem folgen konnten. An der Westwand sind zudem Musikinstrumente aus Stein und Bronze ausgestellt. Von der Rückseite des Stelenpavillons führen zwei Rampen abwärts und münden in einen bogenförmigen Halbkreis zwischen Pavillon und Grabhügel. Auf gleichem Niveau schließt sich sodann der Tumulus an, wodurch es nach Expertenmeinung möglich war, zwei der drei Kaiserkonkubinen hier nachträglich zu bestatten, die den Kaiser überlebten.

Bronzeplastik des Kaisers Yongle in der Grabanlage Changling

Das Grab Siling (19)

Das Grab des letzten Ming-Kaisers, *Chongzhen*, das aufgrund der Wirren nach dem Zusammenbruch der Dynastie erst Monate nach dem Tode des Herrschers fertig wurde, ist nahezu vollständig verfallen und lohnt nur dann einen Besuch, wenn man viel Zeit hat und die Umgebung genießen möchte.

Konkubinengräber (20)

Auch diese Gräber sind weitestgehend verfallen und z.T. geplündert.

Tempel der Roten Spiralmuschel (15)
Hongluo Si
Hongluo Mountain, Yanxi Town, Huairou District

> **Information**
>
> ☏ 60681175
> **Öffnungszeiten** täglich, 1.4.-31.10. 8-17.30 Uhr, 1.11.-31.3. 8-16.30 Uhr
> **Eintritt** RMB 30, Kinder die Hälfte
> **Anreise** Bus 916 bzw. 936 ab Dongzhimen LDBS, oder Tour Buses You 6 und 16

Versteckt im Wald

Der im Jahre 348 unter dem Namen Daming (Großer Glanz) erbaute Tempel liegt, hinter dichtem Gehölz aus der Ferne kaum zu erkennen, 57 km nördlich des Stadtzentrums in den Hongluo-Bergen und wurde im Laufe des 14. Jahrhunderts in *Huguo Zifu* umbenannt. Ihren merkwürdigen Namen verdanken Tempel und Berge der Legende nach zwei riesigen roten Spiralmuscheln, die in einem Teich hinter dem Tempel gelebt und ein eigenartiges Licht von sich gegeben haben sollen. Über eine gepflasterte Rampe steigt man zum **Bergtor** (*Shan Men*), dem Eingang des in Süd-Nord-Richtung erbauten, aus fünf Höfen bestehenden Tempelkomplexes hoch, mit 16,6 ha der größte im Norden Pekings, dessen offizieller Name auf der Tafel über dem Tor zu lesen ist: *Huguo Zifu*. Auf der Hauptachse folgt sodann die **Halle der Himmelskönige** (*Tianwang Dian*), in der neben den vier Himmelswächtern an beiden Seiten zentral die für diese Halle übliche *Maitreya*-Figur thront. Haupthalle ist die sich anschließende **Halle des Großen Helden** (*Daxiongbao Dian*), vor der zwei 30 m hohe und mehr als tausend Jahre alte Ginkgobäume im Sommer wohltuenden Schatten spenden. Dahinter liegen auf einer Querachse drei Hallen, deren zentrale für die Unterweisung in den buddhistischen Schriften genutzt wird. Im hintersten westlichen Teil der Anlage findet man schließlich einen Hof mit einem **Aufbewahrungsraum für die Asche verstorbener Mönche**, in dem unter anderem die Asche des Mönches Jixing (1741-1810) verwahrt wird, des zwölften Meisters der Reinen-Land-Sekte, der im Alter von 70 Jahren in diesem Tempel verstarb. Beachtenswert ist in diesem Hof darüber hinaus die **Pagode der Spiralmuschel**. Der Tempel, einst ein bedeutendes Zentrum der Reinen-Land-Sekte – zwei ihrer 13 bedeutendsten Lehrer verstarben hier –, war der Entstehungsort des Jinghua Qigong, das noch heute hier gelehrt wird.

Knorrige Zeitzeugen

See der Flugente (16)
Yanqi Hu
Yanxi Town, Huairou District

 Information

☏ 69661696
Anreise Bus 936 ab Dongzhimen LDBS, oder Tour Bus You 6

Dieser künstliche, rund 60 km nördlich der Stadt gelegene See ist auf drei Seiten von Bergen umgeben, auf deren Anhöhen die **Große Mauer** mit insgesamt 18 Festungsanlagen auszumachen ist. Außer Schwimmen oder Sonnenbaden kann man auch noch Fischen oder sich in einigen anderen touristischen Einrichtungen umschauen, wie z.B. im **Grand View Garden of Science**.

Freizeitmöglichkeiten

Tal des Himmelsteichs (17)
Tianchi Xiagu
Huangtuliang Village, Huaibei Town, Huairou District

 Information

☏ 61622577
Öffnungszeiten März-November täglich 8-17 Uhr
Eintritt RMB 20, Kinder die Hälfte
Anreise Bus 916 ab der Dongzhimen LDBS bis Huairou, wo man den Minibus Richtung Yunmengshan bis Huangtuliang nimmt

75 km nordöstlich des Stadtzentrums und 18 km vom Yanqi Hu entfernt, begeistert das von einem gut ausgebauten Rundweg erschlossene Tal mit einem rund einen Kilometer langen See, wilden Wasserfällen und einer sehenswerten Höhle.

Wolkenumhangene Berge (18)
Yunmeng Shan
Liulimiao Town, Huairou District

> **Information**
>
> ☎ 61622381
> **Öffnungszeiten** März-Oktober täglich 7-18 Uhr
> **Eintritt** RMB 36, Kinder die Hälfte
> **Anreise** Bus 936 ab Dongzhimen LDBS

Landschaftsmalerei Reizvolle, einer chinesischen Tuschemalerei gleichende Berglandschaft 85 km nördlich des Stadtzentrums, in der mehr als 100 verschiedene Baumarten anzutreffen sind, darunter auch bonsaigroße Zypressen. Von dem kleinen **botanischen Garten** überblickt man die westliche Seite des **Miyun Reservoir**, und wer genügend Zeit mitbringt, erreicht in rund fünf Stunden den mit 1.414 m höchsten Gipfel des Parks.

Teich des Weißen Drachen (19)
Bailong Tan
Miyun County

> **Information**
>
> **Anreise** Tour Bus You 12

Die **drei kleinen Seen** nahe des Miyun Reservoirs liegen eingebettet zwischen zwei Berge, auf denen eine Fülle von Obst-, Pinien- und anderen Bäumen wächst. Einer Kette gleich miteinander verbunden, sind die Seen bekannt für ihre **drei Wasserfälle**. Ein Stückchen östlich vom Miyun Reservoir gelegen, gruppieren sich bizarre Felsformationen zu einem sehenswerten Szenario.

Seit der Song-Dynastie wurden in der Umgebung zahlreiche Tempel und kaiserliche Residenzen, in denen die Regenten sich aber nur zeitweilig aufhielten, erbaut. Allerdings ist kaum etwas von ihnen erhalten geblieben.

Drachenwohnung Einer Legende zufolge hauste einst ein weißer Drache in den Seen und brachte der Region Regen. Ihm zu Ehren wurde während der Regierungszeit von Kaiser *Qianlong* vor Ort alljährlich eine große Opferzeremonie durchgeführt.

Im Norden der Seen entstanden in den letzten Jahren einige touristische Einrichtungen, u.a. ein schlossähnliches Hotel, ein Swimmingpool und ein kleines Jagdgebiet. Als beste Besuchszeit gelten die regnerischen Monate Juli und August, wenn der Wasserstand der Seen am höchsten ist.

Im Osten

Hudongshui-Landschaftsgebiet (20)
Pinggu County

i Information

Anreise Bus 918 ab Dongzhimen LDBS bis Pinggu, wo man umsteigt in den Bus nach Huangsongyu

Redaktionstipp

Sehenswürdigkeit. Zwar schon außerhalb des Gebietes der Regierungsunmittelbaren Stadt Peking gelegen, lohnt der Besuch der **Östlichen Qing-Gräber** nicht zuletzt der interessanten, abwechslungsreichen Anfahrt wegen. Starten Sie unbedingt frühmorgens.

Dieses nur wenige Quadratkilometer große Landschaftsgebiet liegt 100 km nordöstlich des Stadtzentrums in einem circa **zehn Kilometer langen Canyon**, worin es sich über eine Länge von sechs Kilometern und eine Breite von annähernd eineinhalb Kilometern erstreckt. Übersetzt würde der Name etwa folgendermaßen lauten: „See, Höhle und Wasser, die Touristen hier leicht finden", eine durchaus zutreffende Beschreibung, die an und für sich schon *Erholung* alles darüber aussagt, was es hier zu sehen gibt: Jede Menge Maulbeer- und Aprikosenbäume sowie Päonien sorgen hier während ihrer Blütezeit für ein farbenprächtiges Schauspiel, zudem lockt das milde Klima im Canyon zahlreiche Vögel an.

Goldsee-Park (21)
Jinhai Hu
Haizi Reservoir, Pinggu District

i Information

☎ 69991356
Öffnungszeiten Mo-Fr 8-17.30 Uhr, Sa u. So 7.30-18.30 Uhr
Eintritt RMB 18, Kinder die Hälfte
Anreise Bus 918 ab Dongzhimen LDBS (letzter Direkt-Bus zurück bereits um 11 Uhr; Alternative für den Rückweg: Minibus um 17.15 Uhr bis Pinggu, dort weiter mit Bus 918), oder Tour Bus You 14

90 km nordöstlich der Stadt, fast an der äußeren Grenze des Pekinger Regierungsbezirks Pinggu (*Pinggu District*) gelegen, kann man an dem von schöner Berg- *Farben-* landschaft und einem großen See geprägten Park verschiedene Freizeitangebote *frohe* wahrnehmen, wie z.B. Bootfahren, Fischen, Schwimmen und Parachuting. *Schlucht*

Innerhalb des **Jinhaihu Tourist District** findet man die **Shangzhai Culture Exhibition Hall** (☎ 69991268, täglich, 1.4.-31.10. 8-17 Uhr, 1.11.-31.3.

Ruhestätte der letzten Kaiserdynastie: Östliche Qing-Gräber

8.30-16.30 Uhr, Eintritt RMB 5, Kinder RMB 3), in der rund 1.000 irdene und 2.000 steinerne Fundstücke aus prähistorischer Zeit gezeigt werden, die man Anfang der 1980er Jahre vor Ort entdeckte, darunter viele Tiernachbildungen.

Östliche Qing-Gräber (22)
Qing Dongling
Malanyu, Zunhua County,
Provinz Hebei

 Information

☏ 0315-6945471
Öffnungszeiten täglich, 1.4.-31.10. 8-17 Uhr, 1.11.-31.3. 9-16 Uhr
Eintritt RMB 120 (für alle Gräber)
Anreise Außer mit Privatwagen mit Bus ab der Sihui LDBS (südlich der U-Bahn-Station Sihui) Richtung Zunhua; in Shimen steige man aus und fahre mit dem Taxi (ca. RMB 10 Yuan) weiter. (ca. 125 km nordöstlich von Peking)

Riesige Grabanlage
Die Kaiser der letzten chinesischen Dynastie wurden in zwei Begräbnistälern zur letzten Ruhe gebettet, eines davon liegt im Westen Pekings, das andere im Osten, in Malanyu im Kreis Zunhua, am südlichen Ausläufer der Changrui Shan. Einst umfasste diese Grabanlage eine Fläche von gut **2.500 km²**, heutzutage dagegen gerade noch 48 km².

Die von den Han-Chinesen als Fremdherrscher angesehenen Mandschu-Kaiser waren von Anbeginn an bemüht, sich als legitime Nachfolger der Ming darzustellen, was ganz besonders im Ahnenkult und den Begräbnisriten zum Ausdruck kam. Daher ist es auch nicht verwunderlich, dass die Grabanlagen der Qing denjenigen der Ming gleichen, wobei jede über einen **Stelenpavillon** verfügt, auf dessen Steintafel jeweils der Name der Grabanlage und der Dynastietitel des hier Bestatteten in mandschurischer, chinesischer und tibetischer Sprache geschrieben steht.

Fünf von zehn Qing-Kaisern sind hier bestattet
Die riesige, 150 km nordöstlich des Stadtzentrums zu findende Begräbnisstätte soll der zweite Qing-Kaiser, *Kangxi*, bei der Jagd entdeckt haben, woraufhin er in seinem zweiten Regierungsjahr (1663) den Bau des Mausoleums für seinen Vorgänger *Shunzhi* in Auftrag gab. **Fünf** der **zehn Qing-Kaiser** sind in diesem Tal beigesetzt, außerdem 14 Kaiserinnen in vier Mausoleen und 136 Konkubinen in fünf Mausoleen; des Weiteren findet sich in der Anlage noch ein Mausoleum für Prinzessinnen.

Eine **starke Ritualisierung der Trauer-** und **Bestattungsriten**, die schriftlich festgelegt wurden, fand unter dem vierten Qing-Kaiser, *Qianlong*, statt, der selbst auch hier begraben liegt. So mussten Verwandte und Minister des verstorbenen Kaisers ihre Kopfbedeckungen abnehmen und weinend laut mit den Füßen aufstampfen, mussten jedweden Schmuck ablegen, sich die Zöpfe abschneiden lassen und weiße Trauerkleidung anlegen. Der Thronerbe war gehalten zu weinen und zu stampfen, während der Tote in die Totengewänder gekleidet wurde. Anschließend wurden das Vermächtnis des Dahingegangenen verkündet, Trankopfer dargebracht und der Sarg in einen speziellen Trauerpalast überführt.

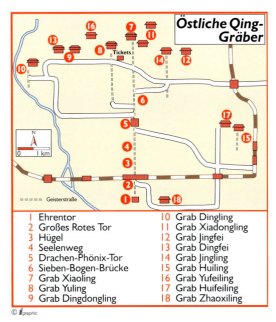

Östliche Qing-Gräber

1 Ehrentor
2 Großes Rotes Tor
3 Hügel
4 Seelenweg
5 Drachen-Phönix-Tor
6 Sieben-Bogen-Brücke
7 Grab Xiaoling
8 Grab Yuling
9 Grab Dingdongling
10 Grab Dingling
11 Grab Xiadongling
12 Grab Jingfei
13 Grab Dingfei
14 Grab Jingling
15 Grab Huiling
16 Grab Yufeiling
17 Grab Huifeiling
18 Grab Zhaoxiling

Während des nächsten Monats fanden drei Trauerzeremonien statt, woraufhin dem Verstorbenen ein postumer Titel verliehen wurde. Eine weitere Opferzeremonie wurde 100 Tage nach dem Tode abgehalten, die Trauerzeit insgesamt wurde auf 30 Monate festgelegt. Mehrfach wurde der Weg des Sarges zum Mausoleum für Zeremonien unterbrochen, wobei man entlang des ganzen Weges Totengeld streute. Auf einem Spezialgestell wurde der riesige Sarg in der Stadt von 88, außerhalb der Stadt von 128 Personen getragen.

Trauer- und Bestattungszeremonien

Besichtigt werden können nur die bereits restaurierten Grabanlagen, bei denen man z. T. einen Blick in die unterirdischen Grabkammern werfen kann.

Auch hier trifft man als erstes auf ein großes **Ehrentor** (1) aus Marmor, dessen rechteckige Flächen mit Inschriften und geometrischen Ornamenten bedeckt sind, Löwen- und Drachenpaare bilden hingegen die Basis. Als nächstes folgt das **Große Rote Tor** (*Dohong Men*) (2), in dem eine **Schildkrötenstele** (*Bixi*) über die Verdienste und Tugenden des Kaisers *Shunzhi* berichtet. Der Weg führt weiter um einen zur Geisterabwehr aufgeschütteten **Hügel** (3) herum. Sodann betritt man den **Seelenweg** (4), den Skulpturen von Tieren sowie Würdenträgern und Offizieren – letztere beide als Symbole der Demut gegenüber dem Kaiser – flankieren. Durch das **Drachen-Phönix-Tor** (*Longfeng Men*) (5) und über die **Sieben-Bogen-Brücke** (6) aus weißem Marmor gelangt man bis zum Vorplatz des **Grabes Xiaoling** (7).

Parallelen und Unterschiede

Des ersten Qing-Kaisers Grab

Auch wenn die **Grabkammer dieses Grabes nicht zugänglich** ist, so lohnt sich dieser Spaziergang durchaus als Einstimmung. In ihr befindet sich die Urne des ersten Qing-Kaisers, *Shunzhi*, der sich noch gemäß mandschurischer Tradition feuerbestatten ließ, seine Nachfolger indes übernahmen – vornehmlich aus taktischen Gründen – die bei den Han-Chinesen übliche Erdbestattung.

Den Eingang zu diesem Mausoleum, bis zu dem es vom Haupteingang fünf Kilometer sind, bildet das **Tor des Erhabenen Wohlwollens** (*Ling'en Men*), hinter dem man auf die **Halle des Erhabenen Wohlwollens** (*Ling'en Dian*) trifft, in der die Ahnentafeln und Ahnenopfer aufbewahrt wurden. Gleich hinter der Halle sieht man einen **Stelenturm**, auf dessen mit rotem Lack überzogener Stele in Mandschurisch, Chinesisch und Tibetisch steht: „*Grab des Kaisers Shunzhi*".

Das Grab Yuling (8)

Bei der Annäherung an das Grab des vierten Qing-Kaisers, *Qianlong*, fällt einem sofort der Unterschied zu den *Ming-Gräbern* auf: Bei diesem und zwei weiteren Gräbern in diesem Begräbnistal gibt es neben dem **Hauptseelenweg** noch **zusätzlich kleinere derartige Wege**. Auffällig bei den Beamtenfiguren dieser Wege ist die Darstellung mit langen Zöpfen, wie sie ja unter den Qing getragen werden mussten.

Einen weiteren Unterschied zu den Gräbern der Vorgängerdynastie bemerkt man, sobald man die Grabanlagen betritt: von **Brücken überspannte kleine Wasserläufe** fließen entlang der verschiedenen Hofmauern. Wie die Treppen bei den Ming, betonten auch sie die Hierarchie: So besaßen Kaiserinnengräber nur eine dieser Brücken, Kaisergräber drei oder fünf davon, wobei die mittlere Brücke wiederum nur dem Kaiser vorbehalten war.

Reiche Innendekoration

Besonders auffällig wird der Unterschied zu den Ming indes erst so richtig beim Betreten der **Opferhalle**: Bemühten sich die Qing bei der Gestaltung der Außenanlage noch weitestgehend um die Beibehaltung der tradierten architektonischen Formen, so ließen sie ihrer Neigung zur überschwänglichen Zurschaustellung ihres Reichtums im Halleninneren freien Lauf. Die mittleren Säulen sind in der *Opferhalle* mit Gold belegt und mit zahlreichen Symbolen des Glücks und langen Lebens verziert, sie übertrumpft nahm von der schlichten Eleganz der *Ming-Gräber*. 125 Bilder von Kaisern aus der Tang-, Song-, Yuan-, Ming- und Qing-Dynastie sind hier ausgestellt, dazu kommen zehn Bilder von *Cixi* an ihrem 70. Geburtstag und zwölf mandschurischen Konkubinen in chinesischer Kleidung.

Anders als bei den *Ming-Gräbern* führt hier eine steile Rampe zum **Stelenpavillon** hinauf. In seinem Tunnel befindet sich heutzutage der Zugang zur **unterirdischen Grabkammer**, die insgesamt 54 m lang ist und eine Gesamtfläche von 327 m^2 besitzt. Sie besteht aus drei hintereinander liegenden kurzen

Quergewölben, deren Form als das chinesische Schriftzeichen für „Wang" (König) interpretiert wurde. Die Türflügel der vier Tore sind mit Guanyin-Figuren verziert, die weißen Seitenwände hingegen mit buddhistischen Symbolen, u.a. mit Stupas, Bodhisattvas, tibetischen Lebensrädern, den Vier Himmelskönigen und Lehrsätzen in Tibetisch und Sanskrit.

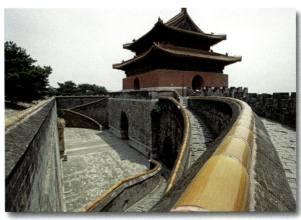

Stelenpavillon des Grabes Yuling

Vor dem vier Meter hohen und 4,5 m breiten Tor des dritten Gewölbes, das die eigentliche **Grabkammer** ist, stehen quadratische Säulen, deren beiden mittleren erst nach der Beisetzung des Kaisers eingebaut wurden.

In der **Grabkammer** sieht man die Kopien von vier Särgen, denn Qianlong wurde hier mit zwei Kaiserinnen und drei Konkubinen (diese teilten sich einen Sarg) bestattet. Unter dem Sarg des Kaisers in der Mitte befindet sich ein Brunnen. Um Grabräuber irrezuführen, hatte man in dem kleinen **Innenhof** vor dem **Grabhügel**, zu dem man durch den Tunnel des **Stelenpavillons** gelangt, eine Keramikwand aufgestellt, die den angeblichen Eingang markierte. An der Seite führen Stufen zur **Grabstele** hinauf.

Versuchte Irreführung

Die Kosten für das Mausoleum sollen sich auf 1,8 Millionen Tael (16 Tael = 1 kg) Silber belaufen haben.

Die Tatsache, dass man die **Grabkammer** (und diejenige Cixis) betreten kann, ist das Ergebnis der Grabräuberei der Guomindang, die im Juli 1928 Truppen in das Tal verlegten, die die Gräber gewaltsam öffneten, sämtliche wertvollen Grabbeigaben beiseite schafften und die sterblichen Überreste Qianlongs und Cixis zerhackten. Als Puyi, dem bei seiner Abdankung der Schutz der Ahnengräber zugesichert worden war, davon erfuhr, forderte er von Chiang Kaishek die sofortige Bestrafung der Täter. Dass er sich an den Falschen gewandt hatte, stellte er fest, als viele der Perlen aus dem Grabe Cixis an den Schuhen von Chiang Kaisheks Ehefrau auftauchten. Dies dürfte der entscheidende Wendepunkt im Leben Puyis gewesen sein, der fortan mit allen Mitteln danach trachtete, das begangene Unrecht zu ahnden und wieder auf den Kaiserthron zu kommen, was ihn zum willfährigen Spielball der Japaner werden ließ. So sind heute zwar zwei der Grabkammern geöffnet, die unschätzbaren Grabbeigaben indes sind über den ganzen Globus verteilt.

Leichenfledderei

Das Grab Dingdongling (9)

Das Grab Dingdongling

Die Unterirdische Grabkammer des Grabes Dingdongling

Etwa einen Kilometer westlich des Grabes von *Qianlong* liegt das Doppelgrab der Kaiserinnen *Ci'an* und *Cixi*, Frauen des siebten Qing-Kaisers *Xianfeng*. Ursprünglich im Jahre 1873 völlig gleich erbaut, ließ die Luxus gewohnte Kaiserinwitwe *Cixi* ihr Mausoleum 1895 vergrößern, vor allem aber extravaganter ausstatten. Die in den **Seitengebäuden** vor dem ersten Innenhof des Mausoleums von *Cixi* ausgestellten Stücke sollen sich dereinst im Besitz der Kaiserinwitwe befunden haben. In den **Seitenhallen des Innenhofes** hingegen lohnt sich ein Blick auf die farbigen Verzierungen, wobei besonders die in der Wandmitte von fünf Fledermäusen umkreiste Stilisierung des Schriftzeichens *Shou* (Langes Leben) ins Auge fällt. Hierbei handelt es sich um eine Wortspielerei, denn *Fu* (Fledermaus) bedeutet, allerdings anders geschrieben, auch *Glück*. Zu sehen ist auch das *Dharani* oder das *Kleid der heiligen Verse*, das aus reiner Seide gewebt und mit mehr als 25.000 chinesischen Schriftzeichen in Goldfäden bestickt ist.

Dekadenz Zeugnis von der **Prunksucht** der Kaiserinwitwe legt die Opferhalle ab. Mag das Gebäude momentan auch etwas vernachlässigt erscheinen, mögen die mit Schnitzereien und Gold belegten Säulen und Wände verblasst sein, deutlich wird hier spürbar, wie sehr *Cixi* dem westlichen Konsumleben zugetan war. Da ihr die ursprüngliche Halle als zu wenig prächtig erschien, ließ sie sie abreißen und ganz aus Nanmu-Holz wieder aufbauen und üppig ausstatten. 4.590 Tael Gold kostete sie der Spaß. Im Gegensatz zu dem in der Opferhalle an den Tag gelegten Prunk steht die sehr einfache Ausstattung der eigentlichen **Grabkammer**, was daran liegt, dass *Cixi* 1908 vor der Fertigstellung der Erweiterungsarbeiten ihres Grabes starb. Eine nüchterne Rampe führt zu der einzigen Querhalle hinunter, in der heute eine Kopie des Sarges ausgestellt ist. Wie das Mausoleum *Cixis* im Originalzustand ausgesehen hat, verdeutlicht das nebenan liegende Grab *Ci'ans*. In den Hallen dieser Grabanlage sind ebenfalls Gegenstände aus der späten Qing-Dynastie ausgestellt.

Das Grab Dingling (10)

Ganz im Westen befindet sich das Grab des siebten Qing-Kaisers, *Xianfeng*, an dem man noch einmal den Aufbau der Qing-Gräber studieren kann.

Von Süden kommend, überqueren zunächst **drei Brücken** einen kleinen Wasserlauf, gefolgt von der **Hinweissäule** für die verirrten Geister, der sich wiederum der von paarweise aufgestellten Löwen-, Elefanten- und Pferdefiguren sowie Militär- und Zivilbeamten flankierte **Seelenweg** anschließt. Durch das fünfbogige **Ehrentor** gelangt man schließlich zur **Schildkrötenstele**, gefolgt von einem von **drei Brücken** überspannten künstlichen Wasserlauf und zwei **Plattformen**, die zum Eingang des ummauerten Grabbezirks hinführen. Die Opferhalle ist kaum größer als diejenige seiner einen Frau, der Kaiserinwitwe *Cixi*, in der Ausstattung steht sie jener sogar deutlich nach. Gut erhalten ist der so genannte „innere Ruheraum für die Seele", der u.a. ein Himmelbett und eine Buddhastatue aufweist.

Paradebeispiel für den Grabaufbau

Um einen vagen Eindruck von den alljährlich am Geburts- und Todestag des Kaisers bzw. der Kaiserin sowie zur Wintersonnenwende, zum Laternenfest und Qing Ming-Fest vorgenommenen Opferzeremonien zu bekommen, hat man hier eine solche Szene nachgestellt. Auf dem Thron ist die Ahnentafel des Verstorbenen auszumachen, davor die Opfergaben, und zwar Räucherstäbchen, Obst, Tiere und Kuchen. Die Figuren der Beamten sind entsprechend der während des Rituals genau vorgeschriebenen Positionen platziert. Des Weiteren wurden in den vergangenen Jahren die Gräber **Xiaodongling** (11), **Jingfei** (12) und **Dingfei** (13) geöffnet, doch musste man feststellen, dass sie bereits geplündert waren. Sie sind bislang nicht zugänglich. Die Gräber der anderen Kaiser tragen folgende Namen: **Jingling** (14) (für Kaiser *Kangxi*) und **Huiling** (15) (für Kaiser *Tongzhi*). Des Weiteren findet man – z.T. außerhalb des **Großen Palasttores** – noch das **Yufeiling** (16), das **Huifeiling** (17) und das **Zhaoxiling** (18), das Grab der 1687 verstorbenen Konkubine *Zhaoxi*, die den Titel „Kaiserinwitwe" erhielt, da sie den späteren Kaiser *Shunzhi* geboren hatte und zwanzig Jahre danach ihren Enkel als Thronerbe auswählte, der 1662 als Kaiser *Kangxi* den Thron bestieg.

Steinplastik beim Grab Dingling

Im Süden

Yan Capital Site Museum of Western Zhou Dynasty (23)
Xizhou Yandu Bowuguan
Dongjialin Village, Liulihe, Fangshan District

> **i Information**
>
> ☏ 61393412 und 61393049
> **Öffnungszeiten** *täglich 8.30-16.30 Uhr*
> **Eintritt** *RMB 10*
> **Anreise** *Bus 917 ab Tianqiao LDBS bis Shanzhou, dann noch 1,5 km zu Fuß*

Zu den sehenswertesten Überresten der **ältesten städtischen Siedlung** auf dem Territorium Pekings gehören etliche Gräber und Tunnel für Pferdewagen. Über 1.000 Objekte, Modelle, Repliken und Schaubilder vermitteln einen Eindruck der einstigen Kapitale Yan.

Im Westen

Westliche Qing-Gräber (24)
Qing Xiling
Lianggezhuang, Yixian County, Provinz Hebei

> **i Information**
>
> ☏ 0312-4710012
> **Öffnungszeiten** *täglich, 1.4.-31.10. 8-17.30 Uhr, 1.11.-31.3. 9-16.30 Uhr*
> **Eintritt** *RMB 90 (für alle Gräber; während des Winters ist die Hälfte der Gräber geschlossen)*
> **Anreise** *Am einfachsten mit dem Privatwagen; ansonsten mit dem Bummelzug Richtung Guangzhou bis Zhuoxian, wo man den Bus nach Zijingguan nimmt, mit dem man bis Lianggezhuang fährt.*

Am Fuße der *Yongning Shan* liegt in Lianggezhuang, im Yixian County, die zweite Nekropole der Qing-Kaiser, in der vier Kaiser, drei Kaiserinnen, sieben Prinzen und eine größere Anzahl an Konkubinen bestattet liegen. Bis heute hat man keine befriedigende Antwort auf die Frage gefunden, warum eigentlich die Qing zwei Begräbnisorte wählten.

Das hügelige Gebiet **140 km südwestlich des Stadtzentrums**, in dem die einst von einer Mauer umschlossenen Gräber liegen, umfasst mehr als 100 km² und ist umgrenzt vom Zijing-Pass im Westen, dem Yi-Fluss im Süden und dem Territorium der ehemaligen zweiten Hauptstadt des Königreiches Yan im Osten.

Den **Seelenweg** säumt eine Reihe sorgfältig arrangierter Gebäude. Als erstes gelangt man jedoch zu drei großen steinernen **Ehrenbögen** (*Shi Paifang*), anschließend zum **Großen Roten Tor** (*Dahong Men*), das den Haupteingang der Gesamtanlage darstellt. Rechts dahinter kann man die so genannte **Kleiderhalle** inspizieren, in der sich der Vorbeter bei den kaiserlichen Bestattungen umzog. Es schließt sich eine **rund 30 m hohe Halle** mit zwei Steintafeln an, auf denen die „Heiligen Tugenden und Werte" hervorgehoben werden.

Weiter führt der von sechs Tieren und zwei militärischen und zivilen Würdenträgern flankierte **Seelenweg** nordwärts, sodann passiert man ein großes **Schmucktor**, bis man schließlich an einer **siebenbogigen Brücke**

Redaktionstipps

Sehenswürdigkeiten: Wenn auch nicht mehr auf dem Territorium der Regierungsunmittelbaren Stadt Peking gelegen, sollte man sich, so man über genügend Zeit verfügt, einmal in Richtung **Westlicher Qing-Gräber** aufmachen, wobei man dabei noch einen Abstecher zu den **Zehn Fähren** und/oder dem **Tempel der Wolkenwohnung** unternehmen kann (vorausgesetzt, man ist sehr früh aufgebrochen). Wer nicht so weit fahren möchte, findet mit dem **Tempel des Weihealtars** und dem **Drachenteich-** und **Maulbeerbaum-Tempel** zwei sehr interessante und landschaftlich schön gelegene religiöse Gedenkstätten im näheren Einzugsbereich der Stadt.

Kaiserliche Grablege: die Westlichen Qing-Gräber

anlangt. An einem natürlich geformten **Schutzwall** vorbei – dem so genannten „Spinnenhügel" – kommt man schließlich zum **Drachen-Phönix-Tor** (*Longfeng Men*). Es folgen ein **Stelenpavillon** und drei **dreibogige Steinbrücken**, ehe man zu jenem Platz gelangt, auf dem sich die **heilige Küche** und ein **Brunnenpavillon** befinden. Die **Warteräume** und **Wachhäuser** zu beiden Seiten sind terrassenförmig angelegt. Auch bei dieser Begräbnisstätte sind nur die im folgenden beschriebenen Mausoleen zugänglich, wobei diesel-

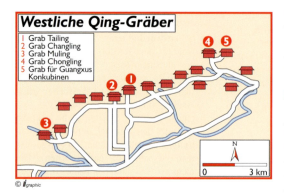

Westliche Qing-Gräber

1 Grab Tailing
2 Grab Changling
3 Grab Muling
4 Grab Chongling
5 Grab für Guangxus Konkubinen

ben architektonischen Abweichungen von den *Ming-Gräbern* wie bei den *Östlichen Qing-Gräbern* festzustellen sind.

Das Grab Tailing (1)

Am Ende des oben beschriebenen etwa drei Kilometer langen **Seelenweges** befindet sich das Mausoleum des dritten Qing-Kaisers, *Yongzheng*, der dieses Begräbnistal ausgewählt haben soll, da er nicht in unmittelbarer Nähe seines Vaters beerdigt sein wollte. Mit Hilfe einer seiner jüngeren Brüder, der Geomant war, wählte er 1790 diesen Ort aus, an dem – gemäß eines von Kaiser *Qianlong* erlassenen Edikts – die Kaiser abwechselnd mit den *Östlichen Qing-Gräbern* bestattet wurden.

Das Grab Tailing

Passiert man den Haupteingang, das **Tor des Erhabenen Wohlwollens**, so trifft man im ersten Hof auf die **Verbrennungsöfen** für die Seiden- und Papieropfer und die ehemaligen **Lagerhallen** für letztere, die heutzutage als Ausstellungshallen benutzt werden. Als nächstes gelangt man zum Hauptgebäude der Grabanlage, zur doppeldachigen **Halle des Erhabenen Wohlwollens**, in der ehedem die Opfer dargebracht wurden. Neben den Thronen für Kaiser und Kaiserin mit den Ahnentafeln ist darin ein Opferaltar ausgestellt. Hinter dieser Halle befinden sich noch **zwei Tore**, mehrere steinerne Opfergefäße und der obligatorische **Stelenpavillon**, unter dem sich der **unterirdische Palast** des

Tor und Stelenpavillon des Grabes Tailing

Kaisers erstreckt. Als *Yongzheng* 1735 überraschend verstarb, war sein Mausoleum noch nicht fertiggestellt, erst zwei Jahre später konnte er hier mit der Kaiserin *Xiaojingxian* und seiner Konkubine *Dunsuhuang* begraben werden, die vor ihm verstorben waren.

Das Grab Changling (2)

Das Grab des fünften Qing-Kaisers, *Jiaqing*, der 1820 in Chengde vom Blitz erschlagen wurde, verfügt über einen eigenen, wenn auch kürzeren **Seelenweg**. Als Besonderheit fällt in diesem 1803 vollendeten Mausoleum **der rötliche Marmorboden in der** gut erhaltenen **Opferhalle** auf.

Neben dem Kaiser ruht in dieser Anlage die vor ihm verstorbene Kaiserin *Xiaosurui*; *Jiaqings* zweite Kaiserin, *Xiaoherui*, wurde im Grab **Changxiling** beigesetzt, da sie ihn überlebte und das Kaisergrab den Vorschriften nach nicht mehr geöffnet werden durfte.

Himmlisches Schicksal

Das Grab Muling (3)

Dieses zwischen 1832 und 1836 erbaute Grab des sechsten Qing-Kaisers, *Daoguang*, bricht mit der von *Qianlong* ausgegebenen Verordnung, dass seine Nachfolger abwechselnd hier bzw. bei den *Östlichen Qing-Gräbern* bestattet werden sollten. Ursache dafür ist der Umstand, dass das von *Daoguang* in Auftrag gegebene Mausoleum bei den *Östlichen Qing-Gräbern* nach der Fertigstellung voll Wasser lief, woraufhin er die Verantwortlichen bestrafen ließ und höchstpersönlich diesen neuen Ort aussuchte.

Bei dem ganz im Westen des Gräberkomplexes gelegenen Grab fallen die zahlreichen Drachendarstellungen auf, die der Kaiser anbringen ließ, da er glaubte, bei seinem ersten Grabbau seien Drachen im Berg gestört worden, die für das dann eingetretene Unheil verantwortlich seien.

Die Grabanlage ist kleiner als die anderen und besitzt auch keinen **Stelenpavillon**, dafür sind die **Schnitzereien** der **ganz aus Nanmu gefertigten Opferhalle** um so schöner und zählen zu den besten aller Qing-Gräber: So befindet sich z.B. in jeder Kassette der Decke ein Drache, zudem sind die Deckenbalken in Drachenform gehalten. Auch die unterirdische **Grabkammer** wurde der Überlieferung nach vollständig aus unbemaltem Nanmu erbaut.

Sehenswerte Schnitzarbeiten

Das Grab Chongling (4)

Hierbei handelt es sich um das letzte in der Qing-Dynastie errichtete Grab, in dem der neunte Kaiser, *Guangxu*, und seine Frau *Xiaodingjing* bestattet liegen. Da die Bauarbeiten an dem Mausoleum beim Tod des Kaisers und noch nicht einmal beim Sturz der Monarchie beendet waren, einigte man sich im Abdankungsvertrag auf dessen Fertigstellung auf Kosten der Republik. Aus Sparsamkeitsgründen verzichtete man jedoch auf den **Seelenweg**, und auch die Ausführung sämtlicher Gebäude fiel weitaus bescheidener aus als bei den übrigen Grabanlagen. 1915 wurden die Bauarbeiten schließlich mit Geldern des ehemaligen kaiserlichen Haushalts beendet.

Ehrentore markieren den Zugang zu den Westlichen Qing-Gräbern

Die **Opferhalle** des rund fünf Kilometer vom Grab Tailing entfernten Mausoleums für Kaiser *Guangxu* ist mittlerweile wieder in ihrer **ursprünglichen Form** ausgestaltet. Einige Fotos dokumentieren die Überführung der Kaiserin von Peking hierher im Jahr 1913. Eine kurze Rampe führt hinunter zu einem mit Blumenvasen und Pflanzenmotiven auf den Säulen geschmückten **Steintor**, das den Eingang zum 65 m langen **unterirdischen Palast** darstellt. Die Türflügel dieses und der anderen drei Tore sind mit Bodhisattva-Figuren dekoriert. In der **Grabkammer** stehen Kopien der Särge von Kaiser und Kaiserin. Da das Grab 1931 ausgeraubt wurde, fand man bei den Grabungs- und Restaurierungsarbeiten neuerer Zeit keinerlei Grabbeigaben mehr.

Das Grab für Guangxus Konkubinen (5)

Es befindet sich ein Stückchen östlich des Kaisergrabes **Chongling** und beherbergt u.a. den Leichnam der berühmten Konkubine *Zhenfei*, die aufgrund ihres Paktierens mit den reformwilligen Kräften auf Geheiß *Cixis* im Jahre 1900 angeblich von einem Eunuchen im *Kaiserpalast* ertränkt wurde. Kaiser *Guangxus* Lieblingskonkubine wurde 1901 zunächst in ihrem Heimatdorf beigesetzt, nach dem Tode *Cixis* jedoch im Jahre 1915 in das Mausoleum überführt. Das Grab ist anhand der dunkelgrünen Dachziegel leicht zu erkennen, denn Gräber der Konkubinen und Prinzessinnen mussten stets in dieser Farbe gedeckt sein.

Die Lieblingskonkubine

Fundstätte des Peking-Menschen (25)
Zhoukoudian Beijing Yuanren Bowuguan
1 Zhoukoudian Dajie, Zhoukoudian, Fangshan District

> **Information**
>
> ☏ 69301287
> **Öffnungszeiten** *täglich 8.30-16.30 Uhr*
> **Eintritt** *RMB 30, Kinder die Hälfte*
> **Anreise** *Bus 917 ab Tianqiao LDBS, oder Zug ab Yongdingmen-Bahnhof (in Zhoukoudian aussteigen)*

Zu Beginn unseres Jahrhunderts fanden Bauern am Nordhang der als **Drachenknochenberg** (*Longgu Shan*) bekannten beiden Hügel nahe der Ortschaft Zhoukoudian (ca. 48 km südwestlich des Stadtzentrums) menschliche

Zähne und Knochen, die sie an traditionelle chinesische Apotheken verkauften. Auch zu Zeiten der Ming war man bei der Kalkgewinnung auf derartige Knochen gestoßen. Die Leute bezeichneten die Fundstücke als „Drachenknochen", woher auch der Name der Anhöhen rührt. Vor rund 450 Millionen Jahren befand sich an dieser Stelle ein Meer, bei dessen Senkung sich zahlreiche Kalksteinhöhlen herausbildeten, die verschüttet wurden und ihre Geheimnisse erst wieder in der Neuzeit preisgaben.

Ein Zufallsfund

Die 1921 begonnenen Grabungen in der mit einer vierzig Meter dicken Ablagerungsschicht gefüllten Höhle förderten 1929 die Schädeldecke eines **Hominiden** zutage, deren Alter auf **200.000 bis 500.000 Jahre** geschätzt wurde. Diese lag in der untersten von vier als Asche gedeuteten Schichten.

Jüngere Funde Bedauerlicherweise ging dieses Fossil in den Wirren des Zweiten Weltkriegs verloren, die nach dem Ende des Krieges wieder aufgenommenen Arbeiten brachten jedoch bis heute Köpfe, Kopffragmente, Zähne und andere Knochen von insgesamt vierzig Individuen beiderlei Geschlechts ans Tageslicht. Die Männer waren den Untersuchungen zufolge damals circa 1,55 m groß, die Frauen etwas kleiner. Nebenbei stieß man noch auf weit über 100 Tierfossilien und zahllose Fragmente von Werkzeugen und anderen Gebrauchsgegenständen.

In der näheren Umgebung finden sich noch gut zwanzig weitere derartige Fundstätten, die sich allerdings bislang als weniger ergiebig herausgestellt haben. Lediglich in einer höher am Berg gelegenen Höhle stieß man auf das **Skelett eines Homo sapiens**, dessen Alter auf 18.000 Jahre geschätzt wird. Mittlerweile fand man acht weitere Skelette sowie Knochen- und Steininstrumente, Schmuck und eine circa 5 cm lange Knochennähnadel, die darauf schließen lässt, dass die damals lebenden Menschen Kleidung aus Tierhäuten nähten.

Der Streit der Wissenschaftler über Lebensform und Sozialstruktur des **Peking-Menschen** (*Homo erectus Pekinensis*) hält bis heute an. Nach Ansicht der chinesischen Wissenschaftler lebte er in größeren Höhlen, verwendete Steinwerkzeuge und entfachte Feuer. Diesen Deutungsversuchen folgt auch die Präsentation der Fundstücke, von denen viele nur als Kopien gezeigt werden. Vor allem amerikanische Wissenschaftler üben an der Interpretation der Chinesen z.T. heftige Kritik, da sich z.B. die als Asche deklarierte Masse als mineralisierter Tierkot herausgestellt hat. Zudem vermuten sie, dass man im Altpaläolithikum nicht in Höhlen lebte und auch keineswegs kannibalisch war, wie z.T. gemutmaßt wird. Die an den Knochen nachgewiesenen Nagespuren dürften vielmehr von Tieren stammen, die ihre menschlichen Opfer in die Höhle geschleppt haben. Trotz so mancher bislang ungeklärter Fragen wurde die archäologische Fundstelle von der UNESCO 1987 zum **Weltkulturerbe** erklärt.

Dauerausstellung im Museum Die Dauerausstellung des Museums umfasst drei Abteilungen: *Evolution des Menschen*, das *Leben des Peking-Menschen* und die *Situation der Paläanthropologie und Paläontologie in China*.

  Tempel der Wolkenwohnung (26)
Yunju Si
Dashiwo County, Fangshan District

> **ℹ Information**
>
> ☎ 61389612
> **Öffnungszeiten** täglich 8.30–17 Uhr
> **Eintritt** RMB 40
> **Anreise** Bus 917 ab Tianqiao LDBS, an Feiertagen auch Tour Bus You 10 ab Qianmen oder Tour Bus 7 ab Beijing South Railway Station

Nur sehr wenige ausländische Touristen kommen zu dieser weit im Südwesten Pekings gelegenen Tempelanlage, die als „Klein-Dunhuang" bekannt ist, da in den dazugehörigen Höhlen eine **Vielzahl an Steinplatten** aufbewahrt wurde, die mit buddhistischen Sutras in tibetischer Sprache beschrieben sind. Die Sutras wurden während der Sui-Dynastie von dem Mönch Jingwan innerhalb von dreißig Jahren auf insgesamt **4.195 Steintafeln** eingeritzt und in **neun Höhlen verwahrt**. Andere folgten seinem Beispiel und beschrieben weitere 5.887 – erhalten gebliebene – Tafeln, sodass man **alles zusammen 10.082 Stück** zählen kann.

Im Tempel der Wolkenwohnung

Die Steintafeln befinden sich heute in zum Tempel gehörenden Ausstellungshallen. Die nahe den **Höhlen** errichtete **Pagode** wurde während des antijapanischen Krieges zerstört. Interessant ist noch die sich ganz oben am Berghang befindende Halle, die der Göttin der Barmherzigkeit (*Guanyin*) geweiht ist. Zu Füßen der Bronzefigur sieht man zahlreiche Puppen, die von dem Wunsch nach Nachwuchs und dessen Gesundheit zeugen.

Die steinerne Bibliothek

Shangfang-Gebirge mit Yunshui-Höhle (27)
Shangfang Shan & Yunshui Yan
Shengshuiyu Village, Hancunhe Town, Fangshan District

 Information

☏ *61315542*
Öffnungszeiten *täglich 8-19 Uhr (Höhle bis 16 Uhr)*
Eintritt *RMB 40, Kinder RMB 28*
Anreise *Bus 917 ab Tianqiao LDBS bis Fangshan, von wo aus es mit dem Minibus weitergeht, oder Tour Bus You 11*

Der im Fangshan District gelegene, vom Stadtzentrum aus etwa 60 km entfernte Gebirgszug ist berühmt für seine malerische Landschaft, aus der zwölf Gipfel emporragen, deren beeindruckendsten der **Tianzhu-Gipfel** ist. Als „**Perle**" der neun hier anzutreffenden Höhlen gilt die **Yunshui-Höhle**, bis zu der es vom Stadtzentrum aus rund 68 km sind. Der Legende nach soll der Mönch Huayan bereits vor gut 1.900 Jahren auf den Anhöhen zahlreiche Tempel und Pagoden errichtet haben. Besucher können bei der Erkundung dieses Gebirgszuges zwischen verschiedenen Wegen wählen. Sehr beliebt ist derjenige, der einen zum **Nonnenkloster der Großen Gnade** und zur **Yunshui-**

Malerischer Gebirgszug

Höhle bringt, sehr reizvoll ist aber auch derjenige, der einen u.a. über eine 262-stufige „Himmelsleiter", die schon vor 500 Jahren angelegt wurde, zum **Fahanling-Gipfel** hoch führt. Im östlichen Teil des Gebirgszugs stößt man auf den **Zunjing-Pavillon** und **16 von** dereinst insgesamt **72 Klöstern**, von denen acht besichtigt werden können, deren religiöses Zentrum das **Doushuai-Kloster** (auch *Shangfang-Tempel* genannt) ist. In den ersten Jahren der Tang-Dynastie gegründet, musste es sich im Laufe der Jahrhunderte einer ganzen Reihe von Renovierungen unterziehen, sodass seine Haupthalle nunmehr die klassische Ming-Architektur widerspiegelt. Von Aufstieg und Niedergang des Klosters berichten die drei Ming-zeitlichen Steintafeln im Innenhof.

Höhlen-wanderung Bei der **Yunshui-Höhle** handelt es sich um eine der **größten Karsthöhlen Nordchinas**, mit einer Länge von 620 m und einer durchschnittlichen Höhe von sechs Metern. Sechs miteinander verbundene, von der Natur ausgeformte Hallen bilden das Höhleninnere, in dem sich unzählige bizarre Felsformationen finden, so z.B. ein 37 m hoher Stalaktit.

Silberfuchshöhle (28)
Yinhu Dong
Xiayingshui Village, Fozizhuang Town, Fangshan District

> **Information**
>
> ☏ 60363236
> **Öffnungszeiten** *täglich 8-17.30 Uhr*
> **Eintritt** *RMB 43*
> **Anreise** *Bus 917 ab Tianqiao LDBS, allerdings jenen, der mit Yinhudong Zhixian ausgeschildert ist (der normale 917er fährt nur bis Fangshan)*

Bootstour durch die Unterwelt Benannt nach einer Kristallformation, die einem verkehrt herum von der Decke hängenden Fuchs gleicht, lockt die rund 4.500 m lange Höhle, die erst 1991 von Kohlearbeitern entdeckt wurde, zudem mit geführten Bootstouren auf einem unterirdischen Fluss. Besonders während der heißen Sommermonate empfindet man die in der Höhle herrschenden durchschnittlich 13°C als überaus angenehm.

Gushanzhai (29)
Qidu Village, Zhangfang Town, Fangshan District

> **Information**
>
> ☏ 61348888
> **Öffnungszeiten** *März-Oktober täglich 8-18 Uhr*
> **Eintritt** *RMB 60*
> **Anreise** *Bus 917 ab Tianqiao LDBS*

Um zu dem rund 100 km vom Stadtzentrum entfernten „einsamen Bergdorf" zu gelangen, muss man erst einmal zu Fuß eine 200 m lange Hängebrücke überqueren. **Drei bizarre Gipfel** prägen diese Landschaft, durch die sich etliche schöne, zum Teil enge und nicht ganz ungefährliche Pfade schlängeln, darunter durch einen kaum mannsbreiten Canyon und hinter einem Wasserfall hindurch. Wer Bungee Jumping und ähnlichem nichts abgewinnen kann, sollte statt nach *Shidu* hierher kommen.

Zehn Fähren (30)
Shidu
Shidu Town, Fangshan District

 Information

☏ *61349009*
Öffnungszeiten *täglich 7-20 Uhr*
Eintritt Park RMB 38, Gushanzhai RMB 26, Wanjingxiangou RMB 20, Xianfang-Schlucht RMB 22, Xihu Harbor RMB 32, Donghu Harbor RMB 28 und Pudu Village RMB 20
Anreise Bus 917 ab Tianqiao LDBS, Tour Bus You 10, oder Zug ab Beijing West Railway Station

Der aus dem Taihang Shan in der Provinz Shanxi kommende Juma-Fluss schlägt hier, zwischen den Ortschaften Zhangfang und Pingyu, zehn Zickzackkurven, ehe er in der Provinz Hebei in die Bohai-Bucht fließt. Dieser topografischen Erscheinung verdankt die rund 100 km vom Pekinger Stadtzentrum entfernte Region denn auch ihren Namen.

Entlang des Flusslaufes, der bisweilen ein wenig an den Li-Fluss in Guilin erinnert, bleibt das Auge immer wieder an **bizarren Felsformationen** hängen. Man unterteilt diesen Flussabschnitt in drei Abschnitte, einen westlichen, einen mittleren und einen östlichen, mit insgesamt etwa zwanzig **Aussichtspunkten**.

Entlang am Zickzackfluss

Die reizvollsten liegen bei den drei letzten „Fähren", insbesondere bei der neunten, wo sich ein monströser, **zehn Meter hoher Felsblock** erhebt, der den Namen „Terrasse, wo man Buddha sieht" trägt. Auf dem Felsen ist deutlich das chinesische Schriftzeichen *Fo* (Buddha) auszumachen, das rein natürlichen Ursprungs ist.

Bedauerlicherweise leidet die Gegend an der ständig zunehmenden Kommerzialisierung, die vom Reiten über Klettern, Fischen und Bootsfahrten bis hin zum Bungee Jumping (RMB 150) reicht, wodurch es besonders an Wochenenden mitunter ziemlich laut werden kann. Trotzdem bemüht sich die Regierung gegenwärtig, die derzeit als National Geological Park eingestufte Landschaft von der UNESCO zum World Geological Park erklären zu lassen.

Steinblumenhöhle (31)
Shi Hua Dong
Fangshan District

> **Information**
>
> ☏ 60312170
> **Öffnungszeiten** *täglich 9-16 Uhr*
> **Eintritt** *für zwei Ebenen RMB 40, für vier Ebenen RMB 70*
> **Anreise** *Bus 917 ab Tianqiao LDBS bis Shihuadongdaokou, wo man ein Taxi für die Weiterfahrt nimmt, oder Tour Bus You 7*

Die rund 50 km westlich des Stadtzentrums im Fangshan District gelegene 700 m lange **Höhle** zählt zu den schönsten Chinas und kann es durchaus mit der Schilfrohrflötenhöhle in Guilin aufnehmen. Sie besitzt sechs verschiedene Ebenen, die miteinander verbunden sind; vier von ihnen hat man bislang für den Besucherverkehr freigegeben. In der großen Halle auf der ersten Ebene ist Platz für mehrere tausend Menschen. Neben zahlreichen Formationen, die Tieren gleichen, bekommt man auch einen kristallklaren Stalaktiten zu sehen, der einem Blumenkohl ähnelt: der bislang einzige seiner Art in einer chinesischen Karsthöhle. Ganzjährig misst man in der Höhle 13° C.

Klein-Guilin

Tempel des Weihealtars (32)
Jietai Si
Ma'an Shan, Mentougou District

> **Information**
>
> ☏ 69806611
> **Öffnungszeiten** *täglich 8-17.30 Uhr*
> **Eintritt** *RMB 35*
> **Anreise** *Bus 931 ab U-Bahn-Station Pingguoyuan, oder Tour Bus You 7*

Der imposante, 35 km westlich der Stadt gelegene **Tempel** am Fuße des Ma'an Shan wurde **622 angelegt** und 1441 und 1685 jeweils restauriert. In einer der beiden Pagoden am Berghang, die aus den Jahren 1091 und 1448 stammen, wird in einer Urne die Asche des Mönchs *Fachun* aufbewahrt, der während der Liao-Dynastie hier wirkte. Er richtete die unten beschriebene **Steinterrasse** samt eines **Weihealtars** (*Jietai*) ein, auf den der Name der Anlage zurückzuführen ist. Als man den Tempel unter den Ming umbaute, gab man ihm den Namen **Tempel des Ewigen Lebens** (*Wanshou Si*). Die heute zu sehenden Gebäude stammen weitestgehend aus der Qing-Zeit und weisen starke südchinesische Einflüsse auf. Oftmals kam Kaiser *Qianlong* zum Tempel und hinterließ einige Gedichte, von denen das eine oder andere, auf einer Steintafel eingraviert, die Zeit überdauert hat.

Historische Kontinuität

Tempel des Weihealtars

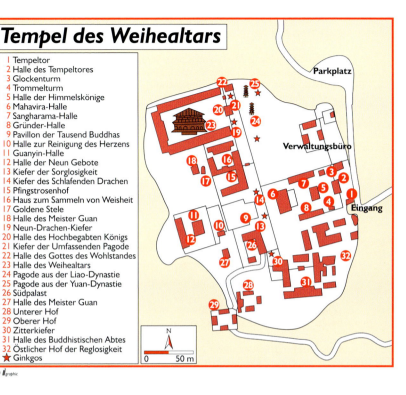

1 Tempeltor
2 Halle des Tempeltores
3 Glockenturm
4 Trommelturm
5 Halle der Himmelskönige
6 Mahavira-Halle
7 Sangharama-Halle
8 Gründer-Halle
9 Pavillon der Tausend Buddhas
10 Halle zur Reinigung des Herzens
11 Guanyin-Halle
12 Halle der Neun Gebote
13 Kiefer der Sorglosigkeit
14 Kiefer des Schlafenden Drachen
15 Pfingstrosenhof
16 Haus zum Sammeln von Weisheit
17 Goldene Stele
18 Halle des Meister Guan
19 Neun-Drachen-Kiefer
20 Halle des Hochbegabten Königs
21 Kiefer der Umfassenden Pagode
22 Halle des Gottes des Wohlstandes
23 Halle des Weihealtars
24 Pagode aus der Liao-Dynastie
25 Pagode aus der Yuan-Dynastie
26 Südpalast
27 Halle des Meister Guan
28 Unterer Hof
29 Oberer Hof
30 Zitterkiefer
31 Halle des Buddhistischen Abtes
32 Östlicher Hof der Reglosigkeit
★ Ginkgos

Hinter der **Mahavira-Halle** (*Daxiong Baodian*), der Haupthalle, erhebt sich der quadratische **Tausend-Buddha-Pavillon** (*Qianfo Ge*), dessen Wände Tausende von kleinen Buddhafiguren zieren. Ein Stückchen abseits wächst zwischen diesen beiden Gebäuden die so genannte „Zitterkiefer", die ihren Namen der Tatsache verdankt, dass der ganze Baum zittert, sobald man an einem seiner Äste zupft. Da der Tempel einst ein wichtiges Ordinationszentrum ganz Nordchinas war, verdient im nordöstlichen Hof die **dreistufige weiße Steinterrasse**, die aus Marmor gefertigt ist und ehedem von Statuen umstellt war, besonderes Interesse, denn auf

Tempel des Weihealtars

ihr fanden die Mönchsweihen statt. Südlich von ihr liegt die **Halle des Hochbegabten Königs** (*Mingwang Dian*) mit ihrem Pagodenhof.

Alte Inschriften

Vor der **Mingwang Dian** sind einige **Steinstelen** aus der Liao- und Yuan-Zeit aufgestellt, auf denen buddhistische Inschriften eingraviert sind. Sie zählen zu den **ältesten Sehenswürdigkeiten des Tempels**, der für seine alten, in Liedern besungenen Kiefern bekannt ist.

Drachenteich- und Maulbeerbaum-Tempel (33)
Tanzhe Si
Tanzhe Shan, Mentougou District

> **i** **Information**
>
> ☏ 60862500
> **Öffnungszeiten** *täglich 8-17.30 Uhr*
> **Eintritt** RMB 35
> **Anreise** Bus 931 ab U-Bahn-Station Pingguoyuan, oder Tour Bus You 7

Dem Namen *Tanzhe* liegen zwei chinesische Begriffe zugrunde: „Tan" bezieht sich auf den hinter der Klosteranlage befindlichen **Drachenteich** (*Long Tan*), „Zhe" hingegen auf die Zhe-Bäume (wilde Maulbeere), die ringsum auf den Bergen wachsen und einst der Seidenraupenzucht dienten.

Ältester buddhistischer Tempel

Der **Tanzhe Si** ist der älteste buddhistische Tempel Pekings und wurde irgendwann zwischen **265** und **316 n. Chr.** gegründet. Der anfangs **Tempel des Glücklichen Schicksals** (*Jiafu Si*) genannte Komplex liegt stufenförmig eingepasst am Tanzhe Shan im Bezirk Mentougou (ca. 43 km westlich des Stadtzentrums) und war während der Tang-Dynastie ein viel besuchter Ort zum Studium der buddhistischen Klassiker. Fast alle Dynastien nahmen an ihm Ausbesserungs- oder Erweiterungsarbeiten vor, die heutigen Gebäude datieren indes auf die Ming- und Qing-Zeit zurück. Entsprechend der damals üblichen Tradition ist die ziemlich große Anlage entlang einer Süd-Nord-Achse aus drei Teilen konzipiert. Zu Zeiten der Kulturrevolution stand der Tempel, in dem während seiner Blütezeit bis zu 500 Mönche lebten, leer und verfiel, mittlerweile ist er jedoch wieder großenteils restauriert.

Man betritt den Tempel durch das obligatorische **Ehrentor** (*Pailou*) (1), hinter dem zahlreiche alte Kiefern den Besucher bis zum **Bergtor** (*Shan Men*) (2) geleiten, das als Haupttor anzusehen ist. Auf der linken bzw. rechten Seite des Hofes wird man des **Glocken-** (3) und **Trommelturms** (4) gewahr. Ein Stück weiter passiert man die **Halle der Himmelskönige** (*Tianwang Dian*) (5) und kommt dann zur **Halle des Großen Helden** (*Daxiong Baodian*) (6), auf deren beiden Dachseiten es zwei Fabeltiere gibt, die als „Söhne des Drachenkönigs" gelten und die Halle vor Feuer schützen. Der Überlieferung nach stammen sie aus der Yuan-Zeit und wurden von einem Mönch, der sie eines Nachts während eines Unwetters vorbeifliegen sah und fing, ans Dach gekettet.

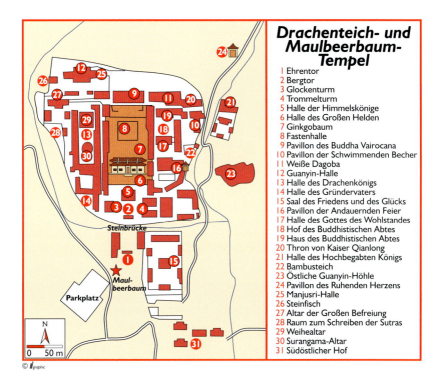

Drachenteich- und Maulbeerbaum-Tempel

1 Ehrentor
2 Bergtor
3 Glockenturm
4 Trommelturm
5 Halle der Himmelskönige
6 Halle des Großen Helden
7 Ginkgobaum
8 Fastenhalle
9 Pavillon des Buddha Vairocana
10 Pavillon der Schwimmenden Becher
11 Weiße Dagoba
12 Guanyin-Halle
13 Halle des Drachenkönigs
14 Halle des Gründervaters
15 Saal des Friedens und des Glücks
16 Pavillon der Andauernden Feier
17 Halle des Gottes des Wohlstandes
18 Hof des Buddhistischen Abtes
19 Haus des Buddhistischen Abtes
20 Thron von Kaiser Qianlong
21 Halle des Hochbegabten Königs
22 Bambusteich
23 Östliche Guanyin-Höhle
24 Pavillon des Ruhenden Herzens
25 Manjusri-Halle
26 Steinfisch
27 Altar der Großen Befreiung
28 Raum zum Schreiben der Sutras
29 Weihealtar
30 Surangama-Altar
31 Südöstlicher Hof

Folgt man der Achse weiter nordwärts, so stößt man hinter der Halle auf einen gewaltigen **Ginkgobaum** (**7**), der während der Liao-Dynastie gepflanzt worden sein soll und von *Qianlong* „Kaiserbaum" genannt wurde. Anschließend durchquert man die **Fastenhalle** (*Zhai Tang*) (**8**), auch **Halle der Drei Weisen** genannt, die einen hinführt zum **Pavillon des Buddha Vairocana** (*Pilu Ge*) (**9**), der sich am höchsten Punkt der Tempelanlage erhebt, sodass man von dort aus einen herrlichen Blick über den Gesamtkomplex hat.

Der östliche, ebenfalls entlang einer Achse errichtete Baukomplex des Tempels umfasst die Räume, in denen die kaiserliche Familie während ihrer Besuche verweilte. Besondere Auf-

Blick über den Drachenteich- und Maulbeerbaum-Tempel

Im Drachenteich- und Maulbeerbaum-Tempel

merksamkeit in diesem Teil der Anlage verdient der **Pavillon der Schwimmenden Becher** (*Liubei Ting*) **(10)**, in dem *Qianlong* bei seinen Besuchen nächtigte. Sein Bau geht auf ein von alters her gebräuchliches Vergnügen der Gebildeten zurück, gemäß dem sie gefüllte Weinbecher ins fließende Wasser kleiner Flüsse und Bäche setzten, ihnen am Ufer folgten und sich dort niederließen, wo die Becher anlandeten. Dort tranken sie Wein, verfassten Gedichte oder plauderten ganz einfach. Später wandelte sich dieser

Wein und Dichtung Brauch dahingehend, dass die Menschen am 3.3. des Mondkalenders hierher kamen, Becher voller Wein aussetzten und sie austranken, nachdem sie an den Rand getrieben worden waren: Dies sollte Unglück fernhalten. Außerdem lohnt im Ostteil noch ein Blick auf die **Weiße Dagoba (11)** aus dem Jahre 1427 und auf die beiden **Pagodengruppen** aus dem 12. Jahrhundert.

Die wohl interessanteste Halle im westlichen, gleichfalls auf einer Achse ausgerichteten Teil des Tempels ist die etwas abgelegene **Guanyin-Halle** (*Guanyin Dian*) **(12)**. Hier soll *Miao Yan*, die Tochter *Kublai Khans*, nachdem sie ins Kloster eingetreten war, von früh bis spät für die Sünden ihres Vaters gebetet haben. So

Kublai Khans Büßerin sehr und so oft soll sie gebetet haben, dass in dem Stein namens „Bei Zhuan", auf dem sie kniete, allmählich eine kleine Vertiefung entstand. Eine der Pagoden im **Pagodenhof** birgt die Urne mit *Miao Yans* Asche. Des Weiteren kann man im Westteil noch die **Halle des Drachenkönigs (13)** und die **Halle des Gründervaters (14)** dieses Klosters sehen.

Außerhalb der Anlage befindet sich das ehemalige Wohngebäude der Mönche und Nonnen, der **Saal des Friedens und des Glücks** (*Anle Tang*) **(15)**. Unterhalb des Tempels stößt man außerdem noch auf den mit zahlreichen kleinen Stupas und Pagoden übersäten **Friedhof**, auf dem die verstorbenen Mönche des Klosters ihre letzte Ruhestätte fanden.

Cuan Di Xia (34)
Zhaitang Town, Mentougou District

> **Information**
>
> ☏ 69819333
> **Öffnungszeiten** *rund um die Uhr*
> **Eintritt** *RMB 20*
> **Anreise** *Bus 929 ab U-Bahn-Station Pingguoyuan, der 7.30 Uhr und 12.40 Uhr direkt bis zum Dorfeingang fährt, ansonsten mit dieser Buslinie zunächst bis Zhaitang Town, von wo aus es mit dem Taxi weiter geht.*

Dieses beschauliche, 64 km westlich des Stadtzentrums gelegene Dorf gewährt einem einen **Einblick in die Vergangenheit**. Von einer einzigen Großfamilie während der Ming-Dynastie erbaut, überdauerte die rund 70 Häuser umfassende Ansiedlung bis zum heutigen Tage nahezu unverändert. Etliche der Anwesen dienen heutzutage als einfache Gästehäuser.

Blick in die Vergangenheit

Tempel der Großen Bewusstwerdung (35)
Dajue Si
9 Dajuesi Lu, Sujiatuo, Haidian District

> **Information**
>
> ☏ 62456163
> **Öffnungszeiten** *täglich 8-17 Uhr*
> **Eintritt** *RMB 20, Kinder die Hälfte*
> **Anreise** *Bus 330 und 346 ab Sommerpalast bis zu den Heißen Quellen, bei denen man auf Bus 903 umsteigt, der bis zum Tempel fährt*

Die Ursprünge dieses alten, am Fuße des Yangtai Shan in den Westbergen liegenden Tempels datieren auf das Jahr 1068 zurück. Durch das Hineinbauen direkt in den Berghang erreichte man, dass das von den Bergen herabfließende Quellwasser in zahlreichen Bächen die ganze Tempelanlage durchquert, deren Plätschern den Eintretenden sanft umfängt. Daher hieß der Tempel zunächst auch „Garten des Fließenden Wassers" (*Qingshui Yuan*), erst nach Abschluss der Erneuerungsarbeiten im Jahre 1428 erhielt er seinen heutigen Namen.

Beliebt bei den Ming- und Qing-Kaisern, erfreut sich die Anlage heute besonders ihrer alten Magnolienbäume wegen großer Beliebtheit.

Insgesamt umfasst der 30 km westlich des Stadtzentrums zu findende Komplex neun Hallen, deren drei wichtigsten die **Halle der Himmelskönige** (*Tianwang Dian*), die **Halle des Buddha der Langlebigkeit** (*Wuliangshoufo Dian*) und die **Halle des Drachenkönigs** (*Longwang Dian*) sind, die alle aus der Ming-Zeit stammen, wohingegen fast alle anderen Gebäude in der nachfolgenden Qing-Zeit entstanden. Zu dieser Zeit wurden auch die auf dem Gelände zu sehenden **Bronzeglocken** gegossen.

Ruhe und Beschaulichkeit

Eine der Weißen Dagoba im *Nordsee-Park* sehr ähnliche **Dagoba** beherrscht den oberen Teil der Anlage. Aus der Entstehungsphase ist nur noch eine Stele erhalten, auf der die Geschichte des Tempelbaus geschildert wird, wobei die Schrift jedoch nur noch schwer lesbar ist.

Zeitzeuge der vergangenen bewegten Jahrhunderte ist der **mehr als 800 Jahre alte imposante Ginkgobaum** im vorletzten Hof, den zu umfassen es fünf Menschen bedarf.

Stummer Zeuge

Organisierte Touren

Am leichtesten und nervenschonendsten ist es zweifelsohne, sich einer organisierten Pauschalreise anzuschließen, in der alle Ausflüge und Besichtigungen beinhaltet sind.

Wer sich auf eigene Faust auf den Weg macht, kann sich vor Ort, soweit Flug und Hotel über einen Reiseveranstalter im Heimatland gebucht wurden, oftmals den in Peking angebotenen Tagesausflügen oder sonstigen Touren anschließen. Zu buchen sind diese Touren entweder bei dem jeweilgen Repräsentanten des Veranstalters im Hotel oder direkt bei dem entsprechenden chinesischen Partner. Auskünfte darüber erteilen die Reiseveranstalter oder das Reisebüro.

Man kann sich in Peking aber auch an eines der chinesischen Reisebüros wenden ((i) „Aktuelle Reisetipps von A-Z – Reisebüros/Reiseveranstalter", S. 140), die eine Vielzahl an unterschiedlichen Besichtigungs- und Erlebnistouren im Angebot haben. Die Unterschiede zwischen den einzelnen Reisebüros sind sowohl hinsichtlich des Angebotes als auch der Preise nicht allzu groß.

In jedem Fall muss man sich mindestens einen Tag im Voraus für die jeweilige Tour anmelden, zu der man dann entweder in seinem Hotel abgeholt wird (dies ist die Regel) oder sich zu einem Sammelplatz begeben muss.

Mit dem Bus

Die wichtigsten und beliebtesten Touren sind:

- Ganztägiger Ausflug zur **Großen Mauer** in Badaling und zu den **Ming-Gräbern** (inkl. Mittagessen)
- Ganztägiger Ausflug zum **Kaiserpalast** und **Himmelstempel** (inkl. Mittagessen)
- Halbtägige Besichtigung des **Kaiserpalastes**
- Halbtägiger Ausflug zum **Sommerpalast**
- Halbtägiger Ausflug zum **Lamakloster** und **Konfuziustempel**
- Halbtägiger Ausflug zum **Tempel des Schlafenden Buddha** und zum **Tempel der Azurblauen Wolke**

Mit der Rikscha

Organisierte Touren durch Pekings Altstadt veranstaltet die **Beijing Hutong Tourist Agency**, West BLD, 10 Ganmian Hutong, Dongcheng District, Beijing 100010, ☏ 65950501-3, 🖷 65249357. Der Preis beträgt pro Person RMB 180. Die ca. 1,5-stündigen Rikscharundfahrten starten täglich ab 9 Uhr bis etwa eine Stunde vor Sonnenuntergang gegenüber dem Nordeingang des Nordsee-Parks.

Besichtigungspunkte auf der Rundfahrt sind u.a. **Trommelturm, Ehemaliger Palast des Prinzen Gong** und ein altes **Hofhaus** und eventuell noch ein **Kindergarten**. Man kann das Besichtigungsprogramm – gegebenenfalls durch Aufzahlung – aber auch nach persönlichen Interessen gestalten.

Mit dem Boot

Eine sehr beschauliche Art und Weise, sich Chinas Hauptstadt zu erschließen, offerieren **diverse Bootstouren** auf den die Stadt durchziehenden Kanälen:

- **Kunyu Course**: Die zehn Kilometer lange Strecke führt vom Yuyuantan-Park zum Kunming-See, dabei passiert man den Yuheyuan, Changhewan, den Linglong Park, den Enji Park, den Benjiaoyuan und den CCTV Tower. Die Strecke soll bis zum Gaobeidian-See erweitert werden, dabei den Baiyun Guan, Tianning Si, Grand View Garden, Himmelstempel und Longtan Hu passierend. Die Boote fahren täglich ab dem Yuyuantan-Park, und zwar 8-16 Uhr jeweils zur vollen Stunde, der Preis beträgt RMB 40. Infos erhalten Sie unter ☏ 68529428/9.

- **Changhe Course**: Während dieser zehn Kilometer langen Tour vom Beizhanhou-See zum Kunming-See fährt man u.a. am Beijing Zoo, dem Beijing Aquarium, Zhenjue Si, der Nationalbibliothek, dem Zizhuyuan Park, Wanshou Si und der Maizhong-Brücke vorbei. Die Boote starten vom Spätfrühling bis Frühherbst täglich von 8-16 Uhr ab dem Beizhanhou-See jeweils zur vollen Stunde, der Preis beträgt RMB 40. Infos erhalten Sie unter ☏ 88363576/7.

- **Yuda Course**: Man fährt vom Yuyuantan-Park zum Park der Augenweide (Grand View Garden). Die Boote fahren täglich 9, 14 und 18 Uhr, der Preis beträgt RMB 30. Infos erhalten Sie unter ☏ 68510068.

Recht nette Ausflüge kann man darüber hinaus auf dem Shichahai unternehmen, eventuell in Kombination mit einer Hutong-Tour per Rikscha.

Programmvorschläge

Peking ist groß, riesig groß, die Sehenswürdigkeiten liegen über das ganze Stadtgebiet verstreut, sodass man sich bei begrenzt zur Verfügung stehender Zeit schon im Voraus ein ziemlich festes Besichtigungskonzept ausarbeiten sollte, z. B. welches Verkehrsmittel man benutzen möchte, wobei für Kurzbesucher organisierte Touren natürlich das einfachste sind. Man kann seine Wünsche aber auch dem Reisebüro vortragen, das sich dann um die entsprechenden Verkehrsmittel kümmert.

Als schnelle Alternative bleibt ansonsten in den allermeisten Fällen nur das Taxi, gelegentlich auch die U-Bahn.

Wer außer den Sehenswürdigkeiten Stadt und Leute richtig kennen lernen möchte, der muss allerdings mit einem mehrwöchigen, wenn nicht gar mehrmonatigen Aufenthalt rechnen. Da so viel Zeit jedoch kaum jemandem zur Verfügung steht, versuchen die nachstehenden Programmvorschläge ein Rahmenkonzept für die jeweilige Verweildauer aufzustellen.

Programmvorschläge für einen eintägigen Aufenthalt

Vorschlag 1

Unbedingt zur **Großen Mauer nach Badaling** hinausfahren (Abfahrt 6 Uhr) und auf dem Rückweg bei den **Ming-Gräbern** vorbeischauen. So bleibt nachmittags noch Zeit für die **Verbotene Stadt**, auf die man anschließend einen Blick vom **Kohlehügel** aus werfen kann. Kaiserliche Küche gönnt man sich zum Abendessen im *Fangshan Restaurant* im **Nordsee-Park**.

Vorschlag 2

Frühmorgendlicher Besuch des **Kohlehügels**, anschließend von Norden her die **Verbotene Stadt** aufrollen, um im Süden am **Tian'anmen-Platz** herauszukommen, wo man sich entscheiden kann, ob man noch in den **Himmelstempel**, das **Lamakloster** oder den **Sommerpalast** geht. Als Abendessen Peking-Ente im *Qianjude*.

Programmvorschläge für einen zweitägigen Aufenthalt

Tag 1

Den Vormittag bringt man im **Sommerpalast** zu, ehe man zur **Verbotenen Stadt** fährt, nach deren Besichtigung man auf den **Kohlehügel** steigt und zum Abschluss eine **Hutong-Tour** unternimmt oder durch den **Nordsee-Park** bummelt (wo man im *Fangshan Restaurant* auch kaiserlich zu Abend essen kann).

Tag 2

Spätestens um 6 Uhr Abfahrt zur **Großen Mauer bei Badaling**, um nach dem Besuch der **Ming-Gräber** auf dem Rückweg noch Zeit für den **Himmelstempel** zu haben. Ein abendlicher Bummel auf dem **Tian'anmen-Platz** und eine Peking-Ente im *Qianjude Kaoya Dian* runden das Programm ab.

Programmvorschläge für einen dreitägigen Aufenthalt

Tag 1
Ganz früh zum **Himmelstempel**, um den Menschen beim Tai Chi zuzuschauen, anschließend Bummel über den **Tian'anmen-Platz** hin zur **Verbotenen Stadt**, nachmittags dann Besichtigung des **Nordsee-Parks** und zum Tagesabschluss hoch auf den **Kohlehügel**, um den Kaiserpalast bei Sonnenuntergang zu erleben. Falls noch etwas Zeit bleibt, sollte eine **Hutong-Tour** mit eingeplant werden.

Tag 2
Gehört der **Großen Mauer** und den **Ming-Gräbern**, wobei man sich nicht später als um 6 Uhr auf den Weg machen sollte, damit man am Abend noch eine Peking-Oper anschauen kann.

Tag 3
Beginnt mit einem Besuch im **Sommerpalast**, wo man sich im *Tingliguan Restaurant* kaiserlich bewirten lassen kann, ehe man das **Lamakloster** und den **Konfuziustempel** besichtigt. Den Abend beschließt man mit einer Peking-Ente im *Qianjude Kaoya Dian*.

Programmvorschläge für einen viertägigen Aufenthalt

Tag 1
Gehört der **Großen Mauer** und den **Ming-Gräbern**, der Abend der Aufführung einer Peking-Oper.

Tag 2
Der Vormittag muss für **Kohlehügel** und **Verbotene Stadt** eingeplant werden, der Nachmittag kann einen über den **Tian'anmen-Platz** und in den **Himmelstempel** führen. Eine Akrobatik-Vorstellung rundet den Tag ab.

Tag 3
Auf dem Programm stehen **Sommerpalast**, **Lamakloster**, **Konfuziustempel** und **Nordsee-Park** (wo man sich im *Fangshan Restaurant* abends kaiserlich bewirten lassen kann). So man den Tag am Nordsee-Park beendet, sollte eine **Hutong-Tour** nicht im Programm fehlen.

Tag 4
Den Vormittag füllen die Besuche des **Tempels der Azurblauen Wolke** und des **Tempels des Schlafenden Buddhas**, am Nachmittag kann man den **Zoo**, das **National Museum** oder die **Beijing Planning Exhibition Hall** besuchen oder aber in der **Wangfujing Dajie** bummeln. Als Krönung dieses Tages gibt es zum Abschluss Peking-Ente im *Qianjude Kaoya Dian*.

KAPITEL 4
ANHANG

Literaturhinweise

Die Fülle der zur Verfügung stehenden Literatur über China und Peking im speziellen ist schier unüberschaubar. An dieser Stelle sollen daher nur einige Tipps für den interessierten Reisenden gegeben werden, die ihm vor allem helfen sollen, mehr Hintergrundinformationen zu sammeln.

Reisepraktisches

- **Beijing – The Leading Cities of China** – Foreign Language Press, Peking 2006
- *Cohn, Don J., Odyssey:* **Illustrated Guide to Beijing**, The Guidebook Company Ltd., Hong Kong 1992
- *Hauser, Françoise:* **Reisegast in China**, Iwanowski's Reisebuchverlag, Dormagen 2007
- *Hibbard, Peter, Mooney Paul und Schwankert, Steven:* **Beijing & Shanghai**, Odyssey Books & Guides, Hong Kong 2004
- **Insider's Guide to Beijing**, China Population Publishing House, Peking (jährlich erscheinend)
- **Insider's Guide to Beijing – Excursion Guide**, China Population Publishing House, Peking 2006
- *Krücker, Franz-Josef:* **Peking/Nordchina**, Artemis Kunst & Reisen, Artemis Verlags-GmbH, München 1993
- *Kuan Yu-Chien und Häring-Kuan, Petra:* **China – Kohlhammer Kunst- und Reiseführer**, Verlag W. Kohlhammer GmbH, Stuttgart 1985
- *Liu Junwen:* **Beijing von A bis Z**, Verlag für fremdsprachige Literatur, Peking 1995
- *Lu Mehta* (Hrsg): **How to Tour Beijing 1994–1995**, Hai Feng Publishing Co., Hong Kong 1994
- **Mandarin Phrasebook**, Lonely Planet Publications, Victoria 2006
- **Mandarin Phrasebook**, China Population Publishing House, Peking 2006
- *Morgenstern, Manfred* (Hrsg.): **Apa-Guide Peking**, Apa Publications (HK) Ltd., RV Reise- und Verkehrsverlag GmbH, München 1993
- *Scheck, Frank Rainer* (Hrsg.): **China – DuMont Kunst-Reiseführer**, DuMont Buchverlag, Köln 1988
- *Storey, Robert:* **Lonely Planet – Beijing City Guide**, Lonely Planet Publications, Hong Kong 1994
- **Tourist Atlas of Beijing**, Science Press Beijing, Peking 1990
- **Visit Beijing – Cultural Tour in Beijing**, Museum Volume, Peking 2005
- *Wang Lianyi:* **China Reisen – 999 Fragen und Antworten**, Verlag Volkschina, Peking 1996
- *Zhu Qixin und Yan Zhaohua:* **Places of Interest in Beijing**, China Travel & Tourism Press, Peking 1996

Kulturelles

- Alley, Rewi: **Peking-Oper**, Verlag Neue Welt, Peking 1984
- **Ancient Temples in Beijing**, China Esperanto Press, Peking 1993
- Cheng Manchao: **The Origin of Chinese Deities**, Foreign Languages Press, Peking 1995
- **The Eastern Qing Tombs**: China Esperanto Press, Peking 1997
- Eberhard, Wolfram: **Lexikon chinesischer Symbole – Die Bildsprache der Chinesen**, Eugen Diederichs Verlag, München 1994
- Eichhorn, Werner: **Die Religionen Chinas**, Kohlhammer Verlag, Stuttgart 1973
- Gan Shaoping: **Die chinesische Philosophie**, Wissenschaftliche Buchgesellschaft, Darmstadt 1997
- Gernet, Jacques: **Die chinesische Welt**, Insel Verlag, Frankfurt/Main 1979
- Granet, Marcel: **Das chinesische Denken**, R. Piper & Co. Verlag, München 1963
- **Die Große Mauer – Geschichte, Kultur- und Sozialgeschichte Chinas**, Weltbild Verlag, Augsburg 1991
- Guo Bonan: **Einführung in die chinesische Kalligrafie**, Verlag für fremdsprachige Literatur, Peking 1995
- Lao Tse: **Das Buch vom rechten Weg und von der rechten Gesinnung**, Verlag Ullstein, Frankfurt/Main 1980
- Lin Wenbi und Xu Dongsheng (Hrsg.): **Old Photos of Beijing**, People's Fine Arts Publishing House, Peking 1989
- Low, Albert: **Feng Shui for the Home**, Pelanduk Publications, Petaling Jaya 1996
- Luo Zhewen: **Chinas alte Pagoden**, Verlag für fremdsprachige Literatur, Peking 1994
- Luo Zhewen: **Kaiser- und Königsgräber der chinesischen Dynastien**, Verlag für fremdsprachige Literatur, Peking 1993
- Ma Yin: **Die Nationalen Minderheiten Chinas**, Verlag für fremdsprachige Literatur, Peking 1990
- Mo Ti: **Gegen den Krieg**, Eugen Diederichs Verlag, Düsseldorf 1975
- Mo Ti: **Solidarität und allgemeine Menschenliebe**, Eugen Diederichs Verlag, Düsseldorf 1975
- Needham, Joseph: **Wissenschaft und Zivilisation in China**, Frankfurt/Main 1984
- Qiu Huanxing: **Sitten und Gebräuche in China**, Verlag für fremdsprachige Literatur, Peking 1992
- Rolf, Anita: **Kleine Geschichte der chinesischen Kunst**, DuMont, Köln 1985
- Schickel, Joachim: **Konfuzius – Materialien zu einer Jahrhundert-Debatte**, Insel Verlag, Frankfurt am Main 1976
- Shi Jia und Liang Yin-Ben: **Lessons in Chinese Landscape Painting**, Wan Li Book Co, Ltd., Hong Kong 1987
- Spear, William: **Die Kunst des Feng Shui**, Droemersche Verlagsanstalt Th. Knaur Nachf., München 1996

- *Thilo, Th.*: **Klassische chinesische Baukunst**, Leipzig 1977
- *Watson, W.*: **China – Kunst und Kultur**, Freiburg 1980
- *Wei Shuzhou* (Hrsg.): **Wandmalereien des Fahai Si**, China Travel & Tourism Press, Peking 1993
- *Xiao Shiling* (Hrsg.): **Tempel Gräber Dynastien – Auf den Spuren der chinesischen Vergangenheit**, Morgenglanz-Verlag, Peking 1995

Historisches

- *Bai Shouyi*: **Chinas Geschichte im Überblick**, Verlag für fremdsprachige Literatur, Peking 1989
- *Eberhard, Wolfram*: **Geschichte Chinas – Von den Anfängen bis zur Gegenwart**, Stuttgart 1980
- *Johnston, Reginald F.*: **Twilight in the Forbidden City**, Hong Kong 1987
- *Knust, Theodor A.* (Hrsg.): **Marco Polo – Von Venedig nach China**, Stuttgart 1983
- *Liu Wenyuan*: **Die Geschichte der Großen Mauer**, Verlag für fremdsprachige Literatur, Peking 1996
- *Mohr, Ernst Günther*: **Die unterschlagenen Jahre**, Bechtle Verlag, Esslingen 1985
- *Pu Yi*: **Ich war Kaiser von China**, München 1987

Vermischtes

- **China Statistics Yearbook**, Alain Charles Publishing Ltd., London
- **China Tourism** (Monatszeitschrift), hrsg. von HK China Tourism Press, Hong Kong
- **Fischer Weltalmanach**, Fischer Taschenbuch Verlag, Frankfurt/Main
- **Langenscheidts Sprachführer Chinesisch**, Langenscheidt Verlag, München
- *Louven, Erhard* (Hrsg.): **Chinas Wirtschaft zu Beginn der 90er Jahre**, Hamburg 1989
- *Needham, Joseph*: **Wissenschaftlicher Universalismus – Über Bedeutung und Besonderheit der chinesischen Wissenschaft**, Suhrkamp, Frankfurt/Main 1979
- *Snow, Edgar*: **Roter Stern über China**, Fischer Taschenbuch Verlag, Frankfurt am Main 1974
- *Wu, Harry*: **Wer schweigt, macht sich schuldig**, Gustav Lübbe Verlag, Bergisch Gladbach 1996
- *Qian Hao* und *Hou Yi*: **Vistas of China**, China Pictorial Publishing Company, Peking 1989

Literatur

- *Bei Dao*: **Gezeiten**, S. Fischer, Frankfurt/Main 1990
- *Cao Xueqin*: **Der Traum der roten Kammer**, Verlag für fremdsprachige Literatur, Peking 1978
- *Chu Binjie*: **Mythen aus China**, Verlag für fremdsprachige Literatur, Peking 1986
- *Deng Youmei*: **Das Schnupftabakfläschchen**, Verlag für fremdsprachige Literatur, Peking 1990
- *Er Si, Shang Hongkui u.a.*: **Geschichten aus der Verbotenen Stadt**, Verlag für fremdsprachige Literatur, Peking 1994
- *Feng Jicai*: **Der wundersame Zopf**, Verlag für fremdsprachige Literatur, Peking 1991
- *Guo Moruo*: **Kindheit,** Insel Verlag, Frankfurt/Main 1981
- *Guo Moruo*: **Jugend,** Insel Verlag, Frankfurt/Main 1985
- *Lao She*: **Das Teehaus**, Edition Suhrkamp, Frankfurt/Main
- *Lao She*: **Rikschakuli**, Suhrkamp, Frankfurt/Main
- *Lan Ling Xiao Xiao Sheng*: **Kin Pin Meh**, Insel Verlag, Frankfurt/Main
- *Lu Xun*: **Die wahre Geschichte der Ah Q.**, Bibliothek Suhrkamp, Frankfurt/Main 1982
- *Mao Dun*: **Shanghai im Zwielicht**, Suhrkamp, Frankfurt/Main 1983
- *Shuihu Zhuan*: **Die Räuber vom Liangshan Moor**, Insel Verlag, Frankfurt/Main
- *Wang Meng*: **Die gemusterte Jacke aus violetter Seide in den Tiefen der Holztruhe**, Verlag für fremdsprachige Literatur, Peking 1990
- *Wang Meng*: **Der Schmetterling**, Verlag für fremdsprachige Literatur, Peking 1986
- **Der Zaubervogel**, Verlag für fremdsprachige Literatur, Peking 1987
- *Zhang Jie*: **Die Arche**, dtv Verlag, München 1987
- *Zhao, Käthe* (Übersetzung): **Der Mann, der einen Geist verkaufte – Chinesische Geschichten aus dem 3.–6. Jahrhundert**, Verlag für fremdsprachige Literatur, Peking 1984

Kartenmaterial

Stadtpläne von Peking erhält man in allen besseren Hotels kostenlos beim *Bell Captain* oder an der Rezeption. Die Hotelshops und größere Buchläden bieten Stadtpläne und Landkarten ebenso zum Verkauf an wie z.T. ganze Atlanten.

Auch bei vielen Sehenswürdigkeiten und auf den großen Geschäftsstraßen werden diverse Stadtpläne und Landkarten für ein paar Yuan feilgeboten, an den Bahnhöfen und am Flughafen ebenso.

Kartenempfehlungen:
- **Beijing – Periplus TravelMaps**, Periplus Editions, 130 Joo Seng Road, #06-01, Singapore 368357, www.periplus.com. Der Gesamtraum Peking im Maßstab 1:500.000, der urbane Kern 1:60.000 sowie das Stadtzentrum 1:15.000.
- **Beijing Tourist Map – China National Publications**, 16 Gongti Dongjie, Chaoyang District, Beijing 100020, www.cnpeak.com. Beinhaltet neben dem Großraum Peking und dem urbanen Zentrum noch Grundrisspläne von 12 wichtigen Sehenswürdigkeiten und der Einkaufsstraßen Wangfujing Dajie, Qianmen Dajie und Xidan Dajie.

Gute Stadtpläne von Peking gibt es mittlerweile auch bei uns in allen größeren Buchhandlungen. Oder Sie wenden sich an:
- **Brettschneider Fernreisebedarf**, Feldkirchner Straße 2, 85551 Heimstetten, (089-99020330, 7 089-99020331, www.brettschneider.de
- **GeoCenter Internationales Kartenhaus**, Schockenriedstraße 44, 70565 Stuttgart, (0711-7889340, 7 0711-7889354, www.geocenter.de

 Tipp

Beim Kauf des Kartenmaterials sollte man darauf achten, dass das U-Bahn-Netz und zumindest die wichtigsten Buslinien eingezeichnet sind.

Stichwortverzeichnis

A
Acht große Sehenswürdigkeiten 343
Ahnenkult 30
Altar des Ackerbaugottes 298
Alter Sommerpalast 357
Altes Observatorium 284
Apotheke 84
Architektur 55
Arzt 84
Ausreisebestimmungen 85
Auto fahren 90

B
Badachu s. *Acht große Sehenswürdigkeiten* 343
Badaling 381
Bai Ta Si s. *Tempel der Weißen Dagoba* 310
Baiyun Guan s. *Tempel der Weißen Wolke* 312
Baoguo Si s. *Tempel für den Ausgleich des Landes* 305
Behinderte 91
Bei Tang s. *Nordkirche* 253
Beijing Memorial Hall of New Cultural Movement 225
Beijing-Planetarium 318
Beijing-Planning Exhibition Hall 244
Beijing Police Museum 245
Beijing-Universität 356
Beihai Gongyuan s. *Nordsee-Park* 248
Biyun Si s. *Tempel der Azurblauen Wolke* 350
Benzin 91
Botanischer Garten 253
Botschaften 92
Boxeraufstand 32ff
Bronzekunst 62
Buddha s. *Gautama Buddha* 78f, 277, 301
Buddhismus 78

C
Camping 96
CCTV Tower 318
Chaoyang Park 330
Chiang Kai-shek 21
China Palaeozoological Hall 319
Chinese Ethnic Culture Park 328
Chinesische Tierkreiszeichen 71
Chinesischer Mondkalender 71
Chongwenmen Protestant Church 285
Cishou Si s. *Tempel der Menschlichen Langlebigkeit* 336
Cixi 19, 32
Cloisonné-Arbeit 63
Cuan Di Xia 428

D
Daguan Yuan s. *Park der Augenweide* 330
Dajue Si s. *Tempel der Großen Bewusstwerdung* 429
Dalai Lama 80
Dazhong Si s. *Tempel der Großen Glocke* 325
Deng Xiaoping 24
Denkmal der Volkshelden 238
Deshengmen 267
Dichtung/Dichtkunst 67
Die Acht Unsterblichen 81
Diplomatische Vertretungen 92
Ditan Gongyuan s. *Erdaltar-Park* 280
Dong Tang s. *Ostkirche* 256
Dong Yue Miao s. *Ostgipfel-Tempel* 286
Dong Yuan Compound 258
Dongbianmen 285
Dongsi-Moschee 254
Dreizehn Ming-Gräber s. *Ming-Gräber* 389
Drogen 96

E

Ehemaliger Palast des Prinzen *Gong* 264
Ehemaliger Wohnsitz von *Guo Moruo* 261
Ehemaliger Wohnsitz von *Lao She* 256
Ehemaliger Wohnsitz von *Lu Xun* 311
Ehemaliger Wohnsitz von Madame *Soong Ching Ling* 266
Ehemaliger Wohnsitz von *Mao Dun* 270
Ein-Kind-Politik 13, 50, 52
Einreisebestimmungen 96
Eintrittsgelder 100
Eiserne Reisschale 45, 50
Elektrizität 101
Elfenbeinschnitzerei 63
Erdaltar-Park 280
Erziehung 48ff
Essen & Trinken 101
- Asiatische Küche 192
- Bier 107
- Chiu Chow-Küche 103
- Dim Sum 105
- Guangzhou-Küche 103
- Hakka-Küche 103
- Hangzhou-Küche 103
- Hunan-Küche 103
- Hundertjährige Eier 104
- Mongolische Küche 188
- Peking-Ente 107
- Peking-Küche 103
- Reisschnaps 107
- Shandong-Küche 104
- Shanghai-Küche 104
- Sichuan-Küche 104
- Taiwanesische Küche 106
- Vegetarische Küche 105
- Wein 107
- Westliche Küche 194
- Yunnan-Küche 191

F

Fahrrad fahren 108
Fahai Si s. *Tempel des Gesetzesmeeres* 341
Fayuan Si s. *Tempel der Quelle der Buddhistischen Lehre* 300
Feng Shui 77
Fenghuang Mountain 386
Fernsehen 109
Feste & Feiertage 110
- Drachenbootfest 112
- Frühlingsfest 111
- Laternenfest 111
- Mondfest 112
- Qing Ming-Fest 112
- Geburtstag Buddhas 112
- Geburtstag des Konfuzius 113
- Ahnenfest Song Han Yi 113
Film & Foto 113
Fluggesellschaften 115
Fremdenverkehrsamt 117
Frühling-und-Herbst-Periode 14
Fundstätte des Peking-Menschen 418

G

Galerien 138
- He Yang & Wu Qian Modern Art Gallery 333
- Kunstgalerie der zentralen Akademie der Feinen Künste 257
Gartenbaukunst 59
Gautama Buddha 78f, 277, 301
Gelber Kaiser 14
Geld/ Geldangelegenheiten 118
Geomantik 225
Gesundheit 123
Glockenturm 58, 269
Goldsee-Park 407
Grab des Eunuchen Tian Yi 342
Great View Tower 319
Große Halle des Volkes 242
Große Mauer 374
Gu Lou s. *Trommelturm* 58, 268
Guanghua Si s. *Tempel des Allumfassenden Wandels* 266
Guangji Si s. *Tempel der Allumfassenden Erlösung* 308
Guangxu 19
Guanyin 81

Guo Moruo 261
Guomindang 20ff, 33
Gushanzhai 422

H
Hallenbau 55
Han-Chinesen 12, 31, 43
Han-Dynastie 14ff, 27
He Zizhen 22
Heldenfriedhof Babaoshan 341
Himmelstempel 30, 34, 290, 292
Hofhaus 57
Holzschnitt 66f
Hong Kong 25, 26, 35, 45, 46
Hongluo Si s. *Tempel der Roten Spiralmuschel* 404
Hu Jintao 12, 26
Hua Guofeng 24
Huang He (Gelber Fluss) 28, 64
Huanghuacheng 383
Hudongshui-Landschaftsgebiet 407
Hutong 262f

I
Informationen 126
Internet 128

J
Jade 63ff
Jesuitenfriedhof 318
Jiang Qing 22ff
Jietai Si s. *Tempel des Weihealtars* 424
Jin-Dynastie 15ff
Jinshanling 384
Jiufeng Forest Park 386
Jiuyanlou 374
Juyong-Pass 380

K
Kaiser
- Kaiser *Kangxi* 31f
- Kaiser *Li Zicheng* 30
- Kaiser *Puyi* 32
- Kaiser *Yongle* 29
- Kaiser *Qin Shi Huangdi* 14, 27, 61, 65, 76
- Kaiser *Wang Mang* 15

Kaiserliche Akademie 272
Kaiserliches Historisches Archiv 259
Kaiserpalast 220
Kalligrafie 61
Kangxi-Grassland 387
Kegeldach 56
Kinder/ Kinderbetreuung 128
Kirche 132
Kleidung 133
Klima 40f
Kohlehügel 247ff
Konfuzianismus 74
Konfuzius 14, 67, 68, 75, 76
Kong Miao s. *Konfuziustempel* 270
KPCH 20ff, 47
Krankenhäuser 134
Kublai Khan 17, 28
Kulturpalast der nationalen Minderheiten 306
Kulturpalast der Werktätigen 30, 246
Kulturrevolution 22f
Kunsthandwerk 62ff

L
Lackkunst 64
Lamaismus 79
Lamakloster 273
Langer Marsch 21ff
Lao She 256
Legalismus 75
Literatur 67
Longqing-Schlucht 387
Lidai Diwang Miao s. *Tempel der Kaiser der Vergangenheit* 310
Longshan-Kulturen 14
Longtan-Park 289
Lu Xun 69, 311
Lugou Qiao s. *Marco-Polo-Brücke* 338

M

Malerei 61
Mandschuguo 21, 33
Mao Zedong 21ff, 33, 46, 52, 54
Mao-Mausoleum 240
Marco Polo 17
Marco-Polo-Brücke 338
Maßeinheiten 136
Mengzi 14
Mietwagen 137
Millennium-Monument 316
Ming Dynasty Citywall Relic Park 385
Ming-Dynastie 18, 29f
Ming-Gräber 66, 389, 393
Ming Shisan Ling s. *Ming-Gräber*
Mo Di 14, 75
Moismus 75
Mondaltar-Park 315
Mongolei 46
Museum
- Arthur M. Sackler Museum of Art and Archaeology 356
- Beijing Arts & Crafts Museum 256
- Beijing Aviation Museum 327
- Beijing Dabaotai Grabmuseum der Westlichen Han 336
- Beijing Jintai Art Museum 332
- Beijing Liao and Jin City Wall Museum 305
- Beijing Mumingtang Ancient Porcelain Museum 288
- Beijing Museum of Aeronautic and Astronautic Models 333
- Beijing Museum of Tap Water 281
- Beijing Yushengtang Herbal Medicine Museum 334
- Capital Museum 314
- Cao Xueqin Memorial Hall 353
- China Currency Museum 306
- China Honey Bee Museum 353
- China Railway Museum 329
- China Red Sandalwood Museum 333
- Chinesische Kunsthalle 255
- Chinesisches Geologisches Museum 308
- Chinesisches Landwirtschaftsmuseum 330
- Chinesisches Luftfahrtmuseum 388
- Chinesisches Militärmuseum 315
- Chinesisches Nationalmuseum 241
- Chinesisches Raumfahrtmuseum 336
- Chinesisches Sportmuseum 328
- Chinesisches Wissenschafts- und Technikmuseum 327
- Design-Museum 373
- Gedenkhalle des chinesischen Volkes für den Anti-Japanischen Krieg 340
- He Yang & Wu Qian Modern Art Gallery 333
- Kunstgalerie der zentralen Akademie der Feinen Künste 257
- Mei Lanfang Memorial Museum 261
- Museum for Nationalities 323
- Museum of Ancient Pottery Civilization 304
- Museum of Ethnic Costumes 329
- National Arts and Crafts Museum 308
- National Museum of Modern Chinese Literature 329
- Panzermuseum 386
- Pekinger Kunstmuseum 322
- Pekinger Naturkundemuseum 398
- Poly Art Museum 286
- Shangzhai Culture Exhibition Hall 407
- Songtangzhai Folk Carving Museum 300
- The Traditional Opera Museum of Beijing 300
- The Huang Art Museum 328
- Traditional Chinese Medicine Museum 329
- Wangfujing Palaeoanthropology Cultural Relic Museum 258
- Xu Beihong Museum 268
- Yan Capital Site Museum of Western Zhou Dynasty 414

Mutianyu 383

N

Nachtleben 198ff
Nan Tang s. *Südkirche* 260
National Grand Theatre 243
Neokonfuzianismus 16, 31
Niujie-Moschee 302
Nordkirche 253
Nordsee-Park 248
Notruf 139

O

Öffnungszeiten 139
Olympic Green 35, 38
Olympische Spiele 35
Opium-Kriege 31
Ostkirche 256
Östliche Qing-Gräber 408

Pagode 59
Pagode des Himmlischen Friedens 312
Pak Tai 82
Palastmuseum s. *Kaiserpalast* 220
Panjiayuan Antiquitätenmarkt 288
Park der Augenweide 303
Park der Duftenden Berge 347
Park des Pavillons des Frohsinns 299
Park des Purpurbambus-Tempels 321
Pass 140
Peking-Mensch 418
Peking-Oper 69f
Platz des Himmlischen Friedens s. *Platz des Tores des Himmlischen Friedens* 236
Porzellan 64
Post 140
Pyramidendach 56

Q

Qianmen s. *Vorderes Tor* 242
Qianmen Underground City 244
Qin Shi Huangdi 14, 27, 61, 65, 76
Qin-Dynastie 14, 76

Qing Dongling s. *Östliche Qing-Gräber* 408
Qing Xiling s. *Westliche Qing-Gräber* 414
Qing-Dynastie 18f, 30ff, 63, 68

R

Reisebüro 142
Reisekosten s. *„Grüne Seiten"*
Reisen im Inland 143
Reiseveranstalter 142
Reisezeit 40
Reismarktkirche 259
Restaurants 147
Ritan Gongyuan s. *Sonnenaltar-Park* 287
Rote Armee 21ff, 33
Roter Kaiser 14

S

Schrift 14ff, 61, 66ff
See der Flugente 405
Seide 152
Shang Yang 75
Shang-Dynastie 14, 62, 65
Shangfang-Gebirge 429
Sicherheit 150
Silberbarrenbrücke 265
Silberfuchshöhle 422
Silver Mountain Pagoda Forest 388
Sima Qian 14, 67
Simatai 385
Sommerpalast 361
Song-Dynastie 16f, 28, 31, 64, 67f, 81
Sonnenaltar-Park 287
Souvenirs 151
Sport 152
• Badminton 152
• Billard/ Snooker 152
• Bowling 152
• Chinesische Kampfkunst 152
• Eislaufen 153
• Golf 153
• Jogging 153
• Schwimmen 153

- Spa 154
- Sqash 154
- Tai Chi Chuan 154
- Tennis 154

Sprache 155
Steinblumenhöhle 424
Steinschnitt 66
Stempel 67
Südkirche 260
Sui-Dynastie 15, 28
Sun Yat-sen 20
Sun Yat-sen-Park 245

T

Taiping-Aufstand 19
Tal des Himmelsteichs 405
Tang-Dynastie 16, 28, 66, 68
Tanzhi Si s. *Drachenteich- und Maulbeerbaum-Tempel* 426
Tao Yuanming 67
Taoismus 76
Taoranting Gongyuan s. *Park des Pavillons des Frohsinns* 299
Teich des Weißen Drachen 406
Telefonieren/ Telefax 158
Tempel
- Drachenteich- und Maulbeerbaum-Tempel 426
- Fenghuang Mountain mit Drachenquellen-Tempel 386
- Huitong-Tempel 267
- Himmelstempel 290
- Konfuziustempel 270
- Ostgipfel-Tempel 286
- Tempel der Allumfassenden Erlösung 308
- Tempel des Allumfassenden Wandels 266
- Tempel für den Ausgleich des Landes 305
- Tempel der Azurblauen Wolke 350
- Tempel der Fünf Pagoden 323
- Tempel des Gesetzesmeeres 341
- Tempel der Großen Glocke 325
- Tempel der Großen Bewusstwerdung 429
- Tempel der Kaiser der Vergangenheit 310
- Tempel des maßgebenden Lehrens 278
- Tempel der Menschlichen Langlebigkeit 336
- Tempel der Quelle der Buddhistischen Lehre 300
- Tempel der Roten Spiralmuschel 404
- Tempel des Schlafenden Buddha 354
- Tempel des Weihealtars 424
- Tempel der Weisheitserlangung 282
- Tempel der Weißen Dagoba 310
- Tempel der Weißen Wolke 312
- Tempel des Wen Tianxiang 279
- Tempel der Wolkenwohnung 420
- Westlicher Gelber Tempel 279

Terrakotta-Armee
Tian'anmen-Platz s. *Platz des Himmlischen Friedens* 236
Tianning Sita s. *Pagode des Himmlischen Friedens* 312
Tin Hau 82
Tongjiao Si s. *Tempel des maßgebenden Lehrens* 278
Tor des Himmlischen Friedens 239
Trommelturm 58, 268
Tuancheng Ausstellungshalle 347

V

Verbotene Stadt 30, 56, 220ff, 236, 246, 248, 250
Verfassung 24, 47
Verhalten 162
Verkehrsmittel 162
- Bus 164
- Rikscha 166
- Taxi 163
- U-Bahn 165

Verkehrsregeln 90
Versicherungen 167
Visum 167

Vorderes Tor 242
VR China 12f, 24, 26f, 33, 39, 47, 74

W
Walmdach 56
Weiße Dagoba 29, 248, 251, 310
Wen Jiabao 12, 36
Westliche Qing-Gräber 414
Wofo Si s. *Tempel des Schlafenden Buddha* 354
Wolkenumhangene Berge 406
Wuta Si s. *Tempel der Fünf Pagoden* 323

X
Xia-Dynastie 14, 17
Xiangshan Gongyuan s. *Park der Duftenden Berge* 347
Xihuang Si s. *Westlicher Gelber Tempel* 279
Xin-Dynastie 14

Y
Yang Kaihui 22
Yangshao-Kulturen 14
Yangtsekiang 28

Yihe Yuan s. *Sommerpalast* 361
Yonghegong s. *Lamakloster* 272
Yuanming Yuan s. *Alter Sommerpalast* 357
Yuan Shikai 20, 33
Yuan-Dynastie 17f, 29
Yuetan Gongyuan s. *Mondaltar-Park* 315
Yunju Si s. *Tempel der Wolkenwohnung* 420
Yuyuantan-Park 397

Z
Zehn Fähren 423
Zeitschriften/ Zeitungen 169
Zeitverschiebung 169
Zentrale Militärkommission 25, 47
Zhihua Si s. *Tempel der Weisheitserlangung* 282
Zhong Lou s. Glockenturm 58, 269
Zhou Enlai 21, 24f
Zhou-Dynastie 14, 27, 60f, 65, 67
Zizhuyuan Gongyuan s. *Park des Purpurbambus-Tempels* 321
Zhu De 21
Zhu Yuanzhang 18, 29
Zoll 169
Zoologischer Garten 320

Bildnachweis

Alle Bilder Alexander Nadler
mit Ausnahme S 332: Daniel Bongardt

Für Ihre Reisenotizen

Für Ihre Reisenotizen

Asien

"Wie bei Büchern aus dem Iwanowski Verlag gute Tradition, richtet sich auch dieser Band an individuelle Entdecker."
Westfälische Nachrichten zum Reisehandbuch Vietnam

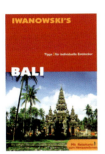

Reisehandbuch Bali
736 Seiten
inkl. Reisekarte
ISBN 978-3-933041-02-9
Euro 25,95

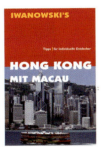

Reisehandbuch Hong Kong
532 Seiten
ISBN 978-3-923975-36-5
Euro 19,95

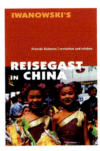

Reisegast in China
210 Seiten,
ISBN 978-3-923975-71-6
Euro 17,95

Reisehandbuch Peking
Ca. 400 Seiten,
ISBN 978-3-923975-48-8
Euro 19,95

Reisehandbuch Singapur
300 Seiten
ISBN 978-3-933041-35-7
Euro 17,95

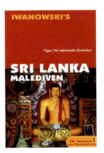

Reisehandbuch Sri Lanka
472 Seiten,
inkl. Reisekarte,
ISBN 978-3-923975-31-0
Euro 25,95

Reisehandbuch Thailand
620 Seiten,
inkl. Reisekarte,
ISBN 978-3-933041-33-3
Euro 25,95

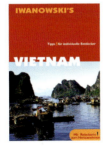

Reisehandbuch Vietnam
680 Seiten,
inkl. Reisekarte,
ISBN 978-3-933041-21-0
Euro 25,95

Das komplette Verlagsprogramm finden Sie unter

www.iwanowski.de

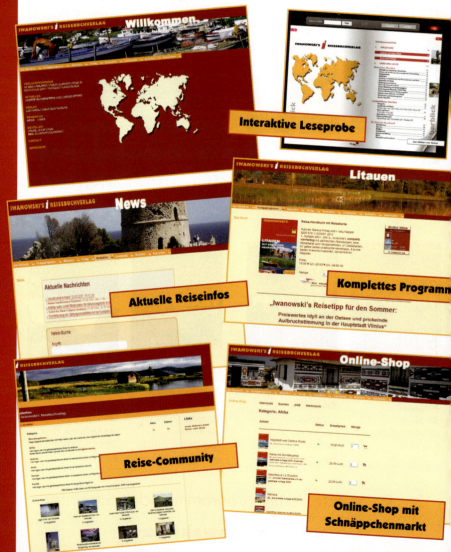

Reisegast in ...

Die **Kulturführer** mit unzähligen Tipps für das Verstehen, Erleben und Verhalten in einer anderen Kultur, unterhaltsam und mit einem Augenzwinkern geschrieben. Die ideale **Ergänzung** für jeden Reiseführer!

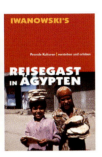

Reisegast in Ägypten,
210 S., ISBN
978-3-933041-36-4,
Euro 17,95
Novität

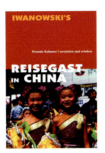

Reisegast in China, 210 S., ISBN 978-3-923975-71-6, Euro 17,95

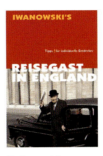

Reisegast in England,
208 S., ISBN
978-3-923975-78-5,
Euro 17,95

Reisegast in Indien,
210 S., ISBN
978-3-933041-24-1
Euro 17,95

Reisegast in Japan, 210 S., ISBN 978-3-923975-82-2, Euro 17,95

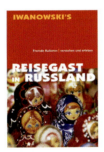

Reisegast in Russland,
224 S., ISBN
978-3-923975-84-6,
Euro 17,95

Reisegast in Polen,
210 S., ISBN
978-3-933041-30-2,
Euro 17,95
Novität

„Dem Leser in Deutschland können die Autoren bestens vermitteln, was ihm in Japan fremd und unverständlich vorkommt und erläutern, wie man damit umgeht.
Das handliche, gleichwohl sehr gehaltvolle Buch enthält jede Menge Tipps, wie man sich zu verhalten hat, ohne anzuecken. Für Reisende, die zu ersten Mal Nippons Gast sind, also genau das Richtige!"
Reutlinger Generalanzeiger

Das komplette Verlagsprogramm finden Sie unter

www.iwanowski.de

IWANOWSKI'S *i* REISEBUCHVERLAG
FÜR INDIVIDUELLE ENTDECKER

REISEHANDBÜCHER

Europa
Andalusien *
Barcelona
Dänemark* **Novität**
Finnland* **Novität**
Griechenland*
Irland* **Novität**
Island*
Kreta*
Kykladen
Litauen mit Kurischer Nehrung *
Liparische Inseln, Insel- und Wanderführer *
Madrid
Mallorca, Inselführer*
Mallorca, Wanderführer*
Malta mit Gozo, Inselführer*
Moskau & Goldener Ring
Nordspanien & der Jakobsweg*
Norwegen*
Peloponnes*
Piemont & Aostatal* **Novität**
Polens Ostseeküste & Masuren*
Provence mit Camargue* **Novität**
Rhodos/Dodekanes
Rom mit Latium **Novität**
Samos/Ostägäis
Schottland* **Novität**
Schweden*
Slowakei*
Slowenien mit Istrien und Triest*
Tal der Loire mit Chartres*
Teneriffa, Inselführer*
Toskana*
Trentino und Gardasee*
Tschechien*
Zypern*

Asien
Bali*
Hong Kong
Peking **Novität**
Singapur **Novität**
Sri Lanka/Malediven*
Thailand mit Phuket*
Vereinigte Arabische Emirate mit Dubai & Abu Dhabi *
Vietnam*

Afrika
Kapstadt & Garden Route*
Kenia/Nordtanzania* **Novität**
Mauritius/Réunion*
Namibia* **Novität**
Namibia/Naturschutzgebiete*
Südafrikas Norden und Ostküste*
Südafrika*
Uganda/Ruanda*
Zambia*

Amerika
Bahamas
Chile mit Osterinsel*
Dominikanische Republik*
Florida*
Hawaii*
Kanada/Osten*
Kanada/Westen*
Karibik/Kleine Antillen*
Kuba, Inselführer*
Mexiko*
New York
USA/Große Seen **Novität**
USA/Nordosten*
USA/Nordwesten* **Novität**
USA/Ostküste*
USA/Süden*
USA/Südwesten*
USA/Westen*

Pazifik
Australien mit Outback*
Neuseeland*

Sonderband zum Verlagsjubiläum
101 Inseln - Geheimtipps für Entdecker **Novität**

REISEGAST IN...
Ägypten **Novität**
China
England
Indien
Japan
Korea
Polen **Novität**
Russland

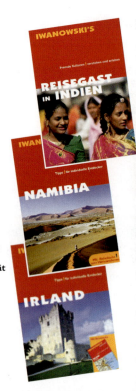

* mit herausnehmbarer Reisekarte

Iwanowski's Reisebuchverlag GmbH • Salm-Reifferscheidt-Allee 37 • D- 41540 Dormagen
TEL: 02133/260311 • FAX: 02133/260333 • E-MAIL: INFO@IWANOWSKI.DE
www.iwanowski.de